Genderlinguistik

Linguistik –
Impulse & Tendenzen

Herausgegeben von
Susanne Günthner
Klaus-Peter Konerding
Wolf-Andreas Liebert
Thorsten Roelcke

45

De Gruyter

Genderlinguistik

Sprachliche Konstruktionen
von Geschlechtsidentität

Herausgegeben von
Susanne Günthner
Dagmar Hüpper
Constanze Spieß

De Gruyter

ISBN 978-3-11-048210-2
e-ISBN 978-3-11-027290-1
ISSN 1612-8702

Library of Congress Cataloging-in-Publication Data

A CIP catalog record for this book has been applied for at the Library of Congress.

Bibliografische Information der Deutschen Nationalbibliothek

Die Deutsche Nationalbibliothek verzeichnet diese Publikation in der Deutschen Nationalbibliografie; detaillierte bibliografische Daten sind im Internet über http://dnb.dnb.de abrufbar.

© 2012 Walter de Gruyter GmbH & Co. KG, Berlin/Boston

Einbandabbildung: Marcus Lindström/istockphoto
Druck: Hubert & Co. GmbH & Co. KG, Göttingen
∞ Gedruckt auf säurefreiem Papier

Printed in Germany

www.degruyter.com

Vorwort und Danksagung

Der vorliegende Sammelband basiert auf einer interdisziplinären und internationalen Tagung, die unter dem Titel „Sprachliche Konstruktionen von Geschlechtsidentität" im November 2008 an der Westfälischen Wilhelms-Universität der WWU durchgeführt wurde. Die Tagung trug dazu bei, dass namhafte Vertreter der linguistischen Genderforschung, Nachwuchswissenschaftlerinnen der Linguistik und Vertreter anderer Fachdisziplinen aktuelle Fragen der Genderforschung diskutierten. Dabei wurden gängige Konzepte kritisch rezipiert, reflektiert und mit neuen Methoden und Zugängen konfrontiert.

Der vorliegende Sammelband kann zwar keine vollständige Zusammenschau der kontroversen und fachübergreifenden Diskussionen im Rahmen der Tagung präsentieren, dennoch kann er mit den versammelten Beiträgen dazu beitragen, eine Basis für weitere anregende und fundierte Debatten im Bereich der Genderlinguistik liefern. Mit den hier versammelten Beiträgen aus der Sprachwissenschaft sowie aus angrenzenden Disziplinen erhoffen wir, einen Einblick in die Aktualität und Vielfältigkeit der Genderlinguistik zu liefern, der zu weiterer Forschung animiert.

Bei dieser Gelegenheit möchten wir uns bei all denjenigen bedanken, die zur Entstehung und dem Gelingen der Tagung sowie der Fertigstellung des Sammelbandes beigetragen haben: Hierzu gehören neben den ReferentInnen/AutorInnen vor allem auch die beteiligten Hilfskräfte und MitarbeiterInnen: Anna-Maria Balbach, Maria Baumeister, Elisa Franz, Sarah Horstkamp und Katharina König. Vera Beckmann und Marcel Fladrich danken wir für die Hilfe bei der Erstellung der Druckvorlagen, Christian Loos für die Mitarbeit am Sachregister.

Ferner gilt unser großer Dank der Gleichstellungsbeauftragten und dem International Office der WWU für ihre finanzielle Unterstützung bei der Tagung wie auch bei der Fertigstellung des Bandes.

Den Reihenherausgebern Klaus-Michael Konerding, Wolf-Andreas Liebert und Thorsten Roelcke danken wir für wichtige Kommentare zu den Manuskripten, dem de Gruyter Verlag für die Aufnahme des Bandes in die Reihe.

Münster, im Sommer 2011
Susanne Günthner, Dagmar Hüpper und Constanze Spieß

Inhaltsverzeichnis

CONSTANZE SPIEß, SUSANNE GÜNTHNER UND DAGMAR HÜPPER
Perspektiven der Genderlinguistik -
eine Einführung in den Sammelband 1

Theoretische Hintergründe und methodische Implikationen

HILDEGARD MACHA
Konstruktionen der Geschlechtsidentität –
Widersprüche aktueller Sozialisationsprozesse 31

CONSTANZE SPIEß
Linguistische Genderforschung und Diskurslinguistik.
Theorie – Methode – Praxis 53

HEIKO MOTSCHENBACHER
Queere Linguistik: Theoretische und methodologische
Überlegungen zu einer heteronormativitätskritischen
Sprachwissenschaft 87

Geschlechter in medialen Zusammenhängen

CHRISTINE DOMKE
Love sells – Überlegungen zur (non)-verbalen Inszenierung
von Paaren in aktuellen Werbespots 129

MARIE-LOUISE BUKOP UND DAGMAR HÜPPER
Geschlechterkonstruktionen im deutschsprachigen
Porno-Rap 159

BIRGIT EICKHOFF
„Frauen in den Duden" –
Werkstattbericht I aus der Dudenredaktion 195

KATHRIN KUNKEL-RAZUM
„Er sah zu ihr auf wie zu einer Göttin" statt
„Sie sah zu ihm auf wie zu einem Gott" (Luise Pusch)? –
Werkstattbericht II aus der Dudenredaktion 213

Geschlechter in der Interaktion ... 221

ELISA FRANZ UND SUSANNE GÜNTHNER
Zur Konstruktion von Gender beim Speeddating:
Zwischen Relevanzrückstufung und Inszenierung ... 223

HELGA KOTTHOFF
„Indexing gender" unter weiblichen Jugendlichen in
privaten Telefongesprächen ... 251

JANET SPRECKELS
„wenn das 'n Mädchen gemacht hätt!" –
Geschlechtsidentitäten zwischen Medien und Alltag ... 287

Zum Zusammenspiel von Sprachsystem und Sprachgebrauch ... 317

DAMARIS NÜBLING
Von *Elisabeth* zu *Lilly*, von *Klaus* zu *Nico*:
Zur Androgynisierung und Infantilisierung der Rufnamen
von 1945 bis 2008 ... 319

JULIANE SCHRÖTER, ANGELIKA LINKE UND NOAH BUBENHOFER
„Ich als Linguist" – Eine empirische Studie zur Einschätzung
und Verwendung des generischen Maskulinums ... 359

KLAUS MICHAEL KÖPCKE UND DAVID ZUBIN
Mythopoeia und Genus ... 381

SABURO OKAMURA
Sprachliche Lösungsmöglichkeiten der Genderproblematik
im Japanischen und Deutschen ... 413

Transkriptionskonventionen nach GAT ... 433

Sachregister ... 435

Verzeichnis der Autorinnen und Autoren ... 441

Constanze Spieß, Susanne Günthner und Dagmar Hüpper

Perspektiven der Genderlinguistik – eine Einführung in den Sammelband

1. Einleitung: Das Anliegen des Bandes

Mit dem vorliegenden Sammelband intendieren wir, ForscherInnen, die sich mit Sprache und Geschlecht aus unterschiedlichen Blickwinkeln befasst haben, zusammenzubringen, um eine aktuelle Bestandsaufnahme der linguistischen Gender Studies[1] zu machen, aber auch aktuelle Fragestellungen und neue Perspektiven zur sprachlichen Konstruktion von Gender zu diskutieren. Eine weitere Motivation für die vorliegende Publikation sind die auffälligen Diskrepanzen bzgl. der Geschlechterkonstellationen, denen wir alle im Alltag, in der Wissenschaft, in den Schulen und Hochschulen begegnen: Einerseits haben wir mittlerweile eine Bundeskanzlerin, wir feiern den 100. Jahrestag der Zulassung von Frauen an Universitäten (1908-2008), Mädchen sind heutzutage die sogenannten ‚Gewinner des deutschen Bildungssystems', über 50% unserer Studierenden sind weiblichen Geschlechts, und wir begegnen in unseren Lehrveranstaltungen Studentinnen, die betonen, dass sie eine Frauenbewegung nicht mehr nötig haben, da sie ‚als Bundesbürger inzwischen gleichberechtigt sind'. Trifft somit Luhmanns (1988) Prognose, dass moderne Gesellschaften weitgehend „geschlechtsneutral" funktionieren, inzwischen auf unsere postmoderne Gesellschaft zu? Kann man tatsächlich von einer abnehmenden Bedeutung der Geschlechterunterscheidung in der gesellschaftlichen Evolution sprechen? Wohl kaum. Ganz so überholt bzw. gar ein ‚altertümliches Dual' scheint die Geschlechterdifferenzierung auch heute noch nicht zu sein. So spielt die Kategorie *Gender* in unserem heutigen Alltag in den verschiedensten Bereichen noch immer eine zentrale Rolle. Die binäre Struktur der Geschlechter stellt für uns ein selten reflektiertes Ordnungsmuster dar, an dem wir uns orientieren und dessen Existenz wir kaum kritisch anfechten. Das ‚altertümliche Dual' prägt weiter unsere Sprache, unsere Mode und nicht zuletzt die Gehaltsverteilung in unserem Land. In jeder zwischenmenschlichen Begegnung registrieren wir sofort das Geschlecht des Gegenübers; unsere Studierenden sind in der Regel äußerst bestrebt, sich u.a. durch Kleidung, Haarschnitt, Gestik und Mimik, durch ihre Stimme, ihr Lächeln etc. als *weiblich* oder *männlich* zu inszenieren. Bei

---

[1] Im Folgenden bezeichnen wir diese Forschungsrichtung als „Genderlinguistik".

jeder Geburtsnachricht ist auch heute eine der ersten Fragen: *Mädchen* oder *Junge*? Unsere Grammatik verpflichtet uns darauf, Personen, über die wir reden, geschlechtsspezifisch zuzuordnen (u.a. durch die Anaphora *sie* und *er*). Die Markierung der Geschlechtszugehörigkeit ist auch in unserer postmodernen Gesellschaft weder ein fakultativer Akt noch ein Teilzeit-Job im Sinne einer wechselnden Organisation von Tagen und Wochen, sondern eine Zuschreibung, die wir sowohl für uns selbst als auch für unser Gegenüber situationsübergreifend vornehmen (Hirschauer 2001: 215ff.). Und wie aktuelle Studien der DFG und des Wissenschaftsrats (siehe Macha in diesem Band) verdeutlichen, ist Deutschland noch immer ein Entwicklungsland in Sachen Führungspositionen in der Wissenschaft und Wirtschaft. Doch wie kommt es zu diesem Widerspruch? Weshalb sind Frauen einerseits die Gewinnerinnen im Bildungssystem, andererseits aber völlig marginalisiert in den Spitzenpositionen der Wirtschaft und Wissenschaft? Die Widersprüchlichkeiten scheinen uns durch eine ‚Rhetorik der Gleichheit' verdeckt zu werden. Wenn Sprache und sprachlich-kommunikatives Handeln die zentralen Instrumente der Konstruktion von gesellschaftlicher Wirklichkeit repräsentieren, wie ist dann zu erklären, dass es – angesichts der Tatsache, dass die Bundesrepublik enormen Nachholbedarf in Hinblick auf die Gleichstellung der Geschlechter hat – in den letzten Jahren so still geworden ist um die linguistische Genderforschung?

Ausgehend von der Gegenstandsbestimmung und der Reflexion theoretischer Hintergründe der Genderlinguistik sollen in dieser Einleitung zum Sammelband zunächst Entwicklungslinien der Genderlinguistik aufgezeigt werden. In einem zweiten Schritt werden wir auf gegenwärtige Tendenzen der Genderlinguistik sowie auf deren mögliche Perspektiven näher eingehen. Im Kontext dieser Erörterung folgen zugleich eine theoretische und methodische Einordnung der unterschiedlichen Ansätze sowie die Darstellung der jeweils intendierten Forschungsziele. Im Anschluss werden wir die Konzeption unseres Sammelbandes erläutern und die einzelnen Beiträge in die Struktur des Bandes verorten.

2. Genderkonzepte und Genderlinguistik

Genderlinguistik bezieht sich immer schon auf spezifische Theorien von Gender. Das Feld der Gendertheorien stellt jedoch ein äußerst heterogenes und interdisziplinäres Feld dar, das zwar als allen Ansätzen gemeinsamen ‚roten Faden' die Fokussierung auf die Verfasstheit der Geschlechterverhältnisse geltend machen kann, aber durchaus von kontroversen Positionen gekennzeichnet ist (vgl. dazu die Darstellung der unterschiedlichen Ansätze bei Becker/Kortendiek 2004). Für unseren Zusammenhang der sprachlichen Konstruktion von Geschlecht sind vor allem die Positionen relevant, die den (De- und Re-)Konstruktionsaspekt und die Prozessualität der Geschlechterkonstruktionen hervorheben.

Zentral für das in den 80er Jahren aufkommende Konzept der interaktiven Konstruktion von Geschlecht (im Sinne eines *doing gender*[2]) waren u.a. die Arbeiten des Ethnomethodologen Garfinkel sowie des Interaktionssoziologen Goffman. Die von Harold Garfinkel (1967) begründete Ethnomethodologie widmete sich der Entstehung sozialer Wirklichkeit im alltäglichen Handeln. Anhand empirischer Untersuchungen stellte Garfinkel die Frage, *wie* – d.h. mittels welcher Ethnomethoden – wir in unseren Alltagshandlungen scheinbar ‚objektive' Tatsachen des sozialen Lebens erzeugen. Zu diesen scheinbar ‚objektiven' Tatsachen zählte er auch die Zweiteilung der Menschen in Frauen und Männer. Anhand seiner mittlerweile als Klassiker der Gender Studies geltenden Untersuchung zur Transsexuellen Agnes ging Garfinkel (1967) der Frage nach, wie Agnes im Alltag interagieren und sich präsentieren musste, um in der amerikanischen Gesellschaft der 60er Jahre als ‚Frau' wahrgenommen und behandelt zu werden. Hierzu gehörten neben der gestisch-mimischen Präsentation, der Art sich zu kleiden, zu gehen, zu sitzen, vor allem auch sprachlich-kommunikative Verfahren: Agnes bekam ein spezielles Stimmtraining und musste lernen, sich kommunikativ wie eine Frau zu verhalten. Der Fall Agnes machte – quasi im Sinne eines ethnomethodologischen Brechungsexperimentes – die ansonsten eher unsichtbaren Darstellungsleistungen sichtbar, die notwendig waren, um in der Gesellschaft als ‚Frau' akzeptiert zu werden. Garfinkel verdeutlicht mit dieser Studie zugleich, wie Gender in der alltäglichen Praxis der Interaktion als accomplishment – als interaktive Errungenschaft – hergestellt wird.

Der Frage nach den sozialen Praktiken der Genderkonstruktion widmete sich auch Garfinkels Kollege Erving Goffman ([2]2001) in seiner interaktionssoziologischen Arbeit zum „Arrangement der Geschlechter". Goffman reflektierte hierbei die im Alltag verankerten Praktiken der Inszenierung dieser – unsere Gesellschaft so beherrschenden – Zweiteilung und stellte die Frage, wie es kommt, dass in der modernen Gesellschaft „derartig irrelevante biologische Unterschiede" eine solche zentrale soziale Bedeutung gewinnen, dass sie unsere gesamte soziale Organisation, unser Alltagsverhalten, unsere Kommunikationsformen, unsere Machtverteilung etc. bestimmen. (Goffman [2]2001: 139). In Zusammenhang mit Goffmans

---

[2] Die einzelnen Beiträge können gelegentlich unterschiedliche Schreibweisen gleicher bzw. ähnlicher Konzepte und Termini enthalten. Diese Unterschiede behalten wir bei, sofern sie innerhalb des Beitrags konsistent verwendet werden.

Arbeiten zum sozialen Arrangement der Geschlechter sind mehrere Faktoren für die linguistischen Gender Studies von Relevanz: (i) Die alltägliche Interaktion gilt als der Ort der Konstitution sozialer Geschlechterdifferenzen. (ii) Das Geschlechterarrangement beruht nicht etwa auf singulären performativen Handlungen Einzelner, sondern beim *gender display* handelt es sich um einen dialogischen Austausch, der soziokulturell verankert ist.[3] (iii) Die einzelnen Handlungen zur Markierung von Gender sind somit nicht frei aushandelbar, sondern durch bestimmte sedimentierte Kulturmuster vorgegeben. (Vgl. Knoblauch 1994) D.h. unsere alltäglichen Verfahren des *gender display* reflektieren zugleich fundamentale Merkmale der Sozialstruktur. Goffman spricht in diesem Zusammenhang wiederholt von institutioneller Reflexivität. (iv) Darüber hinaus wird bei Goffman das Geschlechterarrangement als dynamischer und inhärent kommunikativer Prozess betrachtet, der sich durch historische und kulturelle Variabilität und Veränderbarkeit auszeichnet.

Die Genderlinguistik griff – in Anlehnung an Garfinkel und Goffman – die Frage nach den sprachlichen Verfahren zur Konstruktion von Geschlechtszugehörigkeiten auf. Dabei ist Genderlinguistik per se interdisziplinär angelegt, da die Thematik einen Bezug zu theoretischen Konzepten von Geschlecht (siehe u.a. Spieß und Motschenbacher in diesem Band) und sozialwissenschaftlichen Analysen (siehe Macha, Kotthoff, Franz/Günthner, Bukop/Hüpper und Spreckels in diesem Band) zur sozialen Wirklichkeit der Geschlechter notwendig macht. Der Bezug auf verschiedene gendertheoretische Modelle impliziert wiederum divergente Ausprägungen und Anwendungsbereiche der Genderlinguistik.[4]

Ausgangspunkt linguistischer Untersuchungen ist die Feststellung, dass in den verschiedenen Kommunikationsbereichen und -situationen Geschlecht unterschiedlich performiert wird: Den Geschlechtern werden in der alltäglichen sozialen Interaktion unterschiedliche Merkmale und Eigenschaften zugeschrieben, sie werden unterschiedlich behandelt und/ oder sie folgen häufig stereotypen Verhaltens- und Handlungsmustern.

---

3   Eine ähnliche Position vertritt auch Bourdieu (2005: 74f.), der argumentiert, dass die Gender-Konstruktion „alles andere als der willentliche, freie bewusste intellektuelle Akt eines einsamen ‚Subjekts' [ist]. Sie ist vielmehr der Effekt eines Vermögens, das in Form von Wahrnehmungsschemata und Dispositionen (...), die für bestimmte symbolische Äußerungen der Macht empfänglich machen, dauerhaft in die Körper der Beherrschten eingeprägt ist".

4   So beziehen sich interaktions- und gesprächsanalytische Untersuchungen auf West/ Zimmermanns Konzept des *doing gender*, Vgl. West/Zimmerman (1987); vgl. Goffman ²2001); vgl. Günthner/Kotthoff (1992); vgl. Kotthoff/Wodak (1997), während Untersuchungen aus dem Bereich der kritischen Diskursanalyse einen Bezug zu poststrukturalistischen Geschlechterkonzeptionen von Butler oder Foucault herstellen. Vgl. v.a. Wodak (1997); vgl. M. Jäger (2004); vgl. darüber hinaus zusammenfassend auch Lazar (2005a); vgl. Buchholtz (2003); vgl. Mills (1998, 2003) und Hornscheidt (2002).

Dabei geschehen diese Zuschreibungen sowie der Bezug auf stereotype Verhaltens- und Handlungsmuster immer in Abhängigkeit von kulturspezifischen Ideologien zur Weiblichkeit bzw. Männlichkeit (Günthner 1996, 2001, 2006) und setzen bereits bei Geburt des Kindes (inzwischen sogar bereits während der Schwangerschaft) ein. Dies schlägt sich auf fast allen sprachstrukturellen Ebenen nieder bis hin zur Interpretation grammatischer Merkmale und grammatischer Theorien. Und ebenso konstituieren sich diese Zuschreibungen in der alltäglichen Interaktion. So konstatiert Goffman, dass

> [i]n allen Gesellschaften [...] die anfängliche Zuordnung zu einer Geschlechtsklasse den ersten Schritt in einem fortwährenden Sortierungsvorgang [bildet], der die Angehörigen beider Klassen einer unterschiedlichen Sozialisation unterwirft. Von Anfang an werden die der männlichen und die der weiblichen Klasse zugeordneten Personen unterschiedlich behandelt, sie machen verschiedene Erfahrungen, dürfen andere Erwartungen stellen und müssen andere erfüllen. Als Folge davon lagert sich eine geschlechtsklassenspezifische Weise der äußeren Erscheinung, des Handelns und Fühlens objektiv über das biologische Muster, die dieses ausbaut, mißachtet oder durchkreuzt. Jede Gesellschaft bildet auf diese Weise Geschlechtsklassen aus, wenn auch jede auf ihre je eigene Art. (Goffman ²2001: 109)

Butler betont aus einer philosophisch-erkenntnistheoretischen Wissenschaftstradition die Unausweichlichkeit gesellschaftlicher Geschlechterkonstruktion:

> Gender ist eine Praxis der Improvisation im Rahmen des Zwangs. Außerdem »spielt« man seine Geschlechtsrolle nicht allein. Man »spielt« immer mit oder für einen anderen, selbst wenn dieser andere nur vorgestellt ist. Was ich als das »eigene« Gender bezeichne, erscheint manchmal als etwas, dessen Urheber ich bin oder das ich sogar besitze. Die Bedingungen, die das eigene Gender kreieren, liegen jedoch von Anfang an außerhalb meiner selbst, wurzeln außerhalb meiner selbst in einer Sozialität, die keinen einzelnen Urheber kennt (und die Idee der Urheberschaft selbst grundlegend in Frage stellt). (Butler 2009: 9)

Während also Goffman davon ausgeht, dass das biologische Geschlecht sozial überformt wird, stellt Butler innerhalb ihres *performing gender*-Konzeptes die Unterscheidung zwischen biologischem und kulturellem Geschlecht an sich radikal in Frage.[5] Sie konstatiert, dass das geschlechtliche Subjekt immer schon ein Produkt jeweils dominanter Herrschaftsstrukturen und die Naturalisierung der Geschlechter ein Effekt von Diskursen darstellt (vgl. hier Butler 2003, 2009; vgl. Dorer/Klaus 2003; Buchholtz 2003). Demnach gibt es keine prädiskursive Geschlechterzugehörigkeit, sondern nur eine diskursive, überindividuell erzeugte.

---

5   Verwunderlich ist allerdings, dass Butler weder Garfinkel noch Goffman erwähnt, obwohl ihre Untersuchungen an die Studien Garfinkels und Goffmans anschließen und ihr Konzept des *performing gender* eine Erweiterung der interaktiven Geschlechterkonstruktion darstellt.

Allerdings versuchte Hirschauer (1989) bereits einige Jahre bevor Butler ihre Thesen in ihrem viel diskutierten Buch *Gender trouble* (1990, deutsch 1991) formulierte, in seinem Aufsatz *Die interaktive Konstruktion von Geschlechtszugehörigkeit* „die These einer sozialen Konstruktion des Geschlechts plausibel zu machen, die den Körper nicht als Basis, sondern als Effekt sozialer Prozesse sieht." (Hirschauer 1989: 101) Diese Verschiebung von repräsentationistischen Auffassungen von Geschlecht hin zu Auffassungen von Geschlecht als Effekt sozialer Prozesse kann als Kern der „Dritten Welle des Feminismus" („Third Wave Feminism") angesehen werden (vgl. Mills 2003), für die Butler wie auch Hirschauer stehen.

Entgegen der Ineinssetzung von Gender und Sex[6] im Anschluss poststrukturalistischer Gendertheorien, ist u.E. eine Ausdifferenzierung von Gender notwendig.[7] Dabei ist von drei unterschiedlichen Momenten auszugehen: dem menschlichen Körper als Materialität (der immer auch schon kulturelles Artefakt darstellt), Gender als Konstruktion von Attributionen, Wahrnehmungen, Erwartungen, Verhalten und Körperpraktiken sowie der sexuellen Orientierung/dem sexuellen Begehren. Diese drei Momente können auf unterschiedliche Weise zusammenspielen und ihr Zusammenspiel präzisiert das, was man als „diskursive Hervorbringung von Geschlecht" bezeichnet.

Die alltäglichen Verfahren der sprachlichen Konstruktion von Geschlechtsidentität stellen somit äußerst komplexe, plurifaktorielle Vorgänge dar, die von zahlreichen sprachlichen und außersprachlichen Faktoren bedingt sind und selbst wiederum Kontexte hervorbringen. Dass sich dabei gesellschaftliche Strukturen, hier in Form von Geschlechtsbildern und Rollenmustern, sprachlich ausprägen, liegt somit auf der Hand.

Die Grundannahme der Konstruktivität bezieht sich sowohl auf biologische Geschlechtsmerkmale als auch auf das soziale oder kulturelle Geschlecht. Auch der Körper ist damit immer schon sozial konstruiert. Neben soziologischen, ethnomethodologischen Auseinandersetzungen

---

6 Dass nicht immer davon ausgegangen wurde, dass der Körper in zwei naturgegebene Geschlechter einzuteilen ist, hat Laqueur (1996) deutlich herausgearbeitet. Bis zum 17. Jahrhundert ging man von einem Ein-Geschlecht-Modell aus, so Laqueur, das sich verschieden ausprägt und an dessen Polen der Mann als Prototyp des Geschlechts einerseits und die Frau als missglückter Mann andererseits betrachtet und interpretiert wurde. Und so schreibt auch Anzenbacher, der an Thomas von Aquin exemplarisch die Auffassung für das Zeitalter der Scholastik, die sich wiederum auf Aristoteles bezieht, erläutert: „Das Weibliche als das Unvollkommene entsteht also gewissermaßen entgegen der natürlichen Zeugungsintention. Die Frau ist eigentlich ein Mann, aber ein solcher, der in seiner Entwicklung irgendwie behindert, blockiert, gehemmt, beeinträchtigt oder verunglückt ist. Damit ergibt sich das berühmte Axiom: Femina est mas occasionatus, ein verhinderter bzw. verunglückter Mann [...]" (Anzenbacher 2008: 22).

7 Butler deutet eine solche Dreiteilung an, insofern sie von der Unterschiedlichkeit der Körper ausgeht und sexuelle Orientierungen im Kontext ihrer Gendertheorie thematisiert.

mit der Ordnungskategorie Geschlecht (Garfinkel 1967; Goffman 1977/94) nehmen genderlinguistische Untersuchungen bezüglich ihrer theoretischen Fundierung allerdings kaum Bezug auf Butler und Foucault,[8] während die literaturwissenschaftlichen Gender Studies ihre Argumentation dagegen vornehmlich auf Butler und Foucault aufbauen. Butler entwickelt ihre Argumentation vor dem Hintergrund der foucaultschen Arbeiten zum Diskurs- und Subjektbegriff. Beide sind Vertreter des poststrukturalistischen Paradigmas und gehen von der *diskursiven* Konstruktion des Geschlechts aus, beide lehnen universale Konzepte von Geschlecht und Subjektivität ab und beide kritisieren normative Letztbegründungen. Ihnen geht es vielmehr um eine kontextsensible Verortung und historische Bedingtheit von Subjekten (vgl. Villa 2004: 235f.). Foucault (1977b, 1998, 2005) setzt sich in verschiedenen Schriften mit Geschlechtskonstruktionen auseinander, er selbst verortet sich jedoch nicht explizit in der Genderforschung.

Relevante Konzepte zur Beschreibung des geschlechtlichen Konstruktionsprozesses lassen sich vor dem genannten Hintergrund der Konstruktivität von Geschlechtskategorien ebenso in den Konzepten des *doing gender* (West/Zimmermann 1987), des *undoing gender* (Hirschauer 2001, Günthner 2006), des *indexing gender* (Ochs 1992) oder im Konzept des *performing gender* (Butler 2003) finden.[9] Während allerdings das Konzept des

---

8   Eigentümlicherweise werden die soziologischen und philosophischen Positionen nicht als sich einander ergänzend rezipiert, sondern in einem Konkurrenzverhältnis zueinander stehend betrachtet, obgleich sie aus unterschiedlichen Wissenschaftstraditionen stammen. Gerade die Auffassung Butlers von der Postsouveränität des Subjekts stützt die These von der Konstruktivität der Geschlechterkategorien, die bereits bei Goffman zu finden ist, bei Butler jedoch ihre Radikalisierung erfährt, indem sie davon ausgeht, „dass der Körper ‚keine, vorgängige Materialität' ist, sondern auch selber schon kulturell geformt ist." (Hornscheidt 2002: 13; vgl. auch Butler 2003: 21–28) Nicht zuletzt öffentliche Auseinandersetzungen um das Geschlecht von Caster Semenya – einer Leichtathletin – sprechen für die These Butlers. Vgl. hierzu exemplarisch die Berichterstattung in der SZ im Zeitraum August bis September 2009 und im Juni bis September 2010. Die Zuordnung der Person Semenya zu einem der beiden dominanten Geschlechter wurde in den Medien diskursiv verhandelt und die Uneindeutigkeit des Geschlechts zuweilen auf diskriminierende Art und Weise thematisiert.

9   Lazar (2005a) betont, dass sich innerhalb der Critical Discourse Analysis sowohl der Bezug auf das *doing gender*-Konzept als auch der Bezug auf das poststrukturalistische Konzept des *performing gender* finden lassen. Sie konstatiert, dass „the ethnomethodological ‚take' is quite clearly compatible with feminist CDA research in its insistence on situating gender accomplishments within institutional frameworks, and in asserting that doing gender means creating hierarchical differences between people. […] Although some would argue against the compatibility between conversation analysis and CDA perspectives (see Schegloff 1997), feminist conversation analysts have found the engagement a fruitful one (see Stokoe an Weatherhall 2002; […]). These feminist scholars stress both the value of the emergent character of gender in interactions, and the need for sociohistorical and institutional framing of the category gender." (Lazar 2005a: 12–14)

doing gender von West/Zimmerman[10] eine Differenzierung in „sex" und „gender" vornimmt, gehen die Ansätze Hirschauers und Butlers über diese Differenzierung hinaus. Beide heben – wie oben skizziert – hervor, dass sowohl Körper als auch soziale Rollen/Positionen interaktiv bzw. diskursiv erzeugt werden. Gender kann demzufolge nicht mehr als essentiell, statisch und natürlich begriffen werden, sondern muss im Kontext des „Third Wave Feminism" als Praxis der Unterscheidung betrachtet werden, die permanent hergestellt wird. Hark konstatiert in Rückbezug auf Butler und de Lauretis, dass

> Gender [...] nicht Ausdruck eines inneren Kerns oder einer statischen Essenz [ist], sondern eine wiederholte Einsetzung von Normen, die nachträglich das Erscheinen von gender als einer dauernden inneren Tiefe produziert. Vorgeblich essentielle Geschlechtsidentitäten – sex – sind also als Effekte kultureller Normen zu lesen; jeglicher Rekurs auf vordiskursive Geschlechtskörper ist somit eine Strategie der enthistorisierenden Naturalisierung [...]. (Hark ²2006: 363)

Geschlechter lassen sich nicht im Rückbezug auf die Natur bestimmen, weil schon die Unterscheidung zwischen Natur und Kultur eine diskursiv erzeugte Differenz darstellt. Das Natürliche selbst ist insofern immer schon menschliches Artefakt, als das Natürliche durch die Selbstwahrnehmung erst konstruiert wird:

> Natur wird immer nur im Rahmen einer bestimmten individuellen Verfasstheit und eines bestimmten kulturellen und historischen Kontextes begriffen, so dass ‚Natur' uns selbstverständlich immer nur als soziale Konstruktion zugänglich und begreiflich ist. (Spieß 2008: 333)[11]

In diesem Kontext nimmt Sprache im Hinblick auf die Konstruktion und Repräsentation von Geschlecht eine zentrale und konstitutive Rolle ein (vgl. Hark ²2006: 362). Zusammenfassend könnte man mit Hark und mit Bezug auf gegenwärtige Genderkonzepte also gerade auch im Hinblick auf die Linguistik feststellen:

> [...] die Frage ist nicht, ob es Geschlecht gibt. Natürlich gibt es Geschlecht. Die Frage ist vielmehr, *wie* existiert es: als wesensmäßige, überhistorische und/oder transkulturelle Erfahrung oder als Effekt der Formierung und Verschränkung verschiedener Wissensbereiche. (Hark ²2006: 364)

Vor diesem Hintergrund ist mit Dorer/Klaus vor allem auf die entscheidende und nicht zu unterschätzende Rolle der Medien hinsichtlich der Geschlechterkonstruktion hinzuweisen:

> Indem Medien zu allgegenwärtigen, kulturellen Institutionen unserer Gesellschaft wurden, sind sie im besonderen Maße an der Konstruktion von gesellschaftlichen

---

10 Mittlerweile wurde dieses Konzept erweitert. Vgl. hierzu Hirschauer (1989) sowie Kotthoff (2002).
11 Vgl. hierzu auch Nussbaum (2002: 200); vgl. Butler (1997, 2003 und 2009); vgl. Hornscheidt (2002).

Geschlechterdefinitionen, medialen Geschlechterpositionierungen und diskursiven Geschlechteridentitäten bzw. Subjektpositionierungen beteiligt. (Dorer/ Klaus 2003: 551; vgl. hierzu auch Kapitel 3.3 dieses Beitrags)

Zusammenfassend bleibt festzuhalten, dass sich die Prämissen, Forschungsfragen und Forschungsziele der Frauenforschung der 70er Jahre bis heute deutlich geändert haben (vgl. Mills 2003). Während in den 70er Jahren die Binarität der Geschlechter als natürliche Differenz aufgefasst und dementsprechend nicht in Frage gestellt, von einer Stabilität von Geschlechtsidentitäten ausgegangen, Forschungsfragen im Hinblick auf die Frau als eine Abweichung von der Norm formuliert wurden, sich dementsprechend auch die Forschungsziele als auf Transparenz hin wirkend verstanden, sind bei der Genderforschung seit den 90er Jahren andere Prämissen, Forschungsfragen und -ziele festzustellen: Die Annahme einer permanenten kulturellen, interaktionellen Konstruktion der Geschlechterdifferenz, die Instabilität der Geschlechtsidentitäten fokussierten auf die Entdeckung der Konstruktionsstrategien oder Regularitäten bzw. die Mechanismen des *doing gender*. Genderforschung zielt seither auf die Analyse der Prozesse und Kontextualisierungen von Geschlechterkonstruktionen und geht von der Vielfältigkeit der Geschlechtsidentitäten (vgl. Butler 2003)[12] aus. Im Fokus stehen somit De- und Neukonstruktionsprozesse von Geschlecht.[13] Es geht nun nicht mehr darum, wie die Kategorie Geschlecht im Sinne einer Widerspiegelung gesellschaftlicher Gegebenheiten in der Sprache repräsentiert wird, sondern wie Geschlechtlichkeit in einem andauernden Prozess, ständig neu hergestellt wird.[14] Geschlecht wird damit anti-essentialistisch konzeptualisiert und der Geschlechterdualismus als ein Konstrukt historischer und sozialer Prozesse bzw. Handlungen beschrieben sowie als ein Effekt diskursiver Prozesse aufgefasst.[15]

Mit der Verschiebung von Frauenforschung hin zur Geschlechterforschung werden darüber hinaus sämtliche Geschlechtskonstruktionen in den Blick genommen und nicht nur das weibliche Geschlecht fokussiert.[16]

---

12 Die Annahme einer Vielheit von Geschlechtsidentitäten ist umstritten und wird kontrovers diskutiert. Nicht zuletzt die biologischen Uneindeutigkeiten bei der genetischen Zuordnung von Geschlecht führen immer wieder einmal im öffentlichen Raum zur Debatte um die Geschlechtskategorisierungen. Vgl. hier auch die Anmerkungen in Fußnote 8.
13 Vgl. Mills (2003); vgl. Dorer/Angerer (1994: 10–12); vgl. Dorer/Klaus (2007).
14 Vgl. Garfinkel (1967); vgl. Hirschauer (1989, 2001); vgl. Butler (2003, 2009); vgl. West/ Zimmermann (1987); vgl. Günthner (2001, 2006); vgl. Kotthoff (2002).
15 Butler stellt in diesem Kontext die Frage, inwiefern diskursive Prozesse hinsichtlich der Geschlechterkonstruktion bewusst und individuell unterlaufen werden können. Ihr geht es diesbezüglich vor allem um individuelle Freiheitsspielräume bezüglich der geschlechtlichen Orientierung. Vgl. hier Butler (1997, 2003 und 2009).
16 Vgl. hier vor allem aktuelle Studien zur Förderung von Jungen und Männern; vgl. u.a. den Beitrag in der SZ von Klaus Hurrelmann „Wir brauchen Männerarbeit" vom 3.7.2010; vgl.

Denjenigen Ansätzen, die die Binarität der Geschlechter in weibliches und männliches Geschlecht weiterhin als natürlich gegeben voraussetzen, stehen (de-)konstruktivistische Ansätze kritisch gegenüber (vgl. Hornscheidt 2002; vgl. Lazar 2005a und b; vgl. Mills 2003). Neueren Genderkonzepten ist zudem gemein, dass Gender eine Kategorie unter vielen ist, die situativ relevant gesetzt werden kann (Günthner 1992a und b). Nicht immer spielt also die Kategorie Gender in unserer alltäglichen Praxis eine zentrale bzw. überhaupt eine Rolle. Vielmehr muss diese Kategorie im Kontext weiterer Kategorisierungen gesehen werden wie ethnische und soziale Zugehörigkeit oder Herkunft bzw. soziales Milieu, Alter, Bildungshintergrund, sexuelle Orientierung, institutionelle Rolle bzw. institutioneller Status oder Befähigung/Behinderung.

3. Entwicklungslinien, gegenwärtige Tendenzen und Perspektiven der Genderlinguistik

Mit der Begründung der Neuen Frauenbewegung in den 1970er Jahren (im Zuge der Neuen Sozialen Bewegungen) und der Frage nach Ursachen gesellschaftlicher Diskriminierung und Ungleichbehandlung von Frauen und Männern etablierte sich Ende der 70er Jahre die feministische Sprachkritik und infolgedessen der Forschungsbereich der Feministischen Linguistik, die Sprache und sprachliches Handeln als zentrale Faktoren zur Konstruktion von sozialer Wirklichkeit untersucht. Mittels sprachlichen Handelns erzeugen wir soziale Realitäten, mittels Sprache kategorisieren wir die Welt, mittels Sprache konstituieren wir unsere sozialen Beziehungen, mittels Sprache vermitteln wir unsere Wertvorstellungen, Normen und unsere Relevanzsysteme, die sich zugleich aber auch im sprachlichen Gebrauch manifestieren. Sprache ist also mehr als ein Kommunikationsmittel. Sie ist zugleich Ausdruck unserer Werte, Normen und unseres Denkens. Sie hat die zentrale Rolle bei der Konstruktion, Zementierung und Modifikation gesellschaftlicher – und damit auch geschlechterbezogener – Wirklichkeiten (Berger/Luckmann 1966/[20]2004).

Ziel feministischer Sprachkritik, die in der Bundesrepublik vor allem von Luise Pusch, Senta Trömel-Plötz und Marlis Hellinger initiiert wurde, war es somit, Formen sprachlicher Diskriminierung aufzudecken und eine sprachliche Gleichbehandlung von Frauen und Männern zu erreichen.[17] Dies implizierte zugleich mehrere Aspekte: Zum einen ging man davon

---

auch Luca (2003); vgl. Untersuchungen zur Konstruktion von Transsexualität z.B. Foucault (1998); vgl. Butler (2003, 2009); vgl. Garfinkel (1967).

17 Vgl. hier die Auseinandersetzung zwischen Trömel-Plötz (1978), Pusch (1979) und Kalverkämper (1979).

aus, dass die soziale Ungleichbehandlung von Frauen und Männern und damit die ‚patriarchalischen Strukturen der Gesellschaft' sich im sprachlichen Bereich (in der Sprache wie auch im Sprachgebrauch) einerseits widerspiegeln und andererseits durch sprachliches Handeln wiederum konstruiert und bestätigt werden. Im Kontext der Frauenbewegung wurden diskriminierende Sprache und diskriminierender Sprachgebrauch sowie mögliche Unterschiede im Kommunikationsverhalten zwischen Frauen und Männern kritisch reflektiert. Sprachliche Strukturen und Sprachgebrauch wurden als Teilbereich der sozialen und gesellschaftlichen Ordnungskategorie Geschlecht betrachtet, mit der gesellschaftliche Wirklichkeit konstruiert und repräsentiert wird.[18]

Während heutzutage eine strikte Trennung von System und Gebrauch obsolet erscheint bzw. als überholt zu betrachten ist, wurde in den 80er Jahren noch die Unterscheidung zwischen Sprachsystem und Sprachgebrauch als zwei voneinander losgelöste Bereiche aufrecht erhalten, was sich an der Auseinandersetzung um das Generische Maskulinum zeigt und in der Differenzierung der feministischen Sprachkritik deutlich wird (vgl. vor allem die Kategorisierungen bei Samel ^{2}2000 und Klann-Delius 2005, die hier einen Unterschied machen).

Bereits bei Trömel-Plötz (1978) und Pusch (1979) aber kommt zum Vorschein, dass Aspekte des Sprachsystems innerhalb des Sprachgebrauchs (z.B. Verwendung generischer Maskulina!) fokussiert und beide Perspektiven der Sprachbetrachtung integriert werden. Und ebenso veranschaulichen die sprachpolitischen Unternehmungen seitens Guentherodt/ Hellinger u.a. (1980) oder Trömel-Plötz/Pusch/Hellinger/Guentherodt (1981) das Zusammenspiel von sprachsystembezogener und sprachgebrauchsbezogener Perspektive auf Sprache. Dementsprechend sind aus heutiger Perspektive die Anfänge der feministischen Sprachkritik in den 70er Jahren als sprachgebrauchsbezogene Untersuchungen, die sich aber sprachsystembezogener Fragestellungen annahmen, aufzufassen. Sprachsystembezogene Fragestellungen haben dabei unterschiedliche Referenzbereiche. So beziehen sich systematische Untersuchungen auf die Morphologie (Movierungen, Generisches Maskulinum) oder auf das Lexikon (insbesondere Berufsbezeichnungen, Personenbezeichnungen) (vgl. hier Bußmann 2005). Kontrovers und einschlägig diskutiert wurde Ende der 70er Jahre die Problematik um das Generische Maskulinum (GM).[19] Im

---

18 Seither hat sich der Forschungsbereich der feministischen Sprachkritik und feministischen Linguistik hin zur Genderlinguistik entwickelt. Die Entwicklung wird u.a. bei Samel (^{2}2000), Klann-Delius (2005), Hornscheidt (2002), Bußmann (2005) und Gorny (2005) mehr oder weniger ausführlich nachgezeichnet und thematisiert.
19 Kognitionslinguistische Untersuchungen hinsichtlich der Wahrnehmung generischer Maskulinaformen stützen die These der feministischen Linguistinnen. So haben Klein

Kontext dieser Debatte haben sich Pro- und Contra-Argumentationen hinsichtlich der Verwendung des Generischen Maskulinums entwickelt. Je nach vorausgesetzter Genustheorie wird das GM als geschlechtergerechter Sprachgebrauch (Leiss 1994 und Kalverkämper 1979) oder als diskriminierender Sprachgebrauch (Pusch 1984a und b, 1990; Trömel-Plötz 1978) begründet.[20] Zugleich wird an dieser Auseinandersetzung offensichtlich, dass eine Trennung zwischen Sprachsystem und Sprachgebrauch wenig sinnvoll ist.

Sprachgebrauchsbezogene Untersuchungen gehen vom konkreten, alltäglichen Sprachgebrauch aus und legen ihren Untersuchungen bis auf wenige Ausnahmen (de)konstruktivistische Gendertheorien zugrunde. Seit Beginn der feministischen Linguistik bis zur gegenwärtigen Genderlinguistik wurden zahlreiche Untersuchungen vorgenommen, die je spezifische Aspekte fokussierten. Aus gesprächsanalytischer Perspektive (Trömel-Plötz) kam die Frage nach sprachlichen Asymmetrien auf, die in der Verwendung des Generischen Maskulinums kulminierte. Die bisherigen sprachgebrauchsbezogenen Untersuchungen in diesem Forschungsbereich können weiter differenziert werden in Analysen, die auf das differente Sprach- bzw. Kommunikationsverhalten der Geschlechter und auf die Konstruktion von Geschlecht in Gesprächen zielen, sowie Untersuchungen, die die sprachlichen Konstruktionen von Geschlechtsidentität in verschiedenen Kontexten und Medien in den Blick nehmen.

Sprachpolitische Anliegen bzw. Empfehlungen wurden bereits mit dem Beginn Feministischer Sprachkritik als eigentliches Ziel deutlich formuliert (vgl. z.B. Guentherodt/Hellinger u.a. 1980; vgl. Pusch 1984a und b; vgl. Trömel-Plötz u.a. 1981). Diese sprachpolitischen Empfehlungen seitens der Feministischen Linguistik der 70er Jahre intendierten die Beseitigung sprachlicher Asymmetrien in System und Gebrauch. Die empfohlenen sprachpolitischen Maßnahmen umfassen Forderungen zur Durchsetzung geschlechtergerechter Formulierungen in der Amtssprache und Behördensprache, geschlechtergerechte Formulierungen von Stellenausschreibungen, geschlechtergerechte Formulierungen von Prüfungsordnungen etc. In diesem Zusammenhang wurde zudem diskutiert, ob Beidnennungen, Neutralisierungen oder das Generische Femininum, Binnen-I oder Neutrum-Formen (z. B. das Student, das Professor, vgl. Pusch 1984a: 63) geeigneter seien, die Asymmetrien zu beseitigen.

(2004), Braun u.a. (1998) oder Irmen/Steiger (2005) herausgefunden, dass das generische Maskulinum keineswegs geschlechtsabstrahierend, sondern als männlich wahrgenommen wird.

20 Vgl. dazu die Debatte in den Linguistischen Berichten von Hartmut Kalverkämper (1979) und Senta Trömel-Plötz (1978). Zur Diskussion von Gendertheorien und deren Relevanz vgl. Irmen/Steiger (2005); vgl. Leiss (1994); vgl. Doleschal (2002).

Die Verlagerung der Fragestellung von der sprachlichen Darstellung bzw. Repräsentation der Geschlechter, von sprachlichen Verhaltensweisen der Geschlechter hin zur Frage nach der Konstruktion der Kategorie Geschlecht in verschiedenen Kommunikationsbereichen, Textsorten, kommunikativen Gattungen, Situationen etc. (vgl. hier Mills 2003) bewirkte auch die Etablierung neuer Methoden und Zugriffsweisen auf den Gegenstand. Relevant wurde in diesem Zusammenhang vor allem die Annahme, dass Geschlecht eine Variable von mehreren – wie etwa Ethnie, soziales Milieu, Alter, institutionelle und soziale Rollen, sexuelle Orientierung oder Schulbildung oder Behinderung – ist, die miteinander in enger Verbindung stehen.[21]

> As McClintock (1995) has noted, this separating of gender form other variables – is if one's gendered subjectivity were separate from one's racial and/or classed subjectivity – is not an adequate theorizing of the way in which gender, race and class are experienced (see also Skeggs, 1997). Race is always experienced as already gendered and classed, and gender as already racially and class inflected, rather than it being possible to separate them off from each other. This general theorizing of the relation between gender and other variables has profound implications for the type of analysis feminists can perform on texts. (Mills 1998: 239–240)

Diese Einsicht ist in der jüngeren Genderlinguistik entsprechend dem allgemeinen Trend der Gender Studies forschungsleitend. Demzufolge wurden Analysekonzepte umgesetzt bzw. bieten sich solche Analysekonzepte an, die plurifaktoriell und prozessorientiert sind.[22]

Genderlinguistik stellt sich gegenwärtig nicht als eine alternative Form von Linguistik dar oder als ein von anderen linguistischen Bereichen abgetrennter Forschungsbereich. Vielmehr handelt es sich bei Genderlinguistik um eine Perspektive, die innerhalb der vorhandenen Forschungsteilbereiche zur Geltung kommt oder auch Verknüpfungen zwischen den Teilbereichen herstellt. So ist Genderlinguistik Sprachkritik; sie ist auf spezifische Weise der Soziolinguistik verhaftet, wobei sie in diesem Rahmen durch ihre Anliegen sowohl theoretische als auch methodische Fragestellungen modifiziert oder weiterentwickelt hat. Sie hat sich in jüngerer Zeit gerade im Kontext der Gesprächsforschung und Konversationsanalyse und später im Rahmen der Kritischen Diskursanalyse etabliert, in Ansätzen kommen genderlinguistische Fragestellungen aber auch im Bereich der Diskurssemantik vor sowie in den Debatten um Sprachveränderungen

---

21 Hierzu ausführlich Günthner (1992a und b, 2001, 2006).
22 Hier wären die Konzepte der Interaktionalen Linguistik (*doing gender, indexing gender, undoing gender*, und der Rahmen der *community of practices*) (hierzu auch Kotthoff, Franz/Günthner und Spreckels in diesem Band) oder der Kritischen Diskursanalyse (*performing gender* mit dem Rahmen des Diskurses) zu nennen (vgl. Holmes/Meyerhoff 2006; vgl. Lazar 2005a und b).

und Sprachwandelerscheinungen, in Untersuchungen zur *political correctness* sowie im Kontext des Zusammenhangs von Sprache und Institutionen. Genderbezogene linguistische Fragestellungen sind somit in erster Linie sprachgebrauchsbezogen, berühren und integrieren aber in ihrem Bezug auf den Sprachgebrauch auch sprachsystematische Aspekte (Phonologie, Morphologie, Syntax, Lexikologie).[23] Dass es sich hinsichtlich der Kategorien Sprachgebrauch und Sprachsystem um zwei nicht voneinander zu isolierende Perspektiven auf Sprache handelt, die sich gegenseitig bedingen, zeigen in besonderer Weise die Beiträge von Nübling, Schroeter/Linke/Bubenhofer sowie Köpcke in diesem Band.

Die sprachgebrauchsbezogenen Untersuchungen lassen sich differenzieren in die Gesprächsforschung und Konversationsanalyse, die sich in erster Linie mit der gesprochenen Sprache befassen und ihren Untersuchungen ethnomethodologische Konzepte zugrunde legen und in die Kritische Diskursanalyse. Die Kritische Diskursanalyse bzw. Critical Discourse Analysis (CDA) als eine Ausprägung der Diskurslinguistik befasst sich sowohl mit schriftsprachlichen Texten als auch mit Gesprächen, jedoch aus einer anderen Perspektive als die Gesprächsforschung und Konversationsanalyse. Feministische Kritische Diskurslinguistik versucht, die Konzepte und Methoden der Gesprächsforschung/Konversationsanalyse mit denen der Kritischen Diskursanalyse zu verbinden (vgl. dazu Lazar 2005a und b).

3.1 Perspektive Gesprächsforschung/Konversationsanalyse

Linguistische Untersuchungen im Kontext der Gesprächsforschung und Konversationsanalyse zum Themenbereich Geschlechtsidentitäten sind zahlreich. Insbesondere zeichnet sich die US-amerikanische Forschungslandschaft diesbezüglich dynamisch und gegenwärtig als äußerst fruchtbar aus, während sich im deutschsprachigen Raum in den vergangenen Jahren weniger Bewegung zeigte. Vor allem die Untersuchungen von Mills (^{2}2004), Lazar (2005a und b), Buchholtz (2003) oder Holmes/Meyerhoff (2003) sind Beispiele für die gegenwärtig produktive Auseinandersetzung mit dem Verhältnis von Sprache und Geschlecht. Dabei ist gerade auch für den Bereich der Gesprächsanalyse in den letzten Jahren eine Orientierung hin zur Fragestellung, ob und wie Gender in der alltäglichen sozialen Praxis intersubjektiv hergestellt oder relevant gesetzt wird (vgl. hier auch Günthner/Franz, Spreckels sowie Kotthoff in diesem Band), festzustellen.

---

23 Vgl. hierzu Fischer (2004). Fischer macht deutlich, dass Sprachsystem, Sprachgebrauch und Sprachnorm eng miteinander verwoben sind und Veränderungen in einem Bereich Veränderungen in den anderen Bereichen nach sich ziehen.

Es geht also in erster Linie um die Art und Weise der sprachlichen Konstruktion von Geschlechtsidentitäten im privaten und institutionellen Rahmen.

Die Beiträge in diesem Band, die dem Bereich der Gesprächsanalyse/Konversationsanalyse zuzuordnen sind (Franz/Günthner, Kotthoff, Spreckels) verdeutlichen insbesondere den kontextbezogenen Aspekt der Inszenierung von Geschlechtszugehörigkeit (vgl. Franz/Günthner). Die Ergebnisse unterstreichen zudem die miteinander in Bezug stehenden Konzepte des *doing* und *undoing gender* sowie des *indexing gender* (vgl. Ochs 1992; vgl. Günthner 2006 und vgl. Kotthoff in diesem Band). In diesem Zusammenhang wird deutlich, wie sehr die sozialen Geschlechtskategorien *weiblich* und *männlich* Ordnungsmuster alltäglicher sozialer Praxis sind, an denen sich die Akteure orientieren (vgl. hier Knoblauch 1995), die sie selbstverständlich voraussetzen und durch die sprachliche Praxis selbst immer wieder stabilisierend hervorbringen.

3.2 Perspektive Diskurslinguistik

In den vergangenen 25 Jahren etablierte sich in der Linguistik der Forschungsteilbereich der Diskurslinguistik, der sich mittlerweile in verschiedene Ansätze ausdifferenziert hat und deren Gemeinsamkeit im Bezug auf Michel Foucault und die transtextuelle Ausrichtung der Analyse besteht.[24] Diskurse stellen – allgemein gesprochen – Aussagen- oder Textnetze dar.

Während sich die genderbezogene Forschung in der Gesprächs- und Konversationsanalyse schon lang etabliert hat, kann das für die sich erst seit Ende der 80er Jahre entwickelnde deutschsprachige Diskurslinguistik nur für die Ausprägung der Kritischen Diskursanalyse behauptet werden. In deren Kontext sind in den vergangenen Jahren Arbeiten zum Themenkomplex Gender – Macht – Ideologie entstanden.[25] Für den angelsächsischen Raum kann exemplarisch Lazar (2005 a und b) angeführt werden, die in ihrem Sammelband erstmals Beiträge der Feministischen Linguistik und der Kritischen Diskurslinguistik versammelt und deren Anliegen zusammenbringt. Im Fokus dieser Untersuchungen stehen Fragen, die im Spannungsfeld von Geschlecht, Macht, Ideologie und Diskurs zu verorten sind und die sich unterschiedlicher linguistischer Methoden bedienen, um die Diskursivierung der Normativität von Geschlechtsbinarität sowie der

---

24 Vgl. hier Warnke (2007); vgl. Warnke/Spitzmüller (2008); vgl. Gardt (2007); vgl. Bluhm u.a. (2000).
25 Vgl. M. Jäger (2004); vgl. Lazar (2005a und b) sowie Mills (2003, 2004). S. Jäger u.a. (1997) befasst sich u.a. mit Geschlecht aus diskurskritischer Perspektive; vgl. hierzu auch Hornscheidt (2002), die diesbezüglich ebenfalls Forschungsdefizite feststellt. Vgl. auch M. Jäger (2004).

damit verbundenen Heterosexualität zu beschreiben.[26] Diskurssemantische, deskriptiv orientierte Untersuchungen sind hier kaum dabei, wenngleich die Diskurssemantik u.E. einen Zugriff darstellt, der gut geeignet ist, gesellschaftlichen Konstruktionsprozessen auf sprachlicher Ebene nachzugehen, zumal sich der diskursanalytische, sich an Foucault anschließende Ansatz sowohl mit Konzepten des *doing gender/undoing gender* sowie mit der poststrukturalistischen Gender-Theorie Butlers vereinbaren lässt (vgl. hierzu Spieß in diesem Band).

3.3 Perspektive Gender und Medien

Medien[27] spielen eine entscheidende Rolle bei der Konstruktion und Sedimentierung von Geschlechtsidentitäten (vgl. auch Domke und Bukop/ Hüpper in diesem Band). Der sprachliche Konstruktionsprozess von Gender ist immer schon an bestimmte Medien und Kommunikationsformen gebunden; er findet in je spezifischen Kommunikationsbereichen in Form spezifischer Handlungsmuster statt. Medien bedingen den Konstruktionsprozess, steuern diesen und werden selbst durch den Prozess der Konstruktion in je spezifischer Weise beeinflusst.[28] Die Bedingungen wirken sich maßgeblich auf die sprachliche Manifestation von Geschlecht aus. Medium und Kommunikationsform bringen ihrerseits wiederum spezifische kommunikative Gattungen oder Textsorten hervor bzw. bedingen diese.

In der Medien- und Kommunikationsforschung sind die Untersuchungen zum Themenbereich Geschlecht kaum zu überblicken.[29] Darüber hinaus gibt es im Bereich der Erziehungswissenschaften Studien über Hervorbringung von Geschlechterrollen in Vorabendserien (vgl. hier Gille 2012) oder zur geschlechtsspezifischen Lesesozialisation und Medienrezeption.[30] In zahlreichen Studien wird dem Konstruktionspotenzial[31] der

---

26 Diskursanalytische Zugänge sind auch in den Medien- und Kommunikationswissenschaften zu finden. Vgl. hierzu Dorer/Angerer (1994); vgl. Becker/Kortendiek (2004) und vgl. Dorer/Klaus (2003).
27 Unter Medien wird hier in einem weiten Sinne die Gesamtheit der Kommunikationsmittel verstanden; jedoch fehlt an dieser Stelle der Raum zur Diskussion des Medienbegriffs. Vgl. Dürscheid (2003) sowie Röser/Wischermann (2004).
28 In diesem Kontext spielen verschiedene Öffentlichkeitskonzepte eine entscheidende Rolle. Vgl. dazu Neidhardt (1994); vgl. Luhmann (^{3}2005).
29 Vgl. hier z.B. Huhnke (1996); vgl. Dorer/Angerer (1994); vgl. Dorer/Geiger (2002). Die verschiedenen Untersuchungen fokussieren unterschiedliche Aspekte (massen)medialer Geschlechterkonstruktionen. Sie lassen sich folgendermaßen bündeln: Repräsentation von Geschlecht in den Massenmedien, Rezeption von Medien durch die Geschlechter, geschlechterspezifische Medienformate.
30 Vgl. hierzu Aufenanger (1995). Aufenanger betont, dass zahlreiche soziale Faktoren die Medienrezeption von Kindern beeinflussen und stellt diese in Bezug zu Geschlechtsrollen-

Medien nachgegangen und die damit verbundene Macht der Medien reflektiert.

Der sprachliche Aspekt von Genderkonstruktionen wird allerdings in der Medien- und Kommunikationswissenschaft nicht bzw. nur am Rande thematisiert. (Vgl. Dorer/Geiger 2002; vgl. Huhnke 1996) In linguistischer Perspektive haben sich vor allem Kotthoff (1994) und Motschenbacher (2008) mit der Darstellung der Geschlechter in der Werbung auseinandergesetzt. Kotthoff (1994) bezieht sich dabei auf Goffmans Untersuchung *Gender Advertisement* von 1976, die gerade für genderorientierte Analysen der Produktwerbung maßgeblich und weiterführend war. Aus linguistischer Perspektive wäre darüber hinaus interessant zu fragen, welche sprachlichen Strategien nicht nur in der Werbung genutzt werden, um Geschlecht relevant bzw. nicht relevant zu setzen und in verschiedenen Kontexten zu konstituieren. Hier böte sich eine Zusammenarbeit mit der Medien- und Kommunikationswissenschaft an,[32] denn diese Disziplinen berühren ebenfalls Fragestellungen nach der sprachlichen Konstruktion.

Untersuchungen in Tageszeitungen, Wochenzeitschriften oder anderen Printmedien hinsichtlich der Kontextualisierung von geschlechterspezifischen sprachlichen Verwendungsweisen – seien es Bezeichnungsphänomene, Ausdifferenzierungen von Bedeutungen bestimmter lexikalischer Einheiten oder sprachliche Zuschreibungs- und Bewertungshandlungen – sind aus linguistischer Perspektive bislang kaum angestellt worden.[33] Das ist verwunderlich, da die Printmedien (also so genannte Massenmedien) einerseits selbst permanent an der Konstruktion von Geschlechterzuschreibungen beteiligt sind, andererseits aber auch gesellschaftlich verfestigte Muster hinsichtlich von Geschlechterrollen reproduzieren und zwar nicht nur in Themenbereichen, die sich mit spezifischen Geschlechterfra-

---

erwerbstheorien. Er fordert, dass sich die Forschung „ebenso dem Erwerb der männlichen Geschlechtsrolle mit einem wissenschaftlichen Interesse zuzuwenden [habe], wie es in letzter Zeit für Mädchen und Frauen geschehen [ist]." Aufenanger (1995: 77) Mittlerweile gibt es diesbezüglich zahlreiche Studien, die sich auch mit dem männlichen Geschlechtsrollenerwerb auseinandersetzen. Vgl. u.a. Meuser (^{2}2006); vgl. Hurrelmann/Groeben (2006).

31 Ayaß stellt heraus, dass im Zuge der amerikanischen Serien wie ‚Dallas' oder ‚Denver Clan' die Diskussion darüber entstand, „ob es in Fernsehsendungen geschlechtsspezifische Erzählstrukturen gebe" (Ayaß 2008: 133). In diesem Kontext sind Analysen entstanden, so Ayaß, die ‚männliche' und ‚weibliche' Erzählungen in Serienformaten konstatieren und diese einander gegenüberstellen. Dass es sich dabei aber um eine zu sehr vereinfachende Pauschalisierung des Problemkomplexes handelt, stellt Ayaß in ihrer Bewertung der Studien deutlich heraus. Vgl. Ayaß (2008: 137).

32 Vgl. darüber hinaus auch Domke in diesem Band, die an der Schnittstelle Medien- und Kommunikationswissenschaft und Linguistik arbeitet.

33 Ausnahme ist hier wiederum Böke (1994) sowie Böke u.a. (1993), die printmediale Texte in ihre Untersuchungen mit einbeziehen.

gen befassen, sondern implizit in allen Bereichen, in denen Zweigeschlechtlichkeit, Identität etc. (auch indirekt) zur Sprache kommen.

4. Die Beiträge im Einzelnen

Mit dem vorliegenden Sammelband sollen neue Fragestellungen der Genderlinguistik aufgeworfen und Vernetzungen zu anderen aktuellen Debatten in der Linguistik (zur Positionierungsdebatte, zur Gattungsanalyse, zur Diskurslinguistik) hergestellt werden.

Die vorliegenden Beiträge decken verschiedene Untersuchungsfelder ab, verfolgen unterschiedliche methodische und theoretische Zugänge zur Thematik und stellen interdisziplinäre Bezüge her, so dass sich eine Einteilung in folgende Themenblöcke ergibt:
- theoretische Hintergründe und methodische Implikationen
- Geschlechter in medialen Zusammenhängen
- Geschlechter in der Interaktion
- das Zusammenspiel von Sprachsystem und Sprachgebrauch

4.1 Theoretische Hintergründe und methodische Implikationen

Der Band wird mit einem Beitrag von HILDEGARD MACHA eröffnet, der sich aus erziehungswissenschaftlicher Perspektive mit den gesellschaftlichen Rahmenvorgaben einer Gleichbehandlung der Geschlechter befasst. In ihrem Aufriss zur aktuellen geschlechtstypischen Sozialisation in den Koordinaten Familie, Schule und Arbeitsmarkt (Karrieren in der Wissenschaft und Einkommen von Führungskräften in der Wirtschaft) konstatiert Macha auf der Grundlage empirischer Daten veränderte Geschlechterrollen bei fortbestehender Geschlechterungleichheit: Alte Widersprüche sind aufgehoben, neue haben sich etabliert.

Ausgehend von der Feststellung, dass genderbezogene Diskursanalysen fast ausschließlich in der Critical Discourse Analysis beheimatet sind, macht CONSTANZE SPIEß in ihrem Beitrag die deskriptive Diskursanalyse als eine methodische Perspektive deskriptiver, empirischer Genderlinguistik stark, die einen deutlichen Bezug nimmt auf ein Ensemble unterschiedlichster sprachlicher wie außersprachlicher Faktoren. Sie erörtert in diesem Zusammenhang, auf welche gegenwärtigen Gendertheorien sich deskriptive Diskurslinguistik beziehen kann und plädiert für eine Verzahnung der Konzepte des *doing/undoing gender*, *indexing gender* und des *performing gender*, um die Analyse des Bedingungsgefüges von Geschlechterkonstruktionen sowohl methodisch als auch theoretisch zu fundieren und zu integrieren.

HEIKO MOTSCHENBACHER widmet sich in seinem Beitrag „Queere Linguistik: Theoretische und methodologische Überlegungen zu einer heteronormativitätskritischen Sprachwissenschaft" einer noch recht jungen Forschungsrichtung, die aus der poststrukturalistischen Auseinandersetzung mit Genderfragen entstanden ist. Dabei unternimmt er den Versuch, zentrale Fragen und Aufgabenfelder der Queeren Linguistik im Kontext der ‚traditionellen Subdifferenzierung der Linguistik' zu konturieren. In diesem Zusammenhang erörtert er die wesentlichen Kritikpunkte, die der Queer Theory entgegengebracht werden.

4.2 Geschlechter in medialen Zusammenhängen

Wie Geschlechtsidentität bzw. Geschlechterdifferenz in der Öffentlichkeit durch Medien konstruiert wird, stellt der Beitrag von CHRISTINE DOMKE im Kontext der Medienwerbung heraus. Zum Thema Liebe und Werbung geht es um die Rollenzuschreibungen bei Frauen und Männern in Werbespots. Hierfür wird die (non-)verbale Inszenierung von Paaren in unterschiedlichen Phasen (Beginn der Liebesbeziehung – junge Liebe – Paarbeziehung mit Kindern – Liebe im Alter) mit dem Ergebnis nachgezeichnet, dass Ausdrucksformen und Rollenerwartungen im Wesentlichen die traditionelle, heterosexuelle Paarbeziehung referieren.

MARIE-LOUISE BUKOP und DAGMAR HÜPPER fokussieren in ihrem Beitrag die Konstruktion von Geschlecht im deutschsprachigen Porno-Rap. An Textbeispielen von Lady Bitch Ray und King Kool Savas können aus lexikalischer und pragmatischer Perspektive eine Inszenierung von Geschlechtsstereotypen und Rollenerwartungen festgemacht werden, die der Rap als Textsorte (Rhythmus, Reim) und kommunikative Gattung (Jugendkultur) vorgibt. Vor dem Hintergrund des Konzepts des *indexing gender* bietet der Porno-Rap auch Einblicke in die gesellschaftlich bedingten Rollenzuschreibungen und die medial vorgeführte Interaktion der Geschlechter.

Zu den vielbenutzten Medien gehören auch Wörterbücher: Wie geht beispielsweise der DUDEN als das Standardnachschlagewerk des Deutschen mit Fragen einer geschlechtergerechten Sprache um? Die stark praxisbezogenen Beiträge von KATRIN KUNKEL-RAZUM und KARIN EICKHOFF stehen in einem engen thematischen und methodischen Zusammenhang und ermöglichen einen Einblick in die alltägliche Wörterbucharbeit von LexikographInnen: Gendertheoretische Implikationen werden wiederholt nicht explizit reflektiert, bilden aber gleichwohl die Voraussetzung für sprachpolitische Intentionen und Entscheidungen der Duden-Redaktion. Beide Beiträge geben Anlass, die den Wörterbüchern zugrundeliegenden Gendertheorien gerade im Hinblick auf gegenwärtige Sprachgebrauchstendenzen erneut zur Diskussion zu stellen.

4.3 Geschlechter in der Interaktion

Ausgehend vom Ansatz des *indexing gender* zeichnet HELGA KOTTHOFF in ihrem Beitrag die Geschlechterkonstruktion bei privaten Telefongesprächen 13-16jähriger Mädchen nach. Dabei stellt sie die Frage, in welchen Situationen Gender relevant gesetzt wird. Kotthoff nimmt hier Bezug auf das Konzept des *indexing gender* und diskutiert die Vorteile dieses Konzeptes gegenüber dem des *doing gender*. Denn sprachliche Aktivitäten der Geschlechterkonstruktion sind immer schon mit institutionellen Rahmenbedingungen, sozialen (Rollen)erwartungen und Zuschreibungen, gesellschaftlich dominanten Normen, Freizeitverhalten etc. konfrontiert und beeinflussen dementsprechend die Hervorbringung und Sedimentierung bestimmter Geschlechterrollen. Demzufolge sollte diesen Faktoren mehr Beachtung bei der Analyse geschenkt werden.

ELISA FRANZ und SUSANNE GÜNTHNER widmen sich in ihrem Beitrag „Zur Konstruktion von Gender beim Speeddating: Zwischen Relevanzrückstufung und Inszenierung" der Frage, wie Gender situations- und gattungsspezifisch in institutionell organisierten Single-Börsen interaktiv konstruiert wird. Auf der Grundlage von Gesprächsdaten, die im Rahmen einer Speeddating-Veranstaltung aufgezeichnet wurden, wird verdeutlicht, wie die TeilnehmerInnen eines Speeddatings sich hierbei positionieren und Genderidentitäten inszenieren. Die vorliegenden Daten verdeutlichen, dass *doing gender* von den Interaktanten je nach Kontext unterschiedlich hergestellt bzw. teilweise sogar ausgeblendet werden kann. Es zeichnen sich unterschiedliche Grade der Gender-Aktivierung ab, die von einer relativen Absehung bis zu ritualisierten und überhöhten Gender-Inszenierungen (im Sinne eines *doing doing gender*) reichen.

JANET SPRECKELS diskutiert in ihrem Beitrag interaktive Aushandlungen von Geschlechtsidentität in einer Mädchengruppe. Anhand einer ethnographisch-gesprächsanalytischen Analyse untersucht sie alltägliche Kategorisierungs- und Abgrenzungsprozesse, die diese Mädchengruppe vornimmt, um sich selbst und andere zu positionieren und gemeinsame Geschlechtszugehörigkeiten zu konstruieren. Hierbei spielen gerade auch medial bedingte Geschlechterbilder eine zentrale Rolle. Ausgehend von dieser Fallstudie wird ferner ein Blick in die heutige Jungenforschung geworfen und die dort vertretenen Positionen zu männlichen Geschlechtsidentitäten werden diskutiert.

4.4 Zum Zusammenspiel von Sprachsystem und Sprachgebrauch

In ihrem Beitrag „Von *Elisabeth* zu *Lilly*, von *Klaus* zu *Nico*: Zur Androgynisierung und Infantilisierung der Rufnamen von 1945 bis 2008" setzt sich DAMARIS NÜBLING mit der Codierung von Weiblichkeit und Männlichkeit durch Rufnamen auseinander. Sie geht dabei der Frage nach, inwiefern die Namengebung Androgynisierungsprozessen unterliegt, insofern prosodisch-phonologische Strukturen von Namen, die ehemals nur einem Geschlecht vorbehalten waren, nun auch für beide Geschlechter gelten. Anhand einer Analyse prosodisch-phonologischer Strukturen der Vornamen von 1945 bis 2008 kommt Nübling zu dem Ergebnis, dass es sich eindeutig um Androgynisierungsprozesse handelt. Die Rufnamen beider Geschlechter sind sich in ihrer prosodisch-phonologischen Struktur so ähnlich wie noch nie.

Mit Fragen nach dem Sprachbewusstsein hinsichtlich der Verwendung und Bewertung des Generischen Maskulinums in Deutschland und in der Schweiz setzt sich der Beitrag „‚Ich als Linguist.' Eine empirische Studie zur Einschätzung und Verwendung des generischen Maskulinums" von JULIANE SCHRÖTER, ANGELIKA LINKE und NOAH BUBENHOFER auseinander. Die empirische Untersuchung (Fragebogen) gibt in der Tat Aufschluss über eine unterschiedliche Akzeptanz des Generischen Maskulinums in den beiden Staaten. Darüber hinaus vermuten die AutorInnen anhand der ausgewerteten Daten, dass die Verwendung des Generischen Maskulinums durch den Faktor ‚Alter' nicht unwesentlich mitbestimmt wird. Eine Erhärtung dieser datengestützten Vermutung muss aber weiteren Untersuchungen vorbehalten bleiben, die vor allem längere Untersuchungszeiträume in den Blick nehmen.

KLAUS-MICHAEL KÖPCKE und DAVID ZUBIN gehen in ihrem Beitrag „Mythopoeia und Genus" dem Phänomen der Reichweite des sogenannten ‚natürlichen Geschlechts (Sexus)' hinsichtlich der Genuszuweisung bei Personifizierungen nach. Dabei kommen sie zu dem Schluss, dass Personifizierungen mit Genus-Sexus-Korrespondenz in der deutschen Kultur weite Verbreitung finden. Insbesondere die Korrespondenz zwischen dem Sexus des Ziels mit dem Genus des referierenden Lexems deutet, so die Autoren, auf eine starke kognitive Bedeutung der Personifizierung. Zudem zeigen sie aber auch anhand der sprachlichen Daten, dass Personifizierungen stark kontextgebunden (z.B. textsortengebunden) sein können. Allgemein gesprochen wird hier am Beispiel grammatischer Kategorien das Verhältnis von Sprache und Kultur ausgeleuchtet.

Dem Vergleich zwischen der genusmarkierten deutschen und der genuslosen japanischen Sprache widmet sich SABURO OKAMURA am Beispiel der Personen- und Berufsbezeichnungen. Für die gleichberechtigte

Sichtbarmachung von Frauen und Männern ist das generische Maskulinum der deutschen Sprache nicht neutral und nicht generisch genug. Aber auch im Japanischen enthalten die (z.T. mit Blick auf die Vermeidung sprachlicher Genderprobleme neu gebildeten) generischen Bezeichnungen wiederholt einen ‚semantischen Mehrwert', der den Blick auf Frauen im Beziehungsgeflecht mit Männern und/oder Kindern freigibt. Damit sind Fragen des Sprachgebrauchs angesprochen, die gesellschaftlich zu verorten sind.

5. Literatur

Anzenbacher, Arno (2008): Das Bild der Frau bei Thomas von Aquin. In: Spieß, Christian/Winkler, Katja (Hrsg.): Feministische Sozialethik und christliche Sozialethik, Münster: LIT, 17–37.

Aufenanger, Stefan (1995): Neue Helden für die Männer. Eine sozialisationstheoretische Betrachtung von Männlichkeit und Medien. In: Mühlen Achs, Gitta/Schorb, Bernd (Hrsg.): Geschlecht und Medien, München: KoPaed, 71–78.

Ayaß, Ruth (2008): Kommunikation und Geschlecht. Eine Einführung, Stuttgart: Kohlhammer.

Becker, Ruth/Kortendiek, Beate (Hrsg.) (2004): Handbuch Frauen- und Geschlechterforschung. Theorie, Methoden, Empirie. Wiesbaden: VS Verlag.

Berger, Peter/Luckmann, Thomas (^{20}2004): Die gesellschaftliche Konstruktion der Wirklichkeit. Eine Theorie der Wissenssoziologie. Mit einer Einleitung zur deutschen Ausgabe von Helmuth Plessner, Frankfurt: Fischer.

Bluhm, Claudia/Deissler, Dirk/Scharloth, Joachim/Stukenbrock, Anja (2000): Linguistische Diskursanalyse. Überblick, Probleme, Perspektiven. In: Zeitschrift für Sprache und Literatur in Wissenschaft und Unterricht, 86, 3–19.

Böke, Karin (1994): Gleichberechtigung oder natürliche Ordnung. Die Diskussion um die rechtliche Gleichstellung der Frau in den 50er Jahren. In: Busse, Dietrich/Hermanns, Fritz/Teubert, Wolfgang (Hrsg.): Begriffsgeschichte und Diskursgeschichte. Methodenfragen und Forschungsergebnisse der historischen Semantik, Opladen: Westdeutscher Verlag, 84–106.

Böke, Karin/Stötzel, Georg (1993): „Doppelverdiener ist immer die Frau". In: Sprache und Literatur, 71, 89–98.

Bourdieu, Pierre (2005): Die männliche Herrschaft, Frankfurt: Suhrkamp.

Braun, Friederike/Gottburgsen, Anja/Sczesny, Sabine/Stahlberg, Dagmar (1998): Können Geophysiker Frauen sein? Generische Personenbezeichnungen im Deutschen. In: Zeitschrift für Germanistische Linguistik, 26, 265–283.

Buchholtz, Mary (2003): Theories of Discourse as Theories of Gender: Discourse Analysis in Language and Gender Studies. In: Holmes, Janet/Meyerhoff, Miriam (Hrsg.): The Handbook of Language and Gender, Oxford: Blackwell Publishing, 43–68.

Bußmann, Hadumod (2005): Haben Sprachen ein Geschlecht? Genus/gender in der Sprachwissenschaft. In: Bußmann, Hadumod/Hof, Renate (Hrsg.): Genus. Ge-

schlechterforschung/Gender Studies in den Kultur- und Sozialwissenschaften. Ein Handbuch, Stuttgart: Kröner, 482–518.
Butler, Judith (1997): Körper von Gewicht. Die diskursiven Grenzen des Geschlechts, Frankfurt: Suhrkamp.
Butler, Judith (2003): Das Unbehagen der Geschlechter, Frankfurt: Suhrkamp.
Butler, Judith (2009): Die Macht der Geschlechternormen und die Grenzen des Menschlichen, Frankfurt: Suhrkamp.
Doleschal, Ursula (2002): Das generische Maskulinum im Deutschen. Ein historischer Spaziergang durch die deutsche Grammatikschreibung von der Renaissance bis zur Postmoderne. In: Linguistik online, 11, 39–70.
Dorer, Johanna/Angerer, Marie-Luise (1994): Auf dem Weg zu einer feministischen Kommunikationstheorie. In: Angerer, Marie-Luise/Dorer, Johanna (Hrsg.): Gender und Medien. Theoretische Ansätze, empirische Befunde und Praxis der Massenkommunikation. Ein Textbuch zur Einführung, Wien: Braumüller, 8–23.
Dorer, Johanna/Geiger, Brigitte (2002): Feminismus – Kommunikationswissenschaft – feministische Kommunikationswissenschaft. Einleitung. In: Dorer, Johanna/Geiger, Brigitte (Hrsg.): Feministische Medien- und Kommunikationswissenschaft. Ansätze, Befunde und Perspektiven der aktuellen Entwicklung, Wiesbaden: Westdeutscher Verlag, 9–20.
Dorer, Johanna/Klaus, Elisabeth (2003): Feministische Medienforschung. In: Bentele, Günter/Brosius, Hans-Bernd/Jarren, Otfried (Hrsg.): Öffentliche Kommunikation. Handbuch Kommunikations- und Medienwissenschaften, Wiesbaden: Westdeutscher Verlag, 550–564.
Dorer, Johanna/Klaus, Elisabeth (2007): Feministische Theorie in der Kommunikationswissenschaft. In: Winter, Carsten/Hepp, Andreas/Krotz, Friedrich (Hrsg.): Theorien der Kommunikations- und Medienwissenschaft. Grundlegende Diskussionen, Forschungsfelder und Theorieentwicklung. Band 1, Wiesbaden: VS-Verlag, 91–112.
Dürscheid, Christa (2003): Medienkommunikation im Kontinuum von Mündlichkeit und Schriftlichkeit. Theoretische und empirische Probleme. In: Zeitschrift für Angewandte Linguistik, 38, 37–56.
Eichhoff-Cyrus, Karin (Hrsg.) (2004): Adam, Eva und die Sprache. Beiträge zur Geschlechterforschung, Mannheim: Duden-Verlag.
Fischer, Roswitha (2004): Coach-Frau, Frau Coach oder Coacherin? Wie Sprachstruktur geschlechtergerechten Gebrauch beeinflusst. In: Eichhoff-Cyrus, Karin (Hrsg.): Adam, Eva und die Sprache. Beiträge zur Geschlechterforschung, Mannheim: Duden-Verlag, 176–190.
Foucault, Michel (2005): Die Heterotopien. Der utopische Körper. Zwei Radiobeiträge. Übersetzt von Michael Bischoff. Mit einem Nachwort von Daniel Defert, Frankfurt: Suhrkamp.
Gardt, Andreas (2007): Diskursanalyse. Aktueller theoretischer Ort und methodische Möglichkeiten. In: Warnke, Ingo (Hrsg.): Diskurslinguistik nach Foucault. Theorie und Gegenstände, Berlin/New York: de Gruyter, 27–52.
Garfinkel, Harald (1967): Studies in ethnomethodology, Eaglewood Cliffs/NJ: Prentice Hall.
Gille, Annette Silvia (2012): Von der Diskurs- zur Dispositivanalyse am Beispiel Reality-TV. In: Dreesen, Philipp/Kumiega, Lukasz/Spieß, Constanze (Hrsg.): Medi-

endiskursanalyse. Diskurse/Dispositive – Medien – Macht, Wiesbaden: VS-Verlag.
Goffman, Erving (1977): The arrangement between the sexes. In: Theory and Society, 4, 301–331. [Auf Deutsch erschienen ²2001: Interaktion und Geschlecht, Frankfurt/New York: Campus.]
Goffman, Erving (²2001): Interaktion und Geschlecht, Frankfurt/New York: Campus.
Gorny, Hildegard (1995): Feministische Sprachkritik. In: Stötzel, Georg/Wengeler, Martin (Hrsg.): Kontroverse Begriffe. Geschichte des öffentlichen Sprachgebrauchs in der BRD, Berlin/New York: de Gruyter, 517–562.
Guentherodt, Ingrid/Hellinger, Marlis/Pusch, Luise F./Trömel-Plötz, Senta (1980): Richtlinien zur Vermeidung sexistischen Sprachgebrauchs. In: Linguistische Berichte, 69, 15–21.
Günthner, Susanne (1992a): Sprache und Geschlecht. Ist Kommunikation zwischen Frauen und Männern interkulturelle Kommunikation? In: Linguistische Berichte, 138, 123–142. (Nachgedruckt 1996 in: Hoffmann, Ludger (Hrsg.): Sprachwissenschaft. Ein Reader, Berlin/New York: de Gruyter, 235–260.)
Günthner, Susanne (1992b): Die interaktive Konstruktion von Geschlechterrollen, kulturellen Identitäten und institutioneller Dominanz. Sprechstundengespräche zwischen Deutschen und Chines/innen. In: Günthner, Susanne/Kotthoff, Helga (Hrsg.): Die Geschlechter im Gespräch. Kommunikation in Institutionen, Stuttgart: Metzler, 91–126.
Günthner, Susanne (1996): Male-female speaking practices across cultures. In: Hellinger, Marlis/Ammon, Ulrich (Hrsg.): Contrastive Sociolinguistics, New York: Mouton, 447–474.
Günthner, Susanne (2001): Die kommunikative Konstruktion der Geschlechterdifferenz. Sprach- und kulturvergleichende Perspektiven. In: Muttersprache, 3, 205–219.
Günthner, Susanne (2006): Doing vs. Undoing Gender? Zur Konstruktion von Gender in der kommunikativen Praxis. In: Bischoff, Doerte/Wagner-Egelhaaf, Martina (Hrsg.): Mitsprache, Rederecht, Stimmgewalt. Genderkritische Strategien und Transformationen der Rhetorik, Heidelberg: Winter, 35–58.
Günthner, Susanne/Knoblauch, Hubert (1994): ‚Forms are the food of faith'. Gattungen als Muster kommunikativen Handelns. In: Kölner Zeitschrift für Soziologie und Sozialpsychologie, 4, 693–723.
Günthner, Susanne/Kotthoff, Helga (1991): Einleitung. Von fremden Stimmen. Weibliches und männliches Sprechen im Kulturvergleich. In: Günthner, Susanne/Kotthoff, Helga (Hrsg.): Von fremden Stimmen. Weibliches und männliches Sprechen im Kulturvergleich, Frankfurt: Suhrkamp, 7–51.
Günthner, Susanne/Kotthoff, Helga (Hrsg.) (1992): Die Geschlechter im Gespräch. Kommunikation in Institutionen, Stuttgart: Metzler.
Hark, Sabine (²2006): Feministische Theorie – Diskurs – Dekonstruktion. Produktive Verknüpfungen. In: Keller, Reiner u.a. (Hrsg.): Handbuch Sozialwissenschaftliche Diskursanalyse. Band 1. Theorien und Methoden, Wiesbaden: VS Verlag, 357–375.
Hirschauer, Stefan (1989): Die interaktive Konstruktion von Geschlechtszugehörigkeit. In: Zeitschrift für Soziologie, 18/2, 100–118.

Hirschauer, Stefan (2001): Das Vergessen des Geschlechts. Zur Praxeologie einer Kategorie sozialer Ordnung. In: Kölner Zeitschrift für Soziologie und Sozialpsychologie, 41, 208–235.
Holmes, Janet/Meyerhoff, Miriam (2003): The Handbook of Language and Gender. Malden u.a.: Blackwell Publishing.
Hornscheidt, Antje (2002): Die Nicht-Rezeption poststrukturalistischer Gender- und Sprachtheorien der Feministischen Linguistik im deutschsprachigen Raum. In: Faschingbauer, Tamara (Hrsg.): Neuere Ergebnisse der empirischen Genderforschung. Germanistische Linguistik, 167–168, Hildesheim: Olms, 5–51.
Hornscheidt, Antje (2006): Linguistik. In: Braun, Christina/Stephan, Inge (Hrsg.): Gender Studien. Eine Einführung, Stuttgart/Weimar: Metzler, 270–283.
Huhnke, Brigitta (1996): Macht, Medien und Geschlecht. Eine Fallstudie zur Berichterstattungspraxis der dpa, der taz sowie der Wochenzeitungen Die Zeit und Der Spiegel von 1980-1995. Wiesbaden: Westdeutscher Verlag.
Hurrelmann, Bettina/Groeben, Norbert (2006): Geschlecht und Mediensozialisation. Ein immer noch unaufgeklärtes Verhältnis. In: Josting, Petra/Hoppe, Heidrun (Hrsg.): Mädchen, Jungen und ihre Medienkompetenzen. Aktuelle Diskurse und Praxisbeispiele für den (Deutsch-) Unterricht, München: Kopaed, 50–64.
Irmen, Lisa/Steiger, Vera (2005): Zur Geschichte des Generischen Maskulinums. Sprachwissenschaftliche, sprachphilosophische und psychologische Aspekte im historischen Diskurs. In: Zeitschrift für Germanistische Linguistik, 33, 212–235.
Jäger, Margret (2004): Diskursanalyse. Ein Verfahren zur kritischen Rekonstruktion von Machtbeziehungen. In: Becker, Ruth/Kortendiek, Beate (Hrsg.): Handbuch Frauen- und Geschlechterforschung. Theorie, Methoden, Empirie, Wiesbaden: VS Verlag, 336–341.
Jäger, Siegfried/Disselnkötter, Andreas/Kellershohn, Helmut/Slobodzian, Susanne (Hrsg.) (1997): Evidenzen im Fluß. Demokratieverluste in Deutschland. Modell „D", Geschlecht, Rassismus, PC, Duisburg: DISS.
Kalverkämper, Hartwig (1979): Die Frauen und die Sprache. In: Linguistische Berichte, 62, 55–71.
Klann-Delius, Gisela (2005): Sprache und Geschlecht. Eine Einführung. Stuttgart: Metzler.
Klein, Josef (2004): Der Mann als Prototyp des Menschen – immer noch? Empirische Studien zum generischen Maskulinum und zur feminin-maskulinen Paarform. In: Eichhoff-Cyrus (Hrsg.): Adam, Eva und die Sprache. Beiträge zur Geschlechterforschung, Mannheim: Duden-Verlag, 292–307.
Knoblauch, Hubert (1994/2001): Einführung: Erving Goffmans Reich der Interaktion. In: Goffman, Erving (^{2}2001): Interaktion und Geschlecht. Herausgegeben und eingeleitet von Hubert Knoblauch, Frankfurt/New York: Campus, 7–49.
Knoblauch, Hubert (1995): Kommunikationskultur. Die kommunikative Konstruktion kultureller Kontexte, Berlin/New York: de Gruyter.
Kotthoff, Helga (1994): Nachwort. Geschlecht als Interaktionsritual? In: Goffman, Erving (^{2}2001): Interaktion und Geschlecht. Herausgegeben und eingeleitet von Hubert Knoblauch, Frankfurt/New York: Campus, 159–194.
Kotthoff, Helga (1996): Die Geschlechter in der Gesprächsforschung. Hierarchien, Theorien, Ideologien. In: Der Deutschunterricht, 1, 9–15.

Kotthoff, Helga (2002): Was heißt eigentlich „doing gender"? Zu Interaktion und Geschlecht. In: van Leeuwen-Turnovcová, Jirina et al. (Hrsg.): Gender-Forschung in der Slavistik. Wiener Slawistischer Almanach, Sonderband 55, 1–29.

Kotthoff, Helga/Wodak, Ruth (1997): Communicating Gender in Context. Amsterdam: Benjamins.

Laqueur, Thomas (1996): Auf den Leib geschrieben. Die Inszenierung der Geschlechter von der Antike bis Freud, Frankfurt: dtv.

Lazar, Michelle (2005a): Politicizing Gender in Discourse. Feminist Critical Discourse Analysis as Political Perspective and Praxis. In: Lazar, Michelle (Hrsg.): Feminist Critical Discourse Analysis. Gender, Power and Ideology in Discourse, Houndmilss u.a.: Palgrave Macmillan.

Lazar, Michelle (Hrsg.) (2005b): Feminist Critical Discourse Analysis. Gender, Power and Ideology in Discourse, Houndmilss u a.: Palgrave Macmillan.

Leiss, Elisabeth (1994): Genus und Sexus. Kritische Anmerkungen zur Sexualisierung von Grammatik. In: Linguistische Berichte, 152, 281–300.

Luca, Renate (Hrsg.) (2003): Medien. Sozialisation. Geschlecht. Fallstudien aus der sozialwissenschaftlichen Forschungspraxis, München: Kopaed.

Luhmann, Niklas (1988): Frauen, Männer und George Spencer Brown. In: Zeitschrift für Soziologie, 17, 47–71.

Luhmann, Niklas (³2005): Gesellschaftliche Komplexität und öffentliche Meinung. In: Luhmann, Niklas (Hrsg.): Soziologische Aufklärung. Band 5. Konstruktivistische Perspektiven, Opladen: Westdeutscher Verlag, 163–176.

Meuser, Michael (²2006): Geschlecht und Männlichkeit. Soziologische Theorie und kulturelle Deutungsmuster, Wiesbaden: VS Verlag.

Mills, Sarah (1998): Post-feminist text analysis. In: Language and Literatur, 7/3, 235–253.

Mills, Sarah (2003): Third Wave Feminist Linguistics and the Analysis of Sexism. Online: http://www.shu.ac.uk/daol/articles/open/2003/001/mills2003001.html [zuletzt abgerufen 9.6.2011].

Mills, Sarah (²2004): Discourse. London/New York: Routledge.

Motschenbacher, Heiko (2008): Werbesprachliche Genderstilisierung für globale Zeitschriften-Communities. In: Held, Gudrun/Bendel, Sylvia (Hrsg.): Werbung grenzenlos. Interkultureller Blick auf multimodale Gestaltungsstrategien aktueller Werbetexte, Frankfurt: Peter Lang, 45–64.

Neidhardt, Friedhelm (Hrsg.) (1994): Öffentlichkeit, öffentliche Meinung, soziale Bewegungen. In: Kölner Zeitschrift für Soziologie und Sozialpsychologie, Sonderheft 34.

Nussbaum, Martha (2002): Konstruktionen der Liebe, des Begehrens und der Fürsorge. Drei philosophische Aufsätze, Stuttgart: Reclam.

Ochs, Elinor (1992): Indexing gender. In: Duranti, Alessandro/Goodwin, Charles (Hrsg.): Rethinking context. Language as an interactive phenomenon, Cambridge: University Press, 335–358.

Pusch, Luise (1979): „Der Mensch ist ein Gewohnheitstier, doch weiter kommt man ohne ihr." Eine Antwort auf Kalverkämpers Kritik an Trömel-Plötz' Artikel über ‚Linguistik und Frauensprache'. In: Linguistische Berichte, 63, 84–102.

Pusch, Luise (1984a): Das Deutsche als Männersprache, Frankfurt: Suhrkamp.

Pusch, Luise (1984b): „Sie sah zu ihm auf wie zu einem Gott". Das DUDEN-Wörterbuch als Trivialroman. In: Pusch, Luise: Das Deutsche als Männersprache, Frankfurt: Suhrkamp, 135–144.
Pusch, Luise (1990): Alle Menschen werden Schwestern, Frankfurt: Suhrkamp.
Reiss, Kristina (2004): Linguistik: Von Feministischer Linguistik zu genderbewusster Sprache. In: Becker, Ruth/Kortendiek, Beate (Hrsg.) (2004): Handbuch Frauen- und Geschlechterforschung. Theorie, Methoden, Empirie, Wiesbaden: VS Verlag, 742–747.
Röser, Jutta/Wischermann, Ulla (2004): Medien- und Kommunikationsforschung: Geschlechterkritische Studien zu Medien, Rezeption und Publikum. In: Becker, Ruth/Kortendiek, Beate (Hrsg.) (2004): Handbuch Frauen- und Geschlechterforschung. Theorie, Methoden, Empirie, Wiesbaden: VS Verlag, 730–735.
Samel, Ingrid (^{2}2000): Einführung in die feministische Sprachwissenschaft, Berlin: Erich Schmidt.
Spieß, Christian (2008): Gerechtigkeit und Humanität. Martha Nussbaums feministischer Liberalismus und die christliche Sozialethik. In: Spieß, Christian/Winkler, Katja (Hrsg.): Feministische Sozialethik und christliche Sozialethik, Münster: LIT, 306–345.
Spieß, Constanze (2011): Diskurshandlungen. Theorie und Methode der Diskurslinguistik am Beispiel der Bioethikdebatte, Berlin/Boston: de Gruyter.
Trömel-Plötz, Senta (1978): Linguistik und Frauensprache. In: Linguistische Berichte, 57, 49–68.
Trömel-Plötz, Senta/Pusch, Luise/Hellinger, Marlies/Guentherodt, Ingrid (1981): Richtlinien zur Vermeidung sexistischen Sprachgebrauchs. In: Linguistische Berichte, 71, 1–2.
Villa, Paula Irene (2004): Poststrukturalismus. Poststrukturalismus + Poststrukturalismus = Postfeminismus? In: Becker, Ruth/Kortendiek, Beate (Hrsg.) (2004): Handbuch Frauen- und Geschlechterforschung. Theorie, Methoden, Empirie, Wiesbaden: VS Verlag, 234–238.
Warnke, Ingo (Hrsg.) (2007): Diskurslinguistik nach Foucault. Theorie und Gegenstände, Berlin/New York: de Gruyter.
Warnke, Ingo/Spitzmüller, Jürgen (Hrsg.) (2008): Methoden der Diskurslinguistik. Sprachwissenschaftliche Zugänge zur transtextuellen Ebene, Berlin/New York: de Gruyter.
West, Candice/Zimmerman, Don (1987): Doing Gender. In: Gender society, 1/2, 125–151.
Winter, Carsten/Hepp, Andreas/Krotz, Friedrich (Hrsg.) (2007): Theorien der Kommunikations- und Medienwissenschaft. Grundlegende Diskussionen, Forschungsfelder und Theorieentwicklung. Band 1, Wiesbaden: VS-Verlag.
Wodak, Ruth (1997): Gender and Discourse, London/Thousand Oaks/New Dehli: Sage.

Theoretische Hintergründe und
methodische Implikationen

Hildegard Macha

Konstruktionen der Geschlechtsidentität – Widersprüche aktueller Sozialisationsprozesse

1. Einleitung

Die Geschlechterrollen haben sich in Richtung Integration und Partizipation verändert und die Welt ebenfalls: eine weibliche Kanzlerin zeugt von einem Aufbruch, und Mädchen haben mehr Chancen im Bildungssystem. Aber es bleiben noch viele Probleme, die einer Lösung harren. Das Thema ist weiterhin soziale Gerechtigkeit angesichts der Geschlechterungleichheit und der Marginalisierung von Frauen in hohen gesellschaftlichen Positionen in Wirtschaft, Wissenschaft und Politik (vgl. Pinker 2008).

Mein Forschungsfeld ist Geschlechtergerechtigkeit im Bildungssystem und in der Familie. Und das Thema in diesem Beitrag ist die Konstruktion von Geschlecht in der Sozialisation. Dabei werde ich vor allem neue Risiken und Chancen der Geschlechter hervorheben, die sich aus den veränderten gesellschaftlichen Rahmenbedingungen ergeben haben. Alte Widersprüche sind hingegen aufgehoben. Früher bestand der Hauptwiderspruch im Geschlechterverhältnis im Bildungssystem. Das „arme katholische Mädchen vom Lande" hatte die geringsten Bildungschancen und beruflichen Lebenschancen. Den anderen Pol bildete der Junge aus dem Bildungsbürgertum, der alle nur denkbaren Aufstiegschancen über seinen Vater vermittelt bekam. Die Platzierungsfunktion der Väter, die für den Sohn den Weg ebneten, ist heute weitgehend außer Kraft gesetzt. Aufgrund der neuesten europäischen Forschungslage werde ich darlegen, wie die Geschlechterverhältnisse sich gewandelt haben und wie sich die Rollen bei beiden Geschlechtern verändern. Das ist ein ganz spannender Prozess. Als Einstieg in das Thema der interaktionalen Konstruktion von Geschlechtsidentität und sprachlicher Kommunikation wird so ein allgemeiner Rahmen hergestellt.

Mein Ansatz in der neu entbrannten Debatte über die Aktualität des Feminismus ist, an die Stelle von Diversity Inklusion zu setzen, das bedeutet, statt der Betonung der Ungleichheit, der Differenz und der Gegensätze die Gemeinsamkeiten der Geschlechter sowie die Integration und auch die wechselseitige Bedingtheit der Barrieren herauszuarbeiten. Diversity Management ist eine Strategie der Gleichstellungspolitik, die diese Forderung umzusetzen gestattet. Dabei soll die Vielfalt akzeptiert und genutzt werden, ohne die Unterschiede zu sehr zu betonen. Das wird im Verlauf des Beitrags ausgeführt werden. Hier beziehe ich mich auch auf den internationalen Forschungsstand.

Der Gedankengang des Beitrags ist folgender: Zunächst gebe ich in vier Aspekten einen Umriss zur geschlechtsbezogenen Sozialisation. Dann werde ich aus vier Forschungsfeldern der internationalen Forschung aktuelle Widersprüche in der Sozialisation der Geschlechter herausarbeiten. Dabei kann ich auch aus eigenen ganz neuen empirischen Studien zu Familienbiographien und Geschlechterrollen berichten (vgl. Macha/ Witzke 2008, Macha 2009). Die vier exemplarischen Forschungsfelder sind:

a) Geschlechtstypische Sozialisation in der Familie und die Stabilität der Zeitstrukturen
b) Geschlechtstypische Sozialisation in der Schule
c) Geschlechtstypische Sozialisation für und durch den Arbeitsmarkt am Beispiel der akademischen Karriere
d) Geschlechtstypische Sozialisation für und durch den Arbeitsmarkt am Beispiel der Führungspositionen in der Wirtschaft und dem Einkommen von Männern und Frauen.

2. Konstruktion von geschlechtstypischer Identität

Vorab möchte ich einige theoretische Eckpfeiler errichten, indem ich eine geschlechtertheoretische Perspektivierung von Identität in der Sozialisationsforschung in vier Aspekten versuche. In der Sozialisationstheorie wird Identität heute übereinstimmend als Konstruktion in Wechselwirkung zwischen Umwelt und Individuum bestimmt (vgl. Grundmann 2008, Hurrelmann 2002, Tillmann 2004, Macha/Witzke 2008, 2009, Macha 2009). Auch die geschlechtstypische Identität wird als interaktionistische Selbstkonstruktion verstanden, als „doing gender" (vgl. Micus-Loos 2004: 116): „Die Geschlechtszugehörigkeit ist zu keiner Zeit festgeschrieben, sondern wird in jeder alltäglichen Interaktion durch den Prozess der Geschlechtsdarstellung, -wahrnehmung und -zuschreibung hergestellt bzw. konstruiert. Diese auf individueller Ebene stattfindenden Prozesse werden durch strukturell verankerte Institutionen abgesichert". Die Sozialisation der geschlechtlichen Identität wird heute nicht mehr als schicksalhafte Festlegung verstanden, sondern als dynamischer Prozess der Aneignung von Einflüssen der Umwelt und der aktiven Auseinandersetzung des Individuums mit der Welt (vgl. Hagemann-White 2004: 153).

Die geschlechtertheoretische Perspektivierung von Identität enthält zunächst stets zwei grundlegende Aspekte:

1. die subjektive Seite der Konstruktion von Geschlechtsidentität, das handelnde Ich und
2. die Aneignung der sozialen Welt durch die geschlechtlichen Subjekte, die soziale und interaktive Seite des Ich.

Ad 1.) Das Subjekt entwirft seine Identität selbst im Rahmen seiner Umwelt. William James unterscheidet dabei zwei Dimensionen 1. das Ich als Subjekt des Erkennens, das „I" oder das „Self as a knower", das sich selbst von innen aus dem Erleben heraus wahrnimmt und seine Handlungen sich selbst zuschreibt, quasi als „Beobachter meiner selbst" (vgl. Vogeley 2008: 70) und 2. das Ich, das sich selbst zum Objekt des Erkennens machen kann, und zwar in der Reflexion über sich selbst (vgl. James 1890) oder sich in der Interaktion mit anderen in einer Art sozialer Rückkoppelungsschleife in den Reaktionen der anderen spiegeln kann. Das ist das „Me" oder „self as a known" (vgl. James 1890: 291ff., Saum-Aldehoff 2008: 68, Vogeley 2008).

Ad 2.) Das Selbstkonzept umfasst die gesammelten Vorstellungen, Überzeugungen und Erinnerungen zur eigenen Person und wird im Spiegel der anderen konstruiert (vgl. Macha/Witzke 2008: 265). Die Sozialphilosophie des Symbolischen Interaktionismus von George Herbert Mead baut darauf auf, indem sie darstellt, dass erst durch eine „primäre Intersubjektivität" und durch die Abgrenzung von anderen das Ich sich als ein Ich erfährt. „Das Selbst [kann] für das Individuum nur existieren [...], wenn es die Rollen der anderen einnimmt" (vgl. Mead 1969: 90). Dies gilt auch für das geschlechtsbezogene oder geschlechtsgebundene Subjekt (vgl. Bilden/Dausien 2006). Es gibt keine „neutrale" Identität, sie ist immer von Geschlechteraspekten durchsetzt und überformt. Wir nehmen uns stets als Junge oder Mädchen sowie als Mann oder Frau wahr.

Ein dritter Aspekt, die körperliche Dimension, ist dabei von großer Bedeutung, weil hier unbewusst die geschlechtsbezogenen Normen der Gesellschaft körperlich inkarniert und inkorporiert werden. Mit Inkarnierung und Inkorporierung ist gemeint, dass Individuen in ihrem Körperschema verankert sind und die Welt aus der Perspektive des eigenen Körpers und seiner Wahrnehmungen und Empfindungen betrachten (vgl. Macha/Fahrenwald 2003: 19, Gransee 1999). Das so genannte „Embodiment" bezeichnet die Tatsache, dass alle geschlechtlich geprägten Normen und Erfahrungen sowohl diskursiv durch die Sprache als auch direkt auf den Körper einwirken und Realität in den Körperpraxen erhalten (vgl. Micus-Loos 2004: 121, Vogeley 2008: 70). Das bedeutet, dass Körperpraxen und -haltungen entsprechend der Geschlechterrolle unbewusst körperlich nachgeahmt werden und dann zu habitualisierten Verhaltensweisen führen.

In der Entwicklung des Kindes führt das Körpergewahrsein zu einem ersten Kernselbst (vgl. Stern 2000), das durch die Sinnesempfindungen und Erfahrungen zu einem autobiographischen Selbst oder Ich ausgebaut wird, das alle Erinnerungen und Erfahrungen speichert und Kontinuität des Ich garantiert (vgl. Macha 2009: 13). Der Körper vermittelt uns eine räumliche „Ich-als-Mittelpunkt-der-Welt-Perspektive" (vgl. Saum-Aldehoff 2008: 71): Der eigene Körper wird in Relation gesetzt zu all den anderen – beseelten und unbeseelten – Körpern um uns herum (vgl. Saum-Aldehoff, 2008: 71). Der Körperzustand und die situative Umwelt werden kontinuierlich im Kernselbst integriert. Auch in der Sprache nehmen wir auf den Körper als unser Zentrum Bezug.

Der vierte Aspekt ist die narrative Verfasstheit des geschlechtlichen Subjekts. Es konstruiert sich narrativ und ist nicht in sich abgeschlossen (vgl. Keupp u.a. 2006): Es konstituiert sich in Interaktionen, zum Beispiel mit den Familienmitgliedern auf der Basis der Familienbiographie und der geteilten Werte, Normen und Rituale. Das geschlechtliche Subjekt entwirft sich sprachlich in Geschichten. Narrationen bilden aktuell situative Facetten der Identität ab und heben sie heraus aus dem Fluss des Lebens. Narrationen sind flüchtig und auch Identität wird heute als flüchtig, veränderlich und offen konzipiert (vgl. Macha 2009: 13). Die Narrationsforschung hat mit Ricoeur (1991) und anderen herausgearbeitet, dass durch die Bewusstwerdung in erzählten Geschichten die Subjekte sich selbst gegenwärtig fassbar werden (vgl. Fiese/Samaroff 1999). Das ist jedoch nur scheinbar ein Verlust an Eindeutigkeit und Identifizierbarkeit des Subjekts in seinem eigenen Selbstbewusstsein und gegenüber anderen in der Kommunikation. Die Facetten und Bilder wechseln zwar und sind nicht beständig, aber dennoch ist das Ich für die anderen dauerhaft zu erkennen. Denn andererseits konstituiert sich das Ich narrativ auch als ein „autobiographisches Selbst", das die Erinnerungen und die verarbeiteten Erfahrungen dauerhaft über die gesamte Lebensspanne hinweg speichert und sich selbst als Ganzes definiert (vgl. Macha 2009: 12f.).

Keupp u. a. (2006) geben ein schönes Beispiel für die narrative Struktur des Subjekts: in einer Langzeitstudie zur Identität wird eine junge Frau interviewt und beschreibt, dass sie einen jungen Mann kennen gelernt hat, der sie aber nicht sonderlich beeindruckt hat, der nur ein „beziehungsmäßiger Notnagel" ist (vgl. Keupp u.a. 2006: 211). Wenn sie 2 Jahre später erneut interviewt wird, steht sie kurz vor der Heirat mit ebendiesem selben jungen Mann, den sie aus den Augen verloren und dann vor neun Monaten erneut getroffen hat. Sie beschreibt im Rückblick die Situation des Wiedertreffens wie folgt: Es war „Liebe auf den ersten Blick", „er ist wie vom Himmel gefallen" (Keupp 2006: 211). Dieses Zitat zeigt, dass die Identität und das Erinnern keine Wahrheit repräsentieren, die objektiv überprüfbar wäre, sondern eine subjektive Setzung darstellen.

Richard Powers zeigt in seinem Roman „Das Echo der Erinnerung" (2006), dass Identität die Geschichten sind, die vom Ich handeln und die für das Ich Bedeutung erlangen, nicht jedoch wahre Szenen. Es sind subjektive Interpretationen des Erlebten, die aber in der Erinnerung wieder neu interpretiert und in einen neuen Zusammenhang eingebettet werden.

Man kann also zusammenfassend sagen, dass das geschlechtliche Subjekt der Akteure, das Aktzentrum oder der Veranlasser der eigenen Handlungen ist, es erfindet sich selbst und sein handelndes Ich in Erzählungen. Insofern ist es eine „transtemporale Einheit", eine zeitlich überdauernde Einheit (vgl. Vogeley 2008: 70).

Die materielle Struktur des Gehirns wirkt bei der Konstruktion von Geschichten der Identität mit. Ein Beispiel aus der Biographie von Max Ernst, das im Film von Ulrich Schamoni über den Künstler dargestellt wird, illustriert dies: Als Kind besitzt er einen kleinen Vogel in einem Käfig, den er sehr liebt. Sein heiß geliebter Vogel stirbt zufällig an genau dem Tag, an dem seine kleine Schwester geboren wird. Er verbindet ein Leben lang in seiner Kunst den Vogel als Motiv mit Frauen und Weiblichkeit allgemein. Das Gedächtnis verknüpft Dinge, die eigentlich nichts miteinander zu tun haben, die aber in einem bestimmten Moment Bedeutung für uns gewinnen. Ich will diesen Zusammenhang nicht näher ausführen; ich wollte nur zeigen, dass die Konstruktion der Identität nicht logisch verläuft, sondern entlang der erlebten und erzählten Geschichten mit subjektiver Bedeutung.

Mein Thema ist Gender und Identität und ich werde nun anhand von empirischen Daten aus vier exemplarischen Forschungsfeldern die Bedingungen der geschlechtstypischen Sozialisation heute zeigen. Dabei ist mein Argumentationsmuster jeweils gleich, nämlich 1. die Darstellung der aktuellen Datenlage zum Forschungsfeld, 2. die Analyse der Widersprüche in den Daten und 3. die gesellschaftliche Analyse der Folgerungen für Frauen und Männer.

3. Aktuelle Forschungsfelder: Neue empirische Befunde zur geschlechtstypischen Sozialisation

In der neuen Feminismus-Debatte wird wieder angeregt, eine gesellschaftskritische Analyse als Basis von Untersuchungen zu leisten (vgl. Knapp 2008: 216, Forster 2008: 221, Casale 2008). Ich werde so vorgehen, dass ich empirische Fakten zur Sozialisation der Geschlechter für eine Analyse der Geschlechterrollen im gesellschaftlichen Transformationsprozess nutze. Das ist das Forschungsprogramm, das ich seit einiger Zeit empirisch und theoretisch verfolge, nämlich eine gesellschaftliche Analyse der Geschlechterverhältnisse durch theoretische Interpretation der neuen empirischen Daten der Sozialisation der Geschlechter.

Mit folgendem Verfahren wird die Forschung vorgestellt: Es werden jeweils im ersten Schritt empirische Daten aus fünf aktuellen relevanten Forschungsfeldern dargestellt, im zweiten Schritt die Widersprüche in den Daten analysiert und im dritten Schritt werden die Folgerungen für das Geschlechterverhältnis dargelegt.

3.1 Geschlechtsbezogene Sozialisation in der Familie und die Stabilität der Zeitstrukturen

Darstellung der Datenlage zu den Zeitbudgets von Frauen und Männern

Es stellt sich hier die Frage, wie die Sozialisation der Mädchen und Jungen in der Familie heute beschaffen ist. Grundlegendes Zeichen des Wandels ist, dass wir einen Verhandlungshaushalt statt eines Befehlshaushalts in Familien vorfinden, das heißt, Erziehung ist im Durchschnitt liberaler geworden (vgl. DuBois-Reymond/Büchner 1991). Es zeichnet sich ab, dass mehr Partizipation der Kinder an Entscheidungen der Familie zugelassen wird (vgl. Macha/Witzke 2008). Es hat aber dennoch keine grundlegende Strukturveränderung der Geschlechterrollen in der Familie stattgefunden, weder durch die Liberalisierung der Erziehung noch durch die reale Berufstätigkeit der Mütter (vgl. Micus-Loos/Schütze 2004: 355). Zwar bestehen Aushandlungsprozesse bezüglich der Arbeitsteilung und der Ernährerrolle zwischen den Partnern. Jedoch reproduzieren sich traditionelle Aspekte der Zweigeschlechtlichkeit in den Familien immer wieder neu, die Strukturen bleiben im Durchschnitt traditionell-patriarchal trotz aller realen Veränderungen in der Ausbildung und der Berufstätigkeit der Frauen allgemein. Es besteht eine starke Geschlechterdiskrepanz in der Berufstätigkeit zwischen Eltern, insbesondere Mütter (in Westdeutschland) sind nur zu 64 % berufstätig, die Väter jedoch zu 88 %. (vgl. Trappe 2009: 15, BMFSFJ 2005).

Die Handlungsmodelle, die Vater und Mutter in der Realität den Kindern vorleben, bilden einen krassen Gegensatz zu den eher egalitären Geschlechter-Idealen der Erziehung und sie sind es, die in ihrer Vorbildfunktion weitaus mächtiger auf die Kinder wirken: Untersuchungen belegen, dass in Deutschland 2/3 der Mütter bei der ersten Geburt alle Karrierewünsche aufgeben und das „Drei-Phasen-Modell" wählen, bei dem auf eine Ausbildungsphase mit ersten beruflichen Erfahrungen eine Phase der Kindererziehungszeit folgt und dann ein Versuch der erneuten Integration in den Arbeitsmarkt nach einigen Jahren (vgl. Trappe 2009: 16, BMFSFJ 2005). Das bedeutet den weitgehenden Verzicht auf Karriereansprüche. Mütter und Frauen allgemein tragen als „female housekeeper" die Hauptlast der Hausarbeit und die Verantwortung für die Kindererziehung und arbeiten vermehrt in Teilzeit, Väter handeln als „male breadwinner" trotz der Wandlung des Männerbildes überwiegend entsprechend der Ernährerrolle, indem sie Kinder so spät wie möglich und erst nach finanzieller Absicherung wünschen und sich dann mit der Geburt vermehrt in der Arbeit engagieren, um die finanzielle Sicherheit zu gewährleisten (vgl. Macha 2006, Trappe 2009, BMFSFJ 2005). Kindererziehung und Hausarbeit bleiben in der Hauptverantwortung der Mütter. Als Beispiel kann ich Daten aus den Studien zu Zeitbudgets in Familien anführen (vgl. Weick 2004: 414).

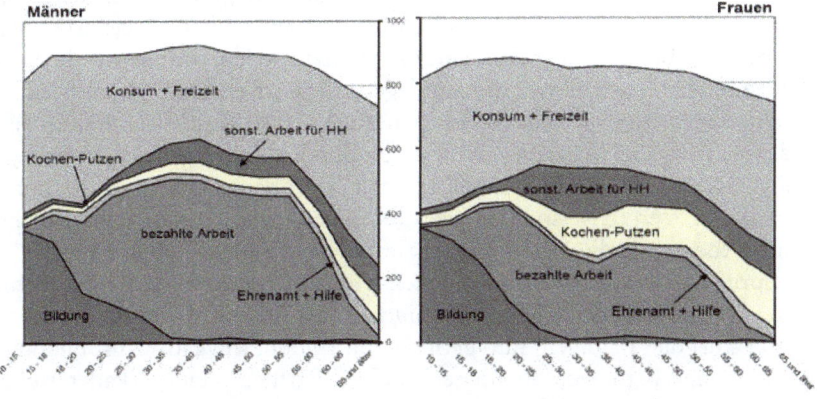

Graphik 1: Zeitbudgets von Männern   Graphik 2: Zeitbudgets von Frauen

In Graphik 1 sieht man die tägliche durchschnittliche Zeitstruktur von Männern. Sie verbringen einen Großteil ihrer Zeit während der Reproduktionsphase (im Alter von 25–64) mit bezahlter Arbeit, haben auch viel Freizeit, wenden aber verhältnismäßig wenig Zeit für Hausarbeit, Kochen und Kindererziehung auf. Das bedeutet, dass sich an den Fakten, dass Väter auch in ihrer Freizeit wenig mit der Familie unternehmen und schon gar nicht mit der Partnerin die Hausarbeit und Kindererziehungsarbeit teilen, wenig geändert hat.

In Graphik 2 sieht man zum Vergleich die tägliche durchschnittliche Zeitstruktur der Frauen. Sie verbringen während der Reproduktionsphase zwischen 30 und 40 Jahren viel Zeit mit Haushalt und Kindererziehung und haben weniger Zeit für bezahlte Arbeit und Freizeit. Work-Life-Balance oder Vereinbarkeit sind unter diesen Bedingungen schwer zu leisten.

Die quantitativen Studien können jedoch nicht beantworten, warum diese Muster so beharrlich sind. In einer eigenen Studie, die wir in Augsburg mit 18 Familien der Mittelschicht durchgeführt haben, erzielen wir folgendes Ergebnis, das ein Licht wirft auf die Gründe: Paare planen heute nur selten oder gar nicht die Familienbiographie und die Zeitbudgets bei Kinderwunsch. Karriere und Vereinbarkeit werden dem Zufall überlassen, weil die Partner sich dem Mythos von einer harmonischen Familie verpflichtet fühlen, dazu passen aber Auseinandersetzungen oder das Aushandeln von Konflikten über die reale Arbeitsverteilung im Urteil der Paare nicht (vgl. Macha/Witzke 2008: 273ff.). Sie vermeiden es, konkrete Absprachen zu treffen und überlassen die Konkretion dem Zufall. Nach der Geburt des ersten Kindes fallen beide Partner in die bekannten traditionellen Rollen zurück und die Frauen der Studie geben an, dass „sie sich wie zufällig in der Rolle der Hauptverantwortlichen für Kinder, Haushalt und Caring allgemein wieder finden" (Macha/Witzke 2008: 273). Beide Eltern sind damit sehr unzufrieden, weil sie alle hofften, Vereinbarkeit „irgendwie" hinzukriegen. Das ist in Deutschland jedoch auch wegen der fehlenden Einrichtungen der Kinderbetreuung sehr schwer. Den Preis bezahlen die Frauen durch die mangelnden Aufstiegsmöglichkeiten im Beruf und die finanzielle Abhängigkeit vom Partner in Bezug auf Verdienst sowie Sozial-, Kranken- und Arbeitslosenversicherung. Aber auch die Väter sind unzufrieden, denn sie haben an sich den Anspruch, mehr Zeit als ihre eigenen Väter mit den Kindern zu verbringen. Die traditionellen Rollen verhindern das jedoch. Dies gilt auch verstärkt für die Familien mit geringerem Bildungsniveau. Nur bildungshomogame Familien, in denen beide Partner einen akademischen Abschluss haben, praktizieren am häufigsten ein „Doppelernährermodell mit Vollzeiterwerbstätigkeit" (Trappe 2009: 18).

Die Analyse der Widersprüche in den Daten

Die Stabilität der Zeitbudgets in Familien ist groß. Hier gibt es also einen permanenten Widerspruch zwischen dem Wandel der Geschlechterrollen auf der einen Seite mit dem hohen Bildungsstand der Frauen und dem

Anspruch der Eltern auf egalitäre Geschlechtererziehung für ihre Kinder sowie andererseits der modellhaft gelebten Wirklichkeit der Familien: Die Ideale der Eltern sind im Durchschnitt egalitär, sie wünschen für ihre Mädchen dieselben Chancen in Bildung und Beruf wie für ihre Jungen. Die Zeitmodelle der Partner sind jedoch traditionell-patriarchal und sehr stabil über die Zeit hinweg. Die „Stabilität der Zeitbudgets" bildet einen der großen Widersprüche der Geschlechtererziehung heute ab. Trotz der bestausgebildeten Generation junger Frauen in der Geschichte stecken sie sofort zurück und geben alle Karrierepläne auf, wenn das erste Kind kommt, und Väter fallen in die traditionelle Ernährerrolle zurück.

Die gesellschaftliche Analyse der Folgerungen für Frauen und Männer

Deutschland ist somit in einer „halben Emanzipation" stecken geblieben. Die Geschlechterrollen haben sich nur dem Anspruch nach als Einstellungen verändert und, wie ich gleich zeigen werde, nur im Bildungssystem, nicht jedoch in der Realität des Arbeitsmarktes. Eine Rhetorik der Gleichheit verdeckt die tiefen Widersprüche. Das hat auch historische Gründe, die ich hier leider nicht vertiefen kann, die jedoch im Mutterbild während der NS-Zeit liegen, das allein den Frauen die Verantwortung für Kindererziehung aufbürdet. Diese traditionellen Einstellungen sind vor allem in Deutschland und in einigen südlichen Ländern Europas sehr beharrlich. Die Kinder sehen und erleben jeden Tag, dass Einstellungen und Handeln auseinander klaffen und orientieren sich wiederum an den vorgelebten Handlungsmodellen der Eltern für ihre eigene Zukunft. Beide Geschlechter, Mütter und Väter, sind jedoch mit den Geschlechterrollen nicht mehr zufrieden, zudem sie weit hinter den heute in der Sozialisation gegebenen Möglichkeiten und dem Ausbildungsstand der Frauen zurückbleiben. Nur wenige Paare leben die Vereinbarkeit und teilen sich als Doppelernährer tatsächlich die Verantwortung für „die Hälfte des Himmels und der Erde", wie es als Anspruch im Feminismus formuliert wurde.

Was also lernen Mädchen und Jungen in der Familie bezüglich der Geschlechterbilder und der gesellschaftlichen Chancen? Im Durchschnitt geben Mütter ihre Karrierewünsche beim ersten Kind auf, Mütter tragen die Verantwortung für den Haushalt und die Kindererziehung. Mädchen werden außerdem, so die Forschung zur weiblichen Elite, in Familien im Durchschnitt zu wenig ermutigt, sich hohe berufliche Ziele zu setzen, sie erwerben eher niedrige Ansprüche und Erwartungen an ihre private und berufliche Zukunft (vgl. Macha 2006). Jungen lernen, dass sie vor allem beruflich als Ernährer gefragt sind, und sie stellen höchste Ansprüche ausschließlich an den Beruf; für ihre private Zukunft erlernen sie kaum Strategien der Vereinbarkeit. Die Emotionalität, die Wahrnehmung des

Körpers und die Gesundheitsvorsorge bleiben ebenfalls auf der Strecke, Jungen und Männer erwerben in der Sozialisation ein hohes Gesundheitsrisiko (vgl. Macha 2006).

Eine Lösung besteht darin, Familie stärker in der Gesellschaft und den Gemeinden zu verankern und eine Balance zwischen gesellschaftlichen Institutionen und Familie herzustellen, bei der Partizipation das Ziel ist (vgl. BMBF 2006).

3.2 Geschlechtstypische Sozialisation in der Schule

Die Darstellung der Datenlage zum Forschungsfeld

In der Europäischen Union erreichen junge Mädchen und Frauen im Durchschnitt einen höheren Grad an Bildung als Jungen und junge Männer (vgl. Eurydice 2005: 5). Zum Beispiel machen 58% der Mädchen in Deutschland Abitur. Bis 1970 waren es nur 40 % der Mädchen, die das Abitur erreichten. Mädchen verweilen länger in der Ausbildung und erwerben höhere Abschlüsse. Mädchen sind disziplinierter in der schulischen Arbeit, sie haben besser angepasste Lernstrategien und soziale Verhaltensweisen, sie arbeiten effektiver und zielstrebiger und sind weniger störanfällig (vgl. Shell Study 2008). Sie haben auch insgesamt erfolgreichere Strategien für den Bildungsabschluss: „Diese Mädchen und Frauen werden die Gesellschaft verändern! Sie können nicht gestoppt werden!" (Allmendinger 2008 und 2009). Als Beleg können die Daten zu Schulabschlüssen von Mädchen im europäischen Vergleich dienen:

ISCED 1 (primary schools):	48,7 %
ISCED 2 (secondary schools):	48,6 %
ISCED 3 (college):	51,3 %
ISCED 5A (graduate schools):	54,3 %
Graduating ISCED 5A:	58,9 %
Graduating ISCED 6 (PHD):	42,8 %

Tab.1: Schulabschlüsse der Mädchen in Europa (Quelle: She Figures 2006, Women and Science, Europäische Kommission)

Mädchen sind im Durchschnitt heute die Gewinner des Bildungssystems. Innerhalb von nur 100 Jahren haben sie die Jungen in Bezug auf den Bildungserfolg überholt. Das ist eine absolute Erfolgsgeschichte! Erst 1909 bekamen Mädchen zum Beispiel rechtlich Zugang zum Gymnasium in Preußen. Mädchen haben heute die beste Bildung in der Geschichte Europas.

Jungen hingegen werden in der Sozialisation auf Aktivität hin erzogen und damit bilden sie weniger die schulspezifischen Fähigkeiten aus wie Konzentration, Genauigkeit, Fleiß, Disziplin u.ä.. Die Folge sind schlechtere Schulleistungen und es verlassen mehr männliche Absolventen das Schulsystems ohne Abschluss, vor allem Jungen aus dem bildungsfernen Prekariat, Schüler mit Migrationshintergrund und behinderte Jungen. Jungen werden hingegen im Durchschnitt eher frühzeitig auf Aktivität und die Abreaktion von Emotionen durch Handeln erzogen. Sie sind ungeduldiger, motorisch ungeschickter, haben tendenziell auffälligere Verhaltensweisen und sind in jedem Alter störanfälliger.

Die Analyse der Widersprüche in den Daten

Trotz eines insgesamt sehr guten Ausbildungsstandes der Mädchen kommt es zur Marginalisierung und mangelnden Förderung hoch begabter Mädchen (vgl. Solzbacher/Heinbokel 2002, Macha 2006). Trotz des guten Abschneidens bei den Noten und Schulabschlüssen gibt es zu wenig Förderung der weiblichen Elite in deutschen Schulen. Die hoch begabten Mädchen werden nach übereinstimmender Aussage der Eliteforschung nicht genug gefördert, sondern im Gegenteil entmutigt. Es gibt dafür viele Gründe, die in den traditionellen Selbstbildern der Lehrerinnen und Lehrer liegen, aber auch in der Diskriminierung begabter Mädchen durch die Mitschüler. Mädchen lernen, ihre Begabung zu verstecken und werden zu Underachievern, die weit unter ihren möglichen Leistungen bleiben (vgl. Macha 2006).

Was lernen Mädchen und Jungen in der Schule? Jungen lernen heute, Misserfolg zu erwarten, sie haben schlechtere Noten, insbesondere die Jungen aus dem Prekariat und die Jungen mit Migrationshintergrund. Von ihnen verlassen 17% die Schule ohne Abschluss und nur 10% der Migranten machen Abitur (vgl. BFMFI 2007: 43ff.). Aber: die hoch begabten Jungen werden auch nicht optimal gefördert. Auch sie vermissen eine spezifische Förderung ihrer spezialisierten Begabungen. Mädchen sind im Durchschnitt bei den Noten besser, aber sie verlieren dennoch im Verlauf der Schulzeit an Selbstbewusstsein, weil sie nicht ausreichend in ihren Begabungen gewürdigt und gefördert werden. Viele kommen jedoch voller Elan und Hoffnungen nach dem Studium in die Arbeitswelt (vgl. Allmendinger 2008) und wir werden sehen, wie es ihnen da ergeht.

Die gesellschaftliche Analyse der Folgerungen für Mädchen und Jungen

Mädchen haben in der Bildung massiv aufgeholt. Bildung war eine der Forderungen der Frauenbewegungen und der Emanzipationsbewegung. Bildung ist immer die Voraussetzung für beruflichen und gesellschaftlichen Aufstieg. Jungen haben in der Bildung im Durchschnitt gegenüber den Mädchen massiv verloren. Hier hilft nur Inklusion, das heißt, wieder mehr ihre Lernbedürfnisse und Defizite von Jungen zu thematisieren.

3.3 Geschlechtstypische Sozialisation für und im Arbeitsmarkt: Führungspositionen für Frauen in der akademischen Karriere: The Scissors Graph

Ein relevantes Forschungsfeld, das das Geschlechterverhältnis nachhaltig charakterisiert, ist die Marginalisierung von Frauen in der akademischen Karriere. Trotz der Anstrengungen in der Gleichstellungspolitik seit 20 Jahren haben sich die Zahlen in Deutschland ebenso wie in Europa nicht entscheidend verändert. Frauen haben heute eine sehr gute Schulbildung, aber in den Spitzenpositionen der akademischen Karriere sind sie immernoch unterrepräsentiert.

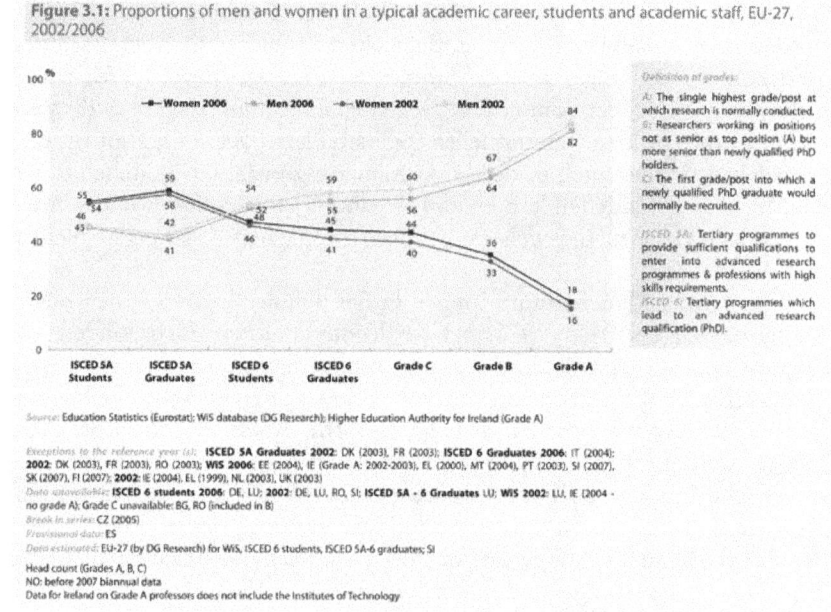

Graphik 3: Verhältnis von Frauen und Männer in der akademischen Karriere in Europa (Quelle: She Figures 2009, Statistics and Indicators on Gender Equality in Science)

Die Datenlage zum Forschungsfeld

In Graphik 3 sieht man die Positionen von Frauen und Männern in der akademischen Karriere in Europa abgebildet. Man erkennt auch wieder die Erfolge der Frauen im Schulsystem und im Studium, hier liegen die Mädchen und jungen Frauen mit 59 % weit vorn, aber von Grade 5 an, dem Hochschulabschluss, gibt es einen Abstieg auf nur noch 43% der Frauen in Bezug auf die Dissertation, den Grade 6 PHD-Level. Auf jeder Stufe der akademischen Karriere sinkt dann der Anteil der Frauen.

> Although the proportion of women has increased slightly at all stages on the graph, the pattern remains constant. Women students are in the majority in higher education at ISCED 5a level and by graduation have increased their lead over men. For students at PhD and equivalent level (ISCED 6), the male/female proportions are reversed, and thereafter womens' proportional participation continues to decline, with the divergence from men increasing quite dramatically at grade B and again at grade A (She figures 2006: 50f.)

Die akademische Karriere ist für Frauen mit gleichen Qualifikationen weniger attraktiv, weil sie nicht erwarten können, ebenso wie Männer gefördert zu werden.

Analyse der Widersprüche

Die Barriere für Frauen in der akademischen Karriere liegt heute zwischen dem Bildungssystem und den Stufen des Beschäftigungssystem: Trotz besserer Abschlüsse werden Mädchen nicht entsprechend für Spitzenpositionen der Universität gefördert. Gender Imbalance oder Ungleichheit der Geschlechter ist deshalb weiterhin ein sehr ernstzunehmendes Thema im akademischen Arbeitsmarkt. Die horizontale und vertikale Segregation durch Geschlecht ist überall stark präsent. Die „leaky pipeline" oder das „glass ceiling" sind Metaphern für den „gender gap" von Frauen auf den Karrierestufen für Führungspositionen im Bildungssystem und vor allem in der akademischen Karriere. Es gibt Stellen in den Karrierestufen, an denen Frauen traditionell „verschwinden": Nämlich nach der Promotion und vor der Habilitation. Es gibt eine ausgedehnte politische und wissenschaftliche Debatte über Frauen in Führungspositionen des Bildungssystems in Europa, aber die Instrumente, um Gender Balance zu erreichen, sind nicht effektiv. Die old boy's networks sind immer noch aktiv. Junge Frauen unterstehen einer speziellen Ambiguität: In den Europäischen Staaten ist die offizielle Doktrin, Gender Equity zu garantieren, aber der Subtext macht klar, dass Mädchen nicht für hohe Positionen gefördert werden, selbst wenn sie in der Schule und in der Universität erfolgreich waren.

Die gesellschaftliche Analyse der Folgerungen für Mädchen und Jungen

Die Barrieren für junge Frauen liegen heute nicht mehr im Bildungssystem, sie haben sich auf das Beschäftigungssystem verlagert. Sie treffen die jungen Frauen, die voller Elan und mit einer sehr guten und erfolgreichen Ausbildung die Hochschulen verlassen, in der Phase, in der altersmäßig auch die Familiengründung ansteht. Da man in Deutschland die Verantwortung für die Familienplanung fast ausschließlich den jungen Frauen aufbürdet, ist die Vereinbarkeit unter dem Druck der Arbeitssuche und der Qualifizierungsphasen in der Universität erschwert. Die Formulierung der Karrierewünsche für Frauen unter diesem doppelten Druck findet dann zu selten statt. Dies ist ohnehin ein belastetes Thema, da Frauen in Familie und Schule keine Muster für Karrieredefinitionen gelernt haben (vgl. Macha/Witzke 2008). Babcock/Laschever (2003) und Mayrhofer u.a. (2005) analysieren außerdem, dass Frauen nur unzureichende Karrierestrategien aus der Sozialisation mitbringen: Sie vermeiden es, ihre hohen Ziele zu definieren, sie melden sie im Beruf nicht an und sie fordern keine entsprechende Verantwortung und ein entsprechend höheres Gehalt. Deshalb ziehen Männer oft an ihnen vorbei an die Spitze. Hinzu kommen die mangelnde staatliche Unterstützung für Frauen und Männer bei der Familienplanung, es fehlen Kinderkrippen und Kindergärten usw. Da finden sich die Frauen oft in der Falle der Verantwortlichen für Vereinbarkeit wieder.

Europa ist heute, um mit T.S. Elliott zu sprechen, „a waste land" für Frauen in Führungspositionen im Bildungssystem, in der Wissenschaft, in der Industrie und in der Politik. Aber die höchste Stufe der akademischen Karriere, die Senior Professors, die Lehrstühle und Professuren, geben die Richtung der Forschung und der Forschungsförderung vor. Sie schreiben die Programme und entscheiden über zukünftige Forschungsfelder. Wenn also die Frauen nur 15 % der Positionen stellen, haben sie entscheidend weniger Einfluss auf die Forschungspolitik. Die großen Wissenschaftsorganisationen Deutsche Forschungsgemeinschaft, Leibniz-Gesellschaft und Wissenschaftsrat haben Gleichstellungsstandards verabschiedet, um diese Lage in Deutschland zu verändern, vor allem durch Berufungsrichtlinien und Anregungen zum Gender Mainstreaming auf allen Statusstufen (vgl. DFG 2008, Wissenschaftsrat 2007).

Was lernen junge Frauen in der Sozialisation an der Universität? Die Macht, das Geld und die Forschungspolitik liegen in dieser Welt vor allem in der Hand der Männer. Entmutigung ist die Folge. Die Versuchung ist groß, die akademische Karriere aufzugeben, wenn die Vereinbarkeit zusätzlich auf ihre Schultern geladen wird. Zu viele begabte Frauen geben ihre Karrierewünsche auf und ziehen sich aufs Privatleben oder in andere, weniger anspruchsvolle Jobs zurück.

3.4 Geschlechtstypische Sozialisation für und im Arbeitsmarkt: Führungspositionen für Frauen in der Wirtschaft

Auf dem Arbeitsmarkt und im Beschäftigungssystem wirken ebenfalls Exklusionsmechanismen, die entlang einer Geschlechterlinie in Bezug auf die Spitzenpositionen segregieren. Als Beispiel für die Marginalisierung von Frauen in Spitzenpositionen der Wirtschaft kann man die Anzahl der Frauen in den Vorständen der börsennotierten Unternehmen anführen, sie sind auch hier nur marginal vertreten.

Die Datenlage zum Forschungsfeld

In 160 börsennotierten Unternehmen sitzen im...

Vorstand: Männer 97,5% / Frauen 2,5%
Aufsichtsrat: Frauen 9,3% / Männer 90,7%

Graphik 4: Frauen und Männer in den Vorständen von 160 börsennotierten Unternehmen (Quelle: Weckes (2008) © Hans-Böckler-Stiftung 2008)

Im Vorstand dieser Unternehmen befinden sich 2,5% Frauen, in den Aufsichtsräten 9,3% Frauen. Dies sind selbsterklärende Zahlen, die die Mechanismen der Ausgrenzung belegen.

Analyse der Widersprüche

Die Benachteiligung der Frauen beginnt heute erst an der Schnittstelle von Ausbildung, Studium und Arbeitsmarkt und setzt sich mit den höheren Positionen immer schärfer durch: Die Marginalisierung der Frauen in Spitzenpositionen bestätigt sich auch für die Wirtschaft.

Trotz besserer Abschlüsse werden Frauen der am besten ausgebildeten Generation nicht entsprechend in Spitzenpositionen eingestellt. Die

Segregation entlang des Geschlechts im Arbeitsmarkt ist evident. Auch hier gilt, wie in der akademischen Karriere, dass die Gesellschaft den Frauen gleichzeitig mit dem Berufseinstieg die Verantwortung für die Work-Family-Balance aufbürdet. Da die Partner heute seltener ihr Privatleben planen und Frauen zudem ihre berufliche Karriere nicht strategisch angehen, greifen sie vermehrt auf das so genannte Drei-Phasen-Modell zurück und geben ihre Karriereansprüche damit weitgehend auf oder sie verzichten auf Kinder und versuchen, als Frau Karriere zu machen.

Die gesellschaftliche Analyse der Folgerungen für Frauen und Männer

Dieselben Gründe für die Marginalisierung der Frauen gelten in der Wirtschaft wie in der akademischen Karriere. Hier kommen noch die Analysen von Babcock/Laschever (2003) und Mayrhofer u.a. (2005) hinzu: In der Wirtschaft muss man sein Profil selbst darstellen und für mehr Verantwortung und mehr Einkommen selbst kämpfen. Diese Strategien haben Frauen in der Sozialisation weniger vermittelt bekommen als Männer. Allerdings gibt es verstärkte Bemühungen der Unternehmen, in Familienfreundlichkeit und Kinderbetreuung zu investieren, um begabte Frauen im Unternehmen zu halten und sie zu fördern.

3.5 Vergleich der Einkommen von Männern und Frauen

Auch die Einkommen von Frauen und Männern in Deutschland sind nicht gleich, obwohl gesetzlich die Gleichstellung vorgeschrieben ist: Für gleiche Leistungen erhalten Frauen im Durchschnitt weniger Lohn als Männer.

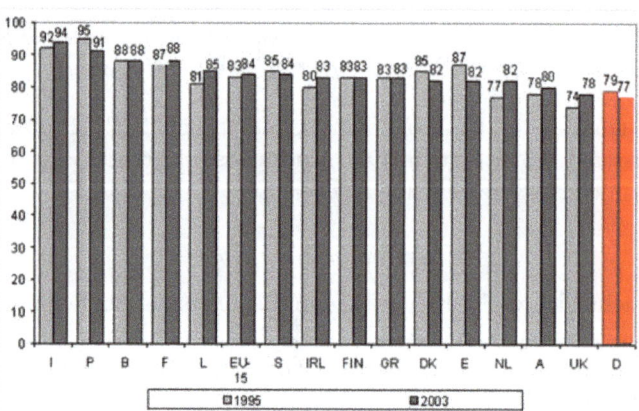

Graphik 5: Einkommen der Frauen in der Europäischen Union (Quelle: Eurostat: European Statistical Data Support (ESDS))

Die Datenlage zum Forschungsfeld

Trotz der Gleichstellungsgesetze verdienen Frauen in Deutschland 1995 im Durchschnitt 21% weniger und 2003 23% weniger als Männer. Das bestätigten die übrigen Daten von der Ungleichheit der Geschlechter in Deutschland und Europa. Die gesetzliche Regelung, die eine gleiche Entlohnung bei gleicher Arbeit vorschreibt, wird nicht eingehalten, die Lohnhöhen und Einkommen der Frauen sinken sogar noch.

Analyse der Widersprüche

Diese Daten weisen ebenfalls auf strukturelle und personale Ursachen hin: Zum einen werden Frauen bei der Lohnverhandlung von den Arbeitgebern benachteiligt, zum anderen sind sie zurückhaltender in ihren Lohnforderungen als Männer und erlernen auch weniger Strategien für die Forderungen nach mehr Verantwortung im Job und entsprechend mehr Lohn und Gehalt (vgl. Babcock/Laschever 2003). „Women don't ask" ist der Titel des Buches von Babcock/Laschever und damit ist gemeint, dass Frauen erst spät und nicht deutlich genug nach einer Erweiterung von Aufgaben und nach mehr Entlohnung verlangen.

Die gesellschaftliche Analyse der Folgerungen für Mädchen und Jungen

Es genügt nicht, Mädchen eine gute Ausbildung zu gewähren, sie haben viele Probleme der Diskriminierung im Beruf zusätzlich zu der Bürde der Vereinbarkeit zu lösen. Damit lässt man die jungen Frauen weitgehend allein.

4. Fazit aus den fünf exemplarischen Forschungsfeldern

Was sagen uns diese Forschungsergebnisse über die Konstruktion von Geschlechtsidentität heute? Die Macht der gesellschaftlichen Verhältnisse wird gegenüber der Veränderungsbereitschaft der individuellen Identität und sogar der Geschlechterrollen deutlich. Provokativ gesagt: Mütter und Väter ändern sich in ihren Einstellungen, aber die Realität in den Familien bleibt relativ konstant. Die Bildungsbeteiligung der Frauen ändert sich, aber ihre Marginalisierung auf dem Arbeitsmarkt nicht. Die Gesetze zur Gleichstellung bewirken keine Gleichstellung der Positionen und Einkommen. Die individuelle Wandlung der Geschlechterrollen hat die neuen und alten gesellschaftlichen Barrieren für Frauen nicht verhindern können und die Bedürfnisse der Jungen in Schulen und der Väter in Familien nicht berücksichtigt. Der individuelle Wandel wird gebremst durch die

Strukturen sowohl in Familien als auch am Arbeitsmarkt. Also muss man die Strukturen ändern.

Was ist nun zu tun? Eine Veränderung der Strukturen ist nötig und dazu ein Empowerment für verschiedene benachteiligte Gruppen: Für die Frauen ist an neue Steuerungsinstrumente in Bezug auf die Karriereförderung zu denken, beispielsweise die Quote. Mütter, Väter und Familien brauchen Unterstützung der Gesellschaft bei der Wahrnehmung der Aufgaben von Erziehung und Bildung in Familien. Mut zu neuen Geschlechterrollen sollte unterstützt werden, zum Beispiel die „neuen Väter", die sich egalitär an der Erziehung der Kinder beteiligen. Mehr männliche Lehrer in Grundschulen sollten angeworben werden, um der Feminisierung des Bildungssystems entgegenzuwirken und Jungen männliche Vorbilder zu geben.

Es gibt gleichstellungspolitische Instrumente für beide Geschlechter, die Inklusion anstreben, das sind zum Beispiel Diversity Management und Gender Mainstreaming. Die Forschung zur Gleichstellungspolitik an Hochschulen zeigt, dass neue Wege mit Mentoring-Programmen und anderen gleichstellungspolitischen Maßnahmen erfolgreich sind (vgl. Macha u. a. 2010; Macha u.a. 2011).

5. Literatur

Allmendinger, Jutta (2008 und 2009): Frauen auf dem Sprung. Wie junge Frauen heute leben wollen, München: Pantheon.
Babcock, Linda/Laschever, Sara (2003): Women don't ask: negotiation and the gender divide, Princeton, N.J.: Princeton University Press.
BMBF = Bundesministerium für Bildung und Forschung (Hrsg.) (2006): Die Hightech-Strategie für Deutschland, Berlin.
BFMFI = Beauftragte der Bundesregierung für Migration, Flüchtlinge und Integration (Hrsg.) (2007): 7. Bericht der Beauftragten der Bundesregierung für Migration, Flüchtlinge und Integration über die Lage der Ausländerinnen und Ausländer in Deutschland, Berlin, Dezember.
BMFSFJ = Bundesministerium für Familie, Senioren, Frauen und Jugend (2005): Gender Datenreport. 1. Datenreport zur Gleichstellung von Frauen und Männern in der Bundesrepublik Deutschland. Internet: http://www.bmfsfj.de /Publikationen/genderreport/root.html.
Bilden, Helga/Dausien, Bettina (Hrsg.) (2006): Sozialisation und Geschlecht. Theoretische und methodologische Aspekte, Opladen/Farmington Hills: Budrich.
Born, Claudia/Krüger, Helga/Lorenz-Meyer/Dagmar (1996): Der unentdeckte Wandel. Annäherung an das Verhältnis von Struktur und Norm im weiblichen Lebenslauf, Berlin: Edition Sigmar.
Casale, Rita (2008): Die Vierzigjährigen entdecken den Feminismus. Anmerkungen zur Epistemologisierung politischer Theorien. In: Feministische Studien. Zeitschrift für interdisziplinäre Frauen- und Geschlechterforschung, 2, 197–207.

Damasio, Antonio R. (2000): Ich fühle, also bin ich. Die Entschlüsselung des Bewusstseins, München: Econ Ullstein List.
Deutsche Forschungsgemeinschaft (DFG) (2008): Forschungsorientierte Gleichstellungsstandards. Unveröffentlichtes Manuskript.
DuBois-Reymond, Manuela (1991): Zum Wandel der Beziehungen zwischen Eltern und Heranwachsenden. Ein Generationenvergleich aus niederländischer Sicht. In: Büchner, Peter/Krüger, Heinz-Hermann (Hrsg.): Aufwachsen Hüben und Drüben, Opladen: Leske + Budrich, 297–306.
Eliot, Thomas S. (1922): The Waste Land. York Notes Advanced.
European Commission, Eurostat (2003): The European Union labour force survey. Luxembourg: Off. for Official Publ. of the European Communities. Labour Force Survey.
Eurydice (2005): Schlüsselzahlen zum Bildungswesen in Europa 2005. Luxemburg: Amt für amtliche Veröffentlichungen der Europäischen Gemeinschaften. Internet: http://www.eurydice.org/ressources/eurydice/pdf/0_integral/052DE.pdf
Fiese, Barbara H./Samaroff, Arnold J. (1999): The family narrative consortium. A multidimensional approach to narratives. In: Fiese, Barbara H./Sameroff, Arnold J./Grotevant, Harold D./Wamboldt, Frederick S./Dickstein, Susan/Fravel, Deborah L. (Hrsg.). The stories that families tell. Narratives coherence, narrative interaction, and relationship beliefs. Monographs oft the Society for Research in Child Development, 64, 257, 1–36.
Forster, Edgar (2008): Männlichkeitskritik und Feminismus. In: Feministische Studien. Zeitschrift für interdisziplinäre Frauen- und Geschlechterforschung, 2, 220–229.
Gransee, Carmen (1999): Grenzbestimmungen. Zum Problem identitätslogischer Konstruktionen von ‚Natur' und ‚Geschlecht', Tübingen: konkursbuch Verlag.
Hagemann-White, Carol (2004): Sozialisation – ein veraltetes Konzept in der Geschlechterforschung? In: Glaser, Edith/Klika, Dorle/Prengel, Annedore (Hrsg.): Handbuch Gender und Erziehungswissenschaft, Bad Heilbrunn: Klinkhardt, 146–156.
Hurrelmann, Klaus (^{8}2002): Einführung in die Sozialisationstheorie. 8. vollst. üb. Auflage, Weinheim: Beltz.
James, William (1890): The Principles of Psychology. Volume One, New York: Dover Publications, Inc.
Knapp, Gudrun-Axeli (2008): Give Sex, Gender and Sexuality more of a Society: Zur Standortbestimmung feministischer Theorie. In: Feministische Studien. Zeitschrift für interdisziplinäre Frauen- und Geschlechterforschung, 2, 208–219.
Keupp, Heiner/Ahbe, Thomas/Gmür, Wolfgang/Höfer, Renate/Kraus, Wolfgang/Mitzscherlich, Beate/Straus, Florian (^{2}2002): Identitätskonstruktionen. Das Patchwork der Identitäten in der Spätmoderne, Reinbek: Rowohlt.
Keupp, Heiner/Hohl, Joachim (2006): Subjektdiskurse im gesellschaftlichen Wandel. Zur Theorie des Subjekts in der Spätmoderne, Bielefeld: transcript.
Macha, Hildegard/Fahrenwald, Claudia (Hrsg.) (2003): Körperbilder zwischen Natur und Kultur. Interdisziplinäre Beiträge zur Genderforschung. (Augsburger Reihe zur Geschlechterforschung Band 1), Opladen: Leske+Budrich.
Macha, Hildegard (2006): Work-Life-Balance. In: Schlüter, Anne (Hrsg.): Bildungs- und Karrierewege von Frauen, Opladen: Budrich, 17–32.

Macha, Hildegard/Witzke, Monika (2008): Familie und Gender – Rollenmuster und segmentierte gesellschaftliche Chancen. In: Zeitschrift für Pädagogik, 2, 261–278.
Macha, Hildegard (2009): Konturen einer pädagogischen Theorie der Familie. In: Macha, Hildegard/Witzke, Monika (Hrsg.) (2009): Handbuch der Erziehungswissenschaften. Bd. III/1: Familie – Kindheit – Jugend – Gender, Paderborn u.a.: Schöningh, 9–29.
Macha, Hildegard/Witzke, Monika (Hrsg.) (2009): Handbuch der Erziehungswissenschaften. Bd. III/1: Familie – Kindheit – Jugend – Gender, Paderborn u.a.: Schöningh.
Macha, Hildegard/Handschuh-Heiß, Stephanie/Gruber, Susanne/Magg-Schwarzbäcker, Marion (2010): Gleichstellung und Diversity an der Hochschule. Implementierung und Analyse des Gender-Mainstreaming-Prozesses, Opladen: Budrich.
Macha, Hildegard/Gruber, Susanne/Struthmann, Sandra (2011): Die Hochschule strukturell verändern. Gleichstellung als Organisationsentwicklung an Hochschulen, Opladen: Budrich UniPress.
Mayrhofer, Wolfgang/Meyer, Michael/Steyrer, Johannes (2005): Macht? Erfolg? Reich? Glücklich? Einflussfaktoren auf Karrieren, Wien: Linde.
Mead George H. (1969): Philosophie der Sozialität. Aufsätze zur Erkenntnisanthropologie, Frankfurt/M.: Suhrkamp.
Micus-Loos, Christiane (2004): Gleichheit – Differenz – Konstruktion – Dekonstruktion: Zu ihrer Bedeutung für die erziehungswissenschaftliche Frauen- und Geschlechterforschung. In: Glaser, Edith/Klika, Dorle/Prengel, Annedore (Hrsg.): Handbuch Gender und Erziehungswissenschaft, Bad Heilbrunn: Klinkhardt, 112–126.
Micus-Loos, Christiana/Schütze, Yvonne (2004): Gender in der Familienerziehung. In: Glaser, Edith/Klika, Dorle/Prengel, Annedore (Hrsg.): Handbuch Gender und Erziehungswissenschaft, Bad Heilbrunn: Klinkhardt, 349–361.
Pinker, Susan (2008): Das Geschlechterparadox. Über begabte Mädchen, schwierige Jungs und den wahren Unterschied zwischen Männern und Frauen, Bonn: Bundeszentrale für politische Bildung.
Powers, Richard (2006): Das Echo der Erinnerung, Frankfurt/M: Fischer.
Ricoeur, Paul (1991): Zeit und Erzählung, Bd. 3, München: Fink.
Saum-Aldehoff, Thomas (2008): Wo wohnt das Ich? Psychologie heute, 12, 67–71.
She Figures (2006): Women and Science. Statistics and Indicators. Hrsg. von The European Commission, Luxembourg.
She Figures (2009): Statistics and Indicators on Gender Equality in Science. Hrsg. von The European Commission, Luxembourg.
Shell Deutschland Holding (Hrsg.) (2010): Jugend 2010, Frankfurt/M.: Fischer
Scheler, Max (1928): Die Stellung des Menschen im Kosmos, Bern/München: Francke.
Stern, Daniel (^{2}2000): The interpersonal world of the infant, New York: Basic Books.
Solzbacher, Claudia/Heinbokel, Andrea (Hrsg.) (2002): Hochbegabte in der Schule. Identifikation und Förderung, Münster: Waxmann.
Trappe, Heike (2009): Kompatibilität oder Konkurrenz? Zum Verhältnis von Familien- und Gleichstellungspolitik. In: Gender. Zeitschrift für Geschlecht, Kultur und Gesellschaft, 1, 9–27.

Tillmann, Klaus-Jürgen (2004): Sozialisationstheorien. Eine Einführung in den Zusammenhang von Gesellschaft, Institution und Subjektwerdung, Reinbek: Rowohlt.
Vogeley, Kai (2008): Akteur auf der Bewußtseinsbühne. Psychologie, 12, 70.
Weckes, Marion (2008): Geschlechterverteilung in Vorständen und Aufsichtsräten. Manuskript der Hans-Böckler-Stiftung, Abteilung Mitbestimmungsförderung.
Weick, Stefan (2004): Lebensbedingungen, Lebensqualität und Zeitverwendung. In: Statistisches Bundesamt (Hrsg.): Alltag in Deutschland. Analysen zur Zeitverwendung. Beiträge zur Ergebniskonferenz der Zeitbudgeterhebung 2001/02 am 16./17. Februar 2004 in Wiesbaden (Forum Bundesstatistik Band 43), Wiesbaden, 412–430.
Wissenschaftsrat (2007): Empfehlungen zur Chancengleichheit von Wissenschaftlerinnen und Wissenschaftlern. Abzurufen unter: http://www.wissenschaftsrat.de/texte/8036-07.pdfs.

Constanze Spieß

Linguistische Genderforschung und Diskurslinguistik. Theorie – Methode – Praxis

1. Einleitung: Diskurslinguistische Ansätze

Der sich in den vergangenen 25 Jahren etablierte Forschungsteilbereich der Diskurslinguistik hat sich bis zum gegenwärtigen Zeitpunkt in verschiedene Ansätze ausdifferenziert.[1] Und auch aktuell stellt die Diskurslinguistik einen äußerst dynamischen und produktiven Forschungsbereich dar, der immer wieder neue Perspektiven eröffnet und unterschiedliche Sachverhalte untersucht; die Gemeinsamkeit der verschiedenen Ausprägungen der Diskurslinguistik kann zunächst ganz allgemein im Bezug auf Michel Foucault einerseits und der transtextuellen Ausrichtung der Analyse andererseits angesehen werden.[2] Vor allem aber wird in den Ansätzen die Produktion und Repräsentation von Wissen durch Sprache fokussiert. Diskurse stellen in diesem Kontext Aussagen- oder Textnetze dar. Dabei wird Diskursanalyse im Anschluss an Foucault innerhalb der Linguistik mit unterschiedlichen Akzentsetzungen betrieben. Sie geht u.a. auf sprachliche Bedeutungskonstitutions-, -verhandlungs- und -wandelprozesse in verschiedenen medialen Kontexten ein, sie legt in Sprache manifestierte Denkstrukturen und Mentalitäten offen. Gemeinsam ist den unterschiedlichen Ansätzen, dass sie sich auf die einzeltextübergreifende Ebene beziehen, insofern sie sprachliche Strukturen in thematisch gebundenen Text- oder Aussagenverbünden fokussieren. Die verschiedenen Ansätze lassen sich in zwei unterschiedliche Richtungen mit je eigenen Zielsetzungen klassifizieren: eine deskriptiv verfahrende, diskurssemantische Diskurslinguistik und die Kritische Diskurslinguistik.[3]

Die Kritische Diskurslinguistik unterscheidet sich von der diskurssemantischen Ausprägung vor allem in ihrer Zielsetzung und ihrem theoretischen Hintergrund. Kritische Diskurslinguistik ist dabei ein Oberbegriff für eine Vielzahl von Ansätzen, deren Ziel in erster Linie Ideologiekritik ist. Gemeinsam ist den verschiedenen Ausprägungen die Orientierung an der ‚Kritischen Theorie' und an Foucault. Kritische Diskursanalyse ver-

---

1 Überblicke über die Ausdifferenzierung der Diskurslinguistik bieten Bluhm et.al. (2000), Gardt (2007), Spieß (2011).
2 Vgl. hier Warnke (2007), Warnke/Spitzmüller (2008), Gardt (2007), Konerding (2009).
3 Deskriptiv verfahrende Ansätze der Diskurslinguistik sind die Diskurssemantik oder Diskursgeschichte. Die Kritische Diskurslinguistik stellt ebenfalls eine Sammelbezeichnung für weitere Ausdifferenzierungen dar.

folgt politische Ziele, insofern sie Sachverhalte moralisch-ethisch bewertet und für eine Änderung gesellschaftlicher Strukturen eintritt. Sie versteht sich somit als gegenüber vorherrschenden gesellschaftlichen Strukturen kritische Instanz[4]. Im Rahmen Kritischer Diskursanalyse sind in den vergangenen Jahren zahlreiche Arbeiten zum Themenkomplex ‚Gender – Macht und Ideologie' entstanden. Im deutschsprachigen Raum sind hier vor allem Margret und Siegfried Jäger als Vertreter der Duisburger Schule sowie Ruth Wodak als Vertreterin der Kritischen Wiener Schule zu nennen. Für den angelsächsischen Raum können exemplarisch Michelle Lazar, Sarah Mills, Sally Johnson oder Ulrike Meinhof angeführt werden[5], die eine kritische diskursanalytische Zugriffsweise wählen, um die Diskursivierung der Normativität von Geschlechtsbinarität sowie der damit verbundenen Heterosexualität zu beschreiben und Ideologiekritik zu üben.[6]

Zwischen Kritischer Diskurslinguistik und diskurssemantischer, aussagen- und textorientierter Diskurslinguistik bestehen sowohl in methodischer Hinsicht als auch in theoretischer Hinsicht (z.B. Orientierung an der Kritischen Theorie und an Gramsci), aber auch bezüglich der mit der Analyse verfolgten Ziele Unterschiede. So umreißt Lazar (2005) die kritische Perspektive der Diskursanalyse folgendermaßen:

> A critical perspective on unequal social arrangements sustained through language use, with the goals of social transformation and emancipation, constitutes the cornerstone of critical discourse analysis (CDA) and many feminist language studies. (Lazar 2005: 1)[7]

Während Diskursanalyse in ihrer kritischen Ausprägung explizit auf Kritik asymmetrischer und ideologischer Machtverhältnisse[8] sowie auf deren

---

4 Vgl. dazu Titscher u.a. (1998: 179f.); vgl. Jäger (2001, 2004, 2005 und ²2006); vgl. Wodak (2001); vgl. Fairclough (2001).
5 Vgl. S. Jäger (1997) und M. Jäger (2004); vgl. Mills (2004); vgl. Johnson/Meinhof (1997); vgl. Lazar (2005); vgl. Wodak (1997, 2005).
6 Diskursanalytische Zugänge sind auch in den Medien- und Kommunikationswissenschaften zu finden. Vgl. hierzu Dorer/Angerer (1994); vgl. Becker/Kortendiek (2004); vgl. Dorer/Klaus (2003).
7 Und so bringt Lazar feministische Sprachforschung mit der CDA in ihrem Sammelband das erste Mal zusammen.
8 Ein Bezug zu Foucaults Machtbegriff erfolgt nur bedingt. Insofern Kritik an asymmetrischen Machtverhältnissen geübt wird, gehen Kritische Diskurslinguisten von einem restriktiven und hegemonialen Machtbegriff aus. Foucault dagegen vertritt in seiner letzten Schaffensphase einen weiten Machtbegriff, der vor allem in der Bedeutung der Relationalität zu sehen ist. Als Machtstrukturen begreift er die Beziehungen zwischen diskursiven Aussagen, Ereignissen etc. Macht ist für ihn demzufolge ein produktives Relationsgefüge, das Subjekte und Diskurse erst hervorbringt (vgl. Foucault 1977a: 104f.) und die Beziehungen der Subjekte und diskursiven Relationen untereinander regelt bzw. ein „mehr oder weniger (und ohne Zweifel schlecht) koordiniertes Bündel von Beziehungen ist [...]." (Foucault 1977a: 126)

Veränderung aus ist und somit ihren kritischen Impetus zugleich als explizit formulierte, politische Aufgabe versteht, sieht die Diskurslinguistik bzw. Diskurssemantik[9] ihre Ziele und Aufgaben ausschließlich in der deskriptiven Offenlegung sprachlicher Strukturen und Denkmuster.[10] Dabei stellt gerade die Diskurslinguistik in ihrer diskurssemantischen Ausprägung einen Zugriff dar, der gut geeignet ist, gesellschaftlichen Konstruktionsprozessen auf sprachlicher Ebene nachzugehen, zumal der diskursanalytische, sich an Foucault anschließende Ansatz mit poststrukturalistischen und konstruktivistischen Gender-Theorien korreliert (s.u.). In anderen Fachdisziplinen wie den Sozialwissenschaften, Geschichtswissenschaften, der Philosophie oder Literaturwissenschaften ist die Anwendung diskursanalytischer Methoden im Kontext von Geschlechterstudien weit verbreitet[11]. Dass ausgerechnet die diskurssemantische Ausprägung bisher kaum genderlinguistischen Fragestellungen nachgegangen ist, muss Verwunderung hervorrufen, stellt doch die Diskurssemantik bzw. die deskriptive Diskurslinguistik einen Bereich dar, der gesellschaftliche Bedeutungskonstruktionsprozesse, Bedeutungsaushandlungsprozesse oder Bedeutungswandelprozesse in den Blick nimmt sowie gesellschaftliche Denkmuster und Mentalitäten in öffentlich-medialen Diskursen hinsichtlich semantischer und funktionaler Prozesse herausarbeitet und vor allem die Relationalität der sprachlichen Ereignisse fokussiert (vgl. hier exemplarisch Wengeler 2003).[12] Ausnahmen stellen hier lediglich diskurssemantische und sprachgeschichtliche Untersuchungen zum frauenpolitischen Diskurs[13] von Karin Böke dar, die den Sprachgebrauch im Kontext des §218 und die Diskussionen um die rechtliche Gleichstellung der Frau in den 50er Jahren untersucht (vgl. Böke 1991, 1993 und 1994)[14].

---

9 Nach Busse (1987), Warnke (2002a und b, 2008), Wengeler (2003), Spieß (2011).
10 Es ist klar, dass auch ein deskriptives Vorgehen nicht frei von ideologischen und weltanschaulichen Einflüssen ist. Vielmehr ist die Vorgehensweise der Deskription selbst eine Form der weltanschaulichen Voraussetzung, die an das Forschungsobjekt angelegt wird.
11 Vgl. Laqueur (1996); vgl. Schößler (2008); vgl. Frevert (1995); vgl. Becker/Kortendiek (2004); vgl. Bührmann/Schneider (2007 und 2008); vgl. Keller u.a. (^{2}2006); vgl. Hauskeller (2000).
12 Damit kann Diskurssemantik zu Meinungsbildungsprozessen beitragen, ohne aber dezidiert politisch Stellung zu beziehen.
13 2010 startete ein diskursgeschichtliches Projekt am IDS Mannheim unter der Leitung von Prof. Kämper, das den Demokratiediskurs und in diesem Zusammenhang auch den Diskurs um die Frauenrechtsbewegung zum Gegenstand hat.
14 Diese Untersuchungen nehmen implizit Bezug auf Foucault. Im Hinblick auf die Genderthematik werden allerdings in den Untersuchungen weder Reflexionen zur Geschlechtsbinarität vorgenommen, noch nehmen die Untersuchungen explizit Bezug auf Gendertheorien. Entsprechend den diskurstheoretischen Annahmen müssten diese aber Genderkonzepte voraussetzen, die von der diskursiven Konstruktion der Geschlechter ausgehen (vgl. die Einleitung in diesem Band; s.u.). Diskurssemantische Genderforschungen könnten somit vor allem die sprachlichen Manifestationen und Konstruktionen in

Hier soll nun unter Rekurs auf wesentliche Aspekte gegenwärtiger Genderkonzepte der Vorschlag unterbreitet werden, die deskriptive Diskursanalyse als theoretischen und methodischen Rahmen für genderlinguistische Fragestellungen in Anspruch zu nehmen. Vorangestellt wird ein kurzer Exkurs zu wesentlichen Aspekten und Kriterien gegenwärtiger Genderkonzepte. Im Anschluss daran wird kurz umrissen, welche Ziele und Methoden Diskurslinguistik verfolgt. In diesem Kontext wird dann die Diskurslinguistik um den Begriff des Dispositivs angereichert und erweitert. Kapitel 4 versucht anhand eines Ausschnittes aus dem Genderdispositiv, nämlich unter Rückgriff auf die Verwendung der Ausdrücke *Karrierefrau* und *Karrieremann* in den Printmedien, deutlich zu machen, wie Diskursanalyse für genderbezogene Fragestellungen fruchtbar eingesetzt werden kann.

2. Kriterien (de-)konstruktivistischer Genderkonzepte

Foucaults Arbeiten sind nicht in der Gendertheorie verortet, wenngleich er verschiedene wichtige Schriften zur Thematik hervorgebracht hat (vgl. Foucault 1977b, 1998 und 2005). Er selbst geht davon aus, dass der Körper zwar eine vor- bzw. nicht-diskursive Materialität darstellt, die kulturelle Einschreibungen erfährt, die Kategorie Geschlecht aber ein Effekt der Macht und damit gesellschaftlich bedingt ist (vgl. Foucault 1998). Seine Arbeiten stellen aber dennoch sowohl in methodischer wie auch in theoretischer Hinsicht wesentliche Bezugs- und Rezeptionspunkte v.a. poststrukturalistischer Genderkonzepte[15] dar.[16] Butler setzt sich mit Foucault im Kontext ihrer Gendertheorie auseinander und stellt Körper als vordiskursive Materialität in Frage (vgl. Butler 2003: 206).

Gemeinsam ist den verschiedenen poststrukturalistischen Ansätzen[17] zu Gender (im Anschluss an Foucault) die Kritik am Universalismus, die Kritik am autonomen Subjektbegriff sowie die Kritik an normativen Letztbegründungen. Poststrukturalistische Ansätze – so heterogen sie

---

Genderdispositiven auf der überindividuellen, gesellschaftlichen Ebene z.B. printmedialer Öffentlichkeit fokussieren.

15 Poststrukturalistische Genderkonzepte haben sich in den vergangenen Jahren noch einmal ausdifferenziert in Ansätze mit queerer oder postkolonialer Schwerpunktsetzung.
16 Innerhalb feministischer Theorie wurde Foucault aber auch viel Skepsis oder gar Ablehnung entgegengebracht. Kritisiert wurde vor allem seine Subjektkritik in dem Punkt, dass politische Handlungsfähigkeit als in seiner Theorie nicht gegeben interpretiert wurde. Vgl. hierzu Mehlmann/Soine (2008: 367).
17 Vgl. hier auch Scott (1988), die im Anschluss an Foucault Gender als historische Analysekategorie auffasst bzw. konzeptualisiert.

auch sind – sprechen der Sprache[18] und der symbolischen Ordnung bei der Konstruktion von Wirklichkeit eine wichtige Rolle zu (vgl. Butler 2006: 200ff.; vgl. Weedon 1990: 34–42). Damit sind sie an ethnomethodologische und wissenssoziologische Ansätze anschließbar, da sie davon ausgehen, dass erst im Sprachgebrauch Realitäten hervorgebracht und Kontexte geschaffen werden.

Im Anschluss an die von poststrukturalistischer Seite formulierte Kritik[19], sind für die Konzeptionierung der Gendertheorie bestimmte Annahmen relevant (vgl. hier Butler 2003, Hornscheidt 2002). So gehen aktuelle Positionen von der permanenten Herstellung der Geschlechtlichkeit aus. Butler bezeichnet diesen Prozess als *performing gender*, Hirschauer (1989, 2001) im Anschluss an West/Zimmerman (1987) und Goffman (^{2}2001) als *doing* und *undoing gender*.[20] Das *performing gender*-Konzept ist insofern kompatibel mit dem ethnomethodologischen Konzept des *doing gender*, als es die situative Herstellung von Geschlechtlichkeit betont, es geht aber (wie Hirschauer auch) über West/Zimmerman hinaus, insofern keine Unterscheidung mehr zwischen Sex und Gender vollzogen wird.[21] Geschlecht wird als Effekt diskursiver Prozesse betrachtet. Körper sind dementsprechend Effekte diskursiver Prozesse und materialisieren sich immer schon in Abhängigkeit kultureller Formen. Butler schließt mit dem *performing gender*-Konzept direkt an Derridas Konzept der Iterativität an, das davon ausgeht, dass die hervorgebrachten und durchgesetzten Normen ständig wiederholt und reinszeniert werden. Veränderungspotenzial bzw. Potenzial der Kritik an der Binarität als Norm sieht sie in ebendieser

---

18 Diesbezüglich grenzen sie sich von Foucault ab, der seinen Untersuchungen einen strukturalistischen Sprachbegriff zu Grunde legt. Dadurch kommt es zu Widersprüchen, die er selbst nicht auflöst. Vgl. dazu Busse (1987); vgl. Spitzmüller (2005: 34) und Spieß (2011: Kap. 2.2.5).

19 Die Kritik am Universalismus und der Autonomie bzw. Einheit des Subjekts wird auch durch die Ansätze von Goffman, Garfinkel, West/Zimmerman und die sich im Anschluss daran etablierte Forschung um die interaktive Herstellung von Identitäten, durch wissenssoziologische Positionen (vgl. Berger/Luckmann ^{20}2004) deutlich, wenn diese auch auf Grund der unterschiedlichen Forschungstraditionen und -anliegen eine solche Kritik nicht in der Form und nicht derart explizit thematisieren.

20 Die Konzepte des *doing, undoing gender* sind aber nicht im poststrukturalistischen Paradigma zu verorten, sondern im Kontext ethnomethodologischer Studien entstanden. Sie stellen eine subjektivistische Perspektive auf Genderkonstruktionen dar und sind gekennzeichnet durch ihre Mikroorientierung (vgl. dazu Kotthoff in diesem Band). Dennoch können sie m.E. mit dem *performing gender*-Ansatz zusammen in diskursanalytische Untersuchungen integriert werden. Der diskursanalytische Ansatz verfolgt eher eine makroorientierte Perspektive. Die Konzepte schließen sich nicht aus, sondern fußen vielmehr auf unterschiedlichen wissenschaftlichen Traditionen und nehmen unterschiedliche Perspektiven ein.

21 Das *doing-gender*-Konzept von West/Zimmerman wurde hinsichtlich der Differenzierung in sex und gender aber auch weiter entwickelt. Vgl. hier vor allem Hirschauer (1989), Kotthoff (2002) und den Beitrag von Kotthoff in diesem Band.

wiederholten Inszenierung, die immer schon Momente der Veränderung durch Neukontextualisierungen beinhaltet.[22] In diesem Kontext wird eine Vielfältigkeit an Geschlechtsidentitäten[23] propagiert, die permanent neu hergestellt werden können. Poststrukturalistische Ansätze versuchen damit die starre Binarität der Geschlechter zu dekonstruieren.[24] Mit der Auffassung von *doing* und *performing gender* wird Geschlecht als soziale, historische und diskursiv hervorgebrachte Kategorie konzeptualisiert. In diesem Zusammenhang gilt es zu bedenken, dass sich Geschlechtlichkeit biologisch keineswegs eindeutig bestimmen lässt.[25] Vielmehr muss man davon ausgehen, dass sich Geschlechtlichkeit eher skalar als binär beschreiben lässt, auch wenn gesellschaftlich immer wieder die Binarität als Ordnungs- und Orientierungsmuster sedimentiert wird. Deutlich wird an der Auseinandersetzung um Gender, um die sexuelle Orientierung und um die Diskussion darum jedoch, dass Zweigeschlechtlichkeit ein historisch bedingtes Modell der Interpretation unterschiedlicher körperlicher Erscheinungsweisen ist, das derzeit gesellschaftlich dominant ist und sich erst im 18. Jahrhundert herausgebildet hat.[26] Bis zum 17. Jahrhundert ging man von dem Modell der Eingeschlechtlichkeit aus.[27] Geschlechtlichkeit

---

22 Butlers Dekonstruktionsansatz und Auffassung von Geschlecht als diskursiver Effekt wurde dahingehend kritisiert, dass damit das Verschwinden der Frau als Subjekt befürchtet wurde. Vgl. hier z.B. Duden (1993).
23 Inwiefern aber eine individuelle Konstruktion einer Geschlechtsidentität jenseits des binären Musters durchsetzbar ist, wird kontrovers diskutiert.
24 Vgl. hier insbesondere die Anliegen der Queer Theory; vgl. dazu Motschenbacher in diesem Band.
25 Es gibt zahlreiche Parameter wie Stimmlage, Hormonstruktur, innere und äußere Geschlechtsmerkmale etc., die nicht binär angeordnet sind. Gerade im Hinblick auf die Stimmlage ist ein großer Frequenzbereich zu verzeichnen, den männliche wie auch weibliche Stimmen enthalten. Es gibt einen großen Bereich der Überlappung. Ähnlich verhält es sich mit der Hormonstruktur. Gezielte Hormongaben verändern den Körper und lassen ihn beispielsweise männlicher erscheinen. Hormontherapien werden üblicherweise auch bei Geschlechtsumwandlungsprozessen eingesetzt. Vgl. hierzu auch die Bearbeitung dieser Problematik in der Literatur, z.B. bei Christa Wolfs Erzählung „Selbstversuch".
26 Vgl. hier Laqueur (1996); vgl. Butler (2003: 206ff.); vgl. Hauskeller (2000).
27 Vgl. hierzu auch die Ausführungen in der Einleitung zu diesem Band. Dem entspricht die jeweilige Konzeptualisierung des grammatischen Genus in der Genustheoriedebatte. In der Theoriedebatte um das Grammatische Genus manifestieren sich gesellschaftliche Diskurse. Grammatik wird dementsprechend als kulturelles Artefakt aufgefasst. Die These, dass Genus und Sexus zusammenhängen ist zwar schon seit dem 4. Jh. v. Chr. bei Protagoras belegt. Schottels Übersetzung (17. Jh.) des Artikelworts als Geschlechtswort und des Lexems *Genus* mit Geschlecht ebnete aber schließlich den Weg für die heute geläufige Auffassung, die sich dann bei Humboldt, Adelung und v.a. bei Grimm ausgeprägt findet: Sexus und Genus hängen zusammen. Leiss beschreibt diese Sichtweise als Sexualisierung des Genus. Vgl. Leiss (1994) Eine andere These geht davon aus, dass Genus und Sexus inhaltlich nicht zusammenhängen, das Genus habe mit dem natürlichen Geschlecht nichts zu tun. Referenzpunkt stellt hier Aristoteles dar, der Genus als reine Form auffasste. Gegen Grimm argumentierte also Brugmann damit, dass Genus aufgrund formaler Prinzipien zugewiesen wird. Wilhelm

ist somit immer schon kulturell und historisch verankert, produziert und bedingt.

Doing, indexing und *performing gender* stellen keine Konzepte dar, die sich prinzipiell gegenseitig ausschließen. Dennoch sind sie Perspektivierungen der Konstruktionsauffassung von Geschlecht, die sich je nach Forschungsfokus aber gegenseitig ergänzen können. Im Folgenden soll es nun darum gehen in einem ersten Schritt die Diskurslinguistik für genderlinguistische Zwecke zu schärfen und die genannten Konzepte in eine diskurslinguistisch ausgerichtete Genderlinguistik zu integrieren.

3. Handlungstheoretische Diskurs- und Genderlinguistik

Vor dem Hintergrund der kurz skizzierten (de-)konstruktivistischen Auffassung von Geschlecht bietet es sich an, diskursiv erzeugte sprachliche Sedimentierungen von Geschlechtlichkeit zu analysieren. Hierzu kann auf einen diskursanalytischen Rahmen bzw. auf eine diskursanalytische Methode in linguistischer Perspektivierung zurückgegriffen werden.

Diskurslinguistische Methoden und Zugriffsweisen im Anschluss an Foucault zeichnen sich dadurch aus, dass sie als ersten Zugang zu Diskursen den Text oder die Aussage in seiner Vernetzung wählen. Foucault versteht unter einem Diskurs eine

> Menge von Aussagen [...], insoweit sie zur selben diskursiven Formation gehören. Er [der Diskurs, Anm. C.S.] bildet keine rhetorische oder formale, unbeschränkt wiederholbare Einheit, deren Auftauchen oder Verwendung in der Geschichte man signalisieren (und gegebenenfalls erklären) könnte. Er wird durch eine begrenzte Zahl von Aussagen konstituiert, für die man eine Menge von Existenzbedingungen definieren kann. Der so verstandene Diskurs ist keine ideale und zeitlose Form [...]. (Foucault 1981: 170)

Im Anschluss an Foucault können unter Diskursen historisch und kontextuell bedingte, thematisch gebundene Textverbände, die als ein Ensemble von Texten und Äußerungen, die seriell, prozedural und sukzessive er-

---

Wundt stellt die Relevanz verschiedener Faktoren für die Zuweisung von Genus heraus, so geht Wundt von verschiedenen semantischen Wertigkeiten, die das Genus bestimmen, aus: belebt/unbelebt, menschlich/nicht-menschlich, männlich/weiblich, höher/nieder etc.; ebenso sieht Karl Ferdinand Becker sowohl formale Prinzipien als auch semantische Prinzipien der Genuszuweisung als wirksam an. Zentrale These von Irmen/Steiger (2005) ist, dass sich gesellschaftliche Konstruktionen von Weiblichkeit, Männlichkeit, Geschlecht in den Genustheorien wiederfinden, bzw. dass bestimmte Vorstellungen von weiblich, männlich und von Geschlechterrollen bestimmte Genustheorien hervorbringen und sich dementsprechend in der Sprachreflexion niederschlagen. Vgl. Irmen/Steiger (2005); vgl. Leiss (1994); vgl. Doleschal (2002). Interessant wäre hier, weitere Wissensdomänen hinsichtlich der Naturalisierung der Zweigeschlechtlichkeit zu untersuchen.

scheinen, die intertextuell und dialogisch ausgerichtet sind, die einem Thema zuzuordnen sind, die in der gesellschaftlichen Öffentlichkeit auftauchen und zumeist massenmedial bedingt sind, und die zugleich handlungstheoretisch fundiert sind, aufgefasst werden (vgl. Busse/Teubert 1994; vgl. Spieß 2011). Der Einzeltext wird in diesem Zusammenhang als dynamische und flexible Handlungseinheit und Grundkonstituens von Diskursen und damit als Materialisierung des diskursiven Wissens begriffen. Texte stellen somit eine Analyseeinheit dar, mithilfe derer die Kategorie Geschlecht in ihrer jeweiligen Ausprägung konstruiert und kolportiert wird.

Diskursanalytische Ansätze nehmen somit die sprachliche Konstruktion von Wirklichkeit, Wissen und demzufolge auch Kultur in den Blick und konzentrieren sich nicht ausschließlich auf Gender-Fragen. Ziel diskursanalytischer Forschung ist die Analyse von Gesellschaftsprozessen, die sich sprachlich manifestieren und die erst auf überindividueller Ebene, losgelöst vom Einzelsubjekt, evident werden. Gerade deswegen stellt die Diskursanalyse in dieser deskriptiven Ausprägung eine besonders geeignete Methode dar, unter anderem auch Fragen nach der sprachlichen Konstruktion von Geschlechtsidentitäten in verschiedenen Kommunikations- und Handlungsbereichen zu beantworten und somit auch theoretische Voraussetzungen sowie Methoden der Gesprächsforschung in die eigene Theorie- und Methodenreflexion zu integrieren. Insbesondere das Konzept des *doing/undoing* Gender ist für diskursanalytische Zwecke brauchbar, wenn es hinsichtlich der Aufhebung von Natur und Geschlecht erweitert und nicht essentialistisch konzeptualisiert wird.

Diskurslinguistik bezieht sich dabei auf die Repräsentation und Konstruktion von Wissen. Wissen wird im Anschluss an Foucaults Auffassung (Diskurse sind Wissensformationen) zum zentralen Aspekt der Analyse und in linguistischer Perspektive als sprachliches und versprachlichtes Wissen konzeptualisiert.

Das in einer Gesellschaft vorhandene Wissen ist für die Generierung von Bedeutungs- und Sinnstrukturen von großer Relevanz. Wissen ist in vielen Fällen sprachlich konstruiert. Nur auf Grund eines Wissensbestandes ist es überhaupt möglich, in einer Gesellschaft zu existieren. Wissen wird dabei großteils als ein „kohärentes und dynamisches Gebilde von Typisierungen wahrgenommen" (Berger/Luckmann [20]2004: 36) und ist eng mit der Konstitution von Gesellschaft, Kultur und Wirklichkeit verknüpft.[28] Die Typisierung von Wissen dient dabei vornehmlich der

---

28 Schütz/Luckmann konstatieren, dass sich der „lebensweltliche Wissensvorrat [...] aus Sedimentierungen ehemals aktueller, situationsgebundener Erfahrungen [aufbaut]." Schütz/Luckmann (2003: 149). Fraas (2001) macht auf die doppelte Perspektivierung von Wissen

Lösung kommunikativer Probleme einer Gesellschaft. Diese werden nach Luckmann (1986) in einer Gesellschaft dahin gehend behandelt, dass Muster für die Lösung von Problemen ausgebildet werden, die letztlich auch als kommunikativer Grundbestand und damit als unhinterfragbares Wissen einer Sprachgemeinschaft aufgefasst werden können.[29] Sprachliche Muster ordnen bzw. vereinfachen somit maßgeblich das alltägliche Leben. Textsorten bzw. kommunikative Gattungen[30] stellen solche sprachlichen Muster der Problemlösung dar, die in einer Gesellschaft nicht nur der Wissensgenerierung, sondern auch der Wissensvermittlung und Wissensverarbeitung dienen (vgl. Busse 2005). Dass Sprache hierbei eine fundamentale Rolle spielt, kann mit Berger/Luckmann folgendermaßen formuliert werden:

> Sprache vergegenständlicht gemeinsame Erfahrung und macht sie allen zugänglich, die einer Sprachgemeinschaft angehören. Sie wird zugleich Fundament und Instrument eines kollektiven Wissensbestandes. Darüber hinaus stellt sie Mittel zur Vergegenständlichung neuer Erfahrungen zur Verfügung und ermöglicht deren Eingliederung in den bereits vorhandenen Wissensbestand. (Berger/ Luckmann [20]2004: 72f.)

Berger/Luckmann ([20]2004) gehen von einem sehr engen Verhältnis zwischen Sprache, Wissen und Gesellschaft aus. Wissen wird demnach durch kommunikative Prozesse vermittelt und produziert: Die Ordnungs- und Wissenskategorie Geschlecht wird damit gerade auch für diskurslinguistische Untersuchungen relevant, da sie immer schon durch Sprache vermittelt und hervorgebracht wird.

Wissen hat nicht nur eine soziale Dimension, eng mit dieser ist die kognitive Dimension verbunden. Wissen wird in der täglichen sprachlichen Interaktion auch kognitiv repräsentiert bzw. ist kognitiv strukturiert. Hierzu wurden verschiedene Konzepte entwickelt: Frame-Theorie (Fillmore), Idealisierte Kognitive Modelle (ICM, Lakoff/Johnson), kognitive Domänen (Langacker) etc. Bei aller Unterschiedlichkeit der Konzepte gibt es doch wesentliche Übereinstimmungen, die vor allem darin bestehen, dass sprachliche, kognitive, soziale und damit auch außersprachliche Aspekte stark ineinandergreifen (vgl. hierzu Ziem 2008). D.h. wenn wir das Wort *Mutter* verstehen wollen, setzt das einen Hintergrund-Frame voraus, der Elemente wie *Frau, Mann, Vater, Familie, Kinder* etc. enthält und

---

– einmal als kognitionswissenschaftlich begründetes und zum anderen als kulturell, gesellschaftlich und historisch geprägtes Phänomen – aufmerksam.
29 Vgl. Luckmann (1986, 1988); vgl. Günthner/Knoblauch (1994). Zur Musterhaftigkeit von Textsorten und zur Diskussion der Begriffe Textsorte und Textmuster vgl. Bachmann-Stein (2004: 30–47), die die unterschiedlichen Konzepte und Begriffsbestimmungen von Textsorte und Textmuster zusammenführt und diskutiert.
30 Zum Begriff der kommunikativen Gattung vgl. Luckmann (1988) sowie Günthner/Knoblauch (1994).

das Wort *Mutter* von den Teilelementen her semantisch strukturiert. Diese zunächst sprachlichen Elemente weisen aber je für sich auf außersprachliche Faktoren wie *Rollenverhalten* und *Rollenerwartungen, soziale Veranstaltungen, Institutionen, Gesetze, Recht* etc.

Im Hinblick auf die Einbindung verschiedener Wissensebenen in eine diskursanalytische Sprachanalyse bietet es sich an, den Diskursbegriff zum Begriff des Dispositivs in Bezug zu setzen, da mit dem Dispositivbegriff der Bedingungs- und Möglichkeitsrahmen, innerhalb dessen diskursive Handlungen als diskursives Wissen vollzogen werden, deutlicher konturiert werden kann. Zum *Dispositiv*[31] formuliert Foucault folgendes:

> Was ich unter diesem Titel festzumachen versuche, ist erstens ein entschieden heterogenes Ensemble, das Diskurse, Institutionen, architekturale Einrichtungen, reglementierende Entscheidungen, Gesetze, administrative Maßnahmen, wissenschaftliche Aussagen, philosophische, moralische oder philanthropische Lehrsätze, kurz: Gesagtes ebensowohl wie Ungesagtes umfaßt. Soweit die Elemente des Dispositivs. Das Dispositiv selbst ist das Netz, das zwischen diesen Elementen geknüpft werden kann. (Foucault 1978: 119–120)

Gerade die Hervorhebung der Verflechtung von sprachlichen und außersprachlichen Faktoren im Prozess der Konstitution von Bedeutung legt es nahe, sich auch aus linguistischer Perspektive dem Begriff zu nähern und ihn für linguistische Zwecke im Kontext der Diskursanalyse zu schärfen und somit auch für Fragen der Genderlinguistik[32] fruchtbar zu machen.

Hinsichtlich der Konstruktion und Repräsentation von Geschlecht spielen – wie erwähnt – sowohl soziale als auch kognitive Aspekte eine Rolle, insofern immer schon bestimmte Wissensrahmen aufgerufen werden. So konstituieren sich Diskurse im Zusammenhang mit außerdiskursiven Praktiken, mit Vergegenständlichungen oder Wissenstypen, die immer schon auf nicht-diskursive Praktiken verweisen. Nicht-diskursive

---

31 Anders als der Diskursbegriff wird der Dispositvbegriff in der sich an Foucault orientierenden Diskurslinguistik kaum verwendet, auch nicht in der feministischen kritischen Diskursanalyse. Plurifaktorielle diskursanalytische Analysen, die neben der Kategorie Gender weitere Kategorien in den Blick nehmen, sind seit Ende der 90er Jahre von Mills zwar eingefordert und auch realisiert worden, da sie in besonderer Weise geeignet scheinen, die Vernetzung sprachlicher und außersprachlicher Faktoren zu beschreiben und die Kontextualität des sprachlichen Materials hervorheben. Eine systematische Darstellung der außersprachlichen Faktoren für die Genderthematik bzw. eine Darstellung des Zusammenwirkens stellt jedoch bis heute ein Defizit dar. Und auch hier soll nur der Versuch einer Skizze unterbreitet werden, die es durch empirische Analysen zu konkretisieren und zu erweitern, zu präzisieren gilt.

32 In der Soziologie spricht man schon seit einiger Zeit von Genderdispositiven. (Vgl. Bührmann/Schneider 2007 und 2008). Auch in der Erziehungswissenschaft wird der Begriff Genderdispositv herangezogen, um die Verwobenheit von sprachlichen und außersprachlichen Faktoren zu beschreiben.

Praktiken wiederum werden durch diskursive Praktiken vermittelt oder begleitet.

Diskurslinguistik wird in ihren handlungsorientierten und deskriptiven Ausprägungen als eine plurifaktorielle Mehrebenenanalyse konzeptualisiert, die kommunikationsbereichsbezogen vorgeht und hinsichtlich sprachlicher Phänomene vier Dimensionen in den Blick nimmt: die situativ-kontextuelle, die funktionale, die thematische und die oberflächenstrukturelle Dimension.[33] Eine diskurslinguistische Untersuchung zu Gender hat somit folgende Fragen zu stellen: In welchen Kontexten wird Gender relevant gesetzt und in welchen nicht? Welche Ausschließungsmechanismen und damit Diskriminierungsstrategien werden sprachlich vollzogen und in welchem Zusammenhang stehen sie mit Objektivationen und Subjektivationen, also außersprachlichen Prozessen der Subjektbildung, und Vergegenständlichungen? Wie schlagen sich gesellschaftliche Strukturen sprachlich nieder bzw. wie werden sie durch Sprache konstituiert? Nimmt man das Anliegen, sämtliche verstehensrelevante Faktoren in die Analyse mit einzubeziehen ernst, so ist man auf außersprachliche Faktoren und nicht-diskursive Praktiken verwiesen. Diskurse stehen immer schon in einem Komplex von „Mittel[n], Mechanisme[n] und Maßnahmen, die zur Bearbeitung eines bestimmten Handlungsproblems eingerichtet werden (Institutionen bzw. Organisationen, die die Diskurse erzeugen, Gesetze, Regelwerke, Klassifikationen, Bauten, Erziehungsprogramme usw.)." (Keller [2]2006: 136) Der Bezug zum Dispositivbegriff enthält damit die Bezüge zu den Wissensebenen und -typen.[34] Verwunderlich ist es, dass der Dispositivbegriff in der deskriptiven Diskurslinguistik bislang keinen theoretischen Bezugspunkt[35] darstellt. Gerade die Fundierung der Diskurslinguistik durch einen pragmatischen Sprachbegriff verlangt aber den Bezug zu außersprachlichen Faktoren, und diskurslinguistische Konzepte zeichnen sich vor allem dadurch aus, dass sie immer

---

33 Zur Mehrebenenanalyse vgl. Spieß (2011).
34 Vgl. hierzu Busse (1991: 149–150), der verstehensrelevantes Wissen in verschiedene Ebenen, Typen und Modi des Wissens differenziert. Als Ebenen von Wissen betrachtet er die kommunikative und interaktive Vorgeschichte, den aktuellen Moment des Verstehens sowie eine Nachgeschichte. Unter Wissenstypen fasst er beispielsweise Wissen über Verwendungsweisen von Textelementen, also Textnormenwissen, Wissen über die Textwelt, Wissen über gesellschaftliche und alltagspraktische Zusammenhänge (Lebenswelt), Erfahrungswissen, Bewertungswissen und Einstellungen (Weltanschauung, Normen) etc. Und schließlich kann dieses Wissen in verschiedenen Modi auftreten, es kann als Gewissheit produziert werden aber auch als für falsch gehaltenes Wissen, es kann sich um Unterstellungen oder Vermutungen, um Wahrscheinlichkeiten oder Unwahrscheinlichkeiten, um Mögliches oder Unmögliches handeln.
35 Innerhalb der Kritischen Diskursanalyse nimmt Jäger ([2]2006) Bezug auf den Dispositivbegriff, konzeptualisiert aber Macht auch als restriktives Moment.

schon über rein sprachliche Faktoren hinausweisen und sich als Effekt von Diskursen in Vergegenständlichungen manifestieren.

Diskursive und nicht-diskursive Praktiken stehen in einem engen gegenseitigen Bedingungs- und Abhängigkeitsverhältnis. Dieses Verhältnis beschreibt Foucault in seiner zweiten Schaffensphase als Relationen. Hierzu greift er auf den Machtbegriff zurück, den er aber nicht als einen hegemonialen Machtbegriff konzeptualisiert. Vielmehr stellt Macht für Foucault ein notwendiges Beziehungsgefüge dar: Macht hat eine bestimmende und eine produktive Seite (vgl. Foucault 1978). Das Gefüge zwischen diskursiven und nicht-diskursiven Praktiken ist für ihn ein solches Machtgefüge. Hier stellt sich nun die Frage, wie dieses Verhältnis genauerhin zu bestimmen ist. In seiner Schrift *Dispositive der Macht*, aber auch schon in der *Archäologie des Wissens*, äußert sich Foucault zum Verhältnis diskursiver und nicht-diskursiver Praktiken, wenngleich er auch kein fertiges Konzept vorlegt, sondern vielmehr seine Gedanken zum Machtbegriff in der späten Schaffensphase präzisiert und in diesem Zusammenhang den Dispositivbegriff einführt. Entsprechend der mit der Machtkonzeption Foucaults in Zusammenhang stehenden Erweiterung des Diskursverständnisses stehen diskursive und nicht-diskursive Praktiken in einem gegenseitigen Bedingungs- und Abhängigkeitsverhältnis, Diskurse sind also keineswegs autonom, wie es Foucault in der Archäologie des Wissens zunächst formulierte/propagierte. Dieses Beziehungsgefüge diskursiver und nicht-diskursiver Praktiken beschreibt Foucault später (Ende der 70er Jahre) als *Dispositiv*, das Machtstrategien und Wissensformationen verbindet (vgl. Foucault 1978: 123).

Der Dispositivbegriff dient im Hinblick auf Gender somit der Erklärung des Zusammenhangs von institutionellen, gesellschaftlichen Faktoren und sprachlicher Konstitution von Geschlecht, er geht über das Goffmansche Konzept des Genderdisplays als ein Ensemble geschlechtshervorbringender Verhaltensweisen insofern hinaus, als er einerseits die Möglichkeitsbedingen für das Genderdisplay fokussiert und diese sozusagen rahmt (vgl. Goffman ²2001) und andererseits die Effekte diskursiver Praktiken in den Blick nimmt. Der Dispositivbegriff dient der Erklärung von Handlungsbereichen, die gleichermaßen sprachlich und nicht-sprachlich, z.B. institutionell, geordnet sind. Insbesondere wird hier der Faktor des Kontextes und der Kontextualisierung zentral, wobei unterschiedliche Kontext- und Kontextualisierungsebenen zur Geltung kommen.[36] Denn Diskurse materialisieren sich auf Grund bestimmter Bedin-

---

36 Während unter Kontext ein sedimentierter bzw. relativ statischer Bereich, der nur langsamem Wandel unterliegt, zu verstehen ist, wird mit dem Terminus Kontextualisierung die Dynamik und Performanz des Diskursgeschehens in den Blick genommen. Innerhalb von

gungen und Konstellationen; diese Materialisierungen (Vergegenständlichungen bzw. Objektivationen) haben wiederum Auswirkungen auf die Diskurse, ebenso bedingen diskursive Praktiken Subjektpositionen, die ihrerseits Diskurse hervorbringen (vgl. dazu Spieß 2011). Innerhalb eines solchen Rahmens der Wissensproduktion kommen in einer linguistisch fundierten, genderbezogenen Analyse, die auf Sprache als Analysegegenstand bezogen bleibt, folgende sprachlichen Untersuchungsgegenstände in Frage:

– Grammatik
– Lexik
– Handlungsmuster
– Topoi
– Metaphern
– kommunikative Gattungen und Textsorten

Die den unterschiedlichen Sprachebenen entstammenden sprachlichen Phänomene werden hinsichtlich unterschiedlicher Beschreibungsdimensionen in ihrer außersprachlichen und außerdiskursiven Verflechtung untersucht[37] (vgl. Abbildung 1).

Dispositive stellen also den Rahmen oder die Infrastruktur für die Produktion von Wissen dar. Das Verhältnis von diskursiven und nichtdiskursiven Praktiken, Subjektivationen und Subjektivierungsweisen sowie Objektivationen ist derartig miteinander verschränkt, dass diese Elemente nur analytisch getrennt werden können. So materialisieren sich Diskurse in Gegenständen, über die wiederum diskursiv verhandelt wird. Symbolische Ordnungen wie Verhaltenscodices, Kleiderordnungen, Frisur etc., institutionelle Manifestation der Geschlechtsbinarität (z.B. Ausweis, Formulare: Differenzierungen in weiblich und männlich, Geschlechtstests) sind häufig sprachlich vermittelt oder konstituiert, wenngleich sie auf außersprachliche Gegebenheiten verweisen.

Diskursen und Dispositiven kommen beide Aspekte zur Geltung. Vgl. dazu Auer (1986); vgl. Busse (2007); vgl. Blommaert (2005) und Fix (2005 und 2006).

37 Die Dimensionen können sowohl auf sprachliche als auch auf außersprachliche Gegenstände bezogen werden. So können beispielsweise Architekturen in ihrer situativen, kontextuellen Einbettung beschrieben, ihre Funktionen analysiert, ihre oberflächenstrukturelle Erscheinungsweise und ihre Bedeutung beschrieben werden. Diese Beschreibungen erfolgen wiederum sprachlich. Hier wird deutlich, wie sehr sich die sprachlichen und außersprachlichen Ebenen verflechten. Gleichzeitig manifestieren sich diskursive Praktiken in solchen Objektivationen (vgl. hier beispielsweise das Zusammenspiel diskursiver Praktiken, Vergegenständlichungen und Subjektivationen durch und in der 68er Protestbewegung. Diskursive Praktiken manifestieren sich in diesem Kontext beispielsweise in spezifischen Sitzordnungen, Kleiderordnungen, Wohnungseinrichtungen oder Protestformen wie *sit ins* und *teach ins*. Vgl. dazu Scharloth (2011); vgl. Linke/Tanner (2008).

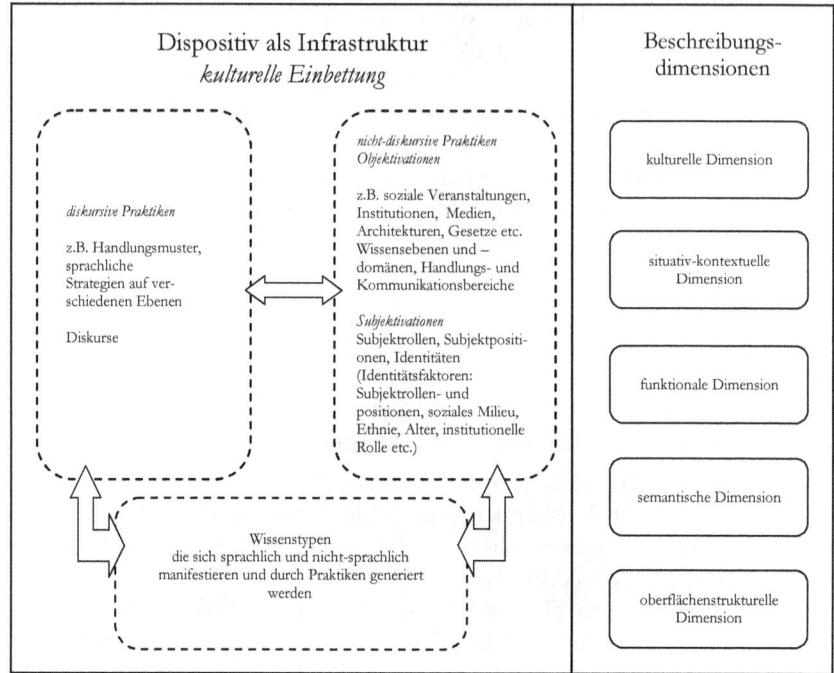

Abb. 1: Dispositiv als Rahmenstruktur von Diskursen

Sprachliche Äußerungen geschehen immer schon in Bezug auf unterschiedliche Wissensebenen und Wissenstypen (vgl. Busse 1991) und außersprachliche soziale Bedeutungen (vgl. hierzu Günthner 1992a und b), die nicht nur sprachlich sind.

Abbildung 1 soll die gegenseitige Bedingtheit der Elemente verdeutlichen. Alle Elemente können im Hinblick auf fünf für die Sinnkonstitution wesentliche Dimensionen beschrieben werden (vgl. dazu Sandig 2000, Fix 2005 und 2006). In linguistischer Perspektive bleibt dabei immer die Sprache zentral, wenngleich auch außersprachliche Faktoren in die Sinnkonstitution hineinwirken und in der Analyse Berücksichtigung finden.

Ein Dispositiv kann damit nicht nur als Infrastruktur, sondern zugleich auch als Wirkzusammenhang, in dem die Aspekte *diskursives Wissen, Vergegenständlichungen/Objektivationen des Wissens, Subjektivationen und nichtdiskursives Wissen* zusammenspielen, beschrieben werden. Um diesen Zusammenhang zu analysieren, bedarf es eines Zugriffs über Diskurse, deren Kontexte und Kontextualisierungen. Über Diskurse bekomme ich den Zugriff auf Vergegenständlichungen, gleichzeitig können Vergegenständlichungen als sedimentierte Diskurse Aufschluss über historische Diskurse geben. Und ebenso gleichzeitig produzieren Diskurse Vergegenständlichungen. Dabei muss eine sprachbezogene Kontextanalyse nach Busse (2007) verschiedene Kontextebenen beachten: die Kontextualisierung von Lexemen im Wortfeld, im Satz und im Text, im Prädikationsrahmen und im Wissensrahmen (vgl. dazu auch Busse 1991). Daraus ergeben sich verschiedene Kontextualisierungstypen wie „rahmenbezogene Kontextualisierung, Intertextualität, Interdiskursivität oder topologische Kontextualisierung" (Busse 2007: 94–96), die alle eng miteinander zusammenhängen. Die rahmenbezogene Kontextualisierung stellt die am weitesten gefasste dar, da sie alle anderen Formen umfasst und über das Sprachliche hinausgeht. Die topologische Kontextualisierung bezieht sich auf die Satzebene.

Im Kontext genderorientierter Fragestellungen hat das Konzept des Dispositivs den Vorteil, dass der Körper nicht ausschließlich als diskursiv konzeptualisiert werden muss, d.h. die Materialität des Körpers muss überhaupt nicht verleugnet werden, wie es Butler tut, sondern der Körper stellt vielmehr eine historisierte Materialisierung bzw. einen historisch sedimentierten Effekt sowohl diskursiver als auch nicht-diskursiver Praktiken dar. Konkretisiert werden kann das Zusammenspiel der verschiedenen Elemente am Geschlechterdispositiv, das hier anhand der Elemente Gesagtes und Ungesagtes, diskursive und nicht-diskursive Praktiken, Vergegenständlichungen und Subjektivationen im Allgemeinen skizziert werden soll, bevor eine linguistische Analyse eines kleinen sprachbezogenen Ausschnittes erfolgt. Es handelt sich hierbei sozusagen um genderisierte und Gender hervorbringende Wissenselemente.

Ausgangspunkt für die Analyse des Geschlechterdispositivs stellt die gesellschaftliche Ordnung der Geschlechtsbinarität dar und die als „biologisch gegeben" wahrgenommene Einteilung der Geschlechter in *männlich* und *weiblich*. Die Zuordnung zu den Geschlechtern erfolgt nach festgelegten und vermeintlich eindeutigen biologischen Kriterien. Diese Zuordnungspraxis nach bestimmten Kriterien (biologische Merkmale), die mittlerweile schon während der Schwangerschaft mittels bildgebender Verfahren wie Ultraschall oder durch Chromosomentests beginnt, kann als nicht-diskursive Praxis aufgefasst werden. Gesellschaftlich nicht dominant verhandelt wird, dass es sich bei den Zuordnungskriterien der beiden Geschlechter keineswegs um eindeutige Merkmale bzw. Kriterien handelt, wie es im Fall Caster Semenya diskursiv zur Geltung gebracht wurde (vgl. Einleitung in diesem Band). Die Abweichung von der Zweigeschlechtlichkeit wird gesellschaftlich dementsprechend als Abnormalität, Ausnahme oder Irregularität bezeichnet und wahrgenommen, die durch medizinische Eingriffe (Operationen, Hormonbehandlungen) behoben werden kann und wofür die Krankenkassen finanziell einstehen.[38] Die Normalität der Vorstellung einer Zweigeschlechtlichkeit manifestiert sich schließlich auch sprachlich etwa in der Namengebung, in amtlichen Dokumenten (Geburtsurkunde, Personalausweis) und nicht zuletzt in der alltäglichen kommunikativen Interaktion sowie in der kommunikativen Praxis (Textsorten, kommunikative Gattungen, Zuschreibungshandlungen).

Dass es sich hierbei aber um sedimentierte Diskurse handelt, wird deutlich, wenn man sich die Kategorie *Geschlecht* aus historischer Perspektive anschaut. Zweigeschlechtlichkeit hat sich erst im Europa des 19. Jahrhunderts diskursiv durchgesetzt und wird seither als biologische Tatsache kolportiert. Sowohl Laqueur als auch Frevert haben an je unterschiedlichen Korpora herausgearbeitet, dass die Kategorie Geschlecht sich Ende des 18. und Anfang des 19. Jahrhundert stark gewandelt hat (vgl. Laqueur 1996, vgl. Frevert 1995).

Vergegenständlichungen bzw. Objektivationen sind ursprüngliche bzw. sedimentierte Diskurse, die aktuell im Genderdispositiv als unhinterfragbar gelten bzw. nicht zur Disposition stehen. Zu nennen wäre hier beispielsweise die gesetzliche Verordnung der Zuordnung zu einem der beiden Geschlechter. Die Geschlechtszuordnung zeigt sich bereits zudem in der Kleiderordnung, der Spielzeugauswahl oder der Freizeitgestaltung bei Kindern. Bei der Namengebung muss in Deutschland eindeutig zu erkennen sein, ob es sich um einen Jungen oder ein Mädchen handelt (vgl. Nübling in diesem Band). Die gesetzliche Verankerung der Zweigeschlechtlichkeit, die sich wiederum in Institutionalisierungen, in architektonischen Bauweisen, in Verhaltensweisen etc. niederschlägt (Frauen- und Männertoiletten, Damen- und Herrenfahrräder, Frauen- und Männerparfums etc.) sind vergegenständlichte Elemente des Dispositivs. Die Vergegenständlichung bewirkt letztlich, dass die Geschlechtsbinarität als essentiell und natürlich wahrgenommen wird. Ebenso haben Vergegenständlichungen Auswirkungen auf Subjektivationen. Es existieren bestimmte Rollenbilder und Rollenerwartungen, die aus der Zweigeschlechtlichkeit resultieren, diese sedimentieren und befördern, wie weiter unten am Beispiel *Karrierefrau* und *Karrieremann* gezeigt wird.

Allerdings sind Dispositive alles andere als stabil, sie sind permanenten Veränderungen unterworfen, die gegenwärtig jedoch nicht immer

---

38 Auch andere medizinische und technische Praktiken (z.B. das Scannen von Gehirnen, genetische Codes, anatomische Zeichnungen oder Statistiken) oder auch die bildenden Künste beeinflussen die soziale und kulturelle Wahrnehmung und Konstruktion von Körpern und damit von Geschlecht. Technische Prozeduren schreiben sich in die Materialität des Körpers ein bzw. beeinflussen gesellschaftliche Körpervorstellungen, die Technik und die bildenden Künste.

sichtbar bzw. wahrnehmbar sind. Erfährt in diesem Rahmengefüge an einer Stelle ein Element eine Veränderung, dann hat das auf alle anderen Elemente des Dispositivs Auswirkungen. Wird beispielsweise die Natürlichkeit der zweigeschlechtlichen Ehe diskursiv verhandelt, so zieht die Diskursivierung Vergegenständlichungen nach sich, die wiederum Diskurse hervorrufen können. Das lässt sich beispielsweise an der Gesetzgebung zeigen, die inzwischen eingetragene Partnerschaften zwischen gleichgeschlechtlichen Paaren rechtlich regelt und die den Diskurs beispielsweise um das Adoptionsrecht bei gleichgeschlechtlichen Paaren hervorgerufen hat. Das wiederum hat Auswirkungen auf die Wahrnehmung von Rollen und Rollenerwartungen, auf das Selbstverständnis, auf nicht-diskursive Praktiken z.B. des familiären Zusammenlebens bzw. auf Konzeptualisierungen von Familie.

4. Genderdispositiv: Zum Ausschnitt *Karrierefrau* und *Karrieremann*

Geschlechterkonstruktionen finden im Rahmen von Genderdispositiven statt. Um zu zeigen, wie die Elemente von Dispositiven zusammenhängen und welche Rolle hierbei diskursive Prozesse spielen, wird im Folgenden punktuell an einem Ausschnitt des Genderdispositivs, nämlich am Beispiel der Verwendung von *Karrierefrau* und *Karrieremann*[39] in printmedialen Kontexten, gezeigt. Die Frage wie die Lexeme *Mann* und *Frau* in Wörterbüchern belegt sind, mit welchen Bedeutungen sie versehen sind und mit welchen Attributen sie kontextualisiert werden, ist in einschlägigen Arbeiten untersucht worden.[40] Wie sich aber das Bedeutungsspektrum der Determinativkomposita *Karrierefrau* und *Karrieremann* ausgestaltet, kann nur durch einen diskursanalytischen Zugriff erfahrbar gemacht werden, der zudem außersprachliche Faktoren in die Analyse mit einbezieht.

Diskursive Prozesse der Geschlechterkonstruktionen wie sie beispielsweise durch die beiden Ausdrücke manifest werden, findet man in den verschiedensten, thematischen Diskursen. Sie stellen wesentliche Elemente des sehr komplexen Genderdispositivs dar. Dabei nehmen die diskursiven Geschlechterkonstruktionen Bezug auf außersprachliche Faktoren, Wissensebenen und -typen. Um eine diskursive Geschlechterkonstruktion, d.h. deren Bedeutung, erfassen zu können, müssen die

---

39 In diesem Zusammenhang wird auch auf das Lemma *Karrierist*, das anders als *Karrierefrau* und *Karrieremann* eindeutig ein Stigmawort darstellt und überhaupt nicht in den hier untersuchten thematischen Kontexten auftaucht, eingegangen.
40 Vgl. hier Nübling (2009), die neuere Wörterbücher untersucht und gleichzeitig einen Überblick über lexikologische Untersuchungen zu diesem Themengebiet gibt.

Relationen zu verschiedenen Wissensebenen und die Produktion verschiedener Wissenstypen betrachtet werden. Es soll vor allem die Relationalität der sprachlichen Phänomene zu nicht-diskursiven Praktiken, Objektivationen und Subjektivationen in semantischer, funktionaler und situativ-kontextueller Hinsicht gezeigt werden, wobei die Fokussierung auf die Sprache zentral bleibt.

Dabei wird konkret der Frage nachgegangen, wie die Lexeme *Karrierefrau* und *Karrieremann* diskursiv verwendet werden, welche nicht-diskursiven Praktiken, welche Vergegenständlichungen und welche Subjektivationen im Kontext ihrer Verwendung eine Rolle spielen bzw. welche sie hervorrufen und welche Bedeutungen dadurch jeweils kontextuell hervorgebracht werden. Es geht darum, den Gebrauch der Lexeme in verschiedenen Kommunikationsbereichen nachzuzeichnen und die jeweiligen Kontextualisierungsprofile, die immer schon in Bezug zu Objektivationen, Institutionen, Wahrnehmungen, Rollenerwartungen, Subjektivationen etc. stehen, zu bestimmen. Die Relationen zu den genannten Objektivationen und Subjektivationen werden wiederum innerhalb des Diskurses sprachlich vermittelt bzw. konstituiert. Ausgangspunkt stellen zunächst die sedimentierten Wissenselemente in Wörterbucheinträgen dar.[41] Dabei ist zunächst festzuhalten, dass die Existenz der beiden Lexeme die Geschlechtsbinarität voraussetzt und nicht in Frage stellt.

Kar | ri | e | re | frau, die:
a) *Frau, die dabei ist, Karriere zu machen, bzw. die eine wichtige berufliche Stellung errungen hat;*
b) (oft abwertend) *Frau, die ohne Rücksicht auf ihr Privatleben, ihre Familie ihren Aufstieg erkämpft [hat].*

Quelle: Duden – Das große Wörterbuch der deutschen Sprache in 10 Bänden. 3., völlig neu bearbeitete und erweiterte Auflage. Mannheim, Leipzig, Wien, Zürich: Dudenverlag 1999.

---

41 Eine Verbindung von lexikologischer Arbeit mit einer diskurslinguistischen Vorgehensweise ist fruchtbar, wie hier zu sehen ist. Jedoch kann das Potenzial, was in einer solchen Vorgehensweise steckt, in diesem Zusammenhang allenfalls angedeutet werden. Ziel ist jedenfalls die sedimentierten Zuschreibungen und Bedeutungen in Wörterbüchern mit den Gebrauchsvarianten im Alltagsdiskurs (anhand von Gebrauchstexten und kommunikativen Gattungen) und in spezifischen Diskursbereichen zu konfrontieren, so dass mögliche Handlungsmuster, Unterschiede im Gebrauch etc. herausgearbeitet werden können. Eine sehr ausführliche lexikologische Studie zu den Lexemen *Mann* und *Frau* hat kürzlich Nübling vorgelegt. Diese Ergebnisse mit aktuellen Gebrauchsweisen von *Mann* und *Frau* innerhalb verschiedener Kommunikationsbereiche und Diskurse in Verbindung zu bringen, könnte dem Aspekt der Kontextualisierung gerecht werden. Zudem wären hier sicherlich andere Ergebnisse zu erwarten, die das Spektrum der möglichen Zuschreibungen von Geschlechterrollen ausdifferenzieren und zu Tage befördern würden, welche Zuschreibungspraktiken in den unterschiedlichen Kommunikationsbereichen diskursiv hervorgebracht werden.

Kar | ri | e | re | frau *die;* -, -en: (auch abwertend) Frau, die beruflich eine wichtige Stellung innehat u. auf eine erfolgreiche Laufbahn bedacht ist

Quelle: Duden - Das Fremdwörterbuch. 9., aktualisierte Auflage. Bibliographisches Institut & F. A. Brockhaus AG, Mannheim, 2007.

Kar | ri | e | re | mann, der: →vgl. Karrierefrau.

Quelle: Duden - Großes Wörterbuch der deutschen Sprache (Quelle: Duden- Das große Wörterbuch der deutschen Sprache in 10 Bänden. 3., völlig neu bearbeitete und erweiterte Auflage. Mannheim, Leipzig, Wien, Zürich: Dudenverlag 1999.)

Kar | ri | e | rist, der, -en, -en (abwertend): Karrieremacher.

Quelle: Duden - Großes Wörterbuch der deutschen Sprache (Quelle: Duden- Das große Wörterbuch der deutschen Sprache in 10 Bänden. 3., völlig neu bearbeitete und erweiterte Auflage. Mannheim, Leipzig, Wien, Zürich: Dudenverlag 1999.)

Daneben gibt die Frequenz der Wortverwendungen innerhalb printmedialer Zusammenhänge einen ersten Einblick hinsichtlich der Relevantsetzung und der diskursiven Verwendungen.

Der Beispielanalyse liegt zum einen das DWDS-Zeit-Korpus zugrunde, darüber hinaus wurde eine Recherche in der Zeitungsdatenbank Lexisnexis durchgeführt, die deutschsprachige Tages- und Wochenpresse archiviert. Favorisiert wurde hier somit ein corpus-based Zugriff[42], der als Ausgangspunkt das sprachliche Phänomen hat und nach dessen Verwendung in den Printmedientexten sucht.

Zeitungskorpus	Einträge[43] *Karrierefrau*	Einträge *Karrieremann*
DWDS-Zeitkorpus	246	20
DWDS-Berliner Zeitung / Tagesspiegelkorpus	100	5
Lexisnexis	2761	130

Tab. 1: Zeitungskorpora und Häufigkeit der Lexemverwendungen

---

42 Im Anschluss an Bubenhofer (2009) wird ein corpus-based von einem corpus-driven-Zugriff unterschieden. Während beim corpus-driven-Zugang versucht wird, nach signifikanten Erscheinungsweisen sprachlicher Phänomene in großen Datenkorpora zu suchen, indem Vergleichsberechnungen mit anderen Korpora vorgenommen werden, arbeitet ein corpus-based Zugriff mit deutlich stärkeren Vorannahmen, die aber auf der Sichtung zahlreicher Sprachdaten basieren. Diesen Vorannahmen wird dann systematisch in qualitativer (und nicht so sehr quantitativer) Analysearbeit nachgegangen.

43 Die Zahlen sollen hier nicht als statistische Werte verstanden werden, sondern lediglich eine Verwendungstendenz angeben. Die weiteren Untersuchungen verstehen sich als qualitativ.

Bereits diese Zahlen geben einen Einblick in die Relevantsetzung von Geschlecht in gesellschaftlichen Diskursen. Die unterschiedlich häufige Verwendung von *Karrierefrau* und *Karrieremann* indiziert zunächst eine unterschiedliche Relevanz der Geschlechter in den kontextualisierten Handlungs- und Kommunikationsbereichen. Das bestätigt sich, wenn die Kontextualisierungen der Lexeme in die Analyse mit einbezogen werden.

Welche Konzepte liegen also den Lexemen zugrunde bzw. werden durch ihre Verwendung generiert? Bei der Sichtung der Textdokumente fiel auf, dass der Ausdruck *Karrierefrau* bestimmte Kontexte hervorruft. Aus der Berechnung des Kookkurrenzprofils in der Kookkurrenzdatenbank des IDS[44] entstammen folgende semantische Zuordnungen zu *Karrierefrau*, *Karrieremann* und *Karrierist*[45], die in Tabelle 2 angeführt sind.

Karrierefrau	*Karrieremann*	*Karrierist*
erfolgreich	Frauen	Opportunist
Mutter	Monaten	skrupellos
berufstätige Mutter	sehr	opportunistisch
ehrgeizig	als	rücksichtslos
alleinstehend	Leben	stromlinienförmig
typisch		jung
Junge		machtgierig

Tab. 2: semantische Zuordnungen

An den Kookkurrenzprofilen der Lexeme wird bereits deutlich, zu welchen Wissenstypen, Subjektivationen und Vergegenständlichungen sprachlich ein Bezug hergestellt wird.

Die sprachlichen Belege geben einen Einblick in konkrete sprachliche Realisierungen von *Karrierefrau* und *Karrieremann*[46] sowie deren Kontextualisierungen. Die genannten Kontexte (als Bezüge zu Wissenswelten, Institutionen, Vergegenständlichungen etc.) wiederum konstituieren sich u.a. durch Attribuierungen, durch sprachliche Zuschreibungen und sprachliche Manifestationen von Rollenzuweisungen und -erwartungen. Die Verweisstruktur auf die Zusammenhänge kontextualisiert dann letztlich die Bedeutung des Lexems *Karrierefrau*. Verglichen mit den Kookkurrenzpartnern von *Karrierefrau* kann für die Kookkurrenzpartner von *Karrie-*

---

44 Vgl. hierzu http://corpora.ids-mannheim.de/ccdb/
45 Das Kookkurrenzprofil des Lexems *Karrierist* wird hier angeführt, um zu zeigen, dass dieses Lexem andere Kontexte hervorruft und eindeutig negativ evaluiert wird, was bei den anderen beiden Lexemen nicht der Fall ist. Im Folgenden wird auf *Karrierist* nicht weiter eingegangen.
46 Im Fokus stehen hier nun im Folgenden die Lexeme *Karrierefrau* und *Karrieremann*. Sie kommen beide im Kontext der Thematisierung von Berufstätigung und Vereinbarkeit von Beruf und Familie vor, wenn auch unterschiedlich häufig..

remann festgestellt werden, dass die semantischen Felder *Kind, Familie* sowie *Vereinbarkeit von Familie und Beruf* so gut wie nicht vorkommen. Im Vergleich zur Diskursivierung von *Karrierefrau* fällt bezüglich des Lexems *Karrieremann* auf, dass der semantische Aspekt der *Vereinbarkeit von Familie und Beruf* im Diskurs ungenannt bleibt. So wird nicht thematisiert und problematisiert, dass berufstätige Männer Kinder haben oder gar unter der Doppelbelastung von Familie und Beruf stehen könnten. Kontextualisierungen von *Karrierefrau* erfolgen durch semantische Spezifizierungen, die sich den nachstehend aufgeführten semantischen Aspekten der semantischen Felder *Familie* und *Beruf* zuordnen lassen:

- *Kinder und Familie*

    Es war und ist für Frauen in Deutschland ja immer noch ein gewaltiger Kraftakt, Beruf und Familie unter einen Hut zu bringen. Frauen mit Kindern sind aber realistisch: Sie wissen, in einer Führungsposition potenziert sich dieses Problem. Deshalb sind so viele „Karrierefrauen" kinderlos. Käme der Staat endlich seinen Aufgaben nach und schüfe auch bei uns die Vorrausetzungen, die es in Skandinavien und Frankreich für berufstätige Eltern gibt, dann schwände die Angst der Frauen, Verantwortung zu übernehmen. (Berliner Morgenpost 22.3.2010)

    Über Elisabeth Popp würde vielleicht manche moderne Karrierefrau die Nase rümpfen. Die 27 Jahre alte Garchingerin ist gelernte Landwirtin und Hauswirtschaftsmeisterin. Spätestens aber, wenn der modernen Frau das gleichzeitige Management von Haushalt, Familie und Arbeit über den Kopf zu wachsen droht, wird sie Elisabeth Popp um ihre Ausbildung beneiden. „Von vielen wird die Hauswirtschaft nicht als Beruf anerkannt – zu Unrecht", sagt Elisabeth Popp, die besonders um das schlechte Image der Landwirtschaft besorgt ist. Als neue Ortsbäuerin von Garching kann sie vielleicht neue Impulse setzen. (SZ 28.11.2006)

- *Kinderlosigkeit*

    Es gibt die typische Karrierefrau, die im Normalfall keine Kinder hat, oft nicht einmal eine Beziehung – allenfalls gelingt ihr ein schlichter Rollentausch: Sie ist der Star, er bleibt im Hintergrund diffuser Bedeutungslosigkeit. (Die ZEIT 11/2008)

- *Erfolg*

    Protagonistin Svenja ist eine klassische Karrierefrau. Durchorganisiert, zielstrebig (Rheinische Post 6.3.2010).

- *Beruf*

    Bei den Kandidaten selbst hätten die Kontraste dagegen kaum deutlicher sein können: Die unverheiratete, kinderlose und atheistische Karrierefrau Gillard gegen den konservativen einstigen Priesterkandidaten und Familienvater Abbott. (SZ 22.8.2010)

- *Vereinbarkeit von Familie/Kind und Beruf/Karriere*

    Es ist nicht einfach, den ständig wechselnden Anforderungen gerecht zu werden, die das Aufwachsen von ein, zwei oder drei Kindern mit sich bringt. Erst recht nicht, wenn man seinen Beruf dafür nicht aufgeben will oder gar alleine dasteht.

Anstrengend sind aber vor allem die Erklärungen, nein, Rechtfertigungen, die die Frauen ihrem Umfeld vermeintlich schulden. Verdächtig erscheint insbesondere der Spagat zwischen Familie und Beruf. „Das kann ich mir gar nicht vorstellen, ich bin ja schon von meinem Job geschafft", stöhnt die kinderlose Nachbarin, weniger anerkennend als vielmehr anklagend, dass dann ja wohl beide Bereiche leiden müssten. Ein entmutigendes Statement für die junge Studentin, die das Gespräch zufällig mit anhört. Doch Vorsicht, auch ein Leben ohne Nachwuchs bietet keinen Ausweg aus dem Kreuzverhör. Denn die Karrierefrau muss garantiert noch spätabends im Restaurant zu ihrem „Makel" der Kinderlosigkeit ausführlich Stellung beziehen. (Welt am Sonntag 2.8.09)

Kontextualisierungen von *Karrieremann* erfolgen durch semantische Spezifizierungen, die sich den nachstehend aufgeführten semantischen Aspekten der semantischen Felder *Beruf* und *Frau* zuordnen lassen. In seltenen Fällen wird auf *Familie* oder *Kinder* Bezug genommen, und dann aber in kritischer Form als Thematisierung von Ausschließungsmechanismen bzw. Unsagbarkeiten:

- *Karrierefrau*

    In den Medien ist man eine Epoche weiter: noch längst nicht in der Ära der Gleichberechtigung, der ausgeglichenen Machtverhältnisse, doch schon im Zeitalter eines einigermaßen offenen Konkurrenzkampfes. Die Karrierefrau fordert den Karrieremann heraus. Oft ist sie ihm noch unterlegen, sind ihre Auftritte ungelenke Imitationen des Männlichen. (Zeit online 1981, DWDS-Korpus)

    Die Geschlechterrollen, so viel steht fest, haben sich nicht geändert. Fast alle Topmanagerinnen aus der Odgers-Berndtson- Studie haben einen Karrieremann an ihrer Seite, keinen Hausmann. Seibold, vor Kurzem nach Fernost gezogen, genießt zumindest einen Vorteil: Für eine Rundumbetreuung der Kinder zahlt sie in Singapur um die 350 Euro monatlich – in Deutschland wären es schnell Tausende. (Capital, 1.8.2010)

- *Frau, die den Rücken frei hält*

    Karrierefrauen heiraten Karrieremänner, die kaum Zeit für die Familie aufbringen, Karrieremänner dagegen Frauen, die Teilzeit arbeiten. Heiraten die Frauen die falschen Männer?

    Die Arbeitsteilung in Partnerschaften von Karrieremännern und Karrierefrauen ist sehr, sehr unterschiedlich, das ist ein Problem. Aber auf der anderen Seite wollen Betriebe auch immer noch den vollständig verfügbaren Menschen. Und zwar gerne den, dem eine Frau den Rücken frei hält. Einen alleinstehenden oder alleinerziehenden Mann setzen Firmen auch nicht gern an eine exponierte Stelle: Da würde ja bei der Abendeinladung die Ehefrau fehlen. Die Führungskräftekultur ist auf Versorgerehen zugeschnitten. (taz 9.6.2006)

- *Beruf*

    Warum verläßt ein Karrieremann den sicheren Hafen eines Konzerns wie Siemens, um sich mit einer neuen Idee selbständig zu machen? Bei vollem Risiko und Geschäftspartnern, die nicht gänzlich hinter dieser Idee stehen? (SZ 22.7.99)

- *Erfolg*

    Ein weiterer Grund für die starke Untervertretung von Frauen in Top-Positionen: Oftmals bestehen Familienpflichten, die mehrheitlich von Frauen wahrgenommen werden. So können über 70% der Kadermänner die Betreuung von Kindern der Partnerin überlassen, bei den Frauen sind es knapp 30%. Die Partnerin von 42% der Karrieremänner bei Banken und 31% bei Versicherungen ist Hausfrau. Nur 4% der Partner von Karrierefrauen haben hingegen die Hausmann- Funktion übernommen. Gleichzeitig gibt es in den Unternehmen wenig Teilzeitstellen in Kaderpositionen. Rund 70% der Angestellten glauben zudem, dass eine Teilzeitbeschäftigung der Karriere schadet und rund die Hälfte befürchtet Einbussen beim Lohn. Nur 70% der Frauen arbeiten bei Banken und Versicherungen Vollzeit, aber über 90% der Männer stehen den Unternehmen zu 100% zur Verfügung. Allerdings mangelt es den Frauen auch häufig an Ehrgeiz und Selbstvertrauen. So wollen nur 10% der Frauen in der Finanzbranche gezielt eine höhere Position erreichen, bei den Männern sind es mit 20% doppelt so viele. Frauen seien bei der Durchsetzung von Karrierewünschen generell zurückhaltender, hiess es. So würden Frauen Förderungsprogramme weniger nutzen als ihre männlichen Kollegen. Auch in der Weiterbildung bleiben die Frauen - ausser bei Sprachen – hinter den Männern zurück. Uh? (AFX Swiss, 20.6.2006)

- *Familie*

    Ja. Jungen Männern fehlen zunehmend Vorbilder. Als Alternative zum Karrieremann stehen ihnen nur ironisierende Bilder im Supermarkt herumtapsender, desorientierter Männer gegenüber. Ein gesellschaftlich anerkanntes Vatermodell fehlt immer noch völlig. (Die Welt, 12.4.08)

Die Kontextualisierungen geben Aufschluss über die Konzeptualisierung von *Karrierefrau* und *Karrieremann* in und durch die Medien, einem wesentlichen gesellschaftlichen Ausschnitt[47] einerseits, gleichzeitig verweisen sie auf Objektivationen, nicht-diskursive Praktiken und Subjektivationen (s. Tab. 3). Hier wird schnell deutlich, dass kulturelle Vorstellungen von *Karriere, Frau, Mann, Karrierefrau* und *Karrieremann* in den einzelnen Kontextualisierungsprofilen ihren Niederschlag finden bzw. es kann über die Kontextualisierungsprofile etwas über kulturelle Vorstellungen und implizit existente Rollenmuster erfahren werden. Aussagen folgender Art implizieren bestimmte Rollenbilder und soziale Erwartungen: *Frauen, die*

---

47 Wenngleich es auch interessant wäre, die Konzeptualisierung der beiden Konzepte in Alltagsgesprächen nachzuverfolgen, wird auf Grund der Datenlage der Zugriff auf Printmedien präferiert. Die Untersuchung solcher Konzepte in Alltagsgesprächen könnte Ausgangspunkt weiterer Forschungen sein.

Karriere machen, haben keine Kinder und Frauen, die Kinder haben, können zwar berufstätig sein, aber keine Karriere machen.

(1) Bis heute, davon ist sie überzeugt, stünden Frauen vor der Tatsache, gesellschaftlich immer etwas falsch zu machen, ob ausschließlich als Mutter, die nicht arbeitet, als Karrierefrau ohne Kinder oder als berufstätige Frau mit Kindern. Um Frauen diesen Druck zu nehmen, müßte überall in Deutschland vom Kleinkindalter an Ganztagesbetreuung verpflichtend werden. (FAZ 5.3.2006)

Die Belege 2-4 zeigen, dass die Thematik um Karrierefrauen insbesondere zur Verfilmung oder im Theater, also zur Fiktionalisierung taugt, die zugleich von Dramatisierungseffekten und Utopien (z.B. durch Überzeichnungen, Übertreibungen oder starken Dichotomisierungen) gekennzeichnet sind. Aufschlussreich sind auch hier die medial produzierten Attribuierungen des Lexems *Karrierefrau* wie *kühl, sinnlich, kontrolliert, nüchtern, erfolgreich*.

(2) Gekonnt changiert sie dabei zwischen der kühlen und sinnlichen Karrierefrau Dr. Berger und einer enttäuschten, zutiefst verletzten Maya, die an ihrem bisherigen Lebensweg zu zweifeln scheint. Vergnügungen hat es für sie bisher nie gegeben, alles kreiste um den Beruf und um die Wünsche ihrer Mutter, einer beinharten, ehemaligen Verfassungsrichterin, die ihre Tochter unbedingt in ihren Fußstapfen sehen will. Einzig der tapsige Anwaltskollege Jan (Alexander Beyer) scheint zu erkennen, dass da noch eine ganz andere Seite hinter Mayas kontrollierter Karrierefassade steckt, und unterstützt sie in ihrem Kampf gegen den Intrigantenstadel (sehr überzeugend: Oliver Mommsen, als Rechtsverdreher Alexander Gronert). Eine Freude ist das Wiedersehen mit Katy Karrenbauer als schnoddriger Putzkolonnenführerin Petra, die das neue Mitglied ihrer Truppe erst einmal zusammenfalten muss, damit diese beim Reinemachen auch pariert. (FAZ 27.9.2008)

(3) Der Kühlschrank, mit lustigen Aufklebern und einem Kästchen für WG-Zwecke gerüstet, ist so etwas wie das kalte Zentrum der überhitzten Tollheit. Aus ihm holen Sir Toby und seine Kumpane Bier und Champagner, in ihn sperren sie den Spielverderber Malvolio ein. Im Kühlschrank steht die Milch, mit der sich die nüchterne Karrierefrau Olivia für ihre Schreibtischarbeit stärkt und abkühlt, wenn die Liebe das Eis in ihrer Brust zu schmelzen droht. Der Herzog und der Narr brauchen keine Eisschränke; sie sind selber welche. Martin Hug ist als Orsino ein bleicher, schlaffer Althippie, der in Schuhen und Samtanzug im Bett liegt und von Olivia träumt. (FAZ 16.1.2007)

(4) Die Innenarchitektin Janna (Anke Sevenich) ist eine erfolgreiche Karrierefrau und verbringt entsprechend ihre Zeit damit, in einem modischen roten Kleinwagen durch den Hamburger Nieselregen von Auftrag zu Auftrag zu kurven, unentwegt in ihr Headset zu plärren und sich von zufriedenen Kunden mit Champagner beschenken zu lassen. Natürlich hat sie auch eine tolle Wohnung und einen gutaussehenden Mann. Leider findet sie

den allerdings eines Tages weitgehend unbekleidet mit ihrer Schwester in der Designer-Badewanne. (FAZ 28.10.2005)

Dies sind weitere Formen der medialen Inszenierung, die im Bereich der Fiktion oder Utopien anzusiedeln ist und die Alltagspraxis auf besondere Art und Weise auf einer artifiziellen Ebene thematisiert. Die Artifizialität wiederum hat Einfluss auf die Alltagspraxis. Zudem muss in dem hier untersuchten Ausschnitt die Funktion und Rolle der Medien näher betrachtet werden, insofern durch die Medien spezifische Konstruktionen ermöglicht werden, sie selbst aber an der Art und Weise der Konstruktion massiv beteiligt sind. Denn sie folgen bestimmten systemlogischen Kriterien der Aufmerksamkeitserregung und -steuerung durch Nachrichtenwerte wie Neuigkeitswert, Konfliktwert, Betroffenheitswert oder Prestigewert (vgl. hier Neidhardt 1994: 19). Die Medien sind somit in besonderer Weise Akteure des Diskurses.

Zu folgenden Objektivationen und Subjektivationen werden innerhalb der Diskurstexte Bezüge hergestellt, die sprachlich vermittelt werden und spezifische Rollenmuster außersprachlich sedimentieren:

Objektivationen	Subjektivationen
Kleiderordnung	soziale Positionen
Rechtsordnung	Rollenmuster
Kinderbetreuungseinrichtungen	Mutter
Familie(nmodelle)	berufstätige Frau
gesellschaftliche Normen	Ehefrau/Gattin/Partnerin
Schule, Bildungssystem	Single

Tab. 3: Objektivationen und Subjektivationen

In den Sprachbelegen zeigt sich also eine ganz spezifische Erzeugung von Geschlecht durch die Verwendung der Ausdrücke *Karrierefrau* und *Karrieremann*, die zudem durch verschiedene außersprachliche Faktoren bedingt sind und Bezug auf Außersprachliches nehmen, so zum Beispiel auf die Kleiderordnung oder auf Rollenerwartungen etc. Die Sprachbelege geben zudem einen Einblick in die praktizierten sprachlichen Strategien, die die Hervorbringung von Geschlecht steuern wie beispielsweise BEWERTEN, DISKRIMINIEREN oder DICHOTOMISIEREN, wie folgende Überschrift in der Süddeutschen Zeitung verdeutlicht.

„Zwischen Heimchen und Karrierefrau" (SZ 9.5.2009)

5. Fazit und Ausblick

Nach einer Verortung des Diskursbegriffes in die linguistische Genderdebatte und einem Rückgriff auf gendertheoretische Aspekte wurde hier die linguistische Diskursanalyse um den Dispositivbegriff erweitert, um so die komplexen Mechanismen von sprachlichen Konstruktionsprozessen bestimmter Geschlechterbilder und das komplexe Zusammenspiel äußerst heterogener Elemente nachvollziehen zu können. Dabei konnte festgestellt werden, dass mit der Konzeptualisierung von *Karrierefrau* und *Karrieremann* gesellschaftliche Sachverhalte konstituiert und Verhaltensweisen klassifiziert sowie sedimentiert werden. Die Konzepte werden unterschiedlich kontextualisiert und mit unterschiedlichen Wissensrahmen/ Diskursen verknüpft, wobei es unterschiedliche Ebenen der Kontextualisierung und Wissensgenerierung gibt, von der lokalen Kontextualisierung bis hin zur Kontextualisierung durch soziokulturelle Wissensrahmen, die im Hintergrund der Lexemverwendung stehen. So wird mit der Verwendung des Lexems *Karrierefrau* in ausgesprochen vielen Fällen der Bezug zum Familienframe (mit und ohne Kinder) hergestellt und dadurch die Bedeutung von *Karrierefrau* semantisch fixiert, während ein solcher Bezug bei *Karrieremann* ausbleibt. Die Analyse der Semantisierungen gibt Aufschluss über vorausgesetzte, nichtreflektierte Selbstverständlichkeiten, sie macht u.a. deutlich, wie fest Rollenbilder in unserem gesellschaftlichen Kontext verankert sind und permanent sedimentiert werden.

Mit der Analyse der Verwendung der Lexeme *Karrierefrau* und *Karrieremann* ist nur ein punktueller Ausschnitt aus dem vielschichtigen, umfassenden Genderdispositiv untersucht worden. Die Beispielanalyse stellt somit mehr eine Anregung zur weiteren Auseinandersetzung mit dem Thema dar und sollte exemplarisch zeigen, wie eine diskursanalytische Zugriffsweise unter Integration des Dispositivbegriffes aussehen kann. Hier müssten ganze, interdisziplinär und diachron ausgerichtete Forschungsprojekte ansetzen, die sich unterschiedlichen Kommunikationsbereichen und -formen widmen und der Frage nachgehen, wie Objektivationen, Subjektivationen, diskursive und nicht-diskursive Praktiken einander beeinflussen und die Kategorie Geschlecht kontextspezifisch konturieren und hervorbringen.

6. Literatur

a) Korpus

Zeit-Korpus (DWDS) http://www.dwds.de
Berliner Zeitung und Tagesspiegel (DWDS) http://www.dwds.de
Lexisnexis http://www.lexisnexis.de

b) Wörterbücher

Duden. Das große deutsche Wörterbuch der deutschen Sprache in zehn Bänden. Herausgegeben vom Wissenschaftlichen Rat der Dudenredaktion. 3. völlig neu bearbeitete und erweiterte Auflage 1999, Mannheim u.a.
Duden. Das große deutsche Wörterbuch der deutschen Sprache. Herausgegeben vom Wissenschaftlichen Rat der Dudenredaktion, Mannheim 2006. [CD-Rom]
Duden. Das große Fremdwörterbuch. Herausgegeben und bearbeitet vom Wissenschaftlichen Rat der Dudenredaktion Mannheim, 3. überarbeitete Auflage 2003.

c) Forschungsliteratur

Anzenbacher, Arno (2008): Das Bild der Frau bei Thomas von Aquin. In: Spieß, Christian/Winkler, Katja (Hrsg.): Feministische Sozialethik und christliche Sozialethik, Münster: LIT, 17–37.
Auer, Peter (1986): Kontextualisierung. In: Studium Linguistik, 19, 22–47.
Bachmann-Stein, Andrea (2004): Horoskope in der Presse – Ein Modell für holistische Textsortenanalysen und seine Anwendung, Frankfurt a.M.: Peter Lang.
Becker, Ruth/Kortendiek, Beate (Hrsg.) (2004): Handbuch Frauen- und Geschlechterforschung. Theorie, Methoden, Empirie, Wiesbaden: VS Verlag.
Becker, Ruth/Kortendiek, Beate (^{3}2010) (Hrsg.): Handbuch Frauen- und Geschlechterforschung. Theorie, Methoden, Empirie, Wiesbaden: VS Verlag.
Berger, Peter/Luckmann, Thomas (^{20}2004): Die gesellschaftliche Konstruktion der Wirklichkeit. Eine Theorie der Wissenssoziologie. Mit einer Einleitung zur deutschen Ausgabe von Helmuth Plessner, Frankfurt a.M.: Fischer.
Blommaert, Jan (2005): Discourse. A critical Introduction, Cambridge: Cambridge University Press.
Bluhm, Claudia/Deissler, Dirk/Scharloth, Joachim/Stukenbrock, Anja (2000): Linguistische Diskursanalyse: Überblick, Probleme Perpektiven. In: Zeitschrift für Sprache und Literatur in Wissenschaft und Unterricht, 86, 3–19.
Böke, Karin (1991): Vom ‚werdenden Leben' zum ‚ungeborenen Kind'. Redestrategien in der Diskussion um die Reform des §218. In: Liedtke, Frank (Hrsg.): Begriffe besetzen. Strategien des Sprachgebrauchs in der Politik, Opladen: Westdeutscher Verlag, 205–219.
Böke, Karin (1994): Gleichberechtigung oder natürliche Ordnung. Die Diskussion um die rechtliche Gleichstellung der Frau in den 50er Jahren. In: Busse, Dietrich/Hermanns, Fritz/Teubert, Wolfgang (Hrsg.): Begriffsgeschichte und Diskursgeschichte. Methodenfragen und Forschungsergebnisse der historischen Semantik, Opladen: Westdeutscher Verlag, 84–106.
Böke, Karin/Stötzel, Georg (1993): „Doppelverdiener ist immer die Frau". In: Sprache und Literatur, 71, 89–98.

Bubenhofer, Noah (2009): Sprachgebrauchsmuster. Korpuslinguistik als Methode der Diskurs- und Kulturanalyse, Berlin/New York: de Gruyter.
Buchholtz, Mary (2003): Theories of Discourse as Theories of Gender: Discourse Analysis in Language and Gender Studies. In: Holmes, Janet/Meyerhoff, Miriam (Hrsg.): The Handbook of Language and Gender, Oxford: Blackwell Publishing, 43–68.
Bührmann, Andrea/Schneider, Werner (2007): Mehr als nur diskursive Praxis? – Konzeptionelle Grundlagen und methodische Aspekte der Dispositivanalyse. In: Forum Qualitative Sozialforschung, 8/2, Art. 28.
Bührmann, Andrea/Schneider, Werner (2008): Vom Diskurs zum Dispositiv. Eine Einführung in die Dispositivanalyse, Bielefeld: transcript.
Busse, Dietrich (1987): Historische Semantik, Stuttgart: Klett-Cotta.
Busse, Dietrich (1991): Textinterpretation. Sprachtheoretische Grundlagen einer explikativen Semantik, Opladen: Westdeutscher Verlag.
Busse, Dietrich (2005): Architekturen des Wissens – Zum Verhältnis von Semantik und Epistemologie. In: Müller, Ernst (Hrsg.): Begriffsgeschichte im Umbruch? Hamburg: Felix Meiner, 43–57.
Busse, Dietrich (2007): Diskurslinguistik als Kontextualisierung: Methodische Kriterien. Sprachwissenschaftliche Überlegungen zur Analyse gesellschaftlichen Wissens, Berlin/New York: de Gruyter, 81–105.
Busse, Dietrich/Teubert, Wolfgang (1994): Ist Diskurs ein sprachwissenschaftliches Objekt? Zur Methodenfrage der historischen Semantik. In: Busse, Dietrich/Hermanns, Fritz/Teubert, Wolfgang (Hrsg.): Begriffsgeschichte und Diskursgeschichte. Methodenfragen und Forschungsergebnisse der historischen Semantik, Opladen: Westdeutscher Verlag, 10–28.
Butler, Judith (2003): Das Unbehagen der Geschlechter. Aus dem Amerikanischen von Kathrina Menke, Frankfurt: Suhrkamp.
Butler, Judith (2006): Haß spricht. Zur Politik des Performativen, Frankfurt: Suhrkamp.
Butler, Judith (2009): Die Macht der Geschlechternormen und die Grenzen des Menschlichen, Frankfurt: Suhrkamp.
Christie, Christine (2000): Gender and Language. Towards a Feminist Pragmatics, Edinburgh: University Press.
Doleschal, Ursula (2002): Das generische Maskulinum im Deutschen. Ein historischer Spaziergang durch die deutsche Grammatikschreibung von der Renaissance bis zur Postmoderne. In: Linguistik online, 11, 39–70.
Dorer, Johanna/Angerer, Marie-Luise (1994): Auf dem Weg zu einer feministischen Kommunikationstheorie. In: Angerer, Marie-Luise/Dorer, Johanna (Hrsg.): Gender und Medien. Theoretische Ansätze, empirische Befunde und Praxis der Massenkommunikation. Ein Textbuch zur Einführung, Wien: Braumüller, 8–23.
Dorer, Johanna/Klaus, Elisabeth (2003): Feministische Medienforschung. In: Bentele, Günter/Brosius, Hans-Bernd/Jarren, Otfried (Hrsg.): Öffentliche Kommunikation. Handbuch Kommunikations- und Medienwissenschaften, Wiesbaden: Westdeutscher Verlag, 550–564.
Duden, Barbara (1993): Die Frau ohne Unterleib: Zu Judith Butlers Entkörperung. Ein Zeitdokument. In: Feministische Studien, 11/2, 24–33.

Fairclough, Norman (2001): Critical discourse analysis as a method in social scientific research. In: Wodak, Ruth/Meyer, Michael (Hrsg.): Methods of Critical Discourse Analysis, London u.a.: Sage, 121–138.
Felder, Ekkehard (2009): Sprache – das Tor zur Welt!? Perspektiven und Tendenzen in sprachlichen Äußerungen. In: Felder, Ekkehard (Hrsg.): Sprache. Im Auftrag der Universitätsgesellschaft Heidelberg, Berlin u.a.: Springer Verlag, 13–57.
Fix, Ulla (2005): Texte zwischen Musterbefolgen und Kreativität. In: Der Deutschunterricht, 57, 13–23.
Fix, Ulla (2006): Was heißt Texte kulturell verstehen? Ein- und Zuordnungsprobleme beim Verstehen von Texten als kulturelle Entitäten. In: Blühdorn, Hardarik u.a. (Hrsg.): Text – Verstehen. Grammatik und darüber hinaus. Jahrbuch 2005 des Instituts für deutsche Sprache, Berlin/New York: de Gruyter, 254–276.
Foucault, Michel (1977a): Der Wille zum Wissen. Sexualität und Wahrheit. Band 1, Frankfurt: Suhrkamp.
Foucault, Michel (1977b): Überwachen und Strafen. Die Geburt des Gefängnisses, Frankfurt: Suhrkamp.
Foucault, Michel (1978): Dispositive der Macht. Über Sexualität, Wissen und Wahrheit, Berlin: Merve.
Foucault, Michel (1981): Archäologie des Wissens, Frankfurt: Suhrkamp.
Foucault, Michel (1998): Über Hermaphrodismus. Der Fall Barbin, Frankfurt: Suhrkamp.
Foucault, Michel (2005): Die Heterotopien. Der utopische Körper. Zwei Radiobeiträge. Übersetzt von Michael Bischoff. Mit einem Nachwort von Daniel Defert, Frankfurt: Suhrkamp.
Fraas, Claudia (2001): Usuelle Wortverbindungen als sprachliche Manifestation von Bedeutungswissen. Theoretische Begründung, methodischer Ansatz und empirische Befunde. In: Nikula, Henrik/Drescher, Robert (Hrsg.): Lexikon und Text, Vaasa, 41–66.
Frevert, Ute (1995): „Mann und Weib und Weib und Mann". Geschlechter-Differenzen in der Moderne, München: Beck.
Gardt, Andreas (2007): Diskursanalyse: Aktueller theoretischer Ort und methodische Möglichkeiten. In: Warnke, Ingo (Hrsg.): Diskurslinguistik nach Foucault. Theorie und Gegenstände, Berlin/New York: de Gruyter, 27–52.
Gerhards, Jürgen/Neidhardt, Friedhelm (1991): Strukturen und Funktionen moderner Öffentlichkeit: Fragestellungen und Ansätze. In: Müller-Doohm, Stefan/Neumann-Braun, Klaus (Hrsg.): Öffentlichkeit – Kultur – Massenkommunikation, Oldenburg: BIS-Verlag, 31–89.
Gille, Annette Silvia (2012): Von der Diskurs- zur Dispositivanalyse am Beispiel Reality-TV. In: Dreesen, Philipp/Kumiega, Lukasz/Spieß, Constanze (Hrsg.): Mediendiskursanalyse. Diskurse/Dispositive – Medien – Macht. Wiesbaden: VS-Verlag für Sozialwissenschaften.
Goffman, Erving (^{2}2001): Interaktion und Geschlecht, Frankfurt: Campus.
Günthner, Susanne (1992a): Sprache und Geschlecht. Ist Kommunikation zwischen Frauen und Männern interkulturelle Kommunikation? In: Linguistische Berichte, 138, 123–142. (Nachgedruckt 1996 in: Hoffmann, Ludger (Hrsg.): Sprachwissenschaft. Ein Reader, Berlin/New York: de Gruyter, 235–260.
Günthner, Susanne (1992b): Die interaktive Konstruktion von Geschlechterrollen, kulturellen Identitäten und institutioneller Dominanz. Sprechstundengespräche

zwischen Deutschen und Chines/innen. In: Günthner, Susanne/Kotthoff, Helga (Hrsg.): Die Geschlechter im Gespräch. Kommunikation in Institutionen, Stuttgart: Metzler, 91–126.

Günthner, Susanne (1996): Male-female speaking practices across cultures. In: Hellinger, Marlis/Ammon, Ulrich (Hrsg.): Contrastive Sociolinguistics, New York: Mouton de Gruyter, 447–474.

Günthner, Susanne (2001): Die kommunikative Konstruktion der Geschlechterdifferenz. Sprach- und kulturvergleichende Perspektiven. In: Muttersprache, 3, 205–219.

Günthner, Susanne (2006): Doing vs. Undoing Gender? Zur Konstruktion von Gender in der kommunikativen Praxis. In: Bischoff, Doerte/Wagner-Egelhaaf, Martina (Hrsg.): Mitsprache, Rederecht, Stimmgewalt. Genderkritische Strategien und Transformationen der Rhetorik, Heidelberg: Winter, 35–58.

Günthner, Susanne/Knoblauch, Hubert (1994): ‚Forms are the food of faith'. Gattungen als Muster kommunikativen Handelns. In: Kölner Zeitschrift für Soziologie und Sozialpsychologie, 4, 693–723.

Hark, Sabine (²2006): Feministische Theorie – Diskurs – Dekonstruktion. Produktive Verknüpfungen. In: Keller, Reiner u.a. (Hrsg.): Handbuch Sozialwissenschaftliche Diskursanalyse. Band 1: Theorien und Methoden, Wiesbaden: VS Verlag für Sozialwissenschaften, 357–375.

Hauskeller, Christine (2000): Das paradoxe Subjekt. Unterwerfung und Widerstand bei Judith Butler und Michel Foucault, Tübingen: Edition Diskord.

Hirschauer, Stefan (1989): Die interaktive Konstruktion von Geschlechtszugehörigkeit. In: Zeitschrift für Soziologie, 18/2, 100–118.

Hirschauer, Stefan (2001): Das Vergessen des Geschlechts. Zur Praxeologie einer Kategorie sozialer Ordnung. In: Kölner Zeitschrift für Soziologie und Sozialpsychologie, 41, 208–235.

Holmes, Janet/Meyerhoff, Miriam (2003): The Handbook of Language and Gender, Malden u.a.: Blackwell Publishing.

Hornscheidt, Antje (2002): Die Nicht-Rezeption poststrukturalistischer Gender- und Sprachtheorien der Feministischen Linguistik im deutschsprachigen Raum. In: Faschingbauer, Tamara (Hrsg.): Neuere Ergebnisse der empirischen Genderforschung. Germanistische Linguistik 167–168, Hildesheim: Olms, 5–51.

Irmen, Lisa/Steiger, Vera (2005): Zur Geschichte des Generischen Maskulinums. Sprachwissenschaftliche, sprachphilosophische und psychologische Aspekte im historischen Diskurs. In: Zeitschrift für Germanistische Linguistik, 33, 212–235.

Jäger, Margret (2004): Diskursanalyse. Ein Verfahren zur kritischen Rekonstruktion von Machtbeziehungen. In: Becker, Ruth/Kortendiek, Beate (Hrsg.): Handbuch Frauen- und Geschlechterforschung. Theorie, Methoden, Empirie, Wiesbaden: VS Verla für Sozialwissenschaften, 336–341.

Jäger, Siegfried (2001): Discourse and knowledge: Theoretical and methodological aspects of a critical discourse and dispositive analysis. In: Wodak, Ruth/Meyer, Michael (Hrsg.): Methods of Critical Discourse Analysis, London u.a.: Sage, 32–62.

Jäger, Siegfried (⁴2004): Kritische Diskursanalyse. Eine Einführung, Münster: Unrast.

Jäger, Siegfried (2005): Diskurs als „Fluß von Wissen durch die Zeit". Ein transdisziplinäres politisches Konzept. In: Aptum. Zeitschrift für Sprachkritik und Sprachkultur, 1, 52–72.

Jäger, Siegfried (²2006): Diskurs und Wissen. Theoretische und methodische Aspekte einer Kritischen Diskurs- und Dispositivanalyse. In: Keller, Reiner u.a. (Hrsg.): Handbuch Sozialwissenschaftliche Diskursanalyse. Band 1: Theorien und Methoden, Wiesbaden: VS Verlag für Sozialwissenschaften, 83–114.

Jäger, Siegfried/Disselnkötter, Andreas/Kellershohn, Helmut/Slobodzian, Susanne (1997) (Hrsg.): Evidenzen im Fluß. Demokratieverluste in Deutschland. Modell „D", Geschlecht, Rassismus, PC, Duisburg: DISS.

Johnson, Sally/Meinhof, Ulrike Hannah (Hrsg.) (1997): Masculinity and Language, Oxford: Blackwell.

Keller, Reiner (2007): Diskurse und Dispositive analysieren. Die Wissenssoziologische Diskursanalyse als Beitrag zu einer wissensanalytischen Profilierung von Diskursforschung. In: Forum Qualitative Sozialforschung 8/2, Art. 19.

Keller, Reiner (²2006): Wissenssoziologische Diskursanalyse. In: Keller, Reiner u.a. (Hrsg.): Handbuch Sozialwissenschaftliche Diskursanalyse. Band 1: Theorien und Methoden, Wiesbaden: VS Verlag für Sozialwissenschaften, 115–146.

Konerding, Klaus-Peter (1993): Frames und lexikalisches Bedeutungswissen Untersuchungen zur linguistischen Grundlegung einer Frametheorie und zu ihrer Anwendung in der Lexikographie, Tübingen: Niemeyer.

Konerding, Klaus-Peter (2009): Diskurslinguistik – eine neue linguistische Teildisziplin. In: Sprache. Im Auftrag der Universitätsgesellschaft Heidelberg. Berlin u.a.: Springer Verlag, 155–177.

Kotthoff, Helga (2002): Was heißt eigentlich „doing gender"? Wiener linguistischer Almanach. Sonderband 55, 1–29.

Laqueur, Thomas (1996): Auf den Leib geschrieben. Die Inszenierung der Geschlechter von der Antike bis Freud, Frankfurt: dtv.

Lazar, Michelle (Hrsg.) (2005): Feminist Critical Discourse Analysis. Gender, Power and Ideology in Discourse, Houndmilss u.a.: Palgrave Macmillan.

Lazar, Michelle (2005): Politicizing Gender in Discourse: Feminist Critical Discourse Analysis as Political Perspective and Praxis. In: Lazar, Michelle (Hrsg.): Feminist Critical Discourse Analysis. Gender, Power and Ideology in Discourse, Houndmilss u.a.: Palgrave Macmillan, 1–30.

Leiss, Elisabeth (1994): Genus und Sexus. Kritische Anmerkungen zur Sexualisierung von Grammatik. In: Linguistische Berichte, 152, 281–300.

Linke, Angelika/Tanner, Jakob (2008): Zürich 1968. Die Stadt als Protestraum. In: Linke, Angelika/Scharloth, Joachim (Hrsg.): Der Zürcher Sommer 1968: Zwischen Krawall, Utopie und Bürgersinn, Zürich: NZZ Libro, 11–22.

Luckmann, Thomas (1986): Grundformen der gesellschaftlichen Vermittlung des Wissens: Kommunikative Gattungen. In: Neidhardt, Friedhelm u.a. (Hrsg.): Kultur und Gesellschaft. Sonderheft 27 der Kölner Zeitschrift für Soziologie und Sozialpsychologie, 191–211.

Luckmann, Thomas (1988): Kommunikative Gattungen im kommunikativen „Haushalt" einer Gesellschaft. In: Smolka-Koerdt, Gisela u.a. (Hrsg.): Der Ursprung von Literatur. Medien, Rollen, Kommunikationssituationen zwischen 1450 und 1650, München: Fink, 279–288.

Mehlmann, Sabine/Soine, Stefanie (2008): Art. Gender Studies/Feminismus. In: Kammler, Clemens/Parr, Rolf/Schneider, Ulrich Johannes (Hrsg.): Foucault Handbuch. Leben – Werk – Wirkung, Stuttgart/Weimar: Metzler, 367-379.

Mills, Sarah (1998): Post-feminist text analysis. In: Language and Literatur, 7/3, 235–253.
Mills, Sarah (2003): Third Wave Feminist Linguistics and the Analysis of Sexism. Online: http://www.shu.ac.uk/daol/articles/open/2003/001/mills2003001.html [zuletzt abgerufen 9.6.2011].
Mills, Sarah (²2004): Discourse, London/New York: Routledge.
Neidhardt, Friedhelm (Hrsg.) (1994): Öffentlichkeit, öffentliche Meinung, soziale Bewegungen. Sonderheft 34 der Kölner Zeitschrift für Soziologie und Sozialpsychologie.
Nübling, Damaris (2009): Zur lexikografischen Inszenierung von Geschlecht. In: Zeitschrift für Germanistische Linguistik, 37, 593–633.
Ochs, Elinor (1992): Indexing gender. In: Duranti, Alessandro/Goodwin, Charles (Hrsg.): Rethinking context: Language as an interactive phenomenon, Cambridge: Cambridge University Press, 335–358.
Sandig, Barbara (2000): Text als prototypisches Konzept. In: Mangasser-Wahl, Martina (Hrsg.): Prototypentheorie in der Linguistik. Anwendungsbeispiele – Methodenreflexion– Perspektiven, Tübingen, 93–112.
Scharloth, Joachim (2011): 1968. Eine Kommunikationsgeschichte, München: Fink.
Schößler, Franziska (2008): Einführung in die Gender Studies, Berlin: Akademie Verlag.
Schütz, Alfred/Luckmann, Thomas (2003): Strukturen der Lebenswelt, Konstanz: UTB.
Scott, Joan W. (1988): Gender and the Politics of History, New York: Columbia University Press.
Spieß, Constanze (2008): Linguistische Diskursanalyse als Mehrebenenanalyse. Ein Vorschlag zur mehrdimensionalen Beschreibung von Diskursen aus forschungspraktischer Perspektive. In: Warnke, Ingo/Spitzmüller, Jürgen (Hrsg.): Methoden der Diskurslinguistik. Sprachwissenschaftliche Zugänge zur transtextuellen Ebene, Berlin/New York: de Gruyter 2008, 237–259.
Spieß, Constanze (2011): Diskurshandlungen. Theorie und Methode der Diskurslinguistik am Beispiel der Bioethikdebatte, Berlin/Boston: de Gruyter.
Spitzmüller, Jürgen (2005): Metasprachdiskurse. Einstellungen zu Anglizismen und ihre wissenschaftliche Rezeption, Berlin/New York: de Gruyter.
Titscher, Stefan/Wodak, Ruth/Meyer, Michael/Vetter, Eva (1998): Methoden der Textanalyse, Leitfaden und Überblick, Opladen: Westdeutscher Verlag.
Warnke, Ingo (2000): Diskursivität und Intertextualität als Parameter sprachlichen Wandels – Prolegomena einer funktionalen Sprachgeschichte. In: Warnke, Ingo (Hrsg.): Schnittstelle Text: Diskurs, Frankfurt a.M.: Peter Lang, 215–222.
Warnke, Ingo (2002a): Texte in Texten – Poststrukturalistischer Diskursbegriff und Textlinguistik. In: Adamzik, Kirsten (Hrsg.): Texte – Diskurse – Interaktionsrollen. Analysen zur Kommunikation im öffentlichen Raum, Tübingen: Stauffenburg, 1–17.
Warnke, Ingo (2002b): Adieu Text – bienvenue Diskurs? Über Sinn und Zweck einer poststrukturalistischen Entgrenzung des Textbegriffes. In: Fix, Ulla/Adamzik, Kirsten/Antos, Gerd/Klemm, Michael (Hrsg.): Brauchen wir einen neuen Textbegriff? Antworten auf eine Preisfrage, Frankfurt a.M.: Peter Lang, 125–141.

Warnke, Ingo (Hrsg.) (2007): Diskurslinguistik nach Foucault. Theorie und Gegenstände, Berlin/New York: de Gruyter.
Warnke, Ingo/Spitzmüller, Jürgen (Hrsg.) (2008): Methoden der Diskurslinguistik. Sprachwissenschaftliche Zugänge zur transtextuellen Ebene, Berlin/New York: de Gruyter.
Weedon, Chris (1990): Wissen und Erfahrung. Feministische Praxis und poststrukturalistische Theorie, Zumikon: eFeF.
Wengeler, Martin (2003): Topos und Diskurs. Begründung einer argumentationsanalytischen Methode und ihre Anwendung auf den Migrationsdiskurs (1960-1985), Tübingen: Niemeyer.
West, Candice/Zimmerman, Don (1987): Doing Gender. In: Gender society, 1/2, 125–151.
Wodak, Ruth (1997): Gender and Discourse, London/Thousand Oaks/New Dehli: Sage.
Wodak, Ruth (2001): What CDA is about – a summary of its history, important concepts and its developments. In: Wodak, Ruth/Meyer, Michael (Hrsg.): Methods of Critical Discourse Analysis, London u.a.: Sage, 1–13.
Wodak, Ruth (2005): Gender Mainstreaming and the European Union: Interdisciplinarity, Gender Studies and CDA. In: Lazar, Michelle (Hrsg.): Feminist Critical Discourse Analysis. Gender, Power and Ideology in Discourse, Houndmilss u.a.: Palgrave Macmillan, 90–113.
Wolf, Christa (1973): Selbstversuch. Traktat zu einem Protokoll. In: Sinn und Form, 25, 301–323.
Ziem, Alexander (2008): Frame-Semantik. Kognitive Aspekte des Sprachverstehens, Berlin/New York: de Gruyter.

Heiko Motschenbacher

Queere Linguistik: Theoretische und methodologische Überlegungen zu einer heteronormativitätskritischen Sprachwissenschaft[1]

1. Einleitung

In diesem Aufsatz geht es darum, die relativ junge Forschungsrichtung der Queeren Linguistik vorzustellen und weiterzuentwickeln. Dabei handelt es sich um einen heteronormativitätskritischen Forschungsansatz, der bislang vor allem in den USA (und infolgedessen anderen anglophonen Kulturen) als *Queer Linguistics* vertreten ist (zur Entstehungsdebatte siehe Barrett 2002, Kulick 2002, Leap 2002, Livia 2002, Queen 2002; jüngere Werke sind z.B. Abe 2010, Barrett 2006, Bucholtz/Hall 2004, Koch 2008, Leap 2008, Rauchut 2008, Sauntson 2008). Die Queere Linguistik integriert Gedankengut aus der Queer Theory[2], um sprachliche Elemente normativ-binärer Geschlechterkonstruktion und sprachliche Manifestationen von Heterosexualität als Norm kritisch zu hinterfragen.

Bei der Terminologie ergibt sich das Problem, dass der englische Begriff *queer* nicht ohne Weiteres ins Deutsche übersetzt werden kann (Kraß 2009, Rauchut 2008).[3] Gemessen an der Tatsache, dass dieses Wort ursprünglich ein Schimpfwort zur Bezeichnung nicht-heterosexueller Menschen ist, müssen Übersetzungsversuche mit dem deutschen Wort *quer* als euphemistisch gelten. Sinnverwandter wären Adjektive wie *andersrum* oder gar *pervers*, die sich aber nur schwer in die akademische Landschaft einführen lassen. Es erscheint daher am adäquatesten, in einer eingedeutschten Form von „Queerer Linguistik" zu sprechen.

Nach einer theoretischen Verortung der Queeren Linguistik sollen hier drei Hauptkritikpunkte, mit denen sich die Queere Linguistik als poststrukturalistisch ausgerichteter Zweig der Sprachwissenschaft konfrontiert sieht, widerlegt werden. Der erste Kritikpunkt richtet sich spezifisch gegen die angeblich begrenzte Relevanz der Queeren Linguistik. Die

---

1   Ich danke Susanne Günthner, Marlis Hellinger, Andreas Kraß, Franz Schindler und Martin Stegu für ihre Kommentare zu früheren Versionen dieses Aufsatzes.
2   Der Begriff „Queer Theory" wurde im Jahre 1991 von Teresa de Lauretis ins Leben gerufen. Dabei muss allerdings bedacht werden, dass sexualitätsrelevante Normativitätskritiken schon vorher existierten, insbesondere im lesbischen Feminismus (z.B. bei Adrienne Rich und Monique Wittig).
3   Zur Etymologie von *queer* siehe Rauchut (2008: 46f.).

beiden verbleibenden Kritikpunkte werden im Grunde immer wieder gegenüber poststrukturalistischen Ansätzen wie der Queeren Linguistik geäußert: zum einen Kritik in Sachen politischer Handlungsfähigkeit, zum anderen die hohe Theorielastigkeit, die eine Verbindung zur Alltagspraxis oder zu methodologischen Vorgehensweisen erschwere (siehe Klesse 2007: 37; Speer 2005: 67; Stokoe 2005: 125). Speziell in der deutschen Sprachwissenschaft ist, zum Teil aufgrund obiger Kritikpunkte, eine „Nicht-Rezeption poststrukturalistischer Gender- und Sprachtheorien" (Hornscheidt 2002) zu diagnostizieren, welche diverse Forschungsbereiche (z.B. die linguistische Genderforschung) der internationalen Diskussion „hinterherhinken" lässt. Es ist deshalb ein Anliegen dieses Aufsatzes, eine Brücke zwischen den bis dato weitgehend theoretischen Ausführungen der Queeren Linguistik und praktischen linguistischen Anwendungsfeldern zu schlagen, um so deren breitere Relevanz zu demonstrieren. Ein solches Unterfangen ist jedoch ebenso kritisch zu betrachten, denn die akademische Debatte hat mit „queer" einen Begriff gepflegt, der sich jeglicher stabilen Definition und Reifizierung entziehen soll. Folglich sind die weiteren Ausführungen auch nicht als festes Programm der Queeren Linguistik zu verstehen, sondern allenfalls als Vorschläge einer queerlinguistischen Vorgehensweise. Dieser Aufsatz betreibt demnach eine Art strategischen Essentialismus, der sich dadurch motiviert, Neulingen auf diesem Gebiet einen Eindruck von den Arbeitsweisen der Queeren Linguistik zu vermitteln, mögliche Wege einer praktischen Anwendung aufzuzeigen und eine weiterführende Diskussion in Gang zu bringen.

2. Theoretische Verortung der Queeren Linguistik

Bei der Queeren Linguistik handelt es sich um eine Übertragung von Fragestellungen aus der Queer Theory (Degele 2005, 2008, Hark 2004, Jagose 1996, Kraß 2003, 2009, Sullivan 2003) auf die Sprachwissenschaft. Die Queer Theory entstand als Reaktion auf die Lesben- und Schwulenbewegung in den USA der 1970er und 1980er Jahre. Damals erschien es vielen WissenschaftlerInnen fraglich, ob es ein einheitliches lesbisches, schwules oder gar lesbisch-schwules Subjekt als Basis politischer Handlungsfähigkeit überhaupt geben kann, bzw. ob man auf Sexualität eine essentialistische Identitätskategorie aufbauen darf, bei der zunächst einmal jegliche Intersektionalität mit anderen Identitätsfacetten (Schicht, Alter, Ethnie etc.) vernachlässigt wird. Im Zentrum des Interesses steht dabei ein Anliegen, das in den Augen Queerer TheoretikerInnen von der lesbisch-schwulen Bewegung nur unzureichend in Angriff genommen wurde: die Dekonstruktion bzw. Veruneindeutigung der beiden wirkmächtigen und sich gegenseitig stabilisierenden Binarismen „heterosexuell – homosexuell" und „männlich – weiblich".

Im westlichen System sexueller Klassifizierung nimmt das Geschlecht des begehrten Objekts neben dem Geschlecht der begehrenden Person eine zentrale Stellung ein, die zur Ausprägung entsprechender sexueller Identitäten geführt hat. Dabei wären andere Faktoren durchaus denkbar (z.B. Alter, Zahl der SexualpartnerInnen, Art der Sexualpraktiken, Körperstatur etc.). Eine strikte Klassifizierung der Menschheit in Frauen und Männer ist der Aufrechterhaltung der „heterosexuellen Matrix" (Butler 1990) geschuldet und somit in Machtstrukturen eingebettet (siehe auch Goffman 1977): Normative Vorstellungen von Weiblichkeit und Männlichkeit sind unweigerlich heterosexuell. Semiotische (und somit auch sprachliche) Ressourcen zur Konstruktion von Geschlecht und sexueller Identität stimmen über weite Strecken überein: sexuelle Konstruktion ist oft zugleich geschlechtliche Konstruktion und umgekehrt (Morrish/Sauntson 2007: 13).

Queere Fragestellungen: ein Beispiel

Die Herangehensweise queerer Fragestellungen soll an dieser Stelle anhand eines Beispiels illustriert werden. Da die aus queer-linguistischer Sicht zu hinterfragende normative Identitätsdiskursivierung bei der Konzeptionalisierung von Menschen hochgradig naturalisiert ist, empfiehlt sich zur Bewusstmachung solcher Diskursivierungsprozesse ein nichtmenschliches Beispiel. Solche Beispiele finden sich in naturwissenschaftlichen Diskussionen des Tierreichs. Die folgenden Passagen aus einer verhaltensbiologischen Studie zur pränatalen Beeinflussung von Meerschweinchen (Kaiser/Sachser 2005) verdeutlichen dies exemplarisch:

> Recently, we showed that in guinea pigs the instability of the social environment during pregnancy and lactation alters the development of the offspring: behaviour, endocrine systems and brain development of daughters and sons, whose mothers had lived in a stable social environment during pregnancy and lactation, differed in a sex-specific fashion of [sic] those, whose mothers have lived in an unstable social environment during this period of life. [...] Daughters whose mothers have lived in an unstable social environment show a most conspicuous behavioural masculinization: they display significantly higher amounts of male-typical courtship and play behaviour later in life than daughters whose mothers have lived in a stable social environment. [...] Concerning male offspring, prenatal social stress frequently leads to a less pronounced expression of male typical traits and/or a delay in development. In guinea pigs, this syndrome comprises behaviour, endocrine systems and sex steroid receptor distribution in specific parts of the limbic system and is designated as 'infantilization' [...]. In other species, similar effects are described in terms of 'demasculinisation' and 'feminization'. [...]

> Thus, the following questions arise: What is the adaptive significance of being a masculinized daughter? What is the benefit for sons who show a less pronounced expression of male-typical traits and/or a delay in development? [...]
>
> Finally, one is left to wonder whether some of the individual variation among members of our species might not reflect the action of similar, and perhaps now vestigial, processes by which the social situation during pregnancy effect [sic] hormonal states that favour the induction of certain behavioural phenotypes pre-adapted to a life under particular environmental conditions. (Kaiser/Sachser 2005: 284, 286f., 290f.)

Der zitierte Aufsatz beschreibt insbesondere Studien, in denen das Verhalten von Meerschweinchen, die in einem sozial stabilen Umfeld (invariable Gruppenzusammensetzung) ausgetragen wurden, mit dem von Tieren aus sozial instabilem Umfeld (wechselnde Gruppenzusammensetzung) verglichen wurde. Dabei wurde aufgezeigt, dass die Meerschweinchentöchter aus instabilem Umfeld Verhaltensweisen an den Tag legten, die man eher mit männlichen Meerschweinchen assoziiert (z.B. intensives Naso-Anal-Schnuppern), und einen höheren Wert des „männlichen" Hormons Testosteron aufwiesen. Die betreffenden Tiere werden im Rahmen des Aufsatzes als „maskulinisierte Töchter" bezeichnet. Bei Meerschweinchensöhnen, die in einem sozial instabilen Umfeld ausgetragen wurden, zeigte sich hingegen eine „Verhaltensinfantilisierung", die sich durch häufigeres Aneinanderkuscheln im Gruppenverband und auf hormoneller Ebene u.a. durch eine Herunterregulation von Androgen- und Östrogenrezeptoren manifestierte.

Queere TheoretikerInnen würden sich dem dargestellten Sachverhalt anhand diverser Fragestellungen nähern. Zum einen würden sie hinterfragen, ob unbedingt zwei geschlechtliche Makrogruppen weiblich – männlich als gegeben angenommen und einander kontrastiv gegenüber gestellt werden müssen. Damit geht die Fragestellung einher, ob es sinnvoll ist, Meerschweinchen anhand ihrer Genitalien binär zu klassifizieren und für diese zwei Makrogruppen ein Durchschnittsverhalten zu ermitteln, das sodann als typisch männlich bzw. typisch weiblich deklariert wird bzw. zum normativen Raster avanciert. Aus dem Blickwinkel der Queer Theory fördern solche Vorgehensweisen die Polarisierung der Geschlechter, zumal in der Regel die große Zahl der Gemeinsamkeiten beider Gruppen nicht erwähnt wird, obwohl sie im Vergleich zu den ermittelten Unterschieden sicher weit größer ausfällt. Zum anderen stellt sich die Frage, wie ein Verhalten maskulinisiert sein kann, das erwiesenermaßen auch bei bestimmten Gruppen von weiblichen Tieren vorkommt. Hier kommt eine Stigmatisierung derjenigen Tiere zum Ausdruck, die dem ermittelten Durchschnittsverhalten nicht entsprechen und somit als deviant begriffen werden. Auf sprachlicher Ebene wird dies insbesondere durch Identitätslabel wie „maskulinisierte Töchter" und „infantilisierte Söhne" bewirkt. Schließlich bliebe zu hinterfragen, warum der Nachwuchs aus stabilem sozialen Umfeld als Normalfall behandelt wird, während derjenige aus instabilem sozialen Umfeld als erklärungsbedürftig gilt. Dieses Beispiel zeigt in exzellenter Manier, wie geschlechtliche und sexuelle Identitäten normativ-diskursiv, und somit auch mit Hilfe von Sprache, konstruiert werden. Aus den Körpermerkmalen (Hormonkonzentration, Geschlechtsorgane) und Verhaltensweisen (Naso-Analschnuppern, Gruppenkuscheln) von Meerschweinchen werden Meerschweinchenidentitäten gemacht. Der Prozess der diskursiven Identitätsbildung und der damit einhergehenden Anthropomorphisierung der Meerschweinchen wird hier besonders deutlich und gipfelt am Ende der Ausführungen mit einer angedeuteten Übertragung auf den Menschen.

Diskursivierung von Identitäten

Was bei Meerschweinchen bis heute etwas eigenartig anmutet, ist beim Menschen bereits so naturalisiert, dass es kaum noch Aufsehen erregt. Identitäten sind sozusagen die dominanten Diskurse zur Erfassung und Versprachlichung von Personen. Wie bereits Foucault (1983 [1976]: 47) in *Der Wille zum Wissen* eruiert, sind Identitätskonzepte wie „Heterosexualität" und „Homosexualität" nicht nur vorrangig westlich (und somit kulturspezifisch), sondern historisch gesehen relativ jung. Die Termini *homosexuell* und *heterosexuell* entstanden erst in der zweiten Hälfte des 19. Jahrhunderts und dienten zunächst als pathologisierende medizinische Fachwörter – ein Status, den *homosexuell* nie ganz verloren hat (im Gegensatz zu *heterosexuell*). Interessanterweise war auch *Heterosexualität* ursprünglich ein Begriff, der nicht im Geltungsbereich der Heteronormativität angesiedelt war, denn er wurde zunächst auf Menschen angewandt, die mit PartnerInnen des „anderen" Geschlechts sexuell verkehrten, ohne die Zeugung von Nachwuchs als Primärziel zu verfolgen.[4] Mit der sprachlichen Kennzeichnung dieser sexuellen Kategorien ging in der Folgezeit die Schaffung entsprechender sexueller Identitäten einher. Was in früherer Zeit weitgehend als sexuelle Handlung konzeptionalisiert worden war, wurde fortan an die handelnden Personen gebunden und mit einer Fülle an sozialen Zuschreibungen aufgefüllt (Baker, 2008: 187; Cameron/Kulick 2003: 21). Das Verteilen eines Identitätslabels hatte somit einen reifizierenden Effekt. Ein Blick in nicht-westliche Kulturen oder Zeiten vor dem 19. Jahrhundert fördert zutage, dass die binäre Hetero-Homo-

---

4 Dies zeigt, dass sich auch das Konzept der Heteronormativität gewandelt hat. Gehörte auf Lustempfinden ausgerichtete Sexualität im 19. Jahrhundert noch nicht zum heteronormativen Ideal, so ist diese heute zumindest damit vereinbar.

Unterteilung keineswegs universell ist. Man denke nur an sogenannte „dritte Geschlechter" wie die *hijras* in Indien (Hall 2002), die aufgrund ihrer Nichtkompatibilität mit dem Geschlechtsbinarismus auch nicht ohne weiteres im Sexualitätsbinarismus zu lokalisieren wären, oder an Sexualitätsdiskurse im antiken Griechenland oder Rom (siehe Baker 2008: 188; Cameron/Kulick 2003: 22).

Übertragung des Queer-Begriffs auf die Sprachwissenschaft

Der akademische *queer*-Begriff war ursprünglich als sprachliches Experiment gedacht, nämlich als Signifikant ohne festes Signifikat (Barrett 2002: 27). Die Bedeutung des Begriffs wäre demnach allenfalls vage zu umreißen, etwa als Positionalisierung entgegengesetzt zu normativen Identitätspraktiken aller Art, für die sich je nach Diskussionszusammenhang konkretere Referenzobjekte ergeben:

> 'Queer' is one of a handful of terms in English that establish references by opposition and exclusion, not just by simple description. That is, instead of identifying properties that the object under discussion contains, calling something 'queer' suggests that it is out of place in some sense, that it is excessive and overextended, that it disrupts and subverts an otherwise tranquil domain. The starting point for such references is always an established social order, allegiance to which is expected and appropriate behavior. Calling something 'queer' locates the referent at distance from that order and signals a contrast with the expectations that that order maintains. (Leap 1996: 101)

Es ist augenscheinlich, dass dieses Experiment zu einem gewissen Grad gescheitert ist, denn die anti-normative Lesart des Begriffs beschränkt sich auf die akademische Debatte, während in Alltagskontexten *queer* im Sinne von „nicht-heterosexuell" einen Prozess der semantischen Identitätsmaterialisierung durchlaufen hat. Ursprünglich ein Schimpfwort zur Bezeichnung von nicht-heterosexuellen Menschen, wurde *queer* im Rahmen der lesbisch-schwulen Bewegung zu einem politisch motivierten, positiv assoziierten Ingroup-Marker resignifiziert (vgl. etwa die Parole der Organisation *Queer Nation: We're here. We're queer. Get used to it!*). Die akademische Queer-Diskussion ist von letzteren Begriffsaneignungen zu trennen, weil diese eine essentialistische Identitätsauffassung praktizieren, welche von Queeren TheoretikerInnen kritisiert wird.

Übertragen auf die Sprachwissenschaft bedeutet dies: Queere Linguistik ist nicht gleichzusetzen mit einer „Lesbisch-schwulen Linguistik", die sich für die Belange von Lesben und Schwulen einsetzt und ausschließlich deren Erfahrungswelten untersucht (vgl. Barrett 2002: 26). Dies heißt wiederum nicht, dass es nicht auch Berührungspunkte zwischen den beiden Bereichen geben kann. Für die Queere Linguistik sind jedoch alle Identitätskategorien problematisch, weil sie Ausschlüsse schaffen und normativ regulieren, wer eine bestimmte Identität angemessen verkörpert und wer nicht. Dies trifft auch auf die Identitäten „lesbisch" und „schwul" zu, deren Essentialisierung die Queere Linguistik hinterfragt. So ergeben sich kontextuell und intersektional eklatante Unterschiede innerhalb der beiden Kategorien, z.B. zwischen geouteten und nicht-geouteten lesbischen Frauen oder zwischen schwulen Männern in der Stadt und auf dem Land. Die Aufmachung der Queeren Linguistik ist demnach eher die einer Linguistik, die durch Ideen aus der Queer Theory angereichert wird. Geht die lesbisch-schwule Bewegung insbesondere gegen Homophobie und Heterosexismus vor, also gegen offene Formen der Diskriminierung von Lesben und Schwulen, so ist der zentrale Angriffspunkt der Queeren Linguistik meist etwas subtiler, nämlich die Heteronormativität (Wagenknecht 2007 [2004]). Es geht ihr demnach vor allem um das Entlarven von Prozessen, die dazu führen, dass Heterosexualität weithin als die naturalisierte Norm begriffen wird, die es zu dekonstruieren und mit nicht-heteronormativen Alternativen zu versehen gilt. „Nicht-heteronormativ" lässt sich hierbei auf zwei Arten lesen, je nachdem welcher Bestandteil als vorrangig negiert aufgefasst wird: **nicht-hetero**normativ, d.h. mit Fokus auf Nicht-Heterosexualitäten, und **nicht-**hetero**normativ**, d.h. mit Fokus auf nicht-normativen Heterosexualitäten.

Nach Kraß (2009) praktiziert die Queer Theory interdisziplinär angelegte „kritische Heteronormativitätsforschung". Heteronormativität ist als Diskursivierungsergebnis beschreibbar, und dies ist zugleich der Ansatzpunkt für die Queere Linguistik. Hierbei – und das ist für die Sprachwissenschaft ganz entscheidend – geht es nicht um eine traditionell linguistische Diskursauffassung im Sinne von „Text", „Konversation" oder „Sprache im Kontext", sondern um einen Diskursbegriff Foucaultscher Prägung, bei dem Diskurse als „Praktiken [...], die systematisch die Gegenstände bilden, von denen sie sprechen" (Foucault 1973 [1969]: 74) verstanden werden. Diskurse sind in diesem Verständnis Strukturen, deren Spuren sich zumindest teilweise sprachlich manifestieren. Dominante Diskurse haben im Laufe eines Prozesses ewiger Zitierung und Re-Zitierung einen Verfestigungsgrad erlangt, der sie als „normal" oder „natürlich" erscheinen lässt. Somit sind Diskurse Strukturen, deren Formierung jenseits sprachlicher Mikrostrukturierung in der Intertextualität anzusiedeln ist. Für die Behandlung solcher Diskurse bedarf es in der Linguistik eines Umdenkens von einer traditionell strukturalistischen zu einer eher poststrukturalistischen Grundeinstellung. Dies ist in letzter Zeit vermehrt in Angriff genommen worden, wenn auch nicht aus einer dezidiert queeren Perspektive (siehe z.B. Albert 2008, Warnke 2007, Warnke/Spitzmüller 2008).

Queere Ansätze zeichnen sich des Weiteren durch das stetige Hinterfragen normalisierter Praktiken aus, das auch vor der kritischen Selbstreflexion wissenschaftlicher Praktiken nicht zurückschreckt. Die Queer Theory ist dabei nicht auf der Suche nach endgültigen Problemlösungen. Sie will stattdessen aus dem Blickwinkel der Randständigkeit eine zusätzliche Perspektive auf Sachverhalte als alternative Sichtweise liefern, die dominante Konzeptionalisierungen relativiert. Was die Queer Theory zu einem Spezifikum gegenüber anderen kritischen Paradigmen macht, ist die Tatsache, dass sie die Bereiche Sexualität, sexuelles Begehren und sexuelle Identität zum Ausgangspunkt ihrer hinterfragenden Praxis macht (*sexuality mainstreaming*). Ziel einer queeren Vorgehensweise ist damit auf lange Sicht immer eine Rekonzeptionalisierung geschlechtlicher und sexueller Identitätspolitiken. Dieses spezifische Desiderat positioniert die Queere Linguistik im Feld der poststrukturalistisch ausgerichteten Linguistiken, mit denen sie eindeutige Berührungspunkte aufweist. Zu nennen sind hier insbesondere folgende Nachbardisziplinen linguistischer Provenienz: Kritische Diskursanalyse (z.B. Fairclough 2003, Weiss/Wodak 2003), Poststrukturalistische Diskursanalyse (z.B. Baxter 2003), Kritische Angewandte Linguistik (z.B. Pennycook 2001), Diskurslinguistik nach Foucault (z.B. Warnke 2007, Warnke/Spitzmüller 2008), Postmoderne Linguistik (z.B. Stegu 1998) und schließlich poststrukturalistisch ausgerichtete Forschung im Themenbereich „Sprache und Geschlecht" bzw. „Sprache und Sexualität" (z.B. Cameron/Kulick 2003, Hornscheidt 2006, 2008, McIlvenny 2002, Motschenbacher 2006, 2007, 2008, 2010, Speer 2005, Speer/Potter 2002).

In diesem Geflecht poststrukturalistisch geprägter Linguistiken befasst sich die Queere Linguistik vornehmlich mit der sprachlichen Konstruktion von Heteronormativität und deren Stabilisator, dem normativen Geschlechtsbinarimus. Dabei macht sie Einflüsse geltend, die nicht genuin linguistisch sind, aber in poststrukturalistischen Debatten einen hohen Stellenwert besitzen. Es ist unstrittig, dass poststrukturalistische Debatten, wie sie die Queere Linguistik als Einfluss geltend macht, viele Aspekte thematisieren, die bereits zuvor in ähnlicher Weise in Disziplinen wie der Soziologie (z.B. Berger/Luckmann 1966), der Ethnomethodologie (z.B. Garfinkel 1967, Kessler/McKenna 1978) und, davon beeinflusst, der Gesprächslinguistik diskutiert worden sind (Speer 2005: 77f.).[5] Dennoch werden in queer-theoretischen Abhandlungen in der Regel eher poststrukturalistische Einflüsse expliziert. Für die Queere Linguistik sind hierbei

---

5 Dazu zählen z.B. Aspekte wie die soziale Konstruktion von Wirklichkeit, die Instabilität sprachlicher Bedeutung und das Hinterfragen der strengen Dichotomie Sprachsystem – Sprachgebrauch.

insbesondere solche Einflüsse interessant, in denen Sprache eine tragende Rolle spielt. Seit der sog. linguistischen Wende in den Geistes- und Sozialwissenschaften kommt hier eine ganze Reihe von Ansätzen in Betracht, weshalb an dieser Stelle nur eine Auswahl von drei wichtigen Einflüssen genannt werden soll, die nicht als erschöpfend zu verstehen ist: Michel Foucault, Judith Butler und Jacques Derrida. Ihre theoretischen Ausführungen können hier nur kurz umrissen werden.

Theoretische Einflüsse: Foucault, Butler, Derrida

Es ist Foucaults Verdienst, die diskursive Formierung sexueller Identitäten anhand seiner genealogischen Vorgehensweise erhellt zu haben (Martín Rojo/Gabilondo Pujol 2007). Dies macht seine Ausführungen zu einem wichtigen Werkzeug der Queer Theory, welche sexuelle Identitäten ebenfalls als diskursive Materialisierungen begreift. Es geht Foucault insbesondere darum, Heterosexualität nicht als etwas Privates oder Naturhaftes zu erfassen, sondern als eine in ein Machtsystem eingebettete Kategorie, die er mit dem Begriff des „Sexualitätsdispositivs" (Foucault 1983 [1976]) beschreibt.

Daneben ist Butler (1990, 1993, 1997, 2004) ein zentraler Referenzpunkt für die Queer-Debatte, weil sie Geschlecht (und damit sexuelle Identität) als diskursiv hervorgebrachtes Regime entlarvt, das bis in seine biologischen Wurzeln hinein einem binären Konstruktionsmechanismus unterworfen ist. Als normativ gelten in diesem Regime „kohärente" Kombinationen der Dimensionen (biologischer) Sexus, (sozial konstruiertes) Gender und sexuelles Begehren, also „weiblich – feminin – Männer begehrend" bzw. „männlich – maskulin – Frauen begehrend". Alle Identitätskonstruktionen, die von diesen beiden Mustern abweichen, gelten als abnormal und müssen daher Sanktionen verschiedenster Art fürchten, oder in anderen Worten: sie haben keinen vollwertigen Subjektstatus. Dies ist auch der Punkt, an dem Sprache ihre Identitätsrelevanz erlangt. Um überhaupt den Status eines Subjekts annehmen zu können, sind SprecherInnen gezwungen, sich Zeichensystemen zu unterwerfen, die einen langwierigen Prozess der diskursiven Materialisierung durchlaufen haben. Die Wirkung dieser Zeichen liegt somit nicht vollends in den Händen der Sprechenden. Dennoch verhelfen sie der sprechenden Person erst zu Intelligibilität (Albert 2008: 155).

Sprache wird so zum poststrukturalistischen Problem, weil sie die real existierende Welt auf eine Weise konstruiert, die als unvollkommen gelten muss. Ist diese Konstruktionsfunktion bei klar begrenzten Gegenständen noch relativ unproblematisch (z.B. bei Bezeichnungen wie *Stuhl, Lampe* oder *Regal*), so ergeben sich spätestens bei der Erfassung von Abstrakta oder Kontinua Probleme, weil es fraglich ist, ob hier eine gewählte Bezeichnung ohne Weiteres einen Anspruch auf Allgemeingültigkeit erheben kann (Stegu 1998: 131ff.). Dies betrifft auch geschlechtliche und sexuelle Identitäten, denn selbst auf biologischer Ebene ist hier nicht immer klar zwischen weiblichem und männlichem Körper zu trennen. Werden Identitäten außerhalb der dominanten Binarismen versprachlicht, so fällt auf, dass die entsprechenden Bezeichnungen trotzdem noch stark im dominanten Diskurs verhaftet sind. Begriffe wie *Intersexualität* („zwischen den beiden"), *Transsexualität* („von dem einen zum andern"), *androgyn* („männlich-weiblich") oder *bisexuell* („beide") setzen die bezeichneten Identitäten normativ dem Geschlechtsbinarismus gegenüber, der selbst nicht angegriffen wird. Auch nicht-normative Identitäten zeigen also eine Tendenz, nur durch dominante Identitäten ausdrückbar zu sein. Kinder können sich z.B. relativ einfach als Mädchen oder Junge konstruieren, weil es entsprechende dominante Diskurse gibt, die vorgeben, wie Mädchensein und Jungesein zu praktizieren sind. Man stelle sich hingegen vor, ein Kind käme – trotz der bereits frühen Prägung durch solche dominanten Diskurse – auf die Idee, kein Junge oder Mädchen, sondern ein „Jungdchen" sein zu wollen. Das Kind hätte es schwer im Leben: zum einen weil es keine dominanten Diskurse gibt, die vorgeben, welche Praktiken zum „Jungdchensein" gehören, zum anderen weil eine Identitätsformation außerhalb intelligibler Praktiken Sanktionen nach sich zieht und gesellschaftlich als deviant betrachtet wird. Folglich bleibt dem Kind als Überlebensstrategie des geringsten Widerstands bzw. zum Erhalt von Handlungsfähigkeit nur eine Möglichkeit, nämlich die Übernahme dominanter Diskursstrukturen. Bereits von Geburt an werden Kinder in geschlechtliche Subjektpositionen gedrängt, bei denen der Ausspruch „Es ist ein Mädchen/Junge" wie ein normativer Imperativ wirkt (etwa „Sei ein Mädchen/Junge!"). Erst wenn Kategorien mit solchen normativen Ideologien überfrachtet werden, die alternative Identitätskonzepte degradieren, werden sie problematisch.

Den dritten wichtigen Einfluss stellt Derrida dar, der weithin als Hauptvertreter des Dekonstruktivismus angesehen wird. Verglichen mit Butler und Foucault setzt er sich weit expliziter mit Sprache, insbesondere mit der strukturalistischen Linguistik nach Saussure, auseinander. Dekonstruktion bedeutet bei Derrida (1983 [1967]) nicht Destruktion bzw. Verwerfung bestimmter Kategorien, sondern das Entlarven ihrer inhärenten Instabilität. Aus queerer Perspektive wird z.B. wiederholt angeführt, dass die Konzeptionalisierung von Heterosexualität unweigerlich auf Homosexualität als das „Andere" Bezug nehmen muss, um ihren Sinn zu erhalten. Derrida (1988 [1972]: 29ff.) entwirft das Konzept der *différance*, eine gleichlautende Bildung zu *différence*, deren abweichende Schreibung darauf verweisen soll, dass jede einzelne Verwendung sprachlicher Formen dazu verdammt ist, eine unvollständige Kopie früherer Verwendungen zu sein, weil sich bereits aus der Kontextungleichheit der Sprachverwendung subtile Bedeutungsunterschiede ergeben. Das sprachliche Zeichen ist in einer solchen Auffassung nicht länger mit Saussure als stabile synchrone Verbindung zwischen Signifikant und Signifikat zu sehen, sondern eher als Spur, die ihre Bedeutung durch den imitierenden Verweis auf andere Strukturen erlangt, mit denen sie zeitgleich in einem Verhältnis der Differenz steht (Quadflieg 2008: 103). Bedeutungswandel und -instabilität werden so zum Normalfall für die Verwendung sprachlicher Zeichen, den Hornscheidt (2008: 26f.) als „ReSignifizierung" erfasst. Während sich Butler und Foucault eher mit dem Wettstreit von Diskursen beschäftigen, liegt bei Derrida das Hauptaugenmerk auf der Instabilität sprachlicher Zeichen. Letztere kann ebenso zu einer Destabilisierung essentialistischer Identitätsvorstellungen führen und ist damit gleichermaßen interessant für die Queere Linguistik.

3. Heteronormativität (be)trifft alle Menschen

Queer Theory und Queere Linguistik sehen sich mitunter mit dem Vorwurf konfrontiert, sie seien nur für Angehörige sexueller Minderheiten interessant und daher von begrenzter Relevanz. Dies muss als Trugschluss gelten. Oben wurde bereits dargelegt, dass es der Queeren Linguistik nicht einzig um die wissenschaftliche Dokumentation schwul-lesbischer Erfahrungen geht. Im Gegenteil: sie befasst sich mit der diskursiven Materialisierung aller sexuellen Identitäten und vertritt so die Ansicht, dass Heteronormativität als dominanter Sexualitätsdiskurs nicht nur Angehörige sexueller Minderheiten betrifft, sondern auch diejenigen, die sich im vermeintlichen Zentrum des Heteronormativitätsdiskurses befinden (Yep 2003). Dies liegt daran, dass Heteronormativität etwas ist, das unentwegt konstruiert werden muss – insbesondere von heterosexuell identifizierten Menschen. Allein das Unterlassen derartiger Konstruktionen führt zur Marginalisierung. In anderen Worten: Heteronormativität ist ein diskursiv erzeugter Zwang, der alle Menschen dazu verurteilt, alltäglich Stellung zu beziehen. Dieser Zwang erscheint für nicht-heterosexuelle Menschen besonders deutlich und bestimmt ihr gesamtes Leben, vom Verstecken bis zum wiederholten Coming-out, vom Kampf im eigenen Innern bis zum Kampf mit heteronormativ geprägten Institutionen (Familie, Schule, Recht, Kirche, Gesundheitswesen u.v.m.).

Doch auch heterosexuell identifizierte Menschen haben unter Heteronormativität zu leiden, weil sie in ihrer strikten Binarität eine Form von

Heterosexualität zum Ideal erhebt, die Frauen und Männern konträre und sich ergänzende Eigenschaften zuschreibt (Goffman 1977). Auf diese Weise werden normative Geschlechtsdiskurse etabliert, an denen jegliche geschlechtliche und sexuelle Identitätspraxis gemessen wird. Da Geschlechtsdarstellung nie so perfekt sein kann wie die Norm, bedarf es ihrer unentwegten Produktion. Es reicht z.B. nicht, sich einmalig als perfekter Mann konstruiert zu haben (falls dies überhaupt möglich ist). Heteronormative Männlichkeit ist eine lebenslange Baustelle, auf der immer wieder aufs Neue bewiesen werden muss, dass man ein „echter" Mann ist (vgl. Connell 1999). Die heterosexuell-männliche Geschlechtsrolle ist überdies noch stärker mit Normen besetzt als die heterosexuell-weibliche. So erregen stereotypisch männliche Praktiken (z.B. in westlichen Kulturen im Bereich der Kleidung: Anzug, Hose) bei Frauen weniger Aufmerksamkeit als stereotypisch weibliche Praktiken (Rock, Kleid) bei Männern. Auch körperliche Nähe in der Öffentlichkeit ist in vielen Kulturen zwischen (heterosexuellen) Frauen weit weniger tabuisiert als für (heterosexuelle) Männer. Ähnliches gilt auch auf sprachlicher Ebene, denn einen Mann mit einer im herkömmlichen Sinne weiblichen Personenbezeichnung zu identifizieren wird leicht als ungewöhnlich wahrgenommen, während Frauen referentiell oft unbemerkt unter (pseudogenerisch) maskuline bzw. männliche Formen subsumiert werden. In solchen Praktiken manifestiert sich zudem eine geschlechtsbinäre Machtverteilung. Normativ-heterosexuellen Frauen stellt sich darüber hinaus das Problem, dass sie bei einer Verkörperung normativer Weiblichkeit einem System beipflichten, das Männer in Machtpositionen und Frauen als das „schwache" Geschlecht vorsieht. Daneben gibt Heteronormativität geschlechtliche und sexuelle Rollenskripte vor, denen zufolge die ideale Form sexueller Partnerschaft eine ist, in der die Beteiligten heterosexuell und ehelich-monogam leben bzw. auf eine bestimmte Weise polarisierte Geschlechtsrollen verkörpern. Sexualität ist in diesem Regime normativ auf solche Praktiken konzentriert, die potentiell zur Zeugung von Kindern führen (vgl. Braun/Kitzinger 2001a). Schon vom Standpunkt des wissenschaftlichen Ethos sollte es deshalb Vorbehalte gegenüber Forschungspraktiken geben, die ein derartiges System weiter transportieren, und zwar unabhängig von der sexuellen Orientierung der Forschenden.

4. Politische Handlungsfähigkeit als Streitpunkt

Poststrukturalistische Ansätze sehen sich außerdem Kritik bezüglich der politischen Handlungsfähigkeit ausgesetzt. Allerdings variieren die KritikerInnen in Abhängigkeit von ihrer eigenen wissenschaftlichen Verortung stark in ihren Forderungen nach einem niedrigeren oder höheren Grad an politischer Ausrichtung. Von VertreterInnen der Konversationsanalyse kann der Queeren Linguistik mitunter vorgeworfen werden, sie sei nicht objektiv bzw. zu parteiisch (siehe Schegloff 1997 für eine ähnliche Kritik an der Kritischen Diskursanalyse). Dies liegt in der empirischen Ausrichtung der Konversationsanalyse bedingt, die es den Forschenden verbietet, die Relevanz vorgefertiger Analysekategorien von vornherein anzunehmen. Stattdessen konzentriert sie sich auf solche Aspekte, die im Verlauf eines Kommunikationsereignisses von den TeilnehmerInnen relevant gesetzt werden. Hier ist allerdings einzuwenden, dass viele konversationsanalytische Studien durchaus politisch motiviert sind (z.B. Kitzinger/Frith 1999, Tainio 2003), auch wenn sie diese Motivation nicht von Sozialtheorien, sondern von Alltagspraktiken herleiten. Den Vorwurf mangelnder Objektivität versucht die Queere Linguistik nicht zu entkräften. Stattdessen bekennt sie sich offen zu ihrer kritischen Grundeinstellung und politischen Motivation. Sie geht sogar noch einen Schritt weiter, wenn sie in Frage stellt, ob es überhaupt so etwas wie einen objektiven Forschungsansatz geben kann, zumal jegliches wissenschaftliche Vorgehen motivationsgeleitet ist. Die Queere Linguistik macht aus dieser vermeintlichen Not eine Tugend, denn der Untersuchungsgegenstand Sexualität eignet sich aufgrund seiner Tabuisierung oftmals nicht für objektive, quantitative Erhebungen. Für die Sexualitätsforschung und insbesondere die kritische Heteronormativitätsforschung muss daher gelten, dass der Wert introspektiv gewonnener Erkenntnisse als hoch zu erachten ist (vgl. Morrish/Sauntson 2007: 87f.).[6] Dies bedeutet nicht, dass die Queere Linguistik ausschließlich auf solche Verfahren rekurriert. Sie stellen hier aber zumindest einen höheren Anteil als in anderen Ansätzen.

Auf der anderen Seite wird Kritik an poststrukturalistischen Ansätzen laut, weil sie aufgrund ihrer destabilisierenden Vorgehensweise mitunter die politische Handlungsfähigkeit gefährden könnten. So stellen insbesondere VertreterInnen der traditionellen Feministischen Linguistik die Frage, ob so etwas wie feministische Politik überhaupt noch möglich sei, wenn die Kategorie „Frau" dekonstruiert bzw. als diskursive Konstruktion entlarvt wird (Holmes 2007). Dieser Kritikpunkt ist nicht leichtfertig von der Hand zu weisen, zumal es der queeren Debatte (Barrett 2004, Hark 2004, Pusch 1997) um einen regen Austausch mit feministischen Ansätzen geht. Das Hinterfragen essentialistischer Vorstellungen von Identitätskategorien wie „Frau" und „Mann" bedeutet nicht, die politische Motivation aufzugeben. Politik im Namen der „Frau" ist nach wie vor erwünscht,

---

6 Introspektion ist dabei nicht mit bloßer Intuition zu verwechseln (siehe Morrish/Sauntson 2007: 88).

jedoch muss dabei eingestanden werden, dass es eine „Essenz von Frau" nicht gibt, auch wenn dominante Diskurse genau diese Essenz als natürlich konstruieren. Das Verharren in dieser Essenz bedeutet immer auch das Stützen des heteronormativen Systems und hat somit eine Wirkung, die konträr zu den Desideraten des Feminismus verläuft.

Daneben ist festzustellen, dass die Dekonstruktion einer Identitätskategorie diese nicht vollends der Handlungsfähigkeit beraubt. Selbst wenn wir nicht außerhalb vorherrschender Diskursstrukturen konstruieren können, sind wir nicht hilflose Opfer der Diskurse. Intentionalität als Handlungsmechanismus ist nicht automatisch abgeschafft. Mitunter ist sie sogar der einzige Faktor, der bestimmte Identitäten differenziert. Wie Livia (2002) bemerkt, können Männlich-zu-Weiblich-Transsexuelle und Drag Queens zum Teil identische (Sprach-)Merkmale verwenden, um sich zu konstruieren. Dabei sind die Intentionen meist grundverschieden: wo es der Transsexuellen zumeist um eine erfolgreiche Geschlechtspraxis (Passing) geht, motiviert eine Drag Queen ihr Vorgehen insbesondere durch die Überzeichnung geschlechtlicher Praktiken als ironisierende Distanzierung von heteronormativen Männlichkeiten. Das Handeln wird in diesen Fällen zwar durch dominante Diskurse gelenkt, aber nicht absolut determiniert, d.h. es gibt immer auch Raum für Subversion. Letztere ist in einer performativ-poststrukturalistischen Identitätsauffassung gewissermaßen ein inhärentes Merkmal von Identitätskonstruktion, weil sie sich an einer Norm orientiert, die nie gänzlich erreicht werden kann. Dieser Zwischenraum zwischen Norm und eigentlicher Konstruktion ist es, den sich poststrukturalistisch ausgerichtete Politiken zunutze machen, um nicht den unhinterfragten Status quo zu stützen.

Für eine Queere Linguistik wirkt sich hierbei insbesondere die poststrukturalistische Subjekttheorie aus. Albert (2008: 173) schlägt diesbezüglich vor, eine Trennung zwischen dem sprechenden „Individuum", also der physischen Senderinstanz, und dem Subjekt, d.h. diskursiv bedingten Subjektpositionen, vorzunehmen.[7] So kann ein und dieselbe Person in verschiedenen Kontexten diverse Subjektpositionen annehmen, beispielsweise als Professor, schwuler Mann, Vater, Lebenspartner, Golfspieler etc. All diese Subjektpositionen haben einen Prozess der diskursiven Materialisierung durchlaufen und sind mit bestimmten (Sprach-)Praktiken assoziiert. Angenommene Subjektpositionen können aber niemals Individuen in ihrer vollen Komplexität wiedergeben. Sie stellen Teile der individuellen

---

7   In der Soziologie ist eine derartige Trennung schon seit Langem Usus, z.B. in der Ethnomethodologie und im Symbolischen Interaktionismus, die insbesondere die Konversationsanalyse beeinflusst haben.

Identität temporär in den Vordergrund und verschweigen dabei viele andere Identitätsfacetten (Albert 2008: 166).

Es bleibt festzuhalten, dass die Queere Linguistik sehr wohl politisches Terrain betritt, weil sie die Grenzziehung von Identitätskategorien hinterfragt, die einschließende, aber zugleich ausschließende Wirkung hat. So entspricht sie einem wissenschaftlichen Ethos, das verdeckte heteronormative Strukturen ideologiekritisch enttarnt (Barrett 2002: 39).

5. Methodologie und Anwendungsfelder der Queeren Linugistik

Zu guter Letzt soll nun einem Hauptvorwurf gegenüber der Queeren Linguistik begegnet werden, der verglichen mit den beiden ersten Kritikpunkten einen höheren Berechtigungsgrad aufweist. Es geht um den Vorwurf, poststrukturalistische Ansätze bewegten sich zwar auf hohem theoretischen Niveau, würden aber kaum Verbindungen zur Alltagspraxis herstellen. Ihre Kritik an Identitätskategorien sei zwar berechtigt, aber sie bemühten sich nicht darum, Vorschläge für eine entsprechende methodologische Umsetzung zu machen. Dies soll im Rahmen der folgenden Ausführungen nachgeholt werden, zumal in diesem Punkt in der Linguistik enormes Potential schlummert. Sie könnte eine der Disziplinen werden, die eine Brücke zwischen Theorie und Alltagspraxis schlägt.

Queer Theory versteht sich als interdisziplinäre Frageperspektive und lässt sich somit auch in der Sprachwissenschaft einsetzen. Dabei wird keine neuartige Methodologie in Aussicht gestellt. Es geht vielmehr darum, altbewährte Methoden der Sprachwissenschaft für queere Fragestellungen nutzbar zu machen. Die Queere Linguistik folgt dabei der Prämisse des methodischen Pluralismus. Dies soll dem Eindruck entgegenwirken, es gebe eine einzige adäquate Methode zur Untersuchung eines bestimmten Phänomens. Stattdessen wird anerkannt, dass alle Methoden Vor- und Nachteile aufweisen und jeweils ein ganz eigenes Bild des Forschungsgegenstands projizieren. Kombinationen von Methoden sind ratsam, um die Komplexität eines Forschungsobjekts multidimensional zu erfassen. Insbesondere empfehlen sich Kombinationen von Mikro- und Makroperspektive (beispielsweise lokale Ethnomethodologie und Diskursanalyse) oder von quantitativer und qualitativer Untersuchung.

Zentraler Angriffspunkt der Queeren Linguistik ist die sprachliche Manifestation von Heteronormativität und – damit verbunden – von binären geschlechtlichen und sexuellen Identitätsdiskursen (Bing/Bergvall 1996). „Sprachliche Manifestation" kann dabei grundsätzlich Sprachgebrauch wie Sprachsystem als Orte diskursiver Materialisierung umfassen. Aus der Sicht der Queeren Linguistik muss diesbezüglich, wie auch von anderer Seite mehrfach gefordert (z.B. Krämer 2002), die binaristische Unterscheidung zwischen Sprachgebrauch und Sprachsystem in Frage gestellt werden.

Bei der Untersuchung des Sprachgebrauchs wird in einem queeren Ansatz davon ausgegangen, dass (sexuelle/geschlechtliche) Identitäten nicht prädiskursiv existieren, sondern erst im Moment des Sprechens/ Schreibens sozial konstruiert werden. Identitäten werden so zu Eckpunkten in fluiden Prozessen der inter- und intra-kontextuell variablen Identitätsverhandlung. Anstelle der Frage, wie Frau und Mann sich sprachlich unterscheiden, tritt die Frage in den Vordergrund, welche sprachlichen Unterschiede es innerhalb der Makrokategorien Frau und Mann gibt und ob es nicht auch einen großen Teil zwischengeschlechtlicher Ähnlichkeiten zu verzeichnen gibt. Dies ist von besonderer Wichtigkeit, weil sich die Geschlechterforschung in der Vergangenheit auf das Dokumentieren weiblich-männlicher Unterschiede konzentriert hat, während geschlechtliche Gemeinsamkeiten oft nicht als veröffentlichungs- oder befundwürdig betrachtet wurden. Eine wissenschaftliche Praxis, die immer nur geschlechtliche Unterschiede hoch hält, trägt aber automatisch zu einer weiteren Materialisierung des Geschlechtsbinarismus bei. Dies bedeutet nicht, dass die Kategorien „Frau" und „Mann" bzw. deren sprachliche Relevanz geleugnet werden soll, zumal sie im Laienverständnis nach wie vor dominante Konzeptionalisierungen darstellen, zu denen sich alternative Konstruktionen unweigerlich in Beziehung setzen müssen.

Auf der Ebene des Sprachsystems kann die Queere Linguistik ebenso ansetzen. Dazu wird das System Sprache als Ergebnis diskursiver Sedimentierung verstanden (Hornscheidt 1998, Motschenbacher 2008), d.h. als Resultat ständiger Re-Zitierung im Sprachgebrauch, die zur Materialisierung solcher Strukturen geführt hat, die die deskriptive Linguistik in Form von grammatischen Regeln zu erfassen sucht. Solche Theoretisierungsansätze finden sich bereits bei Hopper (1998; unter dem Begriff „emergent grammar") oder Makoni/Pennycook (2007). Das Konzept diverser „Einzelsprachen" ist somit als dominanter Diskurs der Erfassung sprachlicher Heterogenität zu verstehen. Für die Queere Linguistik sind speziell solche Sprachstrukturen Untersuchungsgegenstand, in denen sich eine Materialisierung heteronormativer Diskurse manifestiert. Diese decken sich über weite Strecken mit der sprachlichen Konstruktion von Geschlecht als binärer Kategorie, denn wo von Frauen und Männern die Rede ist, wird normativ gegengeschlechtliche Bezugnahme impliziert. Queere Linguistik eruiert Mechanismen, die einer streng binären sprachlichen Geschlechterrepräsentation widersprechen bzw. diese vereinheitlichen.

Der zentrale Mechanismus hinter der sprachlichen Konstruktion von Identitäten ist sowohl im Falle des Sprachgebrauchs als auch des Sprachsystems die Performativität sprachlicher Zeichen (Livia/Hall 1997, McIlvenny 2002). Dieses Konzept stammt ursprünglich von Austin, wurde aber von Butler (1997) weiterentwickelt und auf die Konstruktion von Identitäten angewandt. Sprachzeichen können Identitäten konstruieren, weil sie zuvor einen Prozess wiederholter Performanz durchlaufen haben, der ihnen dieses performative Potenzial verleiht. Dies soll hier am Beispiel sprachlicher Geschlechtskonstruktion illustriert werden. Bestimmte sprachliche Merkmale sind in der Lage, weibliche bzw. männliche Identität zu evozieren. Man denke auf der Ebene des Sprachsystems z.B. an geschlechtlich markierte Personenbezeichnungen und Pronomina, aber auch an geschlechtsstereotypische Sprachgebrauchsmerkmale (z.B. elaboriertes Farbvokabular als weibliches Sprachstereotyp, Kraftausdrücke als männliches Sprachstereotyp; Motschenbacher 2007). Dies bedeutet im Umkehrschluss allerdings weder, dass alle Frauen bzw. Männer sich dieser Merkmale bedienen, noch dass alle Menschen, die diese Sprachmerkmale zur Identitätskonstruktion benutzen, Frauen bzw. Männer sind. In konkreten Kontexten kann es durchaus sein, dass es die Frau ist, die Kraftausdrücke verwendet, oder dass es der Mann ist, der als *Schwester* bezeichnet wird. Dennoch muss die Linguistik in der Lage sein, das Potential dieser Sprachmerkmale als Ressourcen für Identitätsperformanzen zu erfassen, auch wenn sie nicht determinativ mit Sprechergruppen verbunden sind und hochgradig stereotyp wirken. Aufgrund ihrer performativen Geschichte werden diese Sprachmerkmale noch lange Zeit in der Lage sein, Geschlecht zu produzieren, selbst wenn plötzlich alle Frauen bzw. Männer damit aufhörten, sie zu verwenden bzw. mit ihnen bezeichnet zu werden.

Im Folgenden wird skizziert, wie queere Frageperspektiven in diversen sprachwissenschaftlichen Untersuchungsfeldern umgesetzt werden können. Dabei werden auch exemplarische Studien angegeben, deren Vorgehen bzw. Erkenntnisinteresse mit dem der Queeren Linguistik kompatibel ist. Einige dieser Studien haben sich nicht explizit der Queeren Linguistik zugeordnet. Dennoch sollen sie an dieser Stelle veranschaulichen, wie queer-linguistische Untersuchungen aussehen können, um den Weg für die zukünftige Forschung zu ebnen. Aufgrund der Forschungslage behandeln die angeführten Studien zumeist das Englische bzw. anglophone Kontexte.

Soziolinguistik

Eine Soziolinguistik, die Identitäten mit einem queeren Verständnis hinterfragt, wird von sämtlichen Vorgehensweisen Abstand nehmen, die stabile Makro-Identitätskategorien annehmen und beobachtetes Sprachverhalten zu diesen Kategorien in Beziehung setzen. Insbesondere eine Korrelation solcher Identitätskategorien mit Varietäten im herkömmlichen Sinne (etwa „weiblicher Genderlekt" – „männlicher Genderlekt") wird nicht angestrebt, weil eine Queere Linguistik im Bewusstsein arbeitet, dass Identitätskonstruktion weit subtiler vonstatten geht und durch ein grobes Kategorienraster nicht adäquat zu erfassen ist. Außerdem führt eine unkritische Rekurrenz auf alteingesessene Identitätskategorien zu einer weiteren Verstärkung derselben – ein Effekt, den die Queere Linguistik vermeiden möchte. Makrokategorien spielen allenfalls da eine Rolle, wo ihre Intersektionalität mit anderen Identitätsfacetten aufgezeigt werden kann. So befinden sich beispielsweise innerhalb der Makrogruppe „heterosexuelle Männer" nicht alle Vertreter durchweg in Machtpositionen. Vielmehr lassen sich feinere Schattierungen der Machtverteilung entlang von Intersektionalitätslinien ziehen, die z.B. nicht-weißen, arbeitslosen, behinderten Männern, Männern der Unterschicht oder mit Migrationshintergrund tendenziell weniger Macht zukommen lassen. Identitätskategorien können nach wie vor als Erklärungsmittel verwendet werden. Schließlich handelt es sich bei ihnen um Kategorien, die gesellschaftlich eine große Realitätsmacht besitzen. Es wäre geradezu weltfremd, diese kognitiv relevanten Kategorien von vornherein aus Erklärungszusammenhängen auszuschließen. Es muss jedoch dezidiert darauf geachtet werden, dass diese Kategorien einer kritischen Hinterfragung unterzogen werden. Ein Bewusstsein um die Diskursivität wissenschaftlicher Deutungsinstrumentarien ist also angebracht.

Daneben zählen lokale Kontextualität und Fluidität zu den Sprachdimensionen, die eine queer-theoretische Soziolinguistik erfassen muss. Beispielsweise kann ein Gespräch, an dem nachweislich nur lesbische Frauen beteiligt sind, nicht automatisch als „lesbische Konversation" beschrieben werden. Nur weil alle Teilnehmerinnen lesbisch sind, heißt dies nicht zwangsläufig, dass sie in diesem Kontext unweigerlich „als lesbische Frauen" sprechen oder sich lesbisch konstruieren. Lesbische Identitätskonstruktion kann aber durchaus innerhalb dieser Konversationsrunde stattfinden. Dies passiert dann normalerweise in einem Fluktuationsprozess, in dem je nach Verhandlungsphase einmal die eine und einmal eine andere Identitätsfacette stärker in den Vordergrund tritt. Identitäten sind nicht nur eine Angelegenheit der produzierenden Seite, sondern müssen auch von der rezipierenden Seite als gelungen wahrgenommen werden, um zu funktionieren.

Sprachliche Heteronormativität zeigt sich oft in Medienkontexten, weil hier Identitätskonstruktionen geplanter sind als in natürlichen interpersonalen Kommunkationskontexten. Infolgedessen wird kontextuell fluktuierenden Identitäten hier weit weniger Rechnung getragen. Geschlechtliche und sexuelle Charakterzeichnungen in Fernsehfilmen und -serien sind bisweilen stark stereotypisiert und weichen damit von den Alltagspraktiken der gezeichneten Personengruppe ab. Beispielsweise existiert für das Englische mittlerweile eine Reihe soziophonetischer Studien, die der Frage nachgehen, ob man an der Aussprache erkennen kann, dass ein Sprecher schwul ist. Resümierend kann hierzu festgehalten werden, dass es zwar Aussprachemerkmale gibt, die stereotypisch mit schwulen Männern in Verbindung gebracht werden (beispielsweise eine lispelnde Aussprache, oder etwa im Deutschen eine nasalisierte Aussprache). Diese werden jedoch nicht von allen schwulen Männern praktiziert und finden sich auch bei manchen heterosexuellen Männern (vgl. Piccolo 2008, Smyth/Jacobs/Rogers 2003). Dennoch werden diese Merkmale insbesondere in Medienkontexten zur (stereotypischen, oft humorösen) Konstruktion schwuler Identitäten eingesetzt.[8] Besonders heteronormativ wirken Konstruktionen, die schwule Männer mit weiblichen und lesbische Frauen mit männlichen Sprachstereotypen assoziieren. So ermittelt Queen (2006) in einer Untersuchung des Sprachverhaltens der Charaktere der US-amerikanischen Sitcom *Ellen*, dass lesbische Frauenrollen mehr Nonstandardformen (z.B. *goin'* statt *going*) und tiefere Stimmlagen als heterosexuelle Frauenrollen verwenden, während schwule Männerrollen mehr Standardformen und höhere Stimmlagen als heterosexuelle Männerrollen verwenden. Diese stereotypische Konstruktion vollzieht die Umkehrung des altbekannten Klischees, dass sich weibliches Sprachverhalten durch mehr Standardformen und höhere Stimmlagen und männliches Sprachverhalten durch Nichtstandardformen und tiefere Stimmlagen auszeichnet. Dadurch dass lesbische Frauen wie Männer und schwule Männer wie Frauen konstruiert werden, kommt eine heteronormative Perspektive zum Ausdruck, die schwule Männer und lesbische Frauen nicht als „richtige" Männer und Frauen impliziert. Innergeschlechtliche Variation wird demnach genauso geschlechtsbinär erklärt wie zwischengeschlechtliche Variation (Queen 2006).

Eine queer-theoretisch ausgerichtete Soziolinguistik untersucht oft Kontexte, in denen der konstruktive Charakter von Identitäten sprachlich

---

8 Ein Beispiel aus der deutschen Fernsehlandschaft ist die Darstellung schwuler Rollen durch den Komiker Michael „Bully" Herbig.

besonders deutlich hervortritt, um so Identitäten von ihrem Natürlichkeitsstatus zu entkoppeln. Neben Analysen zu stereotyplastigen Medienkontexten (vgl. oben) können die Studien von Barrett (1999) zum Sprachgebrauch afroamerikanischer Drag Queens oder von Harvey (2002) zum „camp talk" schwuler Männer als exemplarisch für diesen Bereich gelten. All diesen Stilisierungspraktiken ist gemein, dass sie überzogene Formen der sprachlichen Identitätssymbolisierung darstellen, die durch ihren zitathaften und zugleich ironisierenden Gebrauch von Sprache den Konstruktionsmechanismus von Identität offenbaren.

Natürliches Sprachverhalten wird in der Queeren Linguistik in der Regel lokal-ethnomethodologisch untersucht. Hierfür eignen sich insbesondere sog. *communities of practice*[9] (CofPs; Eckert/McConnell-Ginet 1992, 2007), d.h. soziale Gruppierungen, die sich wiederholt zum Zwecke einer bestimmten Aktivität zusammenfinden und dabei gemeinsame (Sprach-)Praktiken herausbilden. Zur linguistischen Beobachtung solcher CofPs empfiehlt sich insbesondere eine emische Vorgehensweise, bei der die Forschenden gewissermaßen Teil der Community werden und nicht im Voraus dominante Identitätskategorien annehmen. Vielmehr ist die Perspektive der Erforschten entscheidend dafür, welche Kategorien zum Tragen kommen sollen. Damit ist bereits angedeutet, dass sich dominante Identitätsdiskurse je nach CofP unterschiedlich gestalten können. Personen gehören in der Regel zu einer ganzen Reihe verschiedener CofPs, zwischen denen sie am Tag mehrmals wechseln. Der Vergleich zwischen den CofPs, an denen eine Person teilnimmt, kann Aufschlüsse darüber geben, wie die Konstruktion solcher Makrokategorien wie Geschlecht und sexueller Identität intraindividuell in Abhängigkeit vom Kontext variiert. Beispielsweise ist anzunehmen, dass Männlichkeit von derselben Person in Familienkontexten anders konstruiert wird als bei einem Plausch mit guten FreundInnen oder in einem professionellen Umfeld. Besonders interessant für die Queere Linguistik ist hierbei der Vergleich zwischen CofPs, die stärker im Mainstream verhaftet sind, und solchen, die als marginalisiert gelten. In letzteren werden mitunter Dinge sagbar, die in ersteren einem normativen Schweigemechanismus unterliegen. Andererseits ist es wichtig zu erkennen, dass queere Praktiken immer nur aus der Perspektive der Heteronormativität queer sind, während sie in alternativen Kontexten mitunter den Status einer Norm besitzen. Dies ist beispielsweise anhand der konversationsanalytischen Studien von Kitzinger zu illustrieren, die dem „Speaking as a heterosexual" (Kitzinger 2005) ein „Speaking as a lesbian" (Land/Kitzinger 2005) gegenüberstellt. Es wird dabei

---

9 Bislang gibt es für *community of practice* keinen treffenden deutschen Terminus, der sich durchgesetzt hat.

deutlich, dass lesbische Sprecherinnen in Familienkontexten ähnliche sprachliche Mechanismen sexueller Identitätskonstruktion wählen wie heterosexuelle SprecherInnen. In außerfamiliären, öffentlichen Kontexten findet hingegen eine offen-lesbische Identitätskonstruktion kaum statt, während die Gängigkeit heterosexueller Identitätskonstruktion in diesen Kontexten meist nicht einmal bemerkt wird (z.B. in Form von beiläufigen Verweisen auf EhepartnerInnen, Hochzeiten, Scheidungen, Nachwuchs oder Familienangehörige; Ericsson 2008).

Da Mainstreamkontexte bis dato weit häufiger untersucht worden sind, sind es insbesondere Studien zu CofPs abseits des Mainstreams, die für die Queere Linguistik erhellend sein können. Es ist jedoch unerlässlich, diese mit Mainstreamkontexten zu vergleichen. Nur so können alternative Normen sprachlicher Identitätspraktiken beleuchtet werden. Derartige Alternativpraktiken werden beispielsweise von Baker (2002), Bunzl (2000) oder Johnsen (2008) dokumentiert, die für bestimmte schwule CofPs das Phänomen der invertierten Anrede (*inverted appellation*) untersuchen, d.h. das Verwenden von Personenbezeichnungen und Pronomina, die in Mainstreamkontexten unweigerlich für eine weibliche Referenz herangezogen werden, zur Referenz auf (zumeist schwule) Männer. Entscheidend ist hierbei, dass eine generalisierende Charakterisierung vermieden werden muss. Nicht alle schwulen Männer verwenden dieses Sprachmerkmal, geschweige denn in sämtlichen Kontexten. Für marginalisierte Identitäten ist eine Unterscheidung zu treffen zwischen geouteten Kontexten, in denen diese sexuellen Identitäten offen konstruiert werden, und ungeouteten Kontexten, in denen sie heimlich oder überhaupt nicht konstruiert werden. Dies liefert zudem eine Erklärung dafür, dass sich die Identitätspraktiken heterosexueller und schwuler Männer nicht in allen Kontexten unterscheiden müssen.

Eine queer-theoretisch ausgerichtete Soziolinguistik darf sich nicht auf die Beschreibung des Sprachverhaltens Nicht-Heterosexueller beschränken. Vielmehr muss sie herausstellen, dass heterosexuelle Identitäten genauso auf Konstruktionsmechanismen beruhen wie nicht-heterosexuelle Identitäten. Außerdem muss demonstriert werden, dass auch Heterosexuelle mitunter außerhalb des heteronormativen Desiderats leben und dementsprechende (Sprach-) Praktiken an den Tag legen. Eine berühmte Studie, die dies illustriert, ist die von Bucholtz (1999) angestellte Untersuchung zu den sog. *nerd girls* der *Bay City High School*. Diese Mädchen formieren eine CofP, für deren Identitätssymbolisierung nicht traditionell-heteronormative Weiblichkeitsideale gelten (Themen wie Aussehen, Make-up, Mode, „Jungs"), sondern alternative Aspekte, die eher mit den Schlüsselwörtern Intelligenz und Humor zu umreißen sind. Dies zeigt sich auch sprachlich, denn *nerd girls* verwenden bestimmte Sprachmerkmale seltener, die bei einem Großteil der Jugendlichen als angesagt gelten, z.B. progressive Vokalqualitäten (*fronted vowels* im Zuge des *California Vowel Shift*) oder Konstruktionen wie *be all* als Zitierungsmarker („*And I was all 'I don't like you either*'").

Im soziolinguistischen Forschungsfeld „Sprache und Sexualität" gibt es Bestrebungen, ein Stück weit von Identitäten als soziolinguistischen Basiskategorien abzurücken. Beispielsweise versuchen Cameron und Kulick (Cameron/Kulick 2003, Kulick 2003)[10], nicht sexuelle Identität als Analysefokus zu verwenden, sondern das Begehren (*desire*). Ins Zentrum des Interesses geraten hier nicht SprecherInnen, sondern sexuelle Praktiken im weitesten Sinne, bei denen Sprache eine Rolle spielt (beispielsweise Kontaktanzeigen, Dating Chats, Liebesbriefe, Telefonsex etc.). Dies kann als Versuch verstanden werden, die Geschichte sexueller Identitätsmaterialisierung rückgängig zu machen. Auch ein *desire*-Fokus kann jedoch sexuelle Identitäten nicht vollends außer Acht lassen (Bucholtz/Hall 2004). So gibt es Kontexte, in denen sexuelle Konstruktion nicht unweigerlich etwas mit Begehren zu tun hat. Eckert (1996) hat beispielsweise gezeigt, dass Kinder bereits in einem Alter, in dem sie noch nicht an Sexualkontakten interessiert sind, sexuelle Konstruktionen dazu benutzen, um sich vor den AltersgenossInnen als reif und „cool" herauszustellen. Ohne einen Rekurs auf Identität ließen sich solche Phänomene nur schwer erklären.

Diskursanalyse

Diverse Formen der Diskursanalyse können sich mit Heteronormativität als Diskursivierungsresultat befassen. Dabei ist festzustellen, dass sich selbst dezidiert kritische Formen der Diskursanalyse (Kritische Diskursanalyse, Poststrukturalistische Diskursanalyse) bislang kaum mit Heteronormativität auseinandergesetzt haben, obwohl sie sicherlich mit einer queer-motivierten Heteronormativitätskritik kompatibel wären. Der Wert qualitativer Methoden in der Diskursanalyse ist für die kritische Heteronormativitätsforschung kaum anzuzweifeln. Aber auch quantitative Vorgehensweisen im Rahmen einer Diskursanalyse können erhellend sein. Beispielsweise sind Korpusanalysen ein wertvolles Instrumentarium für die Queere Linguistik, weil sie den Materialisierungsgrad von Diskursen durch quantitative Evidenz sichtbar machen können (Baker 2005, Bubenhofer 2008, Koteyko 2006). Ihr Nutzen für die Kritische Diskursanalyse ist bereits wiederholt belegt worden (z.B. Baker 2006, Mautner 2009). Das Erfassen von Sprachdaten in Korpora führt automatisch zu einer Loslö-

---

10 Siehe auch die soziolinguistische Folgedebatte zu Identität vs. Begehren in Bucholtz/Hall (2004) und Cameron/Kulick (2005).

sung vom sprachproduzierenden Individuum, die einer poststrukturalistischen Auffassung von diskursiver Wissenskonstruktion entgegenkommt (Warnke 2007: 17). Anhand solcher Daten kann untersucht werden, wie Identitäten konstruiert werden, ohne dass sie davor durch ein Raster von Sprecherkategorien betrachtet werden, das diese Identitäten präsupponiert und somit dominante Diskurse verstärkt. Grundsätzlich gilt für quantitative Korpusanalysen: je mehr sprachliche Spuren ein bestimmter Diskurs hinterlassen hat, desto dominanter ist er. Dies bedeutet allerdings nicht, dass marginalisierte Identitäten zwangsläufig seltener konstruiert werden. Im *British National Corpus* kommt z.B. *homosexual* häufiger vor als *heterosexual* (Baker 2008: 208). Daher lässt sich behaupten, dass Homosexualität als Identitätsdiskurs dominanter ist als Heterosexualität. In anderen Worten: Heterosexualität als „Normalfall" wird vielfach gar nicht als „Identität" wahrgenommen. Es zeigt sich somit eine gewisse Affinität des Identitätskonzepts zur Nicht-Normativität. Sowohl *homosexual* als auch *heterosexual* sind Spuren eines dominanten binären Sexualitätsdiskurses. Die beiden Begriffe erhalten nur aufeinander bezogen ihren Sinn und präsupponieren sich gegenseitig.

Insbesondere bei Korpusstudien, die sich auf große Mengen an Sprachdaten berufen, ist allerdings zu bemerken, dass sie vielfach über eine Menge von Kontexten hinweg generalisieren und somit die lokale Verhandlungsarbeit ignorieren. Deshalb sind quantitative Korpusanalysen in der Queeren Linguistik nie ein alleiniges Instrumentarium. Sie müssen in einem zweiten Schritt durch lokal-qualitative Analysen ergänzt werden, denn durch die Ermittlung des Materialisierungsgrades von Diskursen ist noch nichts darüber ausgesagt, wie diese Subjektpositionen in eigentlichen Interaktionskontexten eingesetzt werden. Quantifizierung zwingt methodologisch zu Kategorienbildung und verschleiert damit immer problematische Einzelfälle oder Prototypeneffekte. Die komplementierende qualitative Analyse wird deshalb dazu benötigt, auch subtilere, mitunter inkohärente Konstruktionsmechanismen zu erfassen, die eher lokal (z.B. textspezifisch, sprecherspezifisch, kontextspezifisch, gesprächsphasenspezifisch) zu verorten sind. Speziell bei der Untersuchung sexueller Identitätsbildung muss die qualitative Analyse ein pragmatisches Grundverständnis mitbringen, weil Sexualitätsdiskurse und marginalisierte Sexualitäten oft einem tabubehafteten Schweigen unterliegen, das ebenso linguistisch fassbar werden müsste wie quantitativ verifizierbare Formen (Kulick 2005).

Als beispielhaft für die korpuslinguistische Untersuchung von Heteronormativität können die Untersuchungen von Baker (2005, 2008) gelten, in denen Schlüsselwort- und/oder Kollokationsanalysen dazu dienen, dominante Geschlechter- und Sexualitätsdiskurse zu eruieren, z.B. Männlichkeitsdiskurse in schwulen Kontaktanzeigen oder konfligierende Homosexualitätsdiskurse in parlamentarischen Debatten (Baker 2005). An anderer Stelle weist Baker (2008: 203ff.) anhand einer korpuslinguistischen Studie nach, dass die heterosexuelle Ehe sprachlich immer noch als höherwertig konstruiert wird verglichen mit anderen Formen der Lebenspartnerschaft. Er zeigt dies durch eine Kontextanalyse der beiden Personenbezeichnungen *bachelor* „Junggeselle" und *husband* „Ehemann" im *British National Corpus* auf. Die Untersuchung fördert zutage, dass die Rolle eines *bachelor* nur dann positiv konzeptionalisiert wird, wenn es sich dabei um einen zeitlich begrenzten Zustand handelt. Dauerhafte Junggesellen entsprechen folglich, selbst wenn sie heterosexuell sind, nicht dem dominanten Heteronormativitätsideal (etwa „lebenslang treu, monogam, ehelich, heterosexuell, mit Nachwuchs, Mann etwas älter als Frau und in Ernährerrolle"). Die Bezeichnung *husband* wird zumeist positiv verwendet. Lediglich wo ein Ehemann seine Ehe nicht aufrecht erhalten konnte (sei es aufgrund des Todes seiner Frau oder Scheidung), wird er negativ konstruiert (z.B. Charakterisierung als unselbständig und hilflos im Haushalt). Dies zeigt deutlich, dass alle Formen sexueller Identität durch normative Identitätsdiskurse strukturiert werden.

Historische Sprachwissenschaft

Liefern Korpusanalysen Anzeichen für den Materialisierungsgrad von Diskursen, so ist die Historische Sprachwissenschaft prädestiniert für eine Erforschung des Prozesses dieser Materialisierung. Diachrone Bedeutungsanalysen können erhellen, welchen Weg geschlechts- und sexualitätsrelevante Konzepte eingeschlagen haben. Wie bereits erwähnt, ist es möglich die Bedeutungsgeschichte von „Heterosexualität" und „Homosexualität" seit Mitte des 19. Jahrhunderts unter die Lupe zu nehmen. Dabei wäre insbesondere das Augenmerk darauf zu richten, wie sich die Verschiebung von einer Konzeptionalisierung von Sexualiät als Aktivität zum Verständnis als Identität gewandelt hat und welche sprachlichen Konsequenzen dieser Prozess hatte. Es ist klar, dass es hetero- und homosexuelles Verhalten auch vor dieser Identitätsbildung gegeben hat. Die Suche nach früheren sprachlichen Konzeptionalisierungen kann dabei einen Beitrag zur Relativierung der diskursiv erzeugten Naturhaftigkeit sexueller Identitäten leisten. Aus heteronormativitätskritischer Sicht lässt sich außerdem fragen, wie der Prozess der Entpathologisierung und Entstigmatisierung von Heterosexualität vonstatten gehen konnte, ohne dass eine gleichwertige Entwicklung für Homosexualität zu verzeichnen ist. Es ist zu vermuten, dass diese Auseinanderentwicklung eng mit der Konzeptionalisierung als Identität in Zusammenhang steht.

Da Heteronormativität durch den Geschlechtsbinarismus stabilisiert wird, kann die Historische Sprachwissenschaft aus queerer Perspektive untersuchen, ob eine bipolare Geschlechterrepräsentation, wie wir sie heute in vielen Sprachen kennen, auch in früheren Sprachstufen gegeben war bzw. ob sich Tendenzen zur stärkeren Ausprägung oder zur Abschwächung des Geschlechtsbinarismus verzeichnen lassen. Beispielsweise dokumentieren Cameron/Kulick (2003: 22) für die römische Antike eine lateinische Terminologie, die stärker an sexuelle Handlungen und Körperteile als an das Geschlecht gekoppelt war. Auch die Untersuchung des Prozesses der Assoziierung der grammatischen Kategorie Genus mit der binären Geschlechtskonstruktion fällt in den Geltungsbereich der Historischen Linguistik. Diese Assoziation ist als dominanter Diskurs der Geschlechterkonstruktion in Genussprachen mit Maskulin-Feminin-Kontrast anzusehen (Hornscheidt 2005, Motschenbacher 2008).

Kontrastive Linguistik

Während die Historische Sprachwissenschaft die Relativität von Geschlechts- und Sexualitätskonzeptionalisierungen aus diachroner Sicht beleuchtet, leistet die Kontrastive Linguistik dies aus synchroner Sicht durch den Vergleich von Konzeptionalisierungen in verschiedenen Einzelsprachen. Das einzelsprachliche System wird hierbei als Ergebnis diskursiver Materialisierung verstanden, die sich interkulturell unterschiedlich manifestiert und somit die Inkohärenz von Identitäten demonstriert. Dementsprechend lässt sich die strukturell ausgerichtete Sprachwissenschaft mit Warnke/Spitzmüller (2008: 9) als „innere Diskurslinguistik" beschreiben.

Nimmt man beispielsweise für das Englische eine Autohyponymie im Wortpaar *woman – man* an, weil *man* (pseudo-)generisch und geschlechtsspezifisch verwendet werden kann, während *woman* immer geschlechtsspezifisch ist, so wäre eine ähnliche Relation für das Paar *gay – lesbian* anzusetzen, weil *gay* bisweilen männlich[11], bisweilen geschlechtsindifferent gebraucht werden kann (im Gegensatz zu *lesbian*). Für das Englische lässt sich also festhalten, dass lesbische Frauen zweifach sprachlich als Abweichung markiert sind. Interessanterweise trifft das für das Deutsche nicht zu, obwohl es relativ nah mit dem Englischen verwandt ist. *Mann* und *Frau* bzw. *schwul* und *lesbisch* bilden hier geschlechtsspezifische Paare, in denen keines der beiden Lexeme als Hyperonym fungieren kann. Für viele Sprachen muss festgestellt werden, dass sich das, was weithin als „natürliches" oder „biologisches" Geschlecht verstanden wird, nur in einem

---

11 Die männliche Verwendung zeigt sich z.B. in Koordination der beiden Termini (*gay and lesbian*).

geringen Anteil aller Personenbezeichnungen niederschlägt, nämlich in lexikalisch genderisierten Formen, hauptsächlich Verwandtschaftsbezeichnungen (*Mutter – Vater, Schwester – Bruder*), Anredeformen (*Herr – Frau*) und allgemeinen Bezeichnungen für weibliche und männliche Menschen (*Frau – Mann, Mädchen – Junge*). Daneben sind in vielen Sprachen auch weibliche (seltener männliche) Movierungen betroffen (*Lehrer-in, Sänger-in* etc.; *Witwe-r*). Alle anderen Personenbezeichnungen werden vom binär-geschlechtlichen Raster nicht erfasst und es bedarf subtilerer Kategorien zur Beschreibung ihrer Genderisierungsmechanismen: soziales Geschlecht (z.B. *Model*: weibliches Rollenstereotyp bei nicht-spezifischer Referenz), grammatisches Geschlecht (z.B. *der Anwalt, der Arzt*: weitgehend männliche Auffassung bei nicht-spezifischer Referenz) und referentielles Geschlecht (z.B. kann *Schwester* trotz lexikalischer Weiblichkeit in schwulen CofPs zur Referenz auf Männer verwendet werden.) (Hellinger/ Bußmann 2001). Der Geschlechtsbinarismus lässt sich auf sprachlicher Ebene also in diverse, nicht deckungsgleiche Mechanismen dekonstruieren, die verschiedene Materialisierungsgrade des Geschlechtsbinarismus repräsentieren (Motschenbacher 2008) und für eine bestimmte Personenbezeichnung nicht im Einklang stehen müssen. Diese Vielschichtigkeit sprachlicher Geschlechterkonstruktion spricht gegen ein vereinfachtes binäres Schema weiblich – männlich.

Semantik

Für die traditionelle Semantik stellt eine poststrukturalistische Erfassung von Bedeutung eine besondere Herausforderung dar, zumal sie versucht, stabile Bedeutungen sprachlicher Formen unabhängig vom konkreten Verwendungskontext zu beschreiben. Diese „stabilen" Bedeutungskomponenten werden in einem poststrukturalistischen Paradigma, in Anlehnung an Wittgensteins Gebrauchstheorie, als Ergebnis diskursiver Materialisierung begriffen, die aber nach Derrida an und für sich instabil sind, weil jede einzelne konkrete Verwendung einer Form nur spurenhaft auf ihre frühere Verwendungsgeschichte rekurriert. Queere Linguistik macht sich diese performative Eingebundenheit sprachlicher Zeichen bewusst und sieht semantische Instabilität als den Normalfall an. Außerdem praktiziert sie neuere semantische Vorgehensweisen jenseits der streng binären Merkmalssemantik der Komponentenanalyse (z.B. [weiblich], [männlich]; [heterosexuell], [homosexuell]). Solche Ansätze finden sich beispielsweise in der Prototypensemantik (z.B. Mangasser-Wahl 2000), dem *dynamic construal approach* (Cruse 2004: 259ff.) oder dem Konzept des Bedeutungspotentials (*meaning potential*; Linell 2009: 325ff.). Durch letzteren Ansatz lässt sich z.B. erklären, dass bei der Verwendung des englischen Wortes *partner* in situativer Abhängigkeit sogar konträre Bedeutungen aktiviert werden können: es kann sowohl zur Vermeidung geschlechtsspezifischer und ehelicher Assoziationen verwendet werden (als Alternative zu *husband*, *wife* und *spouse*) als auch gleichgeschlechtliche bzw. uneheliche Beziehungen indizieren (Linell 2009: 328).

McConnell-Ginet (2002) führt exemplarisch an den englischen Begriffen *queer*, *gay* und *lesbian* vor, dass sie zwar alle zur Bezeichnung nichtheterosexueller Identitäten verwendet werden, aber jeweils eigentümliche Spuren der Bedeutungsmaterialisierung in sich tragen. Die Bedeutung sprachlicher Formen wird immer im eigentlichen Kontext verhandelt. Dies bedeutet nicht, dass sie absolut frei wäre, denn sie wird eingeschränkt durch zum Kommunikationszeitpunkt vorherrschende Diskursstrukturen, über die sich auch kontextuelle Bedeutung nicht vollends hinwegsetzen kann. Die vom lesbisch-schwulen Aktivismus bewirkte positive Wiederaneignung des Begriffs *queer* ist beispielsweise nur möglich, weil sie auf die diskursive Materialisierungsgeschichte des Begriffs verweist. Wäre *queer* kein Schimpfwort zur Bezeichnung nicht-heterosexueller Menschen, so hätte es kaum eine politisch-affirmative Bedeutung erhalten können.

Eine kulturvergleichende Semantik könnte sich in ähnlicher Weise wie die Kontrastive Linguistik aus queerer Sicht mit der interkulturellen Inkonsistenz von Identitätskategorien beschäftigen und ihnen so einen Teil ihres Essentialismus nehmen. Das deutsche *schwul* unterscheidet sich vom englischen *gay* nicht nur durch seine Geschlechtsspezifizität, sondern auch in den zugrundeliegenden Metaphern. Während die englische Form ursprünglich soviel wie „froh, glücklich" bedeutete, lässt sich die deutsche Form etymologisch mit *schwelen* und *schwül* in Verbindung bringen und ist demnach dem konzeptionellen Bereich „Temperatur" zuzuordnen (vgl. auch *warmer Bruder* als derogative Bezeichnung für einen schwulen Mann; Skinner 1999: 293f.). Das englische Lexem *gay* demonstriert heute den heteronormativen Mechanismus, dass Wörter, die mit nichtheteronormativen Konzepten belegt sind, eine semantische Pejorisierung durchlaufen. So wird *gay* heute in der Jugendsprache vermehrt in der Bedeutung „langweilig, rückständig" („*That's so gay!*") verwendet (Lalor/Rendle-Short 2007). In ähnlicher Weise wird das deutsche Wort *schwul* in der Jugendsprache zunehmend als allgemeines Schimpfwort ohne sexuelle Bedeutung gebraucht.

Ein weiteres Aufgabengebiet der queer-theoretischen Semantik ist das kritische Hinterfragen normativer Bedeutungsdefinitionen wie sie beispielsweise in Wörterbüchern zu finden sind. Wörterbuchdefinitionen mögen den Status objektiver Autorität genießen. Es lässt sich aber in der Regel demonstrieren, dass auch die lexikographische Praxis eine bestimmte Sichtweise auf einen Gegenstand repräsentiert und somit nicht gänzlich neutral ist. Ein „queeres Lexikon" müsste z.B. grundsätzlich die Perspektiven reflektieren, die es für seine Begriffsdefinitionen ansetzt. Mitunter wäre es sogar erforderlich, diverse Alternativperspektiven einzunehmen. Braun und Kitzinger (2001a/b) haben beispielsweise Wörterbuchdefinitionen englischer Genitalbezeichnungen untersucht und festgestellt, dass heteronormative Diskurse (Weiblichkeit, Männlichkeit, Heterosexualität, Aktivität, Passivität) lexikographisch geradezu in die betreffenden Organe eingeschrieben werden. Darüberhinaus variieren die Definitionen beträchtlich zwischen den einzelnen Referenzwerken, was ein eher inkohärentes Bild wetteifernder Diskurse abgibt, das der weitläufigen Meinung, Geschlechtsorgane seien in Form und Funktion eindeutig, widerspricht. Selbst eine so eindeutig erscheinende Personenbezeichnung wie *Frau*, die traditionell-semantisch als „weiblicher Mensch" zu beschreiben wäre, unterliegt einem diskursiven Wettstreit, denn es sind verschiedene Parameter denkbar, die für eine Beschreibung herangezogen werden können. Diese rangieren von rein biologischen bis hin zu sozialen Merkmalen. Man denke nur an Monique Wittigs berühmte Aussage, Lesben seien keine Frauen. Hier ist das Definitionskriterium selbstverständlich nicht die Biologie, sondern die sozialen und sexuellen Praktiken, die mit lesbischer Identität assoziiert sind und mit den normativen Weiblichkeitsdiskursen der Kategorie „Frau" nicht unbedingt übereinstimmen.

Schließlich lassen sich auch Bedeutungsausweitungen ursprünglich streng heteronormativer Konzepte auf nicht-heteronormative Sachverhalte semantisch untersuchen. Dies ist beispielsweise mit dem Begriff *marriage* in Angriff genommen worden, der bis vor Kurzem rein heterosexuelle Partnerschaften denotierte, aber im Zuge jüngster liberaler Gesetzgebung in einigen westlichen Ländern auch eine Ausweitung auf homosexuelle Eheschließungen erfahren hat (Jäkel 2006, Land/Kitzinger 2007, McConnell-Ginet 2006). So gibt es in Kanada heterosexuellen Ehen ebenbürtige gleichgeschlechtliche Ehen, während diese im Großteil der USA nicht anerkannt sind. In Ländern, in denen nicht de facto von einer *same-sex marriage*, sondern von einer eingetragenen Partnerschaft (*civil partnership*) die Rede ist (z.B. in Großbritannien oder Deutschland), die somit schon allein terminologisch nicht einer heterosexuellen Ehe gleichgestellt ist, zeigt sich jedoch vielfach, dass in der Umgangssprache dennoch vereinfachend Begriffe wie *marry, marriage, wedding* verwendet werden, um auf homosexuelle Partnerschaften zu verweisen, d.h. der allgemeine Sprachgebrauch scheint weniger konservativ zu sein als Gesetzgebung und Lexikographie.

Pragmatik

Grundsätzlich scheint die Pragmatik für eine queere Sichtweise auf sprachliche Identitätskonstruktion besser ausgestattet zu sein als die Semantik, weil sie Bedeutungsgenerierung in enger Abhängigkeit vom Kontext untersucht und somit von den stabilen Bedeutungszuschreibungen der traditionellen Semantik Abstand nimmt. Diverse Ansätze der Pragmatik lassen sich unterschiedlich gut mit einer poststrukturalistischen Konzeption bzw. mit diskursiver Materialisierung in Verbindung bringen. Wie Hornscheidt bemerkt,

> [wird i]nnerhalb eines komplementär pragmatischen Selbstverständnisses (im Gegensatz zu einem perspektivisch-pragmatischen) [...] die Ebene der Kernbedeutung von Sprache nicht in Frage gestellt, sondern ihr additiv bzw. komplementär die Ebene des Sprachgebrauchs an die Seite gestellt. Demnach gäbe es einen Bedeutungskern und zusätzlich dazu kontextuelle Bedeutungen. In einem perspektivisch-pragmatischen Verständnis wird hingegen nicht von einem solchen Bedeutungskern ausgegangen, sondern die Annahme desselben als stark naturalisierte und verfestigte Vorstellung einer Bedeutung, die sozial zu einer Kernbedeutung oder einem Bedeutungskern wird, analysiert. (Hornscheidt 2008: 18)

Für eine queer-theoretische Pragmatik ist demnach eine perspektivisch-pragmatische Ausrichtung zu erwarten. Im Rahmen dieses Aufsatzes können nur zwei Anwendungsbeispiele von vielen ausgeführt werden: die pragmatische Erfassung des *Coming-out* und des *closet*.[12]

Das *Coming-out* bezeichnet das Öffentlichmachen gesellschaftlich stigmatisierter Lebensweisen. Aus pragmatischer Sicht wird es häufig mit dem Sprechaktkonzept nach Austin in Verbindung gebracht und so als identitätskonstruierende Handlung begriffen (Chirrey 2003). Wie Pusch (1997) bemerkt, gilt das Sprechen über Homosexualität weithin als markiert, während Heterosexualität in der Regel konstruiert wird, ohne dass großes Aufsehen erregt würde (Ericsson 2008, Kitzinger 2005). Der Markiertheitsstatus eines *Coming-out* lässt sich schon alleine daran bemessen, dass heterosexuelle Menschen sich niemals gezwungen sehen, ein ähnliches *Coming-out* zu praktizieren. Im heteronormativen Regime wird demnach solange Heterosexualität als Defaultwert angenommen, bis Nicht-Heterosexualität deklariert wird. Betroffene Menschen sehen sich hierbei in einer klassischen Zwickmühlsituation. Auf der einen Seite wird ihnen das Geheimhalten ihrer sexuellen Identität als Unehrlichkeit angelastet, auf der anderen Seite wird ein *Coming-out* oft als geradezu exhibitionisti-

---

12 Hier zeigt sich ein heteronormatives Muster, dem zufolge Konzepte nicht-heteronormativer Lebenserfahrung auch außerhalb anglophoner Kulturen häufig mit englischen Termini wiedergegeben werden. Im Gegensatz zur muttersprachlichen Konstruktion macht sich dieser Mechanismus den fremdsprachlichen Verschleierungs- bzw. Distanzierungsgrad zunutze.

sche Eröffnung von Privatangelegenheiten wahrgenommen. In anderen Worten: es gibt keinen richtigen Zeitpunkt für ein *Coming-out*, weil es immer zu früh und zu spät zugleich stattfindet. Dies steht im Kontrast zur Selbstwahrnehmung der Betroffenen, für die ein *Coming-out* Mut erfordert und zumeist nicht als marktschreierische Deklaration erfolgt, sondern lediglich falsche Vorannahmen des Gegenübers richtig stellt (Land/ Kitzinger 2005).

Das Konzept des *closet*, d.h. des Versteckens nicht-heteronormativer Lebensweisen, ist deutlicher Ausdruck der Stigmatisierung. Aus pragmatischer Perspektive stellt das Schweigen gewissermaßen den typischen Sprechakt des *closet* dar und müsste deshalb auch linguistisch erfasst werden (Kulick 2005). Oftmals trägt gerade das, was nicht expliziert wird, zur Konstruktion bestimmter Identitäten bei. So geraten Menschen, die es einfach nur unterlassen, sich heteronormativ zu konstruieren, unweigerlich in den Verdacht der Nicht-Heterosexualität. Typische Merkmale sind hierbei das Vermeiden von Themen aus dem Privatleben oder das Umschiffen genderisierter Personenreferenzformen, wenn über LebenspartnerInnen gesprochen wird. Morrish und Sauntson (2007: 99ff.) unterscheiden zweierlei Schutzmechanismen als sprachliche Reflexe des *closets*, die sie als Verbergen (*concealment*) und Maskierung (*disguisement*) bezeichnen. Unter Verbergen fallen sämtliche sprachliche Praktiken, die eingesetzt werden können, um eine nicht-heteronormative Lebensweise vor Nichteingeweihten zu verstecken. Dies kann durch Rekurs auf Insider-Codes (Fach- oder Gruppenjargon, z.B. Polari als britisch-englischer Schwulencode; Baker 2002) geschehen, die für das weitere Publikum nicht verständlich sind, aber dennoch als codierte Botschaft erkannt werden, was wiederum zu Verdachtsmomenten führt. Maskierung hingegen betrifft Sprachmerkmale, die eine *double subjectivity* (Leap 1996: 15) erzeugen, die nur von Eingeweihten als nicht-heteronormativ gelesen werden können, während sie für den Großteil der Gesellschaft nicht als solche zu entschlüsseln sind, sondern eine andere, „unverfängliche" Bedeutung aktivieren. Beispielsweise können im Englischen Fragen wie *„Are you a friend of Dorothy's?"* (eigentlich „Bist du ein Freund von Dorothy?"[13]) oder *„Do you sing in our choir?"* (eigentlich „Singst du in unserem Chor?") dazu verwendet werden, eingeweihte schwule Männer nach ihrer sexuellen Orientierung zu fragen, ohne von anderen Mithörenden als komprimittierend wahrgenommen zu werden. Beide Strategien berücksichtigen somit mögliche negative Reaktionen des Publikums auf die Preisgabe von Nicht-

---

13 Der Name *Dorothy* bezieht sich dabei auf eine Figur aus dem Werk *Der Zauberer von Oz*, das stereotypisch mit dem schwulen Publikum assoziiert ist (siehe Koch 2008: 16). So gilt *Judy Garland*, die Hauptdarstellerin des Films, als Schwulenikone.

Heteronormativität und wollen diesen vorgreifen. Es ist anzunehmen, dass solche Praktiken im Zuge wachsender Toleranz gegenüber nicht-heterosexuellen Identitäten an Bedeutung verlieren.

Ein *Coming-out* ist in der Regel keine Handlung, die sich durch einen einmaligen Sprechakt vollziehen lässt. Vielmehr ist es eine Handlung, die wiederholt im Laufe eines Lebens vor diversen Publika ausgeführt werden muss. *Coming-out* ist also nicht eine binäre Frage (entweder *in the closet* oder *out of the closet*), sondern ein kontinuierlicher Prozess, angefangen vom persönlichen Eingeständnis, über das *Coming-out* vor Familie und Freunden bis hin zu öffentlichen und professionellen Kontexten. Die meisten Betroffenen gehen nicht den vollen Weg bis zum kompletten öffentlichen *Coming-out*, so dass der *closet* immer zum Teil vorhanden bleibt. Medienwirksame Bekenntnisse wie Wowereits *Ich bin schwul und das ist gut so!* stellen also eindeutig die Ausnahme dar und werden nur durch eine Machtposition ermöglicht.

Der dargebotene Überblick zu den Anwendungsfeldern der Queeren Linguistik ist keineswegs vollständig. Weitere Tätigkeitsbereiche liegen z.B. in der Angewandten Linguistik, insbesondere in der Diskussion des Fremdsprachenunterrichts aus queerer Perspektive (z.B. de Vincenti/Giovanangeli/Ward 2007, Liddicoat 2009, Nelson 1999, 2007, 2009) und der Aufstellung von Empfehlungen für einen nicht-heteronormativen Sprachgebrauch (vgl. CLGC 1991, Hornscheidt 2008: 421ff, Queen 2006, Valentine 2004, Weinberg 2009). Ausführungen zu diesen Aspekten finden sich in Motschenbacher (2010).

7. Schlussfolgerung

Dieser Aufsatz hat gezeigt, dass Queere Linguistik als Übertragung der Queer Theory auf die Sprachwissenschaft und als Teil einer interdisziplinären kritischen Heteronormativitätsforschung einen großen Relevanzumfang besitzt und ein weites Feld eröffnet, das es noch zu erkunden gilt. Anwendungsmöglichkeiten ergeben sich in zahlreichen linguistischen Subdisziplinen. Der hier gelieferte Überblick demonstriert, dass das Feld sich bislang hauptsächlich mit den sprachlich-diskursiven Erfahrungswelten nicht-heterosexueller Menschen befasst hat. Es werden also mehr Studien benötigt, die sich aus dem Blickwinkel der Queeren Linguistik kritisch mit der diskursiven Konstruktion heterosexueller Identitäten (normativer wie nicht-normativer Art) auseinandersetzen.

Die wissenschaftliche Theoretisierung von Sprache, insbesondere die Sprachphilosophie, ist Urheberin zahlreicher Begriffe (z.B. Sprechakt, Performativität), die in anderen geistes- und gesellschaftswissenschaftlichen Disziplinen im Zuge der „linguistischen Wende" weiterentwickelt worden sind. Hierzu zählt auch der Diskursbegriff, der heute interdisziplinär vor allem im Foucaultschen Sinne gebraucht wird (Warnke 2007: 6). Es ist nun für die Sprachwissenschaft an der Zeit, diese Begriffe zu (re-)importieren und dabei ihre gewonnene Interdisziplinarität zu nutzen. Diesen Versuch unternimmt die Queere Linguistik, indem sie sprachliche Strukturen als Ergebnis diskursiver Materialisierung begreift.

Der vorliegende Aufsatz nimmt in der Beschreibung der Queeren Linguistik eine Position des strategischen Essentialismus ein, die dadurch motiviert ist, eine queere sprachwissenschaftliche Debatte in Gang zu bringen. In diesem Vorgehen ähnelt er frühen Herangehensweisen an das Thema „Sprache und Geschlecht" (z.B. Lakoff 1975). Dieser Zug wird aber aus der Überzeugung, dass die Dekonstruktion als Zielvorgabe der Queer Theory nicht als Ausgangspunkt für eine queer-linguistische Diskussion dienen kann (Leap 2002), als notwendig erachtet. Insbesondere die Abgrenzung der Queeren Linguistik von einer „schwul-lesbisch ausgerichteten Linguistik" muss dabei Beachtung finden (Kulick 2002). Das akademische *queer*-Konzept mag zwar auf einer Makroebene semantisch vage konzeptionalisiert sein, wenn es sich ganz allgemein gegen normative Identitätsdiskurse stellt. Dies ist aber kein Grund dafür, auch auf der Mikrountersuchungsebene Vagheit anzunehmen. Hier ist durchaus methodologische Präzision sinnvoll und erwünscht (McConnell-Ginet 2002: 159), wenn sie dazu dient, heteronormative Strukturen aufzudecken und somit ideologiekritisch zu wirken.

8. Literatur

Abe, Hideko (2010): Queer Japanese. Gender and Sexual Identities through Linguistic Practices, New York: Palgrave Macmillan.
Albert, Georg (2008): Die Konstruktion des Subjekts in Philosophie und Diskurslinguistik. In: Warnke, Ingo H./Spitzmüller, Jürgen (Hrsg.): Methoden der Diskurslinguistik. Sprachwissenschaftliche Zugänge zur transtextuellen Ebene, Berlin: de Gruyter, 151–182.
Baker, Paul (2002): Polari. The Lost Language of Gay Men, London: Routledge.
Baker, Paul (2005): Public Discourses of Gay Men, London: Routledge.
Baker, Paul (2006): Using Corpora in Discourse Analysis, London: Continuum.
Baker, Paul (2008): Sexed Texts. Language, Gender and Sexuality, London: Equinox.
Barrett, Rusty (1999): Indexing polyphonous identity in the speech of African American drag queens. In: Bucholtz, Mary/Liang, Anita C./Sutton, Laurel A. (Hrsg.): Reinventing Identities. The Gendered Self in Discourse, New York: Oxford University Press, 313–331.
Barrett, Rusty (2002): Is queer theory important for sociolinguistic theory? In: Campbell-Kibler, Kathryn/Podesva, Robert J./Roberts, Sarah J./Wong, Andrew

(Hrsg.): Language and Sexuality. Contesting Meaning in Theory and Practice, Stanford, CA: CSLI, 25–43.
Barrett, Rusty (2004): As much as we use language. Lakoff's queer augury. In: Bucholtz, Mary (Hrsg.): Language and Woman's Place. Text and Commentaries, Oxford: Oxford University Press, 296–302.
Barrett, Rusty (2006): Queer talk. In: Brown, Edward K. (Hrsg.): Encyclopedia of Language & Linguistics. Volume X, Amsterdam: Elsevier, 316–323.
Baxter, Judith (2003): Positioning Gender in Discourse. A Feminist Methodology, Basingstoke: Palgrave Macmillan.
Berger, Peter L./Luckmann, Thomas (1966): The Social Construction of Reality. A Treatise in the Sociology of Knowledge, Garden City, NY: Doubleday.
Bing, Janet M./Bergvall, Victoria (1996): The question of questions. Beyond binary thinking. In: Bergvall, Victoria L./Bing, Janet M./Freed, Alice F. (Hrsg.): Rethinking Language and Gender Research. Theory and Practice, London: Longman, 1–30.
Braun, Virginia/Kitzinger, Celia (2001a): Telling it straight? Dictionary definitions of women's genitals. In: Journal of Sociolinguistics, 5/2, 214–232.
Braun, Virginia/Kitzinger, Celia (2001b): ‚Snatch', ‚hole', or ‚honey-pot'? Semantic categories and the problem of nonspecificity in female genital slang. In: Journal of Sex Research, 38/2, 146–158.
Bubenhofer, Noah (2008): Diskurse berechnen? Wege zu einer korpuslinguistischen Diskursanalyse. In: Warnke, Ingo H./Spitzmüller, Jürgen (Hrsg.): Methoden der Diskurslinguistik. Sprachwissenschaftliche Zugänge zur transtextuellen Ebene, Berlin: de Gruyter, 407–434.
Bucholtz, Mary (1999): ‚Why be normal'?: Language and identity practices in a community of nerd girls. In: Language in Society, 28/2, 203–223.
Bucholtz, Mary/Hall, Kira (2004): Theorizing identity in language and sexuality research. In: Language in Society, 33/4, 469–515.
Bunzl, Matti (2000): Inverted appellation and discursive gender insubordination. An Austrian case study in gay male conversation. In: Discourse & Society, 11/2, 207–236.
Butler, Judith (1990): Gender Trouble. Feminism and the Subversion of Identity, New York: Routledge.
Butler, Judith (1993): Bodies that Matter. On the Discursive Limits of ‚Sex'. New York: Routledge.
Butler, Judith (1997): Excitable Speech. A Politics of the Performative, New York: Routledge.
Butler, Judith (2004): Undoing Gender, London: Routledge.
Cameron, Deborah/Kulick, Don (2003): Language and Sexuality, Cambridge: Cambridge University Press.
Cameron, Deborah/Kulick, Don (2005): Identity crisis? In: Language & Communication, 25/2, 107–125.
Chirrey, Deborah A. (2003): ‚I hereby come out': What sort of speech act is coming out? In: Journal of Sociolinguistics, 7/1, 24–37.
Committee on Lesbian and Gay Concerns (CLGC) (1991): Avoiding heterosexual bias in language. In: American Psychologist, 46/9, 973–974.

Connell, Robert W. (1999): Der gemachte Mann. Konstruktion und Krise von Männlichkeiten, Opladen: Leske & Budrich.
Cruse, Alan (²2004): Meaning in Language. An Introduction to Semantics and Pragmatics, Oxford: Oxford University Press.
Degele, Nina (2005): Heteronormativität entselbstverständlichen: Zum verunsichernden Potenzial von Queer Studies. In: Freiburger FrauenStudien, 17, 15–39.
Degele, Nina (2008): Gender/Queer Studies. Eine Einführung, Paderborn: Wilhelm Fink.
Derrida, Jacques (1983 [1967]): Grammatologie, Frankfurt a.M.: Suhrkamp.
Derrida, Jacques (1988 [1972]): Randgänge der Philosophie, Wien: Passagen.
de Vincenti, Gloria/Giovanangeli, Angela/Ward, Rowena (2007): The queer stopover. How queer travels in the language classroom. In: Electronic Journal of Foreign Language Teaching, 4, 58–72.
Eckert, Penelope (1996): Vowels and nail polish. The emergence of linguistic style in the preadolescent heterosexual marketplace. In: Warner, Natasha/Ahlers, Jocelyn/Bilmes, Leela/Oliver, Monica/Wertheim, Suzanne/Chen, Melinda (Hrsg.): Gender and Belief Systems. Proceedings of the Fourth Berkeley Women and Language Conference, Berkeley, CA: Berkeley Women and Language Group, 183–190.
Eckert, Penelope/McConnell-Ginet, Sally (1992): Think practically and look locally. Language and gender as community-based practice. In: Annual Review of Anthropology, 21, 461–490.
Eckert, Penelope/McConnell-Ginet, Sally (2007): Putting communities of practice in their place. In: Gender and Language, 1/1, 27–37.
Ericsson, Stina (2008): The missus, the co-habitee and the real babe: Heteronormativity in Swedish conversations. In: Santaemilia, José/Bou, Patricia (Hrsg.): Gender and Sexual Identities in Transition. International Perspectives, Newcastle upon Tyne: Cambridge Scholars Publishing, 58–75.
Fairclough, Norman (2003): Analysing Discourse. Textual Analysis for Social Research, London: Routledge.
Foucault, Michel (1973 [1969]): Archäologie des Wissens, Frankfurt a.M.: Suhrkamp.
Foucault, Michel (1983 [1976]): Der Wille zum Wissen. Sexualität und Wahrheit 1, Frankfurt a.M.: Suhrkamp.
Garfinkel, Harold (1967): Studies in Ethnomethodology, Englewood Cliffs, NJ: Prentice-Hall.
Goffman, Erving (1977): The arrangement between the sexes. In: Theory and Society, 4/3, 301–331.
Hall, Kira (2002): ‚Unnatural' gender in Hindi. In: Hellinger, Marlis/Bußmann, Hadumod (Hrsg.): Gender Across Languages. The Linguistic Representation of Women and Men. Volume II, Amsterdam: John Benjamins, 133–162.
Hark, Sabine (2004): Lesbenforschung und Queer Theorie. Theoretische Konzepte, Entwicklungen und Korrespondenzen. In: Becker, Ruth/Kortendiek, Beate (Hrsg.): Handbuch Frauen- und Geschlechterforschung. Theorie, Methoden, Empirie, Wiesbaden: VS Verlag für Sozialwissenschaften, 104–111.
Harvey, Keith (2002): Camp talk and citationality: A queer take on ‚authentic' and ‚represented' utterance. In: Journal of Pragmatics, 34/9, 1145–1165.

Hellinger, Marlis/Bußmann, Hadumod (2001): Gender across languages. The linguistic representation of women and men. In: Hellinger, Marlis/Bußmann, Hadumod (Hrsg.): Gender Across Languages. The Linguistic Representation of Women and Men. Volume I, Amsterdam: John Benjamins, 1–25.

Holmes, Janet (2007): Social constructionism, postmodernism and feminist sociolinguistics. In: Gender and Language, 1/1, 51–65.

Hopper, Paul J. (1998): Emergent grammar. In: Tomasello, Michael (Hrsg.): The New Psychology of Language. Cognitive and Functional Approaches to Language Structure, Mahwah, NJ: Lawrence Erlbaum, 155–175.

Hornscheidt, Antje (1998): Grammatik als Ort von Geschlechterkonstruktion. Eine kritische Analyse. In: Hornscheidt, Antje/Jähnert, Gabriele/Schlichter, Annette (Hrsg.): Kritische Differenzen – geteilte Perspektiven. Zum Verhältnis von Feminismus und Postmoderne, Opladen: Westdeutscher Verlag, 140–173.

Hornscheidt, Antje (2002): Die Nicht-Rezeption poststrukturalistischer Gender- und Sprachtheorien der Feministischen Linguistik im deutschsprachigen Raum. In: Faschingbauer, Tamara (Hrsg.): Neue Ergebnisse der empirischen Genderforschung, Hildesheim: Olms, 5–51.

Hornscheidt, Antje (2005): Sprache/Semiotik. In: von Braun, Christina/Stephan, Inge (Hrsg.): Gender @ Wissen. Ein Handbuch der Gender-Theorien, Köln: Böhlau, 220–238.

Hornscheidt, Antje (2006): Die sprachliche Benennung von Personen aus konstruktivistischer Sicht. Genderspezifizierung und ihre diskursive Verhandlung im heutigen Schwedisch, Berlin: de Gruyter.

Hornscheidt, Antje (2008): Gender resignifiziert. Schwedische (Aus)Handlungen in und um Sprache. Berlin: Nordeuropa-Institut der Humboldt-Universität.

Jagose, Annamarie (1996): Queer Theory. An Introduction, New York: New York University Press.

Jäkel, Olaf (2006): ‚Defining the Definition of Marriage'. Competing Cultural Models in Intercultural Comparison. Essen: LAUD.

Johnsen, Ole Ringdal (2008): ‚He's a big old girl!' Negotiation by gender inversion in gay men's speech. In: Journal of Homosexuality, 54/1.2, 150–168.

Kaiser, Sylvia/Sachser, Norbert (2005): The effects of prenatal social stress on behaviour. Mechanisms and function. In: Neuroscience and Biobehavioral Reviews, 29/2, 283–294.

Kessler, Suzanne J./McKenna, Wendy (1978): Gender. An Ethnomethodological Approach, New York: John Wiley & Sons.

Kitzinger, Celia (2005): ‚Speaking as a heterosexual': (How) Does sexuality matter for talk-in-interaction? In: Research on Language and Social Interaction, 38/3, 221–265.

Kitzinger, Celia/Frith, Hannah (1999): Just say no? The use of conversation analysis in developing a feminist perspective on sexual refusal. In: Discourse & Society, 10/3, 293–316.

Klesse, Christian (2007): Heteronormativität und qualitative Forschung. Methodische Überlegungen. In: Hartmann, Jutta/Klesse, Christian/Wagenknecht, Peter/Fritzsche, Bettina/Hackmann, Kristina (Hrsg.): Heteronormativität. Empirische Studien zu Geschlecht, Sexualität und Macht, Wiesbaden: VS Verlag für Sozialwissenschaften, 35–51.

Koch, Michaela (2008): Language and Gender Research from a Queer Linguistic Perspective. A Critical Evaluation. Saarbrücken: VDM.

Koteyko, Nelya (2006): Corpus linguistics and the study of meaning in discourse. In: Linguistics Journal, 1/2, 132–157.

Krämer, Sybille (2002): Sprache und Sprechen oder: Wie sinnvoll ist die Unterscheidung zwischen einem Schema und seinem Gebrauch? In: Krämer, Sybille/König, Ekkehard (Hrsg.): Gibt es eine Sprache hinter dem Sprechen? Frankfurt a.M.: Suhrkamp, 97–125.

Kraß, Andreas (2003): Queer Studies – eine Einführung. In: Kraß, Andreas (Hrsg.): Queer denken. Gegen die Ordnung der Sexualität, Frankfurt a.M.: Suhrkamp, 7–28.

Kraß, Andreas (2009): Queer Studies in Deutschland. In: Kraß, Andreas (Hrsg.): Queer Studies in Deutschland. Interdisziplinäre Beiträge zur kritischen Heteronormativitätsforschung, Berlin: Trafo, 7–19.

Kulick, Don (2002): Queer linguistics? In: Campbell-Kibler, Kathryn/Podesva, Robert J./Roberts, Sarah J./Wong, Andrew (Hrsg.): Language and Sexuality. Contesting Meaning in Theory and Practice, Stanford, CA: CSLI, 65–68.

Kulick, Don (2003): Language and desire. In: Holmes, Janet/Meyerhoff, Miriam (Hrsg.): The Handbook of Language and Gender, Oxford: Blackwell, 119–141.

Kulick, Don (2005): The importance of what gets left out. In: Discourse Studies, 7/4.5, 615–624.

Lakoff, Robin (1975): Language and Woman's Place. New York: Harper & Row.

Lalor, Therese/Rendle-Short, Johanna (2007): ‚That's so gay': A contemporary use of gay in Australian English. In: Australian Journal of Linguistics, 27/2, 147–173.

Land, Victoria/Kitzinger, Celia (2005): Speaking as a lesbian: Correcting the heterosexist presumption. In: Research on Language and Social Interaction, 38/4, 371–416.

Land, Victoria/Kitzinger, Celia (2007): Contesting same-sex marriage in talk-in-interaction. In: Feminism & Psychology, 17/2, 173–183.

Leap, William L. (1996): Word's Out. Gay Men's English. Minneapolis: University of Minnesota Press.

Leap, William L. (2002): Not entirely in support of a queer linguistics. In: Campbell-Kibler, Kathryn/Podesva, Robert J./Roberts, Sarah J./Wong, Andrew (Hrsg.): Language and Sexuality. Contesting Meaning in Theory and Practice, Stanford, CA: CSLI, 45–63.

Leap, William L. (2008): Queering gay men's English. In: Harrington, Kate/Litosseliti, Lia/Sauntson, Helen/Sunderland, Jane (Hrsg.): Gender and Language Research Methodologies, Basingstoke: Palgrave Macmillan, 283–296.

Liddicoat, Anthony (2009): Sexual identity as linguistic failure. Trajectories of interaction in the heteronormative language classroom. In: Journal of Language, Identity & Education, 8/2.3, 191–202.

Linell, Per (2009): Rethinking Language, Mind and World Dialogically. Interactional and Contextual Theories of Human Sense-Making, Charlotte, NC: Information Age Publishing.

Livia, Anna (2002): The future of queer linguistics. In: Campbell-Kibler, Kathryn/Podesva, Robert J./Roberts, Sarah J./Wong, Andrew (Hrsg.): Language and Sexuality. Contesting Meaning in Theory and Practice, Stanford, CA: CSLI, 87–97.

Livia, Anna/Hall, Kira (1997): ‚It's a girl!' Bringing performativity back to linguistics. In: Livia, Anna/Hall, Kira (Hrsg.): Queerly Phrased. Language, Gender and Sexuality, Oxford: Oxford University Press, 3–18.
Makoni, Sinfree/Pennycook, Alastair (2007): Disinventing and reconstituting languages. In: Makoni, Sinfree/Pennycook, Alastair (Hrsg.): Disinventing and Reconstituting Languages, Clevedon: Multilingual Matters, 1–41.
Mangasser-Wahl, Martina (2000): Von der Prototypentheorie zur empirischen Semantik. Dargestellt am Beispiel von Frauenkategorisierungen, Frankfurt a.M.: Peter Lang.
Martín Rojo, Luisa/Gabilondo Pujol, Angel (2007): Michel Foucault. In: Östman, Jan-Ola/Verschueren, Jef (Hrsg.) Handbook of Pragmatics, Amsterdam: John Benjamins.
Mautner, Gerlinde (2009): Checks and balances. How corpus linguistics can contribute to CDA. In: Wodak, Ruth/Meyer, Michael (Hrsg.): Methods of Critical Discourse Analysis, Los Angeles: Sage, 122–143.
McConnell-Ginet, Sally (2002): ‚Queering' semantics: Definitional struggles. In: Campbell-Kibler, Kathryn/Podesva, Robert J./Roberts, Sarah J./Wong, Andrew (Hrsg.): Language and Sexuality. Contesting Meaning in Theory and Practice, Stanford, CA: CSLI, 137–160.
McConnell-Ginet, Sally (2006): Why defining is seldom ‚just semantics'. Marriage and marriage. In: Birner, Betty J./Ward, Gregory (Hrsg.): Drawing the Boundaries of Meaning. Neo-Gricean Studies in Pragmatics and Semantics in Honor of Laurence R. Horn, Amsterdam: John Benjamins, 217–240.
McIlvenny, Paul (2002): Critical reflections on performativity and the ‚un/doing' of gender and sexuality in talk. In: McIlvenny, Paul (Hrsg.): Talking Gender and Sexuality, Amsterdam: John Benjamins, 111–149.
Morrish, Liz/Sauntson, Helen (2007): New Perspectives on Language and Sexual Identity, Basingstoke: Palgrave Macmillan.
Motschenbacher, Heiko (2006): ‚Women and Men Like Different Things?' – Doing Gender als Strategie der Werbesprache, Marburg: Tectum.
Motschenbacher, Heiko (2007): Can the term ‚genderlect' be saved? A postmodernist re-definition. In: Gender and Language, 1/2, 255–278.
Motschenbacher, Heiko (2008): Structural linguistic gender categories and discursive materialization. A deconstructionist analysis. In: Indiana University Working Papers in Linguistics, 7, 21–46.
Motschenbacher, Heiko (2010): Language, Gender and Sexual Identity: Poststructuralist Perspectives, Amsterdam: John Benjamins.
Nelson, Cynthia (1999): Sexual identities in ESL: Queer theory and classroom inquiry. In: TESOL Quarterly, 33/3, 371–391.
Nelson, Cynthia D. (2007): Queer thinking about language teaching. An overview of published work. In: Decke-Cornill, Helene/Volkmann, Laurenz (Hrsg.): Gender Studies and Foreign Language Teaching, Tübingen: Gunter Narr, 63–76.
Nelson, Cynthia D. (2009): Sexual Identities in English Language Education. Classroom Conversations, New York: Routledge.
Pennycook, Alastair (2001): Critical Applied Linguistics. A Critical Introduction, Mahwah, NJ: Lawrence Erlbaum.

Piccolo, Fabiana (2008): Perceived sexual orientation and attitudes towards sounding gay or straight. In: University of Pennsylvania Working Papers in Linguistics, 14/2, 129–138.
Pusch, Luise F. (1997): Language, homophobia, queer theory and linguistics. In: Braun, Friederike/Pasero, Ursula (Hrsg.): Kommunikation von Geschlecht, Pfaffenweiler: Centaurus, 280–301.
Quadflieg, Dirk (2008): Sprache und Diskurs. Von der Struktur zur différance. In: Moebius, Stephan/Reckwitz, Andreas (Hrsg.): Poststrukturalistische Sozialwissenschaften, Frankfurt a.M.: Suhrkamp, 93–107.
Queen, Robin (2002): A matter of interpretation: The ‚future' of ‚queer linguistics'. In: Campbell-Kibler, Kathryn/Podesva, Robert J./Roberts, Sarah J./Wong, Andrew (Hrsg.): Language and Sexuality. Contesting Meaning in Theory and Practice, Stanford, CA: CSLI, 69–86.
Queen, Robin (2006): Heterosexism and/in language. In: Brown, Edward K. (Hrsg.): Encyclopedia of Language & Linguistics. Volume V, Amsterdam: Elsevier, 289–292.
Rauchut, Franziska (2008): Wie queer ist Queer? Sprachphilosophische Reflexionen zur deutschsprachigen akademischen ‚Queer'-Debatte. Königstein/Taunus: Ulrike Helmer.
Sauntson, Helen (2008): The contributions of queer theory to gender and language research. In: Harrington, Kate/Litosseliti, Lia/Sauntson, Helen/Sunderland, Jane (Hrsg.): Gender and Language Research Methodologies, Basingstoke: Palgrave Macmillan, 271–282.
Schegloff, Emanuel A. (1997): Whose text? Whose context? In: Discourse & Society, 8/2, 165–187.
Skinner, Jody (1999): Bezeichnungen für das Homosexuelle im Deutschen. Band II: Ein Wörterbuch. Essen: Die Blaue Eule.
Smyth, Ron/Jacobs, Greg/Rogers, Henry (2003): Male voices and perceived sexual orientation. An experimental and theoretical approach. In: Language in Society, 32/3, 329–350.
Speer, Susan A. (2005): Gender Talk. Feminism, Discourse and Conversation Analysis, London: Routledge.
Speer, Susan A./Potter, Jonathan (2002): From performatives to practices. Judith Butler, discursive psychology and the management of heterosexist talk. In: McIlvenny, Paul (Hrsg.): Talking Gender and Sexuality, Amsterdam: John Benjamins, 151–180.
Stegu, Martin (1998): Postmoderne Semiotik und Linguistik. Möglichkeiten, Anwendungen, Perspektiven, Frankfurt a.M.: Peter Lang.
Stokoe, Elizabeth H. (2005): Analysing gender and language. In: Journal of Sociolinguistics, 9/1, 118–133.
Sullivan, Nikki (2003): A Critical Introduction to Queer Theory. New York: New York University Press.
Tainio, Liisa (2003): ‚When shall we go for a ride?' A case of the sexual harassment of a young girl. In: Discourse & Society, 14/2, 173–190.
Valentine, Tamara M. (2004): Guidelines for avoiding heterosexist and homophobic language. In: Valentine, Tamara M. (Hrsg.): Language and Prejudice, London: Pearson, 176–177.

Wagenknecht, Peter (2007 [2004]): Was ist Heteronormativität? Zu Geschichte und Gehalt des Begriffs. In: Hartmann, Jutta/Klesse, Christian/Wagenknecht, Peter/Fritzsche, Bettina/Hackmann, Kristina (Hrsg.): Heteronormativität. Empirische Studien zu Geschlecht, Sexualität und Macht, Wiesbaden: VS Verlag für Sozialwissenschaften, 17–34.

Warnke, Ingo H. (2007): Diskurslinguistik nach Foucault – Dimensionen einer Sprachwissenschaft jenseits textueller Grenzen. In: Warnke, Ingo H. (Hrsg.): Diskurslinguistik nach Foucault. Theorie und Gegenstände, Berlin: de Gruyter, 3–24.

Warnke, Ingo H./Spitzmüller, Jürgen (2008): Methoden und Methodologie der Diskurslinguistik. Grundlagen und Verfahren einer Sprachwissenschaft jenseits textueller Grenzen. In: Warnke, Ingo H./Spitzmüller, Jürgen (Hrsg.): Methoden der Diskurslinguistik. Sprachwissenschaftliche Zugänge zur transtextuellen Ebene, Berlin: de Gruyter, 3–54.

Weinberg, Michael (2009): LGBT-inclusive language. In: English Journal, 98/4, 50–51.

Weiss, Gilbert/Wodak, Ruth (2003): Introduction: Theory, interdisciplinarity and Critical Discourse Analysis. In: Weiss, Gilbert/Wodak, Ruth (Hrsg.): Critical Discourse Analysis. Theory and Interdisciplinarity, Basingstoke: Palgrave Macmillan, 1–32.

Yep, Gust A. (2003): The violence of heteronormativity in Communication Studies. Notes on injury, healing, and queer world-making. In: Journal of Homosexuality, 45/2-4, 11–59.

Geschlechter in medialen
Zusammenhängen

Christine Domke

Love sells – Überlegungen zur (non)-verbalen Inszenierung von Paaren in aktuellen Werbespots

> Sei es, dass es ihm seine Liebe beweisen will, sei es, dass es sich zu enträtseln müht, ob der Andere es liebt: dem liebenden Subjekt steht keinerlei sicheres Zeichensystem zur Verfügung (Barthes 1988: 258).

> Eine Supermacht ist die Werbung auch als kultureller Sektor der Medienkommunikation, der textliche und bildliche Deutungen und ganze Versionen von der Welt entwickelt, verbreitet und einschärft. Viel spricht in diesem Zusammenhang dafür, dass die Werbung die Mediengattung mit der größten sozialisatorischen Bedeutung ist (Willems 2002a: 20).

1. Einleitendes

Liebe – als subjektiv empfundenes, starkes Gefühl verstanden – drängt auf Mitteilung des Gefühlten, sie *will* zum Ausdruck gebracht werden, um im präferierten Fall bestimmte Anschlüsse zu ermöglichen (hierzu Luhmann 1994). Liebe *muss* zugleich zum Ausdruck gebracht werden, da die vom Liebenden wahrgenommenen Gefühle dem Geliebten nicht unmittelbar zugänglich sind. Sie bedarf somit der Kommunikation und der Liebende benötigt Formen, die als Ausdruck von Liebe verstanden werden und dabei zugleich die Exklusivität der Gefühle vermitteln können.

Werbung arbeitet bekanntlich mit Vertrautem, das sie zu ihren Zwecken verdichtet, stilisiert und übertreibt (hierzu grundlegend Goffman 1981). Dabei muss die Werbung das Beworbene durch einen (emotionalen) Mehrwert für den Markt unterscheidbar machen und es zugleich für den Alltag einer Vielzahl von Konsumentinnen und Konsumenten als passend und notwendig präsentieren. Der dabei beobachtbare, häufige Rekurs (s.u.) auf die Semiotik von Liebe(sbeziehungen) kann mit der Relevanz dieser Codierungen erklärt werden, die gesellschaftlich fest verankert sind.

Werbung als „soziokulturelle Supermacht" (Willems 2002a: 19) verbreitet also massenhaft via Fernsehen, Internet sowie Printmedien „hyperritualisierte" (Goffman 1981) Zeichen der Liebe und trägt damit zugleich dazu bei, dass spezifische Konzepte – wie die romantische, heterosexuelle Liebe (s.u.) – fortwährend multipliziert werden. Diese massenmediale Vervielfältigung erscheint umso bedeutsamer, als die Vermittlung von „sozial beglaubigten Formen" (Luhmann 1994: 18) des Liebesausdrucks ohnehin zu einem nicht unerheblichen Maße als massenmedial geprägt angesehen werden muss: Für *Liebe* existieren schließlich keine „institutionalisierten Sozialisationsagenturen" (Hahn 1998: 156). Zur Frage wird aus dieser Perspektive, *was* als Ausdruck emotionaler Verbundenheit auf die werbliche Bühne gebracht wird und *wie* Werbung bekannte Semiotiken der Liebe für ihre Zwecke einsetzt.

Indem der Fokus mit diesen Überlegungen auf die kommerzielle (Re-)Inszenierung von Ausdrucksformen der Liebe und damit auch auf Liebesbeziehungen gelegt wird, werden Fragen nach den Rollenzuschreibungen innerhalb der dargestellten Beziehungen möglich: Können unterschiedliche Rollen für liebende Werbefrauen und liebende Werbemänner herausgearbeitet werden? Sind bestimmte Beziehungskonzepte erkennbar? Welche semiotischen Ressourcen werden für die Inszenierung der Rollen eingesetzt?

Die Bearbeitung dieser Fragestellungen erfolgt nachfolgend in vier Schritten. Zunächst werden zentrale Merkmale von Werbung als „strategischem Handlungstyp" (Willems 2002b: 61), von Liebe als gesellschaftlich verankerter Ausdrucksform und Wechselwirkungen zwischen beiden herausgearbeitet (Abschnitt 2). Ausgehend von einem Korpus aus 380 Werbespots aus den Jahren 2007 und 2008 werden die hier skizzierten Fragen danach empirisch fundiert diskutiert: Zu Beginn werden (in Abschnitt 3) aktuelle Frauen- und Männerbilder in der Werbung herausgearbeitet, um zu verdeutlichen, welche Rollen beide Geschlechter allgemein in Werbespots einnehmen (dürfen). Die Beziehung zwischen Werbefrauen und -männern und die für sie derzeit vorgesehenen Funktionen in Werbepaaren werden anschließend (in Abschnitt 4) nachgezeichnet und dabei die eingesetzten (non-)verbalen Ressourcen fokussiert.

Im Zentrum des vorliegenden Beitrags stehen die Unterschiede in der Inszenierung der ‚liebenden' Werbefrauen und -männer. Um diese differenziert diskutieren zu können, wurde ausgehend von den Beziehungskonstellationen und Zuschreibungen im vorliegenden Korpus eine Einteilung der Werbebeziehungen in verschiedene Phasen erarbeitet. Die Kategorisierungen *zu Beginn: Flirt und Liebeswerbung* (4.1), *junge Liebe: Partnerschaft in jüngeren Jahren* (4.2), *mehrfachadressierte Liebe: Partner- und Elternschaft* (4.3) sowie *gealterte Liebe: Partner im ‚Alter'* (4.4) verweisen bereits auf Unterschiede der Werbepaare und lassen nach der Spezifik der Inszenierungsverfahren der jeweiligen Phase fragen. Dies führt zu weiter zu untersuchenden Thesen für die Darstellung der Werbepaare in den einzelnen ‚Stadien' der Beziehung. Zudem kann mit Hilfe dieser Klassifizierungen differenziert herausgearbeitet werden, was als Liebesbeziehung auf die werbliche Bühne gebracht wird und welche Rollen dabei Werbemännern und Werbefrauen zugesprochen werden. In einem kurzen Fazit werden die Ergebnisse zusammengeführt und so im Gesamt mit diesem Beitrag

Überlegungen zur Relevanz von Werbung als Multiplikator von Liebeskonzeptionen und damit auch von geschlechtsspezifischen Funktionszuweisungen vorgestellt.

2. Liebe und Werbung: Wiederholtes In-Szene-Setzen

„Liebeseligkeit" gilt nach Musil als „mit der Redseligkeit im Wesen verbunden" (Musil 1978: 1219, zitiert nach Hinderer 1997: 9), was auf den immensen kommunikativen Bedarf von Liebenden verweist. Dieser wird für das 18. Jahrhundert als grundlegend für Liebende (u.a. Hinderer 1997: 9) und seit den 1970er Jahren für Beziehungen als steigend und als Resultat veränderter Geschlechter- und Rollenzuschreibungen beschrieben (Lenz 1998: 76ff.). Mit dem Wunsch nach Mitteilung geht die Suche nach Ausdrucksformen (Barthes 1988) einher, die wiederholt bestätigt und damit Teil einer kulturell verankerten Liebessemantik sein müssen, zudem Exklusivität für den Geliebten zu vermitteln in der Lage sein müssen. Barthes' Ausführungen zu der „Sprache der Liebe" (1988) verweisen auf diese Schwierigkeiten der Sprache, die „ohne Netz arbeitet" (1988: 145) und doch fortwährend gesucht wird. Der Zustand scheint unverändert problematisch und es stellt sich die Frage, welche Zeichensysteme und symbolischen Handlungen als etabliert und bewährt für die unsichere Kommunikation der Liebe gelten.

„Werbung ist unendlich gefräßig, indem sie prinzipiell alle kulturellen Darstellungsformen vereinzeln, entkontextualisieren und für ihre Zwecke funktionalisieren kann" (Schmidt 2002: 104). Dass Werbung alle medialen, kulturellen und neuerdings auch räumlichen (hierzu Domke 2010) Ressourcen in ihren Dienst zu stellen unternimmt, dürfte mittlerweile ein Allgemeinplatz sein. Bereits Goffman (1981) hat ausführlich herausgearbeitet, dass Werbung weniger neue Welten bzw. Ausdrucksformen generiert, sondern eher existierende symbolische Ordnungen stilisiert. Diese werbetypische „Hyperritualisierung" (Goffman 1981: 328) knüpft somit an Vertrautes aus dem Alltag an, das auch in übertriebener, zugespitzter Form wiedererkannt werden kann. Diese massenhafte Wiederholung der herangezogenen alltäglichen Ordnungen trägt zu deren Konventionalisierung bei – und das gilt auch für Liebescodierungen. Wenn in Werbeformaten auf Zeichen der Liebe zurückgegriffen wird, lässt sich somit von einer *doppelten Inszenierung* sprechen, da semiotische Ressourcen, die für einen Geliebten bereits im Alltag aufgeführt werden müssen (s.u.), nun kommerziell (re-)inszeniert werden. Welche strukturellen Merkmale darüber hinaus für Werbekommunikation und Liebe(skommunikation) konstitutiv sind, wird nun kurz skizziert.

2.1 Strukturelle Merkmale werblicher Inszenierungen

Werbung – und dies gilt neben der hier fokussierten Produktwerbung auch für politische und soziale Werbung – kann heute als nahezu omnipräsente Form der Kommunikation angesehen werden, die immer neue Orte und Medienträger innovativ zu beanspruchen sucht (z.B. Treppen in Bahnhöfen, Fußböden in Flughäfen, hierzu Domke 2010).[1] Dass die „Gattungsfamilie" Werbung (Ayaß 2002) im aktuellen Mediensystem an Bedeutung gewonnen hat und (auch im Wortsinne) viel Raum einnimmt, ist neben der unmittelbar sicht- und hörbaren Präsenz im Alltag auch an Formaten *über* Werbung (zu den lustigsten oder besten Werbespots), intertextuellen Bezügen und an Anspielungen in Gesprächen und Medientexten erkennbar, welche Kenntnis bestimmter Slogans und Kampagnen voraussetzen.

In ihrer (auch quantitativen) Vielfalt arbeitet Werbung, wie bereits angeführt, mit Bestehendem. Sie erschafft somit weniger neue gesellschaftliche oder symbolische Ordnungen, sondern liefert vielmehr (Re-)Inszenierungen von bereits bestehenden, indem sie sie aufgreift, zuspitzt und übertreibt. In aktuellen Formaten ist beobachtbar, dass dabei vermehrt auf alltägliche Handlungen bzw. Auszüge aus der symbolischen Ordnung spezifischer Life-styles (u.a. Habscheid/Stöckl 2003) rekurriert wird, die zur Bühne für das Beworbene werden. Hier lässt sich also von der werbetypischen doppelten Inszenierung (s.o.) der unhintergehbaren alltäglichen Inszenierung sprechen, in der laut Goffman der einzelne in Interaktionen für die Beteiligten seine Einstellungen und Gefühle ‚darstellt', „welche die an der Zusammenkunft beteiligten Menschen brauchen, um ihr eigenes Handeln danach auszurichten" (Goffman 1981: 28f.). Diese alltäglichen Inszenierungen gelten als unverzichtbar (Reichertz 2002: 44), sie werden in der Werbung aufgegriffen und verdichtet – es erfolgt somit eine Stilisierung dessen, „was bereits eine Stilisierung ist" (Goffman 1981: 328). Die kulturell etablierte Liebessemantik bietet der Werbung für diese Aufgabe erkennbar viel, da jedem Rezipienten vertraute und massenhaft multiplizierte Zeichen (wie Kosenamen, Symbole wie das Herz oder Amors Pfeil,

---

[1] Die seit einiger Zeit beobachtbare ‚Besetzung' des öffentlichen Raumes durch Werbung (hierzu Lehmann 2008) offenbart einmal mehr die strukturellen Ähnlichkeiten innerhalb der „Gattungsfamilie" Werbung (Ayaß 2002), so dass deutlich wird, dass z.B. politische Werbung ebenso wie kommerzielle Werbung Orte des Alltagslebens zum Zwecke der Aufmerksamkeitsgenerierung nutzt. Als neuer Werbeträger sind u.a. Treppen zu nennen, die 2008 beispielsweise im Bahnhof Friedrichsstraße in Berlin für eine Kampagne des Bundesministeriums für Ernährung, Landwirtschaft und Verbraucherschutz ‚besetzt' wurden und hier analog zu einer Treppenwerbung im Bahnhof Magdeburg des Fast-Food-Unternehmens Mc Donald's als neuer Werbeort die Handlung des Rezipienten in den stufenartigen Aufbau der Werbung einbeziehen. Zu dieser Verbindung von Werbeort und Rezipientenhandlung in neueren Formaten siehe Domke (2010).

körperliche Ausdrucksformen wie Küsse oder ‚Händchenhalten') leicht zu identifizieren sind und erkennbar schnell alltägliche Situationen ‚simulieren' lassen.

Die ‚gefräßige' Werbung ringt derzeit mit einigen Problemen: Werbung (auch politische, hierzu Domke 2007) muss einerseits immer mehr bewerben, was sich immer weniger unterscheidet: Es gilt, eine einzigartige Verkaufsaussage, die „unique selling proposition" (Janich 2001: 45), des Beworbenen (eines Waschmittels, einer Partei) hervorzubringen. Das beworbene Produkt muss in kurzer Zeit als eben dieses Produkt identifizierbar sein und zugleich möglichst viel Neues bieten, um nicht als „Dasselbe" (Luhmann 1996: 94) daherzukommen: Dieses Verhältnis aus Redundanz und Varietät (Luhmann 1996: 94) ist als werbeimmanentes Prinzip zu verstehen, als „Spannungsfeld zwischen Repetition und Innovation" der für die Werbung herangezogenen Ausdrucksformen (Ayaß 2002: 164), mit dem die Aufmerksamkeit der immer werbemüder werdenden Konsumenten zu binden versucht wird.

Andererseits trägt die o.a. Omnipräsenz dazu bei, dass die Form des Gesehenen selten lange innovativ bleibt, da Werbung natürlich auch die Semiotiken anderer Werbungen für sich zu funktionalisieren weiß. Zudem wird durch das ausdifferenzierte Mediensystem Aufmerksamkeit zum kostbarsten Gut für Werbetreibende, die mit ihrer Arbeit paradoxerweise zugleich dazu beitragen, dass immer weniger Aufmerksamkeit dauerhaft gebunden werden kann (hierzu Schmidt 2002).[2] Konsum kann zudem, vergleichbar zur politischen Wahl (hierzu Rudolf/Wicker 2002, Brosda/Schichta 2002), kaum mehr an Großgruppen festgemacht werden: Werbung muss somit verstärkt Bezug nehmen auf kulturelle Alltagspraktiken potentieller Konsumenten in ihrem jeweiligen „Lebensstil" (vgl. Hölscher 1998).

Was wir derzeit an Werbung, auch und gerade im öffentlich begehbaren Raum und im ausdifferenzierten System klassischer Medien (wie TV), sehen, kann somit jeweils als Lösungsversuch für das Aufmerksamkeits- und das Ausdifferenzierungsproblem der Adressaten angesehen werden. Dass die Darstellung von Beziehungen so oft zum Bestandteil der Lösung wird, lässt nach deren Inszenierung und Funktion fragen.

---

2 Prominent diskutierte Ausführungen zur Aufmerksamkeit als wichtigster ‚Währung' der Gesellschaft finden sich bei Franck (1998). Assmann (2007) diskutiert die Aufmerksamkeits-Ökonomie in Bezug auf die Frage der Relevanz von Oberflächen u.a. im Buchdruck und in hybriden Multimedien und gibt mit einer Installation in Wien, bei der die Künstler die gesamte Straßenbeschilderung einwickelten, ein Beispiel dafür, „wie stark die Gebäude zu Schriftträgern von Geschäftsnamen, Logos und Werbespots geworden sind" (Assmann 2007: 212): Die Aktion habe durch das Verdecken der alltäglichen, omnipräsenten Textwelt neue Aufmerksamkeit frei gesetzt.

2.2 Liebeskommunikation: Zwischen Exklusivität und Anschlussfähigkeit

Liebe kann, wie bereits angeführt, als nur vom Liebenden selbst empfundene, „machtvolle Zugeneigtheit" (Iványi/Reichertz 2002: 10) angesehen werden, die mit Hilfe von „bewährten" Ausdrucksformen zur Aufführung gebracht werden muss, um von einem anderen oder der Gesellschaft wahrgenommen werden zu können. Mit Luhmann (1994) können diese kulturell verankerten Formen als symbolisch generalisierte Kommunikationsmedien verstanden werden, „die es ermöglichen, an sich unwahrscheinlichen Kommunikationen trotzdem Erfolg zu verschaffen". Sie dienen dazu, „die Annahmebereitschaft für Kommunikationen so zu erhöhen, dass die Kommunikation gewagt werden kann und nicht von vornherein als hoffnungslos unterlassen wird" (Luhmann 1994: 21).

Die Vermittlung der dafür notwendigen Liebessemantik wird zu einem nicht unerheblichen Maße als massenmedial geprägt angesehen, sie erfolgt primär unpersönlich, da für „Liebe" keine „institutionalisierten Sozialisationsagenturen" (Hahn 1998: 156) existieren; in den Fokus geraten also die Massenmedien als Vermittler (hierzu auch Luhmann 1994). In den vergangenen Jahrhunderten kam verschiedenen Massenmedien diese Aufgabe zu. So wird dem Roman des 18. Jahrhunderts zugeschrieben, als „Spiegel und Katalysator des Liebesdiskurses" (Hahn 1998: 156) zu fungieren. Analog dazu wird im 20. Jahrhundert der „Einfluss des kinematographischen Liebescode auf die Liebesbeziehungen" (Hahn 1998: 157) diskutiert und damit gefragt, welche Vermittler etablierter Liebescodierungen für die Gegenwart als relevant angesehen werden können. Für die Frage nach gesellschaftlich relevanten Liebeskonzeptionen erscheint es daher aus heutiger Perspektive aufschlussreich, massenmediale Kommunikate im Fernsehen, im Printbereich und im Internet in Bezug auf dadurch multiplizierte Inszenierungen von Liebes- und Beziehungskommunikation zu untersuchen (vgl. Iványi/Reichertz 2002).

Notwendig wurde diese Spezialsemantik durch gesellschaftlichen Wandel. An die Stelle der stratifikatorischen Differenzierung der Gesellschaft im Mittelalter tritt in der Neuzeit eine funktional differenzierte Gesellschaft (ausführlich in Luhmann 1997, 1994), deren Ausdifferenzierung zu der „sozial ortlosen" Einzelperson führt. Die ‚Erfindung' der romantischen Liebe wird aus soziologischer Perspektive als Lösung für den sozial ortlosen Einzelnen angesehen: die romantische Liebe bearbeitet aus dieser Perspektive das Problem, eine eigene Identität und „soziale Adresse" in Relation zu der komplexer werdenden Umwelt herausbilden und in der eigenen idiosynkratischen Weltsicht von einem anderen bestätigt werden zu müssen (u.a. Luhmann 1994: 16ff., 24ff., 193ff., Fuchs 2003: 21ff.).[3]

Zur Aufrechterhaltung der Beziehung sind Liebende fortwährend auf Kommunkation angewiesen, die als zu einem nicht unerheblichen Anteil von Indirektheit und Antizipation der Äußerung des Anderen geprägt angesehen werden kann. Hier werden strukturelle Probleme deutlich, die bereits zuvor im Kontext der „Unsicherheit der Zeichen" (hierzu Barthes 1988) angesprochen wurden und durch Rekurs auf Phasen der jeweiligen Liebesgeschichte konkreter fassbar werden: Gerade für den Beginn einer Liebe oder für besondere Ereignisse ist die Suche nach angemessenen Ausdrucksformen von Relevanz (siehe 4.1); diese „Geschwätzigkeit" im Sinne Musils steht der in der fortgeschrittenen Liebesbeziehung eingebauten (Ab-)sicherung gegenüber, über beispielsweise Eigenheiten, körperliche Alterungsprozesse und Täuschungen nicht nur schweigen zu wollen, sondern zu müssen, um Verletzungen zu vermeiden (Fuchs 2003: 29ff.). So erhält auch das „wortlose Verstehen" durch die Zeit seine immense Bedeutung, die „Augensprache" (Luhmann 1994: 29) kann Exklusivität und das Vermeiden der schwierigen Sprache (Barthes 1988) ermöglichen.[4]

Dass die Massenmedien nicht nur der unpersönlichen Verbreitung dieser Zeichen der Liebe, sondern auch der konkreten Konstitution moderner „Intimsysteme" (Fuchs 2003: 24) dienen, arbeiten Iványi/Reichertz (2002) am Beispiel von Sendungen wie „Nur die Liebe zählt" heraus: Auftritte in performativen Fernsehformaten, die den Handlungsvollzug (z.B. einer Liebeserklärung) vor der Öffentlichkeit ermöglichen, können als öffentlich wahrnehmbare Markierung der Liebe verstanden werden, die eine Stabilisierung der Beziehung ermöglicht und Verlässlichkeit verspricht (hierzu Reichertz 2002). Diese – massenmedial vermittelte – Exklusivität theatralisierter Liebeskommunikation (ausführlich in Iványi/

---

3   Die Herausbildung der ‚romantischen Liebe', die Liebe zur Voraussetzung für Ehe werden lässt, wird für den europäischen Kulturkreis auf die zweite Hälfte bzw. das Ende des 18. Jahrhunderts datiert. Die prominent von Luhmann diskutierte Auffassung, der romantische Liebescode umfasse Liebe *und* Ehe (1994: 183ff.), wird jedoch mit Bezug auf u.a. Texte von E.T.A Hoffmann und Tieck kritisch diskutiert und die literarische Ablehnung der bürgerlichen Ehe betont (Hinderer 1997: 10f., Burkart 1998: 22f.). Mit Rekurs auf systemtheoretische Überlegungen lässt sich die Genese der ‚romantischen Liebe' allgemein wie folgt fassen: Die Liebenden werden für die Gesellschaft zum Paar (Burkart 1998: 22) unter jeweiliger Komplettberücksichtigung „der EINS des Anderen", „und zwar genau in dem Moment, in dem diese EINS, diese Komplettheit durch die Differenzierungsform der Gesellschaft außer Kraft gesetzt wird" (Fuchs 2003: 24, Hervorhebung i.O.). Zur Genese der ‚romantischen Liebe' siehe aus unterschiedlichen Perspektiven auch Hinderer (1997), Lenz (1998), Luhmann (1994), Fuchs (1997).
4   Zum Schweigen als konstitutivem Bestandteil von Liebeskommunikation siehe Domke/ Vollmann (2008), die strukturelle Verbindungen des Nicht-Sagens in Texten höfischer Literatur des Mittelalters und neueren Liebesfilmen herausarbeiten.

Reichertz 2002) kann als ein moderner Lösungsversuch für die Suche nach exklusiven Ausdrucksformen angesehen werden. Auch Heiratsanträge an besonderen Orten, Liebeserklärungen vor Publikum und aktuelle Inszenierungsformen von Trauungen (hierzu Iványi/Reichertz 2002) sollen Besonderes zum Ausdruck bringen. Diese gegenwärtigen Formen sind (neben der grundsätzlichen Suche nach ‚sicheren Zeichen') in Relation zu gesellschaftlichen Entwicklungen wie der fortschreitenden Individualisierung, dem beruflichen Zwang zur Mobilität und den zunehmenden Scheidungsraten zu setzen: Massenhaftes kann das Romantische entzaubern, Einmaliges wird zwar gesucht und kann doch nicht die Wiederholung vermeiden. Die Suche nach der Sprache der Liebe gestaltet sich gegenwärtig somit unter neuen, zunehmend massenmedial geprägten Bedingungen. Angesichts der gerade skizzierten Spezifik der Liebeskommunikation stellt sich die Frage, welche „kulturellen Emotionsmodelle" (Röttger-Rössler 2006: 76) in der auf einen millionengroßen, recht heterogenen Adressatenkreis gerichteten TV-Werbebranche zur Aufführung gebracht werden.

3. Ein Überblick: Werbefrauen und Werbemänner

In diesem Abschnitt erfolgt ein Überblick über die Rollen, die Werbung derzeit allgemein Frauen und Männern zuschreibt, bevor der Fokus explizit auf Werbepaare gelegt wird. Die Grundlage für die empirischen Ausführungen bilden ca. 380 Werbespots, von denen etwa 320 aus dem Jahr 2008 stammen und etwa 60 aus dem Jahr 2007.[5] Sie wurden jeweils zwischen 16-20 Uhr auf den Sendern ARD, ZDF, VOX, SAT 1, RTL aufgenommen, so dass eine zeitliche Vergleichbarkeit gegeben ist, die Sender mit den höchsten Einschaltquoten ausgewählt wurden und damit große Konsumentengruppen adressierende Werbeformate vorliegen.[6] Das Thema des vorliegenden Beitrages – geschlechtsspezifische Rollen im allgemeinen sowie in Liebesbeziehungen – wird in diesem Rahmen durch

---

5   In dem diesem Beitrag zugrunde liegenden Korpus aus 380 Werbespots gehören durchschnittlich in jedem 4. Spot Werbepaare zum Setting. Zählte man noch die Werbung hinzu, in denen einzelne Werbefrauen oder Werbemänner *Liebe* thematisieren (indem sie über einen Umworbenen sprechen und/oder mit Hilfe eines Produktes erfolgsversprechender für eine Beziehung oder deren Aufbau ‚gerüstet' dargestellt werden) oder – auch ohne sichtbare Werbepaare – sprachlich Beziehungspflege zum Anlass der Werbung wird (z.B. vor Weihnachten oder dem Valentinstag bei Pralinen- oder Schokoladenwerbung), erhöhte sich diese Frequenz auf mindestens jeden 3. Spot.

6   Ich danke Michael Chlebusch und Tim Ihde für die Aufzeichnung und Bearbeitung der Spots.

das Heranziehen aller Werbespots im o.a. Zeitraum und in allen Sendern bearbeitet.[7]

Der erste Blick in das Korpus an dieser Stelle fokussiert Berufe, Themen und Rollen und damit Kompetenzbereiche von Werbefrauen und Werbemännern. Zunächst ist festzuhalten, dass der gesellschaftliche Wandel (u.a. Zunahme berufstätiger Frauen) auch die werblichen (Re-)Inszenierungen verändert hat, so dass die berufstätige Werbefrau vermehrt seit dem Ende der 1980er Jahre zu sehen ist. Neben (früher) klassischen Frauenberufen (wie Krankenschwester und Sekretärin) lässt sich mittlerweile von einem ausdifferenzierteren Bild sprechen, das in meinem Korpus z.B. Beraterinnen bei der Bank oder Mitarbeiterinnen in (Werbe-) Agenturen umfasst. Dass Berufstätigkeit nun nicht mehr nur allein die Domäne des Werbemannes ist und Werbefrauen auch in eigenverantwortlichen Tätigkeiten gezeigt werden, mindert jedoch nicht das Fazit von Willems/Kautt (2003), die in ihrer Studie zu aktuellen Inszenierungsverfahren der Werbung in Bezug auf Geschlechter und Beruf festhalten: „Auch heute noch sind es überwiegend die Männer, die berufliche Schlüsselpositionen besetzen" (Willems/Kautt 2003: 314).

Anhand meines Korpus lassen sich unterschiedliche Kompetenzbereiche von Werbefrauen und Werbemännern folgendermaßen verdeutlichen: In den ca. 380 Webespots werden Frauen inszeniert als Angestellte in Banken, Agenturen, als Kassiererinnen (z.B. im Rewe-Markt), als nicht genauer spezifizierte, berufstätige Mütter, als Mütter (z.B. mit Toffifee), als Partnerinnen in verschiedenen Altersstufen, als Hausfrauen, als Sportlerinnen (u.a. Sparda-Bank, Tchibo), als Kundinnen (Commerzbank), als Freundinnen (z.B. Milka), als Schwestern (u.a. Mon Chérie), als Erkrankte (Wobenzym, Dolormin) sowie als Ratgeberinnen für Hygieneartikel und Gesundheitspräparate (z.B. WC frisch, audispray). Von einer *alleinigen* Zuständigkeit des Mannes „für die Arbeit außerhaus auf der einen Seite" und der Frau „für die Familie und den Haushalt auf der anderen Seite", wie es für die „geschlechtsspezifische Fähigkeitsdifferenzierung" der 1950er Jahre festgehalten wird (Zurstiege 1998: 63f.), kann offensichtlich nicht mehr die Rede sein, zumal auch der Werbemann über einen erweiterten Aktionsradius verfügt (s.u., z.B. als ‚Kumpel'). Nichtsdestotrotz

---

7 (Quantitative) Analysen zur Relation Beziehungskonzeption/Sendezeit sowie Zuordnungen zwischen Beziehungskonzeption und Sender könnten zur Ausdifferenzierung der hier vorgestellten Überlegungen beitragen, so dass Thesen zu der Art der Beziehungsinszenierung, der Sendezeiten und der Sender durch vergleichende Untersuchungen mit Werbespots aus anderen Zeiträumen, etwa 20-24 Uhr, entwickelt werden könnten. Im vorliegenden Rahmen stehen weniger derartige prozentuale Verhältnisse, denn empirisch fundierte Überlegungen zur Rollenzuschreibung für Werbepaare im Zentrum.

werden durch die erkennbare Erweiterung der Rollen beider Geschlechter Unterschiede auf einer anderen Ebene (re-)produziert. Können für die heutigen (Re-)Inszenierungen von Werbefrauen zwar über klassische Frauenberufe hinausgehende Berufe festgehalten werden, sind bestimmte Positionen für die werbliche Aufführung von berufstätigen Frauen jedoch (noch) nicht vorgesehen: Im Korpus gibt es *keine einzige* als Akademikerin inszenierte Werbefrau und *keine* statushöhere Werbefrau bei gleichzeitig sichtbarem Werbemann.[8]

Abb. 1: „Postbank"-Spot

Dies unterscheidet sich markant von der Inszenierung von Werbemännern, die als anweisende Vorgesetzte (Rewe), als Direktoren (Commerzbank), als beratende Apotheker (Apothekenumschau), als Wissenschaftler und Experten vor Auditorium und damit in zentraler Funktion für den Wissenstransfer sichtbar werden, wie etwa durch die Positionierung eines „Ernährungsexperten" vor kindlichem (Fruchtzwerge) oder eines Nachwuchswissenschaftlers vor studentischem Publikum (siehe Abb. 1; Postbank) deutlich wird.[9] Zu den nicht-akademischen Berufen des Werbemannes zählen der Tankwart und der Handwerker, die konträr zu den Darstellungen der arbeitenden Werbefrauen nicht als untergeordnet, sondern in symmetrischen Konstellationen inszeniert werden (s.u.). Die für den Werbemann vorgesehenen Berufe sind erkennbar ausdifferenzierter als die der Werbefrauen. Dass in den Werbespots neben fußballspielenden, grillenden, angelnden ‚Vätern' und ‚Kumpels' auch bastelnde und vorlesende sichtbar werden, korrespondiert einerseits mit Analysen zu sich verändernden Vorstellungen von Männlichkeit (u.a. Zurstiege 1998, Hippmann 2007) und der anhaltenden Neudefinition der Rolle des Mannes und andererseits mit einer für mein Korpus festzuhaltenden Zunahme des ‚geselligen Werbemannes', dessen „Män-

---

[8] Seit Erscheinen von Goffmans Studie zu „Geschlecht und Werbung" scheint sich diesbezüglich wenig geändert zu haben. In seinen Ausführungen zur „Rangordnung nach Funktion" hält er fest: „Wenn in unserer Gesellschaft ein Mann und eine Frau bei einem Vorhaben direkt zusammenarbeiten, dann übernimmt der Mann offenbar stets die ausführende Rolle, vorausgesetzt, dass eine solche sich herausbilden kann" (Goffman 1981: 134).

[9] Die hier und nachfolgend gezeigten Bild-Ausschnitte, die zum Gegenstand der Analyse wurden, stammen aus Werbespots, die 2008 auf Sat1 (Postbank, T-Mobile), RTL (Duplo, Wella) und ZDF (Midro-Abführmittel, Nivea) gesendet wurden, was jedoch nicht ausschließt, dass die Spots auch auf anderen Sendern gezeigt wurden.

ner-Freizeitwelt" (klassisch in Bierwerbungen, z.B. für Hasseröder) indes „häufig zugleich als eine Art Gegenwelt entworfen" wird, „in der man(n) zur Kompensation seiner öffentlichen und beruflichen Leistungsexistenz ‚ganz Mensch' sein kann" (Willems/Kautt 2003: 314).

Wie Werbung auf „das intersubjektiv geteilte Wissen", „was als männlich und was als weiblich gilt" (Zurstiege 1997: 192) rekurriert und wie Unterschiede der geschlechtsspezifischen Kompetenzen hervorgebracht werden, vermag ein exemplarischer Blick auf einen Werbespot des Rewe-Marktes zu verdeutlichen. Der Betrachtende sieht einen jungen Mann, der zwei ältere Herren mit Kaffee bedient und von diesen – dadurch als Vorgesetzte erkennbar – per Sprechanlage um zwei weitere Kaffee gebeten wird. Dass ‚seine Vorgesetzten' sich dem Betrachtenden bei der Bestellung als übertrieben ‚feixend', sich über diesen Spaß des erneuten Orders nahezu kindisch freuend präsentieren, lässt einen markierten Anschluss erwarten und verweist auf das ‚Humor-Potential' der Situation. Offensichtlich (kurzfristig) mit den Aufgaben einer Sekretärin betraut erweist sich der Werbemann beim erforderlichen Einkauf denn auch als unbeholfen: Hilfe in der nächsten Einstellung und damit ein Einkaufswagen für die Vielzahl der mühsam in seinen Händen balancierten Produkte naht in Gestalt einer als Kassiererin wahrgenommenen jungen Frau, die, ganz im Sinne des beworbenen Unternehmens Rewe, dem als überfordert inszenierten, gleichaltrigen Kunden sofort zu Hilfe kommt. Während die Frau bildlich als freundliche Angestellte des Unternehmens (um das Erfordernis des Einkaufswagens wissend und leicht über die Supermarktuntauglichkeit des Kunden lächelnd) und damit die von ihr aufgeführte Rolle positiv inszeniert wird, sehen wir den jungen Mann beim Einkaufen in einer für ihn erkennbar *fremden* Rolle, in der er nicht in der Lage war, die Menge der Ware mit der Notwendigkeit eines Einkaufswagens im vorhinein zu verbinden. Mit Willems/Kautt (2003: 335) kann dies als „symbolische Relativierung" der neuen, klassischerweise weiblich besetzten Rolle als kaffeekochender „Sekretär" verstanden werden: Im Gegensatz zu der Mitarbeiterin des Rewe-Marktes wird die Rolle des Sekretärs hier nicht ernsthaft als ein denkbarer Kompetenzbereich und damit als eine ernsthaft ausgefüllte Erwerbstätigkeit des Werbemannes präsentiert, was in einem starken Kontrast zu der Vielzahl an Werbedarstellungen für die Bedienung und das Einkaufen ‚hervorragend' geeigneter Werbefrauen steht.[10]

---

10 Auch dieser Unterschied findet sich bereits bei Goffman. In Bezug auf die Frage, „wie Männer wohl abgebildet werden, wenn sie sich im traditionellen Autoritäts- und Tätigkeitsbereich der Frau befinden", diskutiert Goffman die Möglichkeit, dem Mann entweder „überhaupt keine mitwirkende Rolle" zuzuschreiben (Goffman 1981: 148) oder „den

Unterschiede weisen neben den beruflichen Positionen auch im Gesamt die für die Geschlechter vorgesehenen Themen bzw. Produkte auf: Hier ist erneut Willems/Kautt (2003: 328) zuzustimmen, die Werbung aus den 1990ern analysiert haben und es als Diskriminierung beschreiben, dass die Kranken- und Patientenrolle bis auf wenige Ausnahmen weiblich besetzt ist: In meinem Korpus ist es ohne Ausnahme der weibliche Darm und Magen, der der Behandlung bedarf, es ist bei gleichzeitigem Auftreten von Werbefrau und Werbemann der weibliche Körper, der als heilungsbedürftig vorgestellt wird.[11]

Abb. 2: „Midro-Abführmittel"-Spot

Schönheit und Kosmetik sind im vorliegenden Korpus – trotz allgemeiner Zunahme der Pflegeserien für Männer – Domäne der Werbefrauen (s.u.) und auch die Darstellung von „Binnenzuständen" (Willems/Kautt 2003: 318ff.) ist in der Ausdifferenzierung von Freude, wie sie (siehe Abb. 2) etwa nach der erfolgreichen Einnahme eines Abführmittels zum Ausdruck gebracht wird, von Angst und Vergnügen allein Werbefrauen vorbehalten (Goffman 1981: 269ff., s.u.).

Im Gesamt lässt sich festhalten, dass die Kompetenzbereiche Beruf und Haushalt nicht mehr so strikt getrennt werden wie es für die 50er Jahre gilt, es gibt die berufstätige Frau und den mit Kindern spielenden Vater. Zugleich gibt es gleich bleibende Themen-Rollenkonstellationen (etwa Mütter und Ernährung) und symbolischen Ausgleich für neue Rollen. In den 380 Spots waren in *keinem* Fall Alleinerziehende inszeniert, Werbefrauen *nicht* bei gleichzeitig sichtbaren Werbemännern als Füh-

---

Mann als lächerlich oder kindisch darzustellen", um so „das Könner-Image des wirklichen Mannes zu retten" (Goffman 1981: 150).

11 Nur sehr selten altert der Körper des Werbemannes mit wahrnehmbarer Beeinträchtigung. Der Werbespot für das Gelenkmittel Optovit bildet in diesem Zusammenhang eine bemerkenswerte Ausnahme in meinem Korpus, die ein Novum, den kranken Mann, im Sinne o.a. Überlegungen jedoch sogleich symbolisch relativiert: Es sind die Werbeehefrauen, die sich in diesem Spot sprachlich über Hilfe gegen Gelenkprobleme verständigen, währenddessen bildlich ein von hinten sichtbarer Werbemann sich nahezu steif fortzubewegen scheint. Die Auflösung des ‚Rätsels', warum der ‚Patient' trotz Einnahme des Produktes nicht gelenkiger erscheint, erfolgt mit der Kameraführung vor den Werbemann: Ein auf seinen Füßen mitgetragenes (Enkel-)Kind hatte für den falschen, unbeweglichen Eindruck gesorgt. Den Werbefrauen kommt es zu, das Thema Gesundheit zu besprechen, währenddessen sich der Werbemann als vitaler, zu Scherzen aufgelegter Großvater erweist, dessen bereits bewältigtes Problem nur im Nachhinein und durch Verwechselung sichtbar wird.

rungspersönlichkeiten sichtbar (hierzu auch Willems/Kautt 2003: 337f.), Werbemänner *kein einziges* Mal als kompetent in Bezug auf Haushaltsreinigungen dargestellt – konträr zu Werbefrauen, die im Korpus u.a. Staubsauger bewerben und sich bei der Bewerbung von WC-Duft als kompetenter im Wettstreit mit Männern erweisen dürfen.[12]

Unterschiedliche Kompetenzen sind bereits für Werbekinder vorgesehen. Exemplarisch sei auf einen Spot für Mon Chérie verwiesen, in dem ein lesender Werbejunge dargestellt wird, der seiner Werbeschwester, die sich gerade die letzte Kirsche vom Tisch nehmen möchte, durch die Frage „Wusstest Du, dass ich zaubern kann?" dazu bringt, sich die Augen zuzuhalten, und so unbeobachtet die Kirsche ‚verschwinden' lassen kann. Mittlerweile erwachsen geworden (re-)produzieren diese Werbegeschwister die ungleichen Rollen: die junge Werbefrau verliert bildlich den ‚Kampf' um das letzte Mon Chérie, was sie sprachlich zu der leicht verärgert, resigniert klingenden Interjektion „ach" veranlasst. Ihr Werbebruder unterbricht ihre auch mimisch und gestisch angezeigte Unbill, indem er sie fragt: „Warte Schwesterchen, kennst Du schon meinen neuen Zaubertrick?" Die Infantilisierung der Adressierten – und wie in der Kindheit Hereingelegten – wird mimisch durch Spannung anzeigende geöffnete Augen und sprachlich durch das Diminutiv und eine markierte Intonation von „Zauber" angezeigt. Erneut lässt der Werbebruder die „Kirsche" verschwinden, die weibliche Werbefigur reproduziert zunächst ein erstauntes Einatmen und mit ihrem emphatischen Ausruf „Gib's wieder her" nicht nur einen an kindliche Spiele erinnernden Ausruf, sondern auch ihr ‚Ausgeliefertsein' dem (auch durch seine Körpergröße und -haltung) überlegenen Bruder gegenüber.[13] Unterschiedliche Eigenschaften (wie listig, pfiffig, überlegen sowie langsam, nicht durchsetzungsfähig, naiv zu sein) werden hier multimodal mit Hilfe verschiedener semiotischer Ressourcen (re-)inszeniert, bildlich durch den Handlungsverlauf, die Mimik, Gestik und Körperhaltung, sprachlich durch die Wahl der Lexik und den Grad der Elaboriertheit der Äußerungen sowie parasprachlich durch den Intonationsverlauf sowie die Tonhöhe (hierzu auch Kotthoff 2001).

---

12 Kotthoff (2001) spricht in diesem Zusammenhang von der „stereotypen Arbeitsteilung der Geschlechter": In der von ihr untersuchten Radiowerbung kommen „Bezugnahmen auf technische Seiten eines Produktes nur aus dem männlichen Mund", wohingegen sprechende Frauen „hauptsächlich bei Kaffee, Unterhaltungszeitschriften, Schokolade, Kosmetik, Katalogen, Reinigungsmitteln und Reisen eine Rolle" spielten (Kotthoff 2001: 184).

13 Mit Motschenbacher (2006) ließe sich hier von „ritualisierter Geschlechtspraxis" sprechen, die auf dem stereotypischen Wissen der Werbenden beruht (2006: 63): Stereotypische Merkmale weiblichen Sprechens wie Emotionalität werden trotz Widerlegung (z.B. des Stereotyps, dass der Gebrauch von Schimpfwörtern primär Männern vorbehalten sei) im Alltag und durch entsprechende Studien nach wie vor reproduziert, was u.a. mit der „Furcht vor geschlechtlicher Instabilität" begründet werden kann (2006: 59).

All dies scheint insgesamt das von Ayaß (mit Rekurs auf Goffman 1981) gezogene Fazit zu bestätigen. „Das Erstaunliche ist: Obwohl Werbung die vielleicht sich am schnellsten verändernde mediale Gattung überhaupt ist, haben sich die Darstellungen der Geschlechts-Ritualisierungen nur wenig geändert" (Ayaß 2008: 130).

4. Werbepaare

Welche Funktionszuweisungen lassen sich nun genauer für Werbepaare herausarbeiten? Die Frage nach Unterschieden zwischen der werblichen Inszenierung von Werbefrauen und -männern geht mit der Differenzierung der Werbepaare hinsichtlich des ‚Stadiums' der Liebe bzw. Beziehung einher. Das vorliegende Korpus umfasst Beziehungskonstellationen zwischen als Liebenden inszenierten Personen, die in vier Gruppen eingeteilt werden und verschiedene Abschnitte einer Beziehung auf die werbliche Bühne bringen. Die nachfolgend sichtbare Klassifizierung der in den Spots ‚aufgeführten' Paare in die Phasen 1) *zu Beginn: Flirt und Liebeswerbung*, 2) *junge Liebe: Partnerschaft in jüngeren Jahren*, 3) *mehrfachadressierte Liebe: Partner- und Elternschaft* sowie 4) *gealterte Liebe: Partner im ‚Alter'* korrespondiert mit ‚klassischen' Entwicklungsstufen einer Liebe (siehe Abschnitt 2), für die spezifische Ausdrucksformen festgehalten werden (wie für die Liebeswerbung oder die vertraute Liebe). Die Einteilung verweist somit auf Unterschiede der Werbepaare und ist ein Ergebnis der hier vorgestellten empirischen Analysen, die geschlechtsspezifische Formen der Inszenierung von Liebeskommunikation herausstellen. Die Kategorisierungen orientieren sich dabei natürlich auch an den Zuschreibungen im vorliegenden Korpus, das Beschreibungen des Gesehenen (wie ‚verliebt sein' oder ‚Alter', s.u.) beinhaltet und andere denkbare Phasen (wie die der Versöhnung) und Konstellationen (wie Flirt im ‚Alter' oder homosexuelle Beziehungen) *nicht* enthält.

4.1 Zu Beginn: Flirt und Liebeswerbung

Ausgehend von meinem Korpus lässt sich zu dem Abschnitt „Beginn – Liebeswerbung" folgende These entwickeln: Es werben nur Werbemänner um Werbefrauen und dabei verstehe ich Werben in Anschluss an den durch Minnesang literarisch tradierten performativen Akt, charakterisiert u.a. durch „Treue, Beständigkeit, Warten auf die Liebesgunst der begehrten Person" (Schnell 1985: 135f.). Die bereits durch den mittelalterlichen Minnesang etablierte Ordnung des werbenden Mannes hat bis heute Gültigkeit für die werbliche Inszenierung, die in diesem Bereich allerlei Anleihen bei Formen des Werbens unternimmt.

Abb. 3: „Duplo"-Spot

Im vorliegenden Korpus sehen wir beispielsweise in der Bewerbung von Duplo die Variante des – werbetypisch übersteigert inszenierten (Ayaß 2002) – Kämpfens zweier Werbemänner um eine Werbefrau, die in diesem Fall nach Tennisspiel, Kartrennen (siehe Abb. 3) und Klippensprung den mit dem Duplopapier geschickter Umgehenden wählt und beeindruckt wird durch das von ihm daraus kunstvoll gefertigte Insekt (eine Libelle, siehe Abb. 4).

Laut männlichem ‚voice over' wählt die Werbefrau den, der mit „Duplomatie, mit Charme, Stil und Sympathie" agiert. Die hier bildlich sichtbare, hyperstilisierte Form des Wettkampfes wird durch das zeitgleich hörbare ‚voice over' im Jägerschen Sinn transkribiert (Jäger 2002, 2005) und dadurch als Liebeswettkampf lesbar gemacht (z.B. durch „mit Blut, Schweiß und Schmerz kämpften beide um ihr Herz"), d.h. dass dem Gesehenen durch das zeitgleich Gehörte eine bestimmte Bedeutung zugesprochen und dem Rezipienten eine „Bildleseanweisung" gegeben wird (Holly 2006).[14]

Dass bei diesen sprachlichen Bildinterpretationen die Form des Paarreimes gewählt wird, lässt sich auf zweierlei Arten begründen: Einerseits ist derzeit „ein deutlich nachweisbarer Verlust des Reimes und vor allem der nahezu komplette Verlust des Endreimes festzustellen" (Ayaß 2002: 165), so dass allein das Einsetzen dieser Form markiert ist und in Zeiten ‚reimloser' Werbung Aufmerksamkeit generieren kann (s.o.). Andererseits korrespondiert die für das Gesamt der aktuellen Werbung veraltet wirkende Reimform mit dem ebenfalls ‚veralteten' Wettkampf um eine Frau, so dass durch die übertriebene Darstellung, die markierte Lexik und deren Reim stilisierte Merkmale einer „nacherzählten Legende" generiert werden („es waren am schönen Comer See, zwei Jungs verliebt in Desiree"):

---

14 In der Transkriptivitätstheorie Jägers (u.a. 2002, 2005) stehen die Wechselwirkungen zwischen verschiedenen Zeichensystemen und Medien im Zentrum der Überlegungen: Bedeutung entsteht demnach durch den Prozess der wechselseitigen und selbstbezüglichen Bezugnahme von Zeichensystemen bzw. Medien und damit durch fortwährende Transkription. Zur Frage kann aus dieser Perspektive für die Analyse von audiovisuell wahrnehmbaren Texten werden, wie ein Zeichensystem ein anderes, wie das Gesehene das Gehörte und vice versa ‚lesbar' macht (hierzu u.a. Holly 2007).

Abb. 4: „Duplo"-Spot

Diese Hyperstilisierung verweist diese Form des Liebeswerbens in den Bereich des heute Märchenhaften, Unrealistischen. Zugleich werden u.a. mit dem Kartrennen, mit der einerseits sexualisierten (tief dekolletierten, siehe Abb. 3), andererseits zeitlos erscheinenden Kleidung der Werbefrau derzeit vertraute Ressourcen eingesetzt und damit Anknüpfungspunkte für heutige Liebende generiert; die spezifische Rollenzuschreibung (sich beweisende, sportliche, attraktive Männer und eine dadurch zu beeindruckende Frau) und der verträumte Ausdruck der Umworbenen beim Anblick des zu einer Libelle geformten Duplopapiers (siehe Abb. 4) werden auf diese Weise anschlussfähig für die Gegenwart und der klassische Liebeswettkampf wird so zeitgenössisch ‚lesbar' gemacht, im Sinne Jägers (2002) somit kulturell „transkribiert".[15]

Weniger historisiert wird in einem Spot für ein Erkältungsmittel um die Gunst einer Werbefrau geworben. Wir sehen einen einzelnen Werbemann, der variantenreich den alltäglichen Weg der Werbefrau mit sich fortschreibenden Bitten und Hinweisen für das nächste, wohl erste Rendezvous versieht. Eine Busanzeige, Luftballons und Kaffeeschaum werden zu Medien bzw. Textträgern, Rosenblätter als Symbol der Liebe formen Buchstaben. Die zunächst erkältete Werbefrau, die dem Werben um ein Treffen dank der erfolgreichen Wirkung des Präparates nachgeben kann, malt ihr zustimmendes „Ja" mit einem Lippenstift an ein Busfenster.

Führt im ersten Spot das beworbene Produkt zum entscheidenden ‚Kampf' zwischen den Kontrahenten und so zu dem zentralen Entscheidungskriterium für die entscheidungsunfreudige Werbefrau, ermöglicht das Produkt im zweiten Spot der Werbefrau die Akzeptanz der aufwendig gestalteten Bitte um ein Rendezvous – in beiden Fällen erfährt die Werbefrau durch das Produkt die entscheidende Unterstützung für ihr ‚Liebesglück'. Erkennbar wird das Werben um jemanden hier als, freilich extreme, Suche nach angemessenen (noch) nicht sprachlichen Ausdrucksfor-

---

15 Der der werblichen Gegenwart entrückte Gesichtsausdruck der umworbenen Werbefrau (siehe Abb. 4) beim Anblick der aus Duplopapier gefertigten Libelle lässt sich erneut mit Goffmans Analysen verbinden, in denen er feststellt: „Frauen werden offenbar häufiger als Männer in Haltungen abgebildet, die sie psychisch aus der vorliegenden sozialen Situation entrücken und sie in dieser orientierungslos und daher wahrscheinlich auf den Schutz und das Wohlwollen der anderen angewiesen erscheinen lassen" (Goffman 1981: 224).

men (re-)inszeniert (s.o.) und damit aus der Perspektive der Werbung diese erste Phase (s.o.) zu einer auch körperlichen Herausforderung des Verliebten, dessen Geschick und Einfallsreichtum zu konstitutiven und notwendigen Merkmalen des werbenden Werbemannes werden. Werbemänner müssen etwas „leisten", variantenreich agieren, um der Werbefrau zu gefallen, was mit Borstnars Analysen zu Männerbildern übereinstimmt, in denen er feststellt: „Männliche Attraktivität wird über Leistung erworben" (2002: 70).

Wir sehen im gerade skizzierten Sinne *keine einzige* werbende Frau im vorliegenden Korpus: als Umworbene wird die Werbefrau, korrespondierend mit dem immer noch geltenden Status von Frauen als „Anblick" in der Werbung (Willems/Kautt 2003: 323), zum recht passiven Objekt, als Werbende werden ihr allein körperliche bzw. sinnliche (siehe Abb. 3 u. 4) Ausdrucksformen zugesprochen. Besonders deutlich werden die unterschiedlichen geschlechtsspezifischen Rollen in dieser Phase durch abschließenden Rekurs auf folgendes Beispiel: In einem Spot für ein Haarspray hören wir folgenden Text der weiblichen voice over-Stimme: „Stellen sie sich vor, sie bekommen optimalen Halt in nur 5 Sekunden. Mit Wella-Flex-Haarspray kommen sie schneller aus der Tür, treffen vielleicht ihren Traummann, gewinnen ihn für sich und nehmen die Dinge selbst in die Hand". Wir sehen eine sich frisierende Werbefrau, die auf der Treppe dem sprachlich definierten „Traummann" begegnet, der ihr im nächsten Schritt dieser Beziehungskonstitution Rosen überreicht.

Abb. 5: „Wella-Flex-Haarspray"-Spot

Beim Candlelight-Dinner sehen wir mit der Kleidung der Frau (siehe Abb. 5) ein Beispiel für „Weglassungen (Ausschnitte), [die] sie (und nicht ihn) als das schöne und erotische Geschlecht rahmen" (Willems/ Kautt 2003: 318) und hören, während die Werbefrau mit dem Ausblasen der Kerze bildlich (siehe Abb. 5) einen nächsten (erwartbar verführenden) Schritt anzukündigen scheint, „[sie] nehmen die Dinge selbst in die Hand". Die wechselseitige Lesbarmachung von ‚voice over' und Bild legen die Lesart nah, die sprachlich angezeigte Selbständigkeit der Werbefrau habe zunächst das Ziel der ersten gemeinsamen Nacht. Dass in der nächsten Szene ein Bild der Hochzeit der beiden sichtbar wird, verdeutlicht bildlich das ‚ultimative' Ziel der Werbefrau, sich den „Traummann" verbindlich zu angeln. Diese ihr sprachlich zugesprochene Aufgabe bewältigt die Werbefrau für den Betrachter sichtbar allein durch körperliche Attribute. Eine Relativierung erfährt dieser Traum (und der Wirkungsradius des Haarsprays) mit dem gleichzeitig hörbaren, den Spot abschließenden „alles ist möglich mit Wella-Flex-Haarspray, naja, fast alles".

Wie in dem o.a. Duplospot wird die Hyperstilisierung (hier eines vermeintlichen Frauentraums) als solche (an der Oberfläche) markiert, zugleich jedoch mit den Rollenzuschreibungen und zentralen Merkmalen (durch ‚Einsatz' der eigenen Schönheit und Attraktivität einen Mann zu bekommen) Erstrebenswertes (re-)inszeniert und als aktuelle Ausdrucksform des Flirtens ‚angeboten'.

Zugeneigtheit wird hier in allen Beispielen durch Blicke, Körperhaltungen und die von der voice over-Stimme formulierten ‚Bildleseanweisungen' (re-)inszeniert. Diese Präferenz für den allein non-verbalen Ausdruck der ‚verliebten' Werbefrauen und -männer lässt sich einerseits mit der Kürze der Spots und der dadurch entstehenden Notwendigkeit verbinden, in kürzester Zeit „ein Stück simuliertes Leben" (Goffman 1981: 61) darzustellen, was bildlich durch Rekurs auf vertraute Zeichen der Liebe (Blicke, Gesten, Rosen u.a.) schneller und (nicht zuletzt durch die Hyperstilisierung) eindeutiger möglich ist. Die Transkription, d.h. die Bedeutungszuschreibung (s.o.) durch das ‚voice over' leistet im Gesamt die Verbindung einzelner Bildszenen und Herausstellungen zentraler Momente. Andererseits lässt sich die bildliche Suche und Abfolge von Ausdrucksformen mit der Spezifik der Phase des Liebeswerbens selbst begründen, in der die Dargestellten noch kein (Werbe-)Paar sind und eine gemeinsame Sprache erst finden müssen (hierzu Domke/Vollmann 2008). Diese Suche kann in der Kürze der Spots allein bildlich (re-)inszeniert werden.

4.2 Junge Liebe: Partnerschaft in jüngeren Jahren

Auf der Basis des vorliegenden Korpus lässt sich die These entwickeln, dass das Stadium der „jungen Liebe" als dasjenige für derzeitige Werbung fungiert, in dem ‚klassische' Rollenverteilungen am ehesten aufgeweicht werden. Der Bezug zu kulturellen Praktiken und Konsumpräferenzen verschiedener, ausdifferenzierter Lebensstile (hierzu Habscheid/Stöckl 2003), die gesellschaftlich an die Stelle der vertikalen Ordnung getreten sind, scheint der Werbung für als kinderlos inszenierte Paare am leichtesten zu fallen: Hier werden primär Geteiltes der Paare und nicht Unterschiede fokussiert, zudem Lifestyletypen wie Individualisten und gut verdienende Konsumorientierte (hierzu Hölscher 1998) in einem Stück simulierter Lebenswelt präsentiert.

Die Werbepaare, oftmals in ihren 20er oder 30er Jahren, sind im vorliegenden Korpus zu sehen u.a. beim Joggen (z.B. Tchibo), Kochen (z.B.

Maggi) und naturorientiert (z.B. Oetker). Ihre Einrichtungen und Kleidung verweisen oft auf individuell ausgestaltete Lebensstile. Sie werden teilweise als nicht zusammen wohnend (re-)inszeniert und werden für den Betrachter zum Paar durch körperliche Nähe, zärtliche Berührungen oder intensive „Augensprache" (vgl. Luhmann 1994, s.o.), die Vertrautheit und starke Gefühle symbolisieren.

Abb. 6: „T-Mobile"-Spot

Ein Spot für T-Mobile vermag dies exemplarisch zu verdeutlichen: Eine durch eine Naturlandschaft autofahrende Werbefrau lauscht erkennbar emotional dem per Telefon übertragenen, als selbstkomponiert inszenierten Gitarrenspiel und Liebeslied (siehe Abb. 6) ihres im nächsten Bild sichtbaren Werbefreundes(-mannes). Dieses Setting (sie autofahrend, er nicht urban, ländlich idyllisch lebend) lässt die Lesart einer Fernbeziehung zu; der ihr offensichtlich bekannte und teilweise mitgesungene Liedtext (u.a. „I keep thinking of the times we went through") verweist auf eine bereits länger bestehende Beziehung.

Abb. 7: „T-Mobile"-Spot

Zentral und handlungsleitend werden durch die Mimik vor allem der Werbefrau (siehe Abb. 7) und das durch das beworbene Produkt übertragene Lied des Werbemannes tiefe Gefühle zum Ausdruck gebracht. Nicht Unterschiede der Liebenden, sondern das sie verbindende Gefühl und die von beiden geteilte und gekannte Ausdrucksform werden fokussiert. Das von ihr bei der Ankunft, ihn bereits vor dem Haus sitzend sehend, per Telefon formulierte „Ich liebe dich" erscheint als angemessene Replik auf sein Liebeslied. Sein anschließendes „Hei" schließt die Sequenz salopp, aber mit sanfter Intonation ab, so dass die zuvor geteilte und von ihm musikalisch und ihr verbal zur Aufführung gebrachte Emotionalität etwas relativiert wird. Zugleich wird deutlich, dass die mit der Formel aller Formeln (hierzu Barthes 1988) normalerweise einhergehende verbalsprachliche Reaktionsverpflichtung (ich dich auch) hier durch bereits Mitgeteiltes nicht besteht und eine Erwiderung auch nicht als notwendig dargestellt wird: Erkennbar wird dieses Werbepaar als ein Paar (re-)inszeniert, dass über vertraute und in ihrer Liebeskommunikation anschlussfähige Ausdrucksformen verfügt.[16]

In diesem Beispiel ist es, korrespondierend zu gerade herausgearbeiteten geschlechtsspezifischen Funktionszuweisungen allerdings wieder primär der Werbemann, der mit dem Gitarrenspiel und -gesang erweiterte Ausdrucksformen zur Verfügung hat und letztlich ihre Emotionen auslöst. Ihr bleibt, neben dem Mitsingen, vor allem der emotionale Ausdruck in Mimik und Gestik und durch angedeutete Tränen. Zugleich ist es hier jedoch der Werbemann, der die reisende (berufstätige) Werbefrau im gemeinsamen Haus erwartet, so dass die o.a. geschlechtsspezifischen Funktionsbereiche (Berufs-)Welt und Haus-(halt) (hierzu Zurstiege 1998) hier im Rahmen einer Liebesgeschichte mit anderen Rollenzuschreibungen eine Umkehrung erfahren.

Die Phase der Liebe in jungen Jahren weist im vorliegenden Korpus durch sichtbares Teilen eines Lebensstiles (gemeinsamer Sport, geteilte Empfindungen, Konsumpräferenzen) neue Funktionszuschreibungen auf: Im Vergleich zu der ersten Phase (4.1) werden Werbefrauen oftmals weniger erotisierend inszeniert, der Kleidungsstil beider kann als oftmals markiert individualisiert beschrieben werden (siehe seinen Armschmuck, Abb. 6). Geschlechtsspezifische Unterschiede sind neben der bereits allgemein festgestellten größeren Intensität angezeigter Gefühle durch Werbefrauen (s.o.) in Größenunterschieden, die soziale Ungleichheit symbolisieren können, zu beobachten (Goffman 1981: 120). Dass die (noch) kinderlosen Werbepaare mit einem Fokus auf geteilte Handlungen und Gefühle und dabei in weniger stereotypisierten Rollen wie in der ersten Phase und in weniger markiert unterschiedenen Kompetenzbereichen wie allgemein Werbemänner und -frauen (siehe Abschnitt 4) (re-) inszeniert werden, korrespondiert mit der o.a. Ausdifferenzierung der Lebensstile (u.a. Hölscher 2002), deren Ausleben als besonders relevant und als möglich für diesen Status der Beziehung zweier erwartbar berufstätiger Erwachsener präsentiert wird. Dies entspricht zudem einer ‚Neuprägung' der romanti-

---

16 Mit Rekurs auf Feilkes Typen pragmatischer Prägung (1996: 272ff.) kann das „Ich liebe Dich" als soziale Prägung verstanden werden, die „eine soziale Situation fest[legt] für diejenigen, die die Prägung kennen, und das heißt in aller Regel auch, dass bestimmte Reaktionsmöglichkeiten obligatorisch sind" (1996: 276). Diese besondere Bedeutung des „Ich liebe Dich" (im Sinne Barthes' ein Performativ, Barthes 1988: 137) birgt freilich auch Unsicherheiten: vor dem erstmaligen Aussprechen in Bezug auf den passenden (und möglicherweise bereits erwarteten) Zeitpunkt, danach in Bezug auf dessen zukünftige Frequenz und für den Adressaten in Bezug auf die markierte Reaktionsverpflichtung, deren Nicht-Entsprechung bei Aufrechterhalten der Beziehung immenser kommunikativer Bearbeitung bedarf. Siehe zur Spezifik der Situationen von Liebeserklärungen Wyss (2002), die dies im Rahmen der Geschichte des Liebesbriefes ausführt.

schen Liebe, die (siehe Kap. 2.2) derzeit bekanntlich mit neuen Herausforderungen ringt (Mobilität, hohe Scheidungsrate, Individualisierungstendenzen): So stellt Lenz (1998) der „Niedergangsthese" der romantischen Liebe die „Steigerung der romantischen Sinngehalte" (Lenz 1998: 83) gegenüber, deren Grund u.a. gerade in der Zunahme der Individualität bei gleichzeitiger Abnahme der Geschlechtsspezifik und dem gleichberechtigten „Einssein von seelischer und sinnlicher Liebe" gesehen wird (Lenz 1998: 76ff.). Im vorliegenden Korpus werden gerade für die Phase der jungen, kinderlosen Liebe variantenreiche Ausdrucksformen für diese ‚neue Romantik' generiert und damit dem Betrachtenden angeboten.

4.3 Mehrfachadressierte Liebe: Partner- und Elternschaft

Mit Werbekindern steht – konträr zu der gerade herausgearbeiteten Relevanz von Gemeinsamkeiten für die „junge Liebe" – nicht mehr das Geteilte der Beziehung zwischen Werbefrau und -mann im Zentrum, sondern das (primär leibliche und hygienische) Wohl der Familie, das in den Werbespots des vorliegenden Korpus immer noch als primäre Aufgabe der Werbefrau (re-)inszeniert wird (siehe auch Willems/Kautt 2003: 309ff.). Bei der „fortgeschrittenen" Werbeliebe mit Kindern kann in Relation zu den bereits diskutierten geschlechtsspezifischen Kompetenzbereichen zunächst als neu angesehen werden, dass in einigen Fällen die Berufstätigkeit der Werbemutter in Verbindung gebracht wird mit den o.a. ‚klassischen' und immer noch geltenden Frauen-Domänen (wie Haushalt) und neue, zeitsparende Lösungen für Arbeiten im Haushalt angeboten werden. Die Vereinbarkeit von Vaterschaft und Beruf durch Unterstützung von Produkten ist demgegenüber in *keinem* der vorliegenden Spots thematisiert worden. Die in meinem Korpus im Kontext von Werbefamilien beworbenen Produkte generieren (erneut) Unterschiede in den Zuständigkeitsbereichen von Werbe(ehe)frauen und Werbe(ehe)männern. Werbemütter bewerben beispielsweise in meinem Korpus Frischkäse (Milkana) mit einem Ratschlag aus – zuvor bildlich vorgeführter positiver – Erfahrung „tja, also das geb' ich meinen Kindern", richten sich sprachlich abschließend explizit durch „und mein Mann ist so gut drauf wie lange nicht" und bildlich durch ein Augenzwinkern und einen wissenden Blick an den weiblichen Betrachter, der hier zum angesprochenen Komplizen wird über Ehemänner und ihre Launen – und die mütterliche Sorge um das Wohl der Kinder. Werbemütter werden sichtbar beim Einkauf von Lebensmitteln, beschreiben sich selbst als „für Spieleabende vorbereitet" durch den ausreichenden Vorratskauf von Schokoladenprodukten (Toffifee). Sie sorgen sich um die Gesundheit und ausgewogene Ernährung der Werbefamilie, zum Beispiel indem sie dem Werbemann, der gerade mit einem Ohrenstäbchen sein Ohr zu säubern versucht, lächelnd ein offensichtlich besser dafür geeignetes Produkt (Audispray) überreichen, das auch vom Werbekind benutzt wird, und so als kompetent und auch verantwortlich für die Domäne Hygiene (re-)inszeniert werden. Werbemütter und Werbe(ehe)frauen formulieren zudem sprachlich, beispielsweise in einem Spot für einen Staubsauger (Thomas), das sie „für meine Familie nur das Beste" wollen.

Vergleichbare Produkte werden von Werbevätern und Werbe(ehe-)männern im Korpus *nicht* beworben. Der Blick auf die Werbemänner in diesen Familieninszenierungen (beim Essen, Spielen u.a.) verdeutlicht neben unterschiedlichen Kompetenzbereichen zudem unterschiedliche „Binnenzustände" (Willems/Kautt 2003: 318ff.) der Geschlechter. Werbefrauen verfügen über einen differenzierteren und markierteren Gesichtsausdruck, sie „zeigen [Gefühle] ganz unverhüllt, „scheuen sich nicht, offen zu weinen oder zu kreischen" (Willems/Kautt 2003: 318). Im vorliegenden Korpus sind sehr fröhliche, lächelnde, sich mit den Kindern freuende Werbemütter zu sehen, deren Werbemänner im Vergleich ausnahmslos weniger Ausdruck zeigen, über eine weniger hyperstilisierte Mimik verfügen.

Eine weitere semiotische Ressource, die geschlechtsspezifisch unterschiedlich eingesetzt wird, liegt in der Farbe der Kleidung. Erneut lassen sich Goffmans Analysen heranziehen, in denen er resümiert, „dass der kostümartige Charakter der Damenbekleidung in der Reklame die Frauen als weniger ernsthaft in sozialen Situationen anwesend erscheinen lässt als die Männer, wobei ihr Selbst durch eine Ausstaffierung dargestellt wird, die selbst irgendwie etwas Unernstes ist" (Goffman 1981: 200). Zu den (farblichen) Besonderheiten, die im vorliegenden Korpus allein den Werbemüttern und -ehefrauen vorbehalten sind, zählen Grün-, Rot- und Violetttöne, stark gemusterte Oberteile (kariert, mit großen Tupfen) sowie Rüschen.

Das Werbepaar, das mit Kindern inszeniert wird, scheint dem bisher Ausgeführten folgend über wenig gemeinsame Ausdrucksformen zu verfügen. Im Gesamt lässt sich für das vorliegende Korpus festhalten, dass wir Werbefrauen und -männer primär aufgrund der Konstellation mit Kind als Paar wahrnehmen und *nicht* wie in den ersten beiden Phasen (s. 4.2 und 4.3) über aufeinander bezogene Handlungen, Berührungen oder markierte „Augensprache" (s.o., Luhmann 1994): Aufgrund der sichtbaren Kinder, der oftmals häuslichen Umgebung und gerade aufgrund der unterschiedlichen Rollen, die die anwesenden Werbefrauen und -männer ausführen, werden Interpretationen als bereits ausdifferenzierte Familie möglich, deren Rollen sprachlich sehr häufig durch die Werbemütter („Meine Kinder", „mein Mann") formuliert werden. Werbeeltern bzw.

-mütter scheinen sich zudem mehr an den Betrachter zu richten. Die Partnerschaft und ihre Aufführung tritt fast gänzlich hinter die Inszenierung der Familie zurück, deren leibliches Wohlergehen die primäre Domäne der Mutter ist, während der Werbevater in dieser Konstellation zwar sichtbar ist, aber sehr selten zu Wort kommt.

4.4 Gealterte Liebe: Partner im ‚Alter'

Ältere Menschen sind trotz der demographischen Entwicklung unserer Gesellschaft (noch) nicht in dem Maße zum Thema und Darsteller aktueller Werbeformate geworden, wie es ihrem neuen quantitativen und ökonomischen Status in der Gesellschaft angemessen wäre (u.a. Jäckel/ Kochhan/Rick 2002). *Wenn* ältere Werbefrauen und -männer sichtbar werden, lässt sich dabei keinesfalls (mehr) von einem allein „negativen Bild der Alten" sprechen, sondern vielmehr von einer „Ambivalenz des Alter(n)s" (Willems/Kautt 2002: 650), die zwischen einem eher negativ konnotierten, defizitären und einem positiv konnotierten, genießendem und erlebendem Konzept changiert (Jäckel/Kochhan/Rick 2002: 678ff.). Zudem bedarf die große Gruppe der ‚Alten' der Differenzierung, was bis dato zu einer Vielzahl von – nicht unumstrittenen – Typen und Bezeichnungen wie ‚Golden Oldies', ‚Best Agers', ‚Generation 50+' geführt hat. Lifestyle-Typologien unterscheiden beispielsweise zwischen den so genannten „Alten Alten", deren Typisierung klassische Punkte wie „körperliche und geistige Eingeschränktheit, Pflegebedürftigkeit, Vereinsamung und Armut" (Horn 2006: 46) umfasst, und den „Neuen/Jungen Alten", deren Bild durch Attribute wie „gut situiert, die Chancen des Älterwerdens aktiv nutzend" geprägt ist (Horn 2006: 45). Zu dieser Gruppe werden auch bereits über 50-Jährige gezählt, sodass die Gruppe der ‚Alten' erkennbar eine große Altersspanne umfasst und für die Analyse vor allem die Zuschreibungen der Werbung selbst von Relevanz werden und damit die Frage, was bzw. wer gilt in der Werbung als alt/alternd.

Für Werbepaare im Alter folgt aus der Vielfalt der Perspektiven auf Alter die Frage, im Kontext welcher Themen sie ‚eingesetzt' werden, zum Beispiel im Zusammenhang mit o.a. ‚alterstypischen' Themen wie Krankheit, Alterung von Haut und Haaren, eher gemeinsam erlebtem Ruhe- und Wohlstand oder in anderen, für bisherige Werbung altersuntypischen Themen (vgl. Willems/Kautt 2003: 239ff.). In meinem Korpus sehen wir Werbepaare, die aufgrund alterstypischer Themen (eingeschränkte Mobilität, körperliche Alterungsprozesse u.a.) zu der hier aufgespannten Gruppe der ‚Alten' gezählt werden, beim gemeinsamen Sport, auf Reisen, mit Gleichaltrigen oder mit (Enkel-)Kindern, so dass der gemeinsam geteilte

Alltag hier (konträr z.B. zu der dritten Phase, siehe 4.3) zugunsten von nun möglichen besonderen Ereignissen in den Hintergrund tritt.

In Bezug auf die hier diskutierte Frage nach geschlechtsspezifischen Rollenzuschreibungen in Werbepaaren lassen sich Unterschiede in Bezug auf das Thema ‚körperliche Alterung' an zwei Beispielen verdeutlichen. In einem Spot für eine Anti-Aging-Creme (Nivea) macht eine attraktive Werbefrau auf einen älteren, grauhaarigen Werbemann zugehend ihr Alter sprachlich zur „Nebensache". Dass das Thema „Alter" in diesem Spot thematisiert wird, verweist auf die Selbstorientierung der Werbung an Alternden und macht die sichtbare Frau, unterstützt durch ihre leichten Falten, zu einer – idealtypischen, weil nicht ‚alterstypischen' – Repräsentantin der Gruppe der Alternden; dass das im Verlauf des Spots sprachlich erwähnte Altern und damit ein Ältersein explizit mit Hilfe eines Kosmetikartikels negiert werden soll, lässt die Werbefrau und vor allem die adressierten Konsumentinnen zu der o.a. Kategorie der „Neuen/Jungen Alten" zählen, die konträr zu den „Alten Alten" vermeintliche Defizite noch auszugleichen in der Lage sind.[17]

Abb. 8: „Nivea"-Spot

Der Werbemann ist im Begriff, sie zu fotografieren, sodass die Werbefrau dadurch zweifach (siehe Abb. 8), durch den Blick des Werbemannes und die Kamera, zum Objekt des Betrachters wird, dem offensichtlich die Aufgabe zukommt, die Nicht-Relevanz und Nicht-Sichtbarkeit des Alters zu bestätigen. In der nächsten Szene ist die Werbefrau im Display der Digitalkamera zu sehen; sie besteht die kameraverstärkte Blickprüfung, auch aus der Zuschauerperspektive, so dass die ‚vermeintliche Nebensache Alter' als erfolgreich

---

17 Die Vielzahl an Bezeichnungen für Menschen ab 50 verweist auf ein Einordnungsproblem, zum Beispiel der Werbung, die für eine den demographischen Verhältnissen entsprechende Berücksichtigung dieser Gruppe noch gewissen „Nachholbedarf" hat (Jäckel/Kochhan/ Rick 2002: 675). Probleme bzw. werbetypische Idealisierungen zeigen sich auch bei den sichtbaren Personen, gerade im Kontext von Produktwerbung für Frauen. Die Werbefrauen sind oftmals deutlich jünger als das Alter, das sie darstellen sollen, oder nahezu frei von Altersindizien wie Falten. Dieses Verfahren, jugendliches Aussehen für ‚Alte' als erstrebenswertes Ziel zu etablieren, ist jedoch nicht nur mit dem Problem der Werbung, diese wachsende Gruppe zu adressieren, oder werbetypischen Idealisierungen zu erklären, sondern auch mit der mangelnden „Selbstakzeptanz" der ‚Alten', die „sich selbst als jünger und jugendlicher [...] einschätzen als andere Gleichaltrige" und (bisher) gar nicht mit alterstypischen Bildern „beworben werden wollen" (Willems/Kautt 2003: 241).

bewältigt angesehen werden kann. Dies wird gleichsam bestätigt durch den lächelnden Blick des Mannes auf das soeben gemachte Foto.

In Werbespots wie diesen wird die ältere Werbefrau zum „schönen Geschlecht" (Willems/Kautt 2003: 318, s.o.), dessen Zustand zu bewahren ist. Dem Werbemann kommt hier durch Komplimente und Anziehung zum Ausdruck bringende Gesten oder Augenblicke die Funktion zu, den Erfolg dieser altersspuren-beseitigenden Produkte zu ratifizieren. Wie bereits bei den allgemeinen Rollenzuschreibungen von Werbefrauen und -männern ausgeführt (siehe 4.1) ist es in der Regel der weibliche Werbekörper, der erkrankt, auch im Alter. Dem Werbepartner im Alter kommt dementsprechend die Funktion zu, Sicherheit und Fürsorge zum Ausdruck zu bringen, was sich in Gesten (sie haltend) und zuversichtlichem Gesichtsausdruck widerspiegeln kann, während es ihr, wie auch für die anderen Phasen herausgearbeitet, obliegt, verschiedene Emotionen ‚aufzuführen'. So erscheint in einem Spot für einen Treppenlift (Lifta) die Werbefrau durch ihre Körperhaltung und Mimik ängstlich ob des notwendig werdenden Umzugs aus dem Eigenheim, während der Werbemann in dem Spot sowohl sprachlich als auch bildlich eine Lösung für das von ihm formulierte Problem mit den schwierigen Treppen finden kann. Der Werbemann hat in diesem Spot erkennbar die „ausführende Rolle" (Goffman 1981: 134) inne und hier in der Präsentation des neu erworbenen Produktes zudem die hör- und sichtbare Belehrungsrolle für die Werbefrau, der die emotionale Aufführung des Problems und dessen Lösung zukommt (hierzu auch Kotthoff 2001). Markiert werden die Unterschiede der Rollen in dieser Werbebeziehung zudem dadurch, dass der Werbemann explizit sprachlich zum Entscheider wird („Ich habe die richtige Entscheidung getroffen") und für beide zu sprechen in der Lage ist.

„Zugeneigtheit" (vgl. Iványi/Reichertz 2002) wird in dieser Phase der Werbebeziehung in meinem Korpus inszeniert durch gemeinsames Erleben, was vergleichbar ist mit der Phase der ‚jungen Liebe', sowie häufig durch körperliche Nähe, „wortloses Verstehen" und „Augensprache" (vgl. Luhmann 1994), was auf Vertrautheit schließen lässt. Die Darstellung der Liebe im Alter kann zugleich als „enterotisiert" (Willems/Kautt 2003: 432) beschrieben werden, zärtliche Berührungen, wie sie vor allem für die ‚junge Liebe' beobachtet werden können, sind hier ebenso selten wie in den meisten Werbebeziehungen mit Kindern. Allein in einem Werbespot (für ein Produkt für dritte Zähne) wurde ein älteres Werbepaar als ‚verliebt' (re-)inszeniert und gezeigt im Moment eines sehr leidenschaftlichen, langen Kusses.

5. Fazit

Werbung als prominente „Gattungsfamilie" (vgl. Ayaß 2002) im derzeitigen massenmedialen System setzt symbolische Ordnungen des Alltags für ihre Zwecke ein; sie macht den Betrachtenden vertraut mit „Hyperritualisierungen" (vgl. Goffman 1981) bestimmter Konstellationen und Handlungen. Durch die massenhafte Ausstrahlung der werbetypischen Lesart unserer Gesellschaft werden bestimmte Ordnungen konventionalisiert, allein durch werbeimmanentes Aufgreifen und permanentes Wiederholen dieser Ordnungen werden sie als Ausdrucksformen ‚beglaubigt'. Bezogen auf die Frage, welche „kulturellen Emotionsmodelle" (vgl. Röttger-Rössler 2006) Werbung im 21. Jahrhundert multipliziert und dem Betrachtenden anbietet, kann mit Blick auf die mit diesem Beitrag vorgestellten Überlegungen folgendes Fazit gezogen werden: Geschlechtsspezifische Unterschiede, wie sie in Abschnitt 3 zunächst für Werbefrauen und Werbemänner allgemein herausgearbeitet wurden, sind im Gesamt auch für Werbepaare zu beobachten. Die meisten der jeweils von Werbemännern und Werbefrauen aufgeführten Ausdrucksformen von Liebe und damit einhergehenden Rollenzuschreibungen sind im vorliegenden Korpus für den jeweils anderen nicht vorgesehen (wie variantenreiches Liebeswerben für Werbefrauen oder Hingabe und Schutzbedürfnis für Werbemänner). Die 380 Werbespots sind bis auf die Phase der „jungen Liebe" geprägt durch ein recht traditionelles, allein heterosexuelles Verständnis von Beziehungen, das aktuelle Bedingungen für (romantische) Liebe wie Notwendigkeiten für ‚Patchworkfamilien' oder Fernbeziehungen *nicht* umfasst.

Der Ausdruck und die Zuschreibung von Zugeneigtheit erfolgt durch Rekurs auf verschiedene semiotische Ebenen, allein sprachlich durch eine markierte Lexik oder Formulierung von Rollen (wie in „Liebling", „mein (Traum-)Mann", „erste Liebe"), durch sichtbare Gesten und Handlungen (wie der um die Schulter gelegte Arm, körperliche Nähe, Küsse), durch Musik und Liebeslieder, durch Symbole (wie Rosen und Herzen) und, der Kürze der Aufführungszeit entsprechend, durch eine intensive „Augensprache" (vgl. Luhmann 1994). Gemeinsame, vielgestaltige und lebensstiltypische Ausdrucksformen innerhalb von Werbebeziehungen sind vor allem für die Phase der jungen Liebe und mit Einschränkung auch für die der gealterten Liebe bzw. der Liebe im Alter zu beobachten, in Werbefamilien werden selten Ausdrucksformen der geschlechtlichen bzw. der Partner-Liebe eingesetzt. Beziehungen und das gemeinsame Leben werden in meinem Korpus in mindestens jedem 4. Spot (s.o.) sowohl zum rahmenden Setting als auch zum Thema für die Bewerbung von unterschiedlichsten Produkten (u.a. für Gurken, Fußpilzcreme, Schokolade, Waschmittel, Arzneien). Dass in dieser Häufigkeit eine spezifische (und bekannte) Ordnung der Geschlechter dominiert und somit dem Rezipierenden sehr selten neue Angebote für das alte Problem der „Sprache der Liebe" gemacht werden, sollte mit diesem Beitrag (an-)diskutiert werden.

6. Literatur

Assmann, Aleida (2007): Aufmerksamkeit im Medienwandel. In: Lechtermann, Christina/Wagner, Kirsten/Wenzel, Horst (Hrsg.): Möglichkeitsräume. Zur Performativität von sensorischer Wahrnehmung, Berlin: Erich Schmidt, 209–227.
Ayaß, Ruth (2002): Zwischen Innovation und Repetition. Der Fernsehwerbespot als mediale Gattung. In: Willems, Herbert (Hrsg.): Die Gesellschaft der Werbung. Kontexte und Texte. Produktionen und Rezeptionen. Entwicklungen und Perspektiven, Wiesbaden: VS Verlag für Sozialwissenschaften, 155–171.
Ayaß, Ruth (2008): Kommunikation und Geschlecht. Eine Einführung, Stuttgart: Kohlhammer.
Barthes, Roland (1988): Fragmente einer Sprache der Liebe, Frankfurt a. M.: Suhrkamp.
Borstnar, Nils (2002): Männlichkeit und Werbung. Inszenierung – Typologie – Bedeutung, Kiel: Ludwig.
Brosda, Carsten/Schicha, Christian (2002): Politische Werbung als Teil der Wahlkampfkommunikation. In: Willems, Herbert (Hrsg.): Die Gesellschaft der Werbung. Kontexte und Texte. Produktionen und Rezeptionen. Entwicklungen und Perspektiven, Wiesbaden: VS Verlag für Sozialwissenschaften, 247–264.
Burkart, Günter (1998): Auf dem Weg zu einer Soziologie der Liebe. In: Hahn, Kornelia/Burkart, Günter (Hrsg.): Liebe am Ende des 20. Jahrhunderts. Studien zu Soziologie intimer Beziehungen, Opladen: Leske + Budrich, 15–49.
Domke, Christine (2007): Werbung, Wahlkampf, Weblogs. Zur Etablierung einer neuen Kommunikationsform. In: Habscheid, Stephan/Klemm, Michael (Hrsg.): Sprachhandeln und Medienstrukturen in der politischen Kommunikation, Tübingen: Niemeyer, 335–353.
Domke, Christine (2010): Der Ort des Textes. Überlegungen zur Relevanz der Platzierung von Kommunikaten am Beispiel von Flughäfen. In: Stöckl, Hartmut (Hrsg.): Mediale Transkodierungen. Metamorphosen zwischen Sprache, Bild und Ton, Heidelberg: Winter, 85–104.
Domke, Christine/Vollmann, Justin (2008): Merkmale des Unsagbaren. Überlegungen zum Verschweigen als zentralem Bestandteil von Liebeskommunikation. In: Aptum. Zeitschrift für Sprachkritik und Sprachkultur, 3, 193–213.
Feilke, Helmuth (1996): Sprache als soziale Gestalt. Ausdruck, Prägung und die Ordnung der sprachlichen Typik, Frankfurt a. M.: Suhrkamp.
Franck, Georg (^{9}1998): Ökonomie der Aufmerksamkeit. Ein Entwurf, München: Carl Hanser.
Fuchs, Peter (1997): Die kleinen Verschiebungen. Zur romantischen Codierung von Intimität. In: Hinderer, Walter (Hrsg.): Codierungen von Liebe in der Kunstperiode, Würzburg: Königshausen & Neumann, 49–62.
Fuchs, Peter (2003): Liebe, Sex und solche Sachen. Zur Konstruktion moderner Intimsysteme. Nachdruck der Auflage von 1999, Konstanz: UVK.

Goffman, Erving (1981): Geschlecht und Werbung, Frankfurt a. M.: Suhrkamp.
Habscheid, Stephan/Stöckl, Hartmut (2003): Inszenierung sozialer Stile in Werbetexten, dargestellt am Beispiel der Möbelbranche. In: Kugler, Hartmut (Hrsg.): www.germanistik2001.de. Vorträge des Erlanger Germanistentags 2001, Bielefeld: Aisthesis, 173–185.
Hahn, Kornelia (1998): Liebe im Film – Fiktionale Modelle intimer Beziehungen. In: Hahn, Kornelia/Burkart, Günter (Hrsg.): Liebe am Ende des 20. Jahrhunderts. Studien zu Soziologie intimer Beziehungen, Opladen: Leske + Budrich, 155–174.
Hinderer, Walter (1997): Zur Liebesauffassung der Kunstperiode. Einleitung. In: Hinderer, Walter (Hrsg.): Codierungen von Liebe in der Kunstperiode, Würzburg: Königshausen & Neumann, 7–33.
Hippmann, Cornelia (2007): Das Männerbild in der Zeitschriften- und Fernsehwerbung, Leipzig: Engelsdorfer.
Holly, Werner (2006): Mit Worten sehen. Audiovisuelle Bedeutungskonstitution und Muster ‚transkriptiver Logik' in der Fernsehberichterstattung. In: Deutsche Sprache, 34, 135–150.
Holly, Werner (2007): Audiovisuelle Hermeneutik. Am Beispiel des TV-Spots der Kampagne „Du bist Deutschland". In: Hermanns, Fritz/Holly, Werner (Hrsg.): Linguistische Hermeneutik. Theorie und Praxis des Verstehens und Interpretierens, Tübingen: Niemeyer, 387–426.
Hölscher, Barbara (1998): Lebensstile durch Werbung. Zur Soziologie der Life-Style-Werbung, Opladen/Wiesbaden: VS Verlag für Sozialwissenschaften.
Hölscher, Barbara (2002): Das Denken in Zielgruppen. Über die Beziehungen zwischen Marketing, Werbung und Lebensstilforschung. In: Willems, Herbert (Hrsg.): Die Gesellschaft der Werbung, Wiesbaden: VS Verlag für Sozialwissenschaften, 481–496.
Horn, Lydia (2006): Generation 50+ in der Werbung. Visuelle Stereotypen in der Printwerbung, Saarbrücken: VDM.
Iványi, Nathalie/Reichertz, Jo (2002): Liebe (wie) im Fernsehen. Eine wissenssoziologische Analyse, Opladen: VS Verlag für Sozialwissenschaften.
Jäckel, Michael/Rick, Nathalie/Kochhan, Christoph: Ist die Werbung aktuell? Ältere Menschen als ‚Werbeträger'. In: Willems, Herbert (Hrsg.): Die Gesellschaft der Werbung, Wiesbaden: VS Verlag für Sozialwissenschaften, 675–690.
Jäger, Ludwig (2002): Transkriptivität: Zur medialen Logik der kulturellen Semantik. In: Jäger, Ludwig/Stanitzek, Georg (Hrsg.): Transkribieren: Medien/Lektüre, München: Wilhelm Fink, 19–41.
Jäger, Ludwig (2005): Vom Eigensinn des Mediums Sprache. In: Busse, Dietrich/Niehr, Thomas/Wengeler, Martin (Hrsg.): Brisante Semantik. New Concepts and Research Results in Culturally Oriented Linguistics, Tübingen: Niemeyer, 45–64.
Janich, Nina (2001): Werbesprache. Ein Arbeitsbuch, 2., vollständig überarbeitete und erweiterte Auflage. Tübingen: Niemeyer.
Kotthoff, Helga (2001): Geschlecht als Interaktionsritual? Nachwort. In: Erving Goffman: Interaktion und Geschlecht. Hrsg. von Hubert Knoblauch. 2. Auflage, Frankfurt: Campus, 159–194.
Lehmann, Franziska (2008): Public Space – Public Relations. Großformatige Werbung als Beispiel des Umgangs mit öffentlichen Räumen, Frankfurt: Societäts-Verlag.

Lenz, Karl (1998): Romantische Liebe – Ende eines Beziehungsideals. In: Hahn, Kornelia/Burkart, Günter (Hrsg.): Liebe am Ende des 20. Jahrhunderts. Studien zu Soziologie intimer Beziehungen, Opladen: Leske + Budrich, 65–85.
Luhmann, Niklas (1994): Liebe als Passion. Zur Codierung von Intimität, Frankfurt a. M.: Suhrkamp.
Luhmann, Niklas (1996): Die Realität der Massenmedien. 2., erweiterte Auflage, Opladen: VS Verlag für Sozialwissenschaften.
Luhmann, Niklas (1997): Die Gesellschaft der Gesellschaft. (2 Bd.), Frankfurt a. M.: Suhrkamp.
Motschenbacher, Heiko (2006): „Women and Men Like Different Things"? – Doing Gender als Strategie der Werbesprache, Marburg: Tectum.
Reichertz, Jo (2002): Theatralisierung von Liebe in Beziehungsshows. Neue Tendenzen bei der (Re-)Präsentation von ‚Liebe'. In: Iványi, Nathalie/Reichertz, Jo (Hrsg.): Liebe (wie) im Fernsehen. Eine wissenssoziologische Analyse, Opladen: VS Verlag für Sozialwissenschaften, 23–57.
Röttger-Rössler, Birgitt (2006): Kulturen der Liebe. In: Röttger-Rössler, Birgitt/Engelen, Eva-Maria (Hrsg.): „Tell me about love". Kultur und Natur der Liebe, Paderborn: Mentis, 59–80.
Rudolf, Karsten/Wicker, Alexander (2002): Politische Bildung und Wahlkampf: Der Bürger im Fadenkreuz der Kampagnenmacher. In: Berg, Thomas (Hrsg.): Moderner Wahlkampf. Blick hinter die Kulissen, Opladen: VS Verlag für Sozialwissenschaften, 25–48.
Schmidt, Siegfried J. (2002): Werbung oder die ersehnte Verführung. In: Willems, Herbert (Hrsg.): Die Gesellschaft der Werbung. Kontexte und Texte. Produktionen und Rezeptionen. Entwicklungen und Perspektiven, Wiesbaden: Westdeutscher Verlag, 101–119.
Schnell, Rüdiger (1985): Causa amoris. Liebeskonzeption und Liebesdarstellung in der mittelalterlichen Literatur, München: Francke.
Willems, Herbert (2002a): Zur Einführung in ‚Die Gesellschaft der Werbung'. In: Willems, Herbert (Hrsg.): Die Gesellschaft der Werbung. Kontexte und Texte. Produktionen und Rezeptionen. Entwicklungen und Perspektiven, Wiesbaden: Westdeutscher Verlag, 17–54.
Willems, Herbert (2002b): Vom Handlungstyp zur Weltkultur: Ein Blick auf Formen und Entwicklungen der Werbung. In: Willems, Herbert (Hrsg.): Die Gesellschaft der Werbung. Kontexte und Texte. Produktionen und Rezeptionen. Entwicklungen und Perspektiven, Wiesbaden: Westdeutscher Verlag, 55–99.
Willems, Herbert/Kautt, York (2003): Theatralität der Werbung. Theorie und Analyse massenmedialer Wirklichkeit: zur kulturellen Konstruktion von Identitäten, Berlin/New York: de Gruyter.
Wyss, Eva Lia (2002): Fragmente einer Sprachgeschichte des Liebesbriefs. Texte im Spannungsfeld von Sprachgeschichte, Geschichte der Kommunikation und Mediengeschichte. In: OBST. Osnabrücker Beiträge zur Sprachtheorie, 64, 57–92.
Zurstiege, Guido (1998): Mannsbilder – Männlichkeit in der Werbung. Zur Darstellung von Männern in der Anzeigenwerbung der 50er, 70er und 90er Jahre, Wiesbaden: VS Verlag für Sozialwissenschaften.

Marie-Louise Bukop und Dagmar Hüpper

Geschlechterkonstruktionen im deutschsprachigen Porno-Rap

1. Einleitung[1]

Die der HipHop-Kultur zugehörige Gattung des Porno-Rap ist für die Bundesprüfstelle für jugendgefährdende Medien[2] seit einigen Jahren thematisch einschlägig. Hier geht es um die rechtliche Bewertung der Texte, die in extremen Fällen zur Indizierung einzelner Lieder und kompletter Alben führt und geführt hat. Zu den zentralen Zensurkriterien der Prüfungskommission gehört die pornographische Ausrichtung der Liedtexte, die „unter Hintansetzung aller sonstigen menschlichen Bezüge sexuelle Vorgänge in grob aufdringlicher Weise in den Vordergrund rückt und [...] (in der) Gesamttendenz ausschließlich oder überwiegend auf Aufreizung des Sexualtriebes abzielt" (Carus/Hannak-Mayer/Staufer 2008: 5). Immer wiederkehrender Tenor der Textaussagen ist „die Herabwürdigung der Frau zum sexuell willfährigen Objekt" (S. 8), die als „Wegwerfware für den Mann" (S. 18) vorgeführt wird und „jederzeit fremdbestimmt und ohne Rücksichtnahme auf ihre eigenen Wünsche für Vaginal-, Oral- und Analverkehr" (S. 19) verfügbar ist. Damit stehen neben der Pornographie auch die Gefährdungstatbestände ‚Unsittlichkeit' (S. 9f., 18f.) sowie ‚Verrohende und zu Gewalt anreizende Wirkung von Gewaltdarstellungen' (S. 10f., 18f.) auf dem Prüfstand.

Während sich die Befürworter (Produzenten/RapperInnen, Rezipienten/AnhängerInnen) des Porno-Rap auf die in Artikel 5 des Grundgesetzes festgeschriebene ‚Freiheit der Meinungsäußerung' und die ‚Freiheit der Kunst' berufen, betonen die Gegner und Kritiker immer wieder, dass von den Liedtexten eine doppelte Gefahr ausgeht. Vor allem für männliche Jugendliche „aus autoritär-patriarchalisch geprägtem Umfeld" (Carus/Hannak-Mayer/Staufer 2008: 18) stellt der Porno-Rap ein Profilierungsangebot dar, das nicht nur innerhalb der In-Group zur Nachfolge auffor-

---

[1] Der vorliegende Aufsatz geht in seinen Vorarbeiten zurück auf ein Referat von Marie-Louise Bukop, Doris Christoph und Vanessa Wlatzik, das im Wintersemester 2008/2009 in dem Seminar ‚Sprache und Geschlecht' (Leitung Dagmar Hüpper) am Germanistischen Institut der WWU gehalten und auf der Tagung ‚Sprachliche Konstruktion von Geschlecht' vorgetragen wurde.
[2] Vgl. Carus/Hannak-Mayer/Staufer (2008), Fischer (2008) und die Links bei http://www.bundespruefstelle.de/bpjm/Jugendmedienschutz-Medienerziehung/lese-hoermedien,did=107180.html.

dert. Auf der anderen Seite liefern die Texte ein Identifikationsangebot für weibliche Jugendliche, „die aus ihrem sozialen Umfeld eine Herabwürdigung von Frauen bereits kennen oder erleiden", und zwar in dem Sinne, dass sie „in ihrem Selbstwertgefühl weiter herabgestuft" werden und sich „bei ihnen eine Leidensbereitschaft verstärkt, aufgrund derer sie die Schlechtbehandlung ihrer Person, Gewaltzufügung oder sexuelle Übergriffe ohne Gegenwehr – weiter – hinnehmen" (Carus/Hannak-Mayer/Staufer 2008: 19). Im gesellschaftlichen Diskurs, der in den Medien seinen Ausdruck findet, wird dem Rap (im Besonderen dem Porno- oder Gangster-Rap) ‚Teilschuld' an der fortschreitenden Verrohung und Gewaltbereitschaft bestimmter sozialer Gruppen[3] vor allem – aber nicht nur – männlicher Jugendlicher zugesprochen: „Pablo hat zugeschlagen, geraubt, überfallen. Er ist mit Rapmusik aufgewachsen und sagt, er habe so leben wollen, wie die Rapper es in ihren Texten schildern".[4]

Wenn im Folgenden aus sprachwissenschaftlicher Perspektive die Frage nach Geschlechterkonstruktionen im deutschsprachigen Porno-Rap aufgegriffen werden soll, sind zunächst methodische Beschränkungen zu konstatieren. Für den (Porno-)Rap gibt der mediale Performanz-Rahmen das Zusammenspiel von Bildern (Videoclip), Musik und Text vor. Besonderer Stellenwert kommt dabei der (Selbst-)Inszenierung der SängerInnen (Kleidung – Gesten – Stimme) während ihres (Live-)Auftritts, aber auch im medialen Rahmen ihrer Homepages, Blog-Aktivitäten oder Interviews etc. zu. Wenn also im Rahmen dieses Beitrags nur auf die Texte zugegriffen wird, bedeutet dies, dass nur eine, wenn auch eine zentrale und bedeutsame Facette der Gattung Porno-Rap im Fokus steht.

Zum Rap als Element des HipHop kann auf eine Reihe (auch) empirischer Studien zurückgegriffen werden, in denen der Gender-Aspekt implizit schon angesprochen wird. Die Untersuchung zum Rap als „Krieg der Worte" (Deppermann/Riecke 2006) fokussiert die Sprechhandlungen ‚dissen' und ‚boasten', die für die Gattung des Battle-Rap konstitutiv sind: „Die elementaren Bausteine [...] sind das Dissen (von engl. *disrespect*), die ehrverletzende Verunglimpfung des Gegners, und die Prahlerei (*bragging, boasting*), die an die [...] Rhetorik der immer neuen hyperbolischen Selbst-Benennung und -Wiedererfindung anknüpft" (Deppermann/Riecke 2006:

---

3   Den sog. Ego-Shooter-Spielen am PC (z.B. Counter-Strike) durchaus vergleichbar wird für Porno- und Battle-Rap diskutiert, ob sie als ‚Angebot' zur Nachahmung zu bewerten sind, das unter bestimmten Voraussetzungen von Jugendlichen auch angenommen wird. Einen Einblick in den Stand der Überlegungen zu den Auswirkungen fiktionaler Gewaltdarstellungen in den Medien: http://de.wikipedia.org/wiki/Gewalt_in_den_Medien #Computerspiele mit weiterer Literatur.
4   Während der Drucklegung erschien in der Frankfurter Allgemeinen Sonntagszeitung der Artikel Eppelsheim (2011) ‚Das ist die pure Aggression'. Hierzu grundsätzlich, aber mit Fokussierung auf deutschen Gangster-Rap Kleiner/Nieland (2007).

158; vgl. auch Berns 2003: 326–327). Aus der „medienvermittelten", (mehr oder weniger) inszenierten Performance und Sprachkultur der in der Regel männlichen „Macher" (Deppermann/Riecke 2006: 159) können ‚dissen' und ‚boasten' als „aggressives Sprechen" in den „kommunikativen Haushalt" vorrangig von „Peer-Groups männlicher Jugendlicher" (Deppermann/Schmidt 2001: 79) gelangen und hier „lebensweltliche Bedeutung" (Klein/Friedrich 2003: 209) erhalten. Vor dem Hintergrund, dass „Rap-Kultur männlich dominiert" ist (Deppermann/Riecke 2006: 159) und im HipHop „aus der geschlechtertheoretischen Sicht [...] eine patriarchal organisierte, [...] sexistische Kulturpraxis" zu erkennen ist, in der „primär zwischen Mann und Nicht-Mann unterschieden und Weiblichkeit als Projektionsfläche für männliche Phantasien begriffen wird" (Klein/Friedrich 2003: 206; vgl. auch Grimm 1998), überrascht es nicht, dass über Positionierung und Selbstverständnis von Rapperinnen bislang nur selten (vgl. Baier 2006; Rauchenberger 2006; Klein/Friedrich 2003 mit weiterer Literatur) gehandelt wurde. Beachtenswert und für die hier anstehende Frage nach der Geschlechterkonstruktion im deutschsprachigen Porno-Rap zentral sind die Überlegungen, die Klein und Friedrich unter der Themaformel „Männliche Herrschaft" – „Weibliche Subversion" (Klein/Friedrich 2003: 205–211) zur Diskussion stellen. Die Vielschichtigkeit und Heterogenität der Argumente sollen in ausgewählten Thesen kurz zusammengefasst werden. Im „männlich dominierten Feld des HipHop"

- sind es die „Bad Girls [...] in den 80er Jahren [...], [die] Weiblichkeit selbstbewusst, frivol und mitunter zynisch als *being bad* in Szene setzen" (206);
- kann sich das „‚Subjekt Frau' [...] nur über die mimetische Angleichung an eine männliche Bilderwelt herstellen" (206);
- muss sich das ‚Subjekt Frau' „am Spektrum männlich produzierter Weiblichkeitsbilder orientieren, die der Kategorie ‚Sexualität' entstammen" (206);
- muss der „Versuch einer Rückeroberung weiblicher Lebensweisen aus einer (hetero)sexistischen Geschichte [...] scheitern [...], weil er innerhalb des dualistischen Prinzips männlicher Zuschreibungen verbleibt und damit selbst patriarchalische Geschichte fortschreibt" (207);
- ist (nach Bourdieu) das „Sprechen von Rapperinnen [...] ein ‚illegitimes Sprechen'" (207);
- perpetuieren Rapperinnen den „männlichen Normenkodex" und agieren „den feldimmanenten Regeln [...] konform" (207).

Gleichwohl ist der gezielte Vorsatz, die Strukturen und Verhaltensvorgaben der „patriarchal dominierten Kulturpraxis" (Klein/Friedrich 2003:

208) zu unterminieren und die „Möglichkeiten [...] weiblicher Subjektkonstitution" in neuen Feldern und Formen auszutesten (Baier 2006: 12f.) bei weiblichen Rappern immer wieder zu erkennen (Beispiele bei Baier 2006; Rauchenberger 2006; Klein/Friedrich 2003: 208f.).

2. Analysegrundlage

Das Auswahlkorpus umfasst mit sechs Porno-Rap-Texten jeweils drei Songs von dem Rapper King Kool Savas und der Rapperin Lady Bitch Ray. Beide sind Deutsche türkischer Abstammung und rappen in deutscher Sprache. King Kool Savas, mit bürgerlichem Namen Savaş Yurderi[5], wird 1975 in Aachen geboren, zieht – ein Jahr alt – mit den Eltern in die Türkei, wo sein Vater aufgrund seiner politischen Einstellung inhaftiert wird. Ohne den Vater kehrt die Familie daraufhin nach Aachen zurück; erst 1987 kann die gesamte Familie nach Berlin-Kreuzberg umziehen, wo Kool Savas erste Kontakte zur Rap-Szene knüpft und in der Folge mit verschiedenen nationalen und internationalen Künstlern zusammenarbeitet. Laut Bundesprüfstelle für jugendgefährdende Medien gilt Kool Savas mit einigen seiner HipHop-Texte „als Wegbereiter einer sexistischen homophoben Sprache" (Carus/Hannak-Meyer/Staufer 2008: 5). Von seinen drei Texten (Anhang B: Text 1-3)[6], die im Jahr 2000[7] erschienen, wurden zwei – „L.M.S." (T. 1) und „Pimp Legionär" (T. 3) – bereits im Folgejahr auf den Index gesetzt (Carus/Hannak-Meyer/Staufer 2008: 17). Lady Bitch Ray wird als Reyhan Sahin[8] in Bremen geboren, wo sie aufwächst und mit 12 Jahren anfängt zu rappen. Nach dem Abitur studiert sie Germanistik und Linguistik (Magistra Artium mit einer Abschlussarbeit über Jugendsprache im HipHop), ihre Dissertation schreibt sie über die Semio-

---

5 Vgl. hierzu und zum Folgenden Krekow/Steiner (2000: 255–260), die offizielle Homepage http://www.koolsavas.de/about.html und http://de.wikipedia.org/wiki/Kool_Savas. Der Rapper ist unter beiden Namen (King Kool Savas und Kool Savas) aufgetreten; zum Zeitpunkt der hier vorliegenden Lieder zumeist unter King Kool Savas.
6 Die Texte (im Folgenden T. 1–6) wurden nach Hörverstehen transkribiert. Da es in unserem Beitrag vorrangig um die Inhalte geht, musste den Problemen bei der schriftlichen Wiedergabe von Rap-Songs (vgl. Neuland 2003: 134; Sahin 2006: 223) weniger Aufmerksamkeit gewidmet werden. Hierzu ausführlicher Anhang Texte, Anm. 41.
7 Durch den Direktvertrieb des Independent-Labels Put Da Needle To Da Record und das Internet gelang es King Kool Savas, seine Platten „an eine immer größer werdende Fangemeinde" zu vertreiben. Die Unabhängigkeit von einem Mayor-Label hatte zur Folge, dass sich eine „Neue Deutsche Battle-Härte" in der Szene etablieren konnte, bei der der Rapper seine „Verbalattacken hauptsächlich auf vermeintlich Schwächere" richten konnte (Verlan/Loh 2006: 21).
8 http://de.wikipedia.org/wiki/Reyhan_%C5%9Eahin und http://de.wikipedia.org/wiki/Lady_Bitch_Ray.

tik der Kleidung. Sie arbeitete als Moderatorin und freie Mitarbeiterin bei Radio Bremen/Funkhaus Europa, wurde dort aber 2006 entlassen, als ihr Rap „Hengzt, Arzt, Orgi" (vgl. T. 4: Anhang B), der auf der Internetseite MySpace[9] eingestellt und als pornographisch bewertet wird. Noch im selben Jahr folgte das Internetrelease „Ich hasse dich" (T. 5: Anhang B) und 2007 schließlich „Ich bin'ne Bitch" (T. 6: Anhang B). Ihre Medienpräsenz (Internet, Fernsehen und Printmedien) stockt, als ihre Agentur eine „Karrierepause [...] wegen Depressionen und Burnout-Syndrom" bekannt gibt.

Die Textauswahl erschien unter verschiedenen Aspekten sinnvoll. Bei beiden Rapperpersönlichkeiten ist ein ähnlicher Migrationshintergrund gegeben, der den Umgang mit der Gattung Porno-Rap auch hinsichtlich möglicher Einflüsse des ‚doing culture'[10] kalkulierbar werden lässt. Vergleichbarkeit lässt sich bezüglich Textintentionen und/oder Textfunktionen konstatieren. So werden in „Pimp Legionär" und „Ich bin 'ne Bitch" Gender-Rollen inszeniert, die Aussagen über die Relevantsetzung von Geschlecht innerhalb des vorgegebenen Kommunikationsbereichs ‚Porno-Rap' erlauben: Neben der „medialen Überformung" (Kotthoff, in diesem Band) sind Ansätze möglicher Selbstpositionierungen (*Bitch is' für mich 'nen Trend, / für mich ein Kompliment*, T. 6: 46f.) zu diskutieren.[11] Ferner werden – besonders in den Raps „L.M.S." und „Hengzt, Arzt, Orgi" – ‚doing being male' und ‚doing being female' im ‚Wechselspiel' sexueller Handlungen der Geschlechter interaktiv performiert und mit dem stark ritualisierten, kulturell fixierten gender-display im Sinne eines „institutionalisierten Genderismus" (Goffman (1994/²2001: 14) kontrastiert. In den Fokus der Betrachtung geraten auch die genderspezifisch eher männlichen Sprechhandlungen ‚dissen' und ‚boasten' und die in diesen Kontexten platzierten (überwiegend sexuell diskriminierenden und körperliche Gewalt legitimierenden) Verbalattacken gegen Frauen, die in „Schwule Rapper" und „Ich hasse dich" u.a. gegen die jeweilige ‚musikalische Konkurrenz' geführt werden. Hier interessiert die Frage, ob – und wenn ja, wie – die ursprünglich und wesensmäßig männlich dominierte Sprechpraxis von Lady Bitch Ray adaptiert und in einen geschlechtsklassenübergreifenden kommunikativen Haushalt überführt wird.

---

9 Das World Wide Web gilt „als Medium für eine neue, virtuelle Battle-Praxis", da die „Download-Praxis die (...) Möglichkeit [bietet], direkt auf Diss-Attacken zu reagieren und seinerseits Songs im Netz zu platzieren [...]" (Verlan/Loh 2006: 31).
10 Zu Theorien und Methoden vgl. den Sammelband Hörning/Reuter (2004) und Dimitriadis (2001). Grundsätzlich hierzu auch Androutsopoulos (2003).
11 Zum Problem der im HipHop geforderten Authentizität und der inszenierten (Sprecher-)Rolle (Urweider 2003: 322; Menrath 2003).

Thema, Gattungsvorgaben und mediale Rahmung legen es nahe, dass in den zu untersuchenden Porno-Raps Gender als „master identity" (West/Zimmerman 1987) oder „master categorie" (vgl. Kotthoff in diesem Band) in dem Sinne relevant gesetzt ist, dass das Sexualverhalten als „Teil des sozialen Geschlechts" (Goffman 1994/²2001: 111) aus männlicher und weiblicher Perspektive kommentiert wird. Auf den linguistischen Beschreibungsebenen Sexualwortschatz, Sprache und Gewalt und den raprhetorischen Sprechhandlungen ‚dissen' und ‚boasten' ist zu überprüfen, in welcher Form und in welcher Funktion King Kool Savas und Lady Bitch Ray in ihren Porno-Raps Gender im Sinne einer Inszenierung bipolarer Geschlechterdifferenzen (‚doing gender': West/Zimmerman) platzieren bzw. in den Parametern ihrer performing gender-Konzepte aktivieren.

3. Sexueller Sprachgebrauch

Das Sprechen über Sexualität und sexuelle Praktiken ist konstituierender Bestandteil der Gattung Porno-Rap. Im Vorgriff auf den Vergleich des Sprachgebrauchs von Lady Bitch Ray und King Kool Savas gelten die kritischen Erwägungen dem Gegenstand, den Beschreibungsebenen und dem methodischen Zugriff. Die Probleme beginnen mit der Bestimmung der Sprache, „die sexuelle Inhalte zum Gegenstand hat" (Kluge 2001: 158), als „Sexualsprache" (Kluge 1997; 2001; Hoberg/Fährmann 2001)[12] bzw. „Sprache im Bereich der Sexualität" (Schimpf 2001): Im Varietätensystem des Deutschen erscheint das Sprechen/Schreiben über Sexualität gruppen- und schichtenübergreifend (Kluge 1997: 7) und bewegt sich auf so verschiedenen sprachlichen Ebenen wie der „Vulgär-/ Umgangssprache", der Standard- und Fachsprache (Kluge 2001: 159f.)[13], die wiederum mit unterschiedlichsten (außersprachlichen) Faktoren wie Alter, Geschlecht, Situation und Medium etc. korrelieren (Kluge 2001: 160ff.; Hoberg/Fährmann 2001: 176ff.; Köhnlein 2001: 83f.). Überaus strittig sind Fragen der Norm gebenden Instanz, die sich in Bewertungen wie ‚darf man sagen – darf man nicht sagen' (Hoberg/Fährmann 2001: 176), ‚gesellschaftlich akzeptabel' versus „gesellschaftlich verpönt" oder „nicht tolerierbar" (Kluge 2001: 159) niederschlagen. Bezüglich einzelner Realisierungen aus dem weiten Feld ‚Sexualwortschatz' bzw. ‚Pornographie'[14] sind Akzeptanz und Ablehnung immer sprecher- und situationsspezi-

---

12 Eine kritische Auseinandersetzung mit der Begrifflichkeit bietet Schimpf (2001).
13 Vor allem bei den Bezeichnungen für weibliche und männliche Genitalien sind immer auch dialektale Zuordnungen möglich, die im Folgenden allerdings nicht thematisiert werden.
14 Auf die Unterschiede kann an dieser Stelle nicht weiter eingegangen werden. Vgl. hierzu oben Anm. 2 und ausführlich auch Herz (2006).

fisch[15] zu verorten; außerdem ist nicht in jedem Falle eindeutig zu unterscheiden, ob Kritik und (Ent-)Tabuisierung den sprachlichen Äußerungen oder den Erscheinungsformen der Sexualität, auf die diese referieren, gelten. Die Frage, was für ein Individuum vertretbar ist, ist in der Regel nicht zu trennen von den gesellschaftlichen Normvorstellungen (ausführlich Schimpf 2001: 68ff.; Köhnlein 2001: 89ff.), denn Sprache fungiert „als eine Art Klammer zwischen gesellschaftlichen und individuellen Sexualitätskonzepten, da sie sowohl Medium als auch Produkt menschlicher Kommunikation ist" (Schimpf 2001: 67) und somit die Konzepte entweder sedimentiert und/oder zugleich hervorbringt. Tabuisierungen und Enttabuisierungen[16] basieren auf gesellschaftlichen Konventionen, die für die individuellen SprachteilnehmerInnen in unterschiedlichem Ausmaß Gültigkeit haben, so dass „Bedeutungszuschreibungen [...] erst im Spannungsfeld von Individuum und Gesellschaft" (Schimpf 2001: 67) greifen und es beim „sexuellen Sprachgebrauch keine pauschalen oder überindividuellen Tabus, ebenso wenig wie generelle Normen und Konventionen, allgemein verbotene Wörter oder Themenbereiche" (Köhnlein 2001: 94) geben kann.

Wenn Lady Bitch Ray und King Kool Savas über Sexualität und Sexualpraktiken sprechen, bewegen sie sich außerdem im Rahmen der Gattungsvorgaben, die der Battle-Rap im Allgemeinen und der Porno-Rap im Besonderen vorgeben. Das bedeutet zunächst, dass beide auf der Grundlage des „doing being bad" agieren und hier vorsätzlich mit den gesellschaftlichen Konventionen brechen (Klein/Friedrich 2003: 208). Beide wählen die Sprachebene der „Vulgär-/Umgangssprache" (Kluge 2001: 159), die „erotisch vielfältigste und schöpferischste Sprachschicht, mit der Sachverhalte sehr direkt, oft grob, ordinär und respektlos bis menschenverachtend" ausgedrückt werden können (Deppert 2001: 128). Fach- oder standardsprachliche Elemente lassen sich nur vereinzelt bei Lady Bitch Ray feststellen: *(King) Orgasmus* und *(Queen) Klitoris* (T. 4: 66; T. 5: 35), *Kitzler* (T. 4: 56) oder *masturbieren* (T. 6: 35). Zu den Gattungsvorgaben gehören auch die Sprechhandlungen ‚dissen' und ‚boasten', die in Form einer ‚quasi dialogischen' Auseinandersetzung realisiert werden. Das Dissen, im Rap allgemein die „Herabsetzung des Gegners" (Deppermann/Riecke 2006: 163), zielt in unseren Beispielen des Porno-Rap vor allem auf Frau-

---

15 Vgl. hierzu die Befragungen von Studierenden (Hoberg/Fährmann 2001: 176 ff.), jugendlicher (14-19 Jahre) und älterer (65 Jahre und älter) Probanden (Kluge 2001: 164ff.), die zu sehr heterogenen Ergebnissen kommen. Zur Sexualsprache Jugendlicher vgl. auch den Sammelband Kluge (1996) und demnächst Bahlo/Pfeffer (im Druck) mit weiterer Literatur.

16 Die terminologischen Unterschiede zwischen Sprachtabu (Hartmann 1990), Worttabu (Kuhn 1987), Tabuwörtern (Keller 1987) müssen an dieser Stelle nicht diskutiert werden. Ausführlich hierzu und zum Tabu-Begriff Köhnlein (2001: 86ff.) mit weiterer Literatur.

en, die sich – körperlich unterlegen, sexuell abhängig und unselbständig – als Opfer der Verbalattacken anbieten (King Kool Savas, LMS [T. 1] und Pimp Legionär [T. 3]; Lady Bitch Ray, Ich hasse dich [T. 5]). Erst in zweiter Linie gehören zu den gedissten Personen die Homosexuellen (King Kool Savas, Schwule Rapper [T. 2]) und – flankierend – immer wieder auch die heterosexuellen Männer, die sich gegenüber dem absolut gesetzten Männlichkeitsideal nicht behaupten können oder wollen.

Im genderspezifischen Vergleich der Personenbezeichnungen sind Anzahl und Differenziertheit der verunglimpfenden Kränkungen für Frauen deutlich höher als die für Männer, was einmal mehr unterstreicht, dass in den hier vorliegenden Texten vorrangig Frauen die gedissten Personen sind.

	King Kool Savas	**Lady Bitch Ray**
Frauen	Baby, Bitch, Braut, Ficksau, Fotze, Frau, Hoe, Mädel, Miststück, Nutte, (Pussy), Stewardessennutte	Bitch, Bumsdose, Dorfmatratze, Drecksbitch, Drecksloch, Fanbitch, Fickflittchen, Fickgrotte, Fischritze, Fotze, Hure, Kackbratze, Kerbe, Luder, (Monstermöse), Nutte, Pieselopfer, Pissnelke, Popflittchen, Queen Pussy, Rockbitch, Schabracke, Schlampe, Schleimfotze, Schrulle, Strichnutte, Stinkmöse, Stute, Töle, Trockenmöse, Tusse
Männer	Atze, Ficker, Mack, Nigga, Pimp, Spacko, Wichser	Boygroupschwuchtel, Ficker, Fickweltmeister, Hurensohn, Köter, Pisser, Schwein, Tier, Vieh, 69er, 96er

Tab. 1: Bezeichnungen für Personen

Die sprachlichen Register, aus denen sich für die Schimpfwörter und Schmähungen bedient wird, sind variabel[17]. Nur bei Lady Bitch Ray erfolgen auch Beleidigungen, die auf Alter (*Schabracke,* T. 5: 3), Aussehen und

---

17 Es fällt auf, dass vor allem King Kool Savas wiederholt auf den Sprachgebrauch Jugendlicher, z.B. *Baby, Braut* (vgl. Ehmann ³1994: s.v. und 146) und auf das HipHopinventar zugreift. Vgl. hierzu auch unten Anm. 22. – Zur Problematik der Wesensbestimmung Jugend (15.–29. Lebensjahr) hinsichtlich „pädogogischer" und „juristischer" Kriterien, „Postadoleszenz" oder „Berufsjugendlicher" (Sahin 2006: 150f.); zu Jugendsprache(n) als Register und Stil (Androutsopoulos 1998a, b; Berns 2003; Neuland ²2007; Schlobinski 2002). Zur Diskussion darüber, ob HipHop als „glokales Kulturphänomen" überhaupt jugendkulturell zu verorten ist, siehe Bock/Meier/Süß (2007: 314) u.ö.

Verhalten (*Schlampe*, T. 5: 1; *Pophäschen*, T. 5: 36; *Musikbusinesspüppchen*, T. 5: 37; *Mannweib*, T. 5: 54; *Tusse*, T. 5: 56; *Schrulle* und *Dorfmatratze*, T. 5: Refrain) und fehlende Bildung (*hohle Nuss*, T. 5: 31; *Frisöse*, T. 5: 26) der Frauen referieren und in diesem Zusammenhang auch den Tiervergleich nutzen (*Eule*, T. 5: 53; *Töle*, *Schnepfe*, *Zicke*, *Stute*, *Kröte*, T. 5: Refrain). Wie bei King Kool Savas weitaus häufiger gebraucht werden die Ausdrücke, die aus dem Sexualwortschatz der Umgangs-/Vulgärsprache kommen und eindeutig sexuell diffamierend gemeint sind. *Fotze, Möse, Nutte* und *Pussy* sind Bezeichnungen für das primäre weibliche Geschlechtsorgan (Vulva, Vagina);[18] sie werden in den Liedtexten allerdings nicht nur für das Organ, sondern wiederholt auch pars pro toto für die angesprochene Frau[19] verwendet und in Zusammensetzungen wie *Trockenmöse* (T. 5: 41), *Schleimfotze*, *Stinkmöse* und *Strichnutte* (T. 5: Refrain) um zusätzliche Aspekte, die beleidigen sollen, erweitert[20].

	King Kool Savas	Lady Bitch Ray
Frauen	Grotte, Kerbe, Loch, Möse, Muschi, Pansen, Pussy, Ritze, Titten	Erbsen, Kitzler, Möschen, (Monstermöse), Mu, Muschi, Pussy, Titten, Trockenmöse
Männer	Bälle, Kolben, Pint, Puller, Sack, Schlaffer, Schwansen, Schwanz	Schwanz, Zäpfchen

Tab. 2: Bezeichnungen für Genitalien

Die Indizierung ‚derb, grob, vulgär' greift auch bei den (z.T. schon sehr alten) Vulva/Vagina-Bezeichnungen *Grotte, Kerbe, Loch* und *Ritze*[21], die im Unterschied zu *Fotze, Nutte* und *Möse* in anderen, nicht sexuell ausgerichteten, Textsorten und Gattungen allerdings zu den „normalsprachlichen Wörtern" gehören und erst im Kontext (*Nasse Kerben kriegen riesen Pint zum Dinner*, T. 2: 44) „obzön" wirken (vgl. hierzu Deppert 2001: 132). Vergleichbares gilt für Kompositabildungen mit den Grundwörtern *-dose*, *-loch*, *-grotte*, *-ritze*, die auf Gegenstände des Alltags referieren, und durch die ersten Wortkonstituenten *Bumsdose, Drecksloch, Fickgrotte, Fischritze* (T. 5:

---

18 Vgl. Küpper (2004: 548, 638) und Duden-Redaktion (2007: 604, 1169, 1222).
19 *Mel, du Fotze, erinnerst du dich?* (T. 5: 46); *Alle Nutten mit viel Geld* (T. 1: 16).
20 An einigen Stellen lässt es sich nicht mit letzter Klarheit entscheiden, ob tatsächlich das Sexualorgan oder die Person gemeint ist: *eine Monstermöse, die deinen Kopf fickt* (T. 6: 5) oder *wenn ich rammel, hören Pussies auf zu denken* (T. 2: 25). In den Tabellen 1 (Bezeichnungen für Personen) und 2 (Bezeichnungen für Genitalien) erscheinen diese Bezeichnungen deshalb eingeklammert.
21 Vgl. Küpper (2004: 497, 407, 500, 669); Duden-Redaktion (2007: 725, 945, 1086, 1401).

Refrain) und den Kontext als sexuelle Beleidigung für die Frau monosemiert werden. Im ‚Ranking' der Beschimpfungen werden bei Lady Bitch Ray differenziertere Benennungsmotivationen greifbar; die Bezeichnungen sind immer wieder als „‚lebendige' (oder ‚ad-hoc-')Metaphern" zu klassifizieren, die „nicht lexikalisiert" (die Einordnung folgt Deppert 2001: 130) nur kontextuell zu dekodieren sind.

Im Vergleich hierzu erscheinen die Bezeichnungen für den Mann weniger spektakulär. In den Songs von Lady Bitch Ray dient *Boygroupschwuchtel* (T 5: 16) der individuell verantworteten (ad hoc-)Kennzeichnung von Marc Terenzi, dem Popsänger und damaligen Ehemann von Sarah Connor; *Hurensohn* (T. 6: 3), *Pisser* und *Ficker* (T. 6: Refrain) sind dem Wortsinn und Kontext nach wenig schmeichelhafte (Schimpf-)Wörter für das männliche, sexuell definierte Gender. Auf der anderen Seite dokumentieren *Fickweltmeister, 69er und 96er* (T. 4: 63f.) ebenso wie *(geiles) Tier* (T. 4: 5, 22), *geiles Vieh* (T. 4: 51) im Kontext durchaus positiv konnotierte Benennungen für den potenzstarken, die Frau sexuell zufriedenstellenden, Mann. Von allen diesen Personenbezeichnungen ist nur das Lexem *Ficker* auch bei King Kool Savas bezeugt; allerdings dient es in seinem Text als – aus der Sicht des Mannes – überaus positiv besetzte Selbstbezeichnung *Ich bin der beste Ficker nördlich vom Äquator* (T. 3: 32).

Das Boasten, die „Selbstaufwertung", die in der „Behauptung eigener Stärke und Überlegenheit" und der „Prophezeiung von Erfolg und großartigen Taten" (Deppermann/Riecke 2006: 163) aufgeht, komplettiert das Dissen durch die „Kontrastierungen von ego und alter". Diese Kontraststellung von *ich* und *du/ihr* wird in den Selbst- und Fremdbezeichnungen ebenso greifbar wie in der Unterscheidung aktiver und passiver Rollenzuschreibungen. Lady Bitch Ray bezeichnet sich selbst als *bitch* (T. 6: 1), *geile Schlampe* (T. 6: 2), *Monstermöse* (T. 6: 5), *Nutte* (T. 6: 24) und verwendet damit Lexeme, die sie auch für ihre ‚Dissopfer' – dann allerdings in peiorativer Bedeutung – gebraucht (vgl. unten Abschnitt 5 zum Bitch-Konzept). Anders als sie, die vor allem auch bei der Wahl ihrer Selbstbezeichnungen den sexuellen Aspekt absolut prominent setzt, nimmt King Kool Savas mit *Pimp* (T. 1: 15), *Rap-Udo Jürgens* (T. 1: 34), *dopster Nigga* (T. 2: 29), *Endboss* (T. 2: 35), *Über-Rap-Gorilla* (T. 2: 39), *Rap-Killer* (T. 2: 46) oder *Mack* (T. 2: 48) Benennungen aus den Jugend- und Szenesprachen[22] für sich in Anspruch, die sein ego aus anderen Perspektiven unverwechselbar herausstellen: Der *Über-Rap-Gorilla* dominiert die gewöhnlichen *Affen* (T. 2: 39), ein *dopster Nigga* unterscheidet sich von jedem anderen *Nigga* (T. 2: 16; T. 3: 31, 43) hinsichtlich seiner Fähigkeiten zu Höchstleis-

---

22 Für den HipHop-Wortschatz werden reklamiert z.B. *Mack, Nigga, Pimp* (Schmid 2001: s.v.).

tungen[23]. Ein *Pimp* ist ein Mann, den „man um Geld, Einfluss und den aufwendigen Lebensstil beneidet" (Schmid 2001: 142), der „seine Identität extrem über Äußerlichkeiten inszeniert" (Duden-Trendbüro 2009: 91) und/oder als „Aufreißer, [...] Zuhälter" (Hä?? Jugendsprache unplugged 2010: 116) lebt. Auch der mit *Mack* bezeichnete Männertyp ist ein Frauenheld, Aufreißer und Zuhälter (Schmid 2001: 125), gegen den – laut Liedaussage – alle anderen Männer minderwertig, schwach, langweilig, lahm, „bestusst" und „beknackt" (Schmid 2001: 191) sind: *Ihr seid alle wack* (T. 2: 49).[24]

Bei King Kool Savas ist das Wortfeld der sexuell konnotierten Anreden und Bezeichnungen für Frauen (und Männer) vergleichsweise klein. Dennoch definiert und inszeniert auch er den Mann über seine große Potenz (*zuviel Hormone*, T. 1: 3; *bester Ficker*, T. 3: 32) und seine sexuelle Gewalt. Die sexuellen Beleidigungen und Verunglimpfungen erfolgen in den Raps von King Kool Savas sehr konsequent auf der Ebene der Verbalattacken, die die Frau als abhängige und unterwürfige Partnerin im Geschlechtsverkehr zum Gegenstand haben. Das Dissen wird in Form von Beleidigungen „durchgängig überaus grob und direkt, mit fäkalsprachlichen und anderen Tabauausdrücken realisiert" (Deppermann/ Schmidt 2001: 91) und durch den Gewaltaspekt[25] noch gesteigert.

4. Verbale Gewalt

Die verbale Gewalt, die gegen Frauen eingesetzt wird, äußert sich vor allem in Imperativen, die Handlungen zur sexuellen Befriedigung des Mannes vorgeben: *Alle Nutten / Fotzen [...] Lutscht meinen Schwanz!* (T. 1: Refrains), *Fotze schweig, leg die Zunge auf den Pint / und mach ihn steif* (T. 3: 10f.), *Schwall nicht rum und leg die Hände auf den Sack* (T. 3: 40) und seine körperliche Überlegenheit unterstreichen: *Bitch: Fresse! Bevor ich dir den Sack*

---

23 *Nigga* als aussprachebedingte Variante zu *Nigger* bezeichnet ursprünglich einen Farbigen, dann vor allem in der Rapszene im positiven Sinne – vergleichbar *Spezi* oder *Alter* – den Freund, Kumpel; kann aber auch negativ gemeint sein (Schmidt 2001: 134); die Attribuierung *dopster* ist wortbildungsmäßig der Jugendsprache zuzuordnen und gehört zu *Dope, dopen* ‚Rauschgift, Aufputschmittel anwenden, einnehmen' (vgl. Ehmann ³1994: 53; Dudenverlag 2007: 414f.). Zu den Verwendungszusammenhängen der Selbstbezeichnung *Nigger* (Grimm 1998: 99).

24 Die alteri werden angesprochen als *mieses Stück Scheiße* (T. 1: 20), *schwule Rapper* (T. 2: 3), *Atze* (T. 2: 6), *Nigga* (T. 2: 16), *Wichser* (T. 2: 28), *Affen* (T. 2: 39), *Spackos* (T. 2: 46). Hiervon werden für die Jugendsprache reklamiert *Wichser* (vgl. Ehmann ³1994: s.v. und S. 146) oder *Atze* (Pons-Redaktion 2009: 13), zum HipHop-Wortschatz gehören z.B. *Nigga* (Schmid 2001: 134) oder *Spacko* (Duden-Trendbüro 2009: 96). Daneben stehen Anleihen aus der Fäkal- und Sexualsprache.

25 Zur Problematik des Gewaltbegriffs vgl. Döring (2009: 27ff.).

in den Mund presse (T. 1: 7). Frauen sind dem Mann körperlich unterlegen und ihm ausgeliefert: *deine Braut macht auf prüde, doch sie will es und ich spritz ihr ohne Kommentar in die Augen bis sie blind is'* (T. 1: 13f.), *ich will 15 Stunden ficken, also Nutte sei nicht kleinlich* (T. 1: 23), *Nutte, du hast gar nichts hier zu sagen / ich muss weg und hab leider keine Zeit mehr dich zu schlagen* (T. 3: 36f.). In den Texten von King Kool Savas verlaufen die Gewaltinszenierungen nach einem stereotypen Muster: Den Gegenpol zu den Frauen, denen verbaliter sexuelle und/oder körperliche Gewalt angetan wird, bildet ein omnipotenter männlicher Sprecher und Akteur, dessen immenses Selbstwertgefühl über jede Anfechtung erhaben scheint: *Gott hat mich gemacht, damit ihr seht, was'n Pimp is'!* (T. 1: 15). In Form von eindeutig formulierten *ich*-Botschaften wird eine Erhöhung und Absolutsetzung des Mannes vorgeführt, die mit gleichzeitiger Erniedrigung der Frau einhergeht: *Ficksau, ich bums dich in die Klinik* (T. 1: 6), *egal ob Nutten sportlich sind, ich ficke sie zu Leichen* (T. 1: 35), *ich töte Adam und mach 69 mit Eva, ich fick alles was noch lebt* (T. 2: 15), *wenn ich fertig bin mit rammeln / sieht dein Loch aus wie Kotelett, Fotze* (T. 3: 3f.), *Hoes, die sagen ich bin träge, / animiere ich durch* Schläge (T. 3: 8f.), *die einzige Stellung, die ich kenne, / ist mein Schwanz in deinem Arsch, Nutte* (T. 3: 16f.). Alleine mit der dem Battle-/Porno-Rap zugrundeliegenden Sprachhandlung des Boastens kann diese Prominentstellung des *ich*-Referenten nicht erklärt werden.

KKS	Anzahl Lexem *ich*	Zeilen-Anzahl	*Ich*-Index	LBR	Anzahl Lexem *ich*	Zeilen-anzahl	*Ich*-Index
T. 1	19	58	0,33	T. 4	17	77	0,22
T. 2	22	62	0,36	T. 5	17	71	0,24
T. 3	23	63	0,37	T. 6	40	105	0,38
Gesamt	64	183	Ø0,35	Gesamt	74	253	Ø0,28

Tab. 3: Ich-Index

Intendiert ist wohl eher eine nachhaltige Betonung der Bedeutung und Dominanz des männlichen Sexualpartners, wie auch ein Vergleich der Beleghäufigkeit des Personalpronomens in der 1. Person Singular nahelegt (Tabelle 3): Während King Kool Savas etwa in jeder dritten Zeile (*Ich*-Index Ø 0,35) durch die Verwendung des deiktischen *ich* auf seine männliche Identität referiert, nutzt Lady Bitch Ray das Lexem *ich* im Durchschnitt deutlich weniger.[26]

Die Antithese zu den schwachen Frauen, die bei dem Thema Sexualität „stumm bleiben und wie Trabanten um die männlichen Subjekte kreisen, bis sie an der Reihe sind" (Rellstab 2006: 206), verkörpert die Frau in den Texten Lady Bitch Rays. In ihren Liedern ist es die Frau, die aktiv und aggressiv die Rolle des fordernden und bestimmenden Sexualpartners übernimmt: *Los Hengzst, mach mir den Hengst, yeah! / [...] Bass Sultan, stoß, so ist gut! / Knall mich durch, komm! / Keine Furcht, komm! / Ich will das so* (T. 4: 8ff.), *King Orgasmus, du geiles Vieh! / Lass mich kommen, so wie noch nie! / Ich hab gehört, du bist der Meister des G-Punkts? / Los Kleiner, fick ihn mir wund! / [...] / Nimm mich richtig durch und fick mir den Verstand weg* (T. 4: 54ff.) oder *Eine feuchte Fotze, komm und lecke sie* (T. 6: 10). Die sexuelle Befriedigung, die die Frau einfordert, wird durchaus differenziert als *Dark-Nummer, Leder-Nummer* und *Gummi-Nummer* (T. 4: 3f.) etikettiert oder als Doktorspiel (T. 4: Strophe 2) narrativ in Szene gesetzt. Körperliche Gewalt beim Sex ist auch in den Raps von Lady Bitch Ray kein Tabuthema, sie ist Voraussetzung und Folge sexueller Erfülltheit: *Ich kann nicht mehr stehen, guck hier. / Ich bin so wund, ich kriech auf allen Vieren* (T. 4: 6f.), *Nach acht Stunden bin ich endlich soweit, / ich werde bewusstlos, es wurde auch Zeit. / Zwei Stunden später kommst du auch auf mir, / doch das krieg ich nich' mehr mit, du geiles Tier* (T. 4: 19ff.) oder *es reicht, wenn du mir mit deiner Faust einen runterholst* (T. 4: 62). Die Gewaltbereitschaft, die der Mann bei King Kool Savas im sexuellen Verkehr zeigt, wird bei Lady Bitch Ray von der Frau nicht nur für sich selbst, sondern auch für andere Frauen billigend in Kauf genommen: *Du brauchst es richtig in den Arsch besorgt, richtig roh* (T. 5: 20).

King Kool Savas	**Lady Bitch Ray**
blasen, bocken, bumsen, ficken, kneten, kommen, lecken, lutschen, 69 machen, rammeln, rammen, saugen, spritzen	besorgen, Dark-, Leder-, Gummi-Nummer, einlochen, Fick, ficken, kastrieren, (durch)knallen, kommen, lecken, lutschen, masturbieren, poppen, schiffen, Stößchen, stoßen, stopfen, rammen, reinflutschen, reiten

Tab. 4: Bezeichnungen für Sexualpraktiken

---

26 In ihren hier untersuchten Raptexten taucht das Personalpronomen in der 1. Person Singular (Tabelle 3) im Durchschnitt nur in jeder vierten Zeile auf (*Ich*-Index Ø 0,28). Der Unterschied zwischen beiden wird noch klarer, wenn man berücksichtigt, dass in den Texten „Hengzt, Arzt, Orgi" (T. 4) und „Ich hasse dich" (T. 5) mit dem Lexem *ich* nur in jeder fünften Zeile auf die weibliche Identität Bezug genommen wird und eine de facto-Angleichung der Selbstreferenz an die Texte von King Kool Savas nur in „Ich bin 'ne Bitch" (T. 6) erfolgt.

Der in den Texten aus weiblicher und männlicher Perspektive aufscheinende Konsens, dass in der (kommunikativen) Gattung Porno-Rap, Sex und körperliche Gewalt zusammengehören, lässt sich in Wahl und Präferenz der Bezeichnungen für die Sexualpraktiken nachweisen. Wiederum dominieren Anleihen aus der Umgangssprache. Bei beiden Rappern am häufigsten gebraucht wird *ficken*; aber auch *kommen, lecken, lutschen* und *rammen* gehören zum gemeinsamen Sprachgebrauch. Tatsächlich sagen die in den Wörterbüchern nachzuschlagenden Symptomwerte der sexuell konnotierten Tätigkeiten als – je nach Kontext – salopp (z.B. *kommen; besorgen; stoßen*) [27], derb oder widerlich (z.B. *lecken; rammeln; spritzen, stoßen*)[28] zunächst einmal wenig. ‚Gewalt durch Sprache' (Trömel-Plötz 1984; Frank 1992; Krämer/Koch 2010) ist nicht nur an der „Sprecherintention" oder dem „inhaltlichen Gehalt der Äußerung" festzumachen, der „intersubjektive Sinn" wird vielmehr im „Hörerverständnis sowie den kommunikativen Anschlusshandlungen" (Döring 2009: 20) erfahrbar. Die Bewertung von Formen verbaler Aggression und sprachlich realisierter sexueller Gewalt als beleidigend, diffamierend und verletzend unterliegt gesellschaftlichen Konventionen, ist zugleich kulturabhängig und individuell vorzunehmen.

Zudem sind, wie schon oben bei ‚Sexualsprache' versus Pornographie erörtert, Fragen der Gattungsrhetorik und -inhalte zu berücksichtigen. Wie der Battle-Rap ist auch der Porno-Rap auf „Konfrontation ausgelegt" (Deppermann/Riecke 2006: 157). Dass die Sexualität von den Geschlechtern nach den Regeln eines ergebnisorientierten Kampfes ausgelebt wird, kann ebenso dem audience-design geschuldet sein wie beim Battle-Rap, wo der Kampf der Worte dem „nie endenden Wettkampf um Status, Prestige und Bewunderung der Bezugsgruppe" (Deppermann/Riecke 2006: 157) gilt. Damit ist allerdings noch nicht beantwortet, ob auch die Verbalattacken hier wie dort nur als „rituell" und „fiktional" (Deppermann/Riecke 2006: 157) zu bewerten sind[29] und ob sich die inkriminierten Inhalte unter Hinweis auf Gattungstradition und Fiktionalität „auf plausible Weise entschärfen" (Rellstab 2006: 208) lassen. Bei den Sprechhandlungen der zur Diskussion stehenden Porno-Rap-Texte liegt kein mit Worten geführter Wettstreit mit wechselseitigem „Schlagabtausch" vor (Ayaß

---

27 In der Reihenfolge ihrer Nennung vgl. Duden-Redaktion (2007: 982, 287, 1624).
28 Küpper (2004: 490 und 751); Duden-Redaktion (2007: 1351, 1589).
29 Nachzudenken wäre auch über einen möglichen Zusammenhang mit den „rituellen Beschimpfungen [...]" der männlichen schwarzen Kommunikationskultur", die nach Ruth Ayaß (2008: 113ff.) eine „männliche Gattung" darstellen, die in den kommunikativen Haushalt türkischer Jugendlicher Eingang gefunden hat. Bezüglich der Texte von Lady Bitch Ray kann natürlich nicht von einem „männlichen Sprechereignis" (Ayaß 2008: 114) gesprochen werden; allerdings könnte sich der kommunikative Haushalt bestimmter Frauengruppierungen erweitert haben. Grundsätzlich hierzu auch Labov (1972).

2008: 115). Der Sprecherwechsel fehlt ebenso wie die Reaktion auf das aggressive Sprechen, das im Dissen als „kommunikativem Akt" als „unernst gerahmt" qualifiziert wird und damit auch Grundlage einer sehr weit gefassten „gruppeninternen Kommunikation" (Deppermann/Schmidt 2001: 80) sein kann.

5. Das *bitch*-Konzept

Die US-amerikanische HipHop-Kultur, die in starkem Maße die Erfahrungshorizonte afroamerikanischer Jugendlicher widerspiegelt, verfügt über ein „ambivalentes Weiblichkeitskonzept", auf das von Rappern und Rapperinnen in unterschiedlicher Art und Weise zugegriffen wird.[30] Bei den (afro-)amerikanischen Rappern zeichnet sich die *bitch* durch eine „übersteigerte Geschlechtlichkeit" aus, die von den Frauen weniger zur „eigenen Triebbefriedigung" als mit dem Ziel der „Absicherung materieller Verhältnisse" (Leibnitz 2007: 160) ausgelebt wird.[31] Da die sexuelle Freizügigkeit der *bitch* in der Regel nicht ein Angebot an das eigene soziale Umfeld darstellt, sondern exklusiv auf Adressaten zielt, die Reichtum und Wohlstand versprechen, wird der *bitch* „Dominanzverhalten" und „Überheblichkeit" gegenüber ihrer eigenen Ethnie und Schicht vorgeworfen, gegen die mit körperlicher Gewalt vorgegangen werden darf (Leibnitz 2007: 160f.). Auf der anderen Seite ist die *bitch* ‚Hündin'[32] eine „Gefährtin des *dog*": Die mit *bitch* angesprochene Frau kennzeichnet in diesen Fällen allerdings nicht alleine ihre Bereitschaft zu sexuellen Aktivitäten, sondern ihre Affinität zum ‚Crime', die sie als gewaltbereites, anerkanntes Mitglied einer „hierarchisch strukturierten" (Leibnitz 2007: 162) In-Group an die Seite der Männer stellt.

Bei den Rapperinnen ist die *bitch* als „Gangsterbraut" versiert in „Drogenschmuggel und -konsum" und damit den Männern eine „ebenbürtige, emanzipierte Partnerin" (Leibnitz 2007: 163).

Den „patriarchalischen Wertvorstellungen" erteilt sie ihre Absage, indem sie ihre „Sexualität als Ausdruck ihrer Selbstbestimmung und Sinnlichkeit" betont, wie die Männer „mit ihrer sexuellen Anziehungskraft"

---

30 Ausführlich hierzu und mit weiterer Literatur Leibnitz (2007); für den bundesdeutschen Rap vgl. Carus/Hannak-Meyer/Staufer (2008: 34); Baier (2006: 6ff.).
31 Im amerikanischen HipHop existieren natürlich auch positive Frauenbilder, vgl. Leibnitz 2007.
32 Vgl. hierzu die Wörterbucheinträge: http://oxforddictionaries.com/definition/bitch; http://www.dict.cc/englisch-deutsch/bitch.html. Assoziiert werden das ‚triebhafte Verhalten' und die ‚Bissigkeit' einer streunenden Hündin (vgl. Leibnitz 2007: 158), die – übertragen auf die Frau – auch die Lesarten ‚zänkisch, durchtrieben, liederlich' im Sinne von z. B. *Luder* oder *Weibstück* einschließen.

prahlt und die ‚vulgäre Sprache' als Mittel zur „Provokation konservativer Verhaltensregeln" (Leibnitz 2007: 163) einsetzt. Ihrem eigenen Selbstverständnis nach erlangt sie wirtschaftliche und damit auch soziale Selbständigkeit allerdings durch ihre „eigene Kreativität, nicht durch Intimkontakte" (Leibnitz 2007: 164). Zudem gibt es Rapperinnen wie u.a. Roxanne Shanté, die die Bezeichnung *bitch* als „Selbstbenennung" positiv evaluieren (vgl. Baier 2006: 5f.)[33] und dabei glauben, dass sie durch die „Umdeutung des ursprünglich negativ belegten Wortes" „die patriarchalisch-männliche Kategorisierungsmacht" (Leibnitz 2007: 164) zumindest neutralisieren.[34]

In den Liedtexten von Lady Bitch Ray und King Kool Savas lassen sich neben den bekannten Facetten des afroamerikanischen *bitch*-Konzepts Überformungen und Ausdifferenzierungen erkennen, die dem Publikum in Deutschland und im deutschsprachigen Ausland Rechnung tragen. Bei King Kool Savas fungiert *bitch* als Anrede der am Geschlechtsakt beteiligten Frau, über die der Mann sexuell dominiert und der gegenüber er seine Gewalt auch sprachlich zum Ausdruck bringt: *Bitch: Fresse! Bevor ich dir den Sack in den Mund presse* (T. 1: 7), *Bitch, du willst Begleitschutz, ruf'n Taxi, / ich fick euch alle [...]* (T. 2: 30), *Bitch, was willst du tun, ich bin potenter als ein Ochse,* (T. 3: 22) / *Bitch, was willst du tun, ich bin potenter als ein Bär* (T. 3: 42). Die Frau, die an anderen Stellen *Ficksau* (T. 1: 6), *Fotze* (T. 1: 32 und Refrain; T. 2: 14; T. 3: 4, 10, 23), *Hoe* (T. 1: 4; T. 2: 38, 41; T. 3: 8, 33) und vor allem *Nutte* (T. 1: 2, 23, 35 und Refrain; T. 2: 33; T. 3: 2, 17, 18, 20 und Refrain) genannt wird, ist auf ihre Rolle als Sexualobjekt ohne erkennbare Individualität reduziert.

In dieser Weise monosem wird das Lexem *bitch* bei Lady Bitch Ray nicht verwendet: Die *bitch* in dem Song *Ich bin 'ne Bitch* (T. 6) definiert sich über ihr Aussehen (*Hammer auszusehen mit Endporno-Optik*, T. 6: 4), ihre wirtschaftliche Selbstständigkeit (*Business zu machen mit Film und Musik / ich kaufe meine eigene Modeboutique*, T. 6: 8f.; *seinen Job verlieren und Porno-Rap zu machen*, T. 6: 64; *ein Leben von Affaire zu Affaire, / dass ich mich vom Bitchen ernähre*, T. 6: 39f.) bzw. ihre sozio-kulturelle Mündigkeit und Unabhängigkeit (*mit Kopftuch eine Kippe zu rauchen / seinem Vater nich' alles zu glauben*, T. 6: 37f.).[35] Wesentliche Kriterien sind außerdem ihr Selbstverständnis als Frau (*geile Schlampe mit Pussypower / zu kämpfen mit den Waffen einer Bitch*, T. 6: 2, 12), die ihre selbstbestimmte Sexualität ohne Rücksicht auf Tabus und

---

33 Baier (2007: 13): „Eine *bitch* kann eine starke Frau sein, die bewundert und beneidet wird. Sie ist selbständig und erhält sich selbst und einen gewissen Lebensstil, ohne dafür mit einem Mann ins Bett gehen zu müssen."

34 Während Roxanne davon ausgeht, dass die Bezeichnung ihre negative Markiertheit verliert (vgl. Baier 2006: 5), teilen Baier und auch Leibnitz (2007: 164) diesen Optimismus nicht.

35 Nicht nur an dieser Stelle lassen sich unverkennbare Bezüge zur Biographie Reyhan Sahins ausmachen; vgl. hierzu oben Kapitel 2 und grundsätzlich Menrath (2003).

gesellschaftliche Konventionen auslebt (*eine Monstermöse, die deinen Kopf fickt*, T. 6: 5; *zu ficken ohne ein' Fick zu geben*, T. 6: 7; *eine feuchte Fotze, komm und lecke sie*, T. 6: 10; *Schwänze zu lutschen wie Sahnebonbon*, T. 6: 32). Ihre Einstellungen und Handlungen vertritt sie unverblümt, im wahrsten Sinne des Wortes offenherzig oder unverhüllt (*Kein Blatt vor die Muschi zu nehm'*, T. 6: 6; *Über 60.000 Klicks an einem Tag, / über 60.000 Blicke auf mein'm Arsch*, T. 6: 70f.) und in der medialen Öffentlichkeit (*Radio Bremen zu ficken und zu stoppen / mit der Bild Lügnern das Maul stopfen. / Zu petzen bei RTL exklusiv, zu hetzen auf den Juice Exclusive*, T. 6: 66ff.). Wie Roxanne Shanté akzeptiert sie das Lexem *bitch* in seiner pejorativen, beleidigenden Bedeutung nicht: *Du meinst, dass du mich disst, / nennst du Ficker mich Bitch?* (T. 6: 16f., 42f., 77f.). Auch für sie stellt *bitch* eine positive Selbstbezeichnung dar, die sie als festen Wert ihrer Identität begriffen wissen will und deshalb in der Kombination mit *lady* ‚feine, sozial höher stehende Dame'[36] als Appellativ in ihren Künstlernamen aufnimmt. Als *bitch* angesprochen zu werden, empfindet und bewertet Lady Bitch Ray als *Kompliment* (T. 6: 20, 47, 82); für sie persönlich ist die Zeit für ein Leben nach diesem Konzept gekommen (*Bitch is' für mich 'nen Trend*, T. 6: 19, 46, 82); sie will diesen Weg selbstbewusst und -bestimmt gehen (*Ich tu was ich will / und ich bleib wie ich bin*, T. 6: 56f.). Und obwohl sie weiß, dass es kein leichter Weg sein wird, ist sie davon überzeugt, dass ihr Lebensentwurf gelingen wird: *ich weiß, es wird schwer, / doch ich werde gewinn* (T. 6: 58f.), *Pisser, ich mach mein Ding, / keiner kann mich bezwing* (T. 6: 23ff., 50ff., 85ff.). Auch die Analyse der Gründe, die ihr ‚doing bitch' fehlschlagen lassen können, bleibt Reyhan Sahin nicht schuldig: Der männliche Teil der Gesellschaft ist zu prüde (*Junge, du bist verklemmt*, T. 6: 21, 48, 83) und die Interaktion mit ihren weiblichen Geschlechtsgenossinnen wird durch *Zickenalarm, Fotzenkrieg* und *dissen* (T. 6: 72f.) bestimmt. Ihr persönliches *bitch*-Konzept wird möglicherweise an der Gesellschaft, die die idealen Performanz-Vorschriften (Butler) für die Geschlechtsbias ‚Frau'/‚Mann' in Form des „institutionalisierten Genderismus" (Goffman 1994/²2001: 114) internalisiert hat, scheitern:[37] *Es ist mir egal, / ob die Welt mich versteht. / Es hält mich nichts auf, / ich geh weiter meinen Weg* (T. 6: 60ff.); *Wie ich zu sein, Lady Bitch Ray, auf alle zu pissen: I did it my way* (T. 6: 75).

---

36 Vgl. http://oxforddictionaries.com/definition/lady; http://www.dict.cc/englisch-deutsch /lady.html. In den Wörterbüchern zur Jugendsprache (Ehmann ³1994, 1996; Hä?? Jugendsprache unplugged 2010 und Pons-Redaktion 2009) fehlt das Lemma ebenso wie in dem Szenewörterbuch Duden-Trendbüro 2009).

37 „Der Terminus der Institutionalisierung verweist stärker als der der Sprechakttheorie entlehnte Begriff der Performanz auf überindividuelle Verankerungsprozesse sexuierter Zuschreibungen und Handlungsmöglichkeiten." (Kotthoff 2001: 163).

Die positiven Konnotationen, die das Lexem *bitch* als Selbstbezeichnung aufweist, werden an anderen Stellen offensichtlich nicht relevant gesetzt. In dem Lied *Ich hasse dich* (T. 5) werden Sarah Connor als *dumme Fan-Bitch* (T. 5: 10), Jeanette Biedermann als *Rockbitch* (T. 5: 32) und Melbeatz als *Melbitch* (T. 5: 66) bezeichnet. Alle drei Frauen stehen als Sängerinnen und/oder Schauspielerinnen, Songschreiberinnen, Melbeatz als HipHop-Produzentin im Rampenlicht und sind mit diesem Teil ihrer Lebensentwürfe Lady Bitch Ray durchaus vergleichbar. Das *bitch*-Konzept, für das sie stehen, stimmt mit dem Lady Bitch Rays allerdings nicht überein. Der Referenzrahmen, den Sarah Connor als *dumme Fan-Bitch* bedient, wird durch die Anreden *du Kaugummi kauende Schlampe* (T. 5, 1) und die Charakterisierungen *du bist so billig, wie 'ne Nutte an der Ampel* (T. 5: 2), *die Schabracke, die mit Cap rumrennt, damit keiner ihr Pferdegesicht erkennt* (T. 5: 3f.), *du machst auf Promi* (T. 5: 7) *[...] auf happy Family und fruchtbare Mutter* (T. 5: 14), *dumme Schlampe* (T. 5: 13) gefüllt. Jeanette Biedermann ist die *dämliche Frisöse* (T. 5: 26), das *Pieselopfer mit Hauptschulabschluss* (T. 5: 30), *Pophäschen* (T. 5: 32), ein *schlecht gestyltes Popflittchen* (T. 5: 36) und *Musikbusinesspüppchen* (T. 5: 37). Melbeatz wird als *Mannweib* (T. 5: 54) mit *unwiderstehlichem maskulinem Flair* (T. 5: 59), als *geiler Hase* (T. 5: 60) und *arrogante Fotze* (T. 5: 67) apostrophiert.

Die angesprochenen Frauen spiegeln die Gegenentwürfe des von Lady Bitch Ray vertretenen ‚doing bitch', wobei es alleine auf Grund des Textes nicht deutlich wird, warum. Offensichtlich negativ bewertet werden das Aussehen der Frauen, ihre Kleidung, ihre Kontakte zum männlichen Geschlecht, wobei hier das Ehefrau- und Muttersein genauso angeprangert wird wie die sexuelle Freizügigkeit und das karrierebetonte Auftreten. Damit sind Klischées und Stereotypen des ‚doing und performing gender' bedient, die bei Lady Bitch Ray, der *geilen Schlampe mit Pussypower* (T. 6: 2) außer Kraft gesetzt sind. Sarah Connor und Jeanette Biedermann repräsentieren die Frauen, die ihre Sexualität nicht selbstbestimmt leben, sie sind weiter das Sexualobjekt der Männer: *dich hat schon jeder gefickt* (T. 5: 11), *dass dich jemand fickt / ohne Alditüte über dein'm Gesicht* (T. 5: 29); beide bedienen Parameter des „Arrangements" der Geschlechter, indem sie z.B. die Mutterrolle übernehmen oder eine Selbstinszenierung vornehmen, die sich an den – vornehmlich männlich diktierten – Vorstellungen der Zeit orientieren und damit nicht authentisch ‚rüberkommen': *Du machst auf Promi* (T. 5: 7), *Du machst auf Happy Family* (T. 5: 14), *Du Pophäschen machst auf eine Rockbitch, / du glaubst dir doch selber nicht diesen Bockmist* (T. 5: 31f.). Den ‚Gegentyp', nämlich die Frau, die ihre Weiblichkeit verliert oder verleugnet, auf jeden Fall nicht selbstbewusst auslebt, weil sie im Konkurrenzkampf Formen männlichen Karrierestrebens internalisiert hat, verkörpert Melbeatz: *Du Mannweib willst die dopste*

Produzentin sein? (T. 5: 54); *Dir Tusse wachsen Haare auf dem Rücken, / behaarter Busen, es würde keinen verblüffen, / wenn du die erste Frau mit Schwanz wärst. [...] maskuliner Flair [...] geiler Hase [...] Seit Neustem kann man fast Titten an dir entdecken, / früher musstest du die Erbsen verstecken* (T. 5: 56ff.).

6. Fazit und Ausblick

Die Texte von King Kool Savas und Lady Bitch Ray illustrieren nachdrücklich, dass das von Erving Goffman beschriebene Arrangement der Geschlechter in den hier untersuchten Beispielen des deutschsprachigen Porno-Raps nicht greift. Frauen sind nicht länger kleine, zarte Wesen, die es zu beschützen gilt; es greifen bei ihnen keinerlei Hofierungsrituale und Räume des Hofmachens (Goffman 1994/²2001: 120ff.) gibt es nicht. Aus der Sicht des Mannes wird das weibliche Geschlecht durch die Bereitstellung ihrer Sexualität bestimmt, die mit verbaler oder körperlicher Gewalt verlangt und abgerufen werden kann. Die im Ausleben der Sexualität gespiegelte „asymmetrische Beziehung" der Geschlechter „entlang der Dimensionen ‚Macht – Ohnmacht', (...) ‚Kompetenz – Inkompetenz', ‚Anerkennung/Ehre – Verachtung/Demütigung'" (Deppermann/Riecke 2006: 163) wird auch in den Texten der Rapperin Lady Bitch Ray in Form „mimetischer Angleichung" (Klein/Friedrich 2003: 206; ausführlich dazu oben Kapitel 1) perpetuiert. Während das Thema Gender und Sexualität bei Kool Savas wenig variabel auf die Formel ‚dominanter, egoistischer und gewaltbereiter Mann trifft unterwürfige, willenlose Frau'[38] gebracht wird, hat sich die Frau bei Lady Bitch Ray im Sex zwar nur nach den Regeln des Mannes, aber eben doch emanzipiert: Sie ist die fordernde und gebietende Domina, die Sex als – auf die eigene Befriedigung zielgerichtetes und erfolgsbetontes – (Partner-)Spiel auslebt. Gesellschaftliche Aspekte, die den Rahmen – nicht nur, aber auch – für Sexualverkehr und Sexualpraktiken der Geschlechter abgeben, werden explizit nur bei Lady Bitch Ray thematisiert.

Im sprachlichen Zugriff auf die von ihnen inszenierte Lebenswirklichkeit beschreiten Savas Yurderi und Reyhan Sahin durchaus unterschiedliche Wege: In den Texten Lady Bitch Rays finden sich auf der Ebene der Lexik mehr ad hoc-Bildungen, zudem narrative Passagen, die als Spiel auf das Welt- und Medienwissen der Rezipienten referieren. Dem gegenüber steht die stärkere *ich*-Bezogenheit des männlichen Protagonisten bei King

---

38 „Mit Zeichen der Männlichkeit, Promiskuität, Frauenverachtung, Gewaltbereitschaft würde versucht, ein (!) Raum zu schaffen, in welchem die Macht des Mannes noch unbeschränkt Gültigkeit habe" (Rellstab 2006: 208).

Kool Savas, die in der körperlichen und verbalen Gewalt des Mannes beim Sex durchaus realitätsnah[39] beschrieben wird.

Die auf den Konstanten Pornographie, Unsittlichkeit und sexueller/körperlicher Gewalt basierenden Texte[40] verneinen die traditionellen Rollenzuweisungen im Arrangement der Geschlechter, die als Typen institutioneller Reflexivität im westlichen Kulturraum (Goffman 1994/²2001) relevant gesetzt sind. Betont wird allerdings das „Herrschaftsgefälle zwischen den Geschlechtern" (Kotthoff ²2001: 171), das ganz zentral auf der sexuellen Verfügbarkeit des jeweils anderen gründet: Das Dominanzdenken speist sich aus der körperlichen (hier durchaus auch biologisch erklärten) Überlegenheit des Mannes (King Kool Savas) und aus der wirtschaftlich und sozial – im wahrsten Sinne des Wortes – emanzipierten Position der Frau (Lady Bitch Ray). In wie weit hier Reyhan Sahin im Sinne Judith Butlers einen weiteren Beitrag zur ‚Dekonstruktion der Geschlechter' einbringen oder King Kool Savas seinen Männertyp im Sinne eines (sehr mutigen) „Overdoing Culture" (Kotthoff 2004) stilisieren wollte, muss an anderer Stelle geklärt werden.

7. Literatur

a) Wörterbücher

Duden-Redaktion (Hrsg.) (2007): Duden. Deutsches Universalwörterbuch, 6., überarbeitete und erweiterte Aufl.. Mannheim u.a.: Dudenverlag.

Duden-Trendbüro (Hrsg.) (2009): Das neue Wörterbuch der Szenesprachen, Mannheim u.a.: Dudenverlag.

Ehmann, Hermann (³1994): affengeil. Ein Lexikon der Jugendsprache, München: C.H. Beck (Beck'sche Reihe 478).

Ehmann, Hermann (1996): oberaffengeil. Neues Lexikon der Jugendsprache, München: C.H. Beck (Becksche Reihe 1170).

Hä?? Jugendsprache unplugged. Deutsch – Englisch – Spanisch – Französisch – Italienisch, Berlin u.a. 2010: Langenscheidt.

http://oxforddictionaries.com/

http://www.dict.cc/englisch-deutsch/

Küpper, Heinz (2004): Wörterbuch der deutschen Umgangssprache, Berlin: Direktmedia Publ. (Digitale Bibliothek 36).

---

39 Der Frage danach, ob und in welchem Umfang die besprochenen Rap-Texte in der „Tradition des vieldeutigen Sprechens" stehen, damit also die in ihnen gesetzten sprachlichen Zeichen „nicht mehr nach konventionellen Maßstäben zu entschlüsseln sind, sondern ihre Bedeutung in einem permanenten Prozess verändern, z.T. das Gegenteil meinen, z.T. karikieren" (Schneider 1997: 282f.) müssen auf der Grundlage einer breiteren Textbasis nachgegangen werden.

40 Schon Kotthoff (²2001: 171) weist auf die Brüche zwischen „pornographischen Darstellungen" und den „Verehrungsformen" im Sinne Goffmans hin.

Pons-Redaktion (Hrsg.) (2009): Wörterbuch der Jugendsprache. Das Original, Stuttgart: Klett.
Schmid, Bernhard (2001): Explicit HipHop. Das Rap-Wörterbuch. Englisch-Deutsch. Books on Demand.

b) Forschungsliteratur

Androutsopoulos, Jannis K. (1998a): Deutsche Jugendsprache. Untersuchungen zu ihren Strukturen und Funktionen, Frankfurt a. M.: Peter Lang.
Androutsopoulos, Jannis K. (1998b): Forschungsperspektiven auf Jugendsprache. Ein integrativer Überblick. In: Androutsopoulos, Jannis K./Scholz, Arno (Hrsg.): Jugendsprache – langue des jeunes – youth language. Linguistische und soziolinguistische Perspektiven, Frankfurt a. M.: Peter Lang, 1–34.
Androutsopoulos, Jannis K. (2003): Einleitung. In: Androutsopoulos, Jannis K. (Hrsg.): HipHop. Globale Kulturen – Lokale Praktiken, Bielefeld: Transcript, 9–23.
[Art.] Jeanette Biedermann. URL: http://de.wikipedia.org/wiki/Jeanette_Biedermann (eingesehen: 28.03.2010).
[Art.] King. In: HipHop-Lexikon. Nicht paginiert. URL: http://www.beepworld.de/members4/godfather151084/k.htm (eingesehen: 23.02.2010).
[Art.] Kool Savas. URL: http://de.wikipedia.org/wiki/Kool_Savas (eingesehen: 23.02.2010 um 11. 45 h) und http://www.koolsavas.de/about.html (Homepage)
[Art.] Lady Bitch Ray. URL: http://de.wikipedia.org./wiki/Lady_Bitch_Ray (zuletzt eingesehen: 05.09.2010).
[Art.] Reyhan Sahin. URL: http://de.wikipedia.org/wiki/Lady_Bitch_Ray (eingesehen: 23.10.2008).
Ayaß, Ruth (2008): Kommunikation und Geschlecht. Eine Einführung, Stuttgart: W. Kohlhammer.
Bahlo, Nils/Pfeffer, Sarah (im Druck): Let's talk about sex – Vulgärer und sexualisierter Sprachgebrauch Jugendlicher als Thema im Projektunterricht. In: Der Deutschunterricht.
Baier, Angelika (2006): „Für 'ne Frau rappst du ganz gut" – Positionen von Frauen im deutschsprachigen Rap!? In: Trans. Internet-Zeitschrift für Kulturwissenschaften. Nr. 16. Nicht paginiert (ausgedruckt: 1–13). URL: http://www.inst.at/trans/16Nr/05_8/baier16.htm (eingesehen: 27.10.2008).
Bayer, Klaus (2004): Rap-Texte. In: Mitteilungen des deutschen Germanistikverbandes, 51/4, 450–459.
Berns, Jan (2003): „Ich geb' dir gleich 'n battle". Sprachliche Initiation innerhalb deutscher HipHop-Kultur. In: Neuland, Eva (Hrsg.): Jugendsprachen – Spiegel der Zeit, Frankfurt a. M.: Peter Lang, 323–334.
Bock, Karin/Meier, Stefan/Süß, Gunter (2007): HipHop als Phänomen kulturellen Wandels. In: Bock, Karin/Meier, Stefan/Süß, Gunter (Hrsg.): HipHop meets Academia. Globale Spuren eines lokalen Kulturphänomens, Bielefeld: Transcript, 313–324.
Bolte, Henning (1995): Oralität und Technologie – Zur sprachlichen Praxis in der Rap-Musik. In: OBST. Osnabrücker Beiträge zur Sprachtheorie 50, 177–204.

Carus, Birgit/Hannak-Meyer, Martina/Staufer, Walter (2008): Hip-Hop-Musik in der Spruchpraxis der Bundesprüfstelle für jugendgefährdende Medien (BPjM) – Rechtliche Bewertung und medienpädagogischer Umgang, Bonn: Forum Verlag.

Deppermann, Arnulf/Riecke, Andrea (2006): Krieg der Worte – Boasten und Dissen im HipHop-Battle. In: Richard, Birgit/Neumann-Braun, Klaus (Hrsg.): Ich-Armeen. Täuschen –Tarnen – Drill, München: Wilhelm Fink, 157–165.

Deppermann, Arnulf/Schmidt, Axel (2001): ‚Dissen'. Eine interaktive Praktik zur Verhandlung von Charakter und Status in Peer-Groups männlicher Jugendlicher. In: OBST. Osnabrücker Beiträge zur Sprachtheorie, 62, 79–98.

Deppert, Alex (2001): Die Metapher als semantisches Wortbildungsmuster bei englischen und deutschen Bezeichnungen für den Geschlechtsverkehr. In: Hoberg, Rudolf (2001): Sprache – Erotik – Sexualität, Berlin: Erich Schmidt, 128–157.

Dimitriadis, Greg (2001): Performing Identity/Performing Culture. Hip Hop as Text, Pedagogy, and Lived Practice, New York u.a.: Peter Lang (Intersections in Communications and Culture. Global Approaches and Transdisciplinary Perspectives 1).

Döring, Julia (2009): Gewalt und Kommunikation, Aachen: Shaker Verlag.

Eppelsheim, Philip (2011): Das ist die pure Aggression. In: Frankfurter Allgemeine Sonntagszeitung Nr. 24, 19. Juni, 12.

Fischer, Jonathan (2008): Macht der Macker – Wie sich die Pornographie im Hip-Hop ausbreitet. In: Neue Züricher Zeitung vom 22. 02. 2008. Nicht paginiert. URL: http://www.nzz.ch/2007/02/22/fe/articleEXEXE.html (eingesehen: 28.10.08).

Frank, Karsta (1992): Sprachgewalt. Die sprachliche Reproduktion der Geschlechterhierarchie. Elemente einer feministischen Linguistik im Kontext sozialwissenschaftlicher Frauenforschung, Tübingen: Max Niemeyer.

Goffman, Erving (1994/²2001): Das Arrangement der Geschlechter. In: Interaktion und Geschlecht, hrsg. und eingeleitet von Hubert A. Knoblauch. Mit einem Nachwort von Helga Kotthoff, Frankfurt/New York: Campus, 105–158.

Grimm, Stephanie (1998): Die Repräsentation von Männlichkeit im Punk und Rap, Tübingen: Stauffenburg.

Hartmann, Dietrich (1990): Sprache und Tabu heute. Zur Überprüfung eines ethnologischen Begriffs auf seinen Nutzen für die Ethnographie von Industrieländern. In: : OBST. Osnabrücker Beiträge zur Sprachtheorie 42, 137–154.

Herz, Marion (2006): PornoGRAPHIE. Eine Geschichte. Diss München. URL: http://edoc.ub.uni-muenchen.de/8740/1/Herz_Marion.pdf.

Hoberg, Rudolf/Fährmann, Rosemarie (2001): Zur Sexualsprache von Studierenden. In: Hoberg, Rudolf (2001): Sprache – Erotik – Sexualität, Berlin: Erich Schmidt (Philologische Studien und Quellen 166), 175–191.

Hörning, Karl H./Reuter, Julia (Hrsg.) (2004): Doing Culture. Neue Positionen zum Verhältnis von Kultur und sozialer Praxis, Bielefeld: Transcript.

Keller, Rudi (1987): Worttabu und Tabuwörter. In: Sprache und Literatur in Wissenschaft und Unterricht, 60, 2–9.

Klein, Gabriele/Friedrich, Malte (2003): Is this real? Die Kultur des HipHop, Frankfurt a.M.: Suhrkamp.

Kleiner, Marcus/Nieland, Uwe (2007): HipHop und Gewalt. Mythen, Vermarktungsstrategien und Haltungen des deutschen Gangster-Raps am Beispiel von Shok-Muzik. In: Bock, Karin/Meier, Stefan/Süß, Gunter (Hrsg.): HipHop meets

Academia. Globale Spuren eines lokalen Kulturphänomens, Bielefeld: Transcript, 215–244.

Kluge, Norbert (1996): Jugendliche Sexualsprache – Eine gesellschaftliche Provokation, Landau: Knecht Verlag.

Kluge, Norbert (1997): Sexualsprache der Deutschen. Eine Erkundungsstudie über den aktuellen sexuellen Sprachgebrauch in West- und Ostdeutschland, Landau: Knecht Verlag.

Kluge, Norbert (2001): Mündliche und gedruckte Sexualsprache im Vergleich. In: Hoberg, Rudolf (Hrsg.) (2001): Sprache – Erotik – Sexualität, Berlin: Erich Schmidt, 158–174.

Köhnlein, Stephan (2001): Linguistische Ansätze zur Beschreibung und Erklärung des Phänomens „Sexuelles Sprachtabu". In: Hoberg, Rudolf (Hrsg.) (2001): Sprache – Erotik – Sexualität, Berlin: Erich Schmidt, 82–99.

Kotthoff, Helga (2001): Geschlecht als Interaktionsritual? Nachwort. In: Interaktion und Geschlecht, hrsg. und eingeleitet von Hubert A. Knoblauch. Mit einem Nachwort von Helga Kotthoff, Frankfurt/New York: Campus, 159–194.

Kotthoff, Helga (2004): Overdoing Culture. Sketch-Komik, Typenstilisierung und Identitätskonstruktion bei Kaya Yanar. In: Hörning, Karl H./Reuter, Julia (Hrsg.): Doing Culture. Neue Positionen zum Verhältnis von Kultur und sozialer Praxis, Bielefeld: Transcript, 184–200.

Krämer, Sybille/Koch, Elke (Hrsg.) (2010): Gewalt in der Sprache. Rhetoriken verletzenden Sprechens, München: Wilhelm Fink.

Krekow, Sebastian/Steiner, Jens (2000): Bei uns geht einiges. Die deutsche HipHop-Szene, Berlin: Schwarzkopf & Schwarzkopf.

Labov, William (1972): Rules for ritual insults. In: Labov, William (Hrsg.); Language in the inner city. Studies in the Black English Vernacular, Philadelphia: Univ. of Pennsylvania Press, 277–353.

Leibnitz, Kimiko (2007): Die Bitch als ambivalentes Weiblichkeitskonzept im Hip-Hop. In: Bock, Karin/Meier, Stefan/Süß, Gunter (Hrsg.): HipHop meets Academia. Globale Spuren eines lokalen Kulturphänomens, Bielefeld: Transcript, 157–169.

Lüdtke, Solveig (2006): Globalisierung und Lokalisierung von Rapmusik am Beispiel amerikanischer und deutscher Raptexte, Phil. Diss. Hannover.

Menrath, Stefanie (2003): I am not what I am: Die Politik der Repräsentation im HipHop. In: Androutsopoulos, Jannis K. (Hrsg.): HipHop. Globale Kulturen – Lokale Praktiken, Bielefeld: Transcript, 218–245.

Neuland, Eva (²2007): Subkulturelle Sprachstile Jugendlicher heute. Tendenzen der Substandardisierung in der deutschen Gegenwartssprache. In: Neuland, Eva (Hrsg.): Jugendsprache – Jugendliteratur – Jugendkultur. Interdisziplinäre Beiträge zu sprachkulturellen Ausdrucksformen Jugendlicher, Frankfurt a. M.: Peter Lang, 131–148.

Rauchenberger, Sonja (2006): Bericht: Popsängerinnen in Europa. Weibliche Rollenzuschreibungen auf der künstlerischen Ebene und Auswirkungen auf weibliche Rollenzuschreibungen auf der gesellschaftlichen Ebene. In: Trans. Internet-Zeitschrift für Kulturwissenschaften. Nr. 16. Nicht paginiert. URL: http://www.inst.at/trans/16Nr/05_8/rauchenberger_bericht16.htm (eingesehen: 03.06.2010).

Rellstab, Daniel H. (2006): Rüpple statt Schwüpple – Genderplay im #hiphop. In: Dürscheid, Christa/Spitzmüller, Jürgen (Hrsg.): Perspektiven der Jugendsprach-

forschung/Trends and Developments in Youth Language Research, Frankfurt a.M. u.a.: Peter Lang, 201–226.
Sahin, Reyhan (2006): Jugendsprache anhand der Darstellung der Jugendkultur Hip-Hop. In: Stolz, Thomas/Stroh, Cornelia (Hrsg.): Possessionen, quantitative Typologie und Semiotik. Georgisch, Irisch, Türkisch, Bochum: Bockmeyer, 143–242.
Schimpf, Silke (2001): Sprache im Bereich der Sexualität. Versuch einer linguistischen Einordnung. In: Hoberg, Rudolf (2001): Sprache – Erotik – Sexualität, Berlin: Erich Schmidt (Philologische Studien und Quellen 166), 62–81.
Schlobinski, Peter (2002): Jugendsprache und Jugendkultur. In: Politik und Zeitgeschichte, B5, 14–19.
Schneider, Silvia (1997): Gewaltrhetorik in der Selbstpräsentation jugendlicher Hip-Hopper. In: Charlton, Michael/Schneider, Silvia (Hrsg.): Rezeptionsforschung. Theorien und Untersuchungen zum Umgang mit Massenmedien, Opladen: Westdeutscher Verlag, 268–286.
Trömel-Plötz, Senta (1984): Gewalt durch Sprache. Die Vergewaltigung von Frauen in Gesprächen, Frankfurt a.M.: Fischer.
Urweider, Raphael (2003): Richtig blöd – oder das unlyrische Ich. In: Androutsopoulos, Jannis K. (Hrsg.): HipHop. Globale Kultur – Lokale Praktiken, Bielefeld: Transcript, 322–325.
Verlan, Sascha/Loh, Hannes (2006): 25 Jahre HipHop in Deutschland, Höfen: Hannibal.
West, Candace/Zimmerman, Don H. (1987): Doing Gender. In: Gender & Society, 1/2, 125–151.

Anhang Texte[41]

Text 1: **Kool Savas – LMS (2000) [LMS/Schwule Rapper Vinyl Single]**
Intro (4x):
1   Lutsch mein` Schwanz!

Strophe 1:
2   Nutten fragen mich: „Savas, warum bist du im Bett so`ne Kanone?"
3   Kein` Plan! Ich glaub, ich hab einfach zuviel Hormone.
4   Ich belohne geile Hoes mit Scheiße auf die Titten,
5   ich fick dich so tief in dein Loch, dass mein Schwanz mit deinen Rippen
6   flirtet. Ficksau, ich bums dich in die Klinik.
7   Bitch: Fresse! Bevor ich dir den Sack in den Mund presse.
8   Sieh, ich scheiße auf dein Brot und denkst es wäre Aufstrich,
9   dann riechst du, dass es Kacke is` und ich scheiße auf dich.
10 Also red nich`! Mich in den Po zu ficken geht nich`.
11 Mein Schwanz denkt von alleine, deiner lebt nich`.
12 Seht mich an, gegen mich is` Bruce Willis ´n Witz,
13 deine Braut macht auf prüde, doch sie will es und ich spritz
14 ihr ohne Kommentare in die Augen bis sie blind is`.
15 Gott hat mich gemacht, damit ihr seht, was`n Pimp is`!

Refrain (2x):
16 Alle Nutten mit viel Geld: Lutscht meinen Schwanz!
17 Alle Fotzen ohne Hirn: Lutscht meinen Schwanz!
18 Alle Mädels, die mich mögen: Lutscht meinen Schwanz!
19 Alle Frauen dieser Welt: Lutscht meinen Schwanz!

Strophe 2:
20 Du bist`n mieses Stück Scheiße und wirst nie in deinem Leben auch nur
21 zehn Prozent von den Mösen sehen, die ich schon hatte.
22 Also schleim nich`! Ich geh nackt auf die Bühne und bin nicht peinlich,
23 ich will 15 Stunden ficken, also Nutte sei nicht kleinlich.

---

41 Schriftliche Textfassungen der Künstler waren uns nicht zugänglich. Sämtliche Texte konnten zwar über das Online-Musik-Textarchiv „Magistrix" (http://www.magistrix.de/lyrics/) eingesehen werden; die Texte dort sind aber i.d.R. von Rap-Fans dem jeweiligen Hörverstehen entsprechend verfasst und veröffentlicht. Die nun vorliegende, von uns durchgeführte Verschriftlichung versucht, den sprechsprachlichen Charakter möglichst genau wiederzugeben (zu den Problemen vgl. Neuland ²2007: 134–135; auch Sahin 2006: 223; Lüdtke 2006; Urweider 2003; Bayer 2004 und Bolte 1995). Während Apokopierungen der unbetonten Endsilbe -e im Transkript nicht gekennzeichnet werden, sind Synkopierungen durch Apostroph hervorgehoben.

24	Scheiß auf Krebs und Therapien! Ich geb Workshops im Bocken.
25	Ich bin fortschrittlich, fickrig und hab Noppen auf'm Schwansen,
26	ich fick dich tief in den Pansen, oh mansen!
27	Ich rammel geile Löcher bis sie Fransen,
28	Frauen scheißt auf Banden! Bildet Puffs und Bordelle!
29	Da gibt`s viel für euch zu tun und fett Moneytoes auf die Schnelle.
30	Meine Bälle wiegen gemeinsam vier Zentner,
31	du denkst, du hast es drauf, doch du rammelst wie`n Rentner.
32	Savas kommt und Fotzen fangen an zu würgen,
33	geht`s ums Ficken werd ich ungerecht wie Türken.
34	Ich bin der Rap-Udo Jürgens und bürge für meine Eichel,
35	egal, ob Nutten sportlich sind, ich ficke sie zu Leichen.

Refrain (4x):

36	Alle Nutten mit viel Geld: Lutscht meinen Schwanz!
37	Alle Fotzen ohne Hirn: Lutscht meinen Schwanz!
38	Alle Mädels, die mich mögen: Lutscht meinen Schwanz!
39	Alle Frauen dieser Welt: Lutscht meinen Schwanz!

Text 2: Kool Savas – Schwule Rapper (2000) [LMS/Schwule Rapper Vinyl Single]

Intro:

1	„Savas will keine Karriere machen, er will immer underground bleiben."

Refrain (4 x):

2	Was geht mit euch, alle MC`s sind schwul in Deutschland.

Strophe 1:

3	Schwule Rapper, es wird Zeit, dass wir Tacheles
4	sprechen, ihr macht Welle, doch euer Flow ist schwacheles.
5	Ich mache nix umsonst, lass Moneytoes rüberwachsen.
6	Atze, hier kommt Juks`n,
7	jetzt ist Schluss mit Fax`n, Baby.
8	Ich rock die Scheiße fett und kraul mir doll am Sack.
9	Wenn ihr bittet, reiten wir bei euch zu Hause ein und kacken auf den Teppich,
10	Ich brauch Geld und darum rap ich.
11	Meine Flows sind in Mode,
12	Ich fick euch zu Tode.
13	Kool Savas füttert MC`s mit Fäkalien,
14	Fotze, meine Beats bumpen von hier bis nach Australien.
15	Ich töte Adam und mach 69 mit Eva, ich fick alles was noch lebt,
16	yeah Nigga, was geht?

17 In meiner Freizeit glotz ich dauernd Bärbel Schäfer,
18 Peter Fliege, Sonja, Kerner und das fette Miststück Vera.
19 Ich scheiss auf jeden und schiebe konstant den Dicken,
20 „Was geht Mädels?" „S wir wollen ficken!"
21 So ist es brav, ich lad schon mal den Kolben,
22 von Münster bis nach Olden-
23 burg will ich alle Nippel seh'n,
24 Titten kneten und meinen Schwanz in Ficksaft versenken.
25 Wenn ich rammel, hören Pussies auf zu denken.

Refrain (4x):
26 Was geht mit euch, alle MC`s sind schwul in Deutschland.

Strophe 2:
27 „Savas ist der beste MC aus Deutschland..."
28 ... und deswegen nehm ich jeden von euch Wichsern durch, auf jeden.
29 Ich bin der dopeste Nigga ever und geh ab wie Glenn auf Crack.
30 Bitch, du willst Begleitschutz, ruf `n Taxi,
31 ich fick euch alle, solang ich weiß, dass ihr kein Aids habt.
32 KKS bedeutet Schmerz und soviel wie ich hab den Fake satt.
33 Mädels fühl`n sich wie Nutten und saugen Pimmel
34 und bewahren meinen Samen in der Grotte bis er schimmelt.
35 Kool Savas is` der Endboss, gegen mich ist Krieg 'ne Fete.
36 Ich mach stark auf bester Freund und ramme Schwanz in deine Käthe.
37 Ich pinkel 20 Liter Samen auf Kommando.
38 Nix da zicken, Zeit zum Ficken, lass mich ran, Hoe!
39 Ich bin der Über-Rap-Gorilla für euch Affen,
40 du kämpfst doll mit deinem Schlaffen.
41 Um mich kämpfen die Hoes,
42 was` los, meine Flows sind Bandogs, die Beats Zwinger,
43 während ihr battled, bin ich zu Hause und werd der Gewinner.
44 Nasse Kerben kriegen riesen Pint zum Dinner,
45 deine Eltern heißen S und mit Nachnamen Pinner.
46 Kool Savas, der Rap-Killer, knockt euch Spackos aus der Sicht.
47 Kurz gesagt: Ich bin der Mack, Sibel.
48 „Ihr seid alle wack."

Refrain (8x):
49 Was geht mit euch, alle MC`s sind schwul in Deutschland.

Text 3: **King Kool Savas – Pimp Legionär (2000) [Warum rappst du? EP]**

Strophe 1:
1 Ich mach auf künstlich interessiert
2 und Nutten denken ich bin nett,
3 doch wenn ich fertig bin mit rammeln
4 sieht dein Loch aus wie Kotelett, Fotze.
5 Genug gesabbelt, lass uns ficken bis es knallt!
6 Steck die Zunge in mein Arschloch
7 und ich scheiß dir in den Hals!
8 Hoes, die sagen ich bin träge,
9 animiere ich durch Schläge.
10 Fotze schweig, leg die Zunge auf den Pint
11 und mach ihn steif! Ich bin tight!
12 Geh in Deckung! Ich bin gleich soweit
13 und spritz dir in den Mund plus auf die Augen
14 und als Krönung in die Ritze. Yeah, yeah.
15 Du findest Stellungsspiele scharf,
16 die einzige Stellung, die ich kenne,
17 ist mein Schwanz in deinem Arsch, Nutte.
18 Ich bin cool und zeige Nutten wer der Boss ist,
19 zieh die Hose wieder an, deine Pussy ist mir zu froschig.
20 Nutten haben Respekt vor dem Volumen meiner Leiste,
21 du musst blasen, während ich auf der Toilette sitz und scheiße.
22 Bitch, was willst du tun, ich bin potenter als ein Ochse,
23 wenn ich sterbe, dann zumindest mit dem Puller in'ner Fotze.

Refrain (2 x):
24 Du kannst sagen was du willst, doch es geht alles nur ums Eine:
25 Dicke Titten, enge Muschi, Blase-Lippen, lange Beine.
26 Nutten kaufen meine Tapes und rufen "Oh yeah!"
27 King Kool Savas ist der Pimp Legionär.

Strophe 2:
28 Ich seh die Dinge realistisch, ohne ficken keine Kinder,
29 doch die Leute ha'm kein' Plan und sagen: „S du bist behindert."
30 Ihr wollt Rap mit Lehrcharakter, ich bring Nutten bei zu blasen.
31 Ohne Zähne, wenn ich komme wachsen Nutten graue Strähnen, Nigga.
32 Ich bin der beste Ficker nördlich vom Äquator.
33 Die stärkste meiner Hoes ist die Tochter vom Predator.
34 Ich dirigiere meinen Pint direkt in Richtung nasses Loch,
35 „Savas willst du mich lecken?" „Wieso sollte ich?"
36 „Na dann lass es." Sowieso. Nutte, du hast gar nichts hier zu sagen,

37	ich muss weg und hab leider keine Zeit mehr dich zu schlagen.
38	Nutten schlitzen sich die Adern auf, um deutlich zu vermitteln,
39	„Savas bitte bleib bei mir." Ich bleib höchstens bei den Titten.
40	Schwall nicht rum und leg die Hände auf den Sack!
41	Stewardessennutten hol ich runter mit der Flag.
42	Bitch, was willst du tun, ich bin potenter als ein Bär,
43	„Wer bist du denn?" Kool Savas, der Pimp Legionär, Nigga.

Refrain:
44	Du kannst sagen was du willst, doch es geht alles nur ums Eine:
45	Dicke Titten, enge Muschi, Blase-Lippen, lange Beine.
46	Nutten kaufen meine Tapes und rufen „Oh yeah!"
47	King Kool Savas ist der Pimp Legionär.
48	Du kannst machen was du willst, doch es geht alles nur ums Eine:
49	Dicke Titten, enge Muschi, Blase-Lippen, lange Beine.
50	Nutten kaufen meine Tapes und rufen „Oh yeah!"
51	King Kool Savas ist der Pimp Legionär.
52	Du kannst denken was du willst, doch es geht alles nur ums Eine:
53	Dicke Titten, enge Muschi, Blase-Lippen, lange Beine.
54	Nutten kaufen meine Tapes und rufen „Oh yeah!"
55	King Kool Savas ist der Pimp Legionär.
56	Du kannst rappen wie du willst, doch es geht alles nur ums Eine:
57	Dicke Titten, enge Muschi, Blase-Lippen, lange Beine.
58	Nutten kaufen meine Tapes und rufen „Oh yeah!"
59	King Kool Savas ist der Pimp Legionär.

Text 4: **Lady Bitch Ray – Hengzt, Arzt, Orgi (2006) [Internetrelease]**
Strophe 1:
1	Ich steig mit Bass Sultan Hengzt in mein Bett und es geht rund,
2	was wir da treiben is` nicht mehr gesund.
3	Erst die Dark-Nummer, dann die Leder-Nummer,
4	dann die Gummi-Nummer, er hat immer noch Bock!
5	Mein Gott, was für ein Tier!
6	Ich kann nicht mehr stehen, guck hier.
7	Ich bin so wund, ich kriech auf allen Vieren.
8	Los Hengzt, mach mir den Hengst, yeah!
9	Mach ihn wieder rein, den großen Sultan.
10	Um ihn zu tragen, braucht man große Schultern.
11	Bass Sultan, stoß, so ist gut!
12	Bass Sultan, ah, das tut gut!
13	Bass Sultan, ja, noch fester!
14	Lass es knallen wie an Silvester!
15	Knall mich durch, komm!
16	Keine Furcht, komm!

17	Ich will das so,
18	kommen bis ich komm, komm!
19	Nach acht Stunden bin ich endlich soweit,
20	ich werde bewusstlos, es wurde auch Zeit.
21	Zwei Stunden später kommst du auch auf mir,
22	doch das krieg ich nich` mehr mit, du geiles Tier.

<u>Refrain:</u>

23	Ein Stößchen, zwei Stößchen, drei Stößchen – in mein feuchtes Möschen.
24	Unten Hengzt, oben im Mund Arzt und von hinten rammt mich Orgi in den Arsch.
25	Ein Stößchen, zwei Stößchen, drei Stößchen – in mein feuchtes Möschen.
26	Unten Hengzt, oben im Mund Arzt und von hinten rammt mich Orgi in den Arsch.

<u>Strophe 2:</u>

27	Hallo Doktor, sind sie in Fahrt?
28	Ich brauch ein großes Zäpfchen in mein` Arsch.
29	Und hier vorne juckt es ganz doll,
30	wenn sie da noch was hätten, das wär toll.
31	Was ist denn das? Das vibriert ja so lustig.
32	Eine rosa Elektrogurke, putzig.
33	Uh, jetzt haben Sie sie vorne eingelocht,
34	jetzt ist fast jedes Loch zugestopft.
35	Ich brauch da noch was für`n Hals zum Lutschen.
36	Unten reicht`s, können sie oben reinflutschen?
37	Aber bitte das Gerät vorher reinigen,
38	Sie wollen mich doch nicht so sehr peinigen?
39	Frauenarzt zu sein ist doch was Tolles,
40	vor allem, wenn die Praxis so voll ist.
41	Der Gang zu Ihnen, Herr Gynäkologe,
42	ist für mich kein Zwang, eher ´ne Droge.
43	Wann haben Sie wieder einen Termin frei?
44	Ich mach mich gern für Sie unten frei.
45	Sie haben das richtige Rezept für mich,
46	Routineuntersuchungen sind ja so wichtig.

<u>Refrain:</u>

47	Ein Stößchen, zwei Stößchen, drei Stößchen – in mein feuchtes Möschen.
48	Unten Hengzt, oben im Mund Arzt und von hinten rammt mich Orgi in den Arsch.

49 Ein Stößchen, zwei Stößchen, drei Stößchen – in mein feuchtes Möschen.
50 Unten Hengzt, oben im Mund Arzt und von hinten rammt mich Orgi in den Arsch.

Strophe 3:
51 King Orgasmus, du geiles Vieh!
52 Lass mich kommen, so wie noch nie!
53 Ich hab gehört, du bist der Meister der G-Punkts?
54 Los Kleiner, fick ihn mir wund!
55 Ich bin von all den Stories ganz aufgeputscht,
56 Ich hab gehört, dass du den Kitzler ins Nirvana lutscht.
57 Komm mein König, mach`s mir jetzt!
58 Nimm mich richtig durch und fick mir den Verstand weg!
59 Mach mit mir jetzt hier ein Live-Pörnchen,
60 bis mir schwindelig wird, dann seh ich Sternchen!
61 Du brauchst ihn mir nicht vom Himmel runterholen,
62 es reicht, wenn du mir mit deiner Faust einen runterholst.
63 Du kleiner Techniker, du 69er, du 96er, du kleiner reudiger
64 Fickweltmeister: Du hast erst gewonnen,
65 ist meine Pussy schon zehn Mal gekommen.
66 King Orgasmus und Queen Klitoris,
67 Die Queen Pussy braucht was ganz ganz Großes.
68 Verpass mir den Fick des Jahrhunderts,
69 Erst dann glaub ich wieder an Wunder!

Refrain (2x):
70 Ein Stößchen, zwei Stößchen, drei Stößchen – in mein feuchtes Möschen.
71 Unten Hengzt, oben im Mund Arzt und von hinten rammt mich Orgi in den Arsch.
72 Ein Stößchen, zwei Stößchen, drei Stößchen – in mein feuchtes Möschen.
73 Unten Hengzt, oben im Mund Arzt und von hinten rammt mich Orgi in den Arsch.
(Gestöhne)

Text 5: **Lady Bitch Ray – Ich hasse dich (2006) [Internetrelease]**
Strophe 1:
1 Sarah Connor, du Kaugummi kauende Schlampe,
2 du bist so billig, wie 'ne Nutte an der Ampel.
3 Die Schabracke, die mit Cap 'rumrennt
4 damit keiner ihr Pferdegesicht erkennt.
5 Mit deinem Zinken darfst du meine Möse poppen,

6   mit solchen Angeboten kann man Nutten wie dich locken.
7   Du machst auf Promi,
8   komm mir bloß nicht zu nah,
9   sonst tret ich dir mit Schmackes in dein` eckigen Arsch.
10 Sieh dich an, du dumme Fan-Bitch!
11 Wyclef, TQ, dich hat schon jeder gefickt.
12 Du bist international angesehen
13 als dumme Schlampe hoch zehn.
14 Du machst auf Happy Family und fruchtbare Mutter,
15 dein Mann ist im Club und sucht Tittenfutter.
16 Diese Boygroupschwuchtel Marc Terenzi, bah,
17 den Verlierer braucht kein Schwein in den USA.
18 Seine Karriere ist im Arsch da drüben und hier
19 lässt er sich aushalten von so`ner Schlampe wie dir.
20 Du brauchst es richtig in den Arsch besorgt, richtig roh.
21 Vielleicht triffst du dann auf der Bühne auch ma` ein` Ton.

Refrain:
22 Hure, Tusse, Luder, Schrulle, Kerbe, Schlampe: Ich hasse dich!
23 Schleimfotze, Drecksloch, Pissnelke, Fickgrotte, Kackbratze, Dorfmatratze: Ich hasse dich!
24 Töle, Schnepfe, Zicke, Stute, Kröte, Pute: Ich hasse dich!
25 Stinkmöse, Bumsdose, Strichnutte, Fickflittchen, Fischritze, Drecksbitch: Ich hasse dich!

Strophe 2:
26 Jeanette Biedermann, du dämliche Frisöse,
27 hör auf zu singen und frisier mir die Möse!
28 Schwer vorstellbar, dass dich jemand fickt
29 ohne Alditüte über dei`m Gesicht.
30 Du Pieselopfer mit Hauptschulabschluss,
31 was willst du mir erzählen, du hohle Nuss?
32 Du Pophäschen machst eine auf Rockbitch,
33 du glaubst dir doch selber nicht diesen Bockmist.
34 Sucht ein Mann Klitoris in deiner Mu,
35 sucht er vergeblich „out of the Kuh".
36 Du schlecht gestyltes Popflittchen,
37 Musikbusinesspüppchen, ich möchte auf dich schiffen.
38 Warum redest du so häßlich durch die Nase,
39 hast du ´ne Klammer auf der Nase, du Nase?
40 Dein Heavensfloor ist ein riesen Haufen Scheiße,
41 Ich reime nich` zu Ende für dich Trockenmöse.

Refrain:
42 Hure, Tusse, Luder, Schrulle, Kerbe, Schlampe: Ich hasse dich!
43 Schleimfotze, Dreckloch, Pissnelke, Fickgrotte, Kackbratze, Dorfmatratze: Ich hasse dich!
44 Töle, Schnepfe, Zicke, Stute, Kröte, Pute: Ich hasse dich!
45 Stinkmöse, Bumsdose, Strichnutte, Fickflittchen, Fischritze, Drecksbitch: Ich hasse dich!

Strophe 3:
46 Mel, du Fotze, erinnerst du dich?
47 Ich hab Menstruation für dein Gesicht.
48 „Des ist irgendwie voll nicht mein Ding."
49 Du hast Fickpisse in dei`m Kopf drin,
50 Die hast du Savas vom Schwanz geleckt.
51 Er hat in vielen Groupies d`rin gesteckt,
52 das hat bestimmt sehr gut geschmeckt.
53 Du Eule hast es zu leider spät gecheckt.
54 Du Mannsweib willst die dopeste Produzentin sein?
55 Wo? In einem Dorf in Schleswig-Holstein?
56 Dir Tusse wachsen Haare auf dem Rücken,
57 behaarter Busen, es würde keinen verblüffen,
58 wenn du die erste Frau in Deutschland mit Schwanz wärst.
59 Du hast einen unwiderstehlich maskulinen Flair.
60 Oh yeah, was meinst du geiler Hase,
61 liegt das an deiner Soja-Öko-Fressage?
62 Seit Neustem kann man fast Titten an dir entdecken,
63 früher musstest du die Erbsen verstecken
64 hinter XXL-Shirts, du Keks,
65 demnächst schick ich dir meine benutzten OB`s.
66 Melbeatz, du bist Melbitch,
67 du arrogante Fotze nimmst dich etwas zu wichtig.

Refrain:
68 Hure, Tusse, Luder, Schrulle, Kerbe, Schlampe: Ich hasse dich!
69 Schleimfotze, Dreckloch, Pissnelke, Fickgrotte, Kackbratze, Dorfmatratze: Ich hasse dich!
70 Töle, Schnepfe, Zicke, Stute, Kröte, Pute: Ich hasse dich!
71 Stinkmöse, Bumsdose, Strichnutte, Fickflittchen, Fischritze, Drecksbitch: Ich hasse dich!

Text 6: Lady Bitch Ray – Ich bin ´ne Bitch (2007) [Internetrelease]
Strophe 1:
1 Weißt du was ´ne Bitch is`?
2 Eine geile Schlampe mit Pussypower,

3	alle Hurensöhne an die Mauer.
4	Hammer auszusehen mit Endporno-Optik,
5	eine Monstermöse, die deinen Kopf fickt.
6	Kein Blatt vor die Muschi zu nehm`,
7	zu ficken ohne ein` Fick zu geben.
8	Business zu machen mit Film und Musik,
9	Ich kaufe meine eigene Modeboutique.
10	Eine feuchte Fotze, komm und lecke sie,
11	türkischer Porno wie Sibel Kekilli.
12	Zu kämpfen mit den Waffen einer Bitch.
13	Hahaha. Bitch?

Refrain:

14	Ich bin ´ne Bitch.
15	Du meinst, dass du mich disst,
16	nennst du Ficker mich Bitch?
17	Junge, die Wahrheit is`:
18	Ich bin ´ne Bitch.
19	Bitch is` für mich ´nen Trend,
20	für mich ein Kompliment.
21	Junge, du bist verklemmt.
22	Ich bin ´ne Bitch.
23	Pisser, ich mach mein Ding,
24	Nutte steht auf mei`m Ring,
25	keiner kann mich bezwing`.
26	Ich bin ´ne Bitch.
27	Du willst wissen was ´ne Bitch is`, ha?
28	Komm ich zeig dir, was ´ne Bitch is`.

Strophe 2:

29	Ich mache immer das, was ich will,
30	lass die andern immer machen, was ich will.
31	Wenn ich dich reite solange bis ich komm,
32	Schwänze zu lutschen, wie Sahnebonbon.
33	Eine Fotze unrasiert,
34	ein` Macho wie ein` Köter kastrier`n,
35	mit fünf Jahr` schon masturbier`n,
36	mit zwölf seine Jungfernhaut verlier`n,
37	mit Kopftuch eine Kippe zu rauchen,
38	sei`m Vater nich` alles zu glauben.
39	Ein Leben von Affaire zu Affaire,
40	dass ich mich vom Bitchen ernähre.

Refrain:
41 Ich bin 'ne Bitch.
42 Du meinst, dass du mich disst,
43 nennst du Ficker mich Bitch?
44 Junge, die Wahrheit is`:
45 Ich bin 'ne Bitch.
46 Bitch is` für mich 'nen Trend,
47 für mich ein Kompliment.
48 Junge, du bist verklemmt.
49 Ich bin 'ne Bitch.
50 Pisser, ich mach mein Ding,
51 Nutte steht auf mei`m Ring,
52 keiner kann mich bezwing`.
53 Ich bin 'ne Bitch.
54 Du willst wissen was 'ne Bitch is`, ha?
55 Komm ich zeig dir, was 'ne Bitch is`.

Zwischenstück:
56 Ich tu was ich will
57 und ich bleib wie ich bin,
58 ich weiß, es wird schwer,
59 doch ich werde gewinn`.
60 Es is` mir egal,
61 ob die Welt mich versteht.
62 Es hält mich nichts auf,
63 Ich geh weiter meinen Weg.

Strophe 3:
64 Seinen Job verlieren und Porno-Rap zu machen,
65 seine prüde Chefin dafür zu verknacken.
66 Radio Bremen zu ficken und zu stoppen,
67 mit der Bild den Lügnern das Maul stopfen.
68 Zu petzen bei RTL exklusiv,
69 zu hetzen auf den Juice Exklusive.
70 Über 60.000 Klicks an einem Tag,
71 über 60.000 Blicke auf mei`m Arsch.
72 Zickenalarm und Fotzenkrieg,
73 Nutten zu dissen wie Melbeats.
74 Wie ich zu sein, Lady Bitch Ray,
75 auf alle zu pissen: I did it my way.

Refrain (2 x):
76 Ich bin 'ne Bitch.
77 Du meinst, dass du mich disst,

78	nennst du Ficker mich Bitch?
79	Junge, die Wahrheit is`:
80	Ich bin 'ne Bitch.
81	Bitch is` für mich 'nen Trend,
82	für mich ein Kompliment.
83	Junge, du bist verklemmt.
84	Ich bin 'ne Bitch.
85	Pisser, ich mach mein Ding,
86	Nutte steht auf mei`m Ring,
87	keiner kann mich bezwing`.
88	Ich bin 'ne Bitch.
89	Du willst wissen was 'ne Bitch is`, ha?
90	Komm ich zeig dir, was 'ne Bitch is`.

Birgit Eickhoff

„Frauen in den Duden" – Werkstattbericht I aus der Dudenredaktion

1. Vorbemerkung

Das Thema „Frauen in den Duden" führt zurück in die 90er-Jahre. Es erschließt sich über zwei Fragen: Was ist die Position der Dudenredaktion zum Thema *Gleichstellung von Frauen und Männern in der Sprache* und wie wurde diese Position entwickelt? Wie wurde (und wird) diese Position in den verschiedenen Duden-Wörterbüchern umgesetzt? Den Schluss bildet der Versuch einer Standortbestimmung: Wie setzt sich das Erreichte im neuen Duden-Wissensnetz deutsche Sprache fort, und wie wird es in Zukunft weitergehen?

2. Die Position der Dudenredaktion zum Thema Gleichstellung von Frauen und Männern in der Sprache

In den 90er-Jahren war das Thema *feministische Sprachkritik* bzw. *sprachliche Gleichstellung von Frauen und Männern*, insbesondere aber Fragen zum „großen I", eines der wichtigsten Themen der Duden-Sprachberatung, die damals noch in großem Umfang schriftlich erteilt wurde. Das Thema war zu dieser Zeit nicht nur in Form von Sprachratgebern präsent[1], sondern wurde auch in Fachzeitschriften häufig ausführlich abgehandelt. Exemplarisch seien hier Heft 1 der Zeitschrift *Der Deutschunterricht* von 1996 und der Jahrgang 53 des *Sprachspiegels* von 1997 genannt. Auch der von Gisela Schoenthal herausgegebene Band *Feministische Linguistik – linguistische Geschlechterforschung* (Germanistische Linguistik 139-140, 1998) soll in diesem Zusammenhang nicht unerwähnt bleiben. In der Duden-Sprachberatung gab es Standardantworten, die bis 1997 Gültigkeit hatten, zu besonders häufigen Anfragen; zum „großen I" lautete sie wie folgt:

> Die Schreibweise mit großem I lehnen wir ab, da sie der allgemeinen Grundregel widerspricht, dass Großbuchstaben nicht vereinzelt im Wortinnern verwendet

---

1 Zur einschlägigen Ratgeberliteratur zählten: Häberlin/Schmid/Wyss (1992); Müller/Fuchs (1993); Bickes/Brunner (1992); Brunner/Frank-Cyrus (1998). Exemplarisch seien auch noch die folgenden Broschüren erwähnt: Schweizerische Bundeskanzlei (1996); Die Frauenministerin des Landes Schleswig-Holstein (1991); Bammert/Sprenger (1992); Bayerisches Staatsministerium des Innern (1995). Auf diese Literatur wird im Text nicht weiter eingegangen.

werden. Außerdem sind wir der Meinung, dass es nicht gut ist, wenn gesprochene und geschriebene Sprache nicht übereinstimmen – gesprochenes „MitarbeiterInnen" usw. ist von „Mitarbeiterinnen" usw. nicht zu unterscheiden. Und schließlich sind solche Verkürzungen nur bei Mehrzahlformen möglich: bei „MitarbeiterIn" entsteht sofort das Problem der angemessenen Zuordnung des Artikels (der oder die?), der Beugung von zugehörigen Eigenschaftswörtern (tüchtige oder tüchtiger) und des richtigen Anschlusses von Nebensätzen (..., mit dem oder ..., mit der).

Eine Patentlösung können wir leider auch nicht anbieten; wir empfehlen, nach Möglichkeit Doppelnennungen oder nach den geltenden Rechtschreibregeln zulässige Verkürzungen wir „Mitarbeiter/-innen" usw. oder „Mitarbeiter(innen)" usw. zu verwenden.

Im Rahmen einer Aktion zum Frauentag 1995 erreichten die Dudenredaktion (bzw. ihren damaligen Leiter Günther Drosdowski) lila Postkarten mit einer Cartoonzeichnung „Frauen in den Duden" und folgenden politisch motivierten Forderungen:

Ich ersuche Sie, die anhaltende Diskriminierung von Frauen durch das Verschweigen, Nichtnennen und Nichtschreiben von Frauen und ihren Leistungen zu beenden.
Ich fordere die Aufnahme der Groß-I-Schreibung in das Regelsystem des Dudens.
Die Groß-I-Schreibung ist die kürzeste und einfachste Form, die deutlich macht, dass Frauen und Männer gemeint sind.

Im Rahmen der Neuauflage des Dudenbands 9 (Richtiges und gutes Deutsch) wurde im Jahr 1997 schließlich eine ausführlichere und differenziertere Stellungnahme zum Thema Gleichstellung verfasst. Die Dudenredaktion sollte der Tatsache Rechnung tragen, dass (neben Fragen der *Political Correctness*, die auch seit 1997 ausführlich dargestellt werden) auch und gerade die Gleichstellungsfrage zu den wichtigsten sprachlichen Zweifelsfällen gehört, die im Dudenband 9 behandelt werden. Für die Position der Dudenredaktion war indes wichtig, konstruktive Vorschläge zum sprachlichen Verhalten zu machen, die mit den geltenden Rechtschreibregeln im Einklang stehen. Bei dieser Gratwanderung zwischen Gleichstellung und Orthografie spielten zwei Grundsätze eine Rolle:

Die Dudenredaktion betrachtet es als ihre Aufgabe, denjenigen Hilfestellung zu geben, die geschlechtergerecht **und** orthografisch korrekt schreiben wollen.
Schreibungen mit dem großen I entsprechen weder den alten, noch den neuen, seit 1996 gültigen Rechtschreibregeln.

So entstand der 6-seitige Artikel *Gleichstellung von Frauen und Männern in der Sprache*, der zunächst die sprachlichen Strategien *Doppelnennung* und *Kurzformen* behandelt. Als Kurzformen werden Schrägstrich, Klammern und großes I genannt. Einem Kapitel über die besondere Problematik von Kurzschreibungen im Singular und im Plural folgt eine Tabelle der häufigsten Beispielwörter mit allen möglichen Kurzformen, ein Kapitel zu Komposita mit generischem Maskulinum als Bestimmungswort, ein Hinweis auf mögliche Ersatzformen (z.B. Partizipien oder Verwendung von Relativsätzen) und schließlich Verweise auf andere Artikel im Dudenband 9, die mit diesem Thema zusammenhängen (z.B. *Titel und Berufsbezeichnungen*). Die Tabelle zeigt in übersichtlicher Form, welche Ersatzformen möglich sind, und geht auf gebeugte Formen ein, die nur in bestimmten Kontexten funktionieren. Sie gibt also Hilfestellung für diejenigen, die eine schnelle Lösung in einer konkreten Schreibsituation brauchen, ohne sich vertieft mit dem Thema beschäftigen zu wollen. Die Problematik des Vorlesens erschöpft sich nun in dem Hinweis, dass solche Kurzformen in der gesprochenen Sprache vermieden werden – schließlich unterliegt es keiner Norm, ob mit *Glottal Stop* vorgelesen wird oder aber beide Formen genannt werden. Bei allen verwendeten Bezeichnungen wurde auf Allgemeinverständlichkeit und weite Verbreitung geachtet; so wurde den Bezeichnungen *Doppelnennung* und *Kurzformen* der Vorzug vor den aus feministischen Ratgebern bekannten Termini *Beidnennung* und *Sparschreibung* gegeben. Auch der Titel *Gleichstellung von Frauen und Männern in der Sprache* bringt den pragmatischen Anspruch des Artikels eher zum Ausdruck als die Bezeichnung *feministische Sprachkritik*.

Das Kapitel zum großen I lautet nun (in der aktuellen, 6. Auflage des Dudenbands 9) wie folgt:

> Die Schreibung mit dem großen I im Wortinnern (auch. Binnen-I, Binnenmajuskel) wie z.B. bei *KollegInnen*, *MitarbeiterInnen* ist seit Anfang der 1980er-Jahre belegt. Sie tritt häufig auf, wird aber ebenso häufig auch abgelehnt. Diese Kurzformen entsprechen nicht den gültigen Rechtschreibregeln, da diese die Groß-schreibung im Wortinnern nicht vorsehen. (Duden [⁶2007], Richtiges und gutes Deutsch: 407)

Damit werden den Benutzerinnen und Benutzern alle Informationen geliefert, die sie brauchen, um sich selbstständig für oder gegen bestimmte Verwendungen entscheiden zu können.

Zum Schrägstrich als einer der empfohlenen Kurzformen wird Folgendes gesagt:

> Der Schrägstrich dient der Angabe mehrerer gleichberechtigter Möglichkeiten […]. Beim Splitting von Wörtern, die sich nur durch die Endung unterscheiden und bei denen sich kein Vokal ändert, kann mithilfe des Schrägstrichs verkürzt geschrieben werden; der Ergänzungsbindestrich vor der Endung ist notwendig. (Duden [⁶2007], Richtiges und gutes Deutsch: 406)

Die Schreibpraxis folgt diesen Empfehlungen oft nicht; der Ergänzungsbindestrich wird meist weggelassen. Der Schrägstrich wird dann insgesamt nicht mehr in seiner Funktion zur Angabe mehrerer Möglichkeiten gebraucht, sondern – besonders bei der Verwendung zweier Schrägstriche, wie in *Kolleg/inn/en* – als grafisches Signal. Von dieser Verwendung des Schrägstrichs rät die Dudenredaktion ab.

Im Jahr 1999 erschien im Rahmen einer redaktionellen Zusammenarbeit zum gleichen Thema (und mit gleichem Titel) der *Artikel Gleichstellung von Frauen und Männern in der Sprache* im Schweizer *Sprachspiegel*.[2]

Eine interessante Reaktion auf das Thema erreichte die Dudenredaktion im Jahr 2004, als Margot Dietrich, ehemalige wissenschaftliche Mitarbeiterin der Gesellschaft für deutsche Sprache, in der Zeitschrift „Der Sprachdienst" (Heft 5-6, 2004) u. a. beklagte, der Dudenband 9 „propagiere" die Klammerformen:

> Klammerformen erfüllen den Grundsatz der symmetrischen Gestaltung von Femininum und Maskulinum nicht, den auch Duden 9 gleich zu Beginn des Abschnitts über die sprachliche Gleichbehandlung erwähnt. Während das Maskulinum in der Klammerform voll ausgeschrieben erscheint, ist das Femininum nur durch die eingeklammerte und z.T. verkürzte Endung repräsentiert: *Mechaniker(innen), Student(inn)en*. Dies erweckt den Eindruck der Nebensächlichkeit und Geringfügigkeit, dem durch die sprachliche Gleichbehandlung doch gerade begegnet werden soll. Duden 9 erwähnt diese Kritik an der Klammerform, folgt ihr aber nicht. Die GfdS hat dagegen wegen der mangelnden Symmetrie von maskuliner und femininer Form Klammersetzung nie empfohlen. […] die GfdS ist bereit, für die Umsetzung der sprachlichen Gleichbehandlung auch längere oder kompliziertere Schreibweisen in Kauf zu nehmen. (Brief vom 4.1.2005, abgedruckt in Dietrich 2005: 101)

Die Position der Dudenredaktion lässt sich im Gegensatz dazu eher als pragmatisch beschreiben. Die Orientierung an Alltagsproblemen bringt die Antwort auf obige Position zum Ausdruck:

> Der Duden-9-Artikel richtet sich an Schreibende, die sprachliche Gleichstellung verwirklichen wollen und sich dabei gleichzeitig an Rechtschreibregeln orientieren müssen; dieser „Spagat" ist nicht immer ganz einfach […]. In diesem Zusammenhang ist tatsächlich die Klammerform in vielen Fällen die einzige Möglichkeit, Kurzformen orthografisch korrekt wiederzugeben. Die Kritik an der Klammerschreibung ist mir durchaus bekannt, ich selbst habe aber schon mehrfach in der Sprachberatung die Erfahrung gemacht, dass Schreibende überaus dankbar waren, wenn sie beispielsweise in einer Tabelle mit gebotener Kürze „Kolleg(inn)en" schreiben konnten. (Eickhoff 2005: 39)

Zum Thema Kurzformen kann zusammenfassend gesagt werden, dass der Streit um das große I politisch motiviert war oder ist, die Auseinandersetzung zum Schrägstrich einen eher orthografischen Hintergrund hat und die Klammerform so etwas wie den Streit zwischen Fundamentalismus und Pragmatismus darstellt. Der Streit erscheint im Jahr 2009 allerdings

---

[2] Eickhoff (1999). Der Beitrag wurde später – wie alle anderen im Rahmen dieser Zusammenarbeit entstandenen – auch auf der Homepage des Dudenverlags angeboten und wurde dort häufig aufgerufen.

reichlich akademisch: Selbst in Frauenmagazinen ist die Aussage zu hören, über die Vereinbarkeit von Familie und Beruf müssen „die Wähler" entscheiden, die im Amt bestätigte Bundeskanzlerin spricht ihre „lieben Freunde" an, und junge Frauen haben keinerlei Probleme mit der Verwendung generischer Maskulina. Die Dudenredaktion hat allerdings weiterhin den Anspruch, Geschlechtergerechtigkeit in ihren Wörterbuchtexten umzusetzen.

3. Die Umsetzung der Gleichstellung von Frauen und Männern in der Sprache in den Duden-Wörterbüchern

Objekt der Gleichbehandlungsforderungen der Feministinnen der 90er-Jahre war in erster Linie nicht der relativ unbekannte Dudenband 9, sondern „der Duden", also der Dudenband 1 bzw. der Rechtschreibduden als bekanntestes und meistverkauftes deutsches Wörterbuch. Im Regelteil des Rechtschreibdudens wird seit 1991 im Einführungskapitel zum Thema Groß- und Kleinschreibung mehr oder weniger explizit Bezug genommen auf die Problematik des großen I. So findet sich erstmals in der 20. Auflage von 1991 der einführende Satz:

> Großschreibung bedeutet Verwendung von großen Anfangsbuchstaben. Großbuchstaben erscheinen im Wortinnern nur bei Abkürzungen, in Zusammensetzungen mit Bindestrich und bei genereller Schreibung in Großbuchstaben. (Duden [201991], Die deutsche Rechtschreibung: 31, ebenso Duden [211996], Die deutsche Rechtschreibung: 36).

In der 22. Auflage aus dem Jahr 2000 wird der folgende explizite Hinweis ergänzt:

> In bestimmten Kontexten sehr gebräuchlich, aber **sowohl nach der alten als auch nach der neuen Rechtschreibregelung nicht korrekt**, sind Großbuchstaben im Wortinnern
> - zur Vermeidung der Doppelnennung männlicher und weiblicher Formen (BürgerInnen, KollegInnen)
> - als gestalterisches Mittel zur Bezeichnung von Firmen, Produkten und Dienstleistungen [...] (Duden [222000], Die deutsche Rechtschreibung: 49; Hervorhebung von mir).

Seit der 23. Auflage von 2004 lautet die Formulierung:

> In bestimmten Kontexten gebräuchlich, aber nicht Gegenstand der amtlichen Rechtschreibregelung, sind Großbuchstaben im Wortinnern
> - zur Vermeidung der Doppelnennung männlicher und weiblicher Formen (BürgerInnen, KollegInnen)
> - als gestalterisches Mittel zur Bezeichnung von Firmen, Produkten und Dienstleistungen [...]

Solche Schreibungen werden kontrovers diskutiert und für den allgemeinen Schreibgebrauch häufig abgelehnt. (Duden [²³2004], Die deutsche Rechtschreibung: 48; Duden [²⁴2006], Die deutsche Rechtschreibung: 58; Duden [²⁵2009], Die deutsche Rechtschreibung: 56; Hervorhebungen von mir).

Die hervorgehobenen Passagen zeigen deutlich den Wandel von der Normativität zur Deskriptivität in Bezug auf das große I.

Darüber hinaus verzeichnet der Dudenband 1 im Wörterbuchteil, der von den durchschnittlichen Benutzerinnen und Benutzern häufiger aufgesucht wird als der Regelteil, an der entsprechenden Alphabetstelle Einträge wie die folgenden:

> I
> *Die Schreibung mit dem großen I im Wortinnern als Kurzform bei der Doppelnennung weiblicher und männlicher Formen (z.B. MitarbeiterInnen, KollegInnen, StudentInnen) entspricht nicht den allgemeinen Rechtschreibregeln.*
> *Ausweichformen sind z.B.*
> – Mitarbeiter/-innen
> – Mitarbeiter(innen)
> – Student(inn)en, Kolleg(inn)en
> (Duden [²⁵2009], Die deutsche Rechtschreibung: 558).

Noch wichtiger dürfte allerdings sein, dass die genannten Ausweichformen auch selbst lemmatisiert sind, z.B. im Eintrag **Kol|le|g(inn)en** (Duden [²⁵2009], Die deutsche Rechtschreibung: 631). Hier wird nicht nur gezeigt, wie solche Formen geschrieben werden, sondern auch, wo sie am Zeilenende getrennt werden können – ebenfalls ein relevanter orthografischer Aspekt des Themas.

Die Frage, welches Wort überhaupt als Stichwort Aufnahme in die Wörterbücher findet, ist die prominenteste in der Wörterbucharbeit[3], vermisste Stichwörter eines der häufigsten Themen in der Duden-Sprachberatung. Bei der Neubearbeitung des *Großen Wörterbuchs der deutschen Sprache* wurde durch Aufnahme des Pronomens *frau* einer feministischen Forderung Rechnung getragen:

> **frau** <Indefinitpron.>: bes. in feministischem Sprachgebrauch, sonst oft scherzh. für ¹man, bes. wenn [ausschließlich] Frauen gemeint sind: Stillen ist ein Privileg: für die Mütter, die sich trauen ...; für die, die gewusst haben, wie f. es macht (Courage 2, 1978, 25); Warum viel Geld für Kosmetik in der Parfümerie lassen, wo f. überdies häufig genug unbekannte Wirkstoffe im Tiegel kauft (natur 4, 1994, 9). (Duden [³1999], Das Große Wörterbuch der deutschen Sprache: 1302).

---

3 So ist der Artikel „Wie kommt ein Wort in den Duden?" auf der Duden-Homepage einer der am häufigsten aufgerufenen Texte (http://www.duden.de/deutsche_sprache/sprachwissen/wort_in_den_duden.php).

Auch in der 22. Auflage des Rechtschreibdudens aus dem Jahr 2000 ist dieses Pronomen bereits lemmatisiert.[4]

Hauptaufgabe der 1996 erschienenen 21. Auflage des Dudenbands 1 war die Umstellung auf die reformierte Rechtschreibung; weibliche Formen (so die Bezeichnung für *in*-Movierungen in den Dudenwerken) wurden zögerlich aufgenommen. Als prominentes Beispiel ist das Stichwort *Bischöfin* zu nennen – damals hatte gerade die erste Landesbischöfin ihr Amt angetreten. Die Stichwortauswahl unterlag damals aber der Vorgabe, nur Simplizia zu verzeichnen, und so fanden die *Bischöfin* und die *Kapitänin* Eingang in den Rechtschreibduden, nicht aber die *Landesbischöfin* und die *Flugkapitänin*. In den aktuelleren Auflagen hat sich das geändert: Alle weiblichen Formen werden konsequent als Stichwort gebucht.

Ganz ähnlich verhält es sich mit den großen Bedeutungswörterbüchern, zum einen dem *Großen Wörterbuch der deutschen Sprache*, dessen erste Auflage in sechs Bänden zwischen 1976 und 1981 erschien, und zum anderen dem *Deutschen Universalwörterbuch*, dessen erste Auflage ebenfalls 1981 erschienen ist. Bereits in der ersten Auflage des *Großen Wörterbuchs* findet sich das Stichwort *Akademikerin* mit der heute noch verwendeten typischen Bedeutungsangabe „w. Form zu Akademiker". Auf der gleichen Seite findet sich der *Akkordeonist*, aber keine *Akkordeonistin*. Beide Stichwörter sind in der alten Sprachkartei der Dudenredaktion, die damals die Grundlage für die Bedeutungswörterbücher bildete, nicht belegt. In der ersten Auflage wurden Komposita nur genannt und nicht mit einer Bedeutungsangabe versehen; *in*-Movierungen fehlen bei Komposita gänzlich. Die Stichwortauswahl erfolgte, insbesondere bei Berufsbezeichnungen, themenbezogen: Wenn offensichtlich war, dass ein bestimmter Beruf von Frauen ausgeübt wird, dann wurde die entsprechende feminine Form lemmatisiert. Akademikerinnen – und besonders Germanistinnen (auch dieses Stichwort ist bereits in der ersten Auflage verzeichnet) – dürften zur Hauptzielgruppe des Wörterbuchs gehört haben. Schließlich werden erst in der dritten Auflage des *Großen Wörterbuchs* konsequent alle Movierungen gezeigt, allerdings nach wie vor nicht als eigenständige Wörter-

---

4 Bedingung für die Aufnahme eines Stichworts ist selbstverständlich eine relativ breite Streuung in verschiedenen Textsorten. Wortvorschläge wie der folgende aus einer Kundenmail vom 21.9.2009 werden mit Interesse zur Kenntnis genommen, bleiben aber unberücksichtigt: „um sich in der deutschen Sprache unbestimmt auf eine oder mehrere Personen zu beziehen, verwendet man das Wort ‚man'. Dieses leitet sich aus dem Mittel- bzw. Althochdeutschen her und seine Bedeutung war identisch mit jener von ‚Mann'. Klarerweise ist die Verwendung dieses Wortes unzeitgemäß, da sie nicht gendergerecht ist. Um eine politisch korrekte Sprechweise bemüht, schlage ich vor, ‚man' durch ‚fran' zu ersetzen. Dieses hätte seine Sprachwurzeln in dem althochdeutschen Wort ‚frouwa' und in dem bereits erwähnten ‚man'."

buchartikel, sondern als reine Verweisartikel mit der Angabe „w. Form zu …". Bedeutungserläuterungen gibt es lediglich bei Wörtern, die nicht durch *in*-Movierung entstanden sind, wie z.B. *Ombudsfrau* oder – ganz neu – *Ratsfrau*. Weibliche Formen fehlen nur dann, wenn es sich um die Bezeichnung historischer Tätigkeiten oder Berufe handelt, die definitiv nicht von Frauen ausgeübt wurden. Kein Dudenband kennt die *Mitgiftjägerin*, die *Musketierin*, die *Raubritterin* oder die *Meldereiterin*.

Die Dudenwerke verfahren allerdings durchaus unterschiedlich; so verzeichnet nur der Rechtschreibduden eine *Henkerin* und eine *Scharfrichterin*. Für das Rechtschreibwörterbuch ist es ausreichend, dass die Formen belegt sind; im Bedeutungswörterbuch müssten sie für die (historische) Bedeutung belegt sein, die im Wörterbuch gezeigt wird.

Trotz der im Regelfall sehr restriktiven Angabe der weiblichen Form innerhalb eines reinen Verweisartikels bietet dieses Vorgehen der Dudenredaktion durchaus Anlass zur Kritik. So schreibt Theodor Ickler im Jahr 2006 zum Erscheinen der Neuauflage des *Deutschen Universalwörterbuchs*:

> Die Dudenredaktion hat sich beeilt, ihre männliche Schlagseite zu korrigieren. Im Universalwörterbuch mussten viele Stichwörter weichen zugunsten von 5.024 weiblichen Personenbezeichnungen wie *Branntweinbrennerin, Buhruferin, Chiliastin, Durchwanderin, Epigraphikerin, Erbsenzählerin, Fanbetreuerin, Fassadenkletterin, Filzokratin, Garnelenfängerin, Herrgottschnitzerin, Insurgentin, Interventionistin, Kolonnenspringerin, Körnerfresserin, Leichenschänderin, Moritatensängerin, Neuhegelianerin, Plapperin, Punktelieferantin, Schrotthändlerin, Topfguckerin, Transplanteurin, Trassantin, Vizeadmiralin, Zinkerin* … Einige davon habe ich auch in sehr großen Textkorpora nicht finden können und bezweifle, dass die Dudenredaktion über Belege verfügt.
> (http://www.sprachforschung.org/print_ickler.php?id=577, 1.8.2006)

Tatsächlich sind viele der genannten Formen im Dudenkorpus nicht belegt – dies trifft allerdings auch auf einige der entsprechenden männlichen Formen zu, was m. W. jedoch noch niemals Gegenstand einer Kritik war. Darüber hinaus trifft es generell zu, dass weibliche Formen schwächer belegt sind als die entsprechenden männlichen (z.B. finden sich in der elektronischen Kartei der Dudenredaktion ca. 300 Belege für die Form *Kleinkünstler*, aber nur ca. 40 für die Form *Kleinkünstlerin*). Wörterbücher haben aber nicht nur die Aufgabe, die sprachliche und gesellschaftliche Wirklichkeit abzubilden, sondern sie sollen dem Verschweigen und Nichtnennen im obengenannten Sinn entgegenwirken.

Die Reduzierung der *in*-Movierungen auf reine Verweisartikel bedeutet, dass alle Informationen bei der jeweils männlichen Form nachgeschlagen und auf die weibliche übertragen werden müssen. Bei kurzen, monosemen Artikeln ohne stilistische oder sonstige Markierung ist ein Analogieschluss noch relativ leicht möglich; nahezu unmöglich wird er aber bei Wörtern, die idiomatische Wendungen ausbilden oder Bestandteil von Sprichwörtern oder Redewendungen sind, wie das Wort *Meister*:

Meis|ter, der; -s, - [mhd. meister, ahd. meistar < lat. magister, Magister]: **1. a)** *Handwerker, der seine Ausbildung mit der Meisterprüfung abgeschlossen hat:* er ist M. [im Kürschnerhandwerk]; der M. und die Gesellen; bei einem tüchtigen M. in die Lehre gehen; den/seinen M. machen (ugs.; *die Meisterprüfung in einem Handwerk ablegen*); **b)** *jmd., der als Meister (1 a) in einem Betrieb arbeitet u. einem bestimmten Arbeitsbereich vorsteht:* ein M. betreut die Auszubildenden der Firma; er ist als M. verantwortlich für die Fertigung im Betrieb; (als Ehrentitel in der DDR:) M. der volkseigenen Industrie; Bester M. des Betriebes. **2.** *Könner auf seinem Gebiet, in seiner Kunst:* er ist ein M. [seines Fachs]; ein M. der Sprache, auf dem Gebiet der Fotografie; er ist ein M. der Feder (geh.; *er hat großes Talent zum Schreiben;* Thieß. Legende 149); (iron.:) er ist ein M. im Erfinden von Ausreden; er ... war stets ein M. schneller Entscheidungen geblieben (Fries, Weg 312); Spr es ist noch kein M. vom Himmel gefallen; früh übt sich, was ein M. werden will (Schiller, Wilhelm Tell III, 1); *****seinen M. finden; in jmdm. seinen M. gefunden haben** *(auf jmdn. treffen, getroffen sein, der einem überlegen ist);* **jmds., seiner selbst, einer Sache M. werden/sein** (veraltend; *jmdn., sich selbst, etw. bezwingen, Herr über etw. werden*): das Gebäude wurde »eingepackt«, um der Feuchtigkeit M. zu werden (NZZ 30.6. 86, 44). **3.** *großer Künstler (bes. im Bereich von bildender Kunst u. Musik):* holländische M. des siebzehnten Jahrhunderts hingen in dem Raum; die alten M. *(die großen europäischen Maler des Mittelalters u. des Barocks);* das Werk stammt von einem unbekannten, modernen, bedeutenden M.; die großen M. des Barocks; (in Verbindung mit dem Namen eines von ihm geschaffenen Bildwerks für einen namentlich unbekannten Künstler, z.B.:) der M. des Marienlebens. **4.** (geh.) *bewunderter, verehrter, als Vorbild angesehener Lehrer (im Bereich von Wissenschaft od. Kunst); religiöser Führer, Religionsstifter (im Verhältnis zu seinen Jüngern od. Anhängern):* der M. hat seine Schüler um sich versammelt; der M. lehrte seine Jünger; sie lauschten den Worten des -s; der M. vom Stuhl *(Präsident einer Freimaurerloge).* **5.** (Sport) *Sieger in einer Meisterschaft:* er war zweimaliger deutscher M. im Schwergewicht; die Bayern werden wieder M.; in diesen Wettkämpfen werden die M. ermittelt; (als Ehrentitel in der DDR:) M., Verdienter M. des Sports. **6.** (saloppe, vertrauliche Anrede an eine männliche Person, häufig an einen Unbekannten: hallo, M., wie komm ich zum Bahnhof? **7.** *****M. Lampe** *(der Hase im Märchen, in der Fabel;* Kurzf. des m. Vorn. Lamprecht*);* **M. Petz** *(der Bär im Märchen, in der Fabel;* älter: Betz, Kosef. des m. Vorn. Bernhard*);* **M. Grimbart** *(der Dachs im Märchen, in der Fabel;* nach dem ahd. m. Vorn. Grimbert*);* **M. Urian** *(der Teufel in der Sage;* Urian*);* **M. Hämmerlein** (Hämmerlein). (Duden [³1999], Das große Wörterbuch der deutschen Sprache: 2557f.)

Im Vergleich zu diesem sehr ausführlichen Artikel nimmt sich die Darstellung der weiblichen Form *Meisterin* geradezu spärlich aus:

Meis|te|rin, die; -, -nen: **1.** w. Form zu Meister (1 a, 2, 5). **2.** (veraltend) *Frau des Meisters (1 a).* (Duden [³1999], Das große Wörterbuch der deutschen Sprache: 2558)

Erkennbar ist, dass eine „Meisterin, die in einem Betrieb arbeitet u. einem bestimmten Arbeitsbereich vorsteht" (in Analogie zu Meister [1b]) bei der ursprünglichen Erstellung dieses Artikels wohl nicht Bestandteil der gesellschaftlichen Wirklichkeit war. Nicht erkennbar wird allerdings, ob die unter (2) genannten idiomatischen Wendungen und Sprichwörter auf die weibliche Form übertragbar sind oder nicht.

Der folgende Screenshot zeigt den Artikel *Meisterin* in der vorläufigen Form, in der er in einer Neuauflage des *Großen Wörterbuchs* erscheinen würde:

> **Meis|te|rin**, die; -, -nen: **1. a)** weibliche Form zu ↑ Meister (1 a): sie ist Meisterin [im Goldschmiedehandwerk]; eine Meisterin und drei Gesellen; **b)** weibliche Form zu ↑ Meister (1 b): sie ist als Meisterin verantwortlich für die Auszubildenden. **2.** *Könnerin auf ihrem Gebiet, in ihrer Kunst:* sie ist eine Meisterin [ihres Fachs]; eine Meisterin der Provokation, der Zwischentöne; Eine Frau ..., die beim ersten Liebesspiel die Handelnde war, würde auch in Zukunft Meisterin ihres Geschickes sein (Göbel, Lilith, o. S.); ironisch die junge Bakteriologin entpuppt sich als Meisterin im Lügen und Intrigieren (Hörzu 14, 2002, 41); **Spr** es ist noch keine Meisterin vom Himmel gefallen; Übung macht die Meisterin. **3.** *große Künstlerin (besonders im Bereich von bildender Kunst und Musik):* Camille Claudel als Meisterin der modernen Plastik; Werke von bedeutenden, modernen Meisterinnen. **4.** *bewunderte, verehrte, als Vorbild angesehene Lehrerin, religiöse Führerin:* sie ist eine der wenigen Meisterinnen der Schwarzen Schwesternschaft. **5.** (Sport) *Siegerin in einer Meisterschaft:* sie ist zweifache deutsche Meisterin im Biathlon. **6.** (veraltet) Frau des Meisters (1 a).

Es handelt sich hier um einen Preview aus dem Wissensnetz deutsche Sprache, einer Datenbank, in der seit 2001 verschiedene Dudenwerke vereinigt sind. Der Artikel *Meisterin* hat hier alle Informationspositionen bekommen, die für das Verständnis der Bedeutung und des Gebrauchs wichtig sind. Auch die als reine Verweise angelegten Bedeutungsangaben werden durch ein illustrierendes Beispiel oder durch ein Zitat verdeutlicht. Schließlich werden die Sprichwörter „es ist noch keine Meisterin vom Himmel gefallen" und „Übung macht die Meisterin" ergänzt. Diese werden zwar fast ausschließlich in feministischen Kontexten verwendet, es finden sich aber genügend Belege, die eine Aufnahme ins Wörterbuch rechtfertigen.

Etwas weniger spektakulär, aus lexikografischer Sicht allerdings mindestens ebenso wichtig wie die Stichwortauswahl ist die geschlechtergerechte Gestaltung der Bedeutungsangaben.⁵ Auch in den Bedeutungsangaben sollen die Benutzerinnen sich wiederfinden und sich nicht als „mitgemeint" verstehen müssen. Dies gilt in besonderem Maße für Komposita, die mit einem generischen Maskulinum gebildet werden. Auch in aktuellen Versionen der Duden-Wörterbücher finden sich gelegentlich noch Formulierungen wie:

> be | nut | zer | freund | lich, (südd., österr. u. schweiz. meist:)
> be | nüt | zer | freund | lich <Adj.>: *für den Benutzer von etwas angenehm, leicht zu handhaben:* -e Wörterbücher; ein -es Computerprogramm. (Duden [³1999], Das große Wörterbuch der deutschen Sprache: 529; Hervorhebung von mir).

In der Datenbank ist die Bedeutungsangabe bereits wie folgt geändert: „für den Benutzer, die Benutzerin von etwas angenehm, leicht zu handhaben".

Dieses Thema ist durchaus nicht frei von Zweifelsfällen. So ist für die geänderte Bedeutungsangabe zu *Kochmütze (hohe weiße Mütze als Teil der Berufskleidung der Köchinnen u. Köche,* Duden [³1999], Das große Wörterbuch der deutschen Sprache: 2174) das entsprechende Weltwissen über diese Berufskleidung nötig. Umgekehrt hat die Bearbeitung der *Lotsen*-Strecke dazu geführt, dass konsequent die weiblichen Formen mitverwendet werden: So wird etwa *Lotsengeld* jetzt definiert als „Entlohnung eines Lotsen, einer Lotsin", wo vormals nur die männliche Form stand. Die Änderung ist unabhängig davon, wie viele Frauen diesen Beruf tatsächlich ausüben.

Völlig anders verhält es sich mit sprachlichen Bereichen, in denen die Geschlechterverteilung deutlicher wird. So ist die prominente Ausweichform *Studierende* auch in der Wortbildung produktiv. Der Mainzer Professor Hans-Joachim Koppitz beklagt: „Die neuerungsfreundliche Dudenredaktion wird wohl nach einer Übergangszeit die ‚Studierendenschaft' in ihren Wortschatz aufnehmen" (Koppitz 2009).⁶ Er übersieht dabei, dass *Studierendenschaft* (und ebenso *Studierendenparlament* und *Studierendenvertretung*) nicht nur im deutschen Wortschatz fest verankert, sondern bereits in der 6. Auflage des Deutschen Universalwörterbuchs verzeichnet sind (Duden [⁶2006], Deutsches Universalwörterbuch: 1638).

In besonderem Maße orientiert an der sprachlichen Wirklichkeit ist auch der Dudenband 8 (Das Synonymwörterbuch), dessen Substanz in

---

5   Der dritte wichtige Aspekt, Auswahl und Funktion der Beispieltexte, ist Thema des zweiten Werkstattberichts aus der Dudenredaktion. Dieser Aspekt wird deshalb hier vernachlässigt.
6   Der Artikel aus der Mainzer Allgemeinen Zeitung wurde freundlicherweise von Prof. Susanne Günthner zur Verfügung gestellt.

den Jahren 2001 bis 2004 völlig neu erarbeitet wurde.[7] Da Synonymwörterbücher qua Definition Textproduktionswörterbücher sind, war es im Rahmen der Neukonzeption selbstverständlich, weibliche Formen gleichberechtigt neben den männlichen darzustellen – Frauen sollen sich im Synonymwörterbuch wiederfinden. Aus alphabetischen Gründen folgen die weiblichen Formen den männlichen, aus systematischen Gründen wird das auch dann so gehandhabt, wenn das Alphabet nicht eingehalten wird, wie im Beispiel *Fachmann, Fachfrau*:

Fachmann, Fachfrau
Autorität, Experte, Expertin, Fachgröße, Fachkraft, Frau vom Fach, Gelehrter, Gelehrte, Kapazität, Kenner, Kennerin, Könner, Könnerin, Mann vom Fach, Meister [seines Fachs], Meisterin [ihres Fachs], Profi, Sachkenner, Sachkennerin, Sachkundiger, Sachkundige, Sachverständiger, Sachverständige, Spezialist, Spezialistin; *(bildungsspr.):* Koryphäe, Routinier; *(ugs.):* Ass, Kanone. (Duden [⁵2010], Das Synonymwörterbuch: 372)

Nur in den seltenen Fällen unterschiedlicher Synonymbildung werden männliche und weibliche Formen jeweils als eigenes Stichwort lemmatisiert, z.B. *Friseur* und *Friseurin* (Duden [⁵2010], Das Synonymwörterbuch: 409). Theodor Ickler kritisiert entsprechend, dass das

Duden-Synonymwörterbuch von 2004 [...] mit der vollständigen Eintragung movierter Formen am weitesten geht, indem es nicht nur dem *Hosenschisser* die *Hosenschisserin* beigesellt, sondern sogar dem *Beckmesser* die *Beckmesserin*, über die sich Richard Wagner wohl gewundert hätte. (Ickler 2006)

Der Eigenschaft als Textproduktionswörterbuch ist es ebenfalls geschuldet, dass es Gebrauchshinweise zu brisanten Wörtern gibt; dazu gehören auch Personenbezeichnungen:

Friseuse
Die Bezeichnung Friseuse *wird nur noch in der Umgangssprache gebraucht; die offizielle Berufsbezeichnung lautet* Friseurin. (Duden [⁵2010], Das Synonymwörterbuch: 405)

Wo es Ausweichformen zur Vermeidung von Doppelnennungen gibt, werden diese genannt, z.B. *Lehrkörper*, *Lehrkräfte* und *Lehrerschaft* statt *Lehrerinnen und Lehrer* (Duden [⁵2010], Das Synonymwörterbuch: 601) oder, wie von Theodor Ickler erwähnt und als „Ausweg aus der selbstgestellten Falle" bezeichnet (Ickler 2006), *Belegschaft* oder *Kollegium* statt *Mitarbeiterinnen* und *Mitarbeiter* (Ickler 2006, S. 637).

Hilfestellung für geschlechtergerechtes Schreiben ist und bleibt allerdings ein zentrales Anliegen des Synonymwörterbuchs.

---

7   Dieses Vorgehen ist insofern erwähnenswert, als das Überarbeiten bestehender Wörterbuchsubstanzen den Normalfall der täglichen Arbeit bildet.

4. Die Darstellung der Gleichstellungsbemühungen im Wissensnetz deutsche Sprache

Das Wissensnetz deutsche Sprache (oder kurz: Wissensnetz) ist ein neues System der elektronischen Sprachdatenverwaltung mit der Absicht, die vormals werkspezifischen Datenbanken der einzelnen Dudenwerke in einer einzigen Wissensstruktur zusammenzufassen. Die in den unterschiedlichen Duden-Wörterbüchern repräsentierten Informationen sollen zu einer „Ontologie der deutschen Sprache"[8] vernetzt werden. Das Wissensnetz ist entstanden durch Datenimporte der einzelnen Dudenwerke; es erschließt sich über drei Ebenen: Die Lemmaebene, die Termebene und die Konzeptebene.

Die Lemmaebene, repräsentiert im Lemmafenster, zeigt die Informationen, die klassischerweise den Kopf der Wörterbuchartikel bilden, wie Aussprache, Grammatik, Etymologie und Nebenformen des Lemmas. Im Beispielartikel *Fachmann* aus dem Termeditor des Wissensnetzes ist nun zu sehen, dass die feminine Form *Fachfrau* als solche dargestellt wird; das stellt im Vergleich zum alten Redaktionssystem, in dem nur eine Erfassung als Nebenform möglich war, eine klare Aufwertung dar. Beispielsweise kann nun in dieser Datenbank gezielt nach *femininen Formen* gesucht werden.

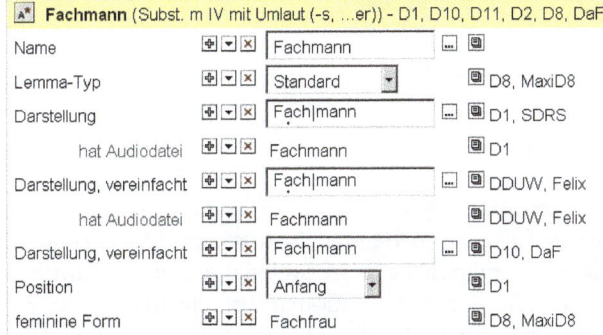

---

[8] Zum Thema Wissensnetz als Ontologie vgl. Alexa et al. (2002). Eine kurze Zusammenfassung der Ergebnisse bietet Müller-Spitzer (2007: 42): „Alle Daten für die verschiedenen Wörterbücher sollen perspektivisch in einem Datenpool vorgehalten werden, aus dem die verschiedenen Wörterbücher in gedruckter und elektronischer Form wie auch sprachtechnologische Produkte entwickelt werden sollen; diese Datenbasis wird als ‚Duden ontology' bezeichnet." Das Wissensnetz wurde entwickelt von der Software-Firma *Intelligent Views* (Darmstadt).

Die Termebene, repräsentiert im Termfenster, zeigt die Informationen, die klassischerweise den Rumpf der Wörterbuchartikel bilden, vor allem Bedeutungsangaben, Beispieltexte und Zitate. Auch die Synonyme aus dem Dudenband 8 sind auf der Termebene zu finden, repräsentiert durch die Synonymrelationen „sinnverwandt mit" und – wie im Beispiel unten „ist sinnverwandt zu".

Fachfrau (Subst. f IX (-, -en)) - D1, D10, D2, D8, DaF, DDUW, Felix, MaxiD8, SDRS				
Name		Fachfrau		
Lemma-Typ		Synonym		D8, MaxiD8
Darstellung		Fach|frau		D1, SDRS
hat Audiodatei		Fachfrau		D1
Darstellung, vereinfacht		Fach|frau		DDUW, Felix
hat Audiodatei		Fachfrau		DDUW, Felix
Darstellung, vereinfacht		Fach|frau		D10, DaF
männliche Form		Fachmann		D8, MaxiD8
1 {D10, D2, D8, DaF, DDUW, Felix, MaxiD8} (Subst.-Term) - D10, D2, D8, DaF, DDUW, Felix				
ist sinnverwandt zu		Ass (1, 2, 2a)		D8, MaxiD8
ist sinnverwandt zu		Autorität (2)		D8, MaxiD8
ist sinnverwandt zu		Berater (1)		D8, MaxiD8
ist sinnverwandt zu		Experte (1)		D8, MaxiD8
ist sinnverwandt zu		Gelehrter (1)		D8, MaxiD8
ist sinnverwandt zu		Kanone (2)		D8, MaxiD8
ist sinnverwandt zu		Kapazität (1, 1b, 2, 2a)		D8, MaxiD8
ist sinnverwandt zu		Kenner (1, b)		D8, MaxiD8
ist sinnverwandt zu		Könner (1)		D8, MaxiD8

Hier wird erkennbar, dass sich die Erfassung als *männliche Form* bzw. *feminine Form* auf der Termebene nicht fortsetzt. Die einzelnen Synonyme können nicht als männliche oder weibliche Form identifiziert werden, deshalb weisen die Synonymrelationen auf die männliche Form, die im Artikel die Hauptform bildet. Im obigen Beispiel wird *Fachfrau* also etwa synonym zu *Berater, Gelehrter, Kenner* und *Könner* gesehen, nicht zu den entsprechenden weiblichen Formen. Damit wird zwar der Zustand des Synonymwörterbuchs exakt abgebildet, es wird aber verhindert, dass die Synonyme mit den Einträgen und Bedeutungen etwa des *Großen Wörterbuchs* vernetzt werden könnten. Im Beispiel würden alle Synonyme, auch die femininen Formen, am Stichwort *Fachmann* gezeigt.

Schließlich dient die sogenannte Konzeptebene einer sprachtechnologischen Auswertung vorhandener Daten; sie bildet den Kern der Ontologie. Die vernetzt vorhandenen oder noch zu erzeugenden Ober- und

Unterbegriffsrelationen sind ebenso wie Synonymrelationen gedacht als Schnittstelle vom Wörterbuchwissen zum Weltwissen. Die vorhandenen Relationen wurden erzeugt durch eine automatische Auswertung der Definitionstexte; auch Synonymrelationen wurden nur aus synonymischen Definitionstexten gewonnen, nicht aus den Synonymdaten des Dudenbands 8. Hier erneut die Illustration des Termeditors am Beispiel *Fachmann*:

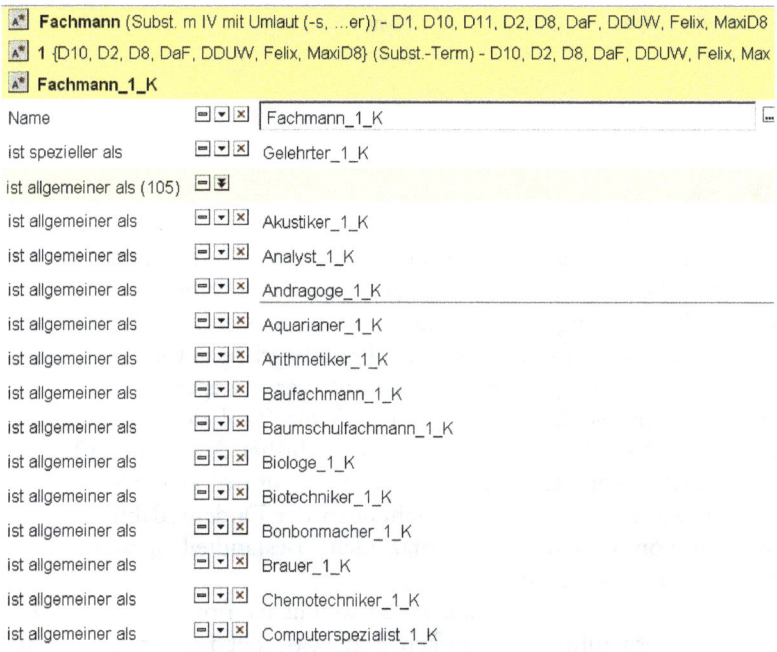

Es wird erkennbar, dass aus den Wörterbuchdaten 105 Unterbegriffe von *Akustiker* bis *Zootechniker* (repräsentiert durch die Relation „ist allgemeiner als") ermittelt werden konnten. Im Vergleich dazu verzeichnete der Eintrag *Fachfrau* zum Zeitpunkt der Tagung, also im November 2008, lediglich den Oberbegriff *Frau*. Nur diese beiden Relationen hatten also aus den Wörterbuchdaten generiert werden können. Zum jetzigen Zeitpunkt hat sich durch inzwischen erfolgte Bearbeitung der Konzeptebene eine andere Situation ergeben:

Fachfrau (Subst. f IX (-, -en)) - D1, D10, D2, D8, DaF, DDUW, Felix, MaxiD8, SDRS		
1 {D10, D2, D8, DaF, DDUW, Felix, MaxiD8} (Subst.-Term) - D10, D2, D8, DaF, DDUW, Felix,		
Fachfrau_1_K		
Name	⊟▼✕	Fachfrau_1_K
ist spezieller als	⊟▼✕	Frau_1_K
ist allgemeiner als	⊟▼✕	Controllerin_1_K
ist allgemeiner als	⊟▼✕	Dekorateurin_1_K
ist allgemeiner als	⊟▼✕	Detacheurin_1_K
ist allgemeiner als	⊟▼✕	Fraud-Analystin_1_K
ist allgemeiner als	⊟▼✕	IT-Fachfrau_1_K
ist allgemeiner als	⊟▼✕	Justiererin_1_K
ist allgemeiner als	⊟▼✕	Kameralistin_1_K
ist allgemeiner als	⊟▼✕	Kartenschlägerin_1_K
ist allgemeiner als	⊟▼✕	Kieferorthopädin_1_K

Immerhin 9 Unterbegriffsrelationen, von *Controllerin* bis *Kieferorthopädin*, wurden bisher durch die Bearbeitung gewonnen. Noch deutlicher wirkt sich die Bearbeitung auf das Stichwortpaar *Lehrer/Lehrerin* aus: Bei der männlichen Form *Lehrer* waren 25 Unterbegriffe automatisch ermittelt worden, die Konzeptebene zu *Lehrerin* war dagegen überhaupt nicht befüllt. Durch die Bearbeitung hat sich die Zahl der Unterbegriffe zu *Lehrer* auf 40 erhöht, während zu *Lehrerin* bisher 3 Oberbegriffe und 19 Unterbegriffe gefunden wurden. Dies ist umso erfreulicher, als die sprachpraktisch motivierten Bemühungen der Dudenredaktion um Konstruktion von Geschlechtsidentität nicht Bestandteil sprachtechnologischer Theorieansätze sind.

Die konsequente Lemmatisierung weiblicher Formen in den Duden-Wörterbüchern führt aber letztlich dazu, dass der Forderung „Frauen in den Duden" auch an der Schnittstelle vom Wörterbuchwissen zum Weltwissen Rechnung getragen wird.

5. Literaturverzeichnis

a) Wörterbücher

Duden. Die deutsche Rechtschreibung. 20. Auflage Mannheim u.a. 1991. 21. Auflage Mannheim u.a. 1996. 22. Auflage Mannheim u.a. 2000. 23. Auflage Mannheim u.a. 2004. 24. Auflage Mannheim u.a. 2006. 25. Auflage Mannheim u.a. 2009: Dudenverlag.

Duden. Das Synonymwörterbuch. Ein Wörterbuch sinnverwandter Wörter. 3., völlig neu erarbeitete Auflage Mannheim u.a. 2004. 4. Auflage Mannheim u.a. 2007. 5., vollständig überarbeitete Auflage Mannheim u.a. 2010: Dudenverlag.

Duden. Richtiges und gutes Deutsch. Wörterbuch der sprachlichen Zweifelsfälle. 4. Auflage u.a. 1997. 5. Auflage Mannheim u.a. 2001. 6. Auflage Mannheim u.a. 2007: Dudenverlag.
Duden. Das große Wörterbuch der deutschen Sprache. 1. Auflage in sechs Bänden Mannheim u.a. 1976-1981. 2. Auflage in acht Bänden Mannheim u.a. 1993–1995. 3. Auflage in zehn Bänden Mannheim u.a. 1999: Dudenverlag.
Duden. Deutsches Universalwörterbuch. 6. Auflage Mannheim u.a. 2006. 7., überarbeitete und erweiterte Auflage Mannheim u.a. 2010: Dudenverlag.

b) Forschungsliteratur

Alexa, Melina/Kreißig, Bernd/Liepert, Martina/Reichenberger, Klaus/Rautmann, Karin/Scholze-Stubenrecht, Werner/Stoye, Sabine (2002): The Duden Ontology. An Integrated Representation of Lexical and Ontological Information. In: Workshop at IREC 2002. Las Palmas, Gran Canaria. (Internet: http://www.bultreebank.org/OntoLex02/OntoLex02Paper01.pdf, 28.9.2009).

Bammert, Elisabeth/Sprenger, Gundula (1992): Frauen und Männer in der Sprache. Leitfaden für ein geschlechtergerechtes Schreiben und Sprechen, Weinheim.

Bayerisches Staatsministerium des Innern (Hrsg.) (1995): Freundlich, korrekt und klar. Bürgernahe Sprache in der Verwaltung, München: Bayerisches Staatsministerium des Innern.

Bickes, Hans/Brunner, Margot (Hrsg.) (1992): Muttersprache frauenlos? Männersprache Frauenlos? PolitikerInnen ratlos? Wiesbaden: Gesellschaft für deutsche Sprache.

Brunner, Margot/Frank-Cyrus, Karin M. (Hrsg.) (1998): Die Frau in der Sprache. Gespräche zum geschlechtergerechten Sprachgebrauch, Wiesbaden: Gesellschaft für deutsche Sprache.

Die Frauenministerin des Landes Schleswig-Holstein (Hrsg.) (1991): Mehr Frauen in die Sprache. Leitfaden zur geschlechtergerechten Formulierung, Kiel.

Dietrich, Margot (2004): Die sprachliche Gleichbehandlung im gegenwärtigen Deutsch. Ziele und Ergebnisse. In: Der Sprachdienst, 5-6, 129–137.

Dietrich, Margot (2005): Sprachliche Gleichbehandlung. In: Der Sprachdienst, 2-3, 101–102.

Eickhoff, Birgit (1999): Gleichstellung von Frauen und Männern in der Sprache. In: Sprachspiegel, 1, 2–6.

Eickhoff, Birgit (2005): Sprachliche Gleichbehandlung. In: Der Sprachdienst, 1, (Leserbrief).

Häberlin, Susanna/Schmid, Rachel/Wyss, Eva Lia (1992): Übung macht die Meisterin. Ratschläge für einen nichtsexistischen Sprachgebrauch, München: Frauenoffensive.

Ickler, Theodor (2006): Duden – politisch korrekt. In: Forschungsgruppe Deutsche Sprache e.V. (Hrsg.): Schrift Rede. (Online unter: http://www.sprachforschung.org/print_ickler.php?id=577, abgerufen am 1.8.2006).

Koppitz, Hans-Joachim (2009): Wo bleiben die Dozierenden? In: Allgemeine Zeitung Mainz, 8.1.2009. (Online unter: http://www.allgemeine-zeitung.de/region/objekt.php3?artikel_id=3581799, abgerufen am 23.9.2009).

Müller, Sigrid/Fuchs, Claudia (1993): Handbuch zur nichtsexistischen Sprachverwendung in öffentlichen Texten, Frankfurt a. M.: Fischer.

Müller-Spitzer, Carolin (2007): Der lexikografische Prozess. Konzeption für die Modellierung der Datenbasis, Tübingen: Narr.

Schweizerische Bundeskanzlei (Hrsg.) (1996): Leitfaden zur sprachlichen Gleichbehandlung im Deutschen, Bern: Schweizerische Bundeskanzlei.

Kathrin Kunkel-Razum

„Er sah zu ihr auf wie zu einer Göttin" statt „Sie sah zu ihm auf wie zu einem Gott" (Luise Pusch)? – Werkstattbericht II aus der Dudenredaktion

1. Vorbemerkung

Dieser Beitrag widmet sich in erster Linie praktischen Aspekten des Themas „Sprachliche Konstruktionen von Geschlechtsidentität". Dies geschieht dergestalt, dass hier gezeigt werden soll, wie die langjährigen theoretischen Diskussionen der Gender Studies Konsequenzen bei der Wörterbucharbeit oder beim Schreiben von Grammatiken zeitigen. Damit steht er in engem Zusammenhang zu dem Artikel von Birgit Eickhoff im gleichen Band – beide ergänzen sich und beleuchten den Umgang mit dem Thema Political Correctness in der Dudenredaktion aus unterschiedlichen Blickwinkeln und anhand unterschiedlicher Werke.

Der vorliegende Beitrag ist also eingebettet in die jahrzehntelang geführten Debatten über kulturelle und natürliche Prägung von Geschlechtsidentität und ihre sprachliche Konstruktion sowie die Untersuchung der entsprechenden Sprachstrukturen. All diese bedenkend, diskutierend und abwägend, setzt die Dudenredaktion die entsprechenden Erkenntnisse einerseits in ihrer Wörterbucharbeit um und gibt andererseits – z.B. über die Dudensprachberatung – Empfehlungen für geschlechtergerechten Sprachgebrauch. Da solche Handlungsrichtlinien für die redaktionelle Arbeit einerseits einige Jahre Bestand haben sollen und müssen und andererseits oft von uns erklärt werden sollen, bleibt es nicht aus, dass wir sehr ähnliche Publikationen zum gleichen Thema veröffentlichen. Dieser Beitrag ist eine aktualisierte und auf die Anforderungen des Sammelbandes zugeschnittene Form meines Artikels aus dem Jahr 2004: „Die Frauen und der Duden – der Duden und die Frauen".

Ich möchte im Folgenden über die Bearbeitung der 3. Auflage des Dudenbands 10, also des Bedeutungswörterbuchs, und der 7. Auflage der Dudengrammatik, also des Bands 4 der sogenannten Duden-Standardreihe, berichten. Im Mittelpunkt soll natürlich die Frage stehen, wie wir bei diesen Arbeiten Aspekten des geschlechtergerechten Sprachgebrauchs Rechnung getragen haben.

Die Arbeit am Bedeutungswörterbuch hat für mich auch einen spannenden biografischen Bezug, wurde ich doch noch während meines Studiums bzw. Forschungsstudiums an der Karl-Marx-Universität Leipzig

Anfang/Mitte der 80er-Jahre von meinem damaligen Seminargruppenbetreuer Prof. Dr. Peter Porsch auf das Thema Feministische Linguistik aufmerksam gemacht. Porsch, gebürtiger Österreicher, der auch an der stark politisierten Freien Universität in Westberlin studiert hatte und dann aus privaten Gründen in die DDR übergesiedelt und dessen Hauptarbeitsgebiet die Soziolinguistik war, versorgte mich u.a. mit den Artikeln von Luise Pusch. Deren Aufsatz „Sie sah zu ihm auf wie zu einem Gott - Das Duden-Bedeutungswörterbuch als Trivialroman" von 1983 hinterließ damals einen tiefen Eindruck bei mir und beschäftigte mich noch lange. Wer hätte zu diesem Zeitpunkt ahnen können, dass ich selbst die Bearbeitung der 3. Auflage dieses Wörterbuchs leiten würde? Dazu musste natürlich erst einmal die Mauer fallen und ich von Leipzig über die biografischen „Umwege" Ostberlin, Gesamtberlin, Madrid und London nach Heidelberg und damit in die Nähe Mannheims, wo die Dudenredaktion beheimatet ist, ziehen.

2. Dudenband 10: Das Bedeutungswörterbuch, 3. Auflage 2002

Das Duden-Bedeutungswörterbuch erschien in erster Auflage im Jahr 1970, 1985 folgte die zweite Auflage. Im Jahr 2001 begannen in der Redaktion die Arbeiten an der nunmehr 3. Auflage dieses Standardtitels, der rund 18500 Stichwörter enthält und diese in seinen unterschiedlichen Bedeutungsaspekten darstellt. Die feministische Kritik von Luise Pusch hatte sich auf die 1. Auflage von 1970 bezogen. In der 2. Auflage von 1985 hatte sich hinsichtlich des Sammelbandthemas und der Pusch-Kritik zwar einiges hinsichtlich der Aufnahme von weiblichen Personenbezeichnungen geändert, andere fundamentale Dinge waren aber unberührt geblieben. Um sie angehen zu können, brauchte es dann vielleicht doch einen Generationen- und Geschlechterwechsel bei Projektmitarbeitern und -leitung. So wurde 2001/2002 neben anderen Aktualisierungen im Stichwortbestand ganz besonderes Augenmerk auf die Umsetzung von Leitlinien der Political Correctness gerichtet. In erster Linie hieß das, zu **allen** männlichen Personenbezeichnungen auch die weiblichen Formen aufzunehmen. Das war ein Verfahren, wie wir es auch in anderen Werken in diesem Zeitraum konsequent eingesetzt haben, um Frauen in Wörterbüchern überhaupt erst einmal sichtbar zu machen. Ganz gelegentlich gab es diese weiblichen Stichwortansetzungen auch schon in der Auflage von 1970, z. B. war dem kompletten Artikel *Lehrer* das Lemma *Lehrerin* hintangestellt worden, dabei handelte es sich aber wirklich um Ausnahmen.

Lehrer, der; -s, -: *jmd., der Unterricht erteilt* /Berufsbezeichnung/: er ist L. am Gymnasium, L. für Mathematik. **Lehrerin,** die; -, -nen.

Eine *Erzieherin* erscheint beispielsweise nicht, wohl aber der *Erzieher*. 1985 ist dann die *Lehrerin* schon in den Artikel *Lehrer* mit eingearbeitet, ebenso die *Erzieherin* oder die *Spaziergängerin*, selbst die *Kickerin* erscheint, es fehlen aber beispielsweise die *Bäckerin* oder die *Opportunistin*. Nach welchen Kriterien damals, also 1985, über die Aufnahme entschieden wurde, lässt sich heute nicht mehr feststellen. Reine Häufigkeitsuntersuchungen, wie wir sie heute über das 1,8 Milliarden laufende Wortformen enthaltende Dudenkorpus relativ unkompliziert erheben können, waren damals noch nicht möglich. So sind nun also in der 3. Auflage von 2002 die femininen Formen komplett verzeichnet, die m.E. einzige Form, die fehlt, ist die *Päpstin*. Konsequenzen hat diese Art der Lemmaansetzung auch für die Weiterbearbeitung der Artikel im Bereich der aufgeführten Synonyme und Zusammensetzungen. Beide Gruppen sind eine Erweiterung der Konzeption des Bedeutungswörterbuchs in der zweiten Auflage, 1970 gab es darin weder Synonyme noch Zusammensetzungen. So wird beispielsweise zum Lemma *Stenotypistin* das Synonym *Klapperschlange* angegeben.

In dieser 2. Auflage wird allerdings jeweils nur die männliche Form des Synonyms bzw. der Zusammensetzung verzeichnet, auch wenn im Artikelkopf die weibliche Stichwortform mit aufgeführt wird. So heißt es also:

Lehrer/Lehrerin...
Männliche bzw. weibliche Person, die...
Sinnv.: Ausbilder, Erzieher, Lehrkraft...
Zus.: Dorfschul-, Grundschul-, Gymnasial-, Hauptschul-, Haus-, Realschullehrer.

Auch das wurde 2002 geändert und der Eintrag sieht nun wie folgt aus:

Lehrer [...], der ;-s, -, **Lehrerin** [...], die; -, -nen: **1.** Person, die an einer Schule o.Ä. Unterricht erteilt. **Syn.**: Ausbilder, Ausbilderin, Dozent, Dozentin, Pädagoge, Pädagogin. **Zus.**: Grundschullehrer, Grundschullehrerin, Gymnasiallehrer, Gymnasiallehrerin, Hauptschullehrer, Hauptschullehrerin, Realschullehrer, Realschullehrerin.
2. ...

Neben diesen, vielleicht eher formalen, wenn auch inhaltlich begründeten Veränderungen standen vor allem Veränderungen an der Beispielsubstanz im Mittelpunkt unserer Arbeit – man vergleiche den Titel dieses Beitrags. Das Stichwort *aufsehen*, unter dem Pusch ihr schönes Beispiel in der 1. Auflage gefunden hatte, findet sich in der 1985er-Auflage nicht mehr – wir sind uns nicht ganz sicher, ob diese Streichung auf die Verarbeitung der Puschchen Kritik in radikaler Weise oder auf normale Überarbeitungsprozesse zurückzuführen ist. Auch wenn wir dieses Beispiel nun bei unserer Überarbeitung 2001/2002 schon gar nicht mehr vorgefunden haben, so waren die Herausforderungen insgesamt doch riesig. Natürlich ist die Bearbeitung der Definitionen und der Beispielsubstanz auch deshalb komplizierter als die Stichwortansetzung, weil die vom jeweiligen Bearbeitungsteam aufgestellten Arbeitsanweisungen in diesem Punkt nicht mit absoluter Präzision formuliert werden können, weil das Empfinden der einzelnen Mitarbeiterinnen und Mitarbeiter für etwas wie Political Correctness nicht gleich ausgeprägt ist, weil der Zeit- und Kostenrahmen für die Bearbeitung zu eng ist etc.

Beispiele in einem Bedeutungswörterbuch haben zwei Funktionen: Sie sollen einerseits bei der Bedeutungserschließung des Stichwortes helfen und andererseits den Gebrauch des Stichwortes im sprachlichen Kontext zeigen. Über die Beispielsubstanz werden also immer explizit und implizit – darüber ist sich die Wörterbuchforschung einig – (sozio)kulturelle Informationen „mitgeliefert". Diese lassen im Extremfall Rückschlüsse auf die Bearbeiterinnen und Bearbeiter und damit auch auf die „Weltsicht" der Redaktion zu. Dies gilt natürlich auch für das auf diese Art „transportierte" Bild von Männern und Frauen und deren Verhältnis zueinander.

Deshalb wollten wir z. B. die Zahl der Beispielsätze, in denen Frauen erscheinen, erhöhen und die mit Männern verringern. Ferner sollte darauf geachtet werden, dass Frauen diskriminierende Beispiele vermieden werden. Eine koreanische Studentin an der Uni Freiburg, Frau Anna Park, hat sich in ihrer Magisterarbeit (2002, unveröffentlichtes Manuskript; sie hatte Einblick in das Buchmanuskript) mit der Darstellung von Frauen u.a. in Dudenwörterbüchern beschäftigt und sie kam für das neue Bedeutungswörterbuch zu folgendem Fazit:

> Dabei sind folgende Änderungen in der dritten Auflage besonders hervorzuheben:
> – Herstellung des Gleichgewichts von Mann und Frau in den Beispielsätzen
> – Symmetrische Benennung von Berufs- und Personenbezeichnungen
> – Drastische Reduzierung der sinnverwandten Wörter
>
> Die Dudenredaktion unternimmt den Versuch, ein Gleichgewicht von Frau und Mann in den Beispielsätzen herzustellen. [...] es werden bewusst mehr Beispielsätze mit der 3. Person Singular ‚sie' als Subjekt gebildet. Die Benennungen der Berufs- und Personenbezeichnungen werden in der dritten Auflage weitgehend vereinheitlicht. [...] Eine der größten Änderungen der dritten Auflage ist die Reduktion der sinnverwandten Wörter. Es werden nur solche sinnverwandten Wörter genannt, die auch selbst als Stichwort in dem Bedeutungswörterbuch aufgenommen sind. Durch dies ist ein wesentlicher Teil der sexistischen Benennung der Frau, wie *Puppe, Biene, Käfer, Mieze* weggefallen. [...] Auffallend in der dritten Auflage des Duden-Bedeutungswörterbuches ist, dass für die Bearbeitung [...] viele weibliche Mitarbeiterinnen beschäftigt sind. Meiner Ansicht nach ist dies die treibende Kraft, die es ermöglicht hat, die dritte Auflage des Duden-Bedeutungswörterbuches ‚menschen'-freundlicher zu gestalten. Nach dem ersten Blick in die 3. Auflage des Duden-Bedeutungswörterbuches ist diese nun mit Spannung zu erwarten und erweckt Zuversicht, dass [sich] die Bemühungen um das erhoffte

Gleichgewicht zwischen Mann und Frau in diesem Wörterbuch nun durchsetzen. Dadurch hätte [...] die lange geübte feministische Kritik über die Gestaltung von Wörterbüchern letztendlich Früchte getragen.

Dennoch, und darüber ist sich die Redaktion im Klaren, bleibt auch nach der Auflage 2002 Optimierungspotenzial und dies gilt auch für andere Wörterbücher. Peter Porsch (2004a und b) zeigt in seinen beiden vorgelegten Publikationen einiges davon. Noch immer gibt es in Dudenwörterbüchern von Porsch kritisierte Beispiele wie

aufschauen ... sie wünscht sich einen Mann, zu dem sie a. kann

oder – subtiler –

Frau ... **4.a)** titelähnliche, auch als Anrede verwendete Bezeichnung für eine erwachsene Person weiblichen Geschlechts: ich habe F. Meier getroffen; F. Oberin; sehr geehrte F. Müller; sehr geehrte gnädige F.

und im Gegensatz dazu

Herr ... **2.a)** titelähnliche, auch als Anrede verwendete Bezeichnung für eine erwachsene Person männlichen Geschlechts: H. Minister/Direktor/Doktor; lieber H. Müller, nur mit –n [Professor] Müllers Einverständnis; ich erwarte den Besuch des –n [Ministers] Müller; die Rede des –n Abgeordneten Müller ...

(alle Beispiele aus Duden-Universalwörterbuch, 5. Aufl., 2003).

Porsch kritisiert nun, dass im ersten Beispiel ein altes Stereotyp reaktiviert wird (wenn die Frau auch nicht mehr, wie in Puschs Titel, zu dem Mann aufsieht „wie zu einem Gott"), nämlich dass eine Frau zu einem Mann aufsehen können will. Für das zweite Beispiel merkt er an, dass die Herren neben dem „Titel Herr" „in den meisten Fällen und im Gegensatz zu Frauen noch einen weiteren Titel – Minister, Doktor, Direktor, Professor, Abgeordneter –" (Porsch 2004a) haben. Sicher ist die Kritik nicht unberechtigt, Porsch verkennt aber, dass die ausführliche Beispielangabe zu Herr + Titel v. a. dazu dient, das häufig in der Sprachberatung nachgefragte Phänomen der notwendigen Flexion in dieser Verbindung zu illustrieren. Die ersten beiden Beispiele wurden in der bislang letzten Auflage des Universalwörterbuchs (2007) wie folgt abgeändert:

aufschauen ... **2.** (geh.) *jmdn. verehren:* ehrfürchtig, voll Bewunderung zu jmdm. a.; er ist ein Vorbild, zu dem die Jugend a. kann.
Frau ... **4.a)** titelähnliche, auch als Anrede verwendete Bezeichnung für eine erwachsene Person weiblichen Geschlechts: ich habe F. Meier getroffen; F. Direktorin, F. Rechtsanwältin, F. Studienrätin; sehr geehrte F. Müller; sehr geehrte gnädige F.

Wie ist zu erklären, dass trotz aller Bemühungen einige wenige solcher Beispiele sich so lange in Duden-Wörterbüchern halten konnten bzw. können? Dafür gibt es wohl vor allem zwei Gründe: Zum einen werden bei der Neubearbeitung eines Wörterbuchs normalerweise Schwerpunkte gesetzt, beispielsweise die Aufnahme einer bestimmten Zahl neuer

(Stich)wörter, die Verbesserung einer bestimmten Gruppe grammatischer Angaben oder auch die Verbesserung der Nutzerfreundlichkeit. Nicht immer steht also die Geschlechterspezifik im Vordergrund und nicht immer werden – schon aus Zeitgründen – alle Querverbindungen wie in „Frau"/„Herr" geprüft. Zum zweiten aber sind auch die Bearbeiterinnen und Bearbeiter der Wörterbücher ganz verschiedene Menschen mit verschiedenen Ansichten, mit einer jeweils verschiedenen Geschichte und verschieden ausgeprägter Sensibilität für die Frage der im Wörterbuch widergespiegelten Geschlechterbeziehungen.

Im Übrigen schiene es mir noch interessant zu sein, auch einmal eine Untersuchung zum Bild von Männern in Wörterbüchern anzustellen. So weit ich sehe, gibt es eine solche nicht.

3. Dudenband 4, 7. Auflage 2005

Im Jahr 2000 begannen auch die Vorarbeiten für die 7. Auflage der Dudengrammatik (Dudenband 4), die dann 2005 erschien. Hier hatten wir – wie letztlich in allen Dudenwerken – das Problem der Anrede der Leserinnen und Leser, z. B. im Vorwort, zu klären sowie die Bezeichnungen bestimmter Kategorien wie Sprecher/Hörer festzulegen. Da diese Grammatik von einem ausgesprochen diskussionsfreudigen Autorenteam verfasst wurde, war dies gar nicht so einfach. Letztlich haben wir uns dann doch auf die generische Maskulinform verständigt, aber wir legen dies im Vorwort auch offen.

Unter grammatisch-inhaltlichem Aspekt ist v.a. auf den Teil Kongruenz (Randziffern 1582–1586) zu verweisen. Hier geht der Autor Peter Gallmann ausführlich auf Personenbezeichnungen als Kern eines Prädikativs oder einer lockeren Apposition (RZ 1582–1584) sowie auf Titel und weibliche Personenbezeichnung (RZ 1585) ein:

RZ 1583:
Gelegentlich ist es zur Vermeidung von Missverständnissen sinnvoll, Umschreibungen mit Paarformen zu verwenden:
(Zweideutig:) Tanja Meier ist [*die erste Ärztin*], die diese Operation gewagt hat.
(Irritierend:) Tanja Meier ist [*der erste Arzt*], der diese Operation gewagt hat.
(Umformulierung:) Tanja Meier ist [*die Erste* unter den Ärzten und Ärztinnen], die diese Operation gewagt hat.

RZ 1585:
Wenn ein Titel einer weiblichen Personenbezeichnung vorangeht, wird die weibliche Form des Titels verwendet.
Ich sprach mit *Frau* Meier / mit *Bürgermeisterin* Meier / mit *Frau Bürgermeisterin* Meier.

Die Lösung solcher Probleme wird natürlich ständig von uns gefordert, sei es in unseren Ratgebern wie beispielsweise „Briefe gut und richtig schreiben" oder in der telefonischen Sprachberatung.

Für das gesamte Thema sprachliche Gleichstellung von Frauen und Männern gilt es innerhalb wie außerhalb der Dudenredaktion auch in Zukunft, die Aufmerksamkeit nicht geringer werden zu lassen: Einerseits haben wir viel erreicht und vieles ist als selbstverständlich in unserer Arbeit verankert. Andererseits gibt es in Zeiten einer immer stärkeren Ökonomisierung auch des Herstellens von Wörterbüchern – egal ob in gedruckter, Offline- oder Online-Form – die Tendenz, nur Dinge zu bearbeiten, die dem Nutzer, der Nutzerin sofort ins Auge fallen und die als Kaufargument gelten können, z.B. die Stichwortzahl zu erhöhen. Dabei droht die Gefahr, die sprachliche Gleichstellung wieder aus dem Auge zu verlieren[1].

4. Literatur

a) Wörterbücher

Duden. Das Bedeutungswörterbuch. 1. Auflage Mannheim u.a. 1970. 2. Auflage Mannheim u.a. 1985. 3. Auflage Mannheim u.a. 2002: Dudenverlag.
Duden. Deutsches Universalwörterbuch. 5. Auflage Mannheim u.a. 2003. 6. Auflage Mannheim u.a. 2007: Dudenverlag.
Duden. Die Grammatik. 7. Auflage Mannheim u.a. 2005: Dudenverlag.

b) Forschungsliteratur

Kunkel-Razum, Kathrin (2004): Die Frauen und der Duden – der Duden und die Frauen. In: Eichhoff-Cyrus, Karin (Hrsg.): Adam, Eva und die Sprache. Beiträge zur Geschlechterforschung, Mannheim/Leipzig/Wien: Duden-Verlag, 308–315.
Park, Anna (2002): Zur Darstellung von Männern und Frauen im Wörterbuch – ein deutsch-koreanischer Vergleich. Freiburg [unveröffentlichte Magisterarbeit].
Porsch, Peter (2004a): Frau im Wörterbuch – Das DUDEN-Universalwörterbuch 2003 als Fortsetzung eines Trivialromans. In: Fix, Ulla/Lerchner, Gotthard/Schröder, Marianne/Wellmann, Hans (Hrsg.): Zwischen Lexikon und Text – lexikalische, stilistische und textlinguistische Aspekte, Leipzig: Verlag der Sächsischen Akademie der Wissenschaften zu Leipzig, 358–365.
Porsch, Peter (2004b): Wo und warum winseln Frauen, man solle sie zu ihrem Mann lassen? Die Frau im DDR-Wörterbuch. In: Reiher, Ruth/Baumann, Antje

---

1 Selbstverständlich gilt es ebenso, die Entwicklung anderer Auffassungen zu sprachlicher Gleichstellung und neuerer Tendenzen, wie sie bspw. in diesem Band bei Schröter/Linke/Bubenhofer angedeutet werden, zu beobachten, entsprechende Schlussfolgerungen zu ziehen und diese umzusetzen.

(Hrsg.): Vorwärts und nicht vergessen. Sprache in der DDR – was war, was ist, was bleibt, Berlin: Aufbau Taschenbuch Verlag, 270–281.

Pusch, Luise (1984): „Sie sah zu ihm auf wie zu einem Gott". Das DUDEN-Bedeutungswörterbuch als Trivialroman. In: Pusch, Luise: Das Deutsche als Männersprache, Frankfurt a.M.: Suhrkamp, 135–144.

Geschlechter in der Interaktion

Elisa Franz und Susanne Günthner

Zur Konstruktion von Gender beim Speeddating: Zwischen Relevanzrückstufung und Inszenierung[1]

1. Einleitung

‚Wieder sehen' oder ‚nicht wieder sehen': Gerade einmal fünf Minuten – nicht länger – haben die TeilnehmerInnen eines Speeddatings Zeit, um ihre jeweiligen GesprächspartnerInnen kennenzulernen, die Passung hinsichtlich einer möglichen Liebesbeziehung zu überprüfen und auf einer Karte anzukreuzen, ob sie das Gegenüber wiedertreffen wollen oder nicht. Was geschieht in diesen kurzen Interaktionssequenzen? Und inwiefern zeichnen sich innerhalb dieser Veranstaltungen stereotype Gender-Darstellungen bzw. indirektere Formen des ‚doing gender'[2] ab?

Zunächst könnte man annehmen, dass gerade in solchen organisierten und institutionalisierten Formen des geschlechterbezogenen Kennenlernens kommunikative Aktivierungen von Gender-Zugehörigkeiten – im Sinne Goffmans (1977/94) – rituell überhöht werden und die TeilnehmerInnen in den Speeddating-Interaktionen kulturelle Vorstellungen von Weiblichkeit und Männlichkeit fokussieren. Eine erste Analyse von Speeddating-Gesprächen zur heterosexuellen Partnersuche zeigt jedoch, dass in diesen Interaktionen das Gegenteil der Fall ist: Es wird kaum auf gender-typische Verhaltensweisen zurückgegriffen. Wo dagegen stereotype Gender-Inszenierungen stattfinden, ist in den jeweiligen Pausengesprächen.

Die linguistischen Gender Studies haben in den letzten 30 Jahren – durch den Einfluss der Ethnographie der Kommunikation, der Ethnomethodologischen Konversationsanalyse, der Gesprächsforschung, den Interaktionsstudien Goffmans wie auch der Interaktionalen Soziolinguistik – zahlreiche Analysen von verbalen (und nonverbalen) Phänomenen des ‚gender display' (Goffman 1977/94) bzw. ‚doing gender' (West/Zimmerman 1987) in ihrer lebensweltlich verankerten Verwendung

---

1 Wir danken Jörg Bücker und Constanze Spieß für ihre Kommentare zu einer früheren Fassung des Beitrags.
2 Zum Konzept des ‚doing gender' siehe u.a. West/Zimmerman (1987); Günthner (1997; 2006); Kotthoff (2002a).

durchgeführt.³ Eine solche Orientierung an der „lebendigen Praxis der sozialen Kommunikation" (Vološinov 1929/86; Günthner 1997; 2000, 2006) impliziert eine Hinwendung zu den kontextbezogenen sprachlichen Verfahren, die Interagierende in der Alltagskommunikation einsetzen, um sich als ‚weiblich' bzw. als ‚männlich' zu präsentieren. Diese Verfahren bzw. ‚Ethnomethoden' (Garfinkel 1967) werden in ihrer zeitlichen Emergenz und ihrer dialogischen Orientierung als gemeinsame Errungenschaft der Teilnehmenden – als ‚accomplishment' im Sinne der Ethnomethodologie – im sozialen Alltagshandeln verstanden.⁴

Mit dem vorliegenden Beitrag, der auf gesprächsanalytischen Methoden zur Analyse von Gender-Aktivierungen in Speeddating-Interaktionen gründet, knüpfen wir an aktuelle Debatten sozialwissenschaftlicher und anthropologisch-linguistischer Gender Studies zu Prozessen des ‚doing gender' bzw. ‚undoing gender'⁵ und damit zur situativen Konstruktion von Geschlechterzugehörigkeit bzw. Irrelevanzsetzung an. Ziel des Beitrags ist es, anhand einer empirischen Untersuchung Formen der interaktiven Konstruktion von Gender im Speeddating und damit im Rahmen einer sozialen Veranstaltung, in der Frauen und Männer um weitere ‚Dates' mit potentiellen PartnerInnen werben, zu ermitteln.

2. Speeddating als neue Gattung der Partnersuche

Beim Speeddating handelt es sich um eine institutionalisierte Form des organisierten Erstkontaktes zwischen Frauen und Männern.⁶ Der Ablauf von Speeddating-Veranstaltungen zeichnet sich durch folgendes Muster aus: Eine gleich große Anzahl von Frauen und Männern, die sich bei einer Speeddating-Organisation angemeldet haben, werden an einem vorgegebenen Ort zusammengeführt, um sich in zeitlich begrenzten (5-10-minütigen) Zweiergesprächen unter konstanten Rahmenbedingungen kennen lernen zu können. Erklärter Zweck der Veranstaltung ist es, potenzielle PartnerInnen zu treffen, mit denen weitere (dann allerdings privat

---

3 Siehe u.a. Günthner/Kotthoff (1992; 1993); Tannen (1993); Kotthoff/Wodak (1997); Ayaß (2008) sowie Spreckels in diesem Band.
4 Siehe auch Berger/Luckmann (1966/69) zur sozialen Konstruktion von Wirklichkeit.
5 Zum Konzept des ‚undoing gender' siehe Hirschauer (2001); Kotthoff (2002a,b); Günthner (2006). Siehe auch den Beitrag von Kotthoff in diesem Band.
6 Seit einigen Jahren gibt es auch per Internet veröffentlichte Angebote zu Schwulen- oder Lesben-Speeddatings (vgl. beispielsweise www.cologne-speeddates.de, Rainbow Online Magazine: „»Club VERSUS« mit schwul-lesbischem Speeddating!" unter www.lesbian.or.at /article/1213009840 oder auch bei diversity München unter http://www.diversity-muenchen.de/queer-speed-dating/).

organisierte) Treffen zustande kommen. Die Partnerwahl wird meist durch ein Ankreuzverfahren geregelt: Die TeilnehmerInnen erhalten eine Karte, auf der alle Namen der Personen, mit denen sie ‚speeddaten', verzeichnet sind und auf der sie nach den jeweiligen Gesprächen ankreuzen können, welche der KandidatInnen sie wieder treffen möchten. Im Falle positiver Übereinstimmung zweier TeilnehmerInnen werden diesen die Kontaktdaten des jeweils anderen übermittelt. Wenn nur eine/r von beiden den jeweils anderen wieder sehen will, werden keine Kontaktdaten ausgetauscht.

Speeddatings – als institutionalisierte Form der Partnersuche – bieten den Teilnehmenden folglich die Möglichkeit, interessierte PartnerInnen kennen zu lernen, ohne in eine potenziell gesichtsbedrohende Interaktion mit dem Gegenüber darüber einzutreten, ob man sich weiterhin treffen möchte, da der Austausch von Kontaktdaten der Organisation überlassen bleibt. Ein weiterer Vorteil des Speeddating ist, dass man an einem Abend gleich mehrere potenzielle PartnerInnen (auf unverbindliche Weise) kennen lernen und ankreuzen kann. Somit bestehen gute Chancen, dass man nicht nur ein einziges nächstes Date mit einer bzw. einem der Speeddating-Teilnehmenden hat, sondern sich mit mehreren ein zweites Mal ‚daten' kann.

In vielen deutschen Großstädten werden heutzutage regelmäßig und zumeist kostenpflichtig Speeddating-Veranstaltungen organisiert, die verschiedene Faktoren wie Alter (beispielsweise Speeddatings für 25-35-Jährige) oder auch Geschlecht (beispielsweise bei Lesben- oder Schwulen-Speeddatings) vorgeben. Prinzipiell steht eine Teilnahme allen, die die Rahmenbedingungen erfüllen können, offen.

Mittlerweile existiert als Variation bzw. Subgenre des Speeddatings[7], das 1999 in den USA aufkam, auch ‚Speedhating', in denen die Teilnehmenden ein paar Minuten Zeit haben, sich gegenseitig (unbekannterweise) zu beleidigen oder gemeinsame ‚Hass-Objekte' zu finden, um dann wie beim Speeddating einen Platz weiter zu rücken und sich bei der nächsten Gesprächspartnerin bzw. beim nächsten Gesprächspartner Luft zu ma-

---

7 Eine Übersicht über die verschiedenen Agenturen gibt es unter http://www.singleboersenvergleich.de/blinddate.htm. Teilweise werden andere Bezeichnungen für Speeddating-Veranstaltungen synonym gebraucht, wie ‚Blitzdaten' oder auch ‚Fast-Dating'. Allerdings unterscheiden sich die Veranstaltungen untereinander gelegentlich in der Beschränkung der Teilnehmerzahlen oder -konstellationen. Ebenso können die (Rede-)Zeit im Umfang und der Einsatz von Ankreuzzetteln variieren. So fehlt in manchen Speeddatings das Ankreuzsystem, so dass die TeilnehmerInnen eigenständig miteinander aushandeln müssen, wie sie miteinander verbleiben. Dies hat vermutlich Auswirkungen auf die Gesprächsabläufe des Speeddatings.

chen.⁸ Auch wenn es dabei vordergründig um einen gegenseitigen Austausch von negativen Haltungen und Bewertungen geht, ist das Ziel im Prinzip das gleiche wie beim Speeddating: Es wird nach einer/m PartnerIn gesucht und die Passung eruiert, die ebenfalls durch ein Ankreuzverfahren geregelt wird. Ebenso gibt es ‚Silentdatings', in denen man sich nur nonverbal und per Zettel verständigen darf.⁹ Seit ein paar Jahren sind auch ‚Speedmatchings' in der Wirtschaft etabliert, in denen sich VertreterInnen aus der Business-Welt gegenübersitzen und im Anschluss Visitenkarten austauschen.¹⁰ Hier liegt der Zweck allerdings nicht in der Partnersuche, sondern im Knüpfen von neuen Geschäftsbeziehungen. Aus einem ähnlichen Anlass organisiert auch die freie Wirtschaft eine Art ‚Speeddating' zum gegenseitigen Bekanntmachen von Erfindern und Firmen.¹¹ Ebenfalls erfährt das Modell des Job-Matching immer größeren Zuspruch: Hier können sich Jobsuchende und Jobanbietende in Kurz-Bewerbungsgesprächen kennenlernen und, wenn die Passung stimmt, eine Einladung zu einem größeren Vorstellungsgespräch vereinbaren.¹²

3. Das Datenmaterial

Die der vorliegenden Analyse zugrundeliegenden Daten entstammen einer im März 2008 in Münster durchgeführten Speeddating-Veranstaltung.¹³ Diese wurde in zwei Lokalzeitungen (den Westfälischen Nachrichten und der Münsterschen Zeitung), verschiedenen Szeneblättern (wie Nanu und Ultimo) und Flyern als kostenfreies Speeddating beworben (siehe Anhang). Die Speeddating-Veranstaltung fand im Restaurant/Café Wolters II statt. Anmelden konnte man sich unter einer zuvor eingerichteten und in der Werbung angegeben E-Mailadresse: Speeddating_Muenster@web.de. Nach der offiziellen Anmeldung erhielten die TeilnehmerInnen eine Be-

---

8 Vgl. Dana-Brueller (2008): „Monumentale Albernheit": Warum Speed Hating die schmerzfreieste Dating-Variante ist. http://jetzt.sueddeutsche.de/texte/anzeigen/423165.
9 Vgl. Blind Date Dinner: Silent Dating. http://www.blind-date-dinner.de/modules.php?op=modload&name=Content&file=kat&secid=1213.
10 Vgl. Local global business medien (2008): Speedmatching Event: CeBIT meets India unter http://www.localglobal.de/sixcms/detail.php?id=775823&template_id=3693&_t=home.
11 Siehe auch „first tuesday" unter http://www.firsttuesday.de/, oder auch „digital people" unter http://www.digitalpeople.net/ und das „i2b Portal" http://www.ft-bremen.de/index.php?rubrik=131&session_id=ABznEf34a1xPvwOpGHEA7dm5bCUeb XTU&log_id=8923966.
12 Vgl. Job-Matching von Münsterland e.V. unter http://www.muensterland-wirtschaft.de/68750/Job-Matching.
13 Hierzu ausführlich Franz (2009).

stätigungsemail, in der die Verwendung von Aufnahmegeräten angekündigt und um Einverständnis gebeten wurde. Ebenso wurde in der E-Mail der Ablauf des Abends mitgeteilt. Zur Gesprächsaufzeichnung wurden auf jedem Einzeltisch Aufnahmegeräte positioniert, so dass aufgrund des Rotationsprinzips (jede der sieben Frauen hatte jeweils ein Dating-Gespräch mit jedem der sieben Männer) insgesamt neunundvierzig Speeddating-Gespräche à fünf Minuten aufgezeichnet werden konnten. Die TeilnehmerInnen erhielten pro Person einen Ankreuzzettel. Nach vier Runden erfolgte eine Pause von ca. sieben Minuten. Im Anschluss an die Speeddating-Gespräche sammelte das Moderationsteam die Kärtchen mit den Kreuzen ein. Diese wurden am folgenden Tag ausgewertet und den Teilnehmenden die Kontaktdaten des jeweilig anderen zugeschickt, sofern sich zwei Personen gegenseitig angekreuzt hatten. Es gab insgesamt sechs positive Übereinstimmungen.

Die Dating-Gespräche wurden im Anschluss nach den GAT-Transkriptionen verschriftlicht. Ferner wurden auch Pausengespräche, die nach der vierten Speeddating-Runde aufkamen, aufgezeichnet und transkribiert.

4. Zur (Ir)Relevanzsetzung von Gender im Speeddating

TeilnehmerInnen an Speeddating-Interaktionen sind zum einen mit der kommunikativen Aufgabe betraut, sich innerhalb weniger Minuten so zu präsentieren, dass das Gegenüber Interesse an weiteren Kontakttreffen bekommt. Zum anderen gilt es, viele und möglichst aussagekräftige Informationen über das Gegenüber zu erhalten, um Gemeinsamkeiten und Differenzen zu eruieren, sich ‚näher zu kommen' und wie beim Bewerbungsgespräch eine Passungsprüfung (vgl. Lepschy 1995: 75–78) vorzunehmen. Wie Franz' Analyse (2009) zum Ablauf des Speeddating verdeutlicht, weisen diese kurzen Interaktionen Strukturen (Ablaufschemata, Aktivitätstypen, Teilnehmerkonstellationen etc.) auf, die auf bereits vorliegende Verfestigungen des Speeddatings im Sinne einer kommunikativen Gattung hindeuten:[14] Die TeilnehmerInnen orientieren sich an Vorwissen, das Filmen (beispielsweise dem Film ‚Shoppen' von Ralf Westhoff, 2007) oder Berichten von Dritten (Bekannten, FreundInnen) etc. entstammt. So explizieren TeilnehmerInnen gelegentlich, dass sie Informationen darüber, wie Speeddating-Gespräche ablaufen, von FreundInnen und Bekannten bekommen haben.

---

14 Zum Konzept der ‚kommunikativen Gattung' siehe u.a. Luckmann (1986); Günthner/Knoblauch (1994); Günthner (1995; 2000).

Hierzu ein kurzer Gesprächsausschnitt[15], in dem sich Sabrina und Peter[16] am Anfang ihres ersten Speeddating-Gesprächs über ihr Vorwissen zum Ablauf von Speeddating-Interaktionen austauschen:

```
(1)  "Vanille oder Schokolade"
16      S:    ja Ich hab mir vorher AUCH überlegt;
17            fragt man am besten ganz viele SAchen,
18            aber dAs (.) bringt_s irgendwie AUCH
              nicht;
19            SONdern;
20            ich glaub das BESte was_s gibt,
21            <<p> is sich zu unterHALten.> (-)
22            meine frEUndinnen haben VORgeschlagen,
23            so: (.) TAUsend sAchen;
24            bist du eher der (.) HUNDtyp eher der
              KAtzetyp;
25            vaNILle schokoLAde oder so_n scheiß.
26            was man erinnert.
27      P:    dAs musst du mir mal erKLÄR_n.
28            was ist denn ein vaNILletyp.
29      S:    ne NEIN.
30            jemand der lieber vaNILle;
31            <<len und tiefer werdend in der Stimme>
              oder
              lieber (.)↓schokoLAde; (-) ISST.>
```

Neben dieser Art von Vorwissen, das die TeilnehmerInnen in die konkrete Speeddating-Veranstaltung mitbringen und dort reaktivieren, fließen auch Wissen und Erfahrungen aus verwandten kommunikativen Gattungen und Situationen ein: So lehnen sich die Interagierenden – vor allem im Zusammenhang mit personenthematischer Informationseinholung – immer wieder an die Gattung der Bewerbungsgespräche an, wo ebenfalls die Passungsprüfung im Zentrum steht.[17] Auch weisen Speeddating-Interaktionen eine gewisse Nähe zu Courtship-Gesprächen, einer weiteren Form von Erstkontakt-Gesprächen in der Partnerwerbung, auf.[18] Aller-

---

15 Die nach den Konventionen von GAT 2 angefertigten Basistranskripte haben wir zur Verdeutlichung einiger prosodischen Elemente (in Anlehnung an Konventionen aus dem Feintranskript) erweitert.
16 Die Namen der TeilnehmerInnen in den Transkripten wurden aus Anonymisierungsgründen verändert.
17 Zur kommunikativen Gattung von Bewerbungsgesprächen siehe u.a. Lepschy (1995); Kern (2000); Birkner (2001).
18 Unter Courtship-Gesprächen werden Erstkontakt-Gespräche zwischen zwei Menschen in der Partnerwerbung verstanden, bei denen die Werbung um eine Person, die als potenzieller Partner einer intimen Beziehung betrachtet wird, im Zentrum steht (vgl. Guhr 2008: 17–21).

dings handelt es sich bei Courtship-Gesprächen – im Gegensatz zu den vorliegenden Speeddating-Interaktionen – um informelle, nicht institutionell organisierte Interaktionen zur Kontaktaufnahme, die keinem strikten (zeitlichen, lokalen und abfolgebedingten) Ablaufschema folgen. Hier ist das Aushandeln einer weiteren Verabredung (oder das Erhalten-Wollen der Telefonnummer) insofern potenziell gesichtsbedrohend, als man sich eine Abfuhr einhandeln kann bzw. vermeiden möchte, dem anderen eine Abfuhr zu erteilen (vgl. Guhr 2008: 14ff.).

Die zeitlich stark begrenzten Speeddating-Interaktionen, in denen zwei Personen sich gegenseitig zugewiesen werden und innerhalb von wenigen Minuten eine wechselseitige Passungsprüfung vornehmen, zeichnen sich – wie Franz' Analyse (2009) verdeutlicht – durch immer wiederkehrende wechselseitige Frage-Antwort-Gegenfrage-Gegenantwort-Sequenzen aus. Hierzu ein Ausschnitt, der typische Merkmale des Speeddatings aufweist:

```
(2)   "Nebenjob"
345   Ta:    [((lacht ca. 1.2 Sek))]
346          (1.3)
347          ja wunderbAR.
348          wie alt BIST du dEnn.
349   Mt:    ä:h zweiundZWANzig.
350   Ta:    <<p> dreiundZWANzig.>
351   Mt:    dreiundZWANzig, (--)
352   Ta:    mh?
353   Mt:    dU bist dreiundZWANzig? (--)
354          [ich;]
355   Ta:    [ich ]WERD jetzt VIERundzwanzig.
356   Mt:    du bIst VIERundzwanzig;
357          JA.
358   Ta:    also im aPRIL;
359          in dIEsem sinn. (-)
360          JA.=
361          =und was MACHST du?
362   Mt:    äh ich stuDIER ja_germanIstik,
363          und psychologIE,
364          und kommunikaTIONswissenschaften.
365          (--)
366   Ta:    oKE:?
367          und dann WIRST du spÄter?
368          nicht LEH;=
369          =nicht auf LEHRamt.=
370   Mt:    =NE ne ne.
371          NICHT auf lEhramt;
372          Ä:h.
373          ne WEIß ich noch nIcht,
374   Ta:    <<lachend> oKEY,>
```

Tanja setzt mit einem Lachen zur Überleitung in das Speeddating-Gespräch mit dem ihr neu zugewiesenen Partner Matthias ein (Z. 345). Im Anschluss an die Pause und die Bewertung „ja wunderbAR." (Z. 347) fragt sie ihr Gegenüber nach dessen Alter: „wie alt BIST du dEnn." (Z. 348). Auf seine Antwort hin „ä:h zweiundZWANzig." (Z. 349) liefert sie ihre eigene Altersangabe, die nach einer kurzen Rückfragesequenz (Z. 351–353) präzisiert wird: „[ich] WERD jetzt VIERundzwanzig." (Z. 355). Nachdem das Alter geklärt ist, wechselt Tanja mit einer erneuten Frage zur Biographie des Gegenübers bereits zum nächsten Themenpunkt über; zu seiner Tätigkeit „=und was MACHST du?" (Z. 361f.). Typisch für Speeddating-Interaktionen sind die rasch aufeinander folgenden Frage-Antwort-Sequenzen: In rasantem Tempo werden möglichst viele Informationen zur Biographie, zu Vorlieben und zur Freizeitgestaltung des Gegenübers eingeholt.[19]

Eine genauere Betrachtung dieser 5-minütigen Sequenzen zur Anbahnung eines Partnerkontaktes verdeutlicht, dass hierbei entgegen unserer ursprünglichen Erwartungen weder Flirtinitiativen auftreten noch Sequenzen, in denen die Teilnehmenden sich an traditionellen genderspezifischen Verhaltensweisen orientieren. Sowohl Frauen als auch Männer fragen aktiv nach, unterbrechen, liefern Hörersignale, führen neue Themen ein, präsentieren ihre Position oder widersprechen dem Gegenüber. Einzig in Bezug auf das Lachen zeichnen sich geschlechtsspezifische Differenzen ab. Die weiblichen Kandidaten lachen und kichern etwas häufiger als die männlichen.[20] Dieses Lachen und Kichern hat unterschiedliche Funktio-

---

19 Die Tatsache, dass diese Frage-Antwort-Sequenzen im Speeddating bereits einen gewissen Verfestigungscharakter aufweisen, wird auch anhand des im Ausschnitt (1) „Vanille oder Schokolade" präsentierten Wissensaustauschs über den Verlauf von Speeddating-Gesprächen ersichtlich. Vgl. auch den Werbespot von Kinderschokolade, der auf bereits konventionalisierte Formen des Speeddating gründet:
"Kinderriegel"
```
01            ((Speeddatingklingel))
02    Mod:    meine DAmen,
03            PLATZwechsel bItte, ((Milch geht zum Tisch der
              Schokolade und setzt sich))
04    M:      HAllo;
05    S:      HI.
06            bist du kompliZIERT?
07    M:      NEIN.
08    S:      mh (.)geNUSSmensch oder HEKtiker;
09    M:      ↑ah (.) geNUSS.
```
Der Spot findet sich im Internet unter http://www.kinderriegel.de/index2.html.
20 Im August 2009 wurde (von Elisa Franz) in Münster ein Speedhating organisiert und aufgezeichnet, das sich aus neun Teilnehmerinnen und neun Teilnehmern zusammensetzte, die im Alter und im Bildungsstand vergleichbar zu den TeilnehmerInnen des Speeddatings

nen:²¹ Die Kandidatinnen modalisieren dadurch ihre eigenen Redebeiträge, sie verdeutlichen dem Gegenüber, dass sie dessen Beiträge goutieren, sie lockern die Atmosphäre auf, leisten emotionale Gesprächsarbeit und indizieren damit Gender (im Sinne des ‚indexing gender'²²).

Darüber hinaus zeigen sich jedoch keine spezifischen (verbalen und prosodischen) Formen des ‚doing gender'. Der institutionelle Rahmen mit seinem festen Ablaufschema, den recht schematischen Frage-Antwort-Formaten zur Einholung von personenbezogenen Informationen (siehe oben) sowie seiner zeitlichen Begrenzung wie auch die Tatsache, dass sich diese knappen Gesprächssequenzen (mit unterschiedlichen PartnerInnen) mehrfach wiederholen, tragen wohl dazu bei, dass die TeilnehmerInnen (abgesehen vom etwas häufigeren Lachen und Kichern der Kandidatinnen) nicht auf gender-typische Kommunikationsweisen bzw. auf geschlechtsspezifische Stilpräferenzen (wie spezifische Formen konversationeller Höflichkeit, Indirektheit/Direktheit, Kooperativität vs. Kompetitivität) zurückgreifen. Auch typisch geschlechtsspezifische „Hofierungsverfahren", wobei der Mann „Züge der Kompetenz" und die Frau „Züge der Hilfsbedürftigkeit" an den Tag legt (Knoblauch 1994: 46), sind in diesen Gesprächssequenzen – im Unterschied zum sonstigen, nicht-institutionalisierten ‚Dating'²³ – nicht nachweisbar.²⁴ Weder setzen sich die

---

2008 waren. Auch die Zeitbegrenzung der einzelnen Dates sowie der Zweck der Partnersuche waren die gleichen. In den Daten des Speedhatings zeichnet sich ein noch stärkerer Unterschied im Lachverhalten der Geschlechter ab: Dort lachen und kichern die Frauen weitaus mehr als die Männer. Aber auch sonstige Ressourcen des verbalen und nonverbalen ‚doing gender' werden beim Speedhating stärker eingesetzt; was daran liegen könnte, dass die Speedhating-Erstkontaktgespräche durch die ‚Hass-Thematik' affektiver aufgeladen sind und – im Gegensatz zu den Speeddating-Interaktionen – weniger schematisch personenbezogene Informationen abgefragt werden.

21 Das Lachen erfüllt die immer wieder in der Forschungsliteratur als typisch weiblich bezeichnete Funktion, für die Beziehungs- bzw. Emotionsarbeit und die gute Atmosphäre verantwortlich zu sein (Hochschild 1979; Fishman 1983). Eine aktuelle Studie zur ‚Gender Communication' der Grafik-Designerin Monika Nicke argumentiert soziobiologisch (so ein Bericht aus ‚derwesten'), dass Lachen von Frauen als ‚Lockruf' für Männer gilt: „Sobald sich Männer einer Gruppe von Frauen nähern, lachen die Damen häufiger." (Die Diplomarbeit von M. Nicke lag uns nicht vor.) Vgl. http://www.derwesten.de/nachrichten/nachrichten/staedte/schwerte/2008/10/3/news-81019697/detail.html.

22 Beim ‚indexing gender' handelt es sich um den (indirekten) Prozess der Kontextualisierung von Gender durch indexikalische Verfahren (wie Lachen). Diese repräsentieren keine exklusiven, sondern präferenzielle Strategien der Genderkontextualisierung (hierzu Ochs 1992). Hierzu auch Kotthoff in diesem Band.

23 In Abgrenzung zum Speeddating wird unter dem ‚Dating' eine Form der Verabredung zweier Menschen verstanden, die sich schon kennen gelernt haben und aufgrund von Sympathie und /oder Anziehung beschlossen haben, sich noch einmal zu treffen. Siehe auch Kotthoff in diesem Band.

männlichen Teilnehmer beim Speeddating in der Rolle des Werbenden in Szene, noch die Frauen sich in der Rolle der Umworbenen.[25]

Statt also Hinweise auf zwei unterschiedliche Geschlechter-Kulturen (im Sinne von Maltz/Borker 1982)[26] zu finden, zeichnen sich übereinstimmende Strategien bei der Gestaltung dieser institutionalisierten Gattung der Partneranbahnung ab; ‚doing gender' tritt in den Hintergrund, stattdessen werden Gemeinsamkeiten und Anknüpfungspunkte fokussiert und Verbindendes betont. Diese relevante Abwesenheit (Sacks 1996) bzw. das ‚undoing gender' (Hirschauer 2001) hängt u.E. eng mit der institutionellen Einbindung und dem stark reglementierten Ablaufschema der Interaktionen zusammen. Die Tatsache, dass bei dieser Form der heterosexuellen Partnersuche die Gender-Zugehörigkeit (durch die Sitzordnung und die gegengeschlechtliche Zuweisung der GesprächspartnerInnen) bereits institutionell gerahmt wird, liefert einen gewissen Freiraum für die Suche nach Gemeinsamkeit und Verbindendem in dem zeitlich eng befristeten Austausch zwischen den betreffenden PartnerInnen.[27]

---

24 Zu den gender-typischen Verhaltensweisen von Frauen werden im Unterschied zu Männern u.a. Vielfalt in der Intonation, Stimmhöhe, Nähe zur Standardsprache, dem Gebrauch von Emphasemarkern, der Nicht-Dominanz der Themenwahl oder auch eine andere Wahl der Gesprächsstrategien gezählt (hierzu detailliert Samel 1995). Kritisch hierzu u.a. Bußmann (1995), Kotthoff (2002a) oder Günthner (2006). Da uns keine Videoaufzeichnungen zum Speeddating vorliegen, können wir auf Gestik und Mimik nicht detailliert eingehen. Eigene Beobachtungen während der Interaktionen weisen jedoch darauf hin, dass keine auffälligen nonverbalen Gender-Inszenierungen bemerkbar waren.
25 Vgl. hierzu Goffman (1977/94; 1981) und Domke in diesem Band. Domke stellt anhand von modernen Werbespots die Stilisierung und Hyperritualisierung der romantischen, heterosexuellen Liebe heraus, in der Frauen die stereotype Rolle der Umworbenen und Männer die der Umwerbenden einnehmen und inszenieren. Domke spricht hier von einer doppelten Inszenierung, welche die alltäglichen Handlungen überspitzt fokussiert. Daraus lässt sich allerdings auch der Rückschluss bilden, dass diese Überspitzung wieder auf die alltägliche Praxis zurück verweist, mit ihr also in einem Wechselspiel steht. Das bedeutet, dass im alltäglichen Leben immer noch die Stereotype des gender-stereotypen Hofierungsverhaltens bestehen. Ebenfalls zu Flirtinteraktionen in Erstkontakten zwischen Frauen und Männern Tramitz (1990 und 1993: 32 ff.) und Guhr (2007) zur Rhetorik des Flirts.
26 Eine kritische Diskussion des Ansatzes der ‚zwei Kulturen' findet sich bei Günthner (1992).
27 Ähnliche Beobachtungen macht auch Birkner (2009) in Zusammenhang mit der Analyse von Selbstdarstellungen von Frauen und Männern in Online-Partnerbörsen.

5. Jenseits der Speeddating-Interaktionen – Gender-Inszenierungen in der Pause

Auch wenn die vorliegenden Speeddating-Interaktionen größtenteils unter Absehung von Gender-Aktivierungen durchgeführt werden, heißt dies nicht, dass die Speeddating-Veranstaltungen gänzlich jenseits traditioneller Gender-Rituale und geschlechtsspezifischer Inszenierungen stattfinden. Vielmehr zeigen unsere Daten, dass das Gespräch in der Pause, das zwischen der vierten und fünften Speeddating-Runde stattfindet und ca. sieben Minuten dauert, als ‚Bühne' für (teilweise stark konventionalisierte) Gender-Inszenierungen[28] fungiert.

Das Pausengespräch unterscheidet sich in mehrfacher Hinsicht von den Speeddating-Interaktionen: Anders als beim Speeddating, in dem zwei Personen (Frau und Mann) einander zugewiesen werden, ist hier die Wahl der Gesprächspartnerinnen und -partner frei. Während beim Speeddating-Gespräch die Selbstpräsentation und die Eruierung der gegenseitigen Passung im Vordergrund stehen, was das Gesprächsverhalten und den Interaktionsablauf (Thematisierung persönlicher Vorlieben, wechselseitige Frage-Antwort-Sequenzen, zielorientierte Informationseinholung) beeinflusst, ist das Pausengespräch bzgl. der Themengestaltung und -organisation eher ‚offen'. Und in diesen mehr informellen Gesprächssituationen greifen die Teilnehmenden in unseren Daten durchaus auf konventionalisierte weibliche und männliche Interaktionsrollen und -strategien zurück: Sie inszenieren Gender analog konventionalisierter Muster.

In seiner interaktionssoziologischen Arbeit zum „Arrangement der Geschlechter" (1977/94) widmet sich Goffman den Hofierungsritualen, die das ‚Dating' der weißen amerikanischen Mittelschicht in den 1960er und 70er Jahre regeln. Er verfolgt dabei die Frage, wie Interagierende durch ihr alltägliches Verhalten kulturelle Vorstellungen einer scheinbar ‚natürlichen' Ordnung zwischen den Geschlechtern (re)produzieren und bestätigen.[29] Beim Hofieren wird die Geschlechtszugehörigkeit fokussiert und rituell überhöht, indem die Frauen versuchen, den „kommerziellen Idealbildern von sexueller Attraktivität" zu entsprechen und die Männer „den für begehrenswert erachteten Frauen verstärkte Aufmerksamkeit

---

28 Unter ‚Inszenierung' verstehen wir eine gesprächsrhetorische „Form interaktiver Bedeutungskonstitution" (Schmitt 2003: 188), die über rekonstruierbare strukturelle Eigenschaften" verfügt. Die Inszenierung grenzt sich von ihrer Umgebung durch bestimmte Markierungen in der Sprechweise, Mimik, Gestik und Ausdrucksverhalten insgesamt ab und enthält eine Rahmung durch Einleitung sowie einen Abschluss (vgl. Schmitt 2003: 188–194). Zu Gender-Inszenierungen siehe u.a. Günthner (2006).
29 Hierzu auch Spreckels in diesem Band.

[schenken] in der Hoffnung auf irgendeinen flüchtigen Wink, den sie als Ermutigung ihres Interesses deuten können." (Goffman 1977/94: 120). Zu den stereotypen Verhaltensweisen gehört u.a., dass die Frau sich als hilfsbedürftiges Wesen inszeniert und der Mann ihr zu Hilfe eilt. Auch wenn Goffmans Analysen des Hofierens in der heutigen Zeit eher althergebracht wirken und sicherlich viele der Hofierungsrituale überholt sind, so wird im vorliegenden Pausengespräch erkenntlich, dass auch die heutige Generation der 20-25-Jährigen über diese traditionellen Formen der Gender-Inszenierung verfügt und sie situativ aktualisiert.

Im Folgenden soll eine Pauseninteraktion exemplarisch vorgestellt werden. Das ca. 7-minütige Gespräch findet an Tanjas Tisch statt. Mirko, mit dem sie unmittelbar zuvor ‚gespeeddatet' hat, ist nun einen Platz nach rechts zu Mareike aufgerutscht. Auf seinem Platz, also gegenüber von Tanja, sitzt nun Matthias. Mitbeteiligt am Gespräch sind Tanja, Mirko, Matthias und zeitweise auch Mareike sowie der Kellner, der während der Pause für Getränke sorgt.

5.1 Die Inszenierung weiblicher Hilflosigkeit (‚Doing being Dummchen')

Die Sequenz beginnt mit Tanjas explizit geäußerter Verwirrung über die Anordnung der Speeddating-Partner auf der Liste, die alle TeilnehmerInnen zu Beginn der Veranstaltung erhalten haben:

```
(3) Pausengespräch "der Erste"
01     Ta:    hab ich mit DAniel-
02            aber ich hab doch nich mit ↑DAniel PE
              ANgefangen;
03     Mi:                 [( )]
04     Ta:    <<f, creaky> [mei]ne LIste ist fAlsch;>
05            (1.0)
06            wer war denn der ERste bei dIr,
07     Ma:    <<len> ä:hm. (---)
08            der (-) DAniel.>
09            (1.2)
10     Ta:    hab ich mit ↑THO:rsten ANgefangen, (-)
11     Mt:    hehehe
12     Ta:    he hh, (-)
13     Mt:    ((lacht laut für ca. 1.5 Sek.))
14     Mi:    <<f, lachend>  SEHR gut.
15            alles falsch ANgekreuzt.>
16     Mt:    kriegen dann alle ne email die du NICHT
              wolltest.
17     Ta:    <<h, lachend> ahahaha.hh>
```

Mit der Thematisierung ihres Problems (Z. 4) initiiert Tanja das Gesprächsthema für die Pauseninteraktion: „<<f, creaky> [mei]ne LIste ist fAlsch;>" (Z. 4). In mehreren Anläufen (von Z. 1ff.) gibt sie zu verstehen, dass sie mit dem Ankreuzen ihrer Männer-Liste durcheinander gekommen ist. Zwar wendet sie sich zunächst mit einer direkten Frage an Mareike: „wer war denn der ERste bei dIr," (Z. 6), zugleich inszeniert sie – mit lauter, knarrender und kokett wirkender Stimme – gegenüber den in der Nähe sitzenden Männern (Mirko und Matthias) ihre Konfusion. Statt auf Mareikes Antwort (Z. 7-8) einzugehen, lässt sie eine Pause von 1.2 Sek. verstreichen, die u.U. nahe legt, dass sie auf eine Reaktion der weiteren (männlichen) Beteiligten wartet. Im Anschluss formuliert sie – mit einer stark markierten, kokett-klingenden Stimme – ihre Unsicherheit und richtet sich dabei an die beiden Männer: „hab ich mit ↑THO:rsten ANgefangen, (-)" (Z. 10). Matthias' lachende Reaktion (Z. 11 und 13) geht auf das von Tanja initiierte Verwirrspiel ein: Er goutiert die Inszenierung ihrer Inkompetenz im Umgang mit der Liste. Auch Mirkos ironischer Kommentar „<<f> SEHR gut." (Z. 14) orientiert sich an der inszenierten Verwirrung. Durch ihr Mitlachen (Z. 12 und 17) unterstreicht Tanja die spaßhafte Komponente ihres ‚Problems' und genießt ihren Status als Scherzsubjekt bzw. -objekt.[30]

Mit dieser Inszenierung und dem damit verbundenen Kokettieren bzgl. ihres scheinbaren Unvermögens, die Männerwahl auf dem Ankreuzzettel richtig zu vermerken, gelingt es Tanja, die Aufmerksamkeit der anwesenden Männer auf sich zu ziehen. Damit eine Inszenierung gelingt, muss diese von den Beteiligten mitgetragen werden (Schmitt 2003: 197). Und genau dies geschieht hier: Die anwesenden Männer (Matthias und Mirko) erkennen das von Tanja initiierte Angebot des ‚Gender-Display' (Goffman 1977/94) an und bestätigen sie in ihrer stereotypen weiblichen Rolle als ‚Dummchen' durch ein komplementär dazu ausgerichtetes Verhalten: Die Lachsequenzen (Z. 11 und 13), die witzigen und ironischen Kommentare (Z. 14-16) – vgl. das prosodisch stark markierte, ironisch modulierte Lob Mirkos („<<f> SEHR gut." Z. 14) – tragen zur kollaborativ gestalteten Inszenierung bei. Mit seiner Bemerkung, Tanja habe die falschen Kandidaten angekreuzt, setzt Matthias das fingierte Szenario fort: „kriegen dann alle eine Email, die Du NICHT wolltest" (Z. 16). Diese scherzhafte Sequenz weist Spuren spaßiger Provokation auf (Clift 1999; Kotthoff 1999; Günthner 2000): Matthias und Mirko reagieren auf Tanjas

---

30 Zum Lachen und zur Inszenierung scherzhafter Modalitäten in Gesprächen siehe Kotthoff (1998; 2000; 2002b).

Darlegung ihres Unvermögens, die Liste korrekt auszufüllen, indem sie ein mögliches Folgeszenario aufbauen.

Die Interaktionsstrategien von Tanja, Mirko und Matthias während des Pausengesprächs zeigen aufschlussreiche Parallelen zu den von Goffman (1977/94: 120–126) beschriebenen Hofierungsritualen. Hiernach „lockt" und „ermutigt" die Frau den Mann (Goffman 1977/94: 123), indem sie sich als hilfsbedürftig darstellt. Durch gezieltes Aufzeigen von „Schwäche, Furcht oder Inkompetenz (...) kann sie sich selbst als ein solches Objekt präsentieren, dem ein Mann zu Recht seine helfende Hand hinstreckt" (Goffman 1977/94: 126). Mit ihrer Inszenierung von Hilfsbedürftigkeit lenkt die Frau zugleich die Aufmerksamkeit auf sich. Der Mann hat nun – so Goffman (1977/94: 124) – „die Pflicht", ihr zu helfen und sie zu schützen. Durch seine Zuwendung erhofft er sich wiederum eine Erwiderung seines Interesses. Ein interaktives Wechselspiel findet statt: Die „rituellen Äußerungen der einen Partei erhalten rituelle Antworten der anderen" (Goffman 1977/94: 152). Diese Inszenierung bestätigt zugleich vorhandene Ethnokonzepte und kulturelle Ideologien von Weiblichkeit bzw. Männlichkeit.

In der vorliegenden Sequenz ‚lockt' Tanja die anwesenden Männer durch die Inszenierung ihres Ankreuzproblems an, und diese wenden sich intensiv ihrem Problem zu. (Dagegen wird Mareike von den beiden anwesenden Männern größtenteils ignoriert.[31]) Wie im traditionellen Hofierungskontext präsentieren sich die Interagierenden (Tanja, Matthias und Mirko) auch in der vorliegenden Sequenz im Sinne stereotyper Gender-Erwartungen: Die Frau stilisiert sich als emotional, hilflos und verwirrt, die Männer als kompetent und hilfsbereit (Goffman 1994; Kotthoff 1994).

Im Verlauf des Pausengesprächs werden von den Beteiligten weitere kommunikative Verfahren gender-spezifischen Verhaltens reproduziert.

---

31 Die Attraktivität der TeilnehmerInnen untereinander kann auch an ihren Kreuzen auf der Wunschliste abgelesen werden: Während Tanja von allen (männlichen) Teilnehmern positive Kreuze bekam, wurde Mareike weder von Mirko noch von Matthias angekreuzt. Tanja selbst wiederum kreuzte ebenfalls Matthias und Mirko an. Auf beiden Seiten (sowohl Tanjas als auch Matthias und Mirkos) war das Interesse somit groß, dass der jeweils andere Part sie ebenfalls ankreuzt.

5.2 Prosodie und Stimme im Kontext von Gender-Inszenierungen

Wie Graddol/Swann (1989) veranschaulichen, bildet die Tonhöhenvariation (in wohl allen kulturellen Gruppen) ein wesentliches Merkmal zur Indizierung von Geschlechtszugehörigkeit, da Frauen im Allgemeinen eine höhere Stimme haben als Männer.[32] Dennoch zeigt sich einerseits eine beträchtliche Überschneidungsspanne der Tonhöhenvariationen von weiblichen und männlichen Stimmen, zum anderen findet man auch kulturelle und situative Differenzen:[33] In Zusammenhang mit Flirtaktivitäten setzen Frauen eher eine höhere und Männer eine tiefere Tonlage ein und tragen damit zum ‚doing gender' bei. Neben der Tonhöhe sind noch weitere prosodische Merkmale für die Kontextualisierung von Gender verantwortlich: Weibliche Stimmen weisen (in europäischen Gesellschaften) häufigere und schnellere Wechsel in der Sprechgeschwindigkeit und Lautstärke auf (Graddol/Swann 1989: 14ff.). Die Stimmen wirken dadurch involvierter und emotionaler.

Auch im vorliegenden Pausengespräch werden prosodische und stimmliche Mittel zur Inszenierung von Gender eingesetzt:

```
(4) Pausengespräch "ja aber trotzdem"
35   Ta:   aber dann PASST das nIcht.
36         weil du bist bei mIr die nummer ↑↓FÜNF;
37         (---)
38   Mi:   JA;
39         weil du ja nicht ganz da oben ↑↓ANfängst.
40         die zettel sind doch alle GLEICH;
41         egal wo du SITZT;
```

---

[32] Dies ist teilweise auf anatomische Unterschiede zwischen den Geschlechtern zurückzuführen, da Männer in der Regel längere Stimmbänder haben, die langsamer vibrieren und tiefere Töne erzeugen als kürzere Stimmbänder; hinzu kommt der Einfluss bestimmter Hormone, die in der Pubertät zum Absinken der Tonhöhe bei Jungen führen (Graddol/Swann 1989: 17). So weist die Stimme europäischer Männer durchschnittlich einen Pitchumfang von 75-230 Hertz auf; der Tonhöhenumfang von europäischen Frauen liegt durchschnittlich zwischen 110 und 330 Hertz (Graddol/Swann 1989: 20f. Eckert/Laver 1994: 185) Hierzu Günthner (1996).

[33] Während in einigen Kulturen die Tonhöhendifferenzen der Geschlechter stark ausgeprägt sind, unterscheiden sich weibliche und männliche Stimmen in anderen Kulturen weniger deutlich. Kulturvergleichende Analysen zeigen, dass wohl in jeder Kultur Tonhöhendifferenzen mit ‚Geschlecht' assoziiert werden, das Ausmaß der Differenz variiert jedoch. Ferner verdeutlichen Untersuchungen von Kindern, dass Jungen bereits vor der Pubertät und damit vor dem Stimmbruch zu tieferen Stimmen neigen, da sie auf diese Weise gesellschaftlich kodierten Rollenerwartungen entsprechen wollen (Sachs/Lieberman/Erickson 1973). Die Stimmhöhe ist also kein rein anatomisches Phänomen, sondern auch ein soziales. Hierzu Kotthoff (1994) und Günthner (1996).

```
42    Ta:    ja aber ↑↓TROTZdem auch von der reihen-
             folge pAsst_s nich. (-)
43           eGAL.
44           hihi[hi ]=
```

Während Tanjas Stimme bei den Speeddating-Interaktionen nicht über 310 Hertz gelangt und sie dort ein Tonhöhenregister auswählt, das im unteren Drittel der Indifferenzlage liegt[34], steigt ihre Tonlage im Pausengespräch kurzzeitig bis auf 450 Hertz, so dass die Stimme regelrecht umkippt. Bei der Artikulation von „weil du bist bei mIr die nummer ↑↓FÜNF"(Z. 36) schwankt ihre Tonhöhe zwischen 215 Hertz bis 350 Hertz, wodurch sie nicht nur eine weibliche Stimme inszeniert, sondern auch eine hohe Affektivität kontextualisiert. Die stimmliche Inszenierung setzt sie weiterhin fort und produziert mit einer leicht trotzig-kokett klingenden Kinderstimme den Widerspruch „ja aber ↑↓TROTZdem" (Z. 42) mit folgender prosodisch stilisierter Abschwächung „eGAL" (Z. 43) – gefolgt von Kicherpartikeln (Z. 44). Diese Stilisierung einer trotzig-koketten Stimme in Kombination mit der inszenierten Hilflosigkeit – begleitet von einem Kichern – fordert wiederum bei den anwesenden Männern die Haltung der Belehrenden heraus. Diese reagieren mit Zuwendung und nach anfänglichem Scherzen mit Hilfeleistung und Wissenskundgaben (dadurch dass Tanja auf Mareikes Hinweise nicht reagiert, wird ihr die Rolle der Expertin nicht zuerkannt, vgl. Beispiel 3, Z. 7–8).

Man könnte nun argumentieren, dass Tanja im Verlauf des Pausengesprächs nicht nur ‚doing gender' betreibt und sich somit interaktiv als weiblich positioniert, sondern ein ‚doing doing gender' praktiziert. Mit diesem Begriff lehnen wir uns an Schegloffs (2005) Konzept des ‚doing doing whining' an. Er bezeichnet damit regelrechte Inszenierungen von ‚doing whining'; d.h. Situationen, in denen SprecherInnen insofern über das ‚do whining' hinausgehen, als sie es als ‚doing whining' geradezu inszenieren (Schegloff 2005: 469–470). Diese inszenierte Form des ‚doing doing whining' findet ihre Parallele in Tanjas hochstilistisierter Form des ‚doing being female'.

---

34 Die Indifferenzlage bezeichnet die „konstitutionell begründete mittlere Sprechstimmlage" (Eckert/Laver 1994: 33).

5.3 Spielerisches Konkurrieren unter den Männern

Tanjas Selbstpräsentation suggeriert Hilfsbedürftigkeit, zugleich ist sie diejenige, die die Aufmerksamkeit auf sich lenkt und die Ausrichtung der Interaktion steuert. Und wie Goffman (1977/94: 152) ausführt, erhalten die „rituellen Äußerungen der einen Partei [...] rituelle Antworten der anderen". Dies trifft auch hier zu: Mirko und Matthias reagieren auf Tanjas Inszenierung einer hilfesuchenden, überforderten Frau mit dem komplementären Part des wissenden, belehrenden Mannes. Zu dieser stereotypen Gender-Rolle passt auch das spielerisch inszenierte Konkurrieren unter den männlichen Kandidaten.

Tanja geht im folgenden Ausschnitt erneut auf Probleme bzgl. der Kandidatenanordnung auf ihrer Liste ein und bringt nun Andi, mit dem sie bereits ihr Dating-Gespräch absolviert hat (der aber nicht an diesem Pausengespräch beteiligt ist), ins Gespräch ein (Z. 56):

```
(5) Pausengespräch "Raus"
56      Ta:     ja JETZT müsste nach MEIner liste nämlich
                auch ANdi kommen.
57              (--)
58      Mt:     <<pp, acc> w:o sind- ( )
59      Ta:     nach diesem [hier]>
60      Mi:                 [sach] Ihm er is nich DRAN;
61              er soll GEhen.
62      Mt:                 [hehe ]
63      Ta:     <<f>[hahaha]>
64      Mt:         [RAUS. ]
65              ne. hehehe=
66      K:      =willst du noch was TRINken vorher
67              oder diREKT gehen.
68      Ta:     [hahaha              ]
69      Mi:     [hehehe              ]
70      Mt:     [direkt RAUS glaub ich.]
71      K:      oKEE.
72              würd mich auch nicht verTREIben lassen.
73              ALso-
74      Mt:     hehehe.
```

Nach Tanjas Bemerkung über den abwesenden Kandidaten Andi (Z. 56) gibt Mirko ihr den spaßhaft modulierten Rat, diesen einfach wegzuschicken: „[sach] Ihm er is nich DRAN; er soll GEhen." (Z. 60–61). Dieser Vorschlag wird von Tanja und Matthias mittels Lachen quittiert (Z. 62–63). Matthias setzt in Zeile 64 die von Mirko fingierte Szene fort, indem er dem abwesenden Konkurrenten nun direkt befiehlt: „RAUS.". Mit einem nachgeschobenen „ne." sowie den Lachpartikeln unterstreicht er (Z. 65) das spielerische ‚keying' (Goffman 1974) der Äußerung. Daraufhin steigt der Kellner, der die Anwesenden in der Pause mit Getränken versorgt und sich inzwischen der Gruppe zugesellt hat, in das ‚Spiel' ein und führt die von Matthias initiierte direkte Rede an den abwesenden Dating-Anwärter mit dem Spruch fort: „willst du noch was TRINken vorher oder diREKT gehen." (Z. 66–67). Indem er die zunächst höfliche Anfrage „willst du noch was TRINken vorher" mit dem bereits von Mirko eingeführten Befehl zum Gehen „oder diREKT gehen." koppelt, ‚toppt' er die vorherigen inszenierten Redewiedergaben.

Diese spielerische Darbietung der drei Männer um den Konkurrenten Andi weist Parallelen zum ‚Dissen' auf,[35] einer gender-präferentiellen Aktivität, die primär von männlichen Jugendlichen durchgeführt wird (vgl. Deppermann/Schmidt 2001: 79–80): Auch hier führen die umstehenden Männer ihren Witz, ihre Schlagfertigkeit und Kreativität im Darbieten von Äußerungen vor; zugleich demonstrieren sie eine Art ‚Platzhirsch-' bzw. Konkurrenzverhalten, indem sie andere Freier von Tanja fernhalten. Zwar beziehen sie sich auf einen abwesenden Konkurrenten, der eben anders als beim Dissen nicht antworten kann (vgl. Deppermann/Schmitt 2001: 81–82), doch kommt es zu einer Art Kompetenz-Wettbewerb unter den Männern in Bezug auf Tanja. Und wie beim Dissen wird auch hier nicht nur Konkurrenz (u.a. durch verbales Überbieten) untereinander aufgebaut, sondern zugleich Nähe erzeugt und eine Art von In-Group unter den Beteiligten ausgehandelt. Die Gesprächspartner (inklusive Tanja) würdigen mit ihrem Lachen die jeweiligen scherzhaften Äußerungen und verbünden sich gegenüber dem zum Außenseiter stilisierten Andi.

---

35 Zum Dissen vgl. Deppermann/Schmitt (2001): Mit ‚Dissen' – abgeleitet vom englischen Wort ‚*disrespect*' – „werden von Jugendlichen kommunikative Akte bezeichnet, mit denen ein Gegner in direkter und rüder Form persönlich angegriffen und ihm die Achtung entzogen wird. Der Angriff selbst wird als unernst oder zumindest als nicht wörtlich zu verstehen gerahmt." (Deppermann/Schmidt 2001: 81). Es wird dabei versucht, den Gegner in spielerischer Art und Weise vor einem Publikum (andere Mitglieder der In-Group) herabzusetzen (vgl. Deppermann/Schmidt 2001: 79) und seine Glaubwürdigkeit anzuzweifeln. „Nimmt der ‚Gedisste' die Herausforderung an, kommt ein Wettkampf oder ein Duell zustande" (Deppermann/Schmidt 2001: 82), bei dem die Inszenierung und Performance im Vordergrund steht (sich beispielsweise schlagfertiger, origineller, kreativer als der andere verhalten), um damit „Macht und Status innerhalb der Gruppe zu adjustieren" (Deppermann/Schmidt 2001: 80).

5.4 Abschluss des informellen Pausengesprächs

Die Pauseninteraktion zwischen den KandidatInnen Tanja, Mareike, Mirko und Matthias wird schließlich durch das Klingelzeichen (dem Startzeichen für die nächste Speeddating-Runde) (Z. 294) beendet. In den letzten Sekunden vor der Fortsetzung des Speeddating scheint Tanjas Verstehensproblem nun plötzlich gelöst:

```
(6) Pausengespräch "von oben nach unten"
292   Mi:    wo kommst DU denn hEr.
293          (1.0)
294   Mt:    äh- ((Speeddatingklingel))
295          HALle. (.)
296          SAale.
297   Mi:    also HAlle SAale.
298   Mt:    [mh,]
299   Ta:    [AH.]
300          ich WEIß;
301          <<kokett> wir gehen von ↑Oben nach
              ↑↓UNten.>
302          NE?
303   Mt:    ((lacht ca. 2 Sek.))
304   Ta:    [jetzt hAb ich das rIchtig ] verSTANden.
305   Mi:    [<<len,f> !O:H_NEI:N!.>          ]
306   Ta:    [((lacht ca. 2 Sek))           ]
307   Mi:    [hast du zuERST von-           ]
308   Ta:    <<lachend> ja entSCHULdigung>
309   Mt:    und du bist von Unten nach Oben gegan
             gen?=
310   Ta:    =j: jaJA.
311          deshalb hab_ich-
312          bin ich_schon die ganze zeit mit meiner
              ↑REIhenfolge nicht KLARgekommen;
313          und JETZT denke ich grad,
314          so jetzt HAB [ich_s.]
315   Mt:                 [Aber- ]
316          aber wie KOMMT man denn drAUf;=
317          =von unten nach Oben zu lEsen;
318          (---)
319   Ta:    ich ↑↓WEIß es nicht.
```

Nach dem kurzen Austausch zwischen Mirko und Matthias darüber, wo sie ursprünglich herstammen (Z. 292–297), präsentiert Tanja ihre mittlerweile gewonnene Erkenntnis, wie die Reihenfolge auf der Ankreuzkarte funktioniert (Z. 299f.). Damit schließt sie den thematischen Rahmen des Pausengesprächs und bringt die Inszenierung zum Abschluss. Die Beendigung des Rahmens setzt sie ebenso wirkungsvoll in Szene wie den Beginn: Mittels einer starken affektiven Aufladung (durch Exklamationen, starke Schwankungen im Tonhöhenverlauf, dichte Akzentuierungen, ‚high onsets', lautes Lachen, Rückversicherungspartikeln etc.) führt sie ihre plötzlich erlangte Erkenntnis dem Publikum vor (Z. 299, 300, 301, 302, 304, 306). Kollaborativ begleitet wird diese Inszenierung durch ebenfalls starke Emphasemarkierungen von Mirko (Z. 305, 307). Tanjas Erklärung, dass sie die Liste statt von oben nach unten von unten nach oben gelesen hat, führt zu Matthias' ungläubiger, scherzhaft vorwurfsvoller Nachfrage: „[Aber-] aber wie KOMMT man denn drAUf;= =von unten nach Oben zu lEsen;" (Z. 315–317), auf die Tanja mit einem koketten „ich ↑↓WEIß es nicht." (Z. 319) reagiert. Nun wechseln Tanja und Matthias über in die eigentliche Speeddating-Aktivität.

Wir können somit beobachten, wie die TeilnehmerInnen mit Beginn des informellen Pausengesprächs traditionelle Gender-Rollen aktivieren und diese geradezu inszenieren (bzw. rituell überhöhen): Nachdem Tanja sich als verwirrtes, hilfesuchendes ‚Dummchen' positioniert, und damit zugleich die Aufmerksamkeit der Männer auf sich lenkt, formieren diese sich komplementär dazu und positionieren sich als Belehrende, Werbende und Konkurrenten. Einher mit dieser traditionellen Inszenierung von Gender gehen die entsprechenden verbalen und prosodischen Markierungen der jeweiligen Gender-Rolle: die Grundfrequenz von Tanjas Stimme steigt an, ihre Äußerungen werden im „emphatic speech style" (Selting 1994) präsentiert, von affektiven Ausrufen begleitet und mit starken Tonhöhenschwankungen und extremen Höhen versehen. Tanja lacht und kichert viel, übernimmt teilweise eine kokette, trotzige Kinderstimme. Matthias und Mirko wiederum passen sich zuweilen Tanjas emphatischem Sprechen an (vgl. Gesprächsbeispiel 4, Zeilen 36 und 39), kehren allerdings schnell zu einer Tonhöhe zurück, die im unteren Drittel ihrer Indifferenzlage liegt. Insgesamt weichen sie prosodisch nicht so stark wie Tanja von ihrer Sprechweise in den Speeddating-Gesprächen ab. Durch die partielle Angleichung an Tanjas Prosodie in einigen Redezügen erscheinen sie als Gesprächspartner, die sich Tanjas Gesprächsstil und Inszenierungsweise anpassen und sie in ihrer Emphase unterstützen. Zudem lachen auch die Männer in der Pause häufiger als in den 5-Minuten-Dates, was zum einen mit dem Goutieren von Tanjas Performanz, zum anderen mit der eigenen Inszenierungstätigkeit (gespieltes Aufregen über Tanja, Auslachen ihrer Darstellung, Werben um Tanja durch die Aktivierung von Diss-Aktivitäten) zusammenhängt. Ferner wird durch das gemeinsame Lachen eine In-Group um Tanja geschaffen, in der Matthias und Mirko die exklusive Gunst und Zuwendung Tanjas genießen und ihr den Rahmen bzw. die Bühne für ihre Inszenierungen geben.

5.5 Vom Pausengespräch zur Speeddating-Interaktion

Aufschlussreich ist nun der Übergang vom Pausengespräch zum Speeddaten und damit die interaktive Herstellung eines neuen Kontextes.

```
(7)   Pausengespräch/Überleitung in das Speeddating-
      Gespräch
334   Mt:   [ja JA.]=
335   Ta:   =und irgendwie kAm_s bei mir jetzt halt
            nicht AUS.
336         aber DANN-
337         DANN klAppt es.
338         weil dann kommt JETZT nämlich matthIas?
339   Mt:   geNAU.
340         JA.=
341   Ta:   =und daNACH tImo. (.)
342         DANN,
343         dAnn macht das SINN.
344         [((lacht ca. 1 Sek))  ]
345   Ta:   [((lacht ca. 1.2 Sek))]
346         (1.3)
347         ja wunderBAR.
348         wie alt BIST du dEnn.
349   Mt:   ä:h zweiundZWANzig.
350   Ta:   <<p> dreiundZWANzig.>
```

In den Zeilen 334–344 erfolgt die wechselseitige Bestätigung des Themenabschlusses. Das beidseitige Lachen, die kurze Pause und die Bewertung „ja wunderBAR" (Z. 347) indizieren den Rahmenwechsel. Mit ihrer Frage „wie alt BIST du dEnn." (Z. 348) orientiert sich Tanja am typischen Frageformat des Speeddating und kontextualisiert damit den Beginn der Speeddating-Interaktion. Matthias ratifiziert mit seiner Antwort „ä:h zweiundZWANzig." (Z. 349) den Gattungswechsel. Nun setzt das Gespräch „Nebenjob" (Beispiel 2) ein.

Diese Übergangssequenz verdeutlicht, wie die Beteiligten ohne große Vermittlungs- und Verständigungsprobleme den interaktiven Rahmen von einer Gattung zur nächsten wechseln. Von einem informellen ‚small-talk' mit ausgeprägter Gender-Inszenierung (in Form stereotyper Hofierungsrituale) switchen sie in die symmetrische Teilnehmerkonstellation des wechselseitigen Interviews, das größtenteils ohne relevante verbale Indizierungen von Gender-Zugehörigkeit abläuft.

Auffällig ist nicht nur, dass es erneut Tanja ist, die die Rahmung initiiert und das Thema vorgibt, sondern sie auch diejenige ist, die ihre situative Teilnehmerrolle der neuen Gattung anpasst: Ihre Stimme fällt mit Beginn von Z. 350 wieder in ein insgesamt tieferes Tonhöhenregister ab (unter 350 Hertz). Weder aktiviert sie nun die im Pausengespräch evozierte kokette Stimme, noch die Rolle des verwirrten ‚Dummchens'.

6. Fazit

Die Gespräche, die im Rahmen einer Speeddating-Veranstaltung geführt wurden, verdeutlichen, dass ‚doing gender' je nach Kontext von den Interaktanten situativ und interaktiv hergestellt bzw. ausgeblendet werden kann. Dabei zeichnen sich unterschiedliche Grade der Gender-Aktivierung ab, die von einer relativen Absehung bis zu ritualisierten und überhöhten Gender-Inszenierungen (im Sinne des ‚doing doing gender') reichen. In den institutionell stark reglementierten und auf heterosexuelle Paarfindung hin gerahmten Speeddating-Gesprächen findet ein nahezu gender-neutraler Informationsaustausch statt, bei dem sich die (paarweise zugeordneten) Teilnehmenden auf die Passungsprüfung mit dem jeweiligen Gegenüber konzentrieren und das Eruieren von Gemeinsamkeiten und verbindenden Vorlieben zwischen den Gesprächspaaren im Zentrum steht.[36] In den Pausengesprächen dagegen, wo es den Teilnehmenden freisteht, sich einer beliebigen Gesprächspartnerin oder einem Gesprächspartner zuzuwenden, konkurrieren sie sehr viel stärker um die Aufmerksamkeit des anderen Geschlechts. Dies führt dazu, dass sie hier vermehrt Strategien der Inszenierung von Weiblichkeit oder Männlichkeit anwenden und auf traditionelle Hofierungsstrategien zurückgreifen.[37]

Konstruktionen von Gender weisen somit eine kontextuelle Flexibilität und Dynamik auf. Mit dem Wechsel der kommunikativen Gattungen – vom organisierten, musterhaft verfestigt ablaufenden Speeddating zum recht freien Pausengespräch – verändern die Beteiligten ihre Interaktionsstrategien: Vom wechselseitigen Frage-Antwort-Modus des Speeddating, das größtenteils unter Absehung von Gender stattfindet, switchen die TeilnehmerInnen mit Beginn des Klingelzeichens in eine neue Rahmung – dem informellen ‚small-talk', bei dem sie auf konventionalisierte und teilweise stark ritualisierte Formen des ‚gender display' (Goffman 1994) zu-

---

36 Vgl. auch Birkner (2009) zur Selbstdarstellung von Frauen und Männern in Online-Partnerbörsen.
37 Dies erscheint umso nachvollziehbarer, als die TeilnehmerInnen in der Pause die Möglichkeit haben, sich noch einmal anders zu entscheiden und schon gesetzte Kreuze zu redigieren. Je besser sich die Interaktanten in der Pause präsentieren, umso eher steigt die Wahrscheinlichkeit (auch nach dem Speeddating-Gespräch), dass man positiv angekreuzt oder nachträglich noch angekreuzt wird. Im Umkehrschluss: Stellt man sich in der Pause als eher uninteressant dar, kann dies auch im Nachhinein Auswirkungen auf das Kreuz haben.

rückgreifen.[38] Ertönt erneut das Klingelzeichen und gibt den Aufruf zum Wechsel in die Gattung des Speeddating, so switchen sie wiederum in eine relativ gender-unspezifische Form der Selbstpositionierung.

Die enge Verwobenheit zwischen Formen der Gender-Inszenierung (bzw. Absehung von Gender) und kommunikativen Aktivitäten (Pauseninteraktionen vs. Speeddating) verweist darauf, dass Strategien des ‚doing gender' funktional und kontextbezogen eingesetzt werden. In Gattungen wie dem Speeddating, wo die Gender-Distinktion durch die gegengeschlechtliche Zuweisung der GesprächspartnerInnen, die Zeitbegrenzung, die paarweise organisierte Sitzordnung, das ‚Abarbeiten' einer festgelegten Anzahl potentieller Dating-PartnerInnen etc. bereits institutionell vorgegeben ist, treten kommunikative Aktivierungen von Gender eher in den Hintergrund, während Strategien der Passungsprüfung (gemeinsame Interessen, individuelle Vorlieben etc.) fokussiert werden. In den Pausengesprächen dagegen, die wenig vorstrukturiert sind, liefert der Rekurs auf traditionelle Gender-Inszenierungen eine Orientierung für die Selbstpositionierung. Doch trotz der Flexibilität und Dynamik des ‚doing gender' verläuft auch in den Pausengesprächen die Inszenierung von Gender nicht beliebig. Die Methoden, die Interagierende hierbei einsetzen, unterliegen keineswegs dem freien Spiel der Maskerade und werden auch nicht beliebig ausgehandelt. Vielmehr orientieren sich die TeilnehmerInnen an tradierten, ja sedimentierten Gender-Mustern (wie Hofierungsritualen), die Teil des kulturellen Wissensvorrats der Beteiligten bilden und in engem Zusammenhang mit vorherrschenden Ideologien von Weiblichkeit und Männlichkeit sowie deren sprachlich-interaktiven Umsetzungen stehen.

7. Literaturverzeichnis

Ayaß, Ruth (2008): Kommunikation und Geschlecht. Eine Einführung, Stuttgart: Kohlhammer.

Berger, Peter/Luckmann, Thomas (1966/69): Die gesellschaftliche Konstruktion der Wirklichkeit. Eine Theorie der Wissenssoziologie, Frankfurt: Fischer.

Birkner, Karin (2001): Bewerbungsgespräche mit Ost- und Westdeutschen. Eine kommunikative Gattung in Zeiten gesellschaftlichen Wandels, Tübingen: Niemeyer.

Birkner, Karin (2009): Noch vor dem Erstkontakt: Selbstdarstellung von Frauen und Männern in Online-Partnerbörsen. In: Bauer, Ulrich (Hrsg.): Standpunkte und Sichtwechsel. Festschrift für Bernd Müller-Jacquier zum 60. Geburtstag, München: Iudicium, 161–176.

---

38 Zum ‚gender display' siehe auch Spreckels sowie Bukop/Hüpper in diesem Band.

Bußmann, Hadumod (1995): DAS Genus, DIE Grammatik und DER Mensch: Geschlechterdifferenz in der Sprachwissenschaft. In: Bußmann, Hadumod/Hof, Renate (Hrsg.): Genus. Zur Geschlechterdifferenz in den Kulturwissenschaften, Stuttgart: Kröner, 114–162.

Clift, Rebecca (1999): Irony in Conversation. In: Language in Society, 28/4, 523–553.

Dana-Brueller (2008): „Monumentale Albernheit": Warum Speed Hating die schmerzfreieste Dating-Variante ist. Online unter: http://jetzt.sueddeutsche.de/texte/anzeigen/423165 (Stand 30.11.2009).

Deppermann, Arnulf/Schmidt, Axel (2001): „Dissen": Eine interaktive Praktik zur Verhandlung von Charakter und Status in Peer-Groups männlicher Jugendlicher. In: Sachweh, Svenja/Gessinger, Joachim (Hrsg.): Sprechalter, Oldenburg: Osnabrücker Beiträge zur Sprachtheorie, 62, 79–98.

Eckert, Hartwig/Laver, John (1994): Menschen und ihre Stimmen. Aspekte der vokalen Kommunikation, Weinheim: Beltz.

Fishman, Pamela (1983): Interaction: the work women do. In: Thorne, Barry/Kramarae, Cheris/Henley, Nancy (Hrsg.): Language, Gender and Society, Rowley, Mass: Newbury House, 89–101.

Franz, Elisa (2010): Kommunikative Verfahren beim SpeedDating. Eine empirische Gattungsanalyse. SASI-Studentische Arbeitspapiere zu Sprache und Interaktion, Heft 16. Online unter: http://noam.uni-muenster.de/sasi/Franz_SASI.pdf.

Garfinkel, Harold (1967): Studies in ethnomethodology, Englewood Cliffs: Prentice Hall.

Goffman, Erving (1974): Frame Analysis: An Essay on the Organization of Experience, New York: Harper&Row.

Goffman, Erving (1977/94): The arrangement between the sexes. In: Theory and Society, 4, 301–331. [Auf Deutsch erschienen: Goffman, Erving (1994): Das Arrangement der Geschlechter. In: Knoblauch, Hubert (Hrsg.): Interaktion und Geschlecht, Frankfurt/New York: Campus, 105–158].

Goffman, Erving (1981): Geschlecht und Werbung, Frankfurt: Suhrkamp.

Graddol, David/Swan, Joan (1989): Gender Voices, Oxford/Cambridge MA: Blackwell.

Günthner, Susanne (1992): Sprache und Geschlecht: Ist Kommunikation zwischen Frauen und Männern interkulturelle Kommunikation? In: Linguistische Berichte, 138, 123–142. [Nachgedruckt 1996 in: Hoffmann, Ludger (Hrsg.): Sprachwissenschaft. Ein Reader, Berlin/New York: de Gruyter, 235–260].

Günthner, Susanne (1995): Gattungen in der sozialen Praxis. Die Analyse „kommunikativer Gattungen" als Textsorten mündlicher Kommunikation. In: Deutsche Sprache, 23, 193–218.

Günthner, Susanne (1996): Male-female speaking practices across cultures. In: Hellinger, Marlis/Ammon, Ulrich (Hrsg.): Contrastive Sociolinguistics, Berlin/New York: Mouton de Gruyter, 447–474.

Günthner, Susanne (1997): Zur kommunikativen Konstruktion von Geschlechterdifferenzen im Gespräch. In: Braun, Frederike/Pasero, Ursula (Hrsg.): Kommunikation von Geschlecht – Communication of Gender, Pfaffenweiler: Centaurus, 122–146.

Günthner, Susanne (2000): Vorwurfsaktivitäten in der Alltagsinteraktion. Grammatische, prosodische, rhetorisch-stilistische und interaktive Verfahren bei der Konstitution kommunikativer Muster und Gattungen, Tübingen: Niemeyer.

Günthner, Susanne (2006): Doing vs. Undoing Gender? Zur Konstruktion von Gender in der kommunikativen Praxis. In: Bischoff, Doerte/Wagner-Egelhaaf, Martina (Hrsg.): Mitsprache, Rederecht, Stimmgewalt: Genderkritische Strategien und Transformationen der Rhetorik, Heidelberg: Winter, 35–58.
Günthner, Susanne/Kotthoff, Helga (Hrsg.) (1991): Von fremden Stimmen: Weibliches und männliches Sprechen im Kulturvergleich, Frankfurt: Suhrkamp.
Günthner, Susanne/Kotthoff, Helga (1992): Die Geschlechter im Gespräch: Kommunikation in Institutionen, Stuttgart: Metzler.
Günthner, Susanne/Knoblauch Hubert (1994): „Forms are the food of faith". Gattungen als Muster kommunikativen Handelns. In: Kölner Zeitschrift für Soziologie und Sozialpsychologie, 4, 693–723.
Guhr, Dagny (2007): Der intelligente Flirt. Clever und charmant überzeugen, München: mvg.
Guhr, Dagny (2008): Argumentation in Courtshipkommunikation. Zu den persuasiven Strategien im Gespräch, Berlin: Weidler.
Hirschauer, Stefan (2001): Das Vergessen des Geschlechts. Zur Praxeologie einer Kategorie sozialer Ordnung. In: Kölner Zeitschrift für Soziologie und Sozialpsychologie, 41, 208–235.
Hochschild, Arlie R. (1979): Emotion Work, Feeling Rules and Social Structure. In: American Journal of Sociology, 85, 551–575.
Kern, Frederike (2000): Kulturen der Selbstdarstellung. Ost- und Westdeutsche in Bewerbungsgesprächen, Wiesbaden: Deutscher Universitätsverlag.
Knoblauch, Hubert (1994): Erving Goffmans Reich der Interaktion – Einführung. In: Knoblauch, Hubert (Hrsg.): Erving Goffmann: Interaktion und Geschlecht, Frankfurt a.M.: Campus, 7–49.
Kotthoff, Helga (1988): Vom Lächeln der Mona Lisa zum Lachen der Hyänen: Übergeschlechtsspezifische Heiterkeit. In: Kotthoff, Helga (Hrsg.): Das Gelächter der Geschlechter. Humor und Macht in Gesprächen von Frauen und Männern, Frankfurt: Fischer, 123–153.
Kotthoff, Helga (1994): Geschlecht als Interaktionsritual? Nachwort. In: Knoblauch, Hubert (Hrsg.): Erving Goffman. Interaktion und Geschlecht, Frankfurt: Campus, 159–194.
Kotthoff, Helga (1998): Spaß Verstehen. Zur Pragmatik von konversationellem Humor, Tübingen: Niemeyer.
Kotthoff, Helga (2000): Gender and joking. On the complexities of womens image politics in humorous narratives. In: Journal of Pragmatics, 32, 55–80.
Kotthoff, Helga (2002a): Was heißt eigentlich ‚doing gender'? Zu Interaktion und Geschlecht. In: van Leeuwen-Turnovcová, Jirina et al. (Hrsg.): Gender-Forschung in der Slawistik. Wiener Slawistischer Almanach, Sonderband 55, 1–29
Kotthoff, Helga (2002b): Humor und (Un)höflichkeit. Über konversationelle Beziehungspolitik. In: Felderer, Brigitte/Macho, Thomas (Hrsg.): Höflichkeit. Aktualität und Genese von Umgangsformen, München: Fink, 289–318.
Kotthoff, Helga/Wodak, Ruth (Hrsg.) (1997): Communicating Gender in Context, Amsterdam: Benjamins.
Lepschy, Annette (1995): Das Bewerbungsgespräch. Eine sprechwissenschaftliche Studie zu gelingender Kommunikation aus der Perspektive von Bewerberinnen und Bewerbern, St. Ingbert: Röhrig Universitätsverlag.

Luckmann, Thomas (1986): Grundformen der gesellschaftlichen Vermittlung des Wissens: Kommunikative Gattungen. In: Kölner Zeitschrift für Soziologie und Sozialpsychologie, Sonderheft 27, 191–211.
Maltz, Daniel N./Borker, Ruth A. (1982): A Cultural Approach to Male-Female Miscommunication. In: Gumperz, John (Hrsg.): Language and Social Identity, Cambridge: Cambridge University Press, 196–216.
Ochs, Elinor (1992): Indexing Gender. In: Duranti, Alessandro/Goodwin, Charles (Hrsg.): Rethinking Context: Language as an Interactional Phenomenon, Cambridge: Cambridge University Press, 335–358.
Samel, Ingrid (1995): Einführung in die feministische Sprachwissenschaft, Berlin: Erich Schmidt Verlag.
Sachs, Jaqueline/Liebermann, Philip/Erickson, Donna (1973): Anatomical and cultural determinants of male and female speech. In: Shuy, Roger W./Fasold, Ralph W. (Hrsg.): Language attitudes, Washington D.C.: Georgetown University Press, 74–83.
Sacks, Harvey (1996): Lectures on Conversation. Harvey Sacks. Volumes I & II, Oxford/Cambridge: Blackwell.
Schegloff, Emanuel A. (2005): On integrity in inquiry... of the investigated, not the investigator. In: Discourse Studies, 7, 4-5, 455–480.
Schmitt, Reinhold (2003): Inszenieren. Struktur und Funktion eines gesprächsrhetorischen Verfahrens. In: Gesprächsforschung. Online-Zeitschrift zur verbalen Interaktion, 4, 186–250.
Selting, Margret (1994): Emphatic speech style – with special focus on the prosodic signalling of heightened emotive involvement in conversation. In: Journal of Pragmatics, 22, 375–408. [Special Issue: Janney, Richard W./Caffi, Claudia (Hrsg.): Involvement in Language].
Tannen, Deborah (Hrsg.) (1993): Gender and Conversational Interaction, Oxford: Oxford University Press.
Tramitz, Christiane (1990): „Auf den ersten Blick" – die ersten dreißig Sekunden einer Begegnung von Mann und Frau, Opladen: Westdeutscher Verlag.
Tramitz, Christiane (1993): Irren ist männlich. Weibliche Körpersprache und ihre Wirkung auf Männer, München: Bertelsmann.
West, Candace/Zimmermann, Don H. (1987): Doing Gender. In: Gender and Society, 1, 121–151.
Vološinov, Valentin N. (1929/1986): Marxism and the Philosophy of Language, Cambridge, MA: Harvard University Press.

Internetadressen:

Blind Date Dinner. Silent Dating, 1999: http://www.blind-date-dinner.de /modules. php?op=modload&name=Content&file=kat&secid=1213 (Stand 10.04.2011).
Der grosse Singlebörsen-Vergleich, Juli 2009: http://www.singleboersen-vergleich.de/blinddate.htm (Stand 10.04.2011).
Der Westen. Das Portal der WAZ Mediengruppe (2008): Lachen als weiblicher Lockruf. http://www.derwesten.de/staedte/schwerte/Lachen-als-weiblicher-Lockruf-id1394662.html (Stand 10.04.2011).
digital people: http://www.digitalpeople.net/ (Stand 10.04.2011).
first tuesday: http://www.firsttuesday.de/ (Stand 10.04.2011).

diversity München: http://www.diversity-muenchen.de/queer-speed-dating/ (Stand 10.04.2011).
Gay & Lesbian Speed Dates: www.cologne-speeddates.de/ (Stand 10.04.2011).
i2b Portal: http://www.ft-bremen.de/index.php?rubrik=131&session_id=ABznEf34a1xPvwOpGHEA7dm5bCUebXTU&log_id=8923966 (Stand 10.04.2011).
Kinderriegel: http://www.kinderriegel.de/index2.html (Stand 10.04.2011).
Local global business medien. Speedmatching Event: CeBIT meets India, 2008: http://www.localglobal.de/sixcms/detail.php?id=775823&template_id=3693&_t=home (Stand 10.04.2011).
Münsterland e.V.. Job-Matching: http://www.muensterland-wirtschaft.de/68750/Job-Matching (Stand 10.04.2011).
Rainbow.Online.Magazine. „Club VERSUS" mit schwul-lesbischem SpeedDating! 2008: http://www.lesbian.or.at/article/1213009840 (Stand 10.04.2011).

Anhang

SPEEDDATING

Kostenlose Teilnahme
Sektempfang

5 Minuten-Dates

16. März   18 Uhr
Altersbegrenzung 21 - 35
Ort: Wolters II

Alter Steinweg 31

Anmeldung unter: SpeedDating_Muenster@web.de

Helga Kotthoff

„Indexing gender" unter weiblichen Jugendlichen in privaten Telefongesprächen

1. Vorbemerkung

In diesem Beitrag möchte ich zeigen, in welchen konversationellen Aktivitäten Freundinnen in privaten Telefongesprächen Gender relevant setzen. Für die Rekonstruktion der Relevantsetzung von Gender arbeite ich mit dem interpretativen Ansatz der Indexikalisierung (siehe dazu McElhinny 2003), der auch nicht-exklusive und indirekte Beziehungen zwischen stilistischen Merkmalen, Sprechaktivitäten und sozialen Kategorien, z.B. derjenigen von Gender, erfassen kann. Das Konzept des „indexing" ist besser als dasjenige des „doing" in der Lage, Kopplungen und Ko-Artikulationen verschiedener identitätsbezogener Relevantsetzungen zu erfassen. Im ersten Teil des Artikels rekapituliere ich Verdienste und Probleme des „doing gender"-Ansatzes; im zweiten Teil soll „indexing gender" in der Freundschaftskommunikation von Schülerinnen konturiert werden. Ich stelle Transkripte aus Telefongesprächen unter 13-16jährigen Mädchen vor, in denen heterogesellige Aktivitäten thematisiert oder ausgeführt werden. Wenn im Freundinnennetzwerk heterosexuelle Beziehungen organisiert, kommentiert und zum permanenten Unterhaltungsstoff gemacht werden, verweist dies auf mehr oder weniger traditionelle Geschlechterbilder, aber auch auf die Freizeit- und Experimentintensität der Jugendzeit. Rund um Paarbildungsaktivitäten entstehen kommunikative Praktiken, die indirekt mit einer spezifischen kulturellen Ausprägung von Mädchen-Sein assoziiert sind.

2. „Doing gender" bei Garfinkel und in der Folge

Das Konzept des „doing gender" fußt auf Harold Garfinkels „Agnes-Studie" (1967) und lehnt sich auch an Arbeiten von Erving Goffman (1977, 1979) an. Beide Autoren arbeiteten kulturgebundene Methoden der Geschlechterstilisierung heraus (siehe dazu auch Spreckels in diesem Band). Garfinkel verfolgte, wie sich die Transsexuelle Agnes nach ihrer Operation zur Frau auf allen Ebenen des Verhaltens in das kulturelle Frau-Sein im Kalifornien der sechziger Jahre einübte, darunter auch das Gesprächsverhalten. So musste Agnes z.B. lernen, sich in argumentativen

Gesprächen nicht durchzusetzen, sondern einzulenken. Sie musste und wollte es lernen, sich von Männern bestimmte Höflichkeiten angedeihen zu lassen und andere selbst zu praktizieren. Ihr Freund lehrte sie, nicht zu insistieren und nicht so stark ihre Meinung zu verteidigen, weil das unweiblich sei. Garfinkel diskutierte Verhaltensweisen, die damals noch gemeinhin als Natur galten, als in kultureller Praxis wechselseitig erzeugtes „accomplishment". Ayaß (2007) macht deutlich, dass Garfinkel selbst am „doing gender" rund um Agnes beteiligt war, weil auch er sie genderspezifisch behandelte (z.B. durch spezifische Höflichkeiten als Frau bestätigte).

Innerhalb der Ethnomethodologie wird zwischen Aktivitäten im Fokus der Aufmerksamkeit und Habitualisierungen, die nun mehr im Hintergrund des Handelns der Menschen mitlaufen, unterschieden. Das wird manchmal (z.B. bei Jayussi 1984) „brought about" und „brought along" genannt (etwas hervorbringen vs. etwas mitlaufen lassen).[1] Bei Kindern wird die Mitgliedschaftskategorie Gender zunächst durch Erwachsene hervorgebracht (brought about), indem sie beispielsweise Jungen die Puppen wegnehmen, weil ständiges Mit-Puppen-Spielen nicht als jungenhaft gilt. Hat das Kind sich im Laufe seiner Enkulturation zu einem erkennbaren Mädchen oder Jungen gemacht, braucht diese Mitgliedschaftskategorie eigentlich nur noch mitzulaufen, kann aber auf unterschiedliche Art und Weise auch betont werden. Mehr oder weniger starke Hervorgehobenheit spielt für das Konzept „doing gender" eine entscheidende Rolle. Für Garfinkels Agnes und ihre soziale Umgebung stand zunächst „bringing about" (Hervorrufen) im Zentrum (dazu auch Hirschauer 1993).

Der Mensch hat viele Identitätsfacetten; nicht alle werden aber in einer Interaktion relevant gesetzt. Die Dramatisierung einer genderisierten Sozialordnung kann in alltäglichen Begegnungen unterschiedlich vonstatten gehen, auch unterschiedlich stark gewichtet und bemerkbar gemacht werden. Einige Ethnomethodologen (so z.B. E. Schegloff 1997) plädieren dafür, nur von „doing gender" zu sprechen, wenn die Interagierenden eine erkennbare Orientierung auf diese Identitätskategorie selbst vornehmen, wenn beispielsweise die Geschlechteretikette im Gespräch ausdrücklich angesprochen wird (als Regel „Ladies first", z.B.).[2] Nur dann werde „gender" von den Beteiligten selbst als Identitätskategorie relevant gesetzt, denn wir alle haben viele solche Identitäten, die prinzipiell in den Vorder-

---

1 Siehe zur Diskussion der Mitgliedschaftskategorisierung in der Ethnomethodologie Jayyusi (1984) und Hausendorf (2002).
2 Siehe dazu die Debatte in Discourse&Society 7 (1997) und 8 (1998), in der u.a. Margaret Wetherell und Michael Billig (in Discourse&Society 10, 1999) Schegloff kritisiert haben. Diese Kritik deckt sich nur zu einem geringen Teil mit meiner hier entwickelten. Deshalb gehe ich darauf nicht weiter ein.

grund der Interaktion geholt werden können oder eben nicht. Solche expliziten Referenzen auf Geschlechternormen spielen aber im Alltag nur eine untergeordnete Rolle im Vergleich zu Stilisierungen, die quasi nur mitlaufen und von den Mitgliedern einer Gesellschaft als Normalität angenommen worden sind (wenngleich kulturell hergestellt sind). Thematisierungen von Gender lassen sich bei expliziten Zuordnungen („Das ist Männersache" oder „Jetzt reden wir mal von Frau zu Frau") und anderen Bezugnahmen auf die soziale Kategorie Geschlecht finden. Darauf können wir aber die Bedeutung von Gender nicht beschränken, wie verschiedene Gender-Forscher/innen aus dem großen Feld der Diskursanalyse deutlich gemacht haben (z.B. Günthner/Kotthoff 1991, Bucholtz 2003).

Andere Ethnomethodolog/inn/en, z.B. West und Zimmerman (1987: 126) sehen Gender als „fortlaufendes accomplishment", das in alle Alltagssituationen eingeschrieben ist:

> When we view gender as an accomplishment, an achieved property of situated conduct, our attention shifts from matters internal to the individual and focuses on interactional and, ultimately, institutional arenas. In one sense, of course, it is individuals who „do" gender. But it is a situated doing, carried out in the virtual or real presence of others, who are presumed to be oriented to its production. Rather than as a property of individuals, we conceive of gender as an emergent feature of the social situations: both as an outcome of and a rationale for various social arrangements and as a means of legitimating one of the most fundamental divisions of society.

Es ergibt sich ein Spannungsverhältnis zu Schegloffs Konzept von „doing gender" als im Vordergrund der Interaktion stattfindende Aktivität und dem fortlaufenden „accomplishment", das im Hintergrund bleiben kann. Gender kann als soziale Kategorie im Agieren von Gesellschaftsmitgliedern nicht immer die wichtigste sein. West und Zimmerman (1987) schreiben, im Unterschied zu anderen situativen Identitäten (z.B. beruflicher Art) sei Gender aber eine „master identity" die sich durch alle Situationen ziehe. Soziale Kategorien wie „Nachbar" oder „Verkäufer" seien eben auch genderisiert. Dem möchte ich nicht widersprechen; aber auch Alter wirkt sich beispielsweise auf die Repräsentation solcher Kategorien aus; es muss also von mehreren „master categories" ausgegangen werden. Die Interagierenden müssen nicht unbedingt selbst bemerken, dass ihre Verhaltensweisen auf Alter oder Geschlecht verweisen. Die Relevanz solcher Kategorien zeigt sich oft nur den Forschenden, die systematische Vergleiche anstellen, z.B. zwischen Freizeitinteraktionen unter Männern oder unter Frauen oder unter jüngeren und älteren Menschen. Gerade in der feministischen Gesprächsforschung wurden für einige Kontexte subtile Gesprächsverhaltensunterschiede beschrieben, z.B. bezüglich der Themensteuerung weiblicher und männlicher Studierender in Arbeitsgruppen (vgl. Schmidt 1992) oder in der kommunikativen Darstellung eigener beruflicher Kompetenzen (vgl. Schlyter 1992). Die Sprecher/innen orientieren sich aber nicht offen an einer Geschlechterrelevanz, sondern versteckt und hintergründig. Zimmerman/West (1983) und West/Zimmermann (1989) haben gesprächsstilistische Unterschiede unter „doing gender" rubriziert, obwohl im Gespräch selbst nicht darauf verwiesen wurde, somit also keine offene Orientierung an Gender deutlich wurde. Der Fokus liegt sowohl bei Schegloff als auch bei Zimmerman und West auf der Rekonstruktion von Verfahren des Anzeigens und Bemerkbar-Machens. Die Kriterien dafür sind beim Erstgenannten wesentlich rigider. West und Zimmermans Konzeption von „doing gender" ist zwar brauchbarer, aber auch problematisch, weil sie meinen, „doing gender" an Einzelphänomenen festmachen zu können.

In den achtziger Jahren gingen sie als gradlinig angenommenen Rangordnungen im Gespräch nach, wie sie etwa mittels des Turn-Taking-Mechanismus herstellbar sind. Sacks et al. (1974) haben ausdrücklich darauf hingewiesen, dass über die Rederechtsverteilung lokale Hierarchien hergestellt werden können. In ihrer Studie von 1983 fanden Zimmermann und West bei zufällig aufgenommenen, gemischtgeschlechtlichen Paaren 48 Unterbrechungen ihrer Definition. Davon kamen 46 von Männern. In ihrer zweiten Studie (1989) bei fünf Paaren von Unbekannten in einem Laborsetting fanden sie 75% der 28 Unterbrechungen von Männern gemacht. Sie glaubten, damit ein alltägliches, direktes Verfahren des „doing gender" gefunden zu haben. In den letzten Jahren ist aber zunehmend deutlich geworden, dass es in den westlichen Gesellschaften im Bereich des Sprachverhaltens kaum Merkmale gibt, die gradlinig auf Geschlecht verweisen (vgl. Günthner 1992, Klann-Delius 2005). Ich verweise für die ausführlichere Debatte zu Unterbrechung und Dominanzherstellung auf Kotthoff (1993), Klann-Delius (2005) und James und Clarke (1993). Letztere haben alle zwischen 1965 und 1991 durchgeführten Untersuchungen zum Zusammenhang von Unterbrechung und männlicher Dominanzherstellung durchgeforstet und kommen zu dem Schluss, dass die meisten weder in gleichgeschlechtlichen Gesprächen noch in gemischtgeschlechtlichen einen signifikanten Unterschied in der Zahl der Unterbrechungen gefunden haben. Hohe Unterbrechensfrequenzen scheinen also keine exklusive konversationelle Praxis auszumachen, die für sich genommen „männliches Geschlecht tut". Gleiches gilt für hohe Frequenzen von Fragen oder Vagheitsmarkierungen, die in der Forschung auch als Ausweise der Kommunikation von Weiblichkeit gesehen wurden (vgl. dazu Kotthoff 2006). Noch nicht einmal die Herstellung von Dominanz lässt sich über ein konversationelles Verfahren allein bewerkstelligen, geschweige denn Geschlecht. Dass „doing dominance" mit „doing male gender" identifiziert wurde, macht einen weiteren Kritikpunkt an diesem frühen Konzept von „doing gender" aus.

Gender-Unterschiede in der Gestaltung des Äußeren sind wesentlich offensichtlicher und omnipräsenter als Sprachverhaltensphänomene. Dieser Differenzbereich lässt sich nicht einfach auf einer Machtskala abbilden, schließlich ist in den Kulturwissenschaften gut belegt, dass sowohl Höherstehende als auch Frauen sich einer Semiotik von Feinheit bedienen (vgl. Veblen 1911). Cahill (1986) hat in Kindergartenstudien die Relevanz der Manipulation des Äußeren herausgearbeitet und gezeigt, über welche Aktivitäten und Zuschreibungen Kinder Gender gestalthaft annehmen. So lernen kleine Jungen von etwa 3 Jahren es als jungenhaft zu betrachten, dass sie die Umwelt manipulieren können und dass ihr Äußeres nicht so wichtig ist. Mädchen lernen z.B., dass die Ornamentierung des Körpers mädchenhaft ist. Der Umgang mit dem eigenen Äußeren und die Art des Einwirkens auf andere sind erste Gender-Performanzen (siehe dazu auch Macha in diesem Band). In Cahills Studie wurde deutlich, dass das Sprachverhalten im Einklang mit anderen semiotischen Codes (wie Kleidung) eine gestalthafte Genderisierung ergibt. Es deutet sich an, dass „gender" als ein Gestaltphänomen gesehen werden muss, das unbedingt die Darbietung des Äußeren einschließt. Die Kommunikation von Weiblichkeit und Gepflegtheit überlappen sich sehr häufig, wie kürzlich Pujolar (2001) in einer Studie über zwei Jugendgruppen in Barcelona erneut gezeigt hat.

Im Bezug auf Situationsbeeinflussung zeigen viele Studien, dass „doing being male" oft mit hohen Direktheitsstufen bei Dissens und Aufforderungen einhergeht (vgl. z.B. Goodwin 1990), sich insofern durchaus mit Dominanzgebaren überlappt. Klann-Delius (2005) fasst Studien zum Kommunikationsstil von Müttern und Vätern dahingehend zusammen, dass Väter gegenüber den Kindern häufiger direkte Sprechakte verwenden als Mütter. Trotzdem wird niemand eine sehr direkte Frau für einen Mann halten. Die Beziehung ist weder exklusiv noch hinreichend.

Gegen die Omnirelevanzannahme von Gender, die von weiten Teilen der Gender Studies zunächst geteilt wurde, stellt Hirschauer 1994 seine Idee des „undoing gender", einer vorübergehenden situativen Neutralisierung der Geschlechterdifferenz. Er rekurriert dabei auch auf Goffman, der unterschiedliche Inszenierungsgrade von Gender seinerzeit schon im Blick hatte. Hirschauer (1994: 676) verweist auch auf die relative Signifikanz der Geschlechterunterscheidung im Vergleich zu anderen Klassifikationen wie Alter, Ethnizität und Schicht. Dass bei allen Identitätsklassifikationen mit Kreuzungen und Kopplungen gerechnet werden muss, bestätigt die Interaktionsforschung schon seit einiger Zeit (vgl. Günthner/ Kotthoff 1991).

Ich stimme dem Befund zu, dass es Kontexte gibt, in denen Geschlecht kaum eine Rolle spielt, in den Hintergrund des Handelns tritt. Ich stimme auch zu, dass dieses Absehen Neutralisierungsarbeit verlangen kann, die als „undoing gender" fassbar wäre (etwa bei institutionellen Entgenderisierungsverfahren wie Bemühungen um gleiche Repräsentanz von Männern und Frauen in bestimmten Berufsgruppen oder in stark vorstrukturierten Gattungen, wie Franz und Günthner sie in diesem Band diskutieren). Wenn man für die soziale Konstruktion von Gender eine Relevanzabstufung zwischen den Polen des „doing" und „undoing" versucht (vgl. Kotthoff 2002, Franz/Günthner in diesem Band), begegnet man Praktiken und stilistischen Realisierungen derselben, die sozusagen hinter dem Rücken der Beteiligten auch noch Geschlechterrelevanz ergeben. Sie treten nur bei eklatanter Abweichung vom Erwartbaren ins Bewusstsein. Beim Sprechen sind es z.B. Stimme und Prosodie[3], welche sowohl mit dem Körper verbunden sind als auch kulturell auf bestimmte Gender-Differenzen eingespielt werden, die normalerweise im Hintergrund der Interaktion bleiben.

Ein letzter Kritikpunkt am Modell des „doing gender" betrifft die subjektivistische Orientierung. Tut nur das Individuum Gender, nicht etwa Institutionen? Alle Institutionalisierungen (wie Herren- und Damenparfüms etc.) und darunter die Massenmedien leisten die permanente Erinnerung der Welt an die von ihnen inszenierten Idealbilder von Mann und Frau, beispielsweise durch die Omnipräsenz des erotisierten Blicks auf die Frau. Massenmediale, aber auch andere institutionelle Einflüsse (Kirche, Militär...) liegen jenseits des personalen Handelns der meisten Menschen. Sie verweisen auf die Geschichtlichkeit der normativen Konzeption, die Fenstermaker/West (2002, 140f.) im Blick haben, wenn sie schreiben, „[...] that the doing of gender, race and class consists of the management of conduct in relation to normative conceptions of appropriate attitudes and activities for particular sex category, race category and class category members."

Wenn Fenstermaker und West „doing" hier „in relation to normative conceptions" setzen, kommen sie dem durchaus nahe, was Ochs (1992) als „indexing" gefasst hat. In vielen institutionellen Bereichen finden sich z.B. in den dort vertretenen Berufen Indexikalisierungen von Gender.

Ochs nahm den Befund, dass es für sprachliche und kommunikative Verfahren wenig Exklusivität des Verweisens auf Geschlecht gibt (viele Namen sind exklusive Kennzeichnungsverfahren, auch beispielsweise morphologische Markierungen am Verb in slavischen und anderen Sprachen) zum Anlass, über nichtexklusive Verfahren der Geschlechtsanzeige

---

3 Darunter verstehen wir Intonation, Lautstärke, Rhythmus und Pausensetzung.

nachzudenken. Die Verfahren verlangen die Interpretation der Beteiligten, welche innerhalb von Handlungsgemeinschaften gelingt. Aktivitäten und stilistische Realisierungen von Aktivitäten verweisen auf historisch entstandene soziale Typen, welche so tradiert oder variiert werden können.

Seit geraumer Zeit wird es als empirisches Problem diskutiert, dass Gender in einer Abstufung von Relevanz auftritt. Hirschauer (1994) fragt, wie man etwa „normale Sexuierung" und Hervorhebungen von Gender deskriptiv unterscheiden könne. Sollen wir es als „undoing gender" auffassen, wenn bei „normaler Sexuierung" keine Hervorhebung von Gender stattfindet? „Undoing" will bemerkt werden. Im flüchtigen Alltagshandeln ergibt sich die Neutralisierung von Geschlecht aber auch unbemerkt, hintergründig, wenig „accountable". Das Konzept der Indexikalisierung von Geschlecht fasst seine Graduiertheit besser, weil es von vorn herein auf ein Erkennen von Typisierungsgraden innerhalb von Handlungsgemeinschaften setzt, deren Wissen man aus der Forschungsperspektive rekonstruieren kann (etwa so, wie Eckert 2000 es durchgeführt hat).

Wenn man Gender im Rahmen eines solchen Ansatzes darüber hinaus als semiotische Gestalt konzeptualisiert, kann man sogar erfassen, dass Neutralisierungsarbeit auf einer semiotischen Ebene des Handels durch Differenzarbeit auf einer anderen Ebene prinzipiell ausgeglichen werden kann. Es stellt sich jetzt noch die Frage, ob die Rekonstruktion des „indexing" ähnlich subjektivistisch ausgeprägt ist wie der „doing"-Ansatz. Ich meine, dass der Ansatz schon allein durch seine Fokussierung von Aktivitäten innerhalb von Praxisgemeinschaften nicht subjektivistisch ist.

3. „Indexing gender": Gender als in kommunikativer Praxis indirekt vermittelte Kategorie

Da die meisten Namen eindeutig auf ein Geschlecht verweisen (Nübling in diesem Band), sprechen wir mit Silverstein (1996) von „referentieller Indexikalität" oder von Indexikalität 1. Ordnung. Auch die Verbindung von Gattung und Geschlecht kann referentiell einfach sein, weil bestimmte Gattungen gesellschaftlich an eine Geschlechterrolle gebunden sein können. So werden Lamentationen beispielsweise in vielen Kulturen ausschließlich von Frauen praktiziert (vgl. Kotthoff 2002) und bestimmte Jagdgesänge nur von Männern. Für bestimmte Tätigkeitskomplexe hat sich eine geschlechtliche Arbeitsteilung herausgebildet, innerhalb derer eine kommunikative Gattung funktioniert (vgl. Günthner 2001). Wenn die in der Gattung ausgedrückten Emotionen z.B. die der Trauer in georgischen Lamentationen, eher mit Frauen als mit Männern assoziiert werden, fungieren sie als ein Gender-Index zweiter Ordnung. Mit Cameron (1997) plädieren wir dafür, bei der Erforschung von Sprechen und Geschlecht nicht von stabilen Korrelationen auszugehen, sondern eher davon, dass Stile (und meist auch Gattungen und andere Sprechaktivitäten) in soziale Praktiken eingebettet sind, in denen auch Gender (neben anderen sozialen Parametern) relevant gesetzt werden kann, aber nicht muss. Eckert und McConnell-Ginet (1992) betonen, dass unser Sprachverhalten von den Aktivitäten geprägt ist, in denen wir uns engagieren und soziale Beziehungen eingehen. Cameron (1997: 34) unterstreicht, dass durch den Begriff der kommunikativen Praxis die Relationen von Sprache, Sprechen und Geschlecht zu vermittelten Relationen werden:

> The potential advantage of this is that it leads away from global statements, and the stereotypical explanations that frequently accompany them. Towards a more 'local' kind of account that can accommodate intra- as well as intergroup differences.

Wir erkennen seit einiger Zeit, dass Geschlecht im Sprachverhalten nicht kontextübegreifend immer auf dieselbe Art und Weise symbolisiert wird (vgl. Günthner/Kotthoff 1991), aber dass es doch stilistische Verfahren gibt, die im Zusammenhang von Handlungen auf Gender verweisen. Wenn spezifische Sprechaktivitäten und ihre stilistischen Realisierung in der Gesellschaft mit historisch entstandenen Assoziationen verbunden sind, können sie u.a. eine besondere Ausprägung von Gender indexikalisieren (eine Indexikalität zweiter Ordnung). So entstandene Gender-Folien eignen sich dann für die Inszenierung verschiedener Identitäten. Mit einem zurückhaltenden Gesprächstil (der traditionell eher als feminin gesehen wird) kann ein Mann sich z.B. in einem bestimmten Kontext als „Nicht-Macho" oder als „neuer Mann" inszenieren, eine Frau sich hingegen mit der gleichen Verhaltensweise als traditionelle Frau, da herkömmlich verschiedene Anzeichen für verbale Zurückhaltung am stärksten bei Frauen gefunden wurde.

Indexikalität ist eine Beziehung des Verweisens (Charles Sanders Peirce nach Pape 1993). Das Pronomen „ich" verweist direkt auf den Sprecher, referiert auf ihn (Indexikalität 1. Ordnung). Silverstein (1976) diskutiert auch nichtreferentielle Indexikalität, wie sie z.B. durch bestimmte Intonationskonturen kommuniziert werden kann (Indexikalität 2. Ordnung). Die Intonationskontur geht z.B. eine assoziative Verbindung mit einem Gefühlsausdruck ein (Tonsprung nach oben kann auf Begeisterung hindeuten). Erst je nach Verbindung mit anderen Phänomenen (wie dem verwendeten Vokabular und der ablaufenden Handlung) konkretisiert sich aber die Beziehung. Man kann von Indexikalität 2. Ordnung sprechen.

Eckert (2000) zeigt „indexing gender" in einer varietätenlinguistischen Studie über Jugendliche in Detroit, die eine Schule besuchen, welche sie „Belten High School" („all white community", S. 75ff.) nennt. U.a. mittels kleidungsstilistischer, phonologischer und grammatischer Variablen betreiben die Jugendlichen soziale Selbstpositionierung. Das wird in ihrer Studie ethnografisch wesentlich besser ausgeleuchtet als in den meisten korrelational-soziolinguistischen Studien. Sie referiert Labovs und andere bekannte Studien, die gezeigt haben, wie bestimmte Aussprachen von Lauten oder syntaktische Realisierungen Anzeichen einer sozialen Aufwärtsorientierung sein können. Eckert führt eine qualitative Ethnografie der Milieus durch, in denen die Jugendlichen leben. Unter den Schülern und Schülerinnen ist die Einteilung in „jocks" und „burnouts" zentral. Die „jocks" sind pro-schulisch eingestellt, rauchen nicht, orientieren sich insgesamt eher an globalen Mittelschichtswerten. Die rauchenden „burnouts" verkörpern dagegen eher eine Art lokale Arbeiterklassenkultur. Mit Schule haben sie nicht sehr viel am Hut. Die Autorin bemüht Bourdieus Habitus-Konzept, um die lokalen Konstruktionen von Unterschieden verstehen zu können, die alle eine Geschichte haben und deshalb nicht „lokal" beschränkt sind. Sprachverhalten bettet sich in die semiotische Differenzarbeit ein. Die „jocks" betreiben z.B. mehr „backing" der Vokale /e/ und /a/, *flesh* klingt bei ihnen wie *flush*, *lunch* mehr wie *launch*.

Gender-Ideale sind mit Schichtenspezifik so verbunden, dass Mädchen der Mittelschicht bestimmte mit Weiblichkeit assoziierte Variablen stark betonen und Jungen der Mittelschicht davon punktuell abweichen. „Doing being male" wird semiotisch über Anleihen am „unfeinen Sprechen der Unterschicht" geleistet (vgl. Kotthoff 1992). Wir finden in einem mittelschichtsorientierten semiotischen Komplex Indexe auf männlich und unterschichtig assoziiertes Verhalten. Die „burnout"-Mädchen sprechen auch standardnah; die „wildest female burnouts" allerdings übertreffen die „vernacular-Werte" der männlichen „burnouts." In Eckerts Studie ergibt sich ein höchst differenziertes Bild der verschiedenen Variablen, die einen unterschiedlichen Status für die Kommunikation von Identität haben. Linguistische Stile nehmen auf jeden Fall an einer sozialen Gesamtstilisierung teil, deren Komponenten prototypisch zugeordnet werden können; aber genau dies kann für Basteln am Identitätsindex ausgebeutet werden. Die „gender performance" sieht auch diese Richtung nicht als von innen kommend, sozusagen aus der Essenz des Individuums, sondern von außen, aus der Beobachtung semiotischer Zuordnungen. Ein Phänomen, sei es ein bestimmter Schuhtyp, eine Vokalaussprache oder eine Direktheitsstufe, wird mit einem sozialen Typus locker assoziiert. Der kombinierte Einsatz dieser Phänomene wird so zum Stilisierungsakt, mit dem das Individuum sich einen Platz in einem sehr spezifischen sozialen Gefüge zuschreibt, vor allem in der Bündelung verschiedener Phänomene, denn ein Stil besteht immer aus der Kombination verschiedener Verfahren (vgl. Auer 2007: 12).

Alle Soziolinguist/inn/en, die mit dem Konzept des „indexing gender" arbeiten (z.B. auch Holmes/Meyerhoff 1999 und Holmes 2006) betonen, dass die interpretative Rekonstruktion von Gender-Bezügen nur innerhalb einer „community of practice" (wie sie z.B. eine Schule darstellt) möglich ist, in der Assoziationen im Zusammenhang mit sozialem Handeln historisch entstanden sind. Ochs (1992) lenkt besonders auf die konventionelle und konstitutive Rolle zwischen der Kommunikation von Affekt und der von Gender hin. „Tag questions" wurden in der Literatur mit Weiblichkeit assoziiert; primär aber gelten sie als Rückkopplungsverfahren oder als Ausdrucksformen von Unsicherheit. Nur weil demonstrative Rückbezüge zum Gegenüber und Vermeidung von Sicherheit historisch eher mit dem von Frauen als mit dem von Männern verlangten Verhalten assoziiert werden und in manchen Kulturen zur Weiblichkeitserziehung gehören, indexikalisieren sie Geschlecht. Sie bringen die soziale Kategorie Geschlecht aber nicht in den Vordergrund der Interaktion, laufen somit nicht unter „doing gender" im Sinne von Schegloff. West und Zimmermans Vorstellungen von „doing gender" entsprechen sie auch nicht, weil die Relation zwischen der Sprachverhaltensweise und der sozialen Kategorie nicht direkt ist. Man kann sich problemlos einen Therapeuten vorstellen, der mit Frageanhängseln den Klienten zum Reden bringen will und sich strategisch unsicher gibt. Im Kontext dieser institutionellen Kommunikation kann eine Anleihe bei einem weiblich assoziierten Phänomen einen therapeutischen Gesprächsstil miterzeugen.

4. „Indexing gender" in der Telefonkommunikation von Schülerinnen

Ich diskutiere im Folgenden Gesprächsdaten aus dem Projekt „Freundschafts- und Verliebtheitsdiskurse unter Jugendlichen" (2005–2006), dem verschiedene Datensets zu Grunde liegen, die zwischen 2003 und 2006 aufgezeichnet wurden und sich teilweise noch in Auswertung befinden. Hier nehme ich Bezug auf 10 Telefongespräche von 13–16jährigen Freundinnen (10–35 Minuten).[4]

Die untersuchten Mädchen sozialisieren sich gegenseitig in bestimmten Umgangsformen mit romantischen Kontakten und verhandeln auch deren Bedeutung für die Mädchenfreundschaft und für das soziale Netzwerk der Clique. Die Mädchen positionieren sich, ihre Freundinnen und Freunde in einem sozialen Kosmos, den sie laufend beobachten, gestalten

---

4 In diesem Teil entsprechen einige der präsentierten Daten denjenigen in Kotthoff 2009 und 2010.

und kommentieren. Auffällig ist der hohe Grad an „common ground", also die grundlegende Kollaboration in der Verständigung über Aktivitäten, der in diesen Gesprächen kommuniziert wird.

Die Telefongespräche der Mädchen enthalten eine hohe Dichte an sozialen Bewertungen und Arrangements rund um das romantische Geschehen. Cahill (2001) fand in einer Studie über Zettel, die Mädchen sich im Unterricht schreiben, heraus, dass die dort thematisierten romantisch-sexuellen Beziehungen zu Jungen meist auch irgendwie für die Beziehung der Mädchen untereinander funktionalisiert würden. Genau das zeigen auch die im Folgenden diskutierten Telefongespräche. Am Telefon positionieren sich die Freundinnen in vergangenen und zukünftigen Dialogen mit Angebeteten und Anbetern, konstruieren Dialoge, in denen sie sich selbst und andere stimmlich inszenieren und evaluieren und präsentieren sich wechselseitig kleine, unterhaltsame Ausschnitte aus dem eigenen Alltag.

Lust und Frust auf dem Paarbildungssektor gehören unter Mädchen nicht nur zu einem offen bekundeten, sondern geradezu forcierten psychischen Zustand, der in besonderer Weise an der Ko-Konstruktion der soziokulturellen „in-group" der gleichaltrigen FreundInnen und der Ausbildung von alters-, kultur- und genderdistinkten Gefühlsnormen teilhat (vgl. Spreckels 2006 und in diesem Band, Stenström 2003). Sowohl eigene Korpora als auch Aufnahmen anderer Forscher aus Jungengruppen ähnlicher oder höherer Altersstufen (z.B. Schmidt 2004) liefern keine Belege für eine ähnliche Frequenz und Intensität der Verhandlung des Paarbildungsgeschehens und des Einbezugs des Freundes. Die Mädchen verhandeln Weitergaben der Telefonnummern von Jungen und die entsprechenden Normen dafür, strategisches Bekanntmachen von Mädchen und Jungen untereinander; sie beziehen ihre Freundinnen in ihre romantischen Interessen z.B. über Grußrituale und lang und breit ausgemalte, gemeinschaftliche Annäherungsinitiativen an einen Jungen ein.

Heterogeselligkeit steht im thematischen Vordergrund der Gespräche und zwar auf eine spezifische Art und Weise (dazu auch Eckert 2003). Thorne (1993, 151) hat darauf verwiesen, dass sich im Übergang vom Teen zum Twen „striking shifts in kids' gender relations and systems of meaning" ergeben. Romantische und heterosexuelle Interessen „begin to eclipse other definitions of cross-gender relations, and some kids start to publicly affirm themselves as sexual or at least romantic actors." Genau das können wir in den Gesprächen verfolgen. Die Mädchen entwickeln Verfahren der gegenseitigen Beteiligung am romantischen Agieren, die Gender indexikalisieren. In den laufenden Allianzbildungen und den Diskursstrategien unter den Mädchen finden wir aber nicht nur Indexe auf historisch bekannte Weiblichkeitsmuster, sondern auch auf Praktiken, die traditionell männlich assoziiert wurden.

Die Transkriptauszüge, auf die ich im Folgenden eingehe, entstammen den Telefongesprächen 1, 2, 7 und 8 des Mädchentelefonkorpus. Sie zeigen viele Bewertungsaushandlungen und -kaskaden, vor allem im Kontext der Verhandlung heteroromantischer Interessen und Aktivitäten.

4.1 Geteilte Bewertungen und Allianzenbildungen

In den folgenden drei Gesprächsausschnitten können wir bei unterschiedlichen Aktivitäten emphatische Reziprozität beobachten, wie sie ähnlich von Günthner (1997) und Goodwin (2006) bei verschiedenen Sprechaktivitäten unter Frauen und Mädchen gezeigt wurde.

```
Datum 1 (TG 1 Anna - Bernie)
53    A:   [aber lutzi ist nicht
54         wieder mit JO zusammen oder?
55    B:   aHA::
56    A:   ah?
57    B:   schön WÄR=S.
58    A:   wieso schö:n WÄR=S?
59    B:   °°(?    ?)sie macht (? mit NEL rum ?)°°
60    A:   jA?
61    B:   ehe
62    A:   hÄ? (.) bei DER frau blick ich au: nich
           durch.
```

Anna und Bernie koordinieren in Datum 1 ihre Beobachtungen und vor allem auch ihre Ansichten über das Zusammensein des Mädchens Lutzi mit den Jungen Jo oder Nel. Sie bemühen sich um einen interpretativen Nachvollzug der Paarbildungsprozesse in ihrem Umfeld. Lutzis ‚Herummachen' mit Nel goutieren sie nicht; die Bezeichnung der Aktivität ist leicht pejorativ. Wir werden sehen, dass die Praktiken der Paarbildung in der Altersgruppe oft auf soziale Beobachtung hin angelegt sind.

Vor allem Goodwin (2006: 206) hat auf Allianzenbildungen unter Mädchen aufmerksam gemacht, welche mit der Entwicklung und Bestätigung einer gemeinsamen Haltung (stance) verflochten sind. Das Reden über Abwesende ist zur gegenseitigen Demonstration von „stance taking" sehr geeignet. Darunter verstehen Ochs (1992) und Goodwin (2006) die affektive Position, die der Sprecher zum Gesagten und/oder zum Adressaten einnimmt. Auch in Datum 2 koordinieren Anna und Bernie ihre „stances".

Datum 2 (TG 1 Anna – Bernie)
Anna und Bernie solidarisieren sich in ihrer Ablehnung eines Jungen
```
90  A:      aber des wird LUSCHtig. glaub ich.(.)
91          aber kommt dieser EIne da auch?
92          dieser FAbi?
93  B:      a WA.
94  A:      GUT. den den mag ich nämlich [NICH.
95  B:                                   [ich AUCH
            nich.
96  A:      wieso magsch den jetzt AU: nicht?
97  B:      ich=hab=ich=hab schon sein (.) seit (.)
98          SEIT der was von mir wollte HASS ich ihn.
99  A:      GUT. ich HASS ihn nämlich auch.
```

Die Freundinnen bestätigen sich gegenseitig in den Zeilen 94 und 95 ihre Gefühle bezüglich des Jungen Fabi. Der Gefühlsausdruck wird in Kooperation gesteigert („den mag ich nämlich nich" auf „ich hass ihn") und wieder in Orientierung an vorangegangenen Formulierungen bestätigt (99). Die Freundinnen zeigen sich ihre Einigkeit in der Bewertung deutlich und ikonisieren sie durch gleiche Formulierung. Schon am Anfang des Telefongesprächs geht die Verhandlung eines gemeinsamen Partybesuchs mit viel Überstimmungsbekundung vor sich.

Datum 3 (TG 1 Anna – Bernie)
Anna und Bernie beraten sich über eine Halloweenparty
```
1   A:      (?    ?) warum ich ANgerufen hab. hehe
2   B:      °°jaa°°
3   A:      ehm ding. ich wollt noch was dich FRAgen.(-)
4           wegen ehm (-) der halloWEENparty.
5           schau mal die gehn jetzt da DOCH nich hin.
6   B:      °waRUM nich?°
7   A:      ja ich weiß AUCH nich.(-)
8           sie- ich hab ihr auch noch geSAGT,
9           dass es ACHTzehn euro kostet ja?
10          und da hat sie geSAGT, oh das ist aber
            TEUer,
11          und sie so,
12          ja aber wir gehen dann wahrscheinlich DOCH
            nicht hin,
13          wenn=s SO teuer isch.
14  B:      °hast se jetzt schon beSTELLT?°
15  A:      ja:: aber vielleicht kann ma se ja doch
            wieder zuRÜCK
16          geben,
17          also ich WEIß nicht.
18          MIR isses egal. wenn du- wenn du noch HIN
```

```
               willsch,
19             könn wir ruhig HIN. (-)
20             aber wenn du=s (-) dann voll SCHEIße
               findsch,
21             dann is es ja AUCH blöd.
22      B:     °ich glaub schon dass es voll SCHEIße is,
               oder?°
23      A:     ja, wenn wir nur zu ZWEIT sind,
24             isch dann SCHON e weng blöd.
25             am END geht=s uns DOCH nich mehr zurück.(-)
26      B:     [ah ha
27      A      [dann bin ICH schuld.
28      B:     ja
29      A:     aber ich- ich FRAG jetzt mal.
30             aber EIgentlich müsst=s scho:n ge:hn.
31             ich WEI:ß nich [a:ch
32      B:                    [°SCHON scheiße.°
33      A:     VOLL schei:ße.
34      B:     °ha ja:°
```

Der erste Themenbereich des Telefonats dreht sich um die Frage, ob die beiden Sprecherinnen zur Halloweenparty gehen sollen, obwohl Bekannte nicht dorthin gehen. In den Zeilen 10, 12 und 13 wird eine Bekannte in direkter Rede wiedergegeben.

In Zeile 14 fragt B, ob A die Karten schon bestellt habe. A vermutet, man könne sie vielleicht wieder zurückgeben. Ab Zeile 17 wird Unentschlossenheit expliziert.

A stellt B anheim, die Entscheidung zu treffen, gibt aber zu bedenken, es sei blöd, wenn B es dann „voll scheisse finde". B fragt in Zeile 22 unter Verwendung der gleichen Prädikation zurück. In der Folge scheint auch A sich einer Position anzunähern. In Zeile 29 bringt A wieder vor, dass man wegen der Kartenrückgabe vielleicht nachfragen könne. In Zeile 31 wird wieder Unsicherheit bezüglich der Entscheidung ausgedrückt und eine Interjektion der Kümmernis geäußert. Dann folgt erneut eine gemeinsame Bewertungskaskade:

```
32      B:     [°SCHON scheiße.°
33      A:     VOLL schei:ße.
34      B:     °ha ja:°
```

In den Daten entsprechen die beiden Mädchen dem, was in der Literatur schon seit drei Jahrzehnten als weibliche Beziehungsorientierung diskutiert wird (vgl. Giligan et al. 1990). Auch die Tatsache, dass es thematisch um Paarbildung und heteroromantische Geselligkeit geht, passt wunderbar in ein bekanntes Bild über Mädchenaktivitäten. Man kann in diesen hochgradig kooperativen Verhandlungen somit einen Index auf ein traditionelles Mädchen-Sein ausmachen, denn in der Tat stricken sie fortlaufend Geflechte von Beziehungen, verhandeln Allianzen, marginalisieren die einen und erhöhen die anderen. Sie bewerten die Aktivitäten ihres sozialen Umfelds, einschließlich Schule und Elternhaus, Jungen, die moralischen Standards romantisch-erotischer Beziehungen, Mädchen und deren (un)mögliche Zugehörigkeit zur eigenen Gruppe. Essentialisierung der demonstrativ hohen Kooperativität unter weiblichen Wesen (eine Lesart, die man Gilligan et al. durchaus zuschreiben kann) muss man nicht betreiben, wenn man verfolgt, WIE die Mädchen Allianzenbildung und Netzwerkformation fokussieren. Die feministische Idealisierung dieser Beziehungsorientierung als prinzipiell unterstützend (wie wir sie z.B. bei Coates 1996 und 1997 finden) greift zwar zu kurz, hat aber für die Phänomenologie einiger Aktivitätstypen schon Beschreibungen geliefert. Wie stark wer mit wem kooperiert, ist eine Frage der Wahl; sie ist nicht schlichtes Produkt einer psychologischen Prägung, sondern Gegenstand sozialer Netzwerkherstellung, wie es in den Transkripten deutlich wird.

4.2 Die Ausgestaltung der Romantik

In den untersuchten Telefongesprächen kann man Zeuge kommunikativer Gefühlsgestaltung werden. Zwar wird in vielen Gesellschaften die Grundannahme vertreten, Verliebtheit und diesbezügliche Zu- und Abneigungen wären psychische Zustände, die quasi über einen hereinbrechen, in der interdisziplinären Erforschung von Emotion geht man jedoch davon aus, dass sowohl die Tiefendimension des Fühlens als auch die Oberflächendimension der Gefühlsanzeige und -performance kultureller Beeinflussung unterliegen (vgl. Hochschild 1983).

In der Interaktionsforschung nimmt man an, dass Gefühle der Bearbeitung unterliegen, auch einer gemeinschaftlichen; das heißt nicht, dass sie beliebig manipulierbar sind (vgl. Bamberg 1996, Fiehler 2001). Die Mädchen fokussieren ihr hohes Engagement in der Heterogeselligkeit, wodurch dieses zur Normalität eines altersspezifischen Mädchen-Seins wird, zum Gender-Index. Sich als Mädchen zu inszenieren, steht nicht im Vordergrund der Aktivitäten. Aber in der Freundschaftskommunikation am Telefon wird auch die Spezifik des „Freundin-Seins" mithergestellt. Die Freundinnen geben sich zwar romantisch engagiert, dabei aber oft ‚cool' und betreiben Paarbildungen fast schon als eine Art von „business". Welche Identitätsfacetten indiziert das?

In der späten Kindheit und frühen Jugend setzen Paarbildungsaktivitäten ein. Die praktischen und emotionalen Standards dafür werden nicht einfach von außen, z.B. von den Eltern oder aus den Massenmedien, übernommen; die Standards sind so unterschiedlich, dass Jugendliche sich zu ihnen geradezu positionieren müssen. Mädchen betreiben den Austausch über ihre Gefühlslagen untereinander sehr aufwändig und etablieren unter Freundinnen ihr romantisches Aktionsfeld als ein in dauernder Turbulenz und unter ständiger Beobachtung befindliches, das der laufenden Kommunikation bedarf und unterhaltsam gestaltet wird (vgl. Eckert 2003). Zu den möglichen Gründen für das hohe Engagement gehört sicher der bereits oben erwähnte, dass die Beziehungskommunikation als ein althergebrachtes weibliches Refugium gilt. Das gemeinschaftliche Engagement und vor allem die heterosexuelle Orientierung wird von den Massenmedien mit ihren Soaps und Vorabendserien, der Werbung, den Jugendzeitschriften mit ihren Fotoromanen und vielem mehr täglich gespeist (vgl. Illouz 1997, Jackson 2001).

Das romantische Geschehen wird als kulturelle Praxis in der „ingroup" gemeinschaftlich entworfen, durchgeführt und bewertet, wodurch es sich spezifiziert. Besonders für Mädchen spielt in der Postpubertät der Eintritt in den Markt erotischer und romantischer Paarbildung eine herausragende, zeit- und gefühlsintensive Rolle (vgl. Holland/Eisenhard 1990, Simon/Eder/Evans 1992). Romantische Geselligkeit wird in informellen Gesprächen unter Freundinnen auch so thematisiert, dass sowohl traditionelle als nichttraditionelle Identitätsfacetten indexikalisiert werden (z.B. als initiative Gestalterin von Paarbildung). Eine Diskrepanz zwischen dem proklamierten Interesse an einer stabilen Liebesbeziehung und konversationellen Praktiken der Labilisierung solcher Beziehungen fällt durchaus auf.

In der Kommunikation von Romantik kann man Alters-, Schicht-, Geschlechts-, Zeit- und Kulturunterschiede ausmachen. Vor hundert Jahren gestalteten sich das Ver- und Entlieben junger Menschen anders als in der heutigen „Spaß- und Erlebnisgesellschaft mit ihrer Erfahrung von Flüchtigkeit und kaum zu stillendem Erlebnishunger" (Bekes 2006, Beck 1996, Luhmann 1982). Während das kulturelle Ideal noch vor nicht allzu langer Zeit gerade für Frauen die Einzigartigkeit des Geliebten betonte und die romantische Beziehung als eine lebenslange konzipiert war, haben heutige Liebesbegegnungen oftmals Affärencharakter: sie bestätigen damit eine konsumorientierte Definition von Liebesbeziehungen als eine Reihe von immer wieder aktualisierbaren Wahlmöglichkeiten (vgl. Illouz 1997). Mit ihrem transitorischen Charakter zielen sie auch für Mädchen auf Spaß und Spannung, Neuheit und Erregung (vgl. Bekes 2006). Heutige Freundinnen machen sich in der Altersgruppe nicht dadurch zur Freundin, dass sie sich gegenseitig dabei helfen, den Richtigen auszuwählen, sondern die romantische Erlebniswelt zu begleiten.

Cahill (2001) (und ähnlich Ziegler 2006) schreiben über die Briefchen, die adoleszente Mädchen sich im Unterricht gegenseitig zuschieben, dass die dort stattfindende Verhandlung von Heterosexualität im System der Freundinnen so positioniert werde, dass dieses System nicht bedroht sei. Ich glaube anhand der Telefongespräche zeigen zu können, dass das Freundinnennetzwerk davon sogar auf besondere Weise ‚miternährt' wird. Im Freundinnennetzwerk wird das heterosexuelle Beziehungsgeschehen organisiert, bewertet, zum permanenten Unterhaltungsstoff und dadurch geformt. Im spezifischen „Freundin-Sein" ergibt ein Verbund an Stilen und Aktivitäten auch Indexikalisierungen von Gender.

4.3 Kommunikative Praktiken der Gestaltung des romantischen Marktes

Die 20 untersuchten Mädchen telefonieren fast täglich im Festnetz miteinander (vgl. Winterhalter-Klatt 2004). Das ausgedehnte Telefongespräch scheint ein wichtiges Medium für das Praktizieren ihrer Freundschaft darzustellen. Am Telefon spricht man bekanntlich zu zweit, was die Art von Intimität und Austausch ermöglicht, die weibliche Jugendliche suchen (vgl. Eder 1995, Branner 2001, Spreckels 2006). Die Gespräche der gleichaltrigen Jungen sind nicht einmal halb so lang.[5] Kontakte zu Mädchen werden darin kaum thematisiert.

Einige Episoden in den Telefonaten geben nicht nur Einblick in eine „community of practice", sondern repräsentieren selbst bestimmte kommunikative Praktiken, z.B.:

- die Weitergabe von Telefonnummern,
- strategisches Bekanntmachen von Mädchen und Jungen untereinander,
- Vermitteln von romantischem Interesse, z.B. über Grüßen,
- gemeinsame Annäherungsinitiativen,
- und ‚Reinen-Wein-Einschenken' als Freundschaftsindex (in Kotthoff 2008 ausgeführt).

Die Mädchen erteilen sich z.B. gegenseitig Aufträge, wer wem etwas ausrichten soll. Immer wieder werden dritte Personen in eine romantische Kontaktherstellung involviert. In Datum 4 verhandeln sie, dass Regina das Mädchen Nena beim Jungen Timo ins Gespräch bringen will. Drei Mädchen nehmen an dem Gespräch teil. Nena selbst unterstützt diese Idee aber nicht (333). Regina sitzt neben Nena am Telefon. Sie will offensichtlich Nenas Kontakt zu Timo forcieren, indem sie Mia einen Gruß- und Erkundigungsauftrag übermittelt.

---

5   Es ist ein etwa gleich großes Korpus von Telefonaten unter Jungen vorhanden, auf das nur kursorisch zurückgegriffen wird.

```
Datum 4 (TG 7 Mia - Nena)
Regina forciert den Kontakt zwischen Nena und Timo
329   M:    he?
330   N:    ich soll dir von reGIna sagen,
331         du sollst timo en GRUß sagen,
332         und sagen, was geht mit NEna (h).
333         SAGS [aber ni:ch.
334   M:         [soll ich MAche:n?
335   N:    ↑NEI:: N. hahaha h .h h
336         regina sagt: DOCH doch. SAGS. haha
337         die HAUT mir die ganze zeit auf
338         meine SCHENkel.
```

Nena erzählt Mia, was Regina vorhat, gibt sich aber ablehnend. Mit Überlegungen, ob bestimmte Erkundigungen eingeholt werden oder nicht, können die Freundinnen sich eine Weile beschäftigen. Unterschiedliche Studien zur Erforschung der Kommunikationsformen unter jungen Männern (z.B. Schmidt 2005) zeigen, dass die unter Mädchen übliche Praxis eines dauernden Organisierens romantischer Verbindungen und des sozialen „Monitorings" derselben bei diesen weniger der Fall ist. Natürlich sozialisieren sich auch Knaben gegenseitig in Verhaltensstandards des romantischen Marktes hinein,[6] aber weniger ausführlich, weniger interpretativ und weniger zeitintensiv (vgl. Hey 1997).

Es ist auffällig, dass Telefonate oft so beginnen, als setzten die Gesprächspartnerinnen ein nur für kurze Zeit unterbrochenes Gespräch fort. Es wird „vordiskursive Selbstverständlichkeit" kommuniziert. Dies verweist auf intensiven Kontakt und dessen fortlaufende Intimisierung („doing friendship").

Der Einbezug der Freundin in romantische Interessen gelingt, weil die Freundin in dem Geschehen eine Rolle übernimmt, beispielsweise die der Botin. Die Botin übergibt die Telefonnummer; der dabei stattfindende Dialog wird mit Spaß und Detailarbeit am Telefon gemeinsam durchexerziert.

```
Datum 5 (TG 7 Mia - Nena)
Mia soll einen Kontakt zu Nenas Schwarm anbahnen
136   N:    ah weischt du WA::S?
137         ich bin SO AUFgeregt wegen Montag.
138   M:    wieSO;
139   N:    ja wenn der !DA I:SCH!.
140   M:    MOA:(.h)
141   N:    hehe wie (SCHEIße) ich bin ne?
142   M:    und dann dann geb ich ihm die NUMmer?
```

---

[6] Gary Fine (1980) beschreibt z.B., wie eine Jungenclique die Freundinnen ihrer Mitglieder bewertet. Schönheit ist hier ein herausragendes Kriterium.

```
143            und wenn er sich MELdet,
144            dann MELdet er sich,
145     N:     er MELdet sich;
146     M      der weiß jo GAR nit wie ich AUSsehe;
147     M:     [hahaha]
148     N:     [hahaha]
149            aber was SAGscht du nochmal?
150     M:     Ja:; ich geh HI:N un sag,
151            hej HEI? Ähm ich soll dir äh die NUMmer
152            geben von meiner FREUNdin;
153            wenn ich DARF gä, h
154            dann beSchREIB ich dich ku:rz,
155     N:     eHE?
156     M:     und sag-
157            oKAY?
158            .hh ähm und sag ich ähm
159            Du KENNSCHT sie ja vielleicht noch ausm
160            KRANkenhaus,
170            Sie hat dort n ZWEIwöchiges
171            [PRAKtikum gema,]
172     N:     [hahaha         ]
173            Sag nicht ↑ZWEIwöchig(h); haha
174            da wa(h)r ich
175            [hahaha
176     M:     [(HAST du doch schon gemacht);
177            warens jetzt ZWEI wochen oder WIE?
178     N:     ja SICHer;
179            aber der war zwei wochen nicht ↑DA::::.
180     M:     dann sag ich EINfach du hascht schon e
181            PRAKtikum emal gemacht im krankehaus.
182            in WELchem? (--)
183     N:     eh (-) anTONius.
184     M:     anTONiuskrankenhaus.
185     N:     und die station heißt zwei BE(h).
186     M:     [ja(h) DE(h)S i(h)s wi(h)rk, hahaha]
187     N:     [hahaha                            ]
188            und seine FREUN- also;
189            Red aber NICHT von seiner freundin.
190            aber DIE war da;
191            ehe; die war DA.
192     M:     ja; das GLAUB ich.
193            oder soll ich- soll ich=s erWÄHnen.
194     N:     ne:.
195     M:     NEI::N.
196     N:     vielleicht; und nachher sagt er,
197            JA ja; meine FREUNdin war damals da,
198            und DANN sagscht,
199            I::; bischt IMmer noch mit der
200            HÄSSliche(h)n zu(h)sa[(h)(h)mmen;
201     M:                          [hahaha
```

```
202   N:    Die war [ECHt-    ]
203   M:            [sag ich;] AH, FREUNdin; he::?
204   N:    Ach SO; freundin?
205          dann gib die nummer wieder HER,
206          du SCHEIßkerl.
207   M:    und ER sagt;
208          NEI:N; ich hab keine freundin.
209          [hahaha
210   N:    [hahaha
211          O::, der isch SO: geil;
212          O GOTT o gott o gott.
213          Wie HAMmer; oder?
214   M:    schon.
215          meinscht, wir SEHen den am montag?
216   N:    ich HOFFS so;
```

Mia und Nena planen im obigen Transkript gemeinsam, dass Mia einem Jungen Nenas Telefonnummer übergibt und damit Nenas Interesse an ihm signalisiert. Mia soll zur Botin von Nenas Kontaktwünschen werden. Die beiden sind sich nicht sicher, dass der Junge Nena identifizieren wird und lachen darüber. Ab Zeile 149 wird Nenas Vorgehen detailliert entworfen. Mia zitiert sogar die Interjektionen, mit denen sie den Dialog beginnen will. Gleichfalls in direkter Rede präsentiert sie die Identifikation ihrer Freundin gegenüber dem zu kontaktierenden Jungen (159-171). Nena kritisiert ein Detail des Zitats (zweiwöchig). Sie beraten sich weiter über die genaue Gestaltung des Dialogs mit dem Jungen. Ab Zeile 196 phantasiert Nena Möglichkeiten der Reaktion des Jungen. Er könnte seine Freundin ins Spiel bringen. Dann legt sie Mia den Wortlaut einer Frage in den Mund, in der die Freundin des Schwarms als „Hässliche" identifiziert wird. Attraktivität ist ein zentrales Begutachtungskriterium der sozialen Umgebung der Mädchen. Sie lachen und begeben sich tiefer ins Reich der Phantasie. Mia gestaltet in Zeile 203 eine neutralere Möglichkeit des Nachfragens nach der Freundin. Nena bringt eine weitere Alternative vor. Mia soll im Falle eines Erwähnens der Freundin die Nummer zurückverlangen und ihn auch als „Scheißkerl" titulieren (206). Mia gestaltet innerhalb der Fiktion in Zeile 208 die Beschwichtigung des Jungen in direkter Zitation, welche sich mit Nenas Hoffnungen deckt. Nena lacht und gibt in den Zeilen 211 und 212 mehrere Interjektionen des Schwärmens von sich. Mia bestätigt auch, dass der Junge ein „Hammer" ist (203). Solche unterhaltsamen Fiktionsausmalungen gehören auch zum Zelebrieren des romantischen Geschehens.

Mögliche Begegnungen mit ausgewählten Jungen werden nicht nur im Voraus entworfen, sondern auch nachbearbeitet.

„Indexing gender" unter weiblichen Jugendlichen

```
Datum 6 (TG 2 Chrissi und Dora)
Es täuscht sein gutes Aussehen
059 C: ah ne: auf JEden fall
060    da bin ich ZU ihm gegangen, ne?
061 D: mhm
062 C: und dann hat er mich nicht
063    EINmal auf mich geachtet.
064    der hat zwar[ HALlo gesagt
065 D:            [ja ECHT?
066 C: (h.)ja scho(h)n
067    und dann hat nur-
068    der SAscha halt mit mir geredet, ne? (.)
069    un der beACHTet einen nich mehr.
070    der SAscha un un
071    der ruft mich auch immer AN.
072    und SCHREIBT mir es em es. aber ER? NE: ne:
073 D: ah der sascha is ja eh so en VOLL lieber.
074 C: ja: und (.) wir dachten auch erst
075    der würd- der KAI is auch en lieber.
076    aber JETZT täuscht wohl sein gutes
077    ausse(h)hen. (h.) wa? hehehe
078 D: ja SCHON.
```

Chrissi erzählt, wie sie zu einem Jungen namens Kai gegangen ist, dieser sie aber nicht beachtet habe. Stattdessen habe Sascha mit ihr geredet. Sascha schreibe ihr auch SMS. Dora bestätigt in Zeile 73, dass der Sascha „ein voll lieber" sei. Sie vergleichen die Jungen; die Einschätzung von Kai müsse revidiert werden. Er habe sich als zu wenig engagiert gezeigt. Sein gutes Aussehen berechtige nicht zu weiteren Positivattributen. Dora bestätigt die von Chrissi vorgebrachte Skepsis. In der Beurteilung beider Jungen erzielen die beiden Telefoniererinnen Übereinstimmung.

In Datum 7 geht es wieder um die Telefonnummer eines Jungen. Olga interessiert sich für ihn und geht davon aus, dass ihre Freundin Paula ihr dessen Nummer geben kann.

```
Datum 7 (TG 8 Olga - Paula)7
Die Nummer des Typen vom Camp
001         (Das Telefon klingelt)
002    O:   okay hehehe
003         (- -)
004    O:   du, wo hasch=n die NUMmer?
005         (- -)
006    P:   WAS?
004         (-)
007    O:   die NUMmer?
```

---

7   Ich danke vor allem Corinna Winterhalter-Klatt für die Aufnahmen sowie ihr und Thomas Steuber für die Arbeit an der Transkription.

```
008            (-)
009     O:     HASCH sie?
010            (- -)
011     P:     ICH?
012            (-)
013     O:     ja.
014            (-)
015     P:     was für ne NUMmer?
016            (-)
017     O:     ich hab- ich hab=s dir doch im
018            exil geSAGT,
019            (-)
020     O:     ich hab gewusst dass du=s
021            verGESsen hasch.
022            (-)
023     P:     (?in was für nem exIl?) hehehe
024            (- -)
025            wann.
026     O:     warsch du- warsch du beSOFfen
027            oder was.
028     P:     wann. (-) LETZtes mal?
029     O:     JA:.
030     P:     °was hast du da geSAGT.°
031     O:     <<(gedrängt)>da war doch der
032     TY:P,  vom von von KORsika, vom CAMP.>
033     P:     ja:. ach SO::::. naTÜRlich.
               naTÜRlich. der TYP.
034     O:     HASCH du die nummer?
035     P:     NEI:N.
036     O:     ouh.
037     P:     [hehehe.
038     O:     [hehehe.
039     P:     jetzt weiß ich nicht,
040            sie SCHREIBT ihm noch.
```

Olga hält sich nicht mit Begrüßungen auf und erläutert auch gar nicht, wessen Telefonnummer sie haben möchte (4). Das sollte Paula aus ihren eigenen Beobachtungen in der Diskothek ‚Exil' inferiert haben (17f.). Damit wird eine Anforderung an die Beziehung kommuniziert: Eine Freundin hat die romantischen Relevanzen ihrer Freundin selbst in Beobachtung der Szenerie zu entschlüsseln. Die Unterstellung gemeinsamen Wissens um persönliche Zusammenhänge ist bei den Mädchen jeweils sehr hoch. Dies ist auch ein Kennzeichen der besonderen Stilistik dieser Gespräche, das auf die Anforderungen der Freundinnenrolle verweist („indexing friendship"). Da Paula nicht sofort im Bilde ist, bekommt sie einen Rüffel (20f., 26f.) und Olga hilft ihrem Gedächtnis nach („da war der Typ von Korsika", 32). Zeile 40 („sie schreibt ihm noch") bedeutet, dass der Junge, für den Olga sich zu interessieren beginnt, noch in amouröser Verbindung zu einem anderen Mädchen steht. Die Knappheit der Information verweist darauf, dass die soziale Bedeutung dessen nicht verhandelt werden muss, indexikalisiert Vertrautheit und eine bekannte und geteilte Beziehungsethik. Solange ein Junge mit einem anderen Mädchen in engem Kontakt steht, unterstützt man keine neue Kontaktanbahnung. Paula wird von Olga in einen Loyalitätskonflikt gebracht. Paula entscheidet, dass Olga die Nummer nicht bekommt.

Die Sequenz geht dann so weiter, dass Paula Olga bittet, sich selbst mit diesem Mädchen in Kontakt zu setzen, um den Stand von deren Beziehung zu dem Jungen ihres Interesses herauszufinden. Das Spiel ‚wer wann wie lange mit wem' verlangt vielfältige Kontakte. Olga kann problemlos inferieren, dass Paula die Nummer für sie nur deshalb nicht hat, weil der Junge noch ‚besetzt' ist. Mehr muss nicht explizit gemacht werden. Paula ordnet Olgas Interessen innerhalb eines Netzwerks Berechtigung zu oder spricht sie ihr ab (wie in Datum 7).

Trotz eines hohen Grades an Implizitheit der Freundschaftsanforderungen und Kontaktnormen können die Freundinnen die adäquaten sozialen Bedeutungen zuordnen.

In Datum 8 beschwert sich Olga vordergründig über einen Etikettefehler, den Freund Bernd ihr gegenüber beging. Bernd hat eine ‚Neue' und setzte von der Ideologie, dass man nach Beendigung einer Romanze eine Freundschaft aufrechterhält, zu schnell zu viel in die Praxis um. Olga verurteilt sein Verhalten in der Neuregelung der Beziehung zu ihr. An keiner Stelle kommt im Telefonat mit Paula ein Gefühl von Verlassen-Sein zum Ausdruck. Faktisch hat Bernd ihre soziale Bedeutung für ihn aber deutlich zurückgestuft, ein Handeln, das auch andere Gefühle wecken könnte. Sie nimmt Bernds Weggang zum Ausgangspunkt für neue Paarbildungsaktivitäten. Der Ausschnitt beginnt damit, dass Olga fragt, ob „die öfters ins Exil kommen". Sie wiederholt dann in Zeile 72, dass sie alle zwei Wochen kommen, was Lachen bei Paula und Olga auslöst. Beide erkennen wahrscheinlich eine gewisse Komik darin, wie klar schon jetzt Olgas neuen Interessen zu Tage getreten sind.

```
Datum 8 (TG 8 Olga - Paula)
Coole Typen im Exil
068    O:    ich wollt fragen, kommen die-
069          kommen die ÖFters ins exil?
070    P:    (?  ?) alle zwei WOchen.
071    O:    ALle zwei wochen?
072    P:    ja.
072    O:    die kommen ALle zwei wochen.
073    P:    [hehehe
```

```
074   O:    [hehehe
075   P:    hehehehehe
076   O:    doch. die sind COOl.
077   P:    ja ja. warUM denn?
078   O:    hm. ich will bernd
079         noch eins AUSwischen.
080   P:    was?
081   O:    ich will bernd noch
082         eins AUSwischen.
083   P:    ah.
084   O:    er isch wieder mit seiner
085         EXfreundin zusammen.
086   P:    ja.
087   O:    und jetzt sind wir FREUNde.
088   P:    hehehe oh.
089   O:    ja. also (-) er traut sich
090         sogar WIRKlich noch,
091         (- -)
092         ich hab gedacht, ich HÖR nicht recht.
093         er ruft bei mir AN,
094   P:    hehehe
095   O:    und labert mich VOLL,
096   P:    hehehe
097   O:    als wär er wirklich so (-)
098         n ↑FREUND halt. n ↑freund, n ↑KUMpel
099         von mir.
100   P:    mhm (-) ohje.
101   O:    ich hab, weisch du.
102         so am TElefon halt. HAMmer. so ja
103         und so. KOMM, wir sind jetzt
104         FREUNde und so.
105         (-)
106   O:    ich dann em- er hat soGAR noch
104         em em, KURZ bevor er aufgelegt hat
107         (-) hat er noch so gesagt
108         ich hab dich LIEB und [so=n
109   P:                          [hihihi
110   O:    SCHEISSdreck. ich so, ↑JA, ja:.
111         (? und so?)
112   P:    hehehe
113   O:    und
114         (- -)
115   O:    und em
116         (1.0)
117   O:    da hab dann hab ich hab geDACHT,
118         ha ja, der isch
119         jetzt wieder mit seiner FREUNdin
              zusammen.
120         der ruft schon nicht mehr AN.
121         des war- isch jetzt nur SO,
```

```
122            ja ja. wir sind FREUNde.
123            bla bla. ('h)
124            und plötzlich ruft der echt AN.
125     P:     °hehehe°
126     O:     ich so, ehe ↑HI.
127     P:     hehehe (?abgefahren?)
128     O:     em eh. ha ja ich musst dann noch
129            so VOLL des halt- machen als
130            wär ich ECHT mit ihm befreundet.
131            weißt du? als würd
132            ich ihn ECHT noch als freund
133            mögen und so. ('h)
134     P:     mhm?
135     O:     hab mir des VOLL angehört,
136            was der mir erZÄHLT hat. so JA:
137            (- -)
138            hm (-) und
139            (- -)
140            wie GEHT=s? und so hehehe?
141     P:     °hehehe°
142     O:     °ach komm.° und wo er a-
143            ANgerufen hat. ich hab Ewig
144            nicht damit gerechnet. und dann,
145            ich geh so DRAN,
146            (-)
147     O:     er so, FALle,
148     P:     °hihihi°
149     O:     und ich so (-) wer isch DRAN?
150     P:     (h)
151     O:     er so. BE::RND.
152            ja DANke.
153     P:     hehehe
154     O:     (h)entSCH(h)ULdigung hehehe
155     P:     hehehe
```

Datum 8 enthält von Zeile 76 bis 79 eine interessante Sequenz, die man als Außenstehende nicht sofort versteht. Über mehrere Zeilen hinweg schwärmt Olga von den Jungen, die sie in der Diskothek ‚Exil' kennen gelernt hat und bringt diese Schwärmerei auf das jungendsprachliche „allround"-Adverb für alles Positive: „cool" (76), ein stilistischer Verweis auf Jugendlichkeit. Paulas Nachfrage (77) legt die Vermutung nahe, dass es beim Schwärmen um mehr geht, dass das Schwärmen nur den Kontext für einen anderen Aktivitätstyp abgeben könnte. Normalerweise erhält man auf die Frage, warum jemand cool sei, die Begründung dafür, was diese Prädikation berechtigen erscheinen lässt. Olga beantwortet die Frage aber so, als hätte sie gelautet: Warum bemühst Du Dich so darum, die Jungen cool zu finden? Die Antwort, sie wolle Bernd noch eins auswischen, verweist auf Arbeit im emotionalen „deep acting" (vgl. Hochschild 1983). Aber Paula versteht das Gemeinte nicht sofort, was Olga dann zu einer Wiederholung nötigt. Nachdem Olga erklärt: „er isch wieder mit seiner Exfreundin zusammen" (84f.), präsentiert sie unvermittelt eine sehr deutlich gesprochene Zitation: „und jEtzt sind wir FREUNde" (87). Hier animiert sie Bernds Worte, erkennbar nur am leichten Mokierton einer stark artikulierten Sprechweise (vgl. Christmann 1996). Die Überartikulation weist Bernds Äußerung als künstlich aus. Paula rezipiert das Zitat lachend. „Oh" kann man wohl mit ‚auf *die* Tour kommt er jetzt' ergänzen. Dann empört sich Olga über mehrere Zeilen hinweg über Bernds Anruf.

In der Jugendkultur werden Standards für die Reorganisation der Paarbildungen ausgebildet.[8] Man kann PartnerInnen aus dem Status der oder des Geliebten durchaus in den einer Freundin bzw. eines Freundes zurücksetzen. Das soll die Zurückweisung abmildern, ist aber auch heikel und potentiell verletzend. Die stilistische Machart der Zurückstufung wird in Datum 8 als „performance" inszeniert und beurteilt, nicht die Zurückstufung als solche. Olga gibt sich sehr überrascht über Bernds Anruf (126) und markiert damit Bernds Verhalten (den Anruf) als ungewöhnlich. Als Gipfel von Bernds überzogenem Anspruch auf weiteres Befreundetsein präsentiert Olga seine Aussage „ich hab dich LIEB" (108), die sie mit einem Kraftausdruck quittiert („SCHEISSdreck", 110). Paula lacht wieder (109, 112). Olga mokiert sich darüber, dass Bernd den subkulturellen Anspruch, die Geliebte wieder in den Status von Freundschaft bugsieren zu können, zu schnell realisiert. Er lässt es nicht beim bloßen Spruch bewenden, sondern verlangt Freundschaftspraxis. Olgas Äußerung „so VOLL des halt machen als wär ich ECHT mit ihm befreundet" (129) weist den Anspruch zurück. Sie ist am Telefon wohl minimal darauf eingegangen, verdeutlicht aber nun, dass sie von solchen Transformationen nichts hält.

Der Freundin gegenüber überwiegt eine heiter-empörte Präsentationsart, die nicht auf deren Ko-Empörung setzt, sondern auch mit leicht erheiterter Rezeption goutiert werden kann. Paula lacht sowohl, als Paula sich über den Anruf überrascht zeigt (125) als auch, nachdem sie sich mit „hi" zitiert hat (127). Christmann (1996) hat Ähnliches für die Gattung des Sich-Mokierens unter Umweltbewegten beschrieben. Sich Mokieren kommuniziert emotionale Distanz und Abwertung bei gleichzeitiger Erheiterung. Der Verzicht auf Ko-Empörung weist die Haltung als von vorn herein geteilte aus. Weiterhin rezipiert Paula Olgas Präsentation (die

---

8   Helga Kelle und Georg Breidenstein beschreiben für 10–11jährige völlig andere Muster der Paarbildung, die von denen der Erwachsenenwelt noch weiter entfernt sind als die der 14jährigen. Sie erwürfeln z.B. Paarbildungen und sind in ihrer Kombinierungslust kaum zu bremsen. In dem Alter spielt Heteroromantik schon eine Rolle.

auch z.B. in 140 Lachen integriert) mit Lachen (141, 148). Beide geben sich empört und trotzdem amüsiert. Sie erheitern sich auch bei Olgas Selbstzitat „ja danke".

Die Information, dass Bernd wieder mit seiner Exfreundin zusammen ist, findet sich integriert in eine Interessenbekundung für andere Jungen. Damit wird schnelle Verarbeitung ikonisiert, nicht etwa Liebeskummer. Olga sucht bei Paula keine Tröstung, sondern Kooperation bei ihren Kompensationsstrategien.

In Datum 9 werden wir ZeugInnen der strategischen sozialen Praxis des ‚sich für andere mit jemandem Anfreundens' und der Komplizinnenbildung. Strategische Bekanntschaften im Dienste der Freundin positionieren auch hier wieder verschiedene Figuren im sozialen Kosmos.

```
Datum 9 (TG 8 Olga - Paula)
201   P:    äh [wenn der JERry
202   O:       [FLOrian
203   P:    was?
204   O:    sieht der eigentlich GUT aus?
205   P:    des is der mit der MÜtze da.
206   O:    ach DES is florian.
207         (- -)
208   O:    ('h) DEN hat-
209         (-)
210   O:    DE:N hat bernd gemeint.
211         den kann er E:wig nicht leiden.
212         dann muss ich mich mit dem
213         jetzt AUCH anfreunden.
214         (-)
215   P:    oh JA. nimm mich MIT.
216         (-)
217   P:    bitte. hehehe.
218   O:    soll ich mich für dich mit ihm
219         ANfreunden? dann will ICH aber
220         die nummer von dem anderen.
221         (- -)
222   P:    ja.
223         (-)
224   O:    ALso. des isch ein DEAL.
225   P:    oKAY. ich wollt- eigentlich wollt
226         ich des übern CHARlie machen,
227         aber (-) so isch AUCH in ordnung.
228         hehehe
```

Im obigen Datum bahnen die Freundinnen eine indirekte Verletzung von Bernd an. Olga will sich mit Florian befreunden, um Bernd eins auszuwischen und um Florian gleichzeitig in Kontakt mit ihrer Freundin Paula zu bringen. Paula selbst bringt in Zeile 215 ihr eigenes Interesse an dem

Jungen Florian vor. Olga zeigt ihre Bereitschaft, sich Florian strategisch anzunähern, damit Paula ihn kennenlernen kann. Beide inszenieren sich so als Macherinnen ihrer sozialen Verhältnisse. Übertriebener Gefühlsduselei erliegen sie demonstrativ nicht. Sie wollen die Fäden des „Wer mit Wem" offensichtlich in der Hand behalten, auch wenn sich dies oft als Trugschluss erweist. In Zeile 224 bekräftigt Olga den „deal". Die beiden Mädchen verschränken hier also geschäftsmäßig ihre Interessen. Paula hätte in ihre Strategien zwar auch andere Mitglieder der Clique involvieren können (Charlie), aber die Allianzbildung mit Olga scheint ihr wichtiger zu sein.

Auch in Datum 10 problematisieren Olga und Paula das „Wer mit Wem": sie besprechen Kriterien von Partnerwahl und geben weitere Hinweise darauf, wie wichtig ihnen die Beobachtung der heterosexuellen Verbindungslinien in ihrer Peer-Umwelt ist.

```
Datum 10  (TG 8 Olga - Paula)
Der Arme
400     O:      der ARme. der läuft auch immer
401             alleine RUM und so.
402             (-) der ARme.
403     P:      hehehe
404     O:      svenja WOLLT ihn ja nicht
405             weil er zu KLEIN isch.
406     P:      ja da haben die RUMgemacht gell?
407             oder? der hat mal so mit einer
408             RUMgemacht?
409     O:      ja ja. aber DANN wollte sie nicht mehr.
410             ISCH ihr zu klein.
411             ('h) die hat wahrscheinlich
412             ERST gedacht ja: eff CE spieler,
413             KANN man ja mal. aber DANN hat
414             sie gedacht, ACH ne:
415             [der isch mir DOCH zu klein.
416     P:      [aber am (-) samstag haben sie
417             RUMgemacht gell?
418     O:      ECHT?
419     P:      ja.
420     O:      oh dann muss [ich ihn gleich
421             mal LÖCHern.
```

Zuerst bedauern die beiden Freundinnen einen jungen Mann, der „allein rumläuft". Dass jemand ihnen in diesem Zustand als bedauernswert gilt, zeigt, wie sie die Integration in den Paarbildungsmarkt zum Ausweis von Normalität machen. Es geht dann um die Frage, ob Freundin Svenja doch mit diesem Spieler eines renommierten Fußballvereins „rumgemacht" habe. „Rummachen" ist der zentrale Begriff für den Austausch von

Zärtlichkeiten und sexuellen Handlungen. Wie weit diese bei den telefonierenden Mädchen gehen, wissen wir nicht.

In ihren Erzählungen verwenden die Mädchen viele Involvierungsstrategien (vgl. Tannen 1989), d.h. sie lassen die Andere beispielsweise über Gedankenzitate in direkter Rede an ihrem oder am konstruierten Erleben einer Freundin teilhaben. Svenja wird das Zitat „kann man ja mal" als gedankliche Herangehensweise an den namhaften Fußballer zugeschrieben, der dem Mädchen aber „zu klein" ist. Jungen und junge Männer werden ziemlich rigoros nach Kriterien der äußeren Gestalt und des Status beurteilt. In den Zeilen 420/421 zeigt sich, dass auch die jungen Männer über ihre Aktivitäten Auskunft geben müssen. Olga will den kleinen Fußballer „löchern". Die „Wer wann mit wem"-Verhandlungen beschränken sich nicht auf Mädchenkreise.

4.4 Schlussbetrachtung der Gender-Relevanzen:

Abschließend gehen wir noch einmal der Frage nach, welche Identitätsfacetten die Mädchen in den Gesprächsausschnitten in den Vordergrund der Interaktion bringen. Sie begutachten das „Wer mit Wem" ihres heterosexuellen Umfelds, reden über Leute und planen gemeinsam romantisch-gesellige Aktivitäten. Damit inszenieren sie sich als romantisch engagiert. Dies tun sie in einem informellen sprachlichen Register und mit Sequenzbesonderheiten, die auf hohe Vertrautheit miteinander schließen lassen. Damit inszenieren sie sich als Freundinnen. Die Gesprächsausschnitte sind bewertungs- und bestätigungsintensiv. Auch in der Hinsicht erleben wir die Mädchen in privater Freundschaftskommunikation, welche sich aber nicht auf Mädchen beschränken muss. Sie positionieren sich und andere in ihrem heterosexuellen Umfeld und gleichzeitig miteinander so, dass ihr Freundinnennetzwerk vom romantischen Marktgeschehen auf besondere Weise ‚miternährt' wird.

Wo liegen die Gender-Relevanzen?
1. Die Mädchen verhandeln in den hier vorgestellten Transkripten Begegnungen mit Jungen.
2. Sie tun dies in ausgedehnten Telefonaten.
3. Sie gleichen in den Telefonaten Bewertungen ihres romantisch relevanten Umfeldes ab und entwickeln ein soziales „monitoring".
4. Sie leisten einander Freundschaftsdienste, indem sie strategisch miteinander Bekanntschaften mit Jungen ausklügeln und ein offenes Ohr für die Entwicklungen dieser heterosexuellen Bekanntschaften demonstrieren.

Ad 1.) Der romantische Diskurs ist weitgehend an Heterosexualität ausgerichtet; das heterosexuelle Paar ist nach wie vor der Prototyp komplementär inszenierter Geschlechterdifferenz. Insofern können wir im Bezug auf die präsentierten Gesprächsausschnitte global durchaus von „doing gender" und „doing heteronormativity" sprechen; es ist den Themenbereichen inhärent. Allerdings bleibt diese Zuordnung unspezifisch, wenn man nicht weiß, welche Vorstellungen über die Begegnung von Mädchen und Jungen in diesem Diskurs lebendig werden. Es sind nicht etwa Vorstellungen von einer einzigen großen Liebe, die vielleicht auch in dieser Altersgruppe bis in die sechziger Jahre des vorherigen Jahrhunderts galten, sondern kurzlebige Verbindungen, die gleichwohl von großen Worten begleitet sein können. Im Vordergrund steht die Institutionalisierung von Heterogeselligkeit mit dem Index von Unterhaltungswert. Diesen bedienen zu können gehört zur Selbstinszenierung.

Ad 2.) Die von Winterhalter-Klatt (2006) befragten Eltern sehen das ausgedehnte Telefonieren als eine Praxis von Mädchen, kaum von Jungen. Es bedient sich aus Kostengründen der Festnetzanschlüsse. Auch andere Studien (Rakow 1992) kommen zu dem Ergebnis, dass die Tele-Privatgespräche von Frauen im Durchschnitt länger dauern als die von Männern (siehe auch http://www.dsltarife.net/news/2095.html, 2006) und im Alltag der Frauen eine zentralere Rolle spielen. Telefonate dienen nicht nur instrumentellen Zwecken, wie etwa der Terminfindung, sondern der Beziehungskommunikation. Vor diesem Hintergrund indexikalisiert ein Telefonat, in dem sich über Beziehungen ausgetauscht wird, eine genderisierte Tradition. Am Telefon betreiben die Mädchen zwar „social engineering", aber thematisch mit historisch eher neuen Akzenten. Wir können dem zustimmen, was Eckert (2003: 384) über US-Mädchen schreibt:

> The entire heterosexual enterprise at this point is about alignments within the cohort rather than about individual boy-girl relationships. The pairs are brokered by members of the crowd, [...] And it is girls who do the brokering. Girls control the heterosexual market – they decide who will go with whom, they arrange meetings and alliances, and they negotiate desirability.

Der Index auf geschäftliches Gebaren („deals" in Datum 9) und die nüchterne Abschätzung äußerer und statusbezogener Qualitäten kann durchaus als Anleihe am traditionell Männern attribuierten Verhalten gesehen werden. Die Mädchen geben sich als strategische Spielerinnen auf dem Paarbildungsmarkt. Die hohe Relevanz dessen bleibt als traditioneller gender-Index bestehen, die konstruierten Spielregeln ordnen den Mädchen aber aktive und initiative Rollen zu. Der alten Differenzlinie zwischen dem wählenden Mann und der ausgewählten Frau begegnen wir nicht mehr. Über Indexikalisierungen von historisch männlich verorteten Verhaltenskomplexen wird die kommunizierte Identität des altersspezifischen Mädchen-Seins zu einer besonderen Bricolage.

Ad. 3) Wir wissen auch aus anderen Studien über Mädchengruppen (Goodwin 2006, Spreckels 2006 und in diesem Band), dass das ausgedehnte Bewerten ihrer sozialen Landschaft eine favorisierte Aktivität darstellt. Durch das intensive Besprechen der Verhaltensweisen Gleichaltriger kreieren sie ihre Verhaltensstandards und moralischen Normen. Eckert (2003: 384) stellt fest, gleichaltrige Jungen würden sich in diesem Alter stärker mit Sport beschäftigen. Das Heraustreten aus dem kindlichen Spielalter zeige sich bei Mädchen genau darin, dass sie sich plötzlich demonstrativ in engagierte Unterhaltungen miteinander begeben. So führen sie ihrem Umfeld vor, dass sie das Kindalter verlassen haben. Jungen demonstrieren das beispielsweise eher durch Interesse am athletischen Ausbau des eigenen Körpers. Auch in deutschen Schulen kann man in jeder Pause Cliquen von Mädchen beobachten, die in Gespräche vertieft die Fußballfelder von Jungen umrunden. Gender steht zwar dabei nicht im Vordergrund der Aktivitäten, die Mädchen schaffen aber eine spezifische Kommunikationskultur, die eher in einer weiblich spezifizierten Tradition steht. Ihr soziales Monitoring bezieht sich besonders auf den Paarbildungsmarkt. Von Freundinnen erwarten sie Unterstützungsaktivitäten beim Anbahnen von Kontakten zu Jungen. Freundinnen schützen aber Paare auch vor dem Eindringen anderer Mädchen. Trotzdem ist diese Kommunikationskultur nicht geschlossen; sie kann junge Männer einbeziehen. Die Mädchen treiben das Spiel aber voran.

Ad 4.) Paarbildungen sind in der Altersgruppe, aus der die Aufnahmen stammen, unstabil und bieten gerade deshalb Stoff für laufende Einschätzungen von Zu- und Abneigungen, Fehlverhalten und Gunstbeweisen. Dating hat durchaus den „spirit of consumerism" (Illouz 1997:10), den Illouz in medialen Kontexten ausgemacht hat. Die Unterhaltungsbedürfnisse der Peer-Gruppe machen sie umso mehr zu einer Beobachtungs- und Interpretationsgemeinschaft. Diesen Aktivitäten wohnen Indexe auf Zeit-Haben inne, was für diejenigen gilt, die noch nicht im Beruf stehen und auch noch keine Familie haben. Wir bemerken Indexikalisierungen der Jugendphase.

In den Telefongesprächen begegnen wir einem Selbstentwurf der Mädchen, der mit „doing gender" unzureichend charakterisiert wäre, der aber nichtsdestotrotz genderisiert ist. Der Selbstentwurf verweist auf traditionell als weiblich geltende Verhaltensbereiche, bedient sich aber auch an traditionell eher als männlich ausgewiesenen Verhaltensformen der Initiative, am Ausprobier- und Austestinteresse und demonstriert so ihre Verfügung über viel Zeit. Für solche Ko-Artikulationen von Alter und einem historisch teils traditionellen, teils neuen kulturellen Geschlecht habe ich das Konzept des „indexing" stark gemacht.

5. Literatur

Auer, Peter (2007): Introduction. In: Auer, Peter (Hrsg.): Style and Social Identities, Berlin/New York: Mouton de Gruyter, 1–25.
Ayaß, Ruth (2008): Kommunikation und Geschlecht, Stuttgart: Kohlhammer.
Bamberg, Michael (1996): Emotion talk(s): The role of perspective in the construction of emotions. In: Niemeyer, Susanne/Dirven, Rene (Hrsg.): The Language of Emotions, Amsterdam: Benjamins, 209–227.
Beck, Ulrich (1996): Die Erlebnisgesellschaft, Frankfurt/M.: Campus.
Bekes, Peter (2006): „Erklär mir Liebe" – ein schwieriges Gefühl im Deutschunterricht. In: Deutschunterricht, 3, 4–9.
Branner, Rebecca (2001): Scherzkommunikation unter Mädchen, Frankfurt: Lang.
Breidenstein, Georg/Kelle, Helga (1999): Geschlechteralltag in der Schulklasse, Weinheim: Juventa.
Bucholtz, Mary (2003): Theories of Discourse as Theories of Gender. Discourse Analysis in Language and Gender Studies. In: Holmes, Janet/Meyerhoff, Miriam (Hrsg.): The Handbook of Language and Gender, Oxford: Blackwell, 43–68.
Cahill, Spencer (1986): Childhood Socialization as a Recruitment Process. In: Sociological Studies of Child Development, 1, 163–186.
Cahill, Spencer (2001): Notably gendered relations. Relationship work in early adolescents' notes. In: Baron, Bettina/Kotthoff, Helga (Hrsg.): Gender in Interaction, Amsterdam: Benjamins, 75–97.
Cameron, Deborah (1997): Theoretical Debates in Feminist Linguistics. Questions of Sex and Gender. In: Wodak, Ruth (Hrsg.): Gender and Discourse, London: Sage, 21–37.
Christmann, Gabriele (1996): Die Aktivität des ‚Sich-Mokierens' als konversationelle Satire. Wie sich Umweltschützer/innen über den ‚Otto-Normalverbraucher' mokieren. In: Kotthoff, Helga (Hrsg.): Scherzkommunikation. Beiträge zur empirischen Gesprächsforschung, Opladen: Westdeutscher Verlag, 49–80. (2. Auflage im Internet-Verlag für Gesprächsforschung)
Coates, Jennifer (1996): Women talk. Conversation between women friends, Oxford: Blackwell.
Coates, Jennifer (1997): Women's Friendship, Women's Talk. In: Wodak, Ruth (Hrsg.): Gender and Discourse, London: Sage, 245–263.
Discourse & Society 7 und 8 (1997 & 1998)
Eder, Donna (1995): School Talk. Gender and Adolescent Culture, New Brunswick: Rutgers University Press.
Eckert, Penelope (2000): Linguistic Variation as Social Practice, Oxford: Blackwell.

Eckert, Penelope (2003): Language and Gender in Adolescence. In: Holmes, Janet/ Meyerhoff, Miriam (Hrsg.): The Handbook of Language and Gender, Oxford: Blackwell, 381–400.
Eckert, Penelope/McConnell-Ginet, Sally (1992): Think practically and look locally: language and gender as community based practice. In: Annual Review of Anthropology, 21, 461–490.
Fenstermaker, Sarah/West, Candace (2002): Doing Gender, Doing Difference: Inequality, Power, and Institutional Change, London: Routhledge.
Fiehler, Reinhard (2001): Emotionalität im Gespräch. In: Brinker, Klaus u.a. (Hrsg.): Text- und Gesprächslinguistik. Ein internationales Handbuch zeitgenössischer Forschung, Halbband 2, Berlin/New York: de Gruyter, 1425–1438.
Fine, Gary A. (1990): With the Boys. Little League Baseball and Preadolescent Culture, Chicago: University of Chicago Press.
Garfinkel, Harold (1967): Studies in Ethnomethodology, Englewood Cliffs: Prentice Hall.
Georgakopoulou, Alexandra (2003): Looking back when looking ahead. On adolescents' identity management in narrative practices. In: Androutsopoulos, Jannis/ Georgakopoulou, Alexandra (Hrsg.): Discourse Constructions of Youth Identities, Amsterdam: Benjamins, 75–93.
Gilligan, Carol/Nona P. Lyons/Trudy Hanmer (1990): Making Connections: The Relational Worlds of Adolescent Girls at Emma Willard School, Cambridge/MA: Harvard University Press.
Goffman, Erving (1977): The Arrangement between the Sexes. In: Theory and Society, 4, 301–331. [Dt. in: Goffman, Erving (1994): Interaktion und Geschlecht. (Hrsg. von Hubert Knoblauch), Frankfurt: Campus, 105–158.]
Goffman, Erving (1979): Gender Advertisement. (Dt. 1981): Geschlecht und Werbung, Frankfurt: Suhrkamp.
Goodwin, Marjorie (1990): He said & She said, Pennsylvania: University of Philadelphia Press.
Goodwin, Marjorie (2006): The Hidden Life of Girls. Games of Stance, Status, and Exclusion, Oxford: Blackwell.
Günthner, Susanne (1992): Sprache und Geschlecht: Ist Kommunikation zwischen Frauen und Männern interkulturelle Kommunikation? In: Linguistische Berichte, 138, 123–143.
Günthner, Susanne (1997): Complaint stories. Constructing emotional reciprocity among women. In: Kotthoff, Helga/Wodak, Ruth (Hrsg.): Communicating Gender in Context, Amsterdam: Benjamins, 179–219.
Günthner, Susanne (2001): Die kommunikative Konstruktion der Geschlechterdifferenz. Sprach- und kulturvergleichende Perspektiven. In: Muttersprache, 3, 205–219.
Günthner, Susanne/Kotthoff, Helga (1991): Vorwort. In: Günthner, Susanne/ Kotthoff, Helga (Hrsg.): Von fremden Stimmen. Weibliches und männliches Sprechen im Kulturvergleich, Frankfurt: Suhrkamp, 7–52.
Hausendorf, Heiko (2002): Kommunizierte Fremdheit. Zur Konversationsanalyse von Zugehörigkeitsdarstellungen. In: Kotthoff, Helga (Hrsg.): Kultur(en) im Gespräch, Tübingen: Narr, 25–61.
Hey, Valerie (1997): The Company She Keeps: An Ethnography of Girls' Friendship, Bristol, PA: Open University Press.

Hirschauer, Stefan (1993): Die soziale Konstruktion der Transsexualität, Frankfurt: Suhrkamp.
Hirschauer, Stefan (1994): Die soziale Fortpflanzung der Zweigeschlechtlichkeit. In: Kölner Zeitschrift für Soziologie und Sozialpsychologie, 4, 668–693.
Hirschauer, Stefan (2001): Geschlechtsneutralität. Zur Praxeologie einer Kategorie sozialer Ordnung. In: Heintz, Bettina (Hrsg.): Geschlechtersoziologie. Sonderheft der Kölner Zeitschrift für Soziologie und Sozialpsychologie, 41, 208–235.
Hochschild, Arlie Russell (1983): The Managed Heart. Commercialization of Human Feeling, Berkeley: University of California Press.
Holland, Dorothy C./Eisenhard, Margaret (1990): Educated in Romance: Women, Achievement and College Culture, Chicago/Ill: Chicago University Press.
Holmes, Janet (2006): Gendered Talk at Work, London: Blackwell.
Holmes, Janet/Meyerhoff, Miriam (1999): The community of practice: theories and methodologies in language and gender research. In: Language in Society, 28/2, 173–185.
Illouz, Eva (1997): Consuming the Romantic Utopia. Love and the Cultural Contradiction of Capitalism, Berkeley: The University of California Press.
Jackson, Sue (2001): Happily Never After: Young Women's Stories of Abuse in Heterosexual Love Relationships. In: Feminism&Psychology, 11, 305–321.
Jayyusi, Lena (1984): Categorization and the Moral Order, Boston: Routledge.
James, Deborah/Clarke, Sandra (1993): Women, Men, and Interruptions: A Critical Review. In: Tannen, Deborah (Hrsg.): Gender and Conversational Interaction, Oxford: Oxford University Press, 231–280.
Klann-Delius, Gisela (2005): Sprache und Geschlecht, Stuttgart: Metzler.
Kotthoff, Helga (1992): Unruhe im Tabellenbild? Zur Interpretation weiblichen Sprechens in der Soziolinguistik. In: Günthner, Susanne/Kotthoff, Helga (Hrsg.): Die Geschlechter im Gespräch. Kommunikation in Institutionen, Stuttgart: Metzler, 126–147.
Kotthoff, Helga (1993): Unterbrechungen, Überlappungen und andere Interventionen. In: Deutsche Sprache, 2, 162–185.
Kotthoff, Helga (2001): Gender and Poeticity in Georgian Lamentation Rituals. In: Baron, Bettina/Kotthoff, Helga (Hrsg.): Gender in Interaction, Amsterdam: Benjamins, 283–329.
Kotthoff, Helga (2002): Was heißt eigentlich „doing gender"? Wiener linguistischer Almanach. Sonderband 55, 1–29.
Kotthoff, Helga (2006): Geschlechterforschung in der angew. Linguistik/Gender Studies in Applied Linguistics. In: Ammon, Ulrich/Trudgill, Peter/Dittmar, Norbert/Mattheier, Klaus (Hrsg.): Sociolinguistics. An International Handbook of the Science of Language and Society 3,3, Berlin/New York: de Gruyter, 2494–2523.
Kotthoff, Helga (2008): Konversationelle Verhandlungen des romantischen Marktes. Adoleszente Freundinnen am Telefon. In: Freiburger Geschlechter-Studien, 22, 175–195.
Kotthoff, Helga (2010): Constructions of the Romantic Market in Girls' Talk. In: Jorgensen, Normann. (Hrsg.): Vallah, Gurkensalat 4U & me! Current Perspectives in the Study of Youth Language, Frankfurt: Peter Lang, 43–75.
Luhmann, Niklas (1982): Liebe als Passion. Zur Codierung von Intimität, Frankfurt/M.: Suhrkamp.

McElhinny, Bonnie (2003): Theorizing Gender in Sociolinguistics and Linguistic Anthropology. In: Holmes, Janet/Meyerhoff, Miriam (Hrsg.): The Handbook of Language and Gender, Oxford: Blackwell, 21–42.
Ochs, Elinor (1992): Indexing Gender. In: Duranti, Alessandro/Goodwin, Charles (Hrsg.): Rethinking context, Cambridge: Cambridge University Press, 335–358.
Pape, Helmut (Hrsg.) (1993): Charles S. Peirce. Phänomen und Logik der Zeichen, Frankfurt/Main: Suhrkamp.
Pujolar, Joan (2001): Gender, heteroglossia and power, Berlin/New York: de Gruyter.
Rakow, Lana (1992): Gender on the Line, Urbana: University of Illinois Press.
Sacks, Harvey/Schegloff, Emanuel/Jefferson, Gail (1974): A Simplest Systematics for the Organization of Turn-Taking for Conversation. In: Language, 50, 696–735.
Schegloff, Emanuel A. (1987): Between micro and macro. Contexts and other connections. In: Alexander, Jeffrey C./Giesen, Bernhard/Münch, Richard/Smelser, Neil J. (Hrsg.): The Micro-Macro-Link, Los Angeles: University of California Press, 207–234.
Schegloff, Emanuel (1997): Whose text? Whose context? In: Discourse & Society, 8, 165–187.
Schlyter, Suzanne (1992): Mann und Frau vor Gericht. Sprachverhalten während eines Gleichberechtigungsprozesses. In: Günthner, Susanne/Kotthoff, Helga (Hrsg.): Die Geschlechter im Gespräch, Stuttgart: Metzler, 201–229.
Schmidt, Claudia (1992): Dieser Emil immer destruktiv. Eine Untersuchung über männliches und weibliches Kommunikationsverhalten in studentischen Kleingruppen. In: Günthner, Susanne/Kotthoff, Helga (Hrsg.): Die Geschlechter im Gespräch, Stuttgart: Metzler, 73–91.
Schmidt, Axel (2004): Doing peer group, Frankfurt/Bern/New York: Peter Lang.
Silverstein, Michael (1996): Shifters, linguistic categories, and cultural description. In: Basso, Keith/Selby, Henry A. (Hrsg.): Meaning in Anthropology, Alberquerke: University of New Mexico, 11–55.
Simon, Robin W./Eder, Donna/Evans, Cathy (1992): The Development of Feeling Norms Underlying Romantic Love Among Adolescent Females. In: Social Psychology Quarterly, 55, 29–46.
Spreckels, Janet (2006): Britneys, Fritten, Gangschta und wir. Identitätskonstitution in einer Mädchengruppe. Eine ethnographisch-gesprächsanalytische Untersuchung, Frankfurt/Bern/New York: Lang.
Tannen, Deborah (1989) Talking Voices. Repetition, Dialogue, and Imagery in Conversational Discourse, Cambridge: Cambridge University Press.
Thorne, Barrie (1993) Gender Play. Girls and Boys in School, New Brunswick/NJ: Rutgers University Press.
Veblen, Thorstein (1911, dt. 1986): Theorie der feinen Leute, Frankfurt: Fischer.
West, Candace (1979): Against our will. Male interruptions of females in cross-sex conversation. In: Annals of the New York Acadamy of Science, 327, 81–97.
West, Candance/Zimmerman, Don (1983): Small insults. A study of interruptions in cross-sex conversations between unacquainted persons. In: Thorne, Barrie/Kramarae, Cheris/Henley, Nancy (Hrsg.): Language, gender, and society, Rowley: Newbury House, 103–118.
West, Candace/Zimmerman, Don (1987): Doing Gender. In: Gender & Society, 1/2, 125–151.

West, Candace/Fenstermaker, Sarah (1995): Doing Difference. In: Gender & Society, 9/1, 8–37.
Winterhalter-Klatt, Corinna (2004): Telefongespräche von Mädchen und Jungen. Wiss. Hausarbeit an der PH Freiburg.
Ziegler, Evelyn (2006): Identitätskonstruktion und Beziehungsarbeit in bayrischen Schülerzetteln. In: Dürscheid, Christa/Spitzmüller, Jürgen (Hrsg.): Perspektiven der Jugendsprachforschung, Frankfurt/Bern: Lang, 165–183.

Janet Spreckels

„wenn das 'n Mädchen gemacht hätt!" - Geschlechtsidentitäten zwischen Medien und Alltag

> *I come home in the morning light*
> *My mother says*
> *when you gonna live your life right*
> *Oh mother dear we're not the fortunate ones*
> *And girls they want to have fun*
> *Oh girls just want to have fun ...*
> (Cyndi Lauper)

1. Einleitung

Der folgende Beitrag untersucht die interaktive Aushandlung von Geschlechtsidentität in einer Gruppe befreundeter, jugendlicher Mädchen. In der Freizeitkommunikation der Mädchen ließen sich verschiedenste Ethnokategorien beobachten, die häufig dazu dienten, unterschiedliche Aspekte von Geschlechtsidentitäten zu verhandeln. Viele dieser Kategorien, z.B. die *Britneys*, sind den Medien entlehnt, was ein weiterer empirischer Beleg für die vielfach konstatierte Tatsache ist, dass Medien, wie das Fernsehen, Internet etc., bei der Identitätskonstitution Jugendlicher eine sehr zentrale Rolle spielen (vgl. z.B. Lury 1996, Theunert 2009) .

Basierend auf einem ethnographisch-gesprächsanalytischen Zugriff möchte ich anhand der detaillierten Analyse einiger ausgewählter Gesprächssequenzen zeigen, wie die Mädchen mediale Geschlechterdarstellungen in ihren Gesprächen thematisieren und für ihre Zwecke adaptieren. Grundlage der Untersuchung bildet ein umfangreiches Datenkorpus, welches ich im Rahmen eines größeren Forschungsprojektes zwischen 2001 und 2003 erhoben habe (vgl. Spreckels 2006). Nach einigen Monaten der teilnehmenden Beobachtung kristallisierte sich ein Aspekt, den die Mädchen in ihren Gesprächen immer wieder verhandelten, als besonders bedeutsam heraus: ihre – schwierige – Identität als Mädchen. Dabei trat deutlich das Dilemma zutage, das Cyndi Lauper in ihrem Hit der 1980er Jahre „Girls just wanna have fun" besingt, nämlich die Zerrissenheit der Mädchen zwischen ihren eigenen Bedürfnissen und gesellschaftlichen Erwartungen.

Dieser Konflikt lässt sich (in unterschiedlicher Ausprägung) auch in den Biografien anderer Mädchen und Frauen beobachten (vgl. z.B. Schad 1996, Woltemate/Lucius-Hoehne 2002), wobei es an empirischen Untersuchungen zu diesem Thema, besonders mit authentischem Gesprächsmaterial, bis heute mangelt. Anders als in den üblichen Interviewsituationen, die speziell zur Erforschung von Fragen zur Geschlechtsidentität durchgeführt wurden, dokumentiert die vorliegende Untersuchung die informellen Freizeitgespräche einer Mädchengruppe. Bereits die Tatsache, dass die Mädchen selbst das Thema Geschlechtsidentität (implizit wie explizit) so häufig relevant setzen, ist ein erster empirischer Beleg für die Dringlichkeit dieses Themas in der Lebenswirklichkeit von Mädchen. Durch den Einblick in die Gespräche dieser Mädchen erfahren wir gleichzeitig auch etwas über die Alltagswelt der Mädchen samt ihrer medialen Angebote und gesellschaftlichen Sanktionen. Der Beitrag führt Aspekte der Identitäts-, Jugend-, Gender-, Stereotypen-, Medien- und Gesprächsforschung zusammen. Zunächst werden moderne Konzeptionen von (Geschlechts)Identitäten dargelegt, um anschließend zu überprüfen, ob diese theoretischen Konzepte in der Alltagspraxis „ganz normaler Mädchen" Bestand haben.

2. Doing Gender

Seit Kesslers und McKennas (1978) ethnomethodologischer Perspektive auf Geschlecht und spätestens seit dem Aufsatz von West und Zimmermann (1987) zum „doing gender"[1] ist sich die Geschlechterforschung weitgehend darin einig, dass Geschlechtsidentitäten – wie Identitäten insgesamt – keinen „Zustand" der Persönlichkeit beschreiben, der an einem bestimmten Punkt im Leben erreicht wird. Stattdessen drückt die „doing"-Formulierung, welche auf den Soziologen Harvey Sacks zurückgeht, den sich stetig vollziehenden Prozess der Wirklichkeitserzeugung aus. Identitätsaushandlung wird demnach als ein dynamischer und interaktiver Prozess aufgefasst, der ein Leben lang anhält (vgl. auch Keupp et al. 2002).

Natürlich werden die meisten Menschen mit einem eindeutigen biologischen Geschlecht[2] geboren, welches sich aber nicht unbedingt mit gesellschaftlich erwarteten „geschlechtstypischen" Verhaltensweisen decken muss. Die englische Terminologie unterscheidet daher seit den 1960er Jahren zwischen dem biologischen Geschlecht *sex* und dem sozialen Konstrukt Geschlecht als *gender* (vgl. Klann-Delius 2005: 8ff.). In den vergangenen Jahrzehnten ist diese Unterscheidung international jedoch vielfach kritisiert worden, weil sie letztendlich auch zur Darstellung einer unhinterfragten Zweigeschlechtlichkeit beiträgt: „Die Zweiteilung des ‚sex' setzt

---

[1] Für neuere Überlegungen zu diesem Ansatz vgl. Günthner (2006), Kotthoff (2002) und Franz/Günthner (in diesem Band).
[2] Hierbei ist zu berücksichtigen, dass auch die Einteilung in „eindeutige" biologische Geschlechter selbst ein vom Menschen gemachtes Konstrukt ist.

sich [...] unbeabsichtigt – im ‚gender' fort" (Ayaß 2008: 14). *Gender* ist ein lange benutzter, aber ungeeigneter Begriff der Geschlechterforschung, da er „selbst ein Prozess der Herstellung von Differenz" ist, „der Überschneidungen tilgt, vernichtet oder unsichtbar macht, und (...) ideologisch und materiell die Differenzen betont, selbst dort, wo Kontinuitäten vorliegen" (Ayaß 2008: 170, vgl. auch Klann-Delius 2005: 9).

Im vorliegenden Beitrag geht es gerade darum, anhand empirischer Daten zu zeigen, dass Mädchen sich vehement gegen die ihnen qua biologischem Geschlecht zugeschriebenen Verhaltensweisen wehren und sie daher ein weites Spektrum an sowohl „typisch weiblichen" als auch „typisch männlichen" Verhaltensweisen ausschöpfen (möchten).[3] Während die Mädchen meiner Untersuchung an ihrem biologischen Geschlecht nichts ändern können (und vielleicht auch nicht wollen), zeigen ihre Alltagsinteraktionen, dass ihr „Geschlechts*verhalten*" sich nicht so einfach in eine Schublade stecken lässt.[4] Ich schließe mich daher der Kritik von Ruth Ayaß (und anderen) an und plädiere dafür, Individuen nicht durch die „Geschlechterbrille" zu betrachten.

3. *Identity-in-interaction* – die diskursive Gestaltung von Identität

Will man ein vielschichtiges Phänomen wie Geschlechtsidentität mit Hilfe der Gesprächsanalyse als interaktiv hervorgebrachtes Phänomen untersuchen, so muss Identität anders konzeptionalisiert werden, als es lange Zeit in der Sozialpsychologie der Fall war. Arnulf Deppermann und Axel Schmidt weisen darauf hin, dass bisherige sozialwissenschaftliche Identitätsbegriffe für die empirische Untersuchung von Identität in Gesprächen große Probleme bereiten, weil sie sich häufig auf „abstrahierte Konstitutionsdimensionen von Identität [beziehen], die in der Untersuchung von alltäglichen Handlungsepisoden gar nicht oder nur höchst rudimentär eingeholt werden können" (2003: 27).

„Die gängigen Identitätsbegriffe scheinen also zu voraussetzungsreich, zu makroskopisch und zu sehr mit empirisch nicht einlösbaren Implikaten befrachtet zu

---

3 Bereits die Verwendung solcher Floskeln forciert natürlich ein stereotypes Bild zweier, klar voneinander trennbarer Geschlechter, das in diesem Beitrag gerade hinterfragt werden soll. Letztendlich verfügen wir jedoch aufgrund unserer Sozialisation über (kulturell geprägte) Vorstellungen von „mehr oder weniger verbindlich festgelegten Aktivitäten und Verhaltensweisen, die einem biologischen Geschlecht zugeschrieben werden" (Ayaß 2008: 12). Sämtliche der stereotypischen Bezeichnungen sollen hier immer als die allgemeine gesellschaftliche Erwartungshaltung verstanden werden. Vgl. auch Ayaß (2008: 20), die sich mit diesem „Reflexivitätsproblem" auseinandersetzt.
4 Hierzu auch Franz/Günthner und Bukop/Hüpper (in diesem Band).

sein, um eine gegenstandsadäquate Grundlage für die Untersuchung alltäglicher Interaktionen zu bieten" (2003: 28).

Aus diesem Grund liegt der vorliegenden Untersuchung das interaktionistische Konzept der *identity-in-interaction* zugrunde, das sich wesentlich besser empirisch erfassen lässt und sich gut in Einklang mit dem ebenfalls dynamischen Konzept des „doing gender" bringen lässt. Bei diesem Konzept gilt: „The important analytic question is not [...] whether someone can be described in a particular way, but to show *that* and *how* this identity is made relevant or ascribed to self or others" (Antaki/Widdicombe 1998: 191, Hervorh. im Original). Es geht also nicht darum zu untersuchen, wer Gesprächspartnerinnen[5] gemäß ihrer demographischen Daten „sind", sondern darum, im Gespräch hervorgebrachte Identitäten zu untersuchen, die Interaktantinnen aus einem weiten Spektrum an Möglichkeiten auswählen und relevant setzen. Im Zentrum dieses Identitätskonzeptes steht, als wer oder was Gesprächsteilnehmerinnen im Mikrokosmos der Interaktion einander lokal identifizieren, warum und auf welche Art und Weise, d.h. mit welchen verbalen und non-verbalen Mitteln sie dies tun.

Der diskursiv-interaktive Ansatz zeigt, dass Identität immer in Auseinandersetzung mit Anderen konstituiert wird. Wer die soziale Identität von Individuen erforschen will, muss daher zwangsläufig auch die Beziehungen dieser Individuen zu anderen Personen und Gruppen berücksichtigen, denn aus „anthropologischer Sicht ist die Identität eine *Beziehung* und nicht, wie die Umgangssprache meint, eine individuelle Eigenschaft" (Goussiaux zit. nach Keupp et al. 2002: 95, Hervorhebung von J.S.). Identität und Alterität sind untrennbar miteinander verbunden und die Identitätsfrage sollte daher nicht lauten ‚Wer bin ich?', sondern „[W]er bin ich im Verhältnis zu den anderen, wer sind die anderen im Verhältnis zu mir?" (vgl. Keupp et al. 2001: 95).

In einer ethnographisch-gesprächsanalytischen Studie beobachtet Johannes Schwitalla, wie eine Gruppe Jugendlicher sprachlich verschiedene Gegenwelten evoziert und über die Karikierung bestimmter fremder Verhaltensgewohnheiten „ex negativo" (1986: 256) zu ihrer eigenen sozialen Identität findet. In meiner eigenen Untersuchung konnte ich ebenfalls die ständige Kontrastierung der Mädchen mit verschiedenen Anderen beobachten. Hierzu gehören Lehrer, Mitschüler, Bekannte, Passanten auf der Straße, Personen, denen sie im Bus begegnen, aber – weil die Medien im Denken und Handeln der Mädchen eine so übergeordnete Rolle spielen – auch Personen aus Film, Fernsehen und Musik, wie Talkshowgäste, Musik- und Filmstars etc.

---

5 Ich verwende das generische Femininum.

Es fiel auf, dass die Mädchen seltener über Individuen sprechen, sondern dass sie die Anderen meistens in soziale Kategorien, wie die *Ökos, Hip Hopper, Tussen* und *Britneys*, einteilen. Die Kategorisierungsaktivitäten der von mir beobachteten Mädchen belegen, dass sie äußerst sensibel für identitätsrelevante Aspekte (Aussehen, Verhaltensweisen) sind und großen Spaß daran haben, solche kategoriengebundenen Eigenschaften zu explizieren. Nur wenn es an die eigene Gruppe geht, weichen die Mädchen konkreten Aussagen darüber, wer oder wie sie sein wollen, aus. Der Weg zur Untersuchung der Identität der Mädchen führte mich also über die „Anderen", sprich das soziale Umfeld der Mädchen, das in ihren Gesprächen immer wieder verhandelt wird.

4. Moderne Identitäten – Qual der Wahl

Unsere heutige Welt ist geprägt durch beschleunigte Wandlungsprozesse, geographische und soziale Mobilität, Bindungsfreiheit, Pluralisierung von Lebensformen und Weltauffassungen und fortschreitende Individualisierung (vgl. Keupp et al. 2002). Dadurch hat sich das mögliche Identitätsspektrum von Individuen erheblich vergrößert, so dass ein Schlüsselbegriff heutiger Identitätsfindungsprozesse „Wahlmöglichkeit" heißt: „mo-dernity confronts the individual with a *complex diversity of choices* and [...] at the same time offers little help as to which options should be selected" (Giddens 1991: 80, Hervorh. von J.S.). Wo früher wenig Wahlmöglichkeit bestand, dort stehen Individuen heute einer lebensweltlichen Erfahrungsvielfalt gegenüber, die sie einerseits befreit, andererseits verunsichert und teilweise überfordert. Keupp et al. (2002: 87) sprechen daher von einer „Auflösung von Kohärenzgarantien" und konstatieren, dass „selbst die Kernbestände unserer Identitätskonstruktionen [...] ihre quasi ‚natürliche' Qualität als Identitätsgaranten verloren" haben.

In der so genannten „Spaßgesellschaft" (Hahne 2004) von heute spielen hedonistische, medien-, erlebnis- und konsumorientierte Werte eine übergeordnete Rolle, die Individuen eine Vielzahl neuer Identifikationen ermöglichen. Verschiedene Medien, darunter das Fernsehen oder die vielfältigen virtuellen Gemeinschaften und sozialen Netzwerke im Internet dienen besonders Jugendlichen bei der Identitätssuche. Diese Fülle an Identitätsoptionen geht einher mit mehr Unsicherheiten, so dass sich die Identitätsbildung bei Jugendlichen nicht selten als „offener und oftmals chaotischer Suchprozeß" gestaltet (Eckert et al. 2000: 17).

Penelope Eckert (2000: 14) bezeichnet die potentiellen Identitäten von Jugendlichen mit dem Bild eines „marketplace of identities". Das Ergebnis dieser erweiterten Wahlmöglichkeiten sind moderne Identitäten, die als „patchwork identities" bezeichnet werden. Eine solche Identität ist, wie der metaphorische Begriff verrät, aus einzelnen „Flicken", nämlich Teilidentitäten, zusammengesetzt und besitzt keinen einheitlichen Identitätskern. Oerter und Dreher (1995: 354 ff.) weisen darauf hin, dass Personen mit Patchwork-Identität sehr erfolgreich sein können, aber nicht mehr „die ‚klassischen' Kriterien einer erarbeiteten integrierten Identität" erfüllen. Beim Patchwork-Selbst stehen „Werthaltungen und Gewohnheiten unverbunden nebeneinander und widersprechen sich teilweise" (Oerter/ Dreher 1995: 354f.). Die klassische Frage der Identitätsforschung, wie es dem Individuum gelingt, aus der Vielzahl an Möglichkeiten für sich stimmige Identitäten zu realisieren und sich dabei trotz aller Verschiedenartigkeit als nicht zerrissen, sondern kohärent zu erleben, gewinnt daher in moderner Zeit zunehmend an Bedeutung.

5. Geschlechtsidentität als Wahl?

Die Heterogenität bei der Identitätssuche und -bildung trifft laut der Forschungsliteratur auch auf die Geschlechtsidentitäten zu. Der englische Begriff der „gender identity" geht auf John Money zurück (1955). Sie liegt laut Goffman (1994: 110) dann vor, wenn das Individuum durch die Bezugnahme auf seine Geschlechtsklasse ein Gefühl dafür entwickelt, „was und wie es ist", „und sich selbst hinsichtlich der Idealvorstellungen von Männlichkeit (oder Weiblichkeit) beurteilt". Goffman weist darauf hin, dass diese Quelle der Selbstidentifikation eine der wichtigsten sei, die unsere Gesellschaft zur Verfügung stellt, „vielleicht noch wichtiger als Altersstufen" (1994: 110).

Es ist kein Zufall, dass gerade das Geschlecht *das* entscheidende Differenzierungsmerkmal von Individuen ist. Die Geschlechtszugehörigkeit, welche bereits vor der Geburt eines jeden Individuums feststellbar ist, ermöglicht es, die Menschheit in zwei Basiskategorien zu unterteilen: männlich und weiblich. Obwohl diese Dichotomie auch zu vielen Problemen führt, haben die meisten Menschen ein großes Interesse an einer eindeutigen Geschlechtsidentität, denn diese ermöglicht ihnen eine Selbstverortung innerhalb eines soziokulturellen Systems der Zweigeschlechtlichkeit (Hagemann-White 1984).[6] Die Vorgabe typischer Muster von männlichem bzw. weiblichem Verhalten in sämtlichen Gesellschaftssphären gibt den Individuen eine Art Handlungsschema an die Hand und bie-

---

6 Tragischer Beweis dieses weit verbreiteten Bedürfnisses nach einem eindeutigen Geschlecht sind die gewalttätigen Übergriffe auf Personen, die ihr „wahres" biologisches Geschlecht nicht eindeutig nach außen tragen, wie z.B. Teena Brandon (vgl. Jones 2000).

tet daher eine gewisse Verhaltenssicherheit. Diese „Sicherheit" mündete und mündet bis heute, wie viele Feministinnen seit Jahrzehnten betonen, für Frauen – und in mancherlei Hinsicht auch für Männer – jedoch häufig in einer starken Verhaltens*begrenzung*.[7]

Aber auch vor der Geschlechtsidentität haben die oben geschilderten Modernisierungsprozesse nicht Halt gemacht. Die Veränderung der Geschlechterrollen wird als eine der zentralen Umbruchserfahrungen der spätmodernen Gesellschaften aufgefasst (vgl. Keupp et al. 2002: 46), weil damit die Stabilität einer unserer entscheidenden Identitätsquellen abhanden gekommen ist. Das einst klar umrissene binäre Modell der Geschlechter löst sich in ein Gewirr von Fragen und Unsicherheiten auf (2002: 88), zumal sich das Umdenken weder in der gesamten Gesellschaft durchgesetzt hat, noch abgeschlossen ist. Dadurch ergibt sich zu Beginn des 21. Jahrhunderts ein Nebeneinander von traditionellen und individuell ausgestalteten Geschlechtsrollenbildern: „Bei der Suche nach Identität als Männer und Frauen werden einerseits schmerzlich die tief eingeschliffenen Muster spürbar, und sie sind oft genug nicht zu überwinden; andererseits eröffnen sich offene Horizonte der Konstruktion neuer und weniger starrer Identitäten" (Keupp et al. 2002: 51).

Obwohl populärwissenschaftliche Bücher über Geschlechterstereotypen sich international großer Beliebtheit erfreuen, ist es heutzutage nicht mehr so einfach, eindeutig zu bestimmen, was denn nun „typisch weiblich" bzw. „typisch männlich" sei.[8] Sowohl die frühen als auch die jüngeren Emanzipationsbewegungen haben zwar zu einem gesellschaftlichen Umdenken beigetragen, daneben existieren jedoch bis heute sehr traditionelle Auffassungen von Geschlechtsrollenbildern. Diese Heterogenität spiegelt sich in so konträren Publikationen wie denen von Eva Herman (u.a. „Das Eva-Prinzip", 2006), welche ein dezidiert konservatives Geschlechtsrollenbild transportieren, und dem neuesten Buch von Charlotte

---

[7] Dass natürlich auch Jungen und Männer mit dem Aufweichen klar definierter Geschlechterrollen zu kämpfen haben, zeigen Forschungsarbeiten in jüngerer Zeit, die sich vermehrt auch mit der männlichen Geschlechtsrolle befassen (vgl. z.B. Wedgewood/Connell 2008). Gender Studies sind heutzutage keineswegs mehr ein rein weibliches Forschungsterrain. Das männliche Geschlecht wird ebenso wie das weibliche mit konträren Geschlechtsrollen konfrontiert, die vom „Macho" bis zum „Frauenversteher" reichen und zu einer großen Verunsicherung führen. Da meine Daten jedoch auf einer reinen Mädchengruppe basieren, können dazu keine empirisch fundierten Beobachtungen gemacht werden.

[8] Vgl. z.B. die zahlreichen Bücher von Alan und Barbara Pease. Sogar der Langenscheidt-Verlag hat ein „Wörterbuch" „Frau – Deutsch. Deutsch – Frau" (2004), verfasst vom Komiker Mario Barth, herausgebracht, dessen Fortsetzung „Für Fortgeschrittene" 2010 erscheint. Aufgrund des großen Verkaufserfolgs erschien 2005 das Pendant „Mann – Deutsch. Deutsch – Mann" von Susanne Fröhlich. Vielleicht sind diese Bücher auch gerade deswegen so beliebt, weil sie uns holzschnittartige Geschlechterklischees liefern, die in der Lebenswirklichkeit so gerade nicht mehr bestehen.

Roche („Feuchtgebiete", 2008) wider, welches in radikaler Weise die sexuelle Befreiung von Frauen propagiert. Beide haben für kontroverse Diskussionen gesorgt, beide haben es auf die Bestsellerlisten geschafft.

Dieses Nebeneinander unvereinbarer Geschlechtsrollenbilder führt zu einer Verunsicherung beider Geschlechter, wie sie sich jeweils „angemessen" zu verhalten haben, denn ein und dasselbe Verhalten kann – je nach Gegenüber – Zustimmung oder Empörung hervorrufen. Sich selbst hinsichtlich der „Idealvorstellungen" von Männlichkeit bzw. Weiblichkeit zu beurteilen, wie Goffman es einst formulierte (1994: 110), klingt daher leichter als getan. Die Ausbildung einer stabilen und in sich stimmigen Geschlechtsidentität stellt somit eine extrem schwierige Aufgabe dar, deren mühevolle Bearbeitung sich auch in der Mädchengruppe meiner Studie immer wieder eindrücklich beobachten ließ. Anhand ihrer Gespräche soll untersucht werden, inwiefern die vielfach konstatierte Wahlmöglichkeit von Geschlechtsidentitäten tatsächlich Einzug in die Lebensrealität dieser Mädchen genommen hat.

6. Ethnographische Gesprächsanalyse

„Wer Identität untersucht, muß sich notwendig für Interaktion interessieren, denn die Einschätzung seiner selbst und anderer vollzieht sich weitgehend in und wegen der Interaktion", erkennt Anselm Strauss bereits 1959 (dt. 1974: 45). Dies gilt auch für die Geschlechtsidentität: „Die Hervorbringung von Geschlecht ist [...] in erster Linie ein kommunikatives Geschehen" (Ayaß 2008: 19). Entsprechend dem interaktionistischen Konzept von (Geschlechts)Identität (s. Kapitel 2) liegt der Fokus der Untersuchung auf den Interaktionen der Mädchen, an denen die Kommunikation maßgeblich beteiligt ist.

Für die Untersuchung alltäglicher, diskursiver Aushandlung von Geschlechtsidentität hat sich daher die Verquickung von Gesprächsanalyse und Ethnographie als effektivste Untersuchungsmethode erwiesen. Knapp zwei Jahre lang habe ich eine Gruppe von fünf befreundeten Mädchen bei verschiedensten Freizeitaktivitäten („gemeinsam Video gucken", „Abhängen", Stadtbummel, Kinobesuche, Abendessen, Ausflüge etc.) begleitet. Von den dabei ablaufenden Gesprächen wurden Audioaufzeichnungen angefertigt. Die teilnehmende Beobachtung erlaubt es der Forscherin, eine „Innensicht" der Gruppe (vgl. Senganata Münst 2008) und dabei ethnographisches Wissen zu erwerben, welches in Beobachtungsprotokollen festgehalten wird. Durch die regelmäßige und intensive Auseinandersetzung mit der Gruppe erlangt man Einsichten in gewisse Regelmäßigkeiten des individuellen, sozialen und Gruppenverhaltens, Informationen aus der gemeinsamen Interaktionsgeschichte, Routinen, Interessen, Vorlieben etc. Ein solches ethnographisches Wissen stellt bei der Analyse von Gesprächen eine große Bereicherung dar, weil es zu einem tieferen Verständnis der aufgezeichneten verbalen und paraverbalen Prozesse beiträgt.

Diejenigen Gesprächssequenzen, die mir für meine Fragestellung interessant erscheinen, wurden transkribiert und – unter Zuhilfenahme ethnographischen und Kontext-Wissens – detailliert analysiert. Im Anschluss an die Aufnahmephase wurden mit den Mädchen außerdem ethnographische Interviews geführt, so dass insgesamt eine breite Datenbasis für die Erforschung ihrer Interaktionen vorliegt.

7. Ethnographie der Mädchengruppe

Die Mädchengruppe, auf deren Gesprächen diese Untersuchung basiert, setzte sich aus fünf befreundeten Mädchen zusammen. Zu Beginn der Aufnahmephase (2001) waren alle Mädchen fünfzehn Jahre alt. Den „harten Kern" der Gruppe bildeten drei Mädchen, die ich Kerstin, Anja und Steffi nenne.[9] Daneben nahmen häufig, aber nicht immer, zwei weitere Gruppenmitglieder an den gemeinsamen Freizeitaktivitäten teil, die ich Susi und Hilda nenne. Die Freundinnengruppe formierte sich ca. drei Jahre vor Beginn meiner Feldforschung und blickte daher schon auf einige gemeinsame Erlebnisse und Erfahrungen zurück. Es handelt sich also um „a close-knit group of intimates" (Androutsopoulos 2003: 9), die über einen Zeitraum regelmäßiger Sozialisation gemeinsame Ressourcen entwickelt, wie „the accumulation of shared codes, ways of talking, beliefs, and values, shared interactional history" (Androutsopoulos 2003: 9). Ihre Gespräche sind für Außenstehende oft nicht leicht nachzuvollziehen, weil viele Selbstverständlichkeiten zwischen den Gruppenmitgliedern herrschen, die nicht mehr expliziert werden.

Bei allen Mädchen handelt es sich um Gymnasiastinnen, wobei der „harte Kern" der Mädchengruppe betont, dass sie unter der Institution Schule leiden, und die Mädchen mit ihren teilweise schlechten Noten kokettieren. Dieses Verhalten ist bereits ein Aspekt, der ihre – subversive – Geschlechtsidentität mitkonstituiert, da Mädchen häufig nachgesagt wird, sie seien fleißiger und schulorientierter als Jungen (vgl. z.B. Branner 2003, Mammes 2009 und Thimm 2004). Natürlich kann eine Untersuchung einer Einzelgruppe keine Aussagen über „die" Mädchen in Deutschland machen. Vielmehr soll es darum gehen, exemplarisch die Lebensrealität einiger weniger Mädchen zu dokumentieren, diese dafür umso detaillierter.

---

9 Alle Sprecherinnen wurden anonymisiert.

Empirische Untersuchungen wie die von Rebecca Branner (2003) und meine Untersuchung zeigen exemplarisch, dass es sehr wohl stabile Mädchencliquen über einen längeren Zeitraum gibt, und widerlegen damit die sozialpsychologische Forschungsliteratur: „Im Schulalter fehlt dem Mädchen etwas, das für den Jungen zu dieser Zeit zentral ist: die Bildung einer stabilen Gruppe mit gleichaltrigen Mädchen" (Leeb 1998: 46 f.). Durch den Vergleich vieler empirischer Untersuchungen von Kleingruppen können weiter reichende Aussagen gemacht werden, die schließlich doch repräsentativ für viele Mädchen in Deutschland bzw. auch anderen Kulturkreisen sind. (Vgl. Stenström/Jorgensen 2009)

8. Mediale Geschlechterdarstellungen

Gerade für Kinder und Jugendliche stellen Medien auf der Suche nach tragfähigen Geschlechterkonzepten eine zentrale Orientierungsquelle dar. Seit geraumer Zeit beschäftigt sich die Geschlechterforschung daher auch mit den Medien. Sehr unterschiedliche Bereiche wurden dabei interdisziplinär untersucht: Werbung, Pornographie, Musikvideoclips, Fernsehserien, die Medienrezeption beider Geschlechter, unterschiedlicher Konsum der so genannten „neuen" Medien bei Mädchen und Jungen etc.[10]

Ich möchte im Folgenden nur zwei dieser Bereiche kurz skizzieren. Bereits Goffman erkannte bei seiner Analyse von knapp 500 Werbeannoncen in seiner vielfach rezipierten Untersuchung „Gender Advertisements", dass die im gesellschaftlichen Alltag ohnehin stattfindende Ritualisierung bei der Darstellung der Geschlechter in der Werbung eine „Hyperritualisierung" erfährt (1976, dt. 1981: 18). Über dreißig Jahre später „haben sich die Darstellungen der Geschlechts-Ritualisierungen nur wenig geändert" und das „[o]bwohl Werbung die vielleicht sich am schnellsten verändernde mediale Gattung überhaupt ist" (Ayaß 2008: 130). Bis heute manifestiert die Print-, Radio-, Fernseh-, Kino- und Internetwerbung Geschlechterklischees, die sich auf den unterschiedlichsten Ebenen (Mimik, Gestik, Berührungen, überzeichnete Stimmen, Verteilung der Dialogrollen, Größe und räumliche Anordnung der Personen etc.) widerspiegeln (vgl. dazu Kotthoff 1994, Köpcke sowie Domke in diesem Band). Helga Kotthoff (2002: 20) geht sogar so weit zu behaupten: „Alle Analysen massenmedialer Produktionen, seien es Fernsehnachrichten, Comics, Werbung, Spielfilme, Hochglanzbroschüren, politische Kommentare oder Bilderbücher für Kinder zeigen, dass *gender* relevant gesetzt wird".

---

10   Für einen Überblick vgl. Fröhlich (1993); Fröhlich/ Holtz-Bacha (1995); aktuelle Untersuchungen zu Stereotypen in der Werbung findet man in Holtz-Bacha (2008).

Ein anderer Bereich, der in jüngerer Zeit viel Aufmerksamkeit erfahren hat, sind Musikvideoclips, die seit den 1980er Jahren im deutschen Fernsehen zunehmend populär wurden. Ute Bechdolf (1999) geht der Frage nach, wie „Weiblichkeit" und „Männlichkeit" mittels der Medien kulturell *hergestellt* werden, d.h. auch sie berücksichtigt das konstruktivistische „Doing-Konzept" (vgl. Kapitel 1). Grundlage ihrer Untersuchung mit dem mehrdeutigen Titel „Puzzling Gender" sind Analysen verschiedener Geschlechterdarstellungen im Musikfernsehen. Darüber hinaus arbeitet Bechdolf mit Fallbeispielen, d.h. die Rezeption der Fernsehdarstellungen adoleszenter Zuschauerinnen und Zuschauer wird in die Analyse einbezogen. Ihre qualitativ-empirische Untersuchung verknüpft also Produkt- und Rezeptionsanalyse, wie sie in der Geschlechter- und Medienforschung nur selten zu finden ist. Bechdolf beobachtet zwar, dass einige der von ihr untersuchten Musikclips die traditionelle Zweigeschlechtlichkeit durch „Annäherungen, Vermischungen, Verwirrungen und Grenzüberschreitungen" (1999: 220 ff.) zumindest in Frage stellten. Ebenso wie die Werbung unterstützen die meisten der Clips jedoch die dominanten Geschlechterdiskurse.

Bei der Rezeptionsanalyse kommt Bechdolf interessanterweise zu dem Ergebnis, dass die meisten jungen Frauen sich „experimentierfreudiger" zeigen als die Männer (1999: 222) und besonderen Gefallen an „Geschlechtspuzzles" finden. Sie begründet diese Beobachtung damit, dass junge Frauen auf diese Weise Positionen einnehmen könnten, die ihnen im Lebensalltag nicht zuständen. Gleichzeitig beobachtet Bechdolf jedoch bei den meisten Interviewpartnerinnen (männlichen wie weiblichen) das Bedürfnis nach einer eindeutigen, festen Geschlechtsidentität (vgl. Kapitel 4), denn „Jugendliche sind ja gerade auf der Suche nach […] Identität(en), nach einem stabilen Selbstbild und nach einer Antwort auf die Frage, wer sie sind" (1999: 222).

9. Die Britneys

Im Folgenden soll nun untersucht werden, wie die Mädchen meiner Untersuchung mediale Geschlechterdarstellungen für die Erarbeitung ihrer eigenen Geschlechtsidentität einsetzen. Die Mädchen sind sehr geschickt darin, ihr Medienwissen auf ihr unmittelbares Umfeld zu übertragen bzw. es damit zu verquicken. So heißt eine in der Mädchengruppe besonders prominente Kategorie *Britneys*, die auf die zum Zeitpunkt der Datenaufnahme (2001) populäre Sängerin Britney Spears zurückgeht. Nach Aussage der Gruppe haben die Mädchen sich diese Personenbezeichnung selbst ausgedacht, um einen bestimmten Mädchentypus zu charakterisieren. Klassenkameradinnen werden bevorzugt so bezeichnet, aber auch Talkshowgäste oder Passantinnen. Innerhalb der Gruppe ist die Personenbezeichnung *Britneys* zu einem feststehenden Terminus geworden, der mit bestimmten Attributen gefüllt ist und in der Gruppeninteraktion nicht mehr näher expliziert werden muss.

Der folgende Gesprächsauszug bildet daher eine Ausnahme im Datenkorpus, denn darin erläutern die Mädchen mir, was sie unter dieser sozialen Kategorie verstehen. Der Grund dafür liegt darin, dass diese Sequenz in einer sehr frühen Phase der Datenerhebung aufgezeichnet wurde und die Erklärung der Kategorie sich an mich als damals noch neuen „Gruppenmitglied" richtet. Der Auszug ist für die Analyse aufschlussreich, weil die Mädchen die Kategorie hier selbst in einzelne Merkmale zerlegen, die für die Verhandlung ihrer eigenen Geschlechtsidentität bedeutsam sind.

Kontext: Bei dem Treffen sind alle fünf Gruppenmitglieder anwesend, wobei zwei Mädchen der Kerngruppe während dieser kurzen Sequenz nicht im Raum sind.
(Anonymisierte) Sprecherinnen: Hi = Hilda, Su = Susi, St = Steffi, Ja = Forscherin, m = mehrere[11]

```
01              [((Gemurmel)) ]
02      Hi      [weißt du was ](.) was BRITneys sind?
03      Ja      [j:a::,]
04      Hi      [ham    ]die dir=s schon erKLÄRT?
05      Ja      ja: erklär DU mir ↑mal,
06              (2,0)
07      Hi      des sind=
08      Su      =hilda wir KONNTen ihr=s nicht richtig
```

---

11 Transkribiert wurde nach GAT (Selting et al. 1998). Die Transkriptionskonventionen befinden sich im Anhang des Bandes.

```
                       erklärn;
09                     <<dim> es tut uns [sehr leid. ]>
10       St                              [sag mal die] MERKmale
                       auf,
11                              [hehe]
12       Hi           <<p> [nein] des sind->
13       St           <<lachend> OPtische merkmale>
14                    SEItenscheitel;
15                    hehe ziGEUnerohrringe;
16       Hi           des sind mädchen [die sich GLEICH
                      klEIden
17       St                             [alles ↑glATT gege:lt,
18       Hi           gleich verkleid- äh [gleich ] KLEIden
19       St                                [weste; ]
20       Hi           gleich verHALTen;
21       Su           hihihi
22       Hi           ä::m (.) und des is so=n STEreotyp weißt
                      du?
23                    also (-) jemand mit-(-)
24                    MÄDchen mit blonden HAAren meistens;
25       Ja           <<h> ↑ICH bin eine britney,>
26       m            !NEI::N!
27       St           [du hast ja kein   ]seitenscheitel-
28       Hi           [daZU gehört dann-]
29       St           und [keine ziGEUnerohrringe;]
30       Hi               [daZU gehört dann         ]
                      so=ne SChWARze tAsche so=ne qS tasche,¹²
31       Ja           a::h
32       Hi           KENNst du die?
33       Ja           ja;
34       Hi           dann [entweder eine=]
35       St                [no angels;    ]
36       Hi           =WESte oder eine ↑jEAns↓jacke;
37                    dazu eine schwarze oder eine DUN-
                      kel:(.)blaue jeanshose-
38                    und irgendwelche (.) w:eißen
                      SPORtschuhe,
39       St           oder oder ganz knallrote hosen ENG
                      anliegend;
40                    oder ganz knallSCHWARze hosen;
41       Hi           ja so BISmarck(.)tussenmäßig;
42       Ja           mhm,
```

---

12 QS ist eine Modemarke.

43   St   und halt geSCHMINKT bis zum
              gehtnichtmehr;

Die Frage in Zeile 2 richtet sich an die Forscherin (Ja), womit klar ist, dass die ausführliche Erläuterung der Kategorie für mich als Gruppenfremde unternommen wird. Abwechselnd nennen zwei der Mädchen (Susi hält sich hier als Sprecherin sehr zurück) verschiedene „Merkmale", anhand derer sich die *Britneys* beschreiben lassen. Steffi beginnt mit der Beschreibung des äußeren Erscheinungsbildes der *Britneys*. Sie nennt verschiedene „OPtische merkmale" (13), die ihr spontan einfallen. Dazu gehören die Frisur („SEItenscheitel", 14; „alles glATT gege:lt"; 17) und Modeaccessoires („ziGEUnerohrringe", 15[13], „weste", 19).

Hilda ergänzt Steffis Aufzählung durch die sachliche Beschreibung weiterer *Britney*-Eigenschaften, wobei die von ihr genannten Charakteristika im Gegensatz zu den von Steffi genannten auf einem höheren Abstraktionsniveau angesiedelt sind. Das wesentlichste Bestimmungsmerkmal der *Britneys* nennt Hilda in Zeile 16: Es handelt sich bei den Mitgliedern der Kategorie *Britneys* um *Mädchen*. Dass *Britneys* eine rein weibliche Kategorie ist, lässt sich natürlich schon von der Namenspatronin ableiten, aber Hilda unterstreicht die weibliche Geschlechtszugehörigkeit durch ihre Reformulierung in den Zeilen 23/24: Sie spezifiziert den Ausdruck „jemand" in „MÄDchen". Das Datenkorpus umfasst viele andere Sequenzen, in denen verschiedene männliche Abgrenzungskategorien (z.B. *Hip Hopper, Gangsta*) behandelt werden, aber hier geht es darum, einen bestimmten Mädchentypus zu beschreiben.

Hilda nennt im Folgenden zwei andere entscheidende Merkmale: „des sind mädchen die sich GLEICH klEIden" (16) und „gleich verHALTen" (20). Diese Aussagen summieren ein weiteres zentrales Merkmal der *Britneys*: ihre Konformität. Wie sich die Verhaltenskonformität im Einzelnen äußert, erläutert Hilda nicht. Die Kleidungskonformität hingegen wird detailliert ausgeführt, vermutlich weil sie sich leichter greifen lässt. Die Kleidung der *Britneys* wird hier wie eine Uniform beschrieben (diese Mädchen kleiden sich alle gleich), d.h. sie nimmt den Mitgliedern dieser Kategorie ihre Individualität.

Eine bemerkenswerte Feststellung macht Hilda in Zeile 22: „und des is so=n STEreotyp". Sie ist in der Lage, ihren eigenen Sprachgebrauch bzw. den der Gruppe zu reflektieren und als stereotypisierend einzuordnen, was er natürlich auch ist. Hilda füllt dieses Stereotyp im Folgenden mit einzelnen Beschreibungsmerkmalen: „MÄDchen mit blonden HAA-

---

[13] „Zigeunerohrringe" ist in der Mädchengruppe ein feststehender Begriff und bezeichnet große goldene Kreolen.

ren meistens" (24), eine Tasche einer bestimmten Modemarke, abermals „WESte" „oder jEAnsjacke" (36), „schwarze oder eine DUNkel: (.)blaue jeanshose" (37), „w:eiße[n] SPORTschuhe" (38).

Wenn man sich die genannten Merkmale zusammen ansieht, handelt es sich jedoch um keine außergewöhnlichen Kleidungsstücke bzw. Accessoires. Die Mädchen selbst scheinen dies während ihrer Auflistung zu bemerken, denn Steffi versucht schließlich noch ein wenig Drastik hineinzubringen, indem sie „oder oder ganz knallrote hosen ENG anliegend; oder ganz knallSCHWARze hosen;" (39-40) nennt, wobei sie das Wort „knallSCHWARze" im Eifer des Gefechts (vermutlich in Anlehnung an „knallrot") selbst kreiert. Insgesamt betrachtet, handelt es sich dennoch um die Beschreibung recht gewöhnlicher, modisch gekleideter jugendlicher Mädchen. Welche Art von Abgrenzungskategorie wird hier also skizziert und zu welchem Zweck?

Da die Adoleszenz eine entscheidende Lebensphase hinsichtlich der Herausbildung der eigenen Identität darstellt (vgl. Oerter/Dreher 1995: 346) und Individualität in dieser Zeit besonders große Bedeutung erhält, ist die skizzierte Normalität implizit ein negatives Urteil. Es ist kein Zufall, dass gerade die Kleidung der *Britneys* so detailliert beschrieben wird, denn sie hat besonders in der Adoleszenz Symbolfunktion. Der Kulturanthropologe Willis (1991: 112) beobachtet:

> Kleider sind wie musikalische Vorlieben ein Indikator für die kulturellen Identitäten und die Freizeitorientierungen verschiedener Gruppen von Jugendlichen [...]. Kleider sind auch ein entscheidendes Medium für elementare Ästhetiken, in denen Jugendliche ihre jeweiligen persönlichen Identitäten ausdrücken und erkunden.

Er schreibt weiter: Jugendliche setzen Kleidung ein, „[...] um zu bezeichnen, wer sie sind und für wen sie sich halten." Kleider werden u.a. benutzt, um „von den Altersgenossen akzeptiert zu werden und um *anders* oder interessant auszusehen" (1991: 113, Hervorhebung von J.S.).[14] Die hier skizzierten *Britneys* hingegen sehen keineswegs anders oder interessant aus, sondern sie kleiden sich gleich und verhalten sich darüber hinaus (angeblich) auch noch gleich (Z. 16; 20). Mit dieser Feststellung sprechen die Mädchen also implizit das unter Jugendlichen vernichtende Urteil der mangelnden Individualität aus.[15]

---

14 Diese Beobachtung trifft m.E. auch für andere Altersgruppen zu, ist aber in der Forschungsliteratur für Jugendliche in besonderem Maße konstatiert worden (vgl. z.B. Wilson 2003).

15 Für den Abgrenzungsprozess aufschlussreich, aber ohne ethnographisches Wissen kaum verständlich ist der abschließende zusammenfassende Kommentar von Hilda in Zeile 40, *Britneys* seien „so BISmarck(.)tussenmäßig". Der Bismarckplatz bildet in der Heimatstadt der Mädchen eine Art Stadtzentrum, da dort sämtliche öffentliche Verkehrslinien zusammenlaufen. Häufig ist es auch der Treffpunkt der Mädchengruppe, wenn gemeinsame Un-

10. Gender Display[16]

Was erfährt man nun in dieser Sequenz über die Fremd- und Selbstdarstellung und schließlich über die Identität, besonders die Geschlechtsidentität, der Mädchen?

Zieht man bei der Analyse ethnographisches Wissen hinzu, so lassen sich verschiedene Aspekte, die der Abgrenzung dienen (vgl. Kapitel 2) und schließlich im Dienste der Identitätsarbeit stehen, herauskristallisieren. Bereits die Wahl des Kategoriennamens (*Britneys*) gibt einen Hinweis auf die Selbstdarstellung der Mädchen, denn sie wählen einen Musikstar als Label für diese Kategorie. Wie das Zitat von Willis (s.o.) verrät, sind musikalische Vorlieben ein wichtiger Indikator für deren jugendkulturelle Identitäten. Musik wird auch von diesen Mädchen nicht einfach konsumiert, sondern eigener und fremder Musikgeschmack wird im Gespräch der Mädchen ständig thematisiert, Musikvideos werden kritisch kommentiert und evaluiert und die eigene Affinität zu bestimmten Musikgruppen oder -richtungen wird von ihnen oft als ein kategorienkonstituierendes Kriterium herangezogen (vgl. Spreckels 2006: 2009).

Während die Mädchen sich mithilfe der negativ konnotierten Kategorien *Hip Hopper* und *Gangschta* gegen ganze Musikrichtungen aussprechen, steht hier eine einzelne Sängerin stellvertretend für eine Musikrichtung, die als Kategorienbezeichnung allerdings im Plural, also generisch verwendet wird. Die Kritik richtet sich einerseits gegen den Habitus der Sängerin *Britney Spears*, der den Mädchen laut eigener Aussage zu „girliemäßig" ist, andererseits auch gegen die Art ihrer „Mainstream-Musik".[17] Jedes Aufrufen der selbst erfundenen Kategorie *Britneys* ist gleichzeitig das immanente Negativurteil über die Sängerin und fungiert damit „nebenbei" als implizite Abgrenzung der Mädchen vom Main-stream. Die Verwendung des medialen Kategoriennamens setzt natürlich einen Gruppenkon-

---

ternehmungen anstehen. Die Mädchen mokieren sich jedoch über Jugendliche, „die immer am bismarckplatz rumhängen" (Originalzitat, Feldprotokoll vom 18.12.2002). Gleichaltrige, die dies tun, werden mitunter auch *Asoziale* oder *Proleten* genannt, so dass die Erwähnung dieses Platzes innerhalb der Gruppe negative Assoziationen evoziert. Weitere Abwertung erhält das selbst kreierte Wort (*-mäßig* sieht aus wie ein Kompositionsglied, gilt aber als Suffix, das Substantive in Adjektive überführt: Derivation) „bismarcktussenmäßig" durch das Wortglied „tussen", das eine „salopp, oft abwertende Bezeichnung für weibliche Personen" darstellt (Duden 1999: 4001). In meinem Korpus bildet die Personenbezeichnung *Tussen* eine eigene soziale Kategorie. *Britneys* können als eine spezielle Subkategorie der *Tussen* betrachtet werden.

16 Zum „gender display" siehe auch Franz/Günthner und Bukop/Hüpper (in diesem Band).
17 Auch wenn in der hier abgedruckten Sequenz nur äußerliche Aspekte zum Tragen kommen, geht die Kategorie der *Britneys* ursprünglich auf die Ablehnung der Mädchen von Britneys Spears' Musik zurück, wie die Mädchen in einem ethnographischen Interview bekundeten.

sens über *Britney Spears* voraus und bestätigt somit ständig das negative Gruppenurteil über die (damals, d.h. 2001) sehr populäre Sängerin.

Die Konstitution dieser Kategorie ist gleichzeitig eine kreative Anwendung ihres Expertinnenwissens im Bereich der Musikkultur (vgl. hierzu wieder Bechdolf 1999: 222), denn wer *Britney Spears* als Quelle für ein Kategorienlabel einsetzen kann, muss zunächst über eine gewisse Kenntnis ihrer Musik, den ihrer Person anhaftenden Klischees und natürlich ihres äußeren Erscheinungsbilds verfügen. Die Mädchen eignen sich das Image des Musikstars also kreativ an und adaptieren es für eigene kommunikative Belange. Diese Form der Medienaneignung setzen sie häufig zur sozialen Kategorisierung ihres sozialen Umfeldes ein.[18] Darüber hinaus erfüllt die Verwendung der Kategorie *Britneys* noch weitere Funktionen: Wie die Analyse der einzelnen Merkmale ergeben hat, verhandeln die Mädchen mithilfe dieser Kategorie die in der Jugendphase so zentralen Identitätsaspekte der Authentizität und Individualität. *Britneys* sind Mädchen, die – ähnlich wie *Britney Spears* in der Musikwelt – jugendlichen Mainstream verkörpern. Wer anderen mangelnde Authentizität und Individualität vorwirft, beansprucht diese Qualitäten implizit für sich selbst.

Für die Geschlechtsidentität relevant ist natürlich der spezielle Mädchentypus, der mithilfe der Kategorie hier zum Ausdruck gebracht wird und von dem die Mädchengruppe sich abgrenzen will (vgl. hierzu wieder Kapitel 2). Die Analyse hat gezeigt, dass es sich hierbei um einen sehr mädchenhaften Typus handelt: eng anliegende Hosen, allgemein modische Kleidung, große goldene Ohrringe, starkes Make-up und blonde Haare. Hier wird der Typus Frau oder Mädchen skizziert, der uns täglich auf Fernseh- oder Jugendzeitschriften entgegen lächelt. D.h. er bedient einerseits wieder den Mainstream und betont gleichzeitig typisch feminine Attribute. Obwohl die Sequenz für ein Gespräch unter Jugendlichen eher wenige Bewertungsadjektive enthält,[19] besteht kein Zweifel darüber, dass die Mädchen einen solchen Typus ablehnen: Sie selbst wollen keine solchen *Britneys* und *(Bismarck)Tussen* sein!

---

18 Ähnlich funktioniert die Kategorie *Harry Potter*. In diesem Fall setzen die Mädchen den Namen eines fiktiven Romancharakters bzw. Filmprotagonisten ein, um unliebsame, nämlich strebsame (männliche) Mitschüler zu bezeichnen: „Der x ist auch so=n harry potter, ey!". Auch hier ist das Negativurteil über die fiktive Figur komplex: Es geht um Aussehen, aber auch um Verhaltensweisen und Tugenden, die Harry Potter verkörpert.

19 Vgl. Deppermann/Schmidt (2003), die zeigen, dass Jugendkommunikation stark durch die Negativbewertung anderer geprägt ist, welche häufig explizit und expressiv zum Ausdruck gebracht wird. Andere Sequenzen in meinem Korpus stützen diese Beobachtung mehr als die hier abgedruckte.

11. Zwischen eigenen Bedürfnissen und gesellschaftlichen Erwartungen

Interessant zu wissen ist jedoch, dass die Mädchen sich zumindest äußerlich kaum von diesen Mädchentypen unterscheiden, denn in meiner Wahrnehmung kleiden sie sich sehr ähnlich wie die oben beschriebenen *Britneys*, und zwei von ihnen haben blonde lange Haare. Wie so oft in Abgrenzungsprozessen werden die (vermeintlichen) Unterschiede maximiert und Gemeinsamkeiten minimiert. Die Mädchen bauen also eine Distanz zu solchen Mädchen auf, die sie selbst partout nicht verkörpern wollen. Liegen in der Realität wenig offensichtliche Abgrenzungskriterien vor, so werden sie durch die Maximierung von Unterschieden und das Herunterspielen von Gemeinsamkeiten kurzerhand geschaffen. Der Grund für eine solche Perspektivierung liegt im Konflikt zwischen der Maxime der Individualität einerseits und dem Gruppenzwang andererseits, den Zötsch (1999: 97f.) folgendermaßen beschreibt:

> Kleidung und Marken dienen der Identitätsfindung und dem Versuch der Abgrenzung des Eigenen vom Anderen. [...] die Mädchen spüren die Gratwanderung zwischen der Suche nach Abgrenzung der eigenen Individualität und dem, was die signifikanten Anderen in Schule und Freundeskreis für ‚in' oder ‚hip' halten.

Die von Zötsch beschriebene Gratwanderung, der sich kaum ein Individuum entziehen kann, ist ein Konflikt, den *alle* Jugendlichen, egal ob Mädchen oder Junge, erleben. Was bei diesen Mädchen jedoch noch erschwerend hinzukommt, ist eine gesellschaftliche Erwartungshaltung an die weibliche Geschlechtsrolle, die ihren persönlichen Bedürfnissen nach Freiheit, Rüpelhaftigkeit, Tabulosigkeit etc. widerspricht (s.u.).

Durch verschiedene Sozialisationsinstanzen wie Eltern, Geschwister, Lehrerinnen, Peers, Medien etc. lernen Individuen, ihre Rolle in der Gesellschaft einzunehmen. Eine Geschlechtssegregation setzt bereits im Vorschul- und frühen Grundschulalter ein: „Bis zum Eintritt in die Grundschule haben sich bereits rigide Formen der Stereotypisierung ausgebildet" (Eckes 2008: 174). Eine der Theorien der Adoleszenz, der lerntheoretische Ansatz, nimmt an, dass Individuen einerseits „Zusammenhänge zwischen Verhaltenserwartungen und zugewiesenen Rollen" erlernen und andererseits lernen, dass „erwünschtes Verhalten gebilligt und belohnt wird, während unerwünschtem Verhalten Mißbilligung oder Strafe folgt" (Oerter/Dreher 1995: 318). Die Geschlechtsrolle determiniert dabei maßgeblich die Handlungsspielräume von Individuen:

> Die Tatsache, dass die Gesellschaft gleiche Verhaltensmuster bei männlichen und weiblichen Individuen nicht in gleicher Weise billigt, [ist ein] Grund für eine geschlechtsspezifische Kanalisierung von Verhaltensmustern, die gesellschaftlich als

adäquat vorgezeichnet sind. Insofern stellt die Adoleszenz eine Periode dar, in der sich Jugendliche im Kontext neuer geschlechtstypischer – und per sozialer Definition gebilligter – Verhaltensweisen definieren müssen. (Oerter/Dreher 1995: 319)

12. Gefangen im (weiblichen) Geschlecht

Eine solche Dichotomie der Geschlechter ist problematisch, da Ungleichheiten häufig Ungerechtigkeiten nach sich ziehen. Geschlechterstereotype, d.h. „sozial geteiltes Wissen über die charakteristischen Merkmale von Frauen und Männern" (Eckes 2008: 171), enthalten nicht nur deskriptive, sondern auch präskriptive Anteile. Die von allen Gesellschaftsmitgliedern erlernten Verhaltensvorschriften dienen letztlich „der Aufrechterhaltung bzw. Stabilisierung der Geschlechterhierarchie" (Eckes 2008: 173).

Die jugendpsychologische Forschungsliteratur der 1980er und 1990er Jahre enthält viele Beispiele dafür, dass männliche Jugendliche im Allgemeinen ein weitaus positiveres Selbstbild von sich haben als weibliche. So ergab der sog. „Offer-Selbst-Fragebogen für Jugendliche"[20], dass die männlichen Jugendlichen sich eher als kontrolliert, froh gestimmt, ausgeglichen und zukunftsorientiert beschreiben, während die Mädchen sich eher als emotional labil und ängstlicher empfanden (vgl. Offer et al. 1988). Auch Gilligans Untersuchung zeigt, dass der Eintritt von Mädchen in die Geschlechtsreife häufig von einem Bruch in ihrem Selbstwertgefühl begleitet wird (vgl. Gilligan 1984), und Becker-Schmidt (1995) beobachtet, dass die weibliche Rolle bereits von kleinen Kindern beiderlei Geschlechts als einengend und minderwertig beschrieben wird.

Die empirische Untersuchung der Soziologin Ute Schad (1996) gibt Hinweise darauf, wie dieses unterschiedliche Selbstwertgefühl von Jungen und Mädchen zustande kommt. Im Rahmen von Workshops ließ sie Jugendliche verschiedene Rollen verkörpern. Bezüglich der Mädchen macht sie zwei zentrale Beobachtungen: Erstens zeigt sie, dass Mädchen ein sehr viel klareres Bild von Männlichkeit als von Weiblichkeit haben:[21] „Während die Mädchen spontan auf die Frage antworten, was sie mit dem Begriff ‚Männlichkeit' verbinden, geraten sie bei der Frage, was sie mit dem Begriff ‚weiblich' assoziieren, ins Stocken. Dagegen wissen sie genau, was die Jungen als ‚weibliche' Eigenschaften betrachten: Unterordnung und Anpassung" (Schad 1996: 106). Zweitens beobachtet Schad, dass Mädchen begeistert in die Rolle von Jungen schlüpfen und dabei eine starke Rollenidentifikation zeigen: „Sie finden sich selbst ‚cool', demonstrieren

---

20 Dieser Fragebogen wurde an ca. 6000 Jugendliche in zehn verschiedenen Ländern verteilt.
21 Da seit dieser Untersuchung mehr als ein Jahrzehnt vergangen ist, könnte es sein, dass diese Feststellung heute nicht mehr in dieser Eindeutigkeit zutrifft, vgl. Fußnote 2.

Dominanz und Stärke [...]" (Schad 1996: 83). Die Mädchen begründen ihren Spaß an Jungenrollen mit folgenden Argumenten:

> ‚Einmal nur um so richtig gemein zu sein, einfach nicht nur so brav und ruhig zu sein' oder ‚Einmal nur, um das zu sagen, was die Jungs immer so sagen, austoben also' oder ‚Wahrscheinlich wollen wir auch teilweise mal in einen Jungen rein irgendwie, so aufführen irgendwie.' (Schad 1996: 107)

Auch Bechdolfs Rezeptionsanalyse von 1999 (s. Kapitel 7) zeigte, dass sich die Mädchen (mehr als die Jungen) nach einer Dekonstruktion der Geschlechtsrollen sehnen.

Seit den 1990er Jahren hat sich jedoch in der Mädchenförderung einiges getan und Untersuchungsergebnisse konnten erfolgreich in die Praxis umgesetzt werden. Verschiedene Fördermaßnahmen für Mädchen und junge Frauen haben vielfach gefruchtet (Bildungsinitiativen wie „Science Days 4 Girls", Girls Days, Mentorinnenprogramme an Schulen und Hochschulen, Frauenstipendien etc.), so dass Mädchen hinsichtlich des Schulerfolgs und der Bildung massiv aufgeholt bzw. die Jungen sogar überholt haben.[22] Diese Maßnahmen können dazu geführt haben, dass Mädchen heutzutage ein höheres Selbstwertgefühl haben.[23] Seit einigen Jahren fällt der Fokus auf das einst „schwache Geschlecht" derart einseitig aus, dass es nun die Jungen sind, die als Verlierer gelten und denen mehr Aufmerksamkeit geschenkt werden muss. Der öffentliche und wissenschaftliche Diskurs wird daher heute von Schlagwörtern wie „Jungenkatastrophe und Alphamädchen" (Mammes 2009), „Feminisierung der Schule" (Mammes/Budde 2009: 10) und „Angeknackste Helden" (Thimm 2004) bestimmt.

Die Mädchen meiner Untersuchung sind jedoch gerade *nicht* bildungsorientiert (vgl. Kapitel 6), sondern wollen sich auch von dem schulangepassten Verhalten, auf dem der schulische Erfolg vieler Mädchen basiert (vgl. Mammes 2009: 41), abgrenzen. Daher bewirkt die weibliche Bildungsoffensive für sie keinen Ausweg aus ihrem Hadern mit ihrer Geschlechtsidentität. Ihnen geht es eher um die alltäglichen Handlungsspielräume von Jungen und Mädchen, und diesbezüglich deckt sich ihre

---

22 Dass dieser „Befund" jedoch differenziert betrachtet werden muss, zeigt z.B. Budde (2009), der eine fehlende theoretische und empirische Grundlegung für die derzeit omnipräsente These der Jungen als Bildungsverlierer kritisiert. Auch wenn es erfreulich ist, dass gezielte Bildungsförderung offensichtlich in gewisser Weise fruchtet, sind wir noch lange nicht am Ziel, wenn „die durchweg weniger erfolgreichen Jungen dann im Beruf so oft steilere Karrieren [machen] als die Mädchen" (Thimm 2004: 95) und schließlich doch mehr verdienen als die Frauen.

23 Die dazu vorliegenden Aussagen sind jedoch widersprüchlich: Während eine aktuelle Shell-Studie Jugend von „selbstbewusste[n] Mädchen" spricht (Shell Deutschland Holding 2006: 37), belegen psychologische Studien nahezu einhellig, dass Mädchen sich trotz der besseren Noten durchweg schlechter einschätzen als Jungen (vgl. z.B. Thimm 2004: 82).

Wahrnehmung immer noch mit den oben angeführten Untersuchungsergebnissen der vergangenen zwanzig Jahre: Mädchen verbinden auch zu Beginn des 21. Jahrhunderts mit der männlichen Geschlechtsrolle in gewisser Hinsicht immer noch sehr viel mehr Freiheiten.

Mediale Konstrukte wie „Girl Power", Buchtitel wie „Gute Mädchen kommen in den Himmel, böse überall hin" (Ehrhardt 2000) usw. empfinden sie als verlogen, denn sie implizieren weibliche Freiheiten, die Mädchen im Alltag nach wie vor eher nicht zustehen. Mädchen „müssen die Spannung aushalten zwischen den Bildern der ‚starken Mädchen' [...], und der am eigenen Leib erfahrenen Unmöglichkeit, diesen Bildern zu entsprechen" (Stauber 1999: 60). Diese Spannung bringt auch die folgende Sequenz aus meinem Datenkorpus deutlich zum Ausdruck. In einem ethnographischen Interview mit den Mädchen äußerte sich Anja folgendermaßen:

```
01      An      an FAsching bei uns inner ↓schule,
02              da hat der <<schmunzelnd> bIbo und der
                BASti24>,
03              die war=n als schotten verkleidet und
                hatten ↑KILTS an;
04              und NIX unne drunna;
05              und als die den zweiten platz für ihr
                kostÜM gekriegt haben,
06              <<schmunzelnd> ham die halt der GANZen
                schule den ARSCH gezeigt>;
07              und ham halt so SCHEISS gemacht und sind
                auf der bühne rumgetanzt;
08              wenn das=n MÄDchen gemacht hätt-
09      Ke      [wär se-]
10      An      [die wär] EINgeliefert;
11      Ke      ja::
12      An      <<all> also ich mein,>
13              manche ↑SACHen macht man oder KANN man
                als mädchen einfach net machen;
14              weil des so der- des is so-
15              (1,0)
16              ff- FEST <<lachend> gelegt irgendwie;>
17      Ja      hm.
18      An      weil weil ich weiß net em,
```

---

24 Es handelt sich hierbei um zwei (anonymisierte) Spitznamen männlicher Schulkameraden der Mädchen.

In dieser Sequenz schildert Anja das Verhalten zweier Jungen an ihrer Schule. „[D]er GANZen schule den ARSCH" zu zeigen (6), stellt einen kleinen Akt der Rebellion gegen die von den Mädchen wenig geliebte Institution Schule dar und begeistert sie, wie Anja auch durch ihr wiederholtes Schmunzeln (2, 6) signalisiert. Gleichzeitig ist sie sich bewusst, dass ein Mädchen sich ein solches subversives Verhalten nicht leisten kann, ohne mit scharfen Sanktionen rechnen zu müssen: „also ich mein manche ↑SACHen macht man oder KANN man als mädchen einfach net machen" (12, 13). Ihre elliptische Äußerung „die wär eingeliefert" (10) bedeutet vermutlich, dass man ein Mädchen bei gleichem Verhalten in eine geschlossene Anstalt eingeliefert hätte. Kerstin bestätigt die Ausführungen ihrer Freundin (9, 11). Die Schilderung dieser persönlichen Alltagserfahrung spiegelt sehr deutlich die Aussagen der oben zitierten Forschungsliteratur wider.

Trotz ihres Wissens um solche gesellschaftlichen Normen („des is so- (1,0) ff- FEST <<lachend> gelegt irgendwie", 14-16) versuchen die Mädchen häufig aus ihrer Rolle als Mädchen auszubrechen, indem sie sich unermüdlich von Mädchentypen (wie den *Britneys* oder den *Tussen*) abgrenzen, welche sie in ihren Gesprächen als übertrieben mädchenhaft ausgestalten. Die teilnehmende Beobachtung über fast zwei Jahre hat gezeigt, dass diese Mädchen viele Verhaltensweisen an den Tag legen, die in der Forschungsliteratur häufig als „typisch männlich" bezeichnet werden. Dazu gehört z.B. ihre Präferenz für besonders harte Musikstile wie Rock und Heavy Metal und ihre Vorliebe für Action-, Horror- und Science Fiction-Filme. Weiterhin prahlen die Mädchen mit ihrem hohen Alkoholkonsum und Schlägereien, verwenden unflätige Ausdrücke und Schimpfwörter, reden über anstößige Dinge und ziehen als Clique abends um die Häuser.[25] Diese „untypischen" Verhaltensweisen[26] lassen sich allerdings nur aus der Gruppenbinnenperspektive erfassen, denn aufgrund ihres Erscheinungsbildes (Kleidung, Haartracht) wirken sie nach außen hin konventionell. Dieses widersprüchliche Bild ergibt sich aus ihrem Wissen, dass sich all diese Verhaltensweisen für Mädchen nicht „schicken" und sie deshalb jederzeit mit gesellschaftlichen Sanktionen zu rechnen haben. Der folgende Gesprächsausschnitt macht ihre Unzufriedenheit mit ihrer Rolle als Mädchen abermals eindringlich deutlich:

```
01    An    und dann ham wir FESTgestellt,
02          mann zu sein ist einfach besser;
```

---

[25] Dass solche Verhaltensweisen für Mädchen auch Jahre später untypisch sind, belegt Charlotte Roche, die ihren Roman „Feuchtgebiete" „wider die weibliche Verklemmung" geschrieben hat (Interview in der Zeitschrift NEON, März 2008).
[26] Vgl. hierzu wieder Fußnote 3.

```
03            ((...))
04    Ke      man kann RUMlaufen
              [wie man will man kann (alt)sein];
05    An      [man kann RUMlaufen wie man will] und-
06    Ke      UND sieht sogar noch gut aus;
07    An      ja (-) man kann etwas DICKer sein
              und man kann (-) immer VOLL sein und
              wird nicht gleich als prolet beschimpft;
08    An      [man kann]
09    Ke      [man kann] mit jedem RUMmache
              ohne als SCHLAMPE benutz- be- beschimpft
              zu werden;
10    An      ja;
11    Ke      ja;
12    An      ach uns geht=s halt scheiße;
```

Diese persönlichen Beobachtungen erinnern stark an die Feststellung Goffmans:

> Von Anfang an werden die der männlichen und die der weiblichen Klasse zugeordneten Personen unterschiedlich behandelt, sie machen verschiedene Erfahrungen, dürfen andere Erwartungen stellen und müssen andere erfüllen (1994: 109).

Während Jungen und Männern all die hier aufgezählten Rechte und Freiheiten in der Regel zugestanden werden, sind sie den Mädchen qua Zugehörigkeit zum weiblichen Geschlecht untersagt, obwohl diese sie aber offensichtlich ebenfalls gerne ausleben würden. Die Aspekte Aussehen, dazu gehören Figur, Alter und Kleidung, und sexuelles Verhalten gestalten sich für das weibliche Geschlecht häufig nachteilig.

Natürlich ist diese subjektive Wahrnehmung zu eindimensional, weil jugendliche Mädchen vermutlich nicht in der Lage sind, die objektiv vorhandenen Probleme und Sorgen der Jungen, die ihrerseits natürlich auch mit der eingrenzenden männlichen Geschlechtsidentität zu kämpfen haben, dabei mitzudenken. Auch das Verhalten von Jungen wird in der Regel nach wie vor gesellschaftlich und besonders auch innerhalb der Peergruppe sanktioniert, wenn es beispielsweise feminine Züge aufweist und zu sehr vom Bild eines „harten Kerls" abweicht. So zeigt eine aktuelle Shell-Studie Jugend, dass sich zunehmend eine starke Generation selbstbewusster und leistungsstarker junger Frauen beobachten lässt, während viele Jungen „noch unsicher dabei sind, ihre Rolle in der Gesellschaft zu suchen und sich neu zu definieren" (2006: 36/37). Interessant ist in diesem Zusammenhang jedoch, dass Mädchen ein Aufbrechen traditioneller Geschlechterrollen sehr viel mehr befürworten als Jungen (ebenso wie sich die jungen Frauen in Bechdolfs Studie (1999) hinsichtlich der „Geschlechtspuzzles" experimentierfreudiger zeigen als die Männer, vgl. Kapitel 7). Laut einer Umfrage in Ost- und Westdeutschland bleiben junge Männer mehrheitlich dem traditionellen Männer- und Frauenbild verhaftet (Shell Deutschland Holding 2006: 37). Die Autorinnen deuten dieses Ergebnis folgendermaßen:

> Offensichtlich wird die ehrgeizige Generation junger Frauen von einem Teil der jungen Männer als ernsthafte Gefährdung ihres Erfolges auf dem Arbeitsmarkt wahrgenommen, wogegen sie sich mit Zuflucht in alte Muster mental ‚wehren' wollen (Shell Deutschland Holding 2006: 37).

Offensichtlich versprechen sich Mädchen mehr Gewinn durch die Abkehrung von einer bestehenden Geschlechterdichotomie als Jungen.

13. Fazit

Die beiden letzten Gesprächsausschnitte machen deutlich, dass die Mädchen der vorliegenden Untersuchung sich in ihrer Rolle als Mädchen regelrecht „gefangen" fühlen – weswegen sie immer wieder Versuche unternehmen, aus dieser Rolle auszubrechen. Die Konstitution der *Britneys* und anderer weiblicher Negativkategorien mit prototypischen Weiblichkeitsattributen und die permanente Abgrenzung von diesen Kategorien sind Teil ihres „Ausbruchsversuchs".

Die Untersuchung hat gezeigt, dass die Mädchen im Schutz ihrer Gruppe großen Spaß am Austesten unterschiedlicher „unweiblicher" Verhaltensweisen haben. Hält man an Geschlechterstereotypen fest, so gelangt man zu dem Eindruck, sie betreiben ein absichtlich subversives „gender display" (vgl. Goffman 1994). Setzt man die „Genderbrille" ab, so könnte man sagen, dass die Mädchen keineswegs bewusst subversiv sein wollen, sondern lediglich ihre persönlichen Bedürfnisse ausleben möchten. Die Einblicke in die Alltagsgespräche dieser Mädchen belegen, was andere empirische Studien seit Jahrzehnten zeigen: Die individuellen Ausdrucksformen hinsichtlich der Kleidung, Haartracht etc. mögen sich pluralisiert haben, aber „[a]ufgehoben ist die grundlegende binäre Kodierung in männlich und weiblich damit keineswegs" (Ayaß 2008: 18). Faktisch sind wir noch immer weit davon entfernt, für Männer und Frauen dieselben Verhaltensweisen wirklich gleichermaßen zuzulassen – was für *beide* Geschlechter nachteilig ist.

Die „Patchwork-Identitäten" der Forschungsliteratur (vgl. Kapitel 3) lassen sich hinsichtlich der Gruppenidentität der Mädchen beobachten: Aus verschiedenen gesellschaftlichen und jugendkulturellen Bereichen

„basteln" sich die Mädchen ihre Jugendidentität zusammen.[27] Auch bei der Ausbildung ihrer Geschlechtsidentität kann man zumindest den Versuch einer „Patchwork-Identität" beobachten. Die Mädchen versuchen, unterschiedliche Verhaltensweisen, die eher „jungentypisch" sind, mit einem eher weiblichen Erscheinungsbild zu vereinen. Dabei kollidieren sie jedoch mit dem gesellschaftlich weiterhin bestehenden Denken in zweigeschlechtlichen Strukturen. Es ist daher kein Wunder, dass bis heute ein „Spannungsverhältnis zwischen individuellen Bedürfnissen und gesellschaftlichen Anforderungen" (Oerter/Dreher 1995: 326) besteht, welches zahlreiche Interaktionen der Mädchen bestimmt und einen enormen Konflikt bei der Ausbildung ihrer Geschlechtsidentität verursacht.

Die Analyse zeigt, dass die Wahlmöglichkeiten, eine weibliche Geschlechtsidentität auszubilden, in der Realität auch heute noch bei weitem nicht so vielfältig sind, wie sie in der Theorie häufig dargestellt werden, bzw. dass die vorhandene Vielfalt keine erfreuliche ist. Wie die Herausgeberinnen dieses Bandes in ihrer Einleitung schreiben, ist es keine Errungenschaft, dass Frauen nun zwischen „Karrierefrau" und „Rabenmutter" wählen können. In einer aktuellen Darstellung zum „Basiswissen deutsche Gegenwartssprache" wird das Wortfeld „Frau" in die folgende, wenig schmeichelhafte Liste eingeteilt:

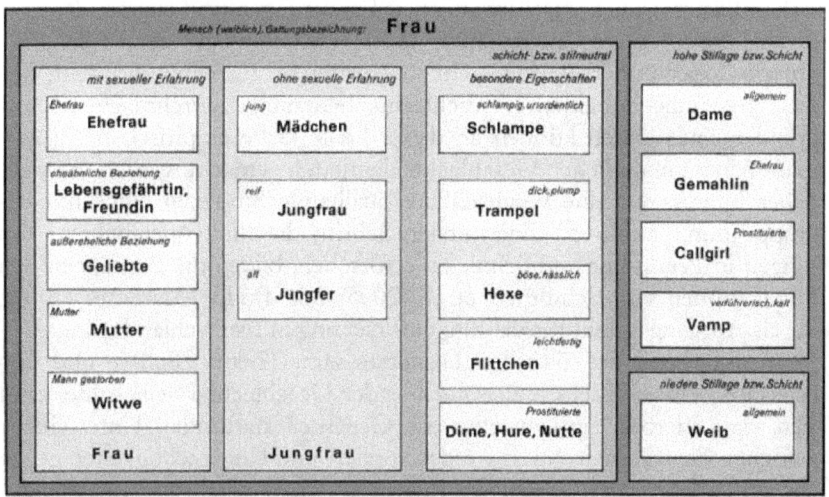

Abb. 1: Wortfeld Frau? (aus: Digitale Bibliothek 112; Atlas Deutsche Sprache [DVD-Rom])

Auch aus der Jugendsprachforschung ist bekannt, dass das Feld der despektierlichen Bezeichnungen für das weibliche Geschlecht seit über hun-

---

27 Für eine differenzierte Darstellung vgl. Spreckels (2006).

dert Jahren ein reichhaltiges ist, das von „Schnalle" über „Puppe" und „Sahneschnitte" bis hin zu „Keule" reicht (vgl. Janetzko/Krones 2008, vgl. hierzu auch Bukop/Hüpper in diesem Band). Auch wenn die Mädchen meiner Untersuchung sich nicht scheuen, abwertende Bezeichnungen mitunter für *andere* Mädchen und Frauen einzusetzen, so bieten ihnen die *Tussen, Schlampen, Britneys* und *Huren* bei der eigenen Geschlechtsrollenausbildung kein Identifikationspotenzial. Wie auch im Umgang mit medialen Formaten wie Castingshows (vgl. Spreckels i. Ersch.) zeigen die Daten hier, dass die Mädchen zwar in der Lage sind, massenmediale Angebote subversiv zu lesen und sich kreativ anzueignen. Nicht von der Hand zu weisen ist jedoch die Tatsache, dass Jugendliche nach wie vor Medien ausgesetzt sind, die bis heute größtenteils binäre Geschlechtsrollenklischees reproduzieren (vgl. Kapitel 8) und bei der Ausbildung einer modernen „Patchwork-Geschlechtsidentität" wenig hilfreich sind.

Wieder ist zu berücksichtigen, dass diese Beobachtungen natürlich auch für Jungen gelten. Bei der Suche nach ihrer männlichen Geschlechtsidentität stehen sie ebenfalls vor großen Problemen, denn auch ihnen wird von Gesellschaft und Medien suggeriert, wie „ein echter Mann" zu sein hat – auch wenn die Jungenforschung heutzutage von „verschiedenen Männlichkeiten" ausgeht (vgl. Budde/Mammes 2009: 15). Der permanente Konflikt zwischen gesellschaftlichen Erwartungen und eigenen Bedürfnissen, der in dieser Untersuchung exemplarisch anhand einer Mädchengruppe dokumentiert wurde, steht stellvertretend für einen Konflikt, den viele Jugendliche beiderlei Geschlechts heutzutage durchmachen. Aufgrund meiner Daten können an dieser Stelle keine empirisch fundierten Aussagen zu männlichen Geschlechtsidentitäten gemacht werden. Es wäre daher interessant, eine vergleichbare qualitative Studie in einer Jungengruppe durchzuführen. Einen ersten Schritt, die Binnenperspektive von Jungen in Peerkultur und Schule zu erforschen, bilden die Beiträge in den Publikationen von Schultheis et al. (2006) und Budde/Mammes (2009), die als Ausgangspunkt für die Jungenforschung in Deutschland gelten.[28]

Am Beispiel des aktuellen Diskurses zum Thema „Schule und Geschlecht", dessen Ziel die *Gleichstellung* der Geschlechter sein sollte, zeigt sich, dass hierbei häufig wieder das Gegenteil stattfindet: Unterschiede zwischen den Geschlechtern werden forciert und Ungerechtigkeiten gegen das eine oder andere Geschlecht rücken in den Vordergrund einer polarisierenden Diskussion. Diese fördert, wie Mammes und Budde feststellen, „eher einen ‚Geschlechterkampf' […], statt eine geschlechtergerechte

---

28 Natürlich ist hier zu berücksichtigen, dass die Begrifflichkeit und der Ansatz von „Mädchen- vs. Jungenforschung" abermals dichotomisierend ist und den Blick für Gemeinsamkeiten verschleiert. Idealitär sollte es „Jugendforschung" geben, in der die Kategorie Geschlecht eine untergeordnete Rolle spielt.

Bildungsoffensive zu initiieren" (2009: 7). Es ist wünschenswert, dass wir in Zukunft beiden Geschlechtern in jeder Hinsicht gleiche Chancen geben und die Förderung des einen Geschlechts nicht auf dem Rücken des anderen ausgetragen wird. Es ist naiv und realitätsfremd, von homogenen Gruppen *der* Jungen bzw. *der* Mädchen auszugehen. Individuen sollten die Chance haben, selbst zu entscheiden, welche Verhaltensweisen ihrem Wesen am nächsten kommen. Dazu gehört, dass Jungen sensibel sein können, ohne als „Weichei" abgestempelt zu werden, und dass sie Grundschullehrer werden können, ohne von ihren Kommilitonen belächelt zu werden (vgl. Irle 2008). Und dazu gehört auch, dass wir nicht nur vereinzelt in Romanen, Musikvideoclips und Filmen „toughen" Mädchen begegnen, sondern dass Mädchen sich auch in der Realität so ungezwungen verhalten können, wie sie wollen, ohne dass sie fürchten müssen, „eingeliefert" zu werden. Because boys *and* girls want to have fun.

14. Literatur

Androutsopoulos, Jannis (Hrsg.) (2003): HipHop. Globale Kultur – lokale Praktiken, Bielefeld: transcript-verlag.
Antaki, Charles/Widdicombe, Sue (Hrsg.) (1998): Identities in Talk, London: Sage.
Ayaß, Ruth (2008): Kommunikation und Geschlecht, Stuttgart: Kohlhammer.
Barth, Mario (2004): Frau – Deutsch. Deutsch – Frau. Schnelle Hilfe für den ratlosen Mann, Berlin/München: Langenscheidt.
Bechdolf, Ute (1999): Puzzling Gender: Re- und De-Konstruktionen von Geschlechterverhältnissen im und beim Musikfernsehen, Weinheim: Deutscher Studien Verlag.
Becker-Schmidt, Regina (1995): Von Jungen, die keine Mädchen und von Mädchen, die gerne Jungen sein wollten. Geschlechtsspezifische Umwege auf der Suche nach Identität. In: Becker-Schmidt, Regina/Knapp, Gudrun-Axeli (Hrsg.): Das Geschlechterverhältnis als Gegenstand der Sozialwissenschaften, Frankfurt a.M. u.a.: Campus-Verlag, 220–233.
Branner, Rebecca (2003): Scherzkommunikation unter Mädchen. Eine ethnographisch-gesprächsanalytische Untersuchung, Frankfurt a.M.: Peter Lang.
Budde, Jürgen (2009): Perspektiven für Jungenforschung an Schulen. Jungenforschung empirisch. In: Budde, Jürgen/Mammes, Ingelore (Hrsg.): Zwischen Schule, männlichem Habitus und Peerkultur, Wiesbaden: Verlag der Sozialwissenschaften, 73–90.
Budde, Jürgen/Mammes, Ingelore (2009): Positionen und Perspektiven von Jungenforschung. Jungenforschung empirisch. In: Budde, Jürgen/Mammes, Ingelore (Hrsg.): Zwischen Schule, männlichem Habitus und Peerkultur, Wiesbaden: Verlag der Sozialwissenschaften, 15–23.
Deppermann, Arnulf/Schmidt, Axel (2003): Vom Nutzen des Fremden für das Eigene. Interaktive Praktiken der Konstitution von Gruppenidentität durch soziale

Abgrenzung unter Jugendlichen. In: Merkens, Hans/Zinnecker, Jürgen (Hrsg.): Jahrbuch Jugendforschung 3, Opladen: Leske und Budrich, 25–56.

Digitale Bibliothek 112, Atlas Deutsche Sprache (DVD-Rom).

Dorer, Johanna/Geiger, Brigitte/Köpl, Regina (Hrsg.) (2008): Medien – Politik – Geschlecht. Feministische Befunde zur politischen Kommunikationsforschung, Wiesbaden: Verlag für Sozialwissenschaften.

DUDEN (1999): Das Große Wörterbuch der deutschen Sprache. 10 Bde., Mannheim: Dudenverlag.

Eckes, Thomas (2008): Geschlechterstereotype. Von Rollen, Identitäten und Vorurteilen. In: Becker, Ruth/Kortendiek, Beate (Hrsg.): Handbuch Frauen- und Geschlechterforschung. Theorie, Methoden, Empirie, Wiesbaden: Verlag für Sozialwissenschaften, 171–182.

Eckert, Penelope (2000): Linguistic variation as social practice, Malden, MA: Blackwell.

Eckert, Roland/Reis, Christa/Wetzstein, Thomas (2000): „Ich will halt anders sein wie die anderen". Abgrenzung, Gewalt und Kreativität bei Gruppen Jugendlicher, Opladen: Leske und Budrich.

Ehrhardt, Ute (2000): Gute Mädchen kommen in den Himmel, böse überall hin, Frankfurt a.M.: Fischer.

Fröhlich, Romy (Hrsg.) (1993): Der andere Blick: Aktuelles zur Massenkommunikation aus weiblicher Sicht, Bochum: Universitätsverlag Brockmeyer.

Fröhlich, Susanne/Kleis, Constanze (2005): Mann – Deutsch. Deutsch – Mann. Männerverstehen leicht gemacht, Berlin/München: Langenscheidt.

Fröhlich, Romy/Holtz-Bacha, Christina (1995): Frauen und Medien, Opladen: Westdeutscher Verlag.

Giddens, Anthony (1991): Modernity and self-identity. Self and society in the later modern age, Oxford: Polity Press.

Gilligan, Carol (1984): Die andere Stimme. Lebenskonflikte und Moral der Frau, München: Piper.

Goffman, Erving (1981): Geschlecht und Werbung, Frankfurt a.M.: Suhrkamp.

Goffman, Erving (1994): Interaktion und Geschlecht, Frankfurt a.M./New York: Campus.

Günthner, Susanne (2006): Doing vs. Undoing Gender? Zur Konstruktion von Gender in der kommunikativen Praxis. In: Bischoff, Doerte/Wagner-Egelhaaf, Martina (Hrsg.): Mitsprache, Rederecht, Stimmgewalt: Genderkritische Strategien und Transformationen der Rhetorik, Heidelberg: Winter, 35–58.

Hagemann-White, Carol (1984): Sozialisation: weiblich – männlich? Opladen: Leske und Budrich.

Hahne, Peter (2004): Schluss mit lustig – Das Ende der Spaßgesellschaft, Lahr: Johannis-Verlag.

Herman, Eva (2006): Das Eva-Prinzip. Für eine neue Weiblichkeit, Starnberg: Pendo Verlag.

Holtz-Bacha, Christina (Hrsg.) (2008): Stereotype? Frauen und Männer in der Werbung, Wiesbaden: Verlag für Sozialwissenschaften.

Irle, Mathias (2008): ‚Das ist ja süß!' Grundschullehramt – Allein unter Frauen. In: Uni SPIEGEL 4, 13.

Janetzko, Claudia/Krones, Marc (2008): Von knorke bis gaga – Entwicklungen der Jugendsprache. In: SPIEGEL online. Verfügbar unter: http://www.spiegel.de /wissenschaft/mensch/0,1518,557237,00.html (Zugriff am 8.1.2010).
Jones, Aphrodite (2000): Boys don't cry. Die wahre Geschichte der Teena Brandon, München: Ullstein.
Keupp, Heiner/Thomas, Ahbe/Gmür, Wolfgang (2002): Identitätskonstruktionen. Das Patchwork der Identitäten in der Spätmoderne, Reinbek: Rowohlt.
Kessler, Suzanne/McKenna, Wendy (1978): Gender: An ethnomethodological approach, Chicago: University Press.
Klann-Delius, Gisela (2005): Sprache und Geschlecht, Stuttgart/Weimar: Metzler.
Kotthoff, Helga (1994): Geschlecht als Interaktionsritual? In: Goffman, Erving (Hrsg.): Interaktion und Geschlecht, Frankfurt a.M.: Campus, 159–194.
Kotthoff, Helga (2002): Was heißt eigentlich ‚doing gender'? In: van Leeuwen-Turnovcová, Jirina et al. (Hrsg.): Wiener Slawistischer Almanach, Sonderband 55, Gender-Forschung in der Slawistik, 1–29.
Leeb, Claudia (1998): Die Zerstörung des Mythos von der friedfertigen Frau. Eine qualitative Forschungsstudie über den Einfluß von sozialen Gruppenkontexten auf das direkte Aggressionsverhalten von Frauen, Frankfurt a.M. u.a.: Peter Lang.
Lury, Celia (1996): Consumer culture, Cambridge: Polity Press.
Mammes, Ingelore (2009): Jungenkatastrophe und Alphamädchen? – Diskurse und Fakten zu Einflussfaktoren auf Geschlechterdifferenzen in der Schule. In: Budde, Jürgen/Mammes, Ingelore (Hrsg.): Zwischen Schule, männlichem Habitus und Peerkultur, Wiesbaden: Verlag der Sozialwissenschaften, 35–44.
Mammes, Ingelore/Budde, Jürgen (2009): Einleitung. Jungenforschung empirisch. In: Budde, Jürgen/Mammes, Ingelore (Hrsg.): Zwischen Schule, männlichem Habitus und Peerkultur, Wiesbaden: Verlag der Sozialwissenschaften, 7–11.
Money, John/Hampson, John/Hampson, Joan L. (1955): An examination of some basic sexual concepts. In: Bulletin of the John Hopkins Hospital, 97/4, 301–319.
Oerter, Rolf/Dreher, Eva (1995): Jugendalter. In: Oerter, Rolf/Montada, Leo (Hrsg.): Entwicklungspsychologie, Weinheim: Beltz, 310–395.
Offer, Daniel/Howard, Kenneth/Ostrov, Eric/Atkinson, Robert (1988): The Teenage World. Adolescents' self-image in ten countries, New York: Plenum Medical Book Company.
Pease, Allan/Pease, Barbara (2000): Warum Männer nicht zuhören und Frauen schlecht einparken, München: Ullstein.
Roche, Charlotte (2008): Feuchtgebiete, Köln: DuMont.
Schad, Ute (1996): Verbale Gewalt bei Jugendlichen, Weinheim: Juventa.
Schultheis, Klaudia/Strobel-Eisele, Gabriele/Fuhr, Thomas (Hrsg.) (2006): Kinder: Geschlecht männlich. Beiträge zur pädagogischen Jungenforschung, Stuttgart: Kohlhammer.
Schwitalla, Johannes (1986): Jugendliche ‚hetzen' über Passanten – Drei Thesen zur ethnographischen Gesprächsanalyse. In: Hartung, Wolfdietrich (Hrsg.): Untersuchungen zur Kommunikation, Berlin/Ost: Akad. d. Wissenschaften, 248–261.
Selting, Margret/Auer, Peter/Barden, Birgit/Bergmann, Jörg/Couper-Kuhlen, Elizabeth/Günthner, Susanne/Meier, Christoph (1998): Gesprächsanalytisches Transkriptionssystem (GAT). In: Linguistische Berichte, 173, 91–122.
Senganata Münst, Agnes (2008): Teilnehmende Beobachtung: Erforschung der sozialen Praxis. In: Becker, Ruth/Kortendiek, Beate (Hrsg.): Handbuch Frauen- und

Geschlechterforschung. Theorie, Methoden, Empirie, Wiesbaden: Verlag für Sozialwissenschaften, 372–377.

Shell Deutschland Holding (Hrsg.) (2006): Jugend 2006. Eine pragmatische Generation unter Druck, Bonn: bpb.

Spreckels, Janet (2006): Britneys, Fritten, Gangschta und wir: Identitätskonstitution in einer Mädchengruppe. Eine ethnographisch-gesprächsanalytische Untersuchung, Frankfurt a.M. u.a.: Peter Lang.

Spreckels, Janet (2009): „Now he thinks he's listening to rock music" – Identity construction among German teenage girls. In: Stenström, Anna-Brita/Jorgensen, Annette Myre (Hrsg.): Youngspeak in a Multilingual Perspective, Amsterdam/Philadelphia: John Benjamins, 31–53.

Spreckels, Janet (i. Ersch.): „I wanna become a real rock star": Para-social interactions of German adolescent girls with television talent shows. In: Ayaß, Ruth/Gerhardt, Cornelia (Hrsg.): The appropriation of media in everyday life: What people do with media, Amsterdam/Philadelphia: Benjamins.

Stauber, Barbara (1999): Starke Mädchen – kein Problem? In: Beiträge zur feministischen Theorie und Praxis, 22, 51, 53–64.

Stenström, Anna-Brita/Jorgensen, Annette Myre (Hrsg.) (2009): Youngspeak in a Multilingual Perspective, Amsterdam/Philadelphia: Benjamins.

Strauss, Anselm (1974): Spiegel und Masken. Die Suche nach Identität, Frankfurt: Suhrkamp.

Theunert, Helga (Hrsg.) (2009): Jugend – Medien – Identität. Identitätsarbeit Jugendlicher mit und in Medien, München: kopaed.

Thimm, Katja (2004): Angeknackste Helden. In: DER SPIEGEL, 21, 82–95.

Wedgewood, Nikki/Connell, Robert W. (2008): Männlichkeitsforschung: Männer und Männlichkeiten im internationalen Forschungskontext. In: Becker, Ruth/Kortendiek, Beate (Hrsg.): Handbuch Frauen- und Geschlechterforschung. Theorie, Methoden, Empirie, Wiesbaden: Verlag für Sozialwissenschaften, 116–125.

West, Candace/Zimmerman, Don H. (1987): Doing gender. In: Gender & Society 1/2, 121–151.

Willis, Paul (1991): Jugend-Stile. Zur Ästhetik der gemeinsamen Kultur, Hamburg: Argument-Verlag.

Wilson, Anita (2003): Nike Trainers, My One True Love – Without You I am Nothing: Youth, identity and the language of trainers for young men in prison. In: Androutsopoulos, Jannis/Georgakopoulou, Alexandra (Hrsg.): Discourse Constructions of Youth Identities, Amsterdam/Philadelphia: Benjamins, 173–196.

Woltemate, Iris/Lucius-Hoene, Gabriele (2002): ‚...an mir sei ein Bub verloren gegangen.' Rhetorische Gestalten des ‚tomboy'-Topos in weiblichen Lebenserzählungen. In: Cheauré, Elisabeth (Hrsg.): Geschlechterkonstruktionen in Sprache, Literatur und Gesellschaft, Freiburg i.B.: Rombach, 305–334.

Zötsch, Claudia (1999): Powergirls und Drachenmädchen. Weibliche Symbolwelten in Mythologie und Jugendkultur, Münster: Unrast-Verlag.

Zum Zusammenspiel von Sprachsystem
und Sprachgebrauch

Damaris Nübling

Von *Elisabeth* zu *Lilly*, von *Klaus* zu *Nico*: Zur Androgynisierung und Infantilisierung der Rufnamen von 1945 bis 2008

1. Anlass und Zielsetzung

Im Jahr 2003 erschienen erstmals zwei Arbeiten, die sich mit Rufnamenstrukturen und Geschlechtsklassifikation im Deutschen befassen: Erstens „Naming Gender – Empirische Untersuchungen zur phonologischen Struktur von Vornamen im Deutschen" von Susanne Oelkers, wo deutsche Rufnamen aus den 1990er Jahren auf ihre phonologischen Strukturen hin untersucht werden und die Frage verfolgt wird, inwieweit damit auch Weiblichkeit und Männlichkeit kodiert wird (s. auch Oelkers 2004). Dass die deutschen Rufnamen gesetzlich zu sog. Geschlechtsoffenkundigkeit verpflichtet sind, ist bekannt, doch wurde nie untersucht, worin oder worauf genau Geschlecht markiert bzw. bezogen wird. Was also macht eine Doris weiblich und einen Boris männlich – bzw. eine Janina weiblicher und einen Horst männlicher? Auch wurde nie ernsthaft hinterfragt, ob eine onymische Geschlechtsspezifikation überhaupt existieren muss (vgl. dazu die gegenwärtige Diskussion um die radikale Aufhebung der sexusspezifischen Rufnameninventare in Schweden, initiiert durch die feministische Partei „Feministiskt Initiativ"[1]). Damit transportieren Rufnamen, obwohl dies strenggenommen gegen die Eigennamendefinition spricht, eine semantische Information: Sexus.

Zweitens erschien im gleichen Jahr „Die Moderne und ihre Vornamen" des Soziologen Jürgen Gerhards. Für uns ist Kapitel 8 „Geschlechtsklassifikation durch Vornamen und Geschlechtsrollen im Wandel" von Interesse.[2] Ziel dieses Bandes ist es, „anhand der Vergabe von

---

1 Hier die entsprechende Passage aus dem Parteiprogramm: „Fi [= Feministiskt Initiativ] ska verka för att namnlagen ändras så att alla människor har rätt att ta förnamn utan att det styrs av biologiskt kön. Denna rätt ska även gälla för föräldrar när de namnger sina barn." – Übersetzung (DN): „Feministiskt Initiativ wird sich dafür einsetzen, dass das Namengesetz geändert wird, so dass alle Menschen das Recht haben, Vornamen anzunehmen, ohne dass dies durch das biologische Geschlecht gesteuert wird. Dieses Recht soll auch für Eltern gelten, wenn sie ihre Kinder benennen" (http://www.feministisktinitiativ.se/for_en_feministisk_politik. php, Nr. 91).
2 Ebenfalls im Jahr 2003 erschien von Gerhards der gleichnamige Beitrag „Geschlechtsklassifikation durch Vornamen und Geschlechtsrollen im Wandel" (2003b), der Kapitel 8 seines Buches (2003a) entspricht.

Vornamen kulturelle Modernisierungsprozesse für die letzten einhundert Jahre sowohl empirisch zu beschreiben als auch durch Rekurs auf strukturelle Veränderungen zu erklären" (29). Da die Untersuchung von Oelkers (2003) nur synchron angelegt ist, erhofft man sich von dem Kapitel zur Geschlechtsklassifikation von Gerhards (2003a) Aufschluss über die Diachronie der onymischen Markierung von Geschlecht. Doch erweist sich hier, dass die Analyse aus linguistischer Perspektive zu kurz greift, da nur der Namenauslaut betrachtet wird.

Das Hauptziel dieses Beitrags besteht darin, anhand einer tiefergehenden prosodisch-phonologischen Analyse der häufigsten Rufnamen von 1945–2008 der Frage nachzugehen, ob im Laufe der Zeit eine Androgynisierung unserer Rufnamen dahingehend stattgefunden hat, dass Strukturen, die bislang dominant für das eine Geschlecht galten, zunehmend auch für das andere Geschlecht gewählt werden bzw. geschlechtspräferente Strukturen nivelliert oder gar abgebaut werden.[3] Ein weiteres Ziel besteht darin, auf onymischer Ebene der These nachzugehen, dass in verschiedenen gesellschaftlichen Bereichen eine sog. Informalisierung und Intimisierung stattgefunden habe, die sich möglicherweise in heutigen Namen wie *Lilly* oder *Nico* statt früher *Elisabeth* und *Nikolaus* niederschlagen.[4]

2. Androgynisierung

2.1 Bisherige Forschungen zu Rufname und Geschlecht

Die bereits erwähnte Untersuchung von Gerhards (2003a, b) basiert auf Geburtseinträgen von 1894–1994 bzw. 1998 in der westdeutschen Kleinstadt Gerolstein und der ostdeutschen Stadt Grimma. Gerolstein ist mehrheitlich katholisch, Grimma evangelisch bzw. seit 1949 eher konfessionslos. In Gerolstein wurden die jeweils ersten 100 Geburten von 1894-1950 in vierjährigen, von 1950–1994 in zweijährigen Abständen erfasst. Ähnlich in Grimma: Hier wurden die jeweils ersten 100 Geburten von 1894–1998 in zweijährigen Abständen ermittelt, d.h. jedem erhobenen Jahr liegen ca. 50 Mädchen- und 50 Jungennamen zugrunde (darin sind Mehrfachvergaben eines Namens enthalten). Den Geburtseinträgen

---

3   Zu diesem Thema habe ich zwei Aufsätze verfasst, auf denen der erste Teil des vorliegenden Beitrags stark basiert: Eine ausführlichere Version (Nübling 2009a) in „Beiträge zur Namenforschung" und eine Kurzfassung (Nübling 2009b) in „Der Deutschunterricht".

4   Verzichtet wird hier auf den weitergehenden Bereich der Phonosemantik (bzw. Psychophonetik), d.h. ob es „weiblich" bzw. „männlich" klingende Laute bzw. Klangassoziationen gibt. Hierfür sei auf Oelkers (2003: 69–123) verwiesen.

wurden einige Daten entnommen, wie das Geburtsdatum, das Geschlecht des Kindes, weitere eventuelle Vornamen, die Religionszugehörigkeit und der Beruf von Mutter und Vater. Diese Informationen dienen vor allem für die Fragestellungen der anderen Kapitel, die sich primär auf Säkularisierungsprozesse, auf den Bedeutungsverlust verwandtschaftlicher Traditionsbindungen, Individualisierungsprozesse, die Transnationalisierung der Vornamen etc. beziehen. Nur das Kapitel „Geschlechtsklassifikation durch Vornamen und Geschlechtsrollen im Wandel" ist für uns von Interesse. Hierfür berücksichtigt Gerhards nur die Jahre 1950-1990, da der für die Geschlechtsrollen wichtigste Wandel, die Gleichberechtigung und Gleichstellung der Frau, im Gefolge von 1968 eingeleitet wurde. Dies betrifft nicht nur die Rollenerwartungen an Frau und Mann, sondern auch die faktische Geschlechterrollendifferenz, ersichtlich etwa an der Kleidung, der Anzeigenwerbung, vermehrter Geschlechterrepräsentanz in der Sprache und anderen sozialen Veränderungen. Zwei Fragen leiten den Autor:

> In welchem Maße wird über die Benutzung von Vornamen das Geschlecht von Personen klassifiziert und lässt sich diesbezüglich ein sozialer Wandel der Abnahme der Geschlechtseindeutigkeit von Vornamen feststellen? Greifen die Eltern je nach Geschlecht des Kindes auf unterschiedliche Namenskulturkreise zurück, sind damit geschlechtsspezifische Rollenvorstellungen verbunden und haben sich diese im Zeitverlauf der letzten 100 Jahre verändert? (152)

Seine Hypothese lautet, dass der gesellschaftlichen Annäherung der Geschlechterrollen eine Androgynisierung der Rufnamen folgen sollte.

Ob ein Rufname ein Mädchen- oder ein Jungenname ist, kann auf Konvention und damit purem Erfahrungswissen beruhen (vgl. *Doris – Boris*) – ähnlich der Tatsache, dass wir jedem Substantiv ein grammatisches Geschlecht zuordnen können, obwohl sich dieses nur sehr bedingt aus seiner phonologischen Struktur (oder anderen Merkmalen) ergibt. Geschlecht könnte also als Lexikoneintrag zum Namen mitgelernt werden. Dem ist jedoch faktisch nicht immer so. Man erschließt, gerade bei unbekannten Rufnamen, das Geschlecht des Trägers/der Trägerin „irgendwie" aus der phonologischen Struktur. Dabei sind overte Verfahren wie Movierungen vom Typ *Martin – Martina* eher selten (die umgekehrte Ableitungsrichtung existiert im Deutschen nicht).

Dass ein phonetisches Wissen besteht, legen Tests aus den USA nahe, die Gerhards resümiert. In den USA dürfen Rufnamen frei kreiert werden, und es besteht auch keine Verpflichtung zur Geschlechtsoffenkundigkeit. Allerdings hat das Experiment von Lieberson/Mikelson (1995) gezeigt, dass bei solchen erfundenen Namen dennoch feste Geschlechtszuordnungen vorgenommen werden: Einer Zufallsauswahl von 16 selbst kreierten (und auch wirklich vergebenen) Neunamen mussten 225 AmerikanerInnen das ihres Erachtens „richtige" Geschlecht zuordnen. Das Gleiche wiederholte Gerhards mit 184 Leipziger Studierenden. In beiden Ländern wurden diese 16 Namen in erstaunlich übereinstimmender Weise sexusklassifiziert (gleich ob das Kind nun tatsächlich ein Mädchen oder ein Junge war): Zu (teilweise weit über) zwei Dritteln wurde *Lamecca, Timitra, Maleka, Sukoya, Furelle, Shatrye* weiblich und *Husan, Oukayod, Cagdas, Gerais, Rashueen* männlich klassifiziert – was auch den tatsächlich benannten Geschlechtern entsprach, abgesehen von *Furelle*, das einen Mann bezeichnete. Probleme bereiteten die Namen *Shameki* (♀), *Chanti* (♂), *Kariffe* (♀) und *Triciaan* (♀). Bei letzterem wurde das Geschlecht zwar in den USA zu fast 70% richtig erschlossen, in Deutschland aber nur zu 7%. Bei *Jorell* (♂) tippten in den USA fast 80% richtig, in Deutschland 50%. Da das Erfahrungswissen bei solchen neuen Namen nicht greifen kann, müssen es phonologische Strukturen sein. Der Auslaut *-a*, auch der auf *-e*, löst offensichtlich eine weibliche Klassifikation aus, Namen auf Konsonant eine männliche, bei solchen auf *-i* ergeben sich Probleme. Gerhards schließt daraus:

> Zur Bestimmung einer typisch männlichen und typisch weiblichen Phonetik kann man sich auf die Endlaute konzentrieren; wenn die Endlaute uneindeutig sind, dann, so die Vermutung, schließt man von den anderen Phonemen auf das Geschlecht des Namens (Gerhards 2003a: 159).

Allerdings scheint Gerhards nicht von der phonologischen (oder gar phonetischen), sondern nur von der graphematischen Oberfläche auszugehen, auch wenn von „fonetischen Analysen" (Gerhards 2003b) die Rede ist.[5] Gerhards fasst alle Namen zwischen 1950 und 1998, die auf *-a* oder *-e* enden, zu den weiblichen und die auf *-n, -s, -d* und *-r* endenden zu den männlichen Rufnamen, wohl wissend, dass es gegenläufige Namenstrukturen gibt wie *Sascha* (♂) und *Doris* (♀). Anschließend überprüft er, ob sich die Geschlechtsklassifikation über diese Namenausgänge im Zeitverlauf verändert, d.h. ob immer mehr konsonantisch auslautende Mädchennamen bzw. immer mehr auf *-a* oder *-e* auslautende Jungennamen gewählt werden. Das Ergebnis ist negativ, der Auslaut bleibt im Zeitverlauf stabil. Die onymische Markierung von Geschlecht scheint sich also nicht zu ändern, eine Androgynisierung bleibt aus, die gesellschaftlichen Umbrüche schlagen sich nicht in den Namen nieder:

> Das Ergebnis unserer Analysen ist damit relativ eindeutig: Vermännlichungs- und Verweiblichungsprozesse von Vornamen lassen sich für die Zeit von 1950 bis

---

5 So ist zu vermuten, dass die Namen *Simone, Yvonne, Andre* und *Marie* bei Gerhards alle auf *-e* enden (phonetisch enden sie auf vier unterschiedliche Laute). Da er *-r* als konsonantisch auslautend wertet (faktisch ist es der Vokal [ɐ]), ist zu vermuten, dass er ausschließlich Grapheme gezählt hat.

1990 nicht nachzeichnen. Die Klassifikation des Geschlechts eines Kindes durch den Vornamen hat sich im Zeitverlauf nicht verändert (Gerhards 2003a: 164). Die Klassifikation von Menschen nach ihrem natürlichen Geschlecht stelle offensichtlich „einen so fundamentalen Mechanismus der Ordnungsbildung" dar, „dass dieser indifferent ist gegenüber dem Wandel der Geschlechtsrollen [...]" (165).

Dagegen sieht Gerhards in der kulturellen Herkunft eines Rufnamens eine Kodierungsmöglichkeit von Gender als konstruiertem sozialem Geschlecht. Dazu unterteilt er seine Rufnamen in christliche und deutsche (= germanische). Die untersuchten 100 Jahre zeigen, dass der Anteil der deutschen Namen bei den Mädchen schon immer gering war (um die 20%) und 1994 gegen Null geht, während er bei den Jungen immer höher war (1894 betrug er ca. 50%), ab 1942 auf über 60% ansteigt und seit 1964 zurückgeht, um heute ähnlich niedrig zu liegen wie bei den Mädchen. Umgekehrt ist der Anteil christlicher Namen bei den Mädchen bis 1964 höher als bei den Jungen. Daraus folgert Gerhards (2003a), dass man Jungen „mit einer deutsch-nationalen, aktiv gestaltenden Öffentlichkeitsrolle" assoziiere, die Mädchen dagegen „mit einer übersinnlichen, außerweltlichen Sphäre" (169). Frauen „bleiben stärker christlich religiös verhaftet, ihre Sphäre liegt im Privaten und im Übersinnlichen" (171). Auch dass Mädchennamen im Laufe der Zeit häufiger wechseln als Jungennamen, wird wie folgt interpretiert: Jungen werden eher auf das Tradionelle, Feste, Stabile verpflichtet, Mädchen gewähre man „größere Offenheit und Leichtigkeit" (167). Hier also finde die Befrachtung der Rufnamen mit geschlechtstypischen Rollenvorstellungen (Gender) statt. Dagegen praktiziere man auf der Ebene der Namenphonetik, genauer: des Auslauts, die („natürliche") Geschlechtsklassifikation als Sexusanzeige, die sich auch kaum verändert habe und „indifferent ist gegenüber sozialem Wandel" (173). Dies sei insgesamt „ein konsistentes, wenn auch zum Teil unerwartetes Ergebnis" (172).

Aus linguistisch-onomastischer Perspektive ist dem mehrerlei entgegenzuhalten: Spätestens seit dem 2. Weltkrieg (für die Zeit davor gibt es keine Befragungen) folgt die Rufnamenvergabe primär euphonischen Kriterien: Elternbefragungen in den 1960er bis 1980er Jahren sprechen alle für die Dominanz der Euphonie, wozu man auch (manchmal getrennt aufgeführte) Kriterien wie „Kürze", „Schlichtheit", „Seltenheit" und „Harmonie mit dem Familiennamen" zu zählen hat. Als nicht euphonisch motivierte Vergabekriterien sind allenfalls noch die Nachbenennung nach Familie, Patenschaft, Heiligen oder nach anderen konkreten Vorbildern zu finden, aber nicht Herkunft oder Etymologie des Namens (s. Debus 1985, 1987). Außerdem dürfte den wenigsten Eltern bekannt sein (auch nicht unbewusst), dass so ähnlich strukturierte Namen wie *Peter* und *Hans* christlich sein sollen, *Dieter* und *Heinz* aber deutsch. Ähnliches gilt für *Rita* (christlich), *Britta* (keltisch) sowie *Helga* (germanisch).

Außerdem wird man der Kodierung von Weiblichkeit und Männlichkeit kaum gerecht, indem man hierfür nur den Namenauslaut heranzieht. Zumindest für das Deutsche ist dieses Vorgehen unzureichend. Hierfür muss der gesamte Wortkörper in Betracht gezogen werden. Oelkers (2003) weist nach, dass im Deutschen Geschlecht (ob Sexus oder eher Gender, muss hier offen bleiben) auf dem gesamten Namen kodiert wird. Grundsätzlich gibt es nach Oelkers (2003: 41 ff.) drei Möglichkeiten, Geschlecht onymisch zu markieren:

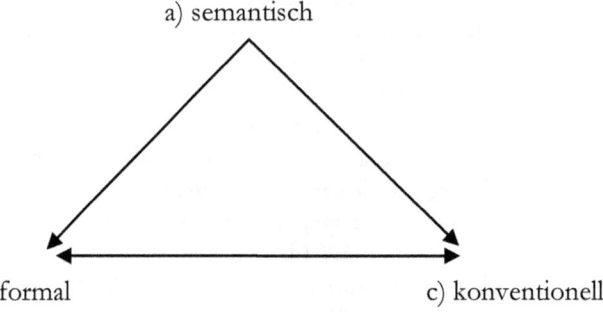

Abb. 1: Formen der Geschlechtsmarkierung an Personennamen

a) Beim semantischen Prinzip muss der Name inhaltlich verständlich, also sprechend sein. Einige Kulturen, in Zügen auch das Germanische mit seinen sog. programmatischen Rufnamen, praktizieren dieses Prinzip, z.B. das Chinesische, das Japanische, das Türkische. Hierbei sind sozialen Geschlechtszuschreibungen (Genderungen) Tür und Tor geöffnet, je nachdem, welche Attribute oder erstrebenswerte Eigenschaften man den Geschlechtern jeweils zuweist und wie stark sich diese überschneiden bzw. ausschließen. Oelkers (2003: 41) erwähnt für das Türkische die Männernamen *Yılmaz* ‚furchtlos' und *Kemal* ‚Reife' sowie die Frauennamen *Aynur* ‚Mondlicht', *Gül* ‚Rose' und *Inci* ‚Perle'.

b) Beim formalen Prinzip kommen Affixe oder andere eindeutige, segmentierbare Namenbestandteile zum Einsatz, etwa Movierungssuffixe wie in nhd. *Martina, Bernhardine, Christiane*. Dieses Verfahren ist im Deutschen nur schwach ausgeprägt. Viel eher ist das Italienische diesem Typus zuzuordnen, da aufgrund spezifischer Namenauslaute die Geschlechter tatsächlich (fast) eindeutig erschließbar sind: Wie Bardesono (2008) ermittelt hat, lauten 95% der weiblichen Rufnamen auf -*a* und 4% auf -*e* aus, während 77% der männlichen Rufnamen auf

-o, 14% auf -e und 4% auf -a enden (sowie 3% auf -i und 1% auf -l). Dies resultiert aus dem formalen System des Lateinischen, vgl. *Claudi-a* vs. *Claudi-us*.

c) Konventionelle Systeme sehen zwei getrennte Inventare an Frauen- und Männerrufnamen vor, die man im Extremfall auswendig lernen muss. Hierzu ist das Deutsche zu rechnen, auch wenn, wie Oelkers gezeigt hat, das phonologische Material der Namen stark zur Geschlechtskennzeichnung verwandt wird und es erlaubt, auch neue Namen nach Sexus zu klassifizieren. Die Prinzipien sind jedoch subtiler, d.h. weniger overt wie beim formalen Prinzip und wie von Gerhards (2003a, b) angenommen, der mit seiner Fokussierung einzig des Auslauts (bzw. Auslautgraphems) dem Deutschen ein formales System unterstellt.

Was die (bis dato kaum untersuchten) diachronen Übergänge zwischen diesen drei Prinzipien der Geschlechtsmarkierung betrifft, so deuten die Pfeile an, welche Pfade die wichtigsten sind.

Geschlechtsambige Namenkulturen sind insgesamt selten (zu einem Überblick hierzu s. Brylla 2001b). Doch erlauben manche Länder wie z.B. die USA den Gebrauch geschlechtsneutraler Namen. Dass AmerikanerInnen dennoch, selbst wenn sie Namen erfinden, von geschlechtstypischen Mustern Gebrauch machen, wurde oben im Zusammenhang mit der Studie von Lieberson/Mikelson (1995) bereits erwähnt. Barry/Harper (1982, 1993) haben sog. *unisex names* in den USA untersucht und sind zu dem Ergebnis gelangt, dass diese nur während einer vergleichsweise kurzen Zeit wirklich für beide Geschlechter verwendet werden. Im Laufe der Zeit werden sie immer öfter exklusiv an Mädchen vergeben – und es hat sich herausgestellt, dass *unisex names* mehrheitlich einstigen Männernamen entstammen:

> This prediction [dass *unisex names* öfter männlichen Ursprungs sind und sich zu weiblichen weiterentwickeln als umgekehrt] is based on cultural attitudes, males being favored but more limited by sex stereotyping. Therefore, parents are more likely to give their daughter a traditional male name than to give their son a traditional female name. Unisex names are avoided for a son but not for a daughter (Barry/Harper 1982: 15).

In der Geschichte des Deutschen gab es nie geschlechtsambige Rufnamen in größerem Umfang (es handelt sich um wenige und wohl deshalb ständig diskutierte Einzelfälle vom Schlage *Eike, Kim, Andrea*). Hier hat insgesamt ein Wandel von System (a) und (b) > (c) stattgefunden (mit Anteilen an (b); s. hierzu Oelkers 2003: 45–56). Semantische Anteile des (germanischen) Systems (a) kamen wenn, dann in Adjektiven und Tierbezeichnungen zum Ausdruck. Insgesamt, dies wird immer wieder betont, haben die

Namen beider Geschlechter an den Bereichen Kampf, Ehre und Heldentum gleichermaßen teil (s. Andersson 1998, Brylla 2001a, b). Vorrangig hat jedoch das Genus des substantivischen Zweitglieds (der germanischen Namenkomposita) die Geschlechtsspezifikation geleistet. Dies hat als formales Verfahren (b) zu gelten. Nebenbei: Es ist erstaunlich, dass bei der langen und nicht nur in der Genderlinguistik geführten Diskussion um ein mögliches Verhältnis zwischen Genus und Sexus diese enge und ausnahmslos geltende Genus/Sexus-Verschränkung nie gesehen wurde. Der semantische Gehalt dieser substantivischen Namenzweitglieder war sogar sekundär: Primär für die Sexuszuweisung war die reine Genuszugehörigkeit.

Seit dem Mittelalter gilt für das Deutsche das konventionelle Prinzip, doch bilden sich heute im Zuge der freien Namenvergabe, die man frühestens ab dem 19. Jh. ansetzt, immer mehr euphonisch motivierte Vergabekriterien heraus, die für die Mädchen früher und stärker wirken, für die Jungen später und schwächer (Debus 1985). Von juristischer Seite wird seit jeher Geschlechtsoffenkundigkeit gefordert, wie immer diese bestimmbar sein soll. Diese Geschlechtskennzeichnung erfolgt über subtile, auf dem gesamten Wortkörper verankerte phonologische Strukturmuster, denen im Folgenden genauer nachzugehen sein wird.

2.2 Die 20 häufigsten Rufnamen seit 1945 und ihre Aufbereitung für die Untersuchung

Da hier nicht der Raum ist, alle Top-20-Rufnamen seit 1945 aufzulisten, beschränke ich mich darauf, die Spitzenreiter von 1945, 1975 und 2005 aufzulisten.

Schon ein erster Blick auf Tabelle 1 erweist, dass es tiefgreifende Veränderungen in der Rufnamenstruktur gegeben hat. Nicht nur hat sich der Namenbestand jeweils komplett erneuert, es haben sich auch die prosodisch-phonologischen Strukturen stark verändert. 2005 scheinen die Namen tendenziell kürzer zu sein, vor allem „weicher", sonorer, doch lassen sich Details noch kaum ablesen, auch nicht solche, die auf geschlechterdifferente Entwicklungen hindeuten könnten. Eine solche Analyse soll in Abschnitt 2.3 vorgenommen werden.

	1945		1975		2005	
	weiblich	männlich	weiblich	männlich	weiblich	männlich
1	Renate	Hans	Sandra	Christian	Leonie	Lukas
2	Monika	Peter	Stefanie	Markus	Hanna	Leon
3	Karin	Klaus	Nicole	Michael	Anna	Luka
4	Ursula	Wolfgang	Kathrin	Stefan	Lea(h)	Finn
5	Brigitte	Jürgen	Tanja	Andreas	Lena	Niklas
6	Bärbel	Uwe	Anja	Thomas	Laura	Jonas
7	Elke	Bernd	Yvonne	Alexander	Emilie	Tim
8	Ingrid	Karl	Julia	Sven	Lara	L(o)uis
9	Helga	Horst	Claudia	Thorsten	Sophie	Jan
10	Christa	Dieter	Melanie	Jan	Marie	Paul
11	Gisela	Günther	Katja	Matthias	Julia	Felix
12	Hannelore	Heinz	Nadine	Frank	Sarah	Jannick
13	Jutta	Rainer	Silke	Martin	Lilli	Julian
14	Barbara	Michael	Andrea	Jens	Emma	Max
15	Heike	Manfred	Sonja	Sebastian	Lina	Philipp
16	Christel	Rolf	Susanne	Marco	Johanna	Maximilian
17	Marion	Gerhard	Bettina	Oliver	Ne(e)le	Ben
18	Erika	Werner	Daniela	Andre/é	Alina	Moritz
19	Angelika	Gerd	Sabine	Mark	Luisa	Nico
20	Anke	Helmut	Alexandra	Daniel	Sophia	Tom

Tab. 1: Die 20 häufigsten Rufnamen im Jahr 1945, 1975 und 2005[6]

Um der zentralen Frage nachzugehen, auf welche Namenstrukturen Eltern präferent zugreifen, interessieren vor allem die faktisch vergebenen Rufnamen (Tokens) und nicht etwa das Gesamtinventar an möglichen Rufnamen (Types). Bekanntlich divergieren Types und Tokens oft erheblich, d.h. Eltern nutzen nur einen kleinen Ausschnitt der Namenpools. Dies begründet, weshalb ich mich im Folgenden auf die jeweils 20 häufigsten Mädchen- und Jungennamen beziehe.

In der Literatur wird wenn, dann meist nur auf die Top 10 Bezug genommen, doch erscheint mir dies als zu begrenzt, zu wenig aussagekräftig

---

6   Von Schreibvarianten wird hier weitestgehend abgesehen, da nur die phonologische Seite interessiert. Zu den Schreibungen s. die Listen in „beliebte-vornamen". Aus Gründen der Lesbarkeit wird hier nur dann transkribiert, wenn es auf Details ankommt. Allen Auswertungen liegen selbstverständlich Transkriptionen zugrunde.

und als zu sehr von möglicherweise anderweitig bedingten Modephänomenen abhängig zu sein. Bei den hier zugrunde gelegten Top 20 sind die einzelnen Rangpositionen für uns uninteressant: Es soll nur darum gehen, die häufigsten Namen eines Jahrgangs zu erfassen. Frühere Schätzungen bzw. regional begrenzte Untersuchungen gehen davon aus, dass die häufigsten Namen von jeweils ca. 3-6% der Neugeborenen getragen wurden (so z.B. Debus 1977 für Kiel). Dabei gehen die Prozentzahlen mit der Zeit stark zurück, d.h. die Namengebung wird individueller, etwas mehr bei den Mädchen als bei den Jungen (Debus 1976b). Exakte, bundesweit gültige Zahlen sind nicht verfügbar. Für vier Städte (Westberlin, Wiesbaden, Heidelberg, Tübingen) legt Seibicke (1991: 110) einige Zahlen für das Ende der 1980er Jahre vor: Die jeweiligen Spitzenreiter bewegen sich tatsächlich zwischen 3,6% und 6,2%, und die Werte für den 1.-10. Namen, also die Top 10, reichen von 24% (Berlin, Jungen) bis 42,2% (Tübingen, Jungen). Auch wieviel Prozent der Kinder einen Namen der Top 20 tragen, wurde ermittelt. Hier variieren die Werte beträchtlich: Sie oszillieren zwischen 25,6% (Heidelberg, Mädchen) und 67,3% (Tübingen, Jungen). „[M]it 20 Jungen- und 20 Mädchennamen [gemeint sind die Top 20 – DN] erfaßt man rund die Hälfte aller Erst- und Einzelvornamen", schätzt Seibicke (1991: 112). Heute (2008) ist dieser Wert deutlich geringer: Nur noch 13,41% der Mädchen und 14,25% der Jungen tragen nach Ausweis von „beliebte-vornamen.de" einen Top-20-Namen.[7]

Um die Datenmenge von 1945 bis heute handhabbar zu halten, habe ich Fünfjahresschritte gewählt: 1945, 1950, 1955 etc. bis 2005 und zusätzlich 2008. Dies ergibt insgesamt 14 Jahresschnitte.

Valide und das gesamte Bundesgebiet abdeckende offizielle (amtliche) Daten gibt es bis heute nicht. Dies gilt auch für die jährlich in der Presse erscheinenden Rufnamenstatistiken, die von der *Gesellschaft für deutsche Sprache* (GfdS) ermittelt werden. Die datenliefernden Standesämter werden zwar von Jahr zu Jahr zahlreicher (2006 waren es 180), doch erschwert dies umgekehrt die Vergleichbarkeit zwischen den Jahrgängen. Da die GfdS immer nur die 10 häufigsten Rufnamen errechnet und dabei – dies betrifft und verzerrt v.a. die Mädchennamenstatistik – die Zweit- und Drittrufnamen mitzählt, d.h. diese wie Erstrufnamen behandelt statt sie

---

[7] Für Zürich kommt Moser (2009) für die von 1988-2008 vergebenen Rufnamen zu folgenden Ergebnissen: „[E]s darf nicht vergessen gehen, dass die Verteilung der Namenshäufigkeiten sehr flach ist. Von den 14.480 Kindern, die 2008 im Kanton Zürich geboren wurden, tragen nur 163 die beiden populärsten Namen „Sara" oder „Leon" – das entspricht etwas mehr als einem Prozent des Totals. Rund ein Viertel (26%) der Kinder erhalten zwar einen der 100 meistverwendeten Namen aber die restlichen drei Viertel teilen sich rund 4.300 verschiedene Namen. Etwa zwei Drittel aller Namen (64%) werden sogar nur einmal verwendet. [...] Die Hitliste ist also bloss die winzige Spitze eines Eisbergs. Die überwältigende Mehrheit der Eltern wählt andere Namen" (2).

herauszurechnen, verzerren typische, immer wiederkehrende Zweitrufnamen wie *Marie, Maria, Sophie* schon seit Jahren die Top 10, indem sie dauerhaft die ersten Ränge besetzen bzw. blockieren.

Deshalb beziehe ich mich auf die Quelle „www.beliebte-vornamen.de". Diese Statistik zieht ebenfalls Standesämter heran, zusätzlich Geburtskliniken, Geburtshäuser etc. Der Statistik von 2008 liegen z.B. genau 109.305 Geburtsmeldungen aus 301 Standesämtern und Geburtseinrichtungen zugrunde, was 16% aller Neugeborenen entspricht. Hier werden auch jeweils die ersten 250 Ränge ermittelt. Dies ist – neben der guten Zugänglichkeit über das Internet – ein entscheidender Vorteil gegenüber den GfdS-Daten: Man kann sehen, was sich jenseits der Top 10 bzw. Top 20 abspielt. Im Gegensatz zu den Daten der GfdS gehen bei „www.beliebte-vornamen" die Zweit- und Drittrufnamen nicht in die Häufigkeitsstatistik ein, sie werden herausgenommen und extra gezählt. Des Weiteren gehen die Statistiken historisch viel weiter zurück, genau bis 1890. Dies ist für diachrone Untersuchungen von unschätzbarem Wert. Die Daten der GfdS beginnen mit einiger Regelmäßigkeit erst in den 1980er Jahren, frühere Zahlen sind nur für wenige Jahrgänge erhältlich. Um sicher zu gehen, habe ich die Top 10 der GfdS, soweit für die hier interessierenden Jahre überhaupt vorhanden, mit den Top 20 von „beliebte-vornamen" abgeglichen: Fast ohne Ausnahme sind die Top 10 der GfdS in den Top 20 enthalten, d.h. beide Statistiken konvergieren in höchstem Maß. Eine Ausnahme bildet der typische Zweitrufname *Maria*, der 1990 – erwartungsgemäß – nur in den Top 10 der GfdS enthalten ist. Die andere Ausnahme bilden *David* (2000 und 2005) sowie *Alexander* (2005): Auch *Alexander* ist ein typischer Zweitvorname und belegt denn auch in der Statistik der häufigsten Zweitvornamen im Jahr 2005 Platz 1 (http://www.beliebte-vornamen.de/2005-zweit-namen.htm). Differenzen gibt es nur in den einzelnen Rangabfolgen, doch diese sind für uns ohne Belang: Es geht hier einzig und allein darum, die häufigsten und damit repräsentativen Rufnamen möglichst vieler Jahrgänge zu ermitteln, gleich ob sie auf Platz 1 oder auf Platz 20 stehen. Im Folgenden werden den Berechnungen die Top 20 von *www.beliebte-vornamen.de* zugrunde gelegt.

In einem ersten Schritt wurde das gesamte Rufnamenkorpus transkribiert (20x2x14=560 RufN). Schreibvarianten sind (weitestgehend) unerheblich, sie gingen daher auch nicht in das Korpus ein (es wurde die jeweils üblichere Schreibvariante gewählt). Nur in wenigen Fällen konnte nicht eindeutig transkribiert werden, z.B. bei *Andre/André* (Akzentposition) oder bei *Marcel* und *Kristin* (auch Akzentposition). In solchen Fällen wurden beide Varianten mitgezählt und entsprechend auf 21 statt 20 Namen bezogen. Bei *Jessica* und *Jennifer* wurde die engl. Aussprache mit [dʒ] angesetzt. Selbstverständlich müssen die eingetragenen Namenvollformen zugrundegelegt werden, d.h. dass ein *Maximilian Max* genannt wird, ist zwar naheliegend, aber nicht mit Sicherheit gegeben, zumal *Max* oft in denselben Top 20 vorkommt. Dieses Problem der späteren Namenverkürzung oder -veränderung gilt für viele andere Namen auch und muss hier außer Betracht bleiben (s. hierzu Abschnitt 3).

Zu phonologischen Details: Die wenigen Affrikaten und Diphthonge wurden biphonematisch transkribiert und gezählt (z.B. *Franziska* [fχan.'tsis.ka], *Laura* [lau.ʁa], *Klaus* [klaus]). Hiate wurden als zwei Silben gewertet, auch wenn sie bei Allegrosprechweise zu einer Silbe kontrahiert werden können (dies ist stark sprecherabhängig): *Christian* ['kχis.ti.an], *Christiane* [kχis.ti.'aː.nə], *Sebastian* [ze.'bas.ti.an], *Julia* ['juː.li.a]. So wurde auch deshalb verfahren, weil in vergleichbaren Fällen nicht immer davon auszugehen ist, dass tatsächlich kontrahiert wird, vgl. *Florian* ['floː.ʁi.an], kaum *['floː.ʁjan], auch *Adrian, Marianne* etc. Damit ist auch eine Gleichbehandlung mit anderen Hiaten gesichert, die keinesfalls kontrahiert werden: *Andreas* [an.'dχe:.as], *Michael* ['mi.ça.el], *Matthias* [ma.'tiː.as], *Marion* ['maː.ʁi.on]. Dieses Vorgehen ist im Fall von [ia] und [ua] durchaus diskutabel; Oelkers (2003) geht hier jeweils von nur einer Silbe aus, d.h. *Florian* hat zwei und *Manuela* drei Silben. Da durch die hier vorgenommene prinzipielle Bewertung als Hiate Jungen- wie Mädchennamen gleich behandelt werden, halten sich mögliche Verzerrungen zwischen den Geschlechtern in Grenzen. Auf die Transkription und Berücksichtigung des Knacklauts wurde grundsätzlich verzichtet: Im betonten Vokalanlaut ist er immer anzusetzen, in Fällen wie *Micha*[el]/*Micha*[ʔel] variiert dies regional oder individuell.

Viel wichtiger ist die Berücksichtigung der Phonetik beim deutschen /r/-Laut, der je nach Position und Umgebung in seiner Realisierung stark schwankt und in keinem Fall als Liquid zu verbuchen ist. Im unbetonten Auslaut nach Schwa ist /r/ immer vokalisiert, d.h. hier gilt *Peter* ['peː.tɐ] und *Dieter* ['diː.tɐ]. Damit lauten solche Namen vokalisch aus und nicht konsonantisch (wie dies bei Oelkers 2003 und Gerhards 2003a, b voraussetzen). Das gleiche gilt für die präkonsonantische Position (*Bernd* ['bɛɐnt], *Werner* ['vɛɐ.nɐ]). Im Anlaut und intervokalisch wird /r/ als stimmhafter Frikativ [ʁ] angesetzt (*Renate* [ʁe.'naː.tə], nach Konsonant als stimmloser Frikativ [χ] (*Britta* [bχi̯.ta], *Christa* [kχis.ta]. Wie die Transkription von *Britta* außerdem zeigt, werden (phonetisch reale) ambisilbische Konsonanten angesetzt, die nur im Hauptton vorkommen, d.h. die betonten Silben in *'Anna, Bri'gitte* oder *Mari'anne* sind geschlossen. Die Silbengrenze verläuft durch den ambisilbischen (Kurz-)Konsonanten, angezeigt durch den daruntergesetzten Punkt. Alle betonten Vokale, denen kein ambisilbischer Konsonant folgt, sind automatisch lang. Dennoch wird die Länge durch [ː] markiert. Schließlich wurde auch die Auslautneutralisierung berücksichtigt.

In den wenigen phonologischen Rufnamenanalysen wird m.E. allzu vereinfachend von einer Dichotomie zwischen Vokalen und Konsonanten ausgegangen und deren Anzahl dann oft in Relation (und damit Opposition) zueinander gesetzt. Bekanntlich erstreckt sich zwischen Vokalen und Konsonanten aber ein Kontinuum, das auf der Sonoritätsskala in Abb. 2 abgebildet ist.

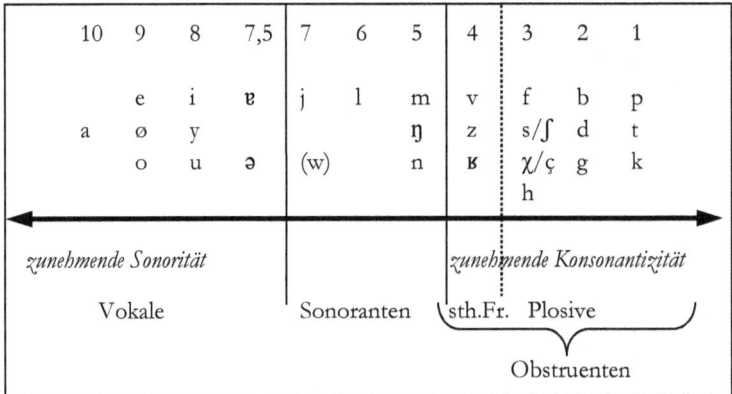

Abb. 2: Die Sonoritätshierarchie und die Sonoritätswerte

Der linke Senkrechtstrich zeigt die traditionelle Trennung zwischen Vokalen und Konsonanten an. Für unsere Belange besonders wichtig sind die Sonoranten, teilweise auch die stimmhaften Frikative (sth.Fr.), da diese dem Namen einen als weich empfundenen Klang verleihen und heute sehr euphonisch wirken. Nach rechts hin nimmt der Grad an konsonantischer Stärke zu, endend bei den stimmlosen Plosiven. Namen wie *Brigitte* oder *Peter* enthalten also starke Sonoritätskontraste, solche wie *Mia* oder *Leon* dagegen nur schwache.

Um die Sonorität irgendwie messbar zu machen, wurden Sonoritätswerte vergeben, die sich in der obersten Zeile von Abb. 2 befinden. Dabei soll angenommen werden, dass der Sonoritätsabstand zwischen benachbarten Lauten immer 1 beträgt, d.h. die stimmlosen Plosive bekommen den niedrigsten Wert 1, der Vokal /a/ erhält den höchsten Wert 10. Die beiden Schwa-Laute [ɐ] und [ə], die ohnehin nur in unbetonten Silben vorkommen, erhalten als einzige mit 7,5 Punkten einen Zwischenwert.

2.3 Die Untersuchung und ihre Ergebnisse

Oelkers (2003: 125–214) hat in ihrer synchronen Untersuchung, basierend auf einem umfangreichen, repräsentativen Korpus aus den Gesamtdaten (Frequenzminimum: mind. 3-mal vergeben) von sechs Städten in den

1990er Jahren[8] (sog. Gesamtkorpora) sowie den bundesweit 30 häufigsten Namen aus dem Jahr 1999 (sog. Frequenzkorpus), die wichtigsten Strukturunterschiede zwischen Mädchen- und Jungennamen synchron untersucht. Das Korpus umfasst insgesamt 446 unterschiedliche Frauen- und 405 Männerrufnamen. Dabei ist sie zu folgenden signifikanten Ergebnissen gelangt (s. Oelkers 2003: 220):

1. Silbenzahl: Frauennamen enthalten durchschnittlich mehr Silben als Männernamen.
2. Hauptakzent: Frauennamen sind durchschnittlich seltener auf der ersten Silbe betont als Männernamen.
3. Konsonanten-/Vokalanteil: Frauennamen enthalten durchschnittlich mehr Vokale, Männernamen mehr Konsonanten.
4. Kernvokal (= betonter Vokal): Frauennamen haben durchschnittlich häufiger einen hellen Kernvokal (= [e, ɛ, i, ɪ], Männernamen seltener
5. Auslaut: Frauennamen lauten durchschnittlich häufiger vokalisch aus, Männernamen häufiger konsonantisch, und Frauennamen lauten durchschnittlich weicher aus, Männernamen härter.

Keine signifikanten Unterschiede gab es bzgl. des Anlauts, der Phonemzahl des Namens sowie der dunklen Kernvokale.

Unser Korpus basiert, wie erwähnt, auf den bundesweit 20 häufigsten Namen und umfasst insgesamt 560 Rufnamen. Hier besteht das Erkenntnisinteresse darin, die Diachronie möglicher struktureller Veränderungen zu erfassen. Dass dafür der Zeitraum von 1945 bis 2008 (mit insgesamt 14 Zeitschnitten) gewählt wurde, ist dem Interesse daran geschuldet, ob tiefgreifende onymische Strukturveränderungen innerhalb und zwischen den Geschlechtern mit solchen sprachexterner Art korrelieren. Damit soll die Hypothese von Gerhards (2003a, b) nochmals überprüft werden. Konkret geht es um folgende Fragestellungen:

1. Sonorität: Auf Basis der realitätsnäheren Transkriptionen sollen mögliche Sonoritätsverschiebungen innerhalb und zwischen den Geschlechtern bzgl. des Auslauts, des Anlauts, aber auch des gesamten Konsonantismus untersucht werden.
2. Anzahl un- bzw. nebenbetonter Vokale: Es wird zu ermitteln sein, ob die Namen sich bezüglich der Anzahl un- bzw. nebenbetonter Vokale verändert haben. Auch soll die Qualität dieser Vokale berücksichtigt werden.
3. Konsonantencluster: Es wird zu ermitteln sein, ob die Namen sich bezüglich der Anzahl an Konsonantenclustern verändert haben.

---

8 Es handelt sich um die Städte Bielefeld, Darmstadt, Freiburg, Cottbus, Potsdam und Weimar.

4. Hiate: Es wird zu ermitteln sein, ob die Namen sich bezüglich der Anzahl an Hiaten verändert haben.
5. Silbenzahl: Es wird zu ermitteln sein, ob die Namen sich bezüglich ihrer Silbenzahl verändert haben.
6. Akzentstrukturen: Es wird zu ermitteln sein, ob die Namen sich bezüglich ihrer Akzentstrukturen verändert haben.

Natürlich handelt es sich hierbei nicht nur um unabhängige Parameter: Es sind einige Implikationen vorhanden, die sich in den Ergebnissen niederschlagen.

2.3.1 Sonoritätsberechnungen

Zu Beginn soll der als stark sexusspezifizierend geltende **Auslaut** betrachtet werden, genauer die Endsilbe hinsichtlich geschlossen (auf C endend) bzw. offen (auf V endend). Um diese diachronen Ergebnisse mit Gerhards (2003a, b) und Oelkers (2003) vergleichbar zu machen, wurde – auch wenn <er> [ɐ] (Typ *Peter*) als offen zu gelten hat – dieser Auslauttyp in Abb. 3 gesondert ausgewiesen, und zwar durch die jeweils schwarz eingefärbten Säulenanteile. Bei den Mädchen spielt der *er*-Auslaut kaum eine Rolle, bei den Jungen dagegen schon, d.h. die bei Gerhards (2003a: 163) und Oelkers (2003: 185–197) diesbezüglich starke onymische Geschlechterdifferenz nivelliert sich dadurch etwas.

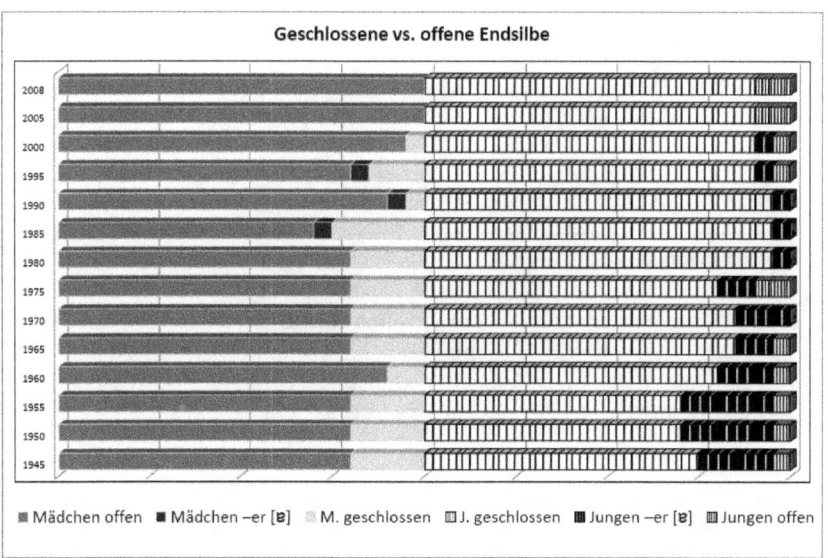

Abb. 3: Geschlossene vs. offene Endsilbe

Im Zeitverlauf nehmen die männlichen *er*-Ausgänge stark ab. 2005 und 2008 sind sie gar nicht mehr vorhanden. Es dominiert bei den Jungen klar der geschlossene Namenausgang, bei den Mädchen dagegen der offene, was seit 2005 sogar zu 100% gilt. Insgesamt sorgt also das Strukturmerkmal offene vs. geschlossene Endsilbe für eine ausgeprägte und persistente onymische Geschlechterdifferenz.[9]

Um die (künstliche) Dichotomie zwischen Vokalen und Konsonanten aufzubrechen, wurden alle Auslaute ihrem Sonoritätswert (gemäß Abb. 2) zugeordnet. Diese Werte wurden pro untersuchtem Jahr addiert und dann durch 20 dividiert. Die Veränderung der Werte nur zwischen 1945 und 2005 zeigt Abb. 4.

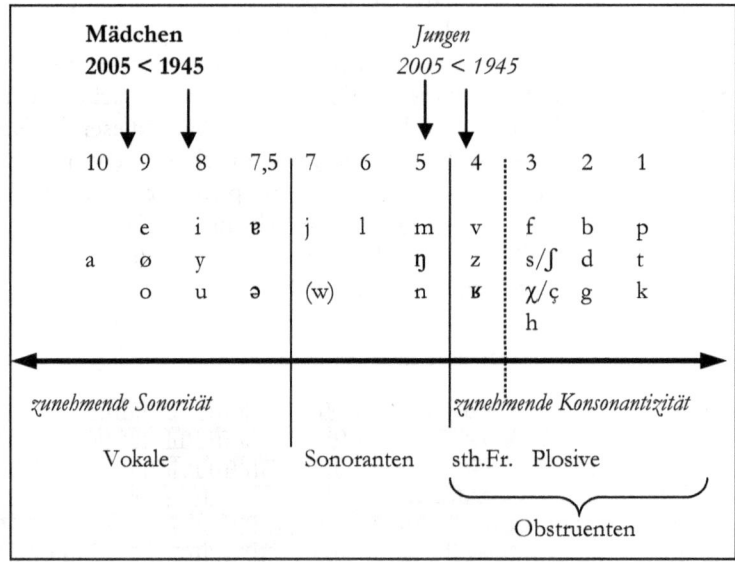

Abb. 4: Auslautsonorität

Beide Geschlechter trennt ein großer Sonoritätsabstand von ca. 4 Sonoritätsgraden. Beide Geschlechter haben außerdem zwischen 1945 und 2005 einen leichten Sonoritätszuwachs erfahren: die Mädchen von 8,35 (1945) auf 9,4 (2005), die Jungen von 4,25 (1945) auf 4,9 (2005). Die

---

9   Dies bestätigt auch Moser (2009), der sämtliche Namen der Zürcher Neugeborenen von 1988-2008 untersucht. Allein 70% aller Mädchennamen enden auf -a, weitere 19% auf -e oder -n. Dagegen sind die Auslaute der Jungennamen weitaus diverser: Nur 53% enden auf -n, -o oder -s (zu Näherem s. Moser 2009: 9). Generell konstatiert Moser bei den Mädchennamen lautliche Monotonie, bei den Jungennamen dagegen weitaus höhere phonologische Varianz.

diachrone Differenz beträgt bei den Mädchen 1,05 Sonoritätswerte, bei den Jungen nur 0,65.

Dagegen sind, wie auch schon Oelkers ermittelt hat, die *Anlaute* zwischen den Geschlechtern ähnlich, obwohl der Anlaut, da meist in der betonten Silbe befindlich, zur salientesten Wortposition zählt. Hier ergaben sich jeweils dicht beieinanderliegende Sonoritätsmittelwerte: Mädchen 4,75 (1945) > 6,25 (2005); Jungen: 3,1 (1945) > 4,45 (2005).

Sie nehmen zwischen 1945 und 2005 bei beiden Geschlechtern leicht zu, nämlich um 1,5 Sonoritätspunkte bei den Mädchen und um 1,35 bei den Jungen.

	Kons. total	Obstru- enten	Sono- ranten	**Jahr**	Sono- ranten	Obstru- enten	Kons. total	
Mädchen	59	40	19	1945	17	39	56	**Jungen**
	61	42	19	1950	20	38	58	
	55	37	18	1955	21	37	58	
	62	42	20	1960	23	39	62	
	64	47	17	1965	20	41	61	
	64	42	22	1970	22	41	63	
	63	33	30	1975	26	40	66	
	58	34	24	1980	26	47	73	
	62	37	25	1985	25	47	72	
	63	37	26	1990	26	42	68	
	49	24	25	1995	31	28	59	
	44	16	28	2000	34	25	59	
	38	11	27	2005	31	24	55	
	37	11	26	2008	28	23	51	

Tab. 2: Sonoranten, Obstruenten und Konsonanten gesamt: absolut

Die größten diachronen Veränderungen haben sich indessen in der *Gesamtsonorität des Konsonantismus* abgespielt. Hierzu wurde die Gruppe der Sonoranten, zu denen auch der Halbkonsonant /j/ zählt, von den restlichen Konsonanten, d.h. den Obstruenten, getrennt erhoben. Abb. 5 zeigt das Resultat. Den Kurven liegen dabei die Zahlen der Sonoranten aus Tab. 2 zugrunde, die in Prozente umgerechnet wurden.

Deutlich steigen bei beiden Geschlechtern die Sonorantenanteile an, wobei sie gemeinsam bei ca. 30% im Jahr 1945 starten. Ab 1965 und insbesondere 1990 schießen die Werte in die Höhe, um bei den Mädchen 2005 bei ca. 70% anzugelangen, bei den Jungen bei 55%.

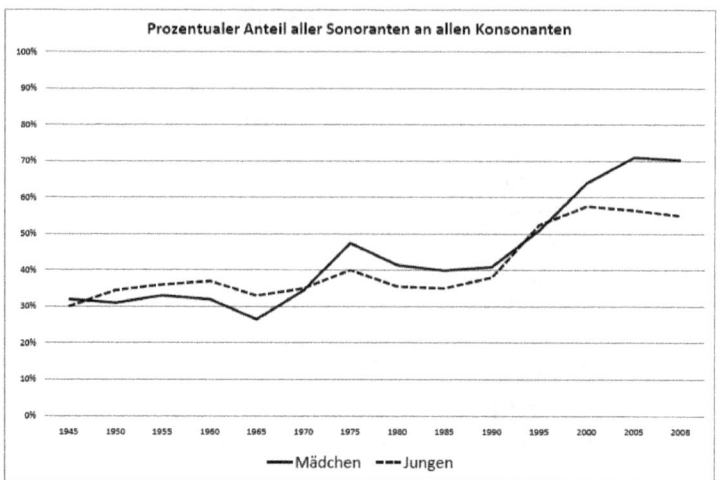

Abb. 5: Prozentualer Anteil aller Sonoranten an allen Konsonanten

Da auch stimmhafte Frikative, d.h. [v, z, ʁ], die Gesamtsonorität erhöhen, wurden sie in Abb. 6 den Sonoranten zugesellt. Hier treiben sie die Werte bei den Mädchen auf 90%, bei den Jungen bleibt es bei den 55%. Typische Namen mit stimmhaften Frikativen sind *Su̱sanne*, *Sa̱ṟah*, *V̱anessa*, *Li̱ṣa* – *S̱ebastian*, *Sv̱en*.

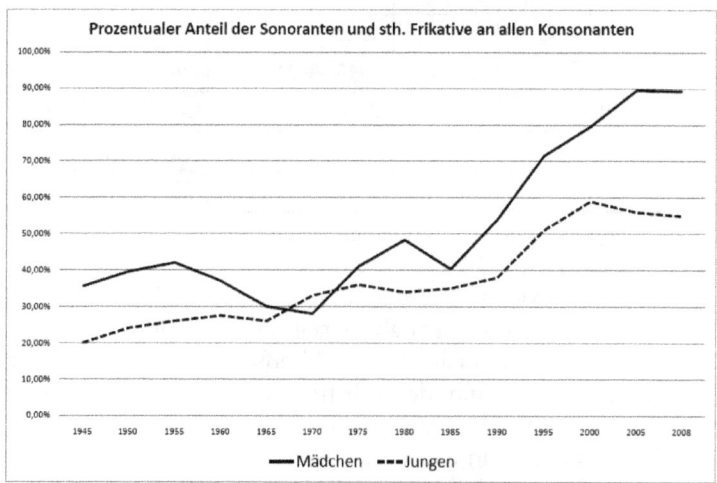

Abb. 6: Anteil der Sonoranten und stimmhaften Frikative an allen Konsonanten

Zurück zu den Sonoranten: Bei der Durchsicht der Namen fällt auf, dass es nicht nur der reine Anteil an Sonoranten ist, der zunimmt, sondern dass es vor allem freie, d.h. nicht in konsonantischer Nachbarschaft stehende Sonoranten sind, die vermehrt hinzukommen. So entfaltet das intervokalische [l] in *Neele* oder das prävokalisch anlautende [l] in *Laura* mehr Sonorität als konsonantisch gedecktes [l] in *Silke* oder *Claudia*. „Gedeckt" bezeichnet hier mindestens einen Konsonanten neben dem Sonoranten, gleich ob er ihm vorangeht oder folgt. *Lilli*, Platz 12 im Jahr 2008, vereint gleich zwei freie [l] und besteht nur noch in einer Reduplikation, einer Art Lallform. Ähnliches gilt für [j] (und gleichzeitig weitere Sonoranten) bei *Maja* und *Julia* (beide 2008) gegenüber *Katja* (1975). Auch bei den Jungen spielt sich Ähnliches ab, vgl. *Maximilian* mit gleich vier freien Sonoranten, ebenso *Leon*, *Elias* und *Julian* (alle 2008) mit *Bernd*, *Helmut*, *Klaus* (1945). Durch die einerseits abnehmende Namenlänge (s. hierzu Abschnitt 2.3.5) und den gleichzeitig zunehmenden Sonorantengehalt ballt sich maximale Sonorität auf einem minimalen Namenkörper. Da sich dieser Trend heute fortsetzt, seien hier die Namen von 2008 aufgeführt.

	Mädchen	Jungen		Mädchen	Jungen
1	Hanna(h)	Leon	11	Emma	Max
2	Leonie	Lukas	12	Lilli	Niclas
3	Lea(h)	Luka	13	Marie	Julian
4	Lena	Tim(m)	14	Lina	Ben
5	Mia	Finn	15	Maja	Elias
6	Anna	Luis	16	Johanna	Jan
7	Emily	Jonas	17	Sophie	Noah
8	Lara	Felix	18	Ne(e)le	(Moritz) David (24)
9	Laura	Paul	19	Sofia	Philipp
10	Sara(h)	Maximilian	20	(Amelie) Lisa (21)	Jannick/Yannik

Tab. 3: Die Top 20 von 2008[10]

Die Tatsache, dass es primär die freien (konsonantisch ungedeckten) Sonoranten sind, die zunehmen, schlägt sich deutlich im Kurvenverlauf von Abb. 7 nieder und gilt für beide Geschlechter, ganz besonders für die Jungen. Die Sonoranten „befreien" und entfalten sich also zunehmend im Laufe der Zeit. Die gedeckten Sonoranten stagnieren nicht etwa, sie gehen sogar zurück, insbesondere bei den Jungen.

---

10 Diese Liste, die den Berechnungen zugrundeliegt, wurde Ende 2008 ermittelt und nachträglich noch leicht korrigiert: Statt *Lisa*, die faktisch auf Platz 21 gelandet ist, belegt *Amelie* Platz 20, und statt *David*, der faktisch auf Platz 24 liegt, ist *Moritz* auf Platz 20 gekommen. Sonst hat sich nichts verändert. Während *David* und *Moritz* auf exakt den gleichen Gesamtsonoritätswert kommen, ist *Amelie* etwas sonorer als *Lisa*, verstärkt also die von uns festgestellte Tendenz.

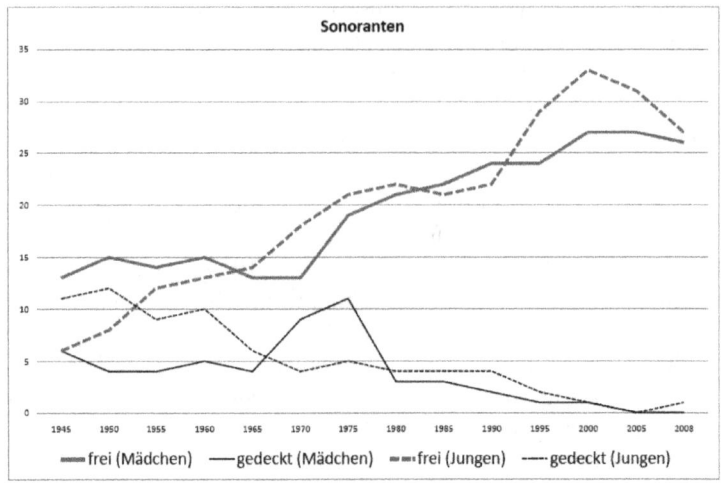

Abb. 7: Freie und (konsonantisch) gedeckte Sonoranten im Vergleich (absolut)

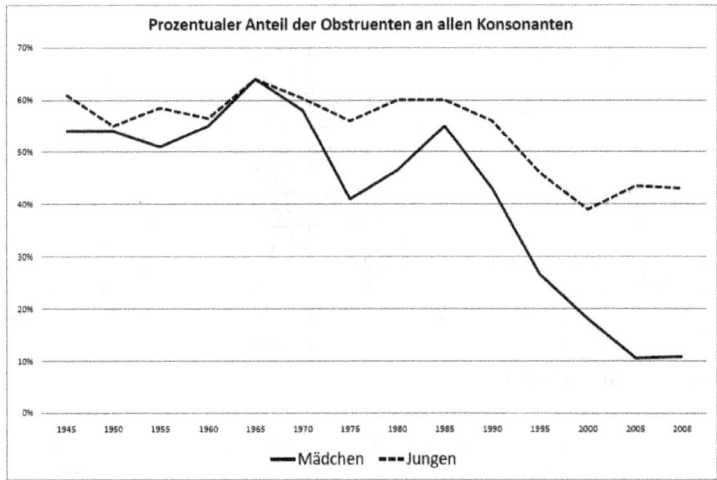

Abb. 8: Anteil der Obstruenten (ohne sth. Frikative) an allen Konsonanten

So verwundert es wenig, dass die Obstruenten sich sukzessive zurückziehen (in Abb. 8 ohne die stimmhaften Frikative, d.h. hier wurden nur die stimmlosen Frikative/Plosive + stimmhaften Plosive berechnet): Bei den Mädchen fallen sie von 54% auf 10,8%, bei den Jungen von 61% auf 43%. Dies lässt den Sonoranten umso mehr Raum und mindert den als „hart" empfundenen onymischen Gesamteindruck. Moser (2009), der ähnliche Entwicklungen für die Neugeborenennamen des Kantons Zürich beschreibt, spricht hier von „Entschärfung".

2.3.2 Un- bzw. nebenbetonter Vokalismus

Zweifellos tragen mehr als die Konsonanten die Vokale zur Gesamtsonorität eines Wortes bei. Allerdings verringert die zunehmende konsonantische Sonorität die starken Sonoritätskontraste, die bis Anfang der 1970er Jahre die Namen beider Geschlechter prägen (vgl. *Brigitte, Heike, Christa* bzw. *Horst, Dieter, Gerhard,* alle 1945). Was den betonten Vokalismus betrifft, so enthält jeder Name mindestens einen Haupttonvokal, d.h. hier kann keine gravierende quantitative Veränderung stattfinden.[11] Veränderungen vollziehen sich aber bei neben- und unbetonten Vokalen (im Folgenden vereinfachend „unbetonte Vokale"). Abb. 9 dokumentiert den Wandel.

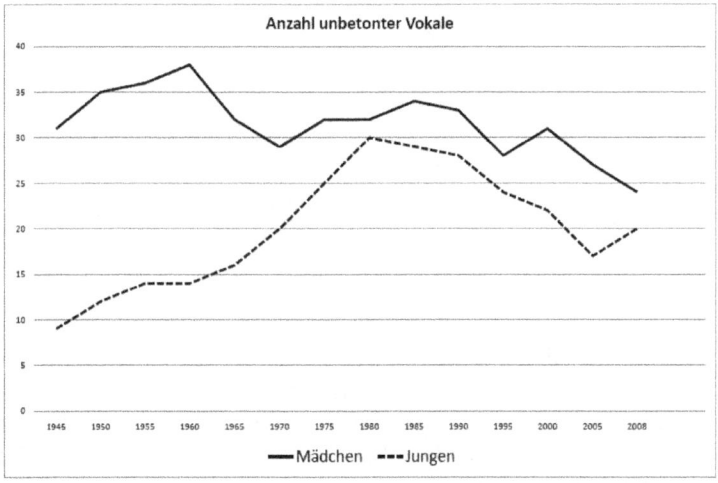

Abb. 9: Veränderungen der Anzahl unbetonter Vokale (absolut)

Dieser Verlauf legt eine Androgynisierung und damit Gendernivellierung bzgl. dieses Parameters nahe: 1945 starten die Mädchen mit einem mehr als dreimal so hohen Anteil an unbetonten Vokalen (31) wie die Jungen (9). Beide Geschlechter legen bis 1960 zu. Die Mädchen verringern seither mit Unterbrechungen ihren Jahresspitzenwert von 38 (1960), während die Jungen stark aufholen und 1980 die Mädchen sogar fast einholen (Mädchen: 32, Jungen: 30). Danach verringern beide Geschlechter mehr oder weniger parallel ihr Aufkommen an unbetonten Vokalen, die Namen

---

11 Die wenigen germanischen Rufnamenkomposita vom Typ *Hannelore, Manfred, Helmut, Wolfgang* enthalten zwei betonte Vokale, da aus zwei phonologischen Wörtern bestehend. Dass dabei der erste Bestandteil des Kompositums etwas stärker betont ist als der zweite, entspricht dem deutschen Kompositionsakzent, vgl. *Haustür.*

werden kürzer (s. 2.3.5). Typische Jungennamen 1980 sind *Christian, Sebastian, Daniel, Matthias, Andreas, Tobias, Benjamin, Florian,* d.h. die zunehmenden Hiate schlagen sehr zu Buche (auch wenn der eine Teil betont ist wie bei *Ma'tthi.as*, so bleibt immer auch ein unbetonter Vokal, der in diese Rechnung eingeht).

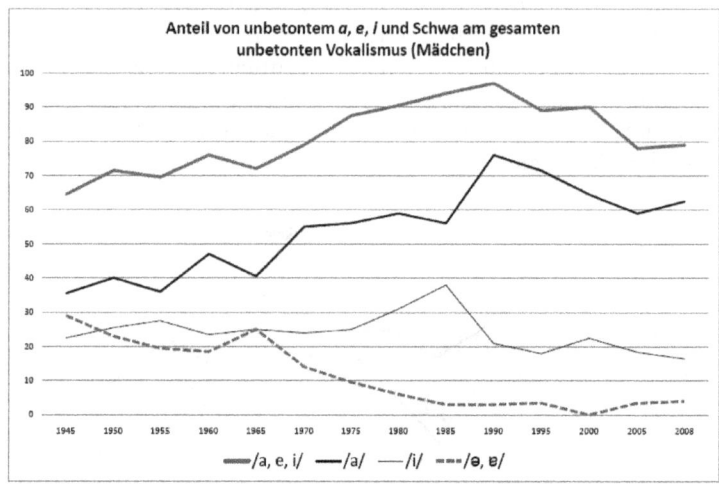

Abb. 10: Anteile von unbetontem [a, e, i] und Schwa (relativ): Mädchen

Schaut man sich die *Qualität der Nebentonvokale* an, muss man Abb. 10 (Mädchen) mit Abb. 11 (Jungen) vergleichen, denn hier vollziehen sich gerade bei den Jungen wichtige Veränderungen. Der Normalwortschatz (Erbwortschatz) sieht in den Nebentonsilben zum überwiegenden Teil nur Schwa-Laute vor, was seine Ursache in der mhd. Nebensilbenabschwächung hat. Nur einige nebenbetonte Derivationsaffixe erlauben v.a. [ɪ] und [ʊ]: *Hündin, kleinlich, Sitzung.* Ansonsten kommen volle Vokale nur im Fremd- und Kurzwortschatz vor. Damit nähern sich die Rufnamen strukturell dieser peripheren Lexik an.

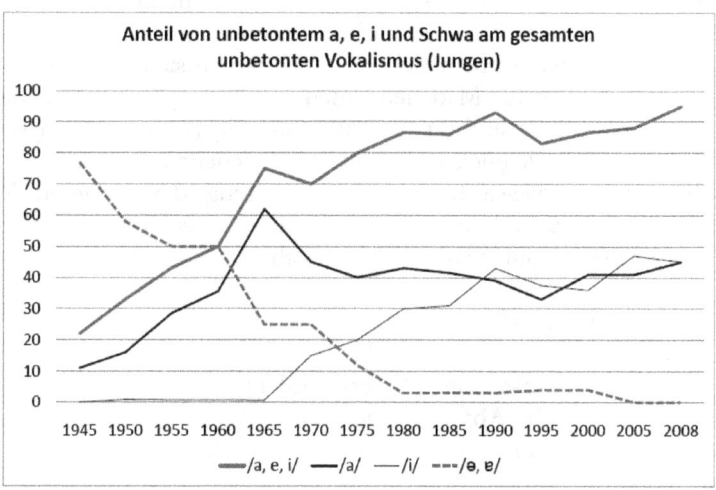

Abb. 11: Anteile von unbetontem [a, e, i] und Schwa (relativ): Jungen

Schwa-haltige Endsilben standen 1945 bei den Jungen an der Tagesordnung. Typische Repräsentanten sind *Günther, Dieter, Peter, Rainer, Werner, Jürgen, Uwe* etc. Andere unbetonte Vokale kamen kaum vor (viele Namen waren ja einsilbig). Dies zeigt deutlich Abb. 11, wo die Schwas bei fast 80% starten. Bei den Mädchen gab es weniger Schwas, vgl. *Brigitte, Hannelore, Christel, Heike, Anke*. Bei den Jungen herrscht [ɐ] vor, bei den Mädchen dagegen fast nur [ə]. Dies ändert sich in den folgenden Jahrzehnten gründlich, und zwar noch mehr bei den Jungen: Hier schnellen in Abb. 11 die Werte der Vollvokale [a] und [i] nach oben, die oberste Linie vereint [a, e, i]. Besonders ab 1965 kündigt sich der Durchbruch an: Hier steigen die Werte sprunghaft an, gefolgt von [i], das zeitlich etwas hinterherhinkt und 2005 seinen Höchstwert erreicht, vgl. *'Jannick, Maxi'milian, 'Philipp, 'Moritz, 'Felix* etc. 1945 existierten solche Namentypen nicht im entferntesten. Ebenso nimmt [a] massiv zu, typische Namen 1965 sind *'Thomas, An'dreas, 'Stefan, 'Michael, Ma'ttias, 'Christian, 'Olav*. Auch bei den Mädchen finden insgesamt Zuwächse statt, doch enthalten diese Namen schon 1945 zahlreiche volle Nebentonvokale. Die dunklen Vokale [o] und [u] verändern sich wenig im Zeitverlauf. Mit jeweils insgesamt vier unbetonten [o]-Silben erreichen die Mädchen 2005 und 2008 ihren Rekord (2008: *'Leo.nie, So.'phie, So.'fia, Jo.'hanna*), die Jungen mit drei 1995 (*To'bi.as, 'Ni.co, 'Le.on*). Die absoluten Spitzenwerte für [a] (Mädchen) gelten 1990 mit 25 und für Jungen 1985 mit 13 (von insgesamt 30 Nebentonvokalen; 1965 waren es zwar absolut nur 10, aber bezogen auf nur 16 Nebentonvokale ergibt sich hier der relative Spitzenwert in Abb. 11).

Zusammenfassend ist zu sagen, dass sich im unbetonten Vokalismus quantitativ beide Geschlechter stark aufeinander zu bewegen, um sich dann konvergent weiterzuentwickeln; dabei nähern sich die Jungennamen insgesamt stärker an die Mädchennamen an als umgekehrt. Was die Vokalqualität betrifft, so sind die Verläufe einseitiger: Hier nähern sich die Jungennamen noch deutlich stärker an die Mädchennamen an.

Überraschenderweise hat die Untersuchung der betonten Vokale nichts Spektakuläres erbracht. Die größten Unterschiede und Veränderungen spielen sich „hinter den Kulissen" ab.

2.3.3 Konsonantencluster

Der Begriff des Konsonantenclusters wird hier weit gefasst: Es handelt sich dabei um jegliche Abfolge mindestens zweier Konsonanten. Es wird nicht zwischen seinem wortpositionellen Auftreten unterschieden (Anlaut, Inlaut, Auslaut), ebenso wenig, ob eine Silbengrenze innerhalb des Clusters verläuft. Konsonantencluster konterkarieren in jedem Fall klare CV-Strukturen, die von den Rufnamen zunehmend angestrebt werden, in Verbund mit erhöhter Sonorität.

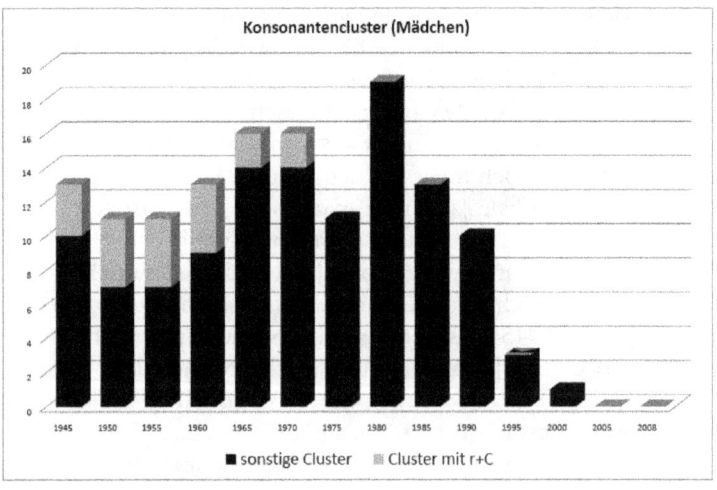

Abb. 12: Vorkommen von Konsonantenclustern (absolut): Mädchen

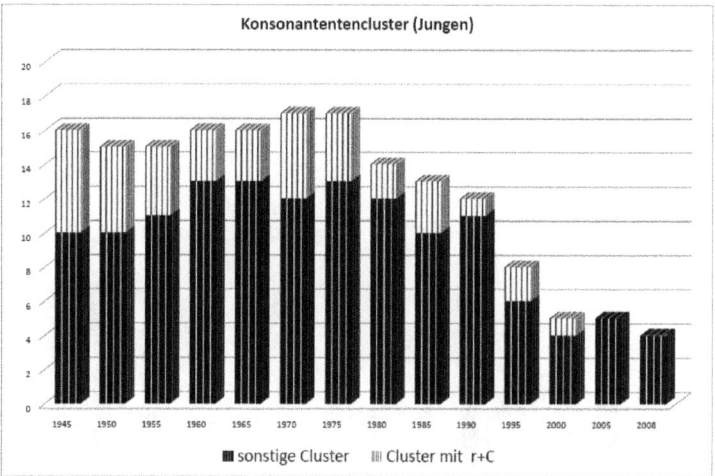

Abb. 13: Vorkommen von Konsonantenclustern (absolut): Jungen

Abb. 12 und 13 erweisen, dass Cluster früher bei beiden Geschlechtern (wenngleich unterschiedlich frequent) vorkamen. Seit 1995 sind jedoch bei beiden Geschlechtern kräftige Einbrüche zu verzeichnen, ganz besonders bei den Mädchen, die seit 2005 nicht mehr einen einzigen Cluster enthalten! Hier herrscht nur noch CVCV. Dies trägt entscheidend zu dem Eindruck bei, dass die heutigen Namen immer weicher würden.

In Abb. 12 und 13 werden die strittigen Verbindungen von /r/+C extra ausgewiesen (die hellen Aufsätze auf den Säulen): Wie bereits gesagt, vokalisiert /r/ immer vor Konsonant zu [ɐ], weshalb Namen wie *Ma<u>r</u>kus, We<u>r</u>ner, Gerha<u>r</u>d, U<u>r</u>sula, Ba<u>r</u>bara, Bä<u>r</u>bel* hier nicht als CC-Verbindungen zu werten sind. Man kann diese grauen Anteile also abziehen, sie werden nur aus traditionellen Gründen berücksichtigt.

2.3.4 Hiate

Ähnlich wie volle Nebentonvokale verstoßen auch Hiate gegen die nativen wortphonologischen Regularitäten: Abgesehen von seltenen Fällen wie *Bauer, Geier*, bei denen der erste Hiatbestandteil in einem Diphthong und der zweite in einem Schwa besteht, sind dem deutschen Erbwortschatz solche Strukturen unbekannt (s. Szczepaniak 2007). Hiate mit zwei Vollvokalen kommen nur in Fremdwörtern vor (*Th<u>ea</u>ter, Ling<u>ui</u>stik*). Wie bereits deutlich wurde, stehen die Namen zu Beginn unseres Untersuchungszeitraums den (nativen) Appellativen noch relativ nahe. Sukzessive rücken sie strukturell von ihnen ab. Dies wird durch die starke Zunahme an Hiaten unterstützt, was Abb. 14 abbildet.

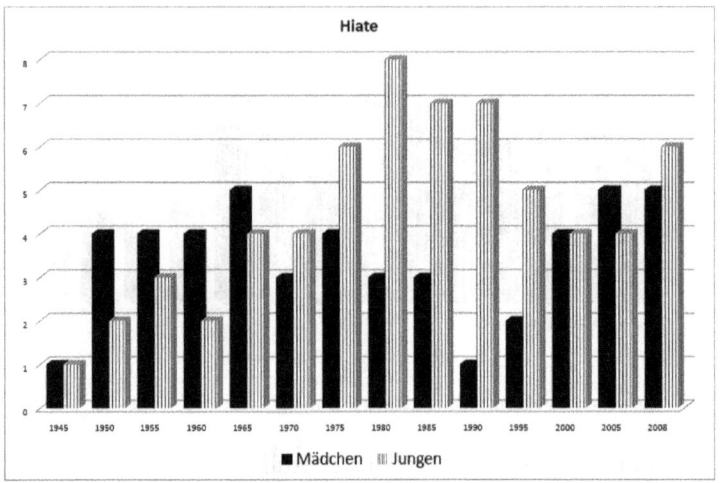

Abb. 14: Die Zunahme an Hiaten bei Mädchen und Jungen (absolut)

Bei den Hiaten wurde weder unterschieden, ob sie im Haupton vorkommen oder nicht noch welche Qualität sie im Einzelnen besitzen. Wie die absoluten Zahlen in Abb. 17 deutlich machen, sind diese zu gering, als dass man sie weiter ausdifferenzieren sollte. Überraschenderweise haben gerade die Jungennamen einen hohen Anteil an den Hiaten, insbesondere von 1970-1995. Hiate tragen wesentlich zu Sonoritätssteigerung bei und verunklaren gleichzeitig die Silbengrenzen. Sie führen zu einer diffusen Masse maximaler Sonorität. Bestehen 1945 die einzigen hiatushaltigen Namen in 'Mari.on und 'Micha.el, (wobei der Hiat nie im Haupton steht), so schießen diese gerade bei den Jungen bis 1980 in die Höhe: Hier sind es acht (von 20) Jungennamen: 'Christian, Se'bastian, 'Michael, 'Daniel, 'Florian, Ma'tthias, An'dreas, To'bias (Mädchen: 'Julia, 'Claudia, Da'niela). Die meisten enthalten [i] als ersten und [a] als zweiten Bestandteil. 2008 sind es ganz andere Namen: 'Leonie, 'Mia, 'Lea, So'fia, E'milie (als Variante zu Emily) – 'Leon, 'L(o)uis, Maxi'milian, 'Julian, E'lias, 'Noah. Hier sind die konkreten Bestandteile vielfältiger als 1980, und vor allem stehen nun die Hiate vermehrt im Haupton, was sie stärker exponiert und damit wahrnehmbarer macht. Teilweise bestehen die Namen aus kaum mehr als diesem einen betonten Hiat, d.h. der Hiat wechselt zunehmend von einer Neben- in die Hauptrolle: *Mia, Lea, Leon, Luis, Noah*.

2.3.5 Silbenzahl

Abb. 15 dokumentiert die Veränderungen in der Silbenzahl, die, grob gesagt, die Namenlänge anzeigt. Dabei ergeben sich naheliegenderweise große Ähnlichkeiten zum Kurvenverlauf von Abb. 9, die die Anzahl unbetonter Vokale ausweist.

1945 umfasst der weibliche Rufname im Schnitt 2,6 Silben, der männliche nur 1,65, was eine beträchtliche Differenz von fast genau einer ganzen Silbe ergibt. 1960 gelangt der weibliche RufN sogar zu 2,9 Silben, der männliche zu 1,75, d.h. hier steigt die Differenz auf 1,15 Silben an. Diese Tendenz bricht danach stark ein. Der minimale Abstand von nur 0,1 Silben stellt sich schon 20 Jahre später im Jahr 1980 ein: 2,6 Silben bei den Mädchen und 2,5 bei den Jungen. Seitdem konvergieren die beiden Kurvenverläufe. Insgesamt wird wieder mehr Kürze angestrebt, was vormals ein typisch männliches onymisches Merkmal war. 2008 beträgt die Silbenzahl 2,2 (♀) vs. 1,95 (♂), was eine Differenz von nur 0,25 Silben ergibt. Auf das Gesamtkorpus bezogen umfassen die weiblichen RufN 2,6 und die männlichen 2,0 Silben.

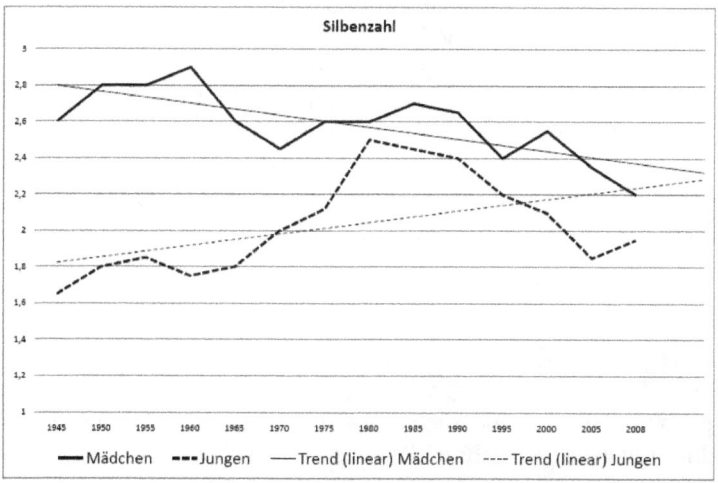

Abb. 15: Veränderungen der Silbenzahl

Um zu sehen, wie sich diese Zahlen konkret zusammensetzen, soll die Verteilung der Silbenzahlen nur für 1945, 1975, 2005 und 2008 ausgewiesen werden (s. Tabelle 4): 1945 sind die Mädchennamen in 8 (von 20) Fällen dreisilbig, in weiteren zwei sogar viersilbig, wohingegen die Jungennamen nur einmal dreisilbig sind. Dagegen kommt ihnen exklusiv Einsilbigkeit zu. Diese Extrembesetzungen nivellieren sich im Laufe der

Zeit. Heute besetzt sogar ein männlicher Fünfsilber die Top 20 (*Maximilian*).

	Sexus	Silbenzahl					Silben gesamt	Silben: Ø
		1	2	3	4	5		
1945	♀	-	10	8	2	-	52	2,6
	♂	8	11	1	-	-	33	1,65
1975	♀	-	10	8	2	-	52	2,6
	♂	5	7	6	2	-	41	2,05
2005	♀	-	13	7	-	-	47	2,35
	♂	7	11	1	-	1	41	1,6
2008	♀	-	16	4	-	-	44	2,2
	♂	6	11	2	-	1	39	1,95

Tab. 4: Die konkreten Silbenzahlen (Tokens) für 1945, 1974, 2005 und 2008

Ein Blick auf die Namentypes offenbart, dass es fast keine einsilbigen Frauennamen gibt, doch jede Menge bei den Männernamen, d.h. hier verhindert schon das Inventar den Zugriff auf kurze Frauennamen (der einzige in meinem Korpus befindliche ist *Kim* 1995 auf Platz 20). Seibicke (1982: 104–106) hat sämtliche Namen (außer den Bindestrichnamen) seines Vornamenbuchs (Seibicke 1977) auf ihre Silbenzahl hin untersucht und kam auf folgende Werte (s. auch Frank 1977):

	weiblich	männlich
einsilbig	1%	17%
zweisilbig	40%	37%
dreisilbig	40,5%	38%
viersilbig	17%	7%
fünfsilbig	1,5%	1%

Diese Zahlen machen deutlich, dass das Inventar fast keine weiblichen Einsilber vorsieht (Ausnahme: *Ruth*) und fast keine männlichen Fünfsilber (Ausnahme: *Maximilian*). Dass Frauennamen im Schnitt länger sind, wird oft durch die Movierung männlicher Namen durch eine Extrasilbe begründet (Typ *Martin* → *Martina*; man beachte auch den Akzentwechsel). In unserem Material ist dieser Typus nur selten vorhanden (*Gabriele, Martina, Manuela, Stephanie*) und schlägt damit auch kaum zu Buche. Doch könnte dieses Prinzip das prosodische Schema langer, nicht initialbetonter Frauennamen begünstigt bzw. mitgeformt haben.

2.3.6 Akzentstrukturen

Große Unterschiede offenbaren auch die Akzentstrukturen, selbst wenn die Silbenlänge gleich ist, und dies sowohl in diachroner als auch sexusspezifischer Hinsicht. Dabei hat jede Abweichung vom Initialakzent als nichtnative Struktur zu gelten. Bei Abb. 16 und 17 springen eklatante Unterschiede ins Auge. Gleiche Typen wurden jeweils gleich eingefärbt bzw. strukturiert: Einsilber sind weiß, Zweisilber schraffiert (dunkel schraffiert = initialbetont, hell schraffiert = finalbetont), Drei- und Mehrsilber sind schwarz (initialbetont) bzw. grau (nichtinitialbetont).

Einsilbigkeit eignet, wie schon gesagt, ausschließlich Jungennamen. Das ist nicht selbstverständlich, denn die Types (als gesamtes Nameninventar) sagen nichts über die Tokens aus. So wird auch im diachronen Verlauf deutlich, dass sich die Eltern 1980 und 1985 bei ihren Söhnen nur selten für einsilbige Namen entscheiden (Abb. 17). Heute geht dieser Trend wieder zurück.

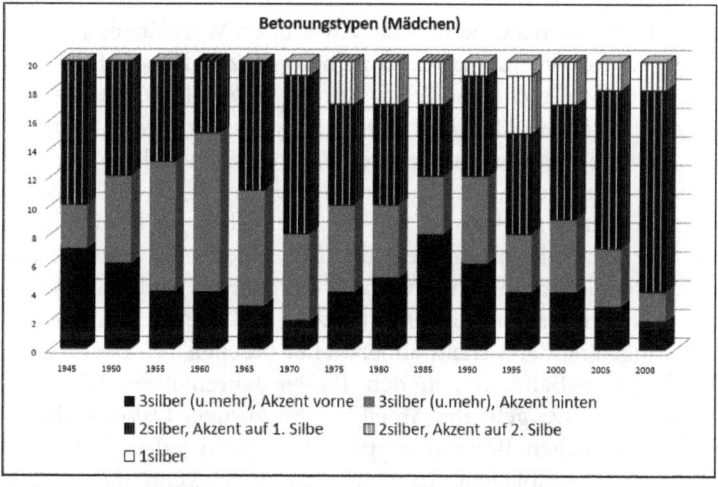

Abb. 16: Betonungstypen (absolut): Mädchen

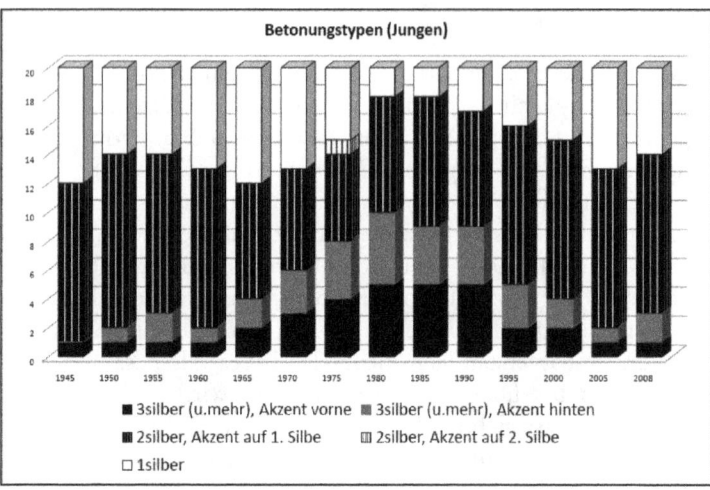

Abb. 17: Betonungstypen (absolut): Jungen

Der schraffierte Bereich betrifft die Zweisilber: Was für die Mädchen der Einsilber, ist für die Jungen der finalbetonte Zweisilber: Er kommt bei ihnen (so gut wie) nicht vor (1975 gibt es *Andre/André*, was ein Schwankungsfall ist). Bei den Mädchen ist dieser Typus mit *Nadine, Nicole, Yvonne, Michelle, Marie, Sophie* durchaus vertreten, wenn auch nicht dominant (s. die hellen Schraffuren in Abb. 16). Die initialbetonten Zweisilber stellen bei den Jungen den unmarkierten Typ dar. Ähnliches gilt bei den Mädchen. Große Unterschiede offenbaren die Dreisilber: An diesen haben die Mädchen deutlich größeren Anteil als die Jungen, und sie nutzen dabei stark die Nichtinitialbetonungen, verstärkt 1945 und dann wieder 1985. Bei den Jungen ist der Verlauf anders: Hier brechen sich die Dreisilber bis 1980 sukzessive Bahn, um in den 1980er Jahren ihren Höhepunkt zu erreichen. Seit 1995 geht ihr Anteil wieder zurück. Dabei verhalten sich die unterschiedlichen Betonungstypen ähnlich. In jedem Fall nähern sie sich hierin den weiblichen Rufnamen an, auch wenn dieser Parameter insgesamt weiterhin für eine große Geschlechterdifferenz sorgt, ähnlich stark wie der Auslaut.

3. *Lilli, Lina, Mia* & Co: Infantilisierung – Informalisierung – Intimisierung? [12]

In Abschnitt 2.2 wurde erwähnt, dass ein eingetragener *Maximilian* im Alltag durchaus *Max*, vielleicht auch *Maxi* genannt werden kann. Bei den Mädchen kommen *Mia* und *Maja* neben *Marie* sowie *Emma* neben *Emilie* vor. Auch wenn in den Top-Positionen desselben Jahrgangs Voll- und Kurzformen nebeneinander stehen, so heißt dies nicht, dass die Vollformen im Alltag auch verwendet werden. Es zeigt aber, dass die Eltern sich als Etikett für ihr Kind für die distanzierendere Originalform entscheiden. Der Eintrag von Kurzformen zeigt dagegen, dass auch die alltagsnäheren und oft hypokoristischen Kurzformen als offizielle, eingetragene Namen fungieren, d.h. etwas überspitzt: Kindliche, zumindest informell-intime, eher intrafamiliär gebrauchte Namenformen werden offiziell und treten damit an die Öffentlichkeit. Somit dringen konzeptionell mündliche Formen zunehmend in konzeptionell schriftliche Kontexte ein.

Die Frage ist, ob es sich hierbei um einen Sprachgebrauchswandel handelt, wie ihn z.B. Linke (2000) in dem Beitrag „Informalisierung? Ent-Distanzierung? Familiarisierung? – Sprach(gebrauchs)wandel als Indikator soziokultureller Entwicklungen" beschreibt. Hier greift sie das Vordringen informell-familiärer Briefanreden in distanzierten Kontexten („Hallo Frau Linke") auf, das „Tschüssen" als Abschiedsgruß auch bei sich nicht bekannten Menschen sowie die Neigung von Politikern zu stilistischer Deftigkeit. Dies ist direkter Ausdruck bzw. Vollzug des sozialen Prozesses der Informalisierung (Elias 1989) und Intimisierung (Sennett 2004). Die Tatsache, dass gerade Rufnamen als einzige sprachliche Einheit, auf die Menschen frei zugreifen dürfen, sozialen und kulturellen Wandel widerspiegeln, ist sowohl in der Onomastik als auch in der Soziologie Konsens und bildet die zentrale Voraussetzung für die kultursoziologische Untersuchung von Gerhards (2003a). Damit stellt sich die Frage, ob unsere Rufnamen diese Prozesse widerspiegeln, indem Kurz- bzw. noch eher hypokoristische Formen (vor allem erkennbar an diminutiven Techniken) zunehmen.

Schauen wir ins Jahr 1945, so begegnen uns in den Top 20 durchaus Kurz- und Koseformen. Bei den Mädchen sind dies (nach Seibicke 1996-2007) *Karin* (schwed. < *Katharina*), *Bärbel* (< *Barbara*), *Elke* (als fries. Koseform von *Adelheid*), *Christa* (< *Christina/Christiane*), *Hannelore* (< *Johanna* und *Eleonore*), *Jutta* (< *Judith*), *Heike* (< *Heinrike*), *Christel* <*Christi-*

---

[12] Ein ausschlaggebender Grund, mich mit diesem Thema zu befassen, war eine Medizinstudentin namens *Lilly*, die sehr unter ihrem Namen litt, da sie sich nicht vorstellen konnte, mit einem solch kindlichen Lallnamen in der Wissenschaftswelt zu reüssieren bzw. als Ärztin ernst genommen zu werden. Damals (2005) kam der Name erst in die Toplisten.

na/Christiane), Anke (< nd. Diminutiv zu *Anna*), bei den Jungen *Hans* (< *Johannes*), *Peter* (< *Petrus*), *Klaus* (< *Nikolaus*), *Uwe* (fries. Lallform evt. aus *Ulfried*), *Bernd* (< *Bernhard*), *Dieter* (< *Dietrich*), *Heinz* (< *Heinrich*), *Rainer* (< *Reinhard*), *Rolf* (< *Rudolf*) und *Gerd* (< *Gerhard*). Teilweise handelt es sich, besonders bei den Jungennamen, um bloße Kürzungen bzw. Kontraktionen. Teilweise handelt es sich auch um aus deutschen Dialekten (bzw. dicht verwandten Sprachen) übernommene Kurz- und/oder Diminutivformen, die wahrscheinlich gar nicht als solche empfunden werden (v.a. bei den Mädchen, s. *Elke, Antje, Karin*). Schließlich kommt es auch zu transparenten Diminutiven (*Bärbel, Christel*), die sich ausschließlich bei den Mädchen finden und feminines (und nicht etwa neutrales) Genus enthalten. Eine solche Transparenz liegt bei *Heinz* nicht mehr vor, da die hypokoristische *z*-Bildung vor vielen Jahrhunderten stattfand. Hier müsste man eine Skala errichten, die von minimal bis zu maximal nähesprachlichen bzw. hypokoristischen Namen reicht. Reine Kurzformen wie *Peter, Hans* oder *Bernd* dürften (wenn überhaupt) einen diesbezüglich geringeren Gehalt haben als historische Hypokoristika wie *Heinz* oder „fremde" Kurz- und/oder Diminutivformen wie *Anke, Heike*, und diese wirken wiederum weniger nähesprachlich und verniedlichend im Vergleich zu transparenten Kurz- und Diminutivformen wie *Bärbel* und *Christel*. Vermutlich werden Formen wie *Peter, Hans* oder *Bernd* sogar als Vollformen wahrgenommen, d.h. historische Kurznamigkeit muss heute nicht mehr als solche wahrgenommen und eingeordnet werden, selbst wenn die einstigen Vollformen wie *Petrus, Johannes* und *Bernhard* daneben noch vorkommen.[13]

Schauen wir ins Jahr 2008, so sind die Kurzformen nicht unbedingt zahlreicher, aber verfremdeter, da verstärkt aus anderen und jetzt auch nichtgermanischen Sprachen schöpfend (nach Seibicke 1996-2007): *Hanna* (< *Johanna*), *Lena* (< *Helena, Magdalena*), *Mia, Maja* (< *Maria*), *Lara* (< *Larissa*), *Laura* (< *Laurentia*), *Emma* (< *Ermin-*), *Lilli* (< *Elisabeth*), *Lina* (< *Carolina*), *Ne(e)le* (< *Cornelia*); *Leon* (< *Leon(h)ard*), *Tim* (< *Timotheus*), *Max* (< *Maximilian*), *Niklas* (< *Nikolaus*), *Ben* (< *Benjamin*), *Jan* (evt. auch *Jannik*

---

13 Anders war dies noch im Ahd., wozu Löffler (1969) eine interessante Untersuchung mit dem Titel „Die Hörigennamen in den älteren St. Galler Urkunden. Versuch einer sozialen Differenzierung althochdeutscher Personennamen" vorgelegt hat. In den Urkunden werden 519 Hörigennamen (Namen der Unfreien) und 1250 Donatorennamen (Namen der Freien, HerrInnen) erwähnt. Dabei werden die Hörigen mit 33% (weiblich) bzw. 36% (männlich) deutlich öfter mit Kurznamenformen bezeichnet als die Donatoren (16% weiblich, 24% männlich), die damit eher in ihren Vollformen auftreten. Wichtig ist die Bildungsweise der Kurzform: Reine Kürzung auf einen Wortstamm + Genus/Sexus-Suffix *-a* bzw. *-o* dominieren in beiden sozialen Gruppen, mehr noch bei den DonatorInnen. Die stark hypokorisierende Gemination (Typ *Appo*) oder Diminution (Typ *Hegilo*) kommt jedoch viel häufiger bei den Hörigen vor (zu insgesamt 44%).

< *Johannes*). Hier stehen die Kurzformen im Gegensatz zu 1945 in größerer Distanz zum deutschen phonologischen Wort: Namen wie *Bärbel, Christel, Elke, Anke* oder *Peter, Uwe* entsprechen dem Trochäus mit Reduktionssilbe voll und ganz – im Gegensatz zu solchen Namen wie *Mia, Lilli, Emma* oder *Leon*, die zwar trochäisch sind, doch ohne Schwa-Silbe. Diese neuen Namen unterscheiden sich auch kaum bzgl. ihrer Kurz- bzw. Vollformigkeit, d.h. die Kurzform *Mia* unterscheidet sich nur gering von Vollformen wie *Lea* oder *Noah*. Vor allem sticht bei den heutigen Namen, wie in Abschnitt 2 gezeigt, ihre höhere Gesamtsonorität ins Auge, ihre Kürze sowie ihr Reichtum an Hiaten mit Vollvokalen.

Was am ehesten den Eindruck einer gewissen Intimität oder Infantilität vermittelt, ist das, was man „Lallformigkeit" nennen könnte, d.h. bestimmte reduplikative Techniken, die schon kleine Kinder beherrschen. Diese sind bei den Mädchennamen ausgeprägter: Nicht nur sinken, wie gezeigt, die Sonoritätskontraste im Namenwort, sondern die verarbeiteten Vokale und Konsonanten werden sich qualitativ immer ähnlicher: Bei *Anna, Hanna* und v.a. *Lilli* springt dies sofort ins Auge, aber auch *Neele, Maja, Lara*, auch *Laura, Lena, Lina, Emma, Jana, Sarah* enthalten sehr ähnliche Laute, nämlich [a, i, e] und besonders häufig Dentale. Damit nähern sich die ohnehin wenigen Silben auch noch einander an. Dies ist bei Jungen weniger ausgeprägt: Hier tritt 2008 eher der Typus kurz, aber durchaus mit Sonoritätskontrast zwischen An-, In- und evt. auch Auslaut auf den Plan: *Tim, Finn, Ben, Max, Luis, Paul*. Diese Einsilber (die nicht alle aus Kürzungen resultieren) tragen noch eine gewisse Kontur, die bei den Mädchennamen nicht mehr besteht. Diese Konturen waren bei den früheren einsilbigen Jungennamen noch ausgeprägter, sowohl bzgl. der Sonoritätskontraste als auch der Konsonantencluster. Letztere kommen heute fast nicht mehr vor, vgl. noch 1945 *Hans, Horst, Heinz, Klaus, Rolf, Bernd, Gerd*. Die heutigen Einsilber sind weicher/sonorer und entsprechen eher der Struktur CVC (*Tim, Ben, Paul*). Extrem viel Sonorität (und Kontrastarmut) kennzeichnet indessen die Jungennamen *Leon, Jan* und *Noah*, die sich (besonders *Noah*) stark den weiblichen Namenstrukturen annähern. Allerdings – und dies unterscheidet sie von den Mädchennamen – enthalten sie keine Lallstrukturen und enden sie nicht auf hypokoristisch wirkendes –*i*. Beides setzt zumindest Zweisilbigkeit voraus, und die eignet immer noch mehr den Mädchen- als den Jungennamen.

Für die den deutschen Namen sehr ähnlichen Zürcher Babynamen 1988-2008 konstatiert Moser (2009: 18) eine „Regression zur Kindlichkeit", da die Namen kürzer und v.a. einfacher werden, insbesondere bei den Mädchen. Zum einen verarbeiten sie weniger Laute, zum anderen werden solche Laute onymisch präferiert, die im kindlichen Spracherwerb früh gebildet werde. Die Namen werden „kindgerechter" (13):

Möglicherweise ist es am Ende gerade die Vereinfachung und Verkürzung der Namen, ihre Regression zur Kindlichkeit, die den Schlüssel zur Erklärung des Wandels enthält. In einem Zeitalter historisch gesehen außerordentlich niedriger Geburtenraten, in dem die Geburt eines Kindes ein seltenes und meist sorgfältig geplantes Ereignis ist, wird auch das Kind, die Kindheit überhaupt, von den namengebenden Eltern anders wahrgenommen. Die Kindheit hat als Lebensabschnitt einen Eigenwert erhalten, den sie früher nicht hatte. Vielleicht sind die lautlich einfachen und kurzen Namen Ausdruck eines Zeitalters, in dem Kinder als solche benannt werden – und nicht wie das früher fraglos der Fall war, als zukünftige Erwachsene (Moser 2009: 18).

Eine zunehmende Informalisierung und Intimisierung lässt sich aus unserem Namenmaterial solange nicht ableiten, wie wir nicht wissen, ob Kurzformen wie *Gerd, Peter* und *Uwe* nicht ebenso informell wirken wie *Tim, Jan* oder *Niklas*. Gerade fremdsprachliche Kurzformen, wie sie heute vermehrt vorkommen, haben den Kürzungsprozess ja nicht im Deutschen vollzogen und transportieren womöglich nicht die entsprechenden Assoziationen.

Was mit Sicherheit gilt, ist, dass hypokoristische Rufnamen mit Diminutivsuffixen oder Lallstrukturen häufiger bei Mädchen als bei Jungen anzutreffen sind, d.h. möglicherweise tut sich hier eher eine konstante Geschlechterdifferenz auf (Mädchennamen erfahren generell eine stärkere Infantilisierung und Intimisierung) als eine gesellschaftliche Gesamtentwicklung.[14] Vergleicht man die heutigen Namen mit denen vor 60 Jahren, so stellt sich die Frage, wie man echte Diminutiva wie *Christel* und *Bärbel* (auch *Heidi, Anke, Elke, Heike*) mit heutigen Lallnamen wie *Lilli/Lilly, Lina* und *Neele* verrechnet. Auch müsste man die Top-20-Gruppe verlassen und viel tiefer in das Namenmaterial eindringen. Schon ein Blick auf die jeweils ersten 50 Rufnamen von 2008 offenbart hier interessante Unterschiede: Bei den Mädchen wird der schlicht-sonore Klangtypus mit *Lisa, Leni, Lucy, Jule, Pia, Amy, Nina* eher fortgesetzt als bei den Jungen, bei denen sich andere, profiliertere Namenstrukturen auftun. Hier eröffnet sich ein großes und vielversprechendes Forschungsgebiet.

4. Fazit

Die Frage, ob zwischen 1945 und 2008 eine Androgynisierung der Rufnamenstrukturen stattgefunden hat, ist mit Ja zu beantworten: Noch nie seit 1945 waren sich die Rufnamen beider Geschlechter strukturell so ähnlich wie heute. Damit hat eine onymische Abschwächung von Gender

---

14 Dies kongruiert mit dem, was Debus (1988) für Kiel beschreibt: Mädchen erhalten, bezogen auf eine Untersuchung im Jahr 1972, 1,5mal häufiger Kosenamen als Jungen.

stattgefunden. Die Frage ist, was diese Ähnlichkeit konstituiert und wie sie zustande kommt: Nähert sich eher das eine Geschlecht onymisch dem anderen an, bewegen sich beide aufeinander zu, vollziehen sie gemeinsam neue Entwicklungen? Wann lassen sich in diesem Zeitraum gravierende Veränderungen bzw. Umbrüche feststellen?

Divergenzverstärkungen zwischen den Geschlechtern waren nicht feststellbar. Bereits anfänglich vorhandene Differenzen blieben zwar teilweise erhalten (Auslaut, Akzentstrukturen), doch sind für die Mehrzahl der untersuchten Parameter eher Konvergenzentwicklungen feststellbar. Diese Bewegungen verlaufen nicht symmetrisch. Dabei haben sich etwas öfter die Jungennamen den Mädchennamen angenähert als umgekehrt. Hier ein Resümee der wichtigsten Entwicklungen:

1. Bezüglich der Auslautsonorität besteht im gesamten Zeitverlauf eine deutliche Sonoritätsdifferenz von ca. vier Sonoritätswerten. Im Laufe der Zeit haben die Namen beider Geschlechter etwas an Sonorität gewonnen. Wenn man nur die Opposition offene vs. geschlossene Endsilbe betrachtet, dominiert bei den Mädchennamen eindeutig der offene Ausgang, heute sogar zu 100%, während die Jungennamen fast ebenso eindeutig die geschlossene Endsilbe präferieren (von aktuellen Ausnahmen wie *Luka*, *Noah* abgesehen).
2. Gemeinsam haben die Namen beider Geschlechter stark an Sonorität zugelegt. Am meisten betrifft dies die freien (konsonantisch ungedeckten) Sonoranten und stimmhaften Frikative. Hierin überflügeln v.a. seit den 1990er Jahren die Mädchen- die Jungennamen. Die Anzahl der gedeckten Sonoranten geht zurück. Ob Sonorität mit „Weichheit", „Sanftheit", „Lieblichkeit", „Ungefährlichkeit", „Schönheit" etc. assoziiert wird und dies wiederum mit Weiblichkeit (Phonosemantik), sei dahingestellt und damit nicht in Zweifel gezogen.
3. Die als „hart" geltenden Obstruenten (hier die stimmlosen Frikative + alle Plosive) zeigen einen dramatischen Rückgang. Sie starten bei ähnlich hohen Werten 1945 und sinken ab 1970 stark ab, mehr noch bei den Mädchen als bei den Jungen.
4. Bezüglich der Anzahl un- sowie nebenbetonter Vokale starten die Geschlechter auf unterschiedlichen Positionen: Die Mädchennamen enthalten 1945 davon etwa dreimal so viele wie die Jungennamen. Die Jungennamen legen sukzessive stark zu. Die Mädchennamen verringern ihren Anteil leicht, v.a. 1970 sacken ihre Werte ab. 1980 entsprechen sich die Zahlen fast vollständig, um danach gemeinsam leicht abzufallen. Im ganzen Zeitverlauf liegen die unbetonten Vokale bei den Mädchen über denen der Jungen, doch mit deutlich geringeren Differenzen als im Zeitraum von 1945 bis 1960, wo die Werte besonders stark divergieren.

5. Bezüglich der Qualität un- sowie nebenbetonter Vokale kann man fast nur von einer einseitigen Annäherung der männlichen an die weiblichen Rufnamen sprechen. Besonders bei [a] und [i] legen die Jungennamen zu, umgekehrt rücken sie radikal von den Schwa-Lauten ab. Die Mädchennamen enthielten schon immer mehr [a], [e] und [i] und legen dabei noch zu.
6. Bezüglich der Anzahl an Konsonantenclustern haben beide Geschlechter starke Rückgänge zu verzeichnen. Seit 2005 kommen sie bei den Mädchen gar nicht mehr vor, die Jungen erreichen die niedrigsten Werte denn je.
7. Bei den Hiaten starten beide Geschlechter bei jeweils nur einem einzigen von 20 Namen. Dies ändert sich bei den Mädchen schnell, die Jungen ziehen nach – und schließlich deutlich an den Mädchen vorbei: Ab 1975 haben Hiate hier Hochkonjunktur, bei den Mädchen gehen sie eher zurück. Heute ähneln sich die Geschlechter wieder. Die Hiate rücken insgesamt unter den Hauptton, d.h. sie wechseln von der Neben- in die Hauptrolle, und dies bei gleichzeitig abnehmender Namenlänge.
8. Die Silbenzahlverläufe ähneln erwartbarerweise stark den Nebentonvokalverläufen: Große Divergenzen zu Anfang, starke beidseitige Konvergenz bis 1980 und seitdem parallel eine sukzessive Abnahme an Silben, also an Namenmasse. Die anfängliche Differenz von einer Silbe (1945) schrumpft auf heute ¼ Silbe. Dabei sind die Mädchennamen von 1945 bis heute etwas kürzer geworden als die Jungennamen länger.
9. Bei den Betonungstypen ergeben sich zwar geschlechterintern diachrone Veränderungen, doch ohne gegenseitige Annäherungen. Hier scheint Geschlecht fest und dauerhaft kodiert zu werden. Einsilber waren und sind genuin männlich (und dort auch häufig), finalbetonte Zweisilber genuin weiblich (doch nicht so häufig). Der initialbetonte Zweisilber nimmt bei den Mädchennamen diachron zu und nähert sich hierin eher (den diesen Typus schon immer präferierenden) Jungennamen an. Umgekehrt nimmt Mehrsilbigkeit bei den Jungennamen, zumindest temporär (v.a. 1980), deutlich zu, auch verbunden mit Nichtinitialakzentstrukturen, um heute wieder in die Peripherie abzuwandern.
10. Beide Geschlechter erfahren einen Zuwachs an Gesamtsonorität, eine Abnahme an Sonoritätskontrasten, und, v.a. bei den Mädchennamen, eine Zunahme an Kürze und an „Lallnamigkeit".

Die größten strukturellen Geschlechterdifferenzen spielen sich also im Auslaut und in der Akzentstruktur ab, kaum im Anlaut und im betonten Vokalismus. Die deutlichsten diachronen Veränderungen fanden im unbetonten Vokalismus, im Konsonantismus (mehr Sonorität, Rückgang an Clustern) und in der Namenlänge (Silbenzahl) statt. Betrachtet man anhand der verschiedenen Kurvenverläufe die wichtigsten Umbrüche, so stechen die 1970er und auch die 1990er Jahrs ins Auge. Es liegt nahe, dies durch die großen gesellschaftlichen Umbrüchen zu motivieren (1968, zunächst Emanzipation und Gleichberechtigung der Frau, später ihre faktisch voranschreitende Gleichstellung). Was möglicherweise überrascht, ist die Tatsache, dass die männlichen Rufnamen insgesamt mehr Dynamik bewiesen und einen weiteren Weg zurückgelegt haben als die weiblichen.

Der sich immer wieder aufdrängende Eindruck einer sich onymisch manifestierenden Infantilisierung, Informalisierung und Intimisierung wurde nur als Frage formuliert: Kurz- und Diminutivformen, die dies belegen könnten, hat es schon immer gegeben, besonders bei den Mädchennamen. Bevor das Verhältnis zwischen Kurzformen und Nähesprachlichkeit bzw. Familiarität/Intimität nicht genau untersucht ist, lassen sich dazu keine präzisen Aussagen machen. Anders ist dies bei hypokoristischen Strukturen wie Diminutiven und bei monotonen Lautstrukturen in den Lallnamen (*Lilli, Nanna, Nina, Nele*), wovon in dem hier untersuchten Zeitraum Mädchennamen stärker betroffen sind.

Diese Untersuchung hat sich nur auf die Spitze des onymischen Eisbergs bezogen. Was sich jenseits der Top 20 abspielt, bedarf noch der Erforschung.

5. Literatur

Andersson, Thorsten (1998): Germanskt personnamnsskick i indoeuropeiskt perspektiv. In: Andersson, Thorsten u.a. (Hrsg.): Personnamn och social identitet, Stockholm: Kungl. Vitterhetsakademien, 13–35.

Bardesono, Anne (2008): „Naming Gender" kontrastiv. Phonosemantische Untersuchung zu männlichen und weiblichen Rufnamen im Deutschen und Italienischen. Magisterarbeit, Universität Mainz.

Barry, Herbert/Harper, Aylene (1982): Evolution of Unisex Names. In: American Name Society, 30/1, 15–22.

Barry, Herbert/Harper, Aylene (1993): Feminization of Unisex Names from 1960 to 1990. In: Names, 41/1, 228–238.

Brylla, Eva (2001a): Personnamn och genus. In: Studia anthroponymica Scandinavica, 19, 11–29.

Brylla, Eva (2001b): Personnamn och genus. Manligt och kvinnligt i namnen. In: Harling-Kranck, Gunilla (Hrsg.): Namn i en föränderlig värld, Helsingfors: Svenska litteratursällskapet i Finland, 36–44.

Debus, Friedhelm (1974): Namengebung. Möglichkeiten zur Erforschung ihrer Hintergründe. In: Onoma, 18, 456–469.

Debus, Friedhelm (1976a): Zu Namengebung und Namenverwendung in Mittelalter und Neuzeit. In: Debus, Friedhelm/Hartig, Joachim (Hrsg.): Festschrift für Gerhard Cordes zum 65. Geburtstag, Bd. II: Sprachwissenschaft, Neumünster: Wachholtz, 56–67.

Debus, Friedhelm (1976b): Deutsche Namengebung im Wandel. Dargestellt am Beispiel Schleswig-Holsteins. In: Beiträge zur Namenforschung, 11, 388–410.

Debus, Friedhelm (1977): Soziale Veränderungen und Sprachwandel. Moden im Gebrauch von Personennamen. In: Moser, Hugo (Hrsg.): Sprachwandel und Sprachgeschichtsschreibung, Düsseldorf: Schwann, 167–204.

Debus, Friedhelm (1985): Zur Pragmatik von Namengebung und Namengebrauch in unserer Zeit. In: Beiträge zur Namenforschung, 29, 305–343.

Debus, Friedhelm (1987): Personennamengebung der Gegenwart im historischen Vergleich. In: Zeitschrift für Literaturwissenschaft und Linguistik, 45/67, 52–73.

Debus, Friedhelm (1988): Original und Variation. Zur Kreativität bei der Benennung von Personen. In: Haider Munske, Horst u.a. (Hrsg.): Deutscher Wortschatz. Lexikologische Studien, Berlin/New York: de Gruyter, 24–45.

„Die beliebtesten Vornamen von 1890 bis heute." http://www.beliebte-vornamen.de (Stand: 11.11.2009).

Elias, Norbert (1989): Zivilisation und Informalisierung. In: Elias, Norbert (Hrsg.): Studien über die Deutschen. Machtkämpfe und Habitusentwicklung im 19. und 20. Jahrhundert, Frankfurt/Main: Suhrkamp, 31–158.

Frank, Rainer (1977): Zur Frage einer schichtenspezifischen Personennamengebung. Namenkundliche Sammlung, Analyse und Motivuntersuchung über den Kreis und die Stadt Segeberg, Neumünster: Wachholtz.

Gerhards, Jürgen (2003a): Die Moderne und ihre Vornamen, Wiesbaden: Westdeutscher Verlag.

Gerhards, Jürgen (2003b): Geschlechtsklassifikation durch Vornamen und Geschlechtsrollen im Wandel. In: Berliner Journal für Soziologie, 13, 59–76

Huschka, Denis/Gerhards, Jürgen/Wagner, Gert (2005): Naming Differences in Divided Germany. Research Notes 8. Deutsches Wirtschaftsinstitut Berlin.

Kunze, Konrad (^{5}2004): dtv-Atlas Namenkunde. Vor- und Familiennamen im deutschen Sprachgebiet, München: dtv.

Lieberson, Stanley/Mikelson, Kelly (1985): Distinctive African American names. An experimental, historical, and linguistic analysis of innovation. In: American Sociological Review, 60/1, 928–946.

Linke, Angelika (2000): Informalisierung? Ent-Distanzierung? Familiarisierung? Sprach(gebrauchs)wandel als Indikator soziokultureller Entwicklungen. In: Der Deutschunterricht, 2, 66–77.

Löffler, Heinrich (1969): Die Hörigennamen in den älteren St. Galler Urkunden. Versuch einer sozialen Differenzierung althochdeutscher Personennamen. In: Beiträge zur Namenforschung, 4, 192–211.

Moser, Peter (2009): Vornamen klingen heute anders als früher. Entwicklungstendenzen bei der Vornamenwahl von Zürcher Eltern 1988-2008. In: Statistik info, 08/09, 1–20. Statistisches Amt des Kantons Zürich.

Nübling, Damaris (2009a): Von Monika zu Mia, von Norbert zu Noah. Zur Androgynisierung der Rufnamen seit 1945 aus prosodisch-phonologischer Perspektive. In: Beiträge zur Namenforschung, 44, 67–110.

Nübling, Damaris (2009b): Von Horst und Helga zu Leon und Leonie. Werden die Rufnamen immer androgyner? In: Der Deutschunterricht, 5, 77–83.

Oelkers, Susanne (2003): Naming Gender. Empirische Untersuchungen zur phonologischen Struktur von Vornamen im Deutschen, Frankfurt: Peter Lang.

Oelkers, Susanne (2004): Der Fall Luca. Zur Männlichkeit und Weiblichkeit von Vornamen. In: Wyss, Eva L. (Hrsg.): „What's in a name?" Namen in sozialen und kulturellen Kontexten. Bulletin VALS/ASLA, 80, 155–170.

Sennett, Richard (2004): Verfall und Ende des öffentlichen Lebens. Die Tyrannei der Intimität, Frankfurt: Fischer.

Seibicke, Wilfried (1982): Die Personennamen im Deutschen, Berlin/New York: de Gruyter.

Seibicke, Wilfried (1977): Vornamen, Wiesbaden: Verlag für deutsche Sprache.

Seibicke, Wilfried (1991): Vornamen, Frankfurt: Verlag für Standesamtwesen.

Seibicke, Wilfried (1994): ‚Pränomen ist auch Omen'. Moden in der Vornamengebung in Ost und West. In: Sprachreport, 1, 9–11.

Seibicke, Wilfried (1996-2007): Historisches Deutsches Vornamenbuch. 5 Bände, Berlin/New York: de Gruyter.

Szczepaniak, Renata (2007): Der phonologisch-typologische Wandel des Deutschen von einer Silben- zu einer Wortsprache, Berlin/New York: de Gruyter.

Juliane Schröter, Angelika Linke und Noah Bubenhofer

„Ich als Linguist" – Eine empirische Studie zur Einschätzung und Verwendung des generischen Maskulinums

1. Ausgangspunkt und Fragestellung

Den Ausgangspunkt unserer Untersuchungen bildet der Eindruck einer unterschiedlichen Einschätzung und Verwendung des generischen Maskulinums in Deutschland und in der deutschsprachigen Schweiz. In Anbetracht der Tatsache, dass Frauen in der Schweiz das Wahlrecht – auf Bundesebene – erst 1971 erhielten, mag es überraschen, dass es sprachlich sensibilisierten Beobachterinnen und Beobachtern erscheint, als ob das feministische Projekt einer *geschlechtergerechten* Sprache, dessen zentrales Element die Vermeidung bzw. Reduktion des generischen Maskulinums und die explizite Benennung von Frauen ist, in der Deutschschweiz letztlich mehr bzw. nachhaltigeren Erfolg gehabt habe als in Deutschland.[1] Dieser Eindruck beruht auf individuellen Beobachtungen aus dem sprachlich-kommunikativen Alltag und lässt sich zudem durch einige Fakten stützen: So ist etwa das sogenannte *große Binnen-I* eine schweizerische Erfindung – die linke Wochenzeitung *WoZ* benutzt es seit 1984 konsequent und durchgehend bis heute[2] –, und Beidnennungen von femininen und maskulinen Personenbezeichnungen (*Lehrerinnen und Lehrer*) scheinen vor allem im Kontext von staatlicher Verwaltung, Hochschule und Schule in der Deutschschweiz die Gebrauchsnorm zu sein.[3]

---

1   Dabei ist zu berücksichtigen, dass in der ehemaligen DDR die Selbst- und Fremdbezeichnung von Frauen – vor allem zur Kennzeichnung ihrer beruflichen Tätigkeit – regelmäßig im maskulinen Genus erfolgte und dies den Sprachgebrauch in den neuen Bundesländern weit über 1989 hinaus geprägt hat. So konstatiert etwa Gisela Trempelmann, dass selbst in den beiden „kooperierenden Tageszeitungen (*Potsdamer Neueste Nachrichten* und *Der Tagesspiegel*) die Ostdeutsche [sic] Zeitung bei der Anrede oder Nennung ihrer potentiellen Leserinnen und Leser überwiegend auf das Femininum verzichtet und die tradierte Form *Leser* bevorzugt" (Trempelmann 1998: 46. Vgl. darüber hinaus Becker 2008: 67 und Irmen/Steiger 2005: 228).
2   In der deutschen *taz*, die ebenfalls in den 80er-Jahren das Binnen-I als redaktionell vertretene Normalschreibung einführte, finden sich seit den 90er-Jahren wieder alle Formen der Personenreferenz.
3   Solche Beobachtungen sind in der wissenschaftlichen Literatur an anderer Stelle bereits systematisch gemacht und beschrieben worden: Ausgehend von vielen verschiedenartigen Einzelbeispielen kommen Ann Peyer und Eva Lia Wyss 1998 in einem Überblick zur feministischen Sprachkritik in der Schweiz zu dem Ergebnis, dass in der Deutschschweiz dem Prinzip der sogenannten *sprachlichen Sichtbarmachung von Frauen* zumindest in bestimm-

Zumindest bislang. Denn am Beginn unserer Untersuchung steht neben der aus dem genannten Eindruck abgeleiteten These, dass das generische Maskulinum in der Schweiz anders als in Deutschland beurteilt und gebraucht wird, eine zweite – die These einer Differenz zwischen Altersgruppen. Auch diese zweite These stützt sich auf Alltagsbefunde. Unserer Beobachtung nach kehren jüngere Frauen im (hoch)schulischen Umfeld zumal bei Selbstbezeichnungen vermehrt zum generischen Maskulinum zurück. Um es am Beispiel der beiden Mitautorinnen (Mitautoren?) des vorliegenden Beitrags konkret zu machen: Während Angelika Linke als die ältere nie sagen würde *Ich als Linguist*, bezeichnet Juliane Schröter als die jüngere sich durchaus so.

Da quantitative empirische Studien zur gegenwärtigen Einschätzung und Verwendung des generischen Maskulinums ein Desiderat bilden,[4] zielt unsere Untersuchung darauf, einen ersten Beitrag zur systematischen Überprüfung der beiden genannten Beobachtungen und zur Generierung weiter gehender Hypothesen zu leisten. Die zentralen Fragen, die im Folgenden beantwortet werden sollen, lauten:

1. Lässt sich die These, dass das generische Maskulinum in der Deutschschweiz stärker abgelehnt wird als in Deutschland, empirisch erhärten?
2. Kann die These, dass das generische Maskulinum von Menschen unter 25 Jahren weniger stark zurückgewiesen wird als von älteren, empirisch fundiert werden?
3. Lassen sich auf empirischem Weg weitere Variablen aufspüren, von denen die Einschätzung und Verwendung des generischen Maskulinums abhängt?

---

ten Domänen stark entsprochen werde (vgl. Peyer/Wyss 1998: 118, 148–149). Zum beobachteten Effekt beigetragen haben mag auch das Faktum, dass vom deutschen Sprachdienst der Schweizerischen Bundeskanzlei 1996 ein „Leitfaden zur sprachlichen Gleichbehandlung im Deutschen" herausgegeben wurde, der in institutionellen Kontexten entsprechend wahrgenommen worden ist und 2009 in einer Neuauflage erschienen ist (vgl. Schweizerische Bundeskanzlei 2009).

4 Die linguistische Auseinandersetzung mit dem generischen Maskulinum, die ausgehend von Senta Trömel-Plötz' feministisch-linguistischem Beitrag von 1978 vor allem dessen geschlechterpolitische Bewertung betraf, soll hier nicht nochmals nachgezeichnet werden (vgl. die drei grundlegenden Aufsätze Trömel-Plötz 1978, Kalverkämper 1979 und Pusch 1979). Einen Überblick über die vorliegenden Forschungsergebnisse gibt etwa Klann-Delius (2005: 26–31, 49–55).

2. Methodik und Daten

Da sich unsere eigenen unsystematischen Beobachtungen in erster Linie auf das hochschulische Umfeld beziehen und dies auch das sprachliche Feld ist, zu dem wir am leichtesten Zugang haben, ist unsere empirische Untersuchung auch auf dieses Umfeld ausgerichtet.[5]

Es wurde eine Online-Umfrage durchgeführt, deren erster und zweiter Teil quantitativ, deren dritter Teil hingegen qualitativ ausgewertet wurde. Der erste Abschnitt zielte darauf ab, berufliche Selbstbezeichnungen zu elizitieren, um Daten zur *Verwendung*[6] des generischen Maskulinums zu erhalten. Er enthielt Fragen des folgenden Typs:

> Stellen Sie sich vor, dass Sie folgenden Ausbildungs- und Berufsweg hinter sich haben:
>
> Sie haben einen Doktortitel in Physik erworben und lehrten einige Jahre an der Universität im Fach Physik. Nun sind Sie seit mehreren Jahren für eine Unternehmensberatung tätig.
>
> Wie würden Sie Ihre berufliche Tätigkeit selbst bezeichnen?
>
> Ich würde sagen/schreiben: „Ich bin _____".

Der zweite und dritte Teil der Umfrage dienten demgegenüber der differenzierten Erfassung von *Einschätzungen* des generischen Maskulinums, und zwar in dreierlei Hinsicht: (a) mit Blick auf die *Akzeptabilität* generischer Personenbezeichnungen, (b) mit Blick auf die *Üblichkeit* der entsprechenden Formen im sprachlichen Alltag und (c) mit Blick auf den *eigenen Gebrauch* solcher Formen. D.h. konkret, dass die Befragten darum gebeten wurden, auf einer Skala von 1 bis 5 anzugeben, ob sie eine Reihe von Personenbezeichnungen als „vollkommen akzeptabel" (= 1) oder „gar nicht akzeptabel" (= 5), „vollkommen üblich" (= 1) oder „gar nicht üblich" (= 5) beurteilen sowie ob sie diese „selbstverständlich selbst verwenden" (= 1) oder „keinesfalls selbst verwenden" würden (= 5). Die vorgegebenen Verwendungskontexte umfassten drei Typen:

1. Christoph sagt über Katja:

    „Sie ist wissenschaftlicher Mitarbeiter" (= Ein Mann bezeichnet eine Frau mit dem generischen Maskulinum).

2. Katja sagt über sich selbst:

---

[5] Auf diese Weise nehmen wir – wie dies leider häufig in empirischen Untersuchungen im Umkreis der Gender Studies der Fall ist – nur einen recht begrenzten Ausschnitt der Sprachgemeinschaft in den Blick.

[6] Es handelt sich hier allerdings nicht um Sprachverwendung in einer natürlich-spontanen Kommunikationssituation, sondern um Sprachgebrauch, der aufgrund der Erhebungsanordnung durch eine gewisse Selbstkontrolle der Befragten beeinflusst sein dürfte.

"Ich bin wissenschaftlicher Mitarbeiter" (= Eine Frau bezeichnet sich selbst mit dem generischen Maskulinum).

3. Katja sagt über Christoph, Andreas, Daniela und sich:

"Wir sind wissenschaftliche Mitarbeiter" (= Eine Frau bezeichnet eine gemischtgeschlechtliche Gruppe, zu der sie selbst gehört, mit dem generischen Maskulinum).[7]

Diese drei Typen wurden mit den sechs Personenbezeichnungen "wissenschaftlicher Mitarbeiter", "Manager", "Angestellter", "Kosmetiker", "Konsument" und "Mechaniker" zur Bewertung vorgelegt. Insgesamt wurden die Versuchspersonen im zweiten Teil also zur Einschätzung von sechs Personenbezeichnungen in drei Verwendungskontexten und in drei Dimensionen (Akzeptabilität, Üblichkeit, eigene Verwendung) aufgefordert. Den dritten und letzten Teil bildete die Bitte um eine frei formulierte Antwort auf die Frage:

Was halten Sie davon, wenn eine Frau sich selbst mit Formen wie *Mitarbeiter, Angestellter, Konsument* usw. statt *Mitarbeiterin, Angestellte, Konsumentin* bezeichnet?

Um die Ergebnisse mit den hier interessierenden sozialen Variablen korrelieren zu können, wurden die Befragten zudem um die Angabe des "Landes", das sie "kulturell am meisten geprägt" habe, ihrer "Muttersprache" und ihres "Geburtsjahrs" sowie zusätzlich ihres "Geschlechts" und ihres "höchsten Schul- bzw. Ausbildungsabschlusses" ersucht. An der Umfrage beteiligten sich 378 Personen. Darunter waren

- 166 Deutsche, 146 Schweizer und Schweizerinnen,
- 231 Personen, die 25 Jahre alt oder jünger waren, und
- 368 Personen, die einen Hochschulabschluss oder zumindest Matur bzw. Abitur hatten.

Der Personenkreis ist mithin einigermaßen gleichmäßig auf Deutsche und Schweizer bzw. Schweizerinnen verteilt, die Befragten sind jedoch jünger und besser (aus)gebildet als der Bevölkerungsdurchschnitt dieser Länder.

---

7   Die Umfrage war so gestaltet, dass beim ersten Bezeichnungstyp nur die Männer dazu aufgerufen waren, ihre Bereitschaft dazu anzugeben, die betreffende Personenbezeichnung selbst zu verwenden, während beim zweiten und dritten Bezeichnungstyp nur die Frauen diese Aufforderung erhielten.

3. Ergebnisse

3.1 Zur Bedeutung der Landeszugehörigkeit der Befragten für die Einschätzung des generischen Maskulinums

Nach den gewonnenen Daten zu urteilen, weichen die Einstellungen gegenüber dem generischen Maskulinum in der Schweiz partiell von denen in Deutschland ab.

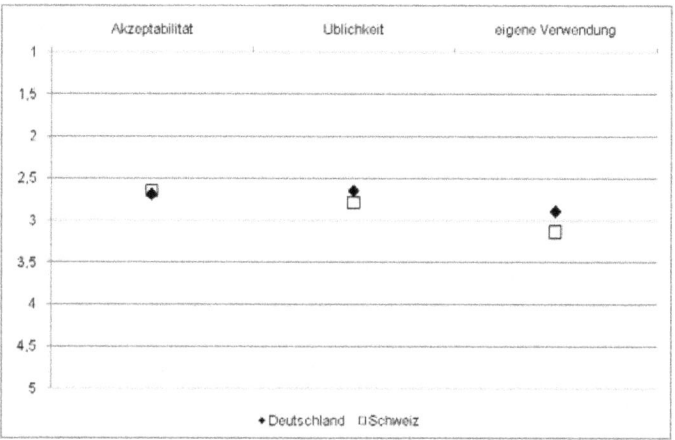

Abb. 1: Einschätzung des generischen Maskulinums: Landeszugehörigkeit
(1=vollkommen/selbstverständlich ja, 5=gar nicht/keinesfalls)

Die Akzeptabilität des generischen Maskulinums wird von den Schweizer und den deutschen Befragten ähnlich beurteilt: Fasst man die von ihnen angegebenen Akzeptabilitätswerte über die sechs Personenbezeichnungen und über die drei Beurteilungsperspektiven hinweg zusammen, ergibt sich bei den Befragten aus der Schweiz ein Mittelwert von 2,65,[8] der einem nahezu gleich großen Mittelwert von 2,69 bei den Deutschen gegenübersteht (p<0,637[9]). Dagegen wird das generische Maskulinum von den Personen aus Deutschland insgesamt als signifikant üblicher eingeschätzt

---

[8] Was die Interpretation der Werte anbelangt, so gilt hier und im Folgenden wie oben erwähnt: 1 = vollkommen akzeptabel/üblich/würde ich selbstverständlich selbst verwenden, 5 = gar nicht akzeptabel/üblich/würde ich keinesfalls selbst verwenden – d.h. höhere Werte signalisieren entsprechend eine (geschätzte) *geringere* Akzeptabilität und Üblichkeit des generischen Maskulinums sowie eine *kleinere* Neigung, das generische Maskulinum selbst zu verwenden.

[9] Die p-Werte geben die Wahrscheinlichkeit an, mit der die Differenz zwischen zwei Werten signifikant ist. Wenn p<0,05, kann mit 95 Prozent Sicherheit angenommen werden, dass die Differenz der Mittelwerte signifikant ist. Bei p<0,001 kann gar mit 99,9 Prozent Sicherheit angenommen werden, dass die Differenz signifikant ist.

(Mittelwert 2,65) als von Personen aus der Schweiz (Mittelwert 2,79, p<0,036). Auch geben die deutschen Versuchspersonen mit einem Mittelwert von 2,89 zusammengenommen eine deutlich höhere Bereitschaft dazu an, das generische Maskulinum selbst zu verwenden, als die Schweizer mit einem Mittelwert von 3,13 (p<0,013).

3.2 Zur Bedeutung des Alters der Befragten für die Einschätzung des generischen Maskulinums

Die Bewertung des generischen Maskulinums variiert stark mit dem Alter der Befragten.

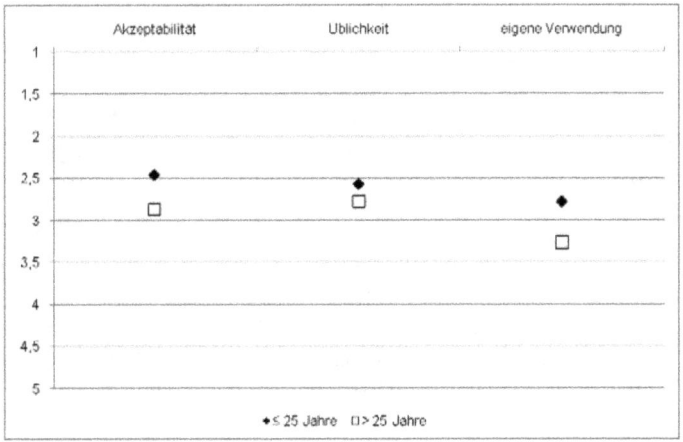

Abb. 2: Einschätzung des generischen Maskulinums: Alter
(1=vollkommen/selbstverständlich ja, 5=gar nicht/keinesfalls)

In allen drei Beurteilungsdimensionen sind die Antwortenden, die 25 Jahre alt oder jünger sind, dem generischen Maskulinum zugeneigter als die Über-25-Jährigen. Konkret beschreiben sie es als akzeptabler als die älteren (Mittelwert 2,46 zu Mittelwert 2,87, p<0,000), als üblicher (Mittelwert 2,57 zu Mittelwert 2,78, p<0,002) und würden es nach eigenen Angaben eher selbst gebrauchen (Mittelwert 2,78 zu Mittelwert 3,27, p<0,000).

3.3 Zur Bedeutung des Geschlechts der Befragten für die Einschätzung des generischen Maskulinums

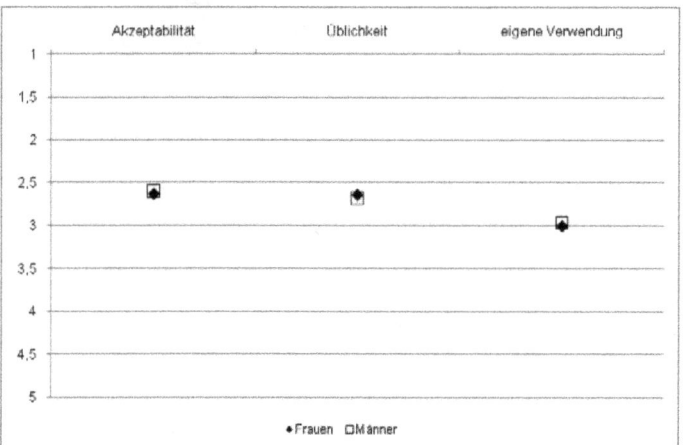

Abb. 3: Einschätzung des generischen Maskulinums: Geschlecht
(1=vollkommen/selbstverständlich ja, 5=gar nicht/keinesfalls)

Die erhobenen Daten liefern keine Hinweise darauf, dass Männer und Frauen dem generischen Maskulinum grundsätzlich unterschiedlich gegenüberstehen. Während bei den Frauen die Akzeptabilität des generischen Maskulinums bei den verschiedenen Personenbezeichnungen im Mittel bei 2,63 liegt, liegt der entsprechende Wert bei den Männern bei 2,60 (p<0,822). Fast genauso dicht liegen die Mittelwerte der Frauen und Männer bei der Frage nach der Üblichkeit des generischen Maskulinums beieinander (2,64 zu 2,68, p<0,595). Zudem signalisieren die Frauen eine ähnliche große Neigung dazu, das generische Maskulinum zu verwenden (Mittelwert 2,97), wie die Männer (Mittelwert 2,96, p<0,939).

3.4 Zur Bedeutung der Beurteilungsdimension für die Einschätzung des generischen Maskulinums

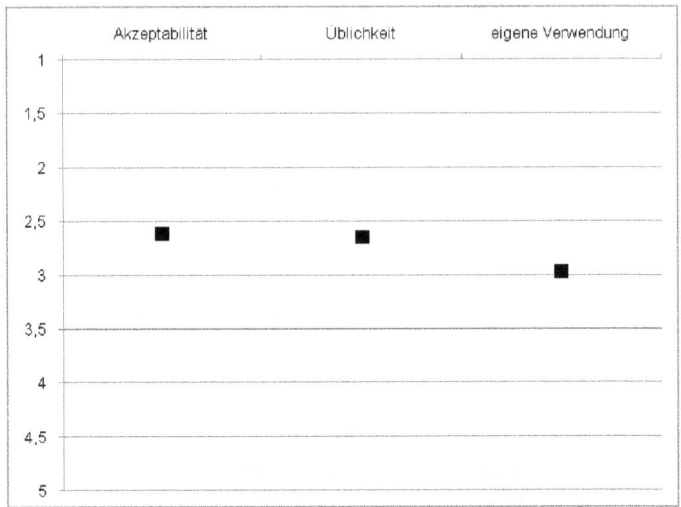

Abb. 4: Einschätzung des generischen Maskulinums: Beurteilungsdimension
(1=vollkommen/selbstverständlich ja, 5=gar nicht/keinesfalls)

Nach den Ergebnissen der Umfrage sind die Teilnehmenden insgesamt deutlich weniger geneigt dazu, das generische Maskulinum selbst zu verwenden, als es nach ihrem Empfinden grundsätzlich akzeptabel und im allgemeinen Sprachgebrauch üblich ist. Dies ergibt ein Vergleich der Mittelwerte in den drei Beurteilungsdimensionen: Während die beteiligten Personen die Akzeptabilität der zur Diskussion gestellten Personenbezeichnungen mit durchschnittlich 2,62 einschätzen und sie deren Üblichkeit durchschnittlich mit einem Wert von 2,65 charakterisieren ($p<0{,}155$), stufen sie ihre Bereitschaft zum Gebrauch der entsprechenden Formen im Mittel mit 2,97 ein (bezogen auf den Üblichkeitswert $p<0{,}000$).

3.5 Zur Bedeutung des Referenzobjekts für die Einschätzung des generischen Maskulinums

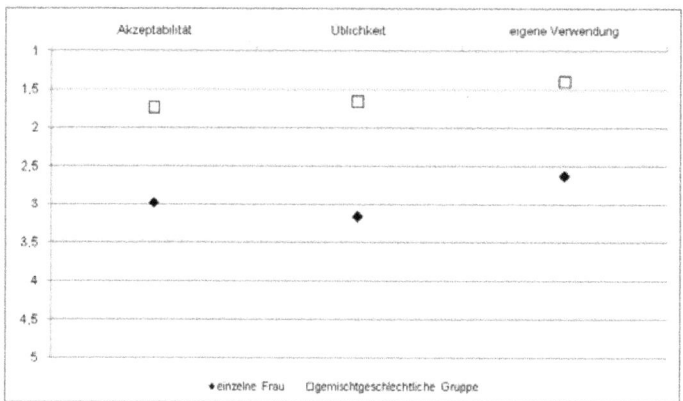

Abb. 5: Einschätzung des generischen Maskulinums: Referenzobjekt
(1=vollkommen/selbstverständlich ja, 5=gar nicht/keinesfalls)

Wie es Abbildung 5 ausweist, divergieren die Einstellungen gegenüber dem generischen Maskulinum unübersehbar in Abhängigkeit davon, ob die generische Form auf eine einzelne Person oder eine gemischtgeschlechtliche Personengruppe referiert. Konkreter formuliert: Wenn jemand mit dem generischen Maskulinum im Plural auf eine gemischtgeschlechtliche Gruppe verweist, wird dies als signifikant akzeptabler (Mittelwert 1,74) und üblicher (Mittelwert 1,66) angesehen, als wenn jemand sich mit dem generischen Maskulinum im Singular auf eine einzelne Frau bezieht (Mittelwert für die Akzeptabilität 2,98; $p<0,000$; Mittelwert für die Üblichkeit 3,16; $p<0,000$).[10] Vergleichbares gilt auch für die Einschätzung des eigenen Sprachgebrauchs bei Selbstreferenz: So geben die befragten Frauen eine klar höhere Bereitschaft dazu an, das generische Maskulinum im Plural für eine Gruppe männlicher und weiblicher Personen zu verwenden, der sie selbst angehören, als dazu, es im Singular für sich selbst zu gebrauchen (Mittelwert 1,40 zu 2,62, $p<0,000$).[11]

---

10 Auch Thomas Becker (2008) erscheint bei der Diskussion einzelner Beispielsätze die Bezeichnung einer Frau mit dem generischen Maskulinum im Singular als tendenziell problematischer als die Bezeichnung einer gemischtgeschlechtlichen Gruppe mit dem generischen Maskulinum im Plural. Er ist der Ansicht, dass dies nicht primär am Numerus, sondern „an der individuellen Referenz (und der daraus resultierenden Relevanz [der Spezifikation des Geschlechts, JS/AL/NB]) festzumachen ist", denn: „Da wir uns kaum eine geschlechtslose Person vorstellen können, ist es nahezu immer relevant, beim sprachlichen Bezug auf eine Einzelperson das Geschlecht zu erwähnen" (Becker 2008: 66).
11 Zur Erinnerung: Die männlichen Probanden wurden nicht darum gebeten, ihre Bereitschaft zu indizieren, das generische Maskulinum im Plural zu nutzen, weshalb bei ihnen

3.6 Zur Bedeutung der Personenbezeichnung für die Einschätzung des generischen Maskulinums

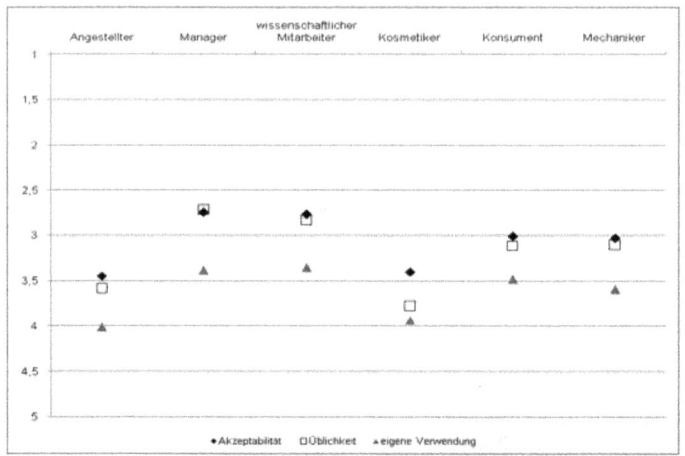

Abb. 6: Einschätzung des generischen Maskulinums: Unterschiedliche Personenbezeichnungen (1=vollkommen/selbstverständlich ja, 5=gar nicht/keinesfalls)

Gravierend unterscheiden sich die Einschätzungen der Befragten auch mit Blick auf die Üblichkeit und Akzeptabilität der unterschiedlichen Personenbezeichnungen, die ihnen in der Umfrage angeboten wurden. Am wenigsten akzeptabel (Mittelwert 3,45) und wenig üblich (Mittelwert 3,58) ist es für die urteilenden Personen, eine einzelne Frau als *Angestellten* zu bezeichnen. Besonders akzeptabel (Mittelwert 2,74) und üblich (Mittelwert 2,71) ist es für sie demgegenüber, ein weibliches Individuum einen *Manager* zu nennen. Als fast genauso akzeptabel (Mittelwert 2,76) und üblich (Mittelwert 2,82) wird es eingestuft, eine Frau als *wissenschaftlicher Mitarbeiter* zu titulieren. Mit diesem Befund harmonieren die Mittelwerte in der dritten Beurteilungsdimension, d.h. mit Blick auf den eigenen Sprachgebrauch: Es wird am wenigsten Bereitschaft dazu bekundet, eine Frau als *Angestellten* zu bezeichnen (Mittelwert 4,01), während die Befragten am ehesten *wissenschaftlichen Mitarbeiter* und *Manager* für eine Person weiblichen Geschlechts selbst verwenden würden (Mittelwert 3,35 und 3,38).

Die Unterschiede zwischen den Urteilen über die sechs zur Auswahl gestellten Lexeme lassen sich allenfalls auf Unterschiede in den Wortbildungsmustern zurückführen: So hebt sich *Angestellter* von den anderen Personenbezeichnungen dadurch ab, dass die feminine Form nicht durch

kein entsprechender Vergleich der Mittelwerte möglich ist. Zur Frage, wie es um Akzeptanz, Üblichkeit und mögliche eigene Verwendung einer generisch maskulinen Personenbezeichnung für eine Gruppe von ausschliesslich Frauen steht, haben wir keine Daten.

eine Suffixderivation mit *-in* gebildet wird, sondern wie die (generisch) maskuline Form durch Konversion eines Partizips II. Die feminine Variante ist also in diesem Fall gegenüber der maskulinen nicht morphologisch markiert und bildet letztlich die kürzere (ökonomischere) Form. *Manager* dagegen sticht durch seine Entlehnung aus dem Englischen hervor. Eine weibliche Form dieser Personenbezeichnung (*manageress*) ist im Englischen vorhanden (wenn sie auch nicht im selben Maß gebräuchlich ist wie *manager*[12]), als Lehnwort im Deutschen ist jedoch nur die Form *Manager* lexikalisiert. Die Movierung der Form durch Suffixbildung (*Managerin*) ist im Deutschen zwar möglich und auch nicht völlig ungebräuchlich, das Lehnwort selbst mag jedoch durch seine englische Aussprache für die Ohren von Deutschsprachigen trotz der Endung auf *-er* weniger maskulin konnotiert sein, als dies bei sonstigen Personenbezeichnungen auf *-er* der Fall ist. Bei *wissenschaftlicher Mitarbeiter* schließlich mag die Idiomatisierung der Adjektiv-Nomen Kollokation deren Titelcharakter in den Vordergrund rücken und damit deren Akzeptanz auch in der Referenz auf weibliche Personen erleichtern.

3.7 Zur Verwendung des generischen Maskulinums

Nachdem die Ergebnisse des zweiten, umfassendsten Teils der Umfrage dargelegt wurden, bietet es sich an, in einem weiteren Schritt im ersten Teil der Umfrage elizitierte *Nutzungen* des generischen Maskulinums mit der im zweiten Teil angegeben *Neigung* zu dessen Verwendung zu kontrastieren. Die entsprechenden Werte gehen nicht ganz parallel. Frauen verwenden das generische Maskulinum etwas häufiger zur Selbstbezeichnung als es die von ihnen angegebene Neigung dazu erwarten lässt.[13] Anders formuliert: Sie lehnen das generische Maskulinum im elizitierten Sprachgebrauch etwas weniger ab als in dessen expliziter Bewertung: 32 Prozent[14] der Selbstbezeichnungen, welche die befragten Frauen im ersten Teil der Umfrage wählen, sind generisch maskulin. Im Gegensatz dazu geben nur 26 Prozent im zweiten Umfrageabschnitt an, dass sie sich tendenziell selbst mit dem generischen Maskulinum bezeichnen würden (pro Lexem wählen durchschnittlich 26 Prozent der Frauen Werte kleiner als

---

12 Das Oxford English Dictionary belegt die Form seit dem 18. Jahrhundert. Im Gegenwartsenglischen ist sie semantisch an die männliche Form angelehnt, wie der Eintrag im OED belegt: „a female manager, chiefly in sense of *manager* [...] which is now often preferred as not gender-specific" (Oxford University Press 2011).
13 Da *Selbst*bezeichnungen elizitiert wurden, können die Antworten der männlichen Probanden keine eindeutig generisch maskulinen Formen enthalten. Deshalb sind sie an dieser Stelle nicht von Belang.
14 Dagegen erfolgen 55,9 Prozent der Bezeichnungen mit femininen Formen, 12,1 Prozent lassen sich weder als maskulin noch als feminin deuten.

3). Zu vermerken ist zudem, dass 12 Prozent der elizitierten Personenbezeichnungen geschlechtneutral sind (z.B. Bezeichnungen wie „angestellt in einem Büro" oder Abkürzungen wie „Dr. der Physik").

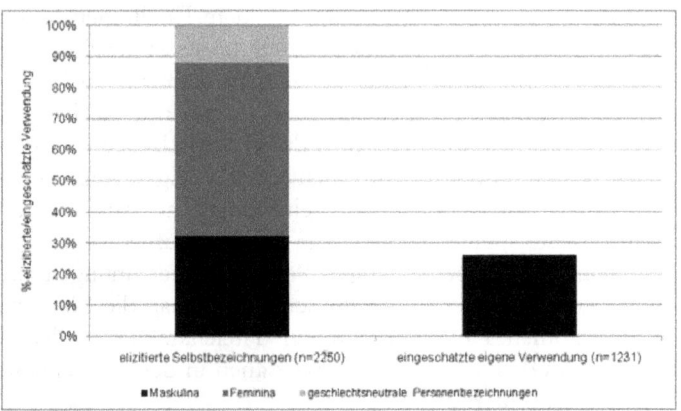

Abb. 7: Elizitierte vs. eingeschätzte eigene Verwendung des generischen Maskulinums

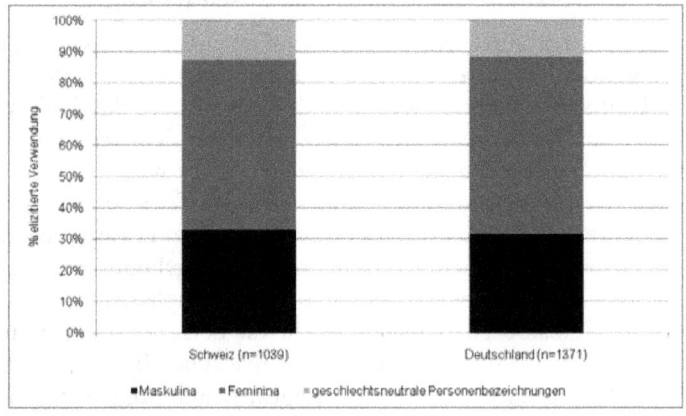

Abb. 8: Elizitierte Verwendung des generischen Maskulinums: Landeszugehörigkeit

Wie Abbildung 8 verdeutlicht, lässt sich die bei den Einschätzungen des generischen Maskulinums festgestellte Differenz zwischen der *Schweiz* und *Deutschland* beim elizitierten Sprachgebrauch nicht bestätigen: In der Verwendung zeigen die Schweizer Befragten praktisch gleich große Vorbehalte gegenüber dem generischen Maskulinum wie die deutschen, wobei die Ablehnung bei letzteren sogar leicht stärker ist: 33 Prozent der elizitierten Selbstbezeichnungen von Schweizer Frauen enthalten das generische Maskulinum, bei den deutschen Frauen sind es 31 Prozent. Auch die

Nutzung von geschlechtsneutralen Personenbezeichnungen ist in beiden Ländern praktisch gleich häufig.

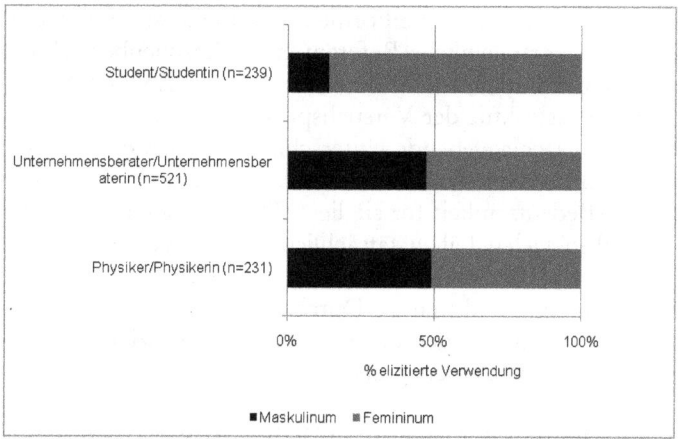

Abb. 9: Elizitierte Verwendung des generischen Maskulinums: Unterschiedliche Personenbezeichnungen

Auf die dritte Leitfrage unserer Untersuchung, d.h. ob sich auf empirischem Weg weitere Variablen aufspüren lassen, von denen die Einschätzung und Verwendung des generischen Maskulinums abhängt, gibt die Elizitierung von Selbstbezeichnungen im ersten Untersuchungsteil ebenfalls eine Antwort: Bemerkenswert ist, wie stark der Gebrauch des generischen Maskulinums mit der in der Testanordnung ja gerade nicht vorgegebenen, sondern von den Probanden und Probandinnen jeweils frei gewählten *Berufsbezeichnung* korreliert. Die von Frauen am häufigsten gewählten Bezeichnungen sind *Physiker* bzw. *Physikerin*, *Unternehmensberater* bzw. *Unternehmensberaterin* und *Student* bzw. *Studentin*. Dabei kommt in 49 Prozent der Fälle die Form *Physiker* statt *Physikerin* zum Einsatz und in 47 Prozent der Fälle *Unternehmensberater* statt *Unternehmensberaterin*. Generisches Maskulinum und feminine Form halten sich hier also in etwa die Waage. Ganz anders fällt die Verteilung bei *Student* bzw. *Studentin* aus: Hier verwenden nur 14 Prozent der Befragten das generische Maskulinum. Für diese Differenz scheinen uns weniger formale Aspekte wie die unter Punkt 3.6 genannten ausschlaggebend zu sein, sondern vielmehr kognitive oder soziale bzw. soziopsychologische Faktoren. Entsprechend sehen wir hier in erster Linie zwei Ausdeutungsmöglichkeiten: Einerseits lässt sich anführen, dass sowohl mit Blick auf die faktische Gegenwartssituation als auch mit Blick auf ein anzunehmendes Weltwissen der Befragten gilt, dass es bedeutend mehr weibliche Studierende als Physikerinnen oder Unternehmensberaterinnen gibt, zumal in vielen Fächern Studentinnen bereits mehr als die Hälfte der Studierendenpopulation stellen. Der Griff zur weiblichen Form könnte damit als Ausdruck der Tatsache betrachtet werden, dass sogenannt generische Formen verstärkt abgelehnt werden, wenn der statistisch wahrscheinliche Referent einer Personenbezeichnung nicht mehr eindeutig männlich ist. Andererseits kann in Anbetracht der Alters- und Ausbildungsstruktur der Versuchspersonen aber auch vermutet werden, dass der ausschlaggebende Unterschied zwischen den drei Personenbezeichnungen in der *Relation der Teilnehmenden zu den Bezeichnungen*, in der persönlichen Bedeutsamkeit für sie liegt: Die Befragten in unserer Untersuchung sind in vielen Fällen tatsächlich selbst Studierende. Sie dürften die entsprechende Personenbezeichnung in ihrem Lebensalltag entsprechend häufig nutzen und sich im Durchschnitt weit mehr mit dieser Personenbezeichnung als mit den beiden anderen identifizieren. Wir kommen unter Punkt 4 auf diese Überlegungen zurück.

3.8 Zur Beurteilung der gesellschaftlichen bzw. soziolinguistischen Relevanz des generischen Maskulinums

Die frei formulierten Äußerungen, mit denen die Teilnehmenden im dritten Teil der Umfrage die Selbstbezeichnung einer Frau mit dem generischen Maskulinum kommentierten, lassen sich aus zahlreichen Perspektiven analysieren. So ist es möglich – und vor dem Hintergrund der linguistischen Aufmerksamkeit für geschlechtergerechte Personenbezeichnungen auch von Interesse –, die gegebenen Antworten nach der gesellschaftlichen bzw. soziolinguistischen Relevanz zu klassifizieren, welche sie der Selbstbezeichnung einer Frau mit dem generischen Maskulinum beimessen. Ist es für die Befragten überhaupt wesentlich, oder ist es gar unerheblich, ob eine Frau mit einer grammatisch maskulinen oder femininen Form auf sich selbst referiert? Unter diesem Gesichtspunkt lassen sich insgesamt 93 Kommentare eindeutig klassifizieren. Aus der deutlichen Mehrzahl dieser, nämlich aus 60 Kommentaren bzw. 65 Prozent der Fälle geht hervor, dass die Befragten es für unwesentlich halten, mit welcher Form sich eine Frau selbst bezeichnet. Derartige Äußerungen lauten z.B. „Ich finde das völlig unproblematisch. Es spielt überhaupt keine Rolle wie [sic] sich eine Frau selbst bezeichnet, bzw. wie [sic] sie bezeichnet wird. Es ist viel wichtiger wie [sic] die Gleichstellung im tatsächlichen Leben geschieht", „Es macht keinen grossen Unterschied" oder einfach „Irrelevant!".

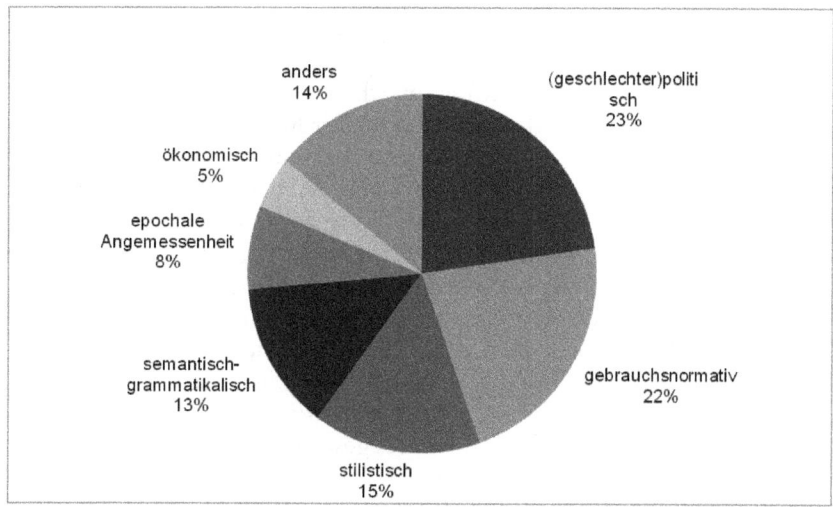

Abb. 10: Dimensionen der Beurteilung des generischen Maskulinums (n=238)

Betrachtet man die Kommentare im Hinblick auf wiederkehrende Argumente, zeichnen sich sechs Argumentationstypen ab, die als Hinweise darauf angesehen werden können, *in welchen Beurteilungsdimensionen* das generische Maskulinum für die befragten Personen *relevant ist*. Insgesamt 238 Probanden bzw. Probandinnen von insgesamt 378 Befragten begründen ihre Meinung argumentativ. Aus diesen individuellen, frei formulierten Begründungen lassen sich folgende Typen herausarbeiten:

- 54 Personen bzw. 23 Prozent liefern (geschlechter-)politische Argumente (z.B. „Diese Verhaltensweise und Akzeptanz der männlichen Berufsbezeichnungen blockiert andere Frauen im Berufsleben"),
- 52 Personen bzw. 22 Prozent setzen gebrauchsnormative Argumente ein (etwa „Ich halte dies für sehr unüblich"),
- 37 Personen bzw. 16 Prozent führen stilistische Argumente an (beispielsweise „das ‚-in' am Schluss führt teilweise nur zu holperigen Ausdrücken"),
- 32 Personen bzw. 13 Prozent bringen semantisch-grammatikalische Argumente vor (wie „Faktisch eine falsche Bezeichnung"),
- 18 Personen bzw. 8 Prozent begründen mit Argumenten der epochalen Angemessenheit (z.B. „finde ich überholt, mutet komisch an, nicht mehr passend") und
- 11 Personen bzw. 5 Prozent nutzen ökonomische Argumente (so etwa „Ich [...] finde es in Formularen, Büchern etc. umständlich beides zu verwenden (z.B. Mitarbeiterinen [sic] und Mitarbeiter[)]").

4. Deutung und Diskussion der Ergebnisse

Die eingangs gestellten Fragen lassen sich nun – wenn auch unterschiedlich eindeutig – beantworten. Es finden sich in der Tat empirische Anhaltspunkte dafür, dass das generische Maskulinum in der Deutschschweiz stärker abgelehnt wird als in Deutschland, auch wenn der Unterschied nicht sehr groß ist. Die festgestellte Diskrepanz mag eine Ursache im nachwirkenden Umgang der Sprachgemeinschaft in der früheren DDR mit dem generischen Maskulinum haben, der von Bemühungen um seine Vermeidung und Reduktion weit weniger geprägt war als der bundesdeutsche und schweizerische. Als weiterer Faktor ist die Größe der verglichenen Länder in Betracht zu ziehen: Man kann die Auffassung vertreten, dass allgemein-öffentliche wie stärker institutionenbezogene sprachkritische Diskussionen zum Zweck eines geschlechtergerechten Sprachgebrauchs in einem Land mit weniger als fünf Millionen Deutschsprechenden schneller breite Effekte erzielen können – zumal im Sprachgebrauch in einer begrenzten sozialen Gruppierung, in unserem Fall der Studierenden – als in einem Land mit einer deutschsprachigen Bevölkerung von über 80 Millionen.[15]

Deutlichere Befunde liefern die untersuchten Daten jedoch mit Blick auf die Vermutung, dass das Verhältnis zum generischen Maskulinum altersabhängig ist. Unsere Umfrage zeigt, dass das generische Maskulinum von den Befragten, die älter als 25 Jahre sind, stärker zurückgewiesen wird als von solchen unter 25 Jahren. Dieser Befund erlaubt zwei divergierende Deutungen bzw. Anschlussthesen. Es kann entweder angenommen werden, dass die Ablehnung des generischen Maskulinums aufgrund von altersspezifischen Lebenserfahrungen im jüngeren Erwachsenenalter größer wird, also mit der Lebensphase korreliert, und folglich auch die jüngeren Befragten mit zunehmendem Alter dem generischen Maskulinum kritischer gegenüber stehen werden, oder aber, dass es sich bei der positiveren Einschätzung des generischen Maskulinums bei den jüngeren Befragten um ein vom Lebensalter unabhängiges, generationales und damit auch historisches Phänomen handelt. Vertritt man letztere Hypothese und damit die Ansicht, dass sich eine Renaissance des generischen Maskulinums abzeichne, fragt es sich, ob dieser Befund sprachpolitisch als *backlash*, d.h. als Rückfall bzw. Regression interpretiert werden muss oder ob

---

15 „Kleinere Sprachkulturen lassen sich schneller verändern als große", schreibt Damaris Nübling 2000 in einem Aufsatz über die Entwicklung von Personenbezeichnungen im Deutschen und Schwedischen. Als Beispiel dafür verweist sie ausgerechnet darauf, „daß die Deutschschweiz [bezüglich geschlechtssymmetrisierender Veränderungen] innovativer und weiter fortgeschritten ist als die Bundesrepublik [Deutschland, JS/AL/NB]" (Nübling 2000: 224).

andere Sichtweisen ebenfalls Plausibilität beanspruchen können. Die Antwort auf diese sprachpolitische Frage bedingt unserer Ansicht nach allerdings zunächst die Klärung einer anderen, nämlich: Was tun Sprachhandelnde eigentlich, wenn sie sich mit dem Ausdruck *Linguist* auf eine Frau oder auf sich selbst als Frau beziehen?

Geht man davon aus, dass grammatisch männliche Formen tatsächlich generisch verwendet werden können, verzichtet man beim Gebrauch dieser Formen offenbar darauf, das Geschlecht der Bezugsperson *in der Bezeichnung* kenntlich zu machen (auch wenn bei entsprechender Kontextualisierung einer Aussage das Geschlecht der Referenzperson dennoch deutlich wird). Ein solches mehr oder weniger bewusst gewähltes sprachliches Verhalten, lässt sich unter der Prämisse eines konstruktivistischen Sprachverständnisses wiederum zweifach deuten. Einerseits kann man hierin die in entsprechenden Diskussionen häufig angeführte Verweigerung der Sichtbarmachung von Frauen im Sprachgebrauch und damit einen Beitrag zur fortdauernden Benachteiligung von Frauen gegenüber Männern sehen, den sich eine jüngere Generation unter verbesserten weiblichen Lebensbedingungen aus Achtlosigkeit bzw. aus mangelndem Bewusstsein für verstecktere Ungleichbehandlungen der Geschlechter leistet. Andererseits lässt sich die Verwendung des generischen Maskulinums aber auch verstehen als – ebenfalls teils mehr und teils weniger bewusste – kommunikative Irrelevant-Setzung oder Verwischung geschlechtlicher Differenzen und damit als ein sprachliches Instrument eines durchaus emanzipatorisch zu verstehenden „undoing gender" (Kotthoff 2002: 1–27, passim)[16].

In diesem Zusammenhang möchten wir nochmals auf die unterschiedlich häufige Verwendung des generischen Maskulinums im ersten Teil unserer Online-Umfrage zurückkommen. Während sich bei den Selbstbezeichnungen *Physiker* bzw. *Physikerin* und *Unternehmensberater* bzw. *Unternehmensberaterin* die generische/maskuline Form und die weibliche Form in etwa die Waage hielten, wurde bei der Selbstbezeichnung *Student* bzw. *Studentin* in signifikant höherem Maß die weibliche Form gewählt. Wie oben unter Punkt 3.7 schon erläutert, könnte die Differenz einerseits mit Verweis auf faktische, statistisch belegbare Verhältnisse erklärt wer-

---

16 Kotthoff verwendet den Begriff mit Blick auf das Gesprächs- und Interaktionsverhalten von Frauen (bzw. Männern). Unter einer explizit sprachhandlungsorientierten Perspektive ist er unserer Meinung nach jedoch grundsätzlich auch mit Blick auf die Wahl von Personenbezeichnungen im Sprachgebrauch anzuwenden. Die (eher bewusst oder eher unbewusst gewählte) Strategie des *undoing gender* durch Verwendung einer generischen Form bleibt im Deutschen allerdings mit dem Faktum konfrontiert, dass die übliche generische Form mit derjenigen für das Maskulinum identisch ist und entsprechend eine referentiell-semantische ‚Schlagseite' aufweist.

den: In einer Welt, in der es beinahe soviel Studentinnen wie Studenten gibt und die prototypische Vorstellung von Studierenden als einer Gruppe von Männern nicht mehr gilt, wird die Verwendung einer generischen Form offenbar als weniger adäquat empfunden. Diese Argumentation macht vor allem im Rahmen eines repräsentationistischen Sprachverständnisses Sinn.

Andererseits könnte die häufige Wahl von *Studentin* bei weiblichen Befragten aber auch durch eine nicht-evidente, relationale, nämlich die Beziehung zwischen Versuchsperson und Bezeichnung betreffende Variable bedingt sein: durch die konkret-lebensweltliche Bedeutsamkeit der Bezeichnung für die sich damit bezeichnende Person, in unserem Fall: durch die Tatsache, dass die Befragten selbst aktuell Studentinnen *sind* und ihnen in der Selbstzuordnung die Markierung ihrer Geschlechtszugehörigkeit wichtig ist. Diese Argumentation wäre im Rahmen eines konstruktivistischen Sprachverständnisses anzusiedeln. Die Tatsache, dass von Befragten unter 26 Jahren über die gesamte Untersuchung hinweg diese Markierung als weniger wichtig empfunden wird als bei älteren Befragten (und zwar in Selbst- wie in Fremdbezeichnungen), müsste dann entsprechend als aktive Ausblendung dieses Faktors bei der sprachlichen Identitätskonstruktion jüngerer Sprecher und Sprecherinnen betrachtet werden.

Eine solche konstruktivistische Perspektive auf (den Gebrauch von) Personenbezeichnungen liegt u.a. den Untersuchungen von Harvey Sacks zur sozialen (Selbst-)Kategorisierung von Personen und Personengruppen durch Personenbezeichnungen zugrunde;[17] im Kontext feministischer Linguistik hat bisher vor allem Antje Hornscheidt einen solchen Zugang explizit gefordert. Um die konstruktivistische Facette von sprachlichen Formen der Personenreferenz terminologisch hervorzuheben, schlägt sie den Terminus „personale Appellation" (Hornscheidt 2006: 7) vor. Dieser Terminus rückt den Handlungscharakter der in Frage stehenden sprachlichen Akte und damit auch die Faktoren der Intentionalität und des Effekts in den Vordergrund und lenkt den analytischen Blick stärker auf die sprachlichen Akteure und Akteurinnen als auf die sprachlichen Mittel. Die zentrale Frage ist dann nicht mehr: Was leistet diese oder jene Personenbezeichnung (als kontextenthobenes Lexem des Deutschen), sondern: Was tut ein Sprecher, eine Sprecherin beim kontextuell verorteten (und selbst auch wieder Kontext herstellenden) Gebrauch einer Personenbezeichnung als einem konkreten Akt personaler Appellation? Diese die einzelne Sprechhandlung fokussierende Frage wäre dann allerdings in

---

17 In diesem Kontext ist der von Sacks entwickelte Begriff der „membership categorization" wichtig, wie er u.a. in seinem Aufsatz zur Kategorie der jugendlichen „Hotrodder" im Zentrum steht (Sacks 1979: 7–14).

einem zweiten Schritt noch zu ergänzen durch die stärker historisch-kulturell orientierte Frage nach den Mustern personaler Appellation, die für eine bestimmte Kommunikationsgemeinschaft und in einem definierten historischen Zeitraum typisch sind.

Denn jeder einzelne, konkrete Akt personaler Appellation ist immer in die in einer Kommunikationsgemeinschaft konventionalisierten bzw. sedimentierten Appellationspraktiken eingebunden und durch die ‚Gebrauchsspuren', die den verwendeten sprachlichen Ausdrücken anhaften, mit diesen Praktiken verbunden. Das heißt auch, dass der einzelne appellative Akt seine identitätskonstitutive Wirkung immer im bestätigenden Nachvollzug oder in der Abweichung von solchen habitualisierten Appellationen entfaltet. Die Beschreibung sprachlicher Praktiken der Personen- oder Personengruppenbezeichnung sowie die Deutung ihrer soziokulturellen Signifikanz muss deshalb immer im Kontext der zum jeweiligen historischen Zeitpunkt bestehenden Muster erfolgen. Eine gewisse Unschärfe solcher Deutungen ist allerdings nicht zu vermeiden: Wie sich in unserer Untersuchung gezeigt hat, verwenden Frauen in elizitierten Selbstbezeichnungen das generische Maskulinum etwas häufiger, als dies die Selbsteinschätzung ihres Gebrauchs erwarten ließe. Sprachgebrauch und Sprachbewusstsein stimmen ergo nicht völlig überein. Ob diese Diskrepanz nun auf eine durch traditionelle Sprachgebrauchsmuster geprägte Automatisierung im Gebrauch des generischen Maskulinums zurückzuführen ist und die Verwendung der generischen Form also dem Sprachbewusstsein hinterherhinkt oder ob sich hierin im Gegenteil ein das deklarierte Sprachbewusstsein bereits hinter sich lassender neuer Sprachgebrauch zeigt, der einem veränderten Verständnis der generischen Form verpflichtet ist und mit dem die Sprecherinnen sich eine entsprechend geschlechtsabstrahierte Identität zuordnen, ist aufgrund unserer Untersuchung nicht zu entscheiden.

Unsere Umfrage macht aber insgesamt deutlich, dass sowohl die Einschätzung als auch die Verwendung des generischen Maskulinums in der deutschen Sprache von einem komplexen Gefüge verschiedener Variablen bestimmt ist. Unter diesen haben sich neben eher sprachsystematischen Faktoren wie dem Wortbildungsmuster oder der sprachlichen Herkunft des entsprechenden Ausdrucks vor allem soziopragmatische Faktoren wie die Zugehörigkeit zu einer bestimmten Sprachgemeinschaft (in unserem Fall Deutschland vs. Schweiz), das Alter der/des Sprachbenutzenden, die Tatsache, ob auf ein Individuum oder eine Gruppe referiert wird, die historisch jeweils gegebenen Sprachgewohnheiten einer Kommunikationsgemeinschaft sowie die soziale (identifikatorische) Bedeutsamkeit der Bezeichnung für die sich selbst bezeichnende Person als potenziell entscheidend erwiesen. Es wäre die Aufgabe weiterer empirischer Studien, dieses Variablengefüge noch genauer zu erfassen.

5. Literatur

Becker, Thomas (2008): Zum generischen Maskulinum. Bedeutung und Gebrauch der nicht-motivierten Personenbezeichnungen im Deutschen. In: Linguistische Berichte, 213, 65–75.

Demey, Eline (2002): Leser und Leserinnen gesucht! Zum generischen Gebrauch von Personenbezeichnungen in deutschen Stellenanzeigen und Zeitungsartikeln. In: Deutsche Sprache, 30/1, 28–49.

Doleschal, Ursula (2002): Das generische Maskulinum im Deutschen. Ein historischer Spaziergang durch die deutsche Grammatikschreibung von der Renaissance bis zur Postmoderne. In: Linguistik online, 11/2, 39–70.

Doleschal, Ursula (1998): Entwicklung und Auswirkungen der feministischen Sprachkritik in Österreich seit 1987. In: Germanistische Linguistik, 139–140, 87–115.

Heise, Elke (2000): Sind Frauen mitgemeint? Eine empirische Untersuchung zum Verständnis des generischen Maskulinums und seiner Alternativen. In: Sprache & Kognition, 19/1–2, 3–13.

Hornscheidt, Antje (2006): Die sprachliche Benennung von Personen aus konstruktivistischer Sicht. Genderspezifizierung und ihre diskursive Verhandlung im heutigen Schwedisch, New York/Berlin: de Gruyter.

Irmen, Lisa/Köhncke, Astrid (1996): Zur Psychologie des ‚generischen' Maskulinums. In: Sprache & Kognition, 15/3, 152–166.

Irmen, Lisa/Steiger, Vera (2005): Zur Geschichte des generischen Maskulinums. Sprachwissenschaftliche, sprachphilosophische und psychologische Aspekte im historischen Diskurs. In: Zeitschrift für germanistische Linguistik, 33/2–3, 212–235.

Kalverkämper, Hartwig (1979): Die Frauen und die Sprache. In: Linguistische Berichte, 62, 55–71.

Klann-Delius, Gisela (2005): Sprache und Geschlecht. Eine Einführung, Stuttgart: Metzler.

Kotthoff, Helga (2002): Was heißt eigentlich ‚doing gender'? Zu Interaktion und Geschlecht. In: Van Leeuwen-Turnovcová, Jiřina/Schindler, Franz (Hrsg.): Gender-Forschung in der Slawistik, Wien: Sagner, 1–27.

Leiss, Elisabeth (1994): Genus und Sexus. Kritische Anmerkungen zur Sexualisierung von Grammatik. In: Linguistische Berichte, 152, 281–300.

Lieb, Hans-Heinrich/Richter, Helmut (1990): Zum Gebrauch von Personenbezeichungen in juristischen Texten. Stellungnahme anlaesslich der Novellierung des Berliner Hochschulgesetzes. In: Deutsche Sprache, 18/2, 148–157.

Nübling, Damaris (2000): Warum können schwedische Männer ‚Krankenschwestern (sjuksköterskor)' werden, deutsche aber nur ‚Krankenpfleger'? Zum Einfluss sprachinterner und sprachexterner Faktoren im Deutschen und im Schwedischen. In: Linguistische Berichte, 182, 199–230.

Oelkers, Susanne (1996): ‚Der Sprintstar und ihre Freundinnen'. Ein empirischer Beitrag zur Diskussion um das generische Maskulinum. In: Muttersprache, 106/1, 1–15.

Oxford University Press (Hrsg.) (2011): OED Oxford English Dictionary. The definitive record of the English language. Online version. http://www.oed.com (Stand: 3.5.2011).

Peyer, Ann/Wyss, Eva Lia (1998): ‚JazzmusikerInnen – weder Asketen noch Müsli-Fifis' – feministische Sprachkritik in der Schweiz, ein Überblick. In: Germanistische Linguistik, 139–140, 117–154.

Pusch, Luise F. (1979): Der Mensch ist ein Gewohnheitstier, doch weiter kommt man ohne ihr. Eine Antwort auf Kalverkaempers Kritik an Troemel-Ploetz' Artikel ueber Linguistik und Frauensprache. In: Linguistische Berichte, 63, 84–102.

Rothmund, Jutta/Christmann, Ursula (2002): Auf der Suche nach einem geschlechtergerechten Sprachgebrauch. Führt die Ersetzung des generischen Maskulinums zu einer Beeinträchtigung von Textqualitäten? In: Muttersprache, 112/2, 115–135.

Rummler, Ulrike (1995): Ärztin oder Arzt? Eine psycholinguistische Untersuchung zum generischen Gebrauch des Maskulinums bei Grundschülerinnen und Grundschülern. In: Osnabrücker Beiträge zur Sprachtheorie, 51, 173–189.

Sacks, Harvey (1979): Hotrodder: a revolutionary category. In: Psathas, George (Hrsg.): Everyday Language: Studies in Ethnomethodology, New York: Irvington Pub, 7–14.

Schweizerische Bundeskanzlei (Hrsg.) (²2009): Geschlechtergerechte Sprache. Leitfaden zum geschlechtergerechten Formulieren im Deutschen. Herausgegeben in Zusammenarbeit mit der Zürcher Hochschule für Angewandte Wissenschaften. 2., vollständig überarbeitete Auflage, Bern: BBL.

Trempelmann, Gisela (1998): *Leserinnen/LeserInnen* Ost wie West? Zu Bezeichnungen und Anredeformen für Frauen in den östlichen Bundesländern. In: Germanistische Linguistik, 139–140, 33–47.

Trömel-Plötz, Senta (1978): Linguistik und Frauensprache. In: Linguistische Berichte, 57, 49–68.

Klaus Michael Köpcke und David Zubin

Mythopoeia[1] und Genus

1. Einleitung

Der Mensch anthropomorphisiert die ihn umgebende unbelebte Welt permanent, auch und gerade in seinem alltäglichen Umgang mit ihr, allemal aber in der Literatur und in der darstellenden Kunst. Beispiele für die Personifizierung des Unbelebten finden sich in den frühesten Zeugnissen der menschlichen Kulturen. Wir ängstigen uns etwa vor dem Baum, dessen Zweige und Äste in der Nacht nach uns greifen, wir verwünschen ihn, wenn wir über seine Wurzel stolpern. Wir sprechen mit den Blumen in unserem Garten und beim Wandern sehen wir in den Bergen die Hüter der Täler. Dabei weisen wir den Personifizierungen ein spezifisches Genus zu. Hier stellt sich jedoch die Frage, wodurch die Zuweisungen jeweils motiviert bzw. worauf die Zuweisungen zurückzuführen sind.

Mit dem Entstehen der deutschsprachigen Genderlinguistik in den 70er Jahren (anfangs als Feministische Sprachkritik bezeichnet) wurden Fragen nach dem Verhältnis von Sexus und Genus zentral. Insbesondere die kontrovers geführte Debatte um das Generische Maskulinum stellt ein prominentes Beispiel für eine Auseinandersetzung dar, in der von der einen Seite eine enge Abhängigkeit von Genus und Sexus und von der anderen Seite die Unabhängigkeit von Genus und Sexus propagiert wurde.[2] Die je spezifische Position hinsichtlich des Verhältnisses zwischen Genus und Sexus hatte letztlich Auswirkungen auf die Argumentationspraxis innerhalb der Debatte um das Generische Maskulinum. Betrachtet man diese Debatte genauer, so wird schnell deutlich, dass hier Fragestellungen zur Kulturalität von Grammatik bzw. von grammatischen Strukturen verhandelt wurden, die vor dem Hintergrund verschiedener Genustheorien zu sehen sind. Ebenso wird deutlich, dass Genustheorien kulturelle Auffassungen von Genus und Sexus, von Männlichkeit und Weiblichkeit reprä-

---

1   Der Begriff *Mythopoeia* wurde zuerst von J. R. R. Tolkien und später von Roman Jakobson verwendet. Wir wollen durch die Verwendung dieses Begriffs unsere Hommage für Jakobson und seine wegweisenden Kommentare zu dem Verhältnis von Genus, Sexus und Personifikationen zum Ausdruck bringen, vgl. Jakobson (1985).
2   Vgl. hierzu die Auseinandersetzung zwischen Trömel-Plötz (1978) und Kalverkämper (1979) sowie kognitions- und psycholinguistische Studien zur Wahrnehmung des Generischen Maskulinums von Irmen/Steiger (2005), Klein (2004), Braun/Gottburgsen u.a. (1998) sowie die Ausführungen dazu in der Einleitung des Sammelbandes.

sentieren. Grammatische Strukturen sind somit immer schon in kulturelle Kontexte eingebettet und durch diese bedingt.

In diesem Beitrag soll es um die in der Literatur immer wieder gestellte Frage nach der Bedeutung und Reichweite, die das sog. „natürliche" Genus (= Sexus[3]) im Lexikon, in der Syntax und in der referentiellen Pragmatik hat, gehen.

2. Romantik und Positivismus

Damit wird erneut eine These von Jacob Grimm – und in Vorgängerschaft von Herder und Adelung –, wenn auch in modifizierter Form, aufgerufen:[4]

> Da wurde alles menschlich, zu Weib und Mann personificirt: überall Götter, Göttinnen, handelnde, bösartige oder gute Wesen! Der brausende Sturm, und der süße Zephyr, die klare Waßerquelle und der mächtige Ocean – ihre ganze Mythologie liegt in den Fundgruben [...] der alten Sprachen, und das älteste Wörterbuch war so ein tönendes Pantheon, ein Versammlungssaal beider Geschlechter, als den Sinnen des ersten Erfinders die Natur. (Herder 1772: 53f.)

> Was ist ungereimter, als leblosen Dingen ein Geschlecht zu geben, abstracte Begriffe als Personen eines gewissen Geschlechtes darzustellen? Da diese Vorstellungsart [...] die Vielgötterey nicht allein veranlasset, sondern so viele Jahrhunderte mächtig unterstützet hat, sollte man da wohl noch glauben können, daß die menschliche Sprache ein Werk der Gottheit sey? (Adelung 1782: 16)

Ein halbes Jahrhundert später führte dann Jacob Grimm diesen Gedanken weiter:

> Der arm [...] ist uns männlich, die zunge weiblich, das herz neutral; der sinn männlich, die seele weiblich, das wort neutral; der wind männlich, die erde weiblich, das waßer neutral. Woher diese kühne anwendung eines in der geschaffnen natur offen und geheim waltenden unterschieds auf andere dinge und vorstellungen? Es muß ein tiefes bedürfnis da gewesen sein. [...] Das grammatische genus ist demnach eine der phantasie der menschlichen sprache entsprungene ausdehnung des natürlichen auf alle und jede gegenstände. Durch diese wunderbare operation haben eine menge von ausdrücken, die sonst todte und abgezogene begriffe enthalten, gleichsam leben und empfindung empfangen, und indem sie von dem wahren geschlecht formen, bildungen, flexionen entlehnen, wird über sie ein die ganze sprache durchziehender reiz [...] ausgegoßen. (Grimm 1831: 344 ff)

Grimm deutet hier an, dass er die das menschliche Sein umgebenden Gegenstände als männlich oder weiblich charakterisiert betrachten will. Kern

---

3 Gemeint ist mit Sexus keine rein biologische Bedeutung, sondern eine kulturspezifische. Das Zitat von Grimm (1831: 357) unten ist ein gutes Beispiel hierfür.
4 Für eine tiefgreifende Auseinandersetzung mit solchen Positionen aus dem 18. und 19. Jahrhundert vgl. Kilarski (2000) und Bär (2004).

und Ausgangspunkt für diese Unterscheidung ist der Sexus; die ihm innewohnende Geschlechtsunterscheidung wird mittels eines gigantischen Metaphorisierungsprozesses auch auf alles Unbelebte übertragen. Demzufolge schreibt er den grammatischen Genera typisch weibliche respektive männliche Stereotype des 19. Jahrhunderts zu:

> Das masculinum scheint das frühere, größere, festere sprödere, raschere, das thätige, bewegliche, zeugende; das femininum das spätere, kleinere, weichere, stillere, das leidende, empfangende; das neutrum das erzeugte, gewirkte, stoffartige, generelle, unentwickelte, collective, das stumpfere, leblose. (Grimm 1831: 357)

Für die Epoche der Romantik konstatiert Bär (2004: 162) eine Verallgemeinerung des auf Sexus basierenden Prinzips für die Genuszuweisung:

> Die Metaphorik ist nämlich nicht bei der „Personification", d.h. der Vermenschlichung stehen geblieben. Sobald die Natur einmal für den Menschen „eine Reihe lebendiger Wesen, anders geformter Menschen geworden" sei (Bernhardi 1801: 96), habe er die Analogie weiter getrieben und menschliche Eigenschaften – insbesondere eben die „Unterscheidung in zwei Geschlechter" (ebd.) – auch bei unbelebten Gegenständen gesehen.

Mit Hermann Paul finden die Überlegungen, den Ursprung des Genus im Sexus zu suchen, ihren vorläufigen Höhepunkt und Abschluss. Paul vermutet, an Grimm anschließend, die Basis der Ausdehnung sei in menschlichen Persönlichkeitszügen zu finden:

> Die Basis für die Entstehung des grammatischen Geschlechts bildet der natürliche Geschlechtsunterschied der menschlichen und tierischen Wesen. Wenn ausserdem noch anderen Wesen, auch Eigenschafts- und Tätigkeitsbezeichnungen ein männliches oder weibliches Geschlecht beigelegt wird, so ist das eine Wirkung der Phantasie, welche diese Wesen *nach Analogie der menschlichen Persönlichkeit* (Hervorhebung durch uns) auffasst. (Paul 1920: 263/264)

Diese romantisierenden Vorstellungen des 18. und 19. Jahrhunderts zum Genus haben sich im vom Positivismus geprägten 20. Jahrhundert nicht durchsetzen können. Gegen die spiritualistische Theorie Grimms stellte Brugmann (1889, 1891) eine den materialistischen Annahmen der Junggrammatiker entsprechende Theorie, der zufolge das Genus ausschließlich auf morphologische Prinzipien zurückzuführen, also bloß formaler Natur sei. Spezifische stammfinale Markierungen wie etwa /a/ bei Bezeichnungen für *Frau, Mutter* usw. im Urindoeuropäischen seien zufällige Elemente des Wortstammes gewesen. Erst in einem zweiten Schritt sei diese formale Eigenschaft generalisiert und auf weitere Substantive übertragen worden, so dass dieses Merkmal allmählich als klassenkennzeichnend interpretiert wurde.[5]

Heute gilt als gesicherte Lehrmeinung, dass es keine synchrone Verbindung zwischen Genus und Sexus (außer bei Menschen- und Tierbe-

---

5 Zu Brugmann und dessen Kritik an Grimm vgl. Kilarski (2006).

zeichnungen) oder irgendeiner anderen konzeptuellen Eigenschaft des Referenten gibt. Stellvertretend sei hier der durch den Positivismus und Behaviorismus beeinflusste Leonard Bloomfield (1933: 280) zitiert: „There seems to be no practical criterion by which the gender of a noun in German, French, or Latin could be determined."

Dass diese Vorstellung auch heute noch gilt, zeigt das nachfolgende, auf das Genus im Deutschen zu beziehende Zitat des Entwicklungspsychologen Maratsos (1979: 235):

> The classification is arbitrary. No underlying rationale can be guessed at. The presence of such systems in a human cognitive system constitutes by itself excellent testimony to the occasional nonsensibleness of the species. Not only was this system devised by humans but generation after generation of children peaceably relearns it.

Bei oberflächlicher Betrachtung scheint die These der Arbitrarität der Genuszuweisung zutreffend zu sein. Man denke nur an Nomina, die im selben Verwendungszusammenhang gebraucht werden, wie *der Löffel, die Gabel, das Messer*, oder an Nomina die demselben semantischen Feld angehören, wie etwa die Körperteilbezeichnungen *die Nase, das Auge, der Hals*. Geprüft werden muss aber, ob die Sexualisierungsthese mit dieser Evidenz wirklich ad acta gelegt werden kann, oder ob sie nicht doch, wenn auch in modifizierter Form, in der Phantasie (oder spezifischen kognitiven Prozessen) deutscher Sprecher fortwirkt. Während die Idee im Zuge des positivistischen Denkens, das die Linguistik und Psychologie erheblich beeinflusst hat, als erledigt galt, lebte sie in Konzepten der Literaturtheorie fort. Roman Jakobson (1959: 265) behauptet in seinem Aufsatz „On translation":

> ...there exists, and plays a great role in our life, a set of phenomena which might be labeled „everyday mythology," and which finds its expression in divagations, puns, jokes, chatter, jabber, slips of the tongue, dreams, reverie, superstitions, and, last but not least, in poetry. The grammatical patterning of language plays a significant and autonomous part in these various manifestations of such mythopoeia.

Es sind eben diese Phänomene alltäglicher Mythologisierung, bei denen die genuskonsonante Personifikation lebendig ist. Bei der Untersuchung dieser These werden wir eine ganze Reihe sehr unterschiedlicher kultureller Artefakte vorstellen, insbesondere aber solche aus der Welt der Werbung. Eine inzwischen etablierte Metapher über die Rolle der Werbung lautet, dass sie ein Spiegelbild der populären Kultur sei (Fox, 1997). Die Werbeindustrie reflektiert in ihren Produkten alltägliche kulturelle Werte und Einstellungen. Dies wurde insbesondere durch kulturvergleichende Untersuchungen bestätigt, vgl. Albers-Miller/Gelb (1996).[6]

3. Ein Experiment über genuskonsonante Personifikation

Bevor wir uns einschlägigen Quellen zuwenden, soll ein neues Forschungsthema der kognitiven Psychologie kurz vorgestellt werden, das im Sinne eines neo-Whorfschen Ansatzes zu verstehen ist (vgl. Whorf 1956). Hierbei handelt es sich um die experimentelle Untersuchung der Beziehung zwischen Sexus und Genus in Genussprachen. In einer ganzen Reihe von Experimenten, die mit unterschiedlichen europäischen Sprachen durchgeführt worden sind (für eine Übersicht siehe Bassetti 2007), steht ein besonders intelligent konzipiertes Experiment von Boroditsky et al. (2003).[7]

Die Forschergruppe um Boroditsky legte deutschen und spanischen Versuchspersonen 12 im Deutschen als Maskulina und im Spanischen als Feminina (*Schlüssel* ~ *llave*), und 12 im Spanischen als Feminina und im Deutschen als Maskulina (*Brücke* ~ *Puente*) klassifizierte Nomina vor. Das Experiment wurde mit bilingualen Versuchspersonen auf Englisch durchgeführt, um Effekten, die von den genusmarkierten deutschen bzw. spanischen Artikeln ausgehen, vorzubeugen. Insbesondere wollten Boroditsky u.a. feststellen, ob von der jeweiligen Genuszuweisung eine Wirkung auf die kognitive Struktur ausgeht. Aufgabe der Versuchspersonen war es, zu jedem Testitem drei englische Adjektive zu assoziieren, die das jeweilige Testitem charakterisieren sollten. In einem zweiten Schritt wurde eine andere monolinguale Versuchspersonengruppe mit englischer Muttersprache gebeten, die von den bilingualen Versuchspersonen produzierten Adjektive entlang der Sortierungskriterien „eher männlich" oder „eher weiblich"

---

[6] Sozialwissenschaftler scheinen im Allgemeinen davon auszugehen, dass die Werbeindustrie der Gesellschaft einen Spiegel vorhält. Strittig ist nur, ob dies nützlich oder schädlich ist (vgl. Holbrook 1987).

[7] Die Mutter dieser Elizitationstechnik scheint ein um 1915 von russischen Psychologen durchgeführtes Experiment gewesen zu sein, von dem Jakobson (1985: 108) berichtet. Russische Versuchspersonen betrachteten, konfrontiert mit der Aufgabe den Namen der Wochentage persönliche Attribute zuzuweisen, *Montag, Dienstag* und *Donnerstag* als männlich und *Mittwoch, Freitag* und *Sonnabend* als weiblich. Hiermit befanden sich die Versuchspersonen in Übereinstimmung zum Genus der Nomina. Das Problem hierbei ist, dass die Versuchspersonen u.U. eher die morphologisch ausgedrückte Genusmarkierung der Nomina selbst als eine mit dem Begriff verbundene Sexusassoziation als Basis für ihre Entscheidung gewählt haben könnten. Die Ergebnisse könnten also zirkulär sein. Diese Interferenzmöglichkeit gilt für die meisten, gegenwärtig durchgeführten Untersuchungen zu genuskongruenten Sexusassoziationen. Boroditsky et al. (2003) haben mit ihrem bilingualen experimentellen Design versucht, dieses Problem zu umschiffen.

zu ordnen. Diese Versuchspersonen wussten nicht, wer die Adjektive aus welchem Grund produziert hatte. Für die Auswertung der Ergebnisse schrieben Boroditsky et al. jedem Konzept in beiden Sprachen einen Wert zu, der auf der Anzahl der als männlich respektive weiblich bewerteten Adjektive basierte. Die Ergebnisse des Experiments sind in Abbildung 1 zusammengefasst.

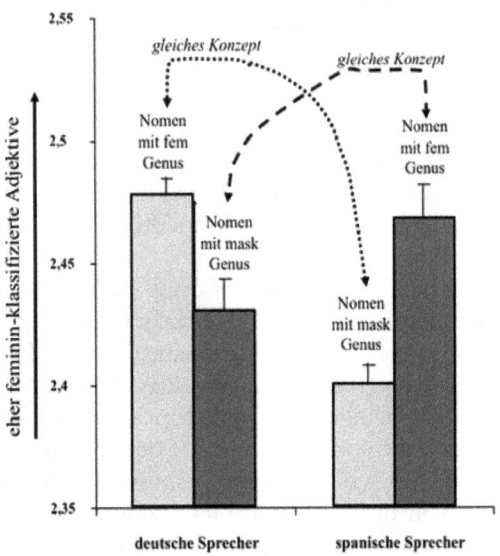

Abb. 1: Ergebnisse der Untersuchung von Boroditsky et al. (2003)

Die Ergebnisse zeigen, dass die Versuchspersonen referenzidentische, aber in Bezug auf ihr Genus kreuzklassifizierte Konzepte tendenziell mit unterschiedlichen Adjektiven belegen, die von der monolingualen Sprechergruppe hinsichtlich ihrer männlichen bzw. weiblichen Ausprägung signifikant unterschiedlich bewertet wurden.

Boroditsky et al. kommen zu dem Fazit, dass die deutschen Partizipanten eher „weibliche" Adjektive für den Stimulus **bridge** benutzen, während die spanischen eher „männliche" Adjektive favorisieren. Und umgekehrt gilt, dass die Spanier eher „weibliche" Adjektive für den Stimulus **key** benutzen als die Deutschen. Boroditsky et al. interpretieren dieses experimentelle Ergebnis im Sinne einer (relativ) radikalen Whorfschen Position, nämlich dass die Konzeptualisierung alltäglicher Objekte durch das Genus des referierenden Nomens stets beeinflusst wird. Sie implizieren in ihrem Aufsatz, dass dies für alle Objekte der alltäglichen Welt gilt (oder zumindest gelten könnte):

> What does it mean for a turnip to be conceptually feminine or for a toaster to be conceptually masculine? How does gender actually make its way into the representations of objects? [...] One possibility is that, depending on grammatical gender, different (stereotypically masculine or feminine) aspects of objects may become more or less salient in the representations of those objects. For example, if the noun that names a toaster is masculine, then perhaps its metallic and technological properties may become more salient; but if the noun is feminine, then perhaps its warmth, domesticity, and ability to provide nourishment are given more importance. (Boroditsky et al. 2003: 69).

4. Forschungsfragen zu genuskonsonanten Personifikationen

Wir wollen nachfolgend zunächst eine Reihe von Forschungsfragen stellen, um uns dann mit diesen Implikationen intensiv auseinanderzusetzen:

1. Personifizieren Sprecher des Deutschen überhaupt in Übereinstimmung mit dem Genus des referierenden Ausdrucks?
2. Werden Alltagsobjekte und Begriffe personifiziert oder sind es nur traditionell als mythische Personen verstandene Begriffe wie *Sonne, Mond, Winter, Trauer, Stolz* usw.?
3. Werden in der alltäglichen Gebrauchssprache alle Referenten implizit mit einer vom Genus abgeleiteten sexusbezogenen Kolorierung überzogen oder tritt diese Kolorierung nur unter gewissen Kontextbedingungen hervor?

Im Fall einer positiven Antwort auf das Vorangehende, interessiert uns weiter:

4. Wird die Genus-Sexus-Assoziation durch das Konzept selbst evoziert, wodurch wiederum die Genuszuweisung diachron affiziert werden sollte, etwa in dem Sinne, dass spezifische Konzepte in manchen Sprachen eher weiblich und in anderen eher männlich sind?[8] Oder wird die Genus-Sexus-Assoziation ausschließlich von der jeweils sprachspezifisch vorhandenen lexem-spezifischen Genuszuweisung ausgelöst, die in vielen Fällen von morphologischen und phonologischen Faktoren bedingt wird (vgl. Köpcke/Zubin 2009)? Erfolgt sie also unabhängig vom Konzept? Gefragt wird also nach der Richtung der Kausalität: Beeinflusst eine „alltägliche Mythologie" die Genuszuweisung bestimmter Begriffe und die damit verbundenen Nomina oder umgekehrt, wird diese Alltagsmythologie von der schon etablierten Genuszuweisung spezifischer Lexeme ausgelöst?

---

8   Dies wird von Boroditsky et al. (2003: 69) impliziert, vgl. das Zitat oben. Das Zitat liefert auch eine Erklärung dafür, wie derselbe Begriff in der einen Sprache eher maskulin und in einer anderen eher feminin sein kann.

Wir wollen versuchen, Antworten auf diese Fragen zu geben, indem wir Evidenz aus traditionellen und zeitgenössischen kulturellen Kontexten heranziehen. Unter anderem bieten sich hierfür folgende Quellen an:

- Werke aus der Malerei, insbesondere aus der Periode der Renaissance und der symbolistischen Bewegung der Romantik (mittleres bis spätes 19. Jh.) bis hin zum frühen Modernismus,
- dichterische Werke verschiedener Epochen bis hin zu aktueller und moderner Dichtung,
- Volksmärchen,
- Rituale traditioneller kultureller Veranstaltungen (z.B. das Frühlingsfest in Eisenach oder Fastnachtsgebräuche im Alemannischen),
- Bebilderungen von Märchen- und Kinderbüchern,
- Bilder und Filme verschiedener Medien (z.B. TV-Programme für Kinder, CD Cover, Bilder auf Bucheinbänden),
- Bilder, Filme und Texte aus der Werbung.

4.1 Personifikationen in Kunst und populärer Kultur

Bei der literarischen Analyse dichterischer Werke wird das Stilmittel der Personifikation ganz selbstverständlich vorausgesetzt. Abstrakte Begriffe (*Welt, Liebe, Tugend, Zeit, Tod* usw.), Kollektiva (*Städte, Länder*), Naturerscheinungen (*Flüsse, Tagesanbruch, Abendröte*), Tiere [...] oder leblose Dinge werden als handelnde und sprechende menschliche Gestalten dargestellt. Ackermann bemerkt in Metzlers Literaturlexikon (Schweikle/Schweikle 1990: 347f.):

> ...personifiziert (mit und ohne Titulierung), z.B. als „Frau Welt", „Schwager Chronos" (Goethe), „Gevatter Tod" (Claudius), „Vater Rhein" (Hölderlin), „es träumt der Tag...", „gelassen stieg die Nacht..." (Mörike) usw.

Gerade die Literatur und hier insbesondere die Dichtung, aber auch die bildende Kunst und die populäre Kultur haben bis weit in die Antike zurückreichend einen substantiellen Einfluss auf genusassoziierte Personifikationen gehabt. Das archetypische Genus-Sexus-Paar ist wohl *Sonne* und *Mond*. In der griechischen und römischen Mythologie ist *die Sonne* (Σλιος, sole) männlich und *der Mond* (Σελήνη, luna) weiblich. Diese, dem Griechischen und Lateinischen folgende Sexus-Genus-Konsonanz fand ihren Niederschlag zunächst auch bei Künstlern im deutschsprachigen Raum, führte also hier zu dissonanten Personifikationen; erst während der Romantik veränderte sich dies allmählich zu genuskonsonanten Personifikationen.[9] Was bei den Künstlern der Romantik seinen Anfang nahm, wurde

---

9 Segel/Boroditsky (2011) haben eine Untersuchung über die Genus-Sexus-Beziehung in der darstellenden Kunst auf Basis von über einer Million Abbildungen in der „Artstors.org"-Sammlung durchgeführt. Insgesamt haben sie in diesem Korpus 765 als Personifikationen

Allgemeingut. *Sonne* wurde als weiblich und *Mond* als männlich interpretiert.[10] In der Populärkultur ist die Konsonanz zwischen Genus und Sexus weitgehend regulär und weit ausgedehnt. Bild 1a kommt aus dem italienischen, während Bild 1b aus dem deutschen Sprachraum stammt. Zusammen mit Bild 1a findet sich auf einer ganzen Reihe italienischer Websites eine im Sinne populärer Kultur verfasste Fabel, die genau diese Tonart aufnimmt:

> Quando il Sole e la Luna si incontrarono per la prima volta, si innamorarono perdutamente e da quel momento cominciarono a vivere un grande Amore... Allora il mondo non esisteva ancora e il giorno che Dio decise di crearlo, gli donò il tocco finale... (unbekannter Autor) [giullia1.altervista.org]

Bild 1b findet sich auf dem Buchdeckel eines Kinderbuchs. Der Text des Buches beginnt folgendermaßen:

> Seit tausenden von Jahren sahen sich durch die Arbeit auf der Erde Herr Mond und Frau Sonne nur aus der Ferne. Dennoch hatten sich beide ineinander verliebt. Herr Mond liebte den strahlenden Glanz ... („Das kleine Märchenbuch" von Jörn Vandersee) [kanubuch.info]

---

interpretierbare Bilder von italienisch-, französisch-, spanisch- und deutschsprachigen Künstlern gefunden. Hierbei zeigte sich in 78% eine Genus-Sexus-Übereinstimmung; beschränkt man sich auf die deutschsprachigen Künstler, liegt der Wert für die Genus-Sexus konsonanten Personifikationen bei 62%. Die Resultate zeigen einerseits eine überzeugende Tendenz zur Genus-Sexus-Konsonanz in der darstellenden Kunst. Andererseits aber ist auch auf Abweichungen von dieser Konsonanz hinzuweisen. Es gab nämlich in 22% der Fälle eine Dissonanz zwischen Genus und Sexus; für die deutschsprachigen Maler liegt dieser Wert bei 38%! Segel/Boroditsky (2011) nennen verschiedene Faktoren, die die konsonante Beziehung um einige Prozent gedrückt haben könnten. Unerwähnt aber bleibt die zum Teil bis ins 20. Jahrhundert hinein lebendige und an die Klassik angebundene Tradition, einer auf das Griechische und Lateinische basierenden Genus-Sexus-Konsonanz zu folgen. Z.B. wurden die vier Elemente *Feuer, Wasser, Erde, Luft* meist als Frauen dargestellt; hierbei wird eine Konsonanz zu den im Lateinischen als Feminina klassifizierten Nomina *ignis, aqua, terra, aers* hergestellt. Noch in der Nazizeit ist der deutsche Maler Adolf Ziegler bewusst dieser Tradition gefolgt. Berücksichtigt man diese Überlegungen, ist die Genus-Sexus-Konsonanz in den vier Sprachen, aber insbesondere im Deutschen mit großer Wahrscheinlichkeit noch sehr viel höher anzusetzen als von Segel/Boroditsky (2011) angegeben.

10 Allerdings nicht ohne Widerstand. Manche Feministinnen halten an der antiken Tradition fest und interpretieren den Mond als Symbol für Weiblichkeit. Sie haben eine alternative Lösung gefunden: *der Mond* wird zur *Mondin*:
„Die Hexe, die Mondin und die Farbe Lila sind, neben den mythischen Frauengestalten, die wichtigsten Inspirationsquellen feministischer Namensgebung. Dass die Mondin im Deutschen, gegen alle Vernunft und guten Sitten, in männlicher Verkleidung – der Mond – auftritt, stört dabei kaum: Entweder gibt frau ihr die richtige weibliche Gestalt wieder, oder sie wählt romanische Sprachformen, oder sie bleibt ungerührt beim Mond. Was schert's die Mondin, dass der Deutsche sie maskulinisiert hat, sie ist trotzdem weiblich!" (Pusch 1984).

Bild 1: Populärkulturelle Darstellungen von Sonne und Mond in einem italienischen (a)[11] und deutschen (b)[12] Kontext mit entgegengesetzter Sexus-Genus-Konsonanz.

Solche Darstellungen zeigen, dass genuskonsonante Personifikationen unter den Mitgliedern dieser Sprachgemeinschaften lebendig sind.[13]

Die Sonne spielt auch bei dem „Sommergewinn"-Fest in Eisenach, das in jedem Frühling gefeiert wird, eine zentrale Rolle. Frau Sunna kommt, um Herrn Winter in Ketten zu legen und ihn bis zum nächsten Herbst in Gefangenschaft zu halten, vgl. Bild 2.

Bild 2: Sommergewinn-Fest in Eisenach. Frau Sunna kommt, um Herrn Winter in Ketten zu legen. [sommergewinn.eisenachonline.de][14]

---

11 Online unter: http://giullia1.altervista.org/dialogo/sole-e-luna.html.
12 Das Bild wurde dem Buchdeckel des folgenden Buches entnommen: Vandersee, Jörn (1997): Mond trifft Sonne, Oberschleissheim: Polner Verlag.
13 Es ist interessant, dass es Peter Hofstätter, der ein Spezialist für die Methode des semantischen Differentials war, bei einem Vergleich deutscher und italienischer Sprecher nicht gelungen ist, genusbasierte affektive und die Sprechergruppen differenzierende Assoziationen für die Stimuli Sonne und Mond nachzuweisen (vgl. Hofstätter 1963).
14 Online unter: http://www.sommergewinn.eisenachonline.de/scripts/news/385.

Heinrich Heine ist, zumindest bezogen auf seine frühe Schaffensphase, ein typischer Vertreter der Romantik. In seinen dichterischen Werken machte er häufig von der Genus-Sexus-Konsonanz Gebrauch, um beim Leser spezifische Vorstellungen zu evozieren. Bekannt ist sein Gedicht über die Liebesbeziehung zwischen einem Fichtenbaum und einer Palme und dessen Ausdeutung durch Roman Jakobson (1959). Nachfolgend ist exemplarisch das Gedicht „Lotosblume" aus dem *Buch der Lieder* (1827) abgedruckt. Die sexuellen Anspielungen rühren aus der Interaktion zwischen einer Lotusblume und dem Mond, ihrem Liebhaber. Offenbar werden in angemessenen Kontexten die oben postulierten Assoziationen zwischen Genus und Sexus für die künstlerische Darstellung eigentlich nicht sexus-determinierter Nomina genutzt. In seinem Gedicht nutzt Heine die oben angesprochene Assoziation mittels der Gegenüberstellung von *der Mond* (= männliche Rolle) und *die (Lotos)Blume* (= weibliche Rolle) auf raffinierte Weise aus.

Original	Italienische Übersetzung[15]
Die Lotosblume ängstigt Sich vor der Sonne Pracht, Und mit gesenktem Haupte Erwartet sie träumend die Nacht.	Il fior di loto è impaurito dal fulgore del sole, e con il capo chino aspetta sognante la notte.
Der Mond, der ist ihr Buhle, Er weckt sie mit seinem Licht, Und ihm entschleiert sie freundlich Ihr frommes Blumengesicht.	La luna, che è sua amante, lo sveglia con la sua luce, e lui le svela gentile il devoto viso di fiore.
Sie blüht und glüht und leuchtet, Und starret stumm in die Höh'; Sie duftet und weinet und zittert Vor Liebe und Liebesweh.	Fiorisce, cresce, si illumina, guardando verso l'alto: geme, piange, trema d'amore e desiderio.

Textbeispiel 1: Heines Gedicht (ohne Titel) über die Lotosblume aus dem *Buch der Lieder* (1827), im Original und in einer italienischen Übersetzung.

Ganz im Sinne unserer These ist die Tatsache, dass die Sexusrollen in Übersetzungen des Gedichts in romanische Sprachen umgekehrt werden.[16] Die Sexus-Genus-Konsonanz des Originals spiegelt sich in der bildlichen Darstellung, die auf einer deutschen Blog-Website zu finden ist, vgl. Bild 3. Der italienischen Übersetzung wird das Bild nicht gerecht.

---

15 Quelle: en.wikipedia.org/wiki/Die_Lotosblume
16 Bei diesem Vergleich beziehen wir uns bewusst auf Jakobsons (1986: 109) Interpretation von Heines Gedicht „Ein Fichtenbaum steht einsam" (Buch der Lieder, Lyrisches Intermezzo, 33).

Bild 3: Bildliche Gestaltung des Gedichts über die Lotosblume von Heine.[17]

Solche Übersetzungen von Gedichten sind offensichtlich Evidenz für die emotive Bedeutung der Sexus-Genus-Konsonanz. Jakobson (1959: 265) meint, dass

> *My Sister Life*, the title of a book of poems by Boris Pasternak, is quite natural in Russian, where „life" is feminine (žizn), but was enough to reduce to despair the Czech poet Josef Hora in his attempt to translate these poems, since in Czech this noun is masculine (život).

Ein überzeugendes Beispiel für den Versuch, Sexus-Genus-Konsonanz auch in Übersetzungen aufrecht zu erhalten, ist das Gebet *Sonnengesang* von Franz von Assisi. In diesem Gedicht werden verschiedene Naturerscheinungen als seine Brüder und Schwestern charakterisiert. Für den deutschen Übersetzer entsteht hierdurch ein Dilemma: Während es in einer Reihe von Fällen die erwünschte Sexus-Genus-Konsonanz schon gibt (Bruder Wind ~ frate vento; Mutter Erde ~ matre terra), zieht es der Übersetzer in anderen Fällen vor, den im Original dem Referenten zugeschriebenen Sexus zu verändern; offensichtlich um die Sexus-Genus-Konsonanz zu gewährleisten: So wird dann aus *messor lo frate sole* (Herr Bruder Sonne) *Schwester Sonne*, *sora luna* (Schwester Mond) wird zu *Bruder Mond* und *sora nostra morte corporale* (unsere Schwester leiblicher Tod) wird *unser Bruder der leibliche Tod*. In einem Fall tauscht der Übersetzer sogar ein Lexem aus: *sor aqua* (Schwester Wasser) wird zu *Schwester Quelle*.

---

[17] Bild links ist online unter der folgenden URL einzusehen:
http://de.wikipedia.org/w/index.php?title=Datei:Bruening_Heine_Traumgebild.jpg&filetimestamp=20060808065640. Bild rechts: http://www.diekreide.net/wp-content/uploads/2008/01/blacknwhite.jpg; http://ostufer.info/lyrik/mondgedichte.

Mythopoeia und Genus

Italienisches Original	Deutsche Übersetzung
Altissimu onnipontente bon signore, tue so le laude la gloria e l'honore onne benedictione. Ad te solo, altissimo, se konfano, et nullu homo ene dignu te mentovare. Laudato si, mi signore, cun tuncte le tue creature, spetialmente messor lo frate sole, lo qual'è iorno, et allumini noi per loi. Et ellu è bellu e radiante cun grande splendore, de te, altissimo, porta significatione. Laudato si, mi signore, per sora luna e le stelle, in celu l'àI formate clarite et pretiose et belle. Laudato si, mi signore, per frate vento, et per aere et nubilo et sereno et onne tempo, per lo quale a le tue creature dai sustentamento. Laudato si, mi signore, per sor aqua, la quale è multo utile et humile et pretiosa et casta. Laudato si, mi signore, per frate focu, per lo quale enn'allumini la nocte, ed ello è bello et iocundo et robustoso et forte. Laudato si, mi signore, per sora nostra matre terra, la quale ne sustenta et governa, et produce diversi fructi con coloriti flori et herba. Laudato si, mi signore, per quelli ke persondano per lo tuo amore, et sostengo infirmitate et tribulatione. Beati quelli ke 'l sosterrano in pace, ka da te, altissimo, sirano incoronati. Laudato si, mi signore, per sora nostra morte corporale, da la quale nullu homo vivente pò skappare. Guai acquelli, ke morrano ne le peccata mortali: beati quelli ke trovarà ne le tue sanctissime voluntati, ka la morte secunda nol farrà male. Laudate et benedicete mi signore, et rengraiate et serviateli cun grande humilitate.

[franciscan-archive.org/patriarcha/opera/canticle.html] | Du höchster, mächtigster, guter Herr, Dir sind die Lieder des Lobes, Ruhm und Ehre und jeglicher Dank geweiht; Dir nur gebühren sie, Höchster, und keiner der Menschen ist würdig, Dich nur zu nennen. Gelobt seist Du, Herr, mit allen Wesen, die Du geschaffen, der edlen Herrin vor allem, Schwester Sonne, die uns den Tag heraufführt und Licht mit ihren Strahlen, die Schöne, spendet; gar prächtig in mächtigem Glanze: Dein Gleichnis ist sie, Erhabener. Gelobt seist Du, Herr, durch Bruder Mond und die Sterne. Durch Dich sie funkeln am Himmelsbogen und leuchten köstlich und schön. Gelobt seist Du, Herr, durch Bruder Wind und Luft und Wolke und Wetter, die sanft oder streng, nach Deinem Willen, die Wesen leiten, die durch Dich sind. Gelobt seist Du, Herr, durch Schwester Quelle: Wie ist sie nütze in ihrer Demut, wie köstlich und keusch! Gelobt seist Du, Herr, durch Bruder Feuer, durch den Du zur Nacht uns leuchtest. Schön und freundlich ist er am wohligen Herde, mächtig als loderndem Brand. Gelobt seist Du, Herr, durch unsere Schwester, die Mutter Erde, die gütig und stark uns trägt und mancherlei Frucht uns bietet mit farbigen Blumen und Matte. Gelobt seist Du, Herr, durch die, so vergeben um Deiner Liebe willen Pein und Trübsal geduldig tragen. Selig, die's überwinden im Frieden: Du, Höchster, wirst sie belohnen. Gelobt seist Du, Herr, durch unsern Bruder, den leiblichen Tod; ihm kann kein lebender Mensch entrinnen. Wehe denen, die sterben in schweren Sünden! Selig, die er in Deinem heiligsten Willen findet! Denn Sie versehrt nicht der zweite Tod. Lobet und preiset den Herrn! Danket und dient Ihm in großer Demut!

[Heiligenlexikon.de/Literatur/Franziskus-Sonnengesang.htm] |

Textbeispiel 2: „Sonnengesang" von Franz von Assisi in der altitalienischen Originalfassung und in deutscher Übersetzung; übernommen von einer katholischen Webseite.[18]

---

[18] Im Unterschied zu der zitierten Übersetzung wird auf der offiziellen Franziskaner Website in Deutschland (franziskaner.de) eine wortgetreue Übersetzung angeboten. Dabei entstehen dann so seltsam klingende Phrasen wie „Herrn Bruder Sonne", „Schwester Mond" und „unsere Schwester, den leiblichen Tod."

4.2 Personifikationen in der Werbung

Es ist für den Argumentationsgang wichtig, darauf hinzuweisen, dass nicht nur Referenten wie *Sonne, Mond, Natur, Erde, Trauer* und andere traditionell mit Sexus-Rollen belegte Konzepte Gegenstand der Sexus-Genus-Konsonanz durch Personifizierung sind. In Bild 4 werden in einer Werbeanzeige des Kaugummiproduzenten Wrigley eine Erdbeere und ein Pfirsich dargestellt, die in Übereinstimmung mit dem Genus dieser Substantive[19] entsprechende Sexusrollen einnehmen.

Bild 4: Printwerbung für Wrigleys Orbit Kaugummi, in der Pfirsich und Erdbeere genuskonsonante Sexusrollen einnehmen.[20]

In vielen Fällen wird die Personifizierung als analogisch zu interpretierende Minierzählung dargestellt. Die in Bildserie 5 abgebildeten Ausschnitte zweier Fernsehwerbungen der Möbelhauskette Mömax sollen dies verdeutlichen. In der oberen Reihe wird eine Szene dargestellt, in der ein Mann versucht, einer auf dem Boden liegenden Frau die Hose auszuziehen. Dazu erklärt die Off-Stimme: „Das ist Sari, Sari ist keine gute Ausziehcouch"; in der folgenden Einstellung kommt eine Couch ins Bild und dieselbe Stimme sagt „das ist eine gute Ausziehcouch". In der unteren

---

19 *Beere* ist Mitglied des produktiven semantischen Feldes der Fruchtbezeichnungen und hat daher ein durch das Feld bedingtes Genus. *Pfirsich* als Ausreißer aus dem Feld hat eine Zuweisung, die durch die Endung *-ich* phonologisch bedingt ist (vgl. Köpcke/Zubin 2009).
20 Online einzusehen unter: http://www.wrigley.de/group_orbit/index.htm.

Mythopoeia und Genus

Bildfolge betritt eine Frau, die offenbar duschen will, das Badezimmer, in dem ein Mann vor der Dusche steht. Diesmal erklärt die Off-Stimme: „Das ist Sven"; die Frau erschreckt sich, stößt Sven weg und die Off-Stimme fügt hinzu: „Sven ist kein guter Duschvorhang"; in der folgenden Szene kommt dann ein Duschvorhang ins Bild und die Off-Stimme sagt: „Das ist ein guter Duschvorhang". Die Analogie zwischen *die Couch* und *die Frau* (Sari) respektive *der Duschvorhang* und *der Mann* (Sven) ist offensichtlich.

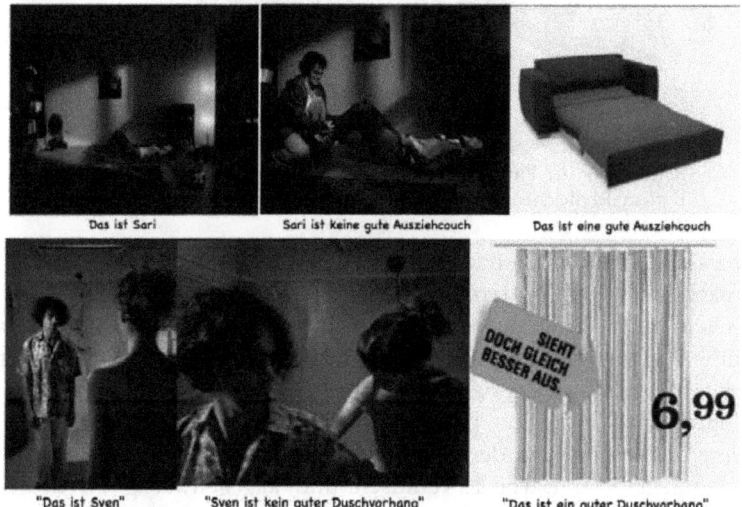

Bild 5: Ausschnittbilder aus zwei TV-Werbespots der Möbelhauskette Mömax. Obere Reihe: Frau-Couch-Analogie; untere Reihe: Mann-Duschvorhang-Analogie.[21]

In der Werbung finden sich immer wieder Minierzählungen dieser Art. In Bild 6 sind Ausschnittbilder aus einer Werbung der Firma Müller für ein Buttermilch-Joghurt-Getränk aufbereitet.

---

21 Der Werbespot mit der „Frau-Couch-Analogie" ist online einzusehen unter: http://www.youtube.com/watch?v=yfLM6X1XJBf.
Der Spot mit der „Mann-Duschvorhang-Analogie" ist online einzusehen unter: http://www.youtube.com/watch?v=yfLM6X1XJQz.

Bild 6: Fernsehspot der Firma Müller für eine Joghurt-Buttermilch-Mischung: Joghurt und Buttermilch heiraten.[22]

Der Pastor spricht folgende Worte: „Willst Du, Joghurt, mit vollem Geschmack, und Du, Buttermilch, erfrischend leicht, den Bund der Ehe eingehen?" Das Paar antwortet: „Ja, ich will". Dann hört man die Off-Stimme sagen: „Jetzt von Müller, Joghurt mit der Buttermilch. Voller Joghurtgeschmack, mit der Leichtigkeit der Buttermilch." Ermutigt von dem Erfolg dieses Werbespots hat die Firma Müller einen weiteren Spot produzieren lassen, in dem der korpulente Reiner Calmund (bekannt als Geschäftsführer von Bayer Leverkusen und allgegenwärtig im deutschen Fernsehen) und Barbara Meier (Germanys Next Topmodel Nr. 2) auftreten. Der Auftritt Calmunds wird mit den Worten „voller Genuss" und der von Barbara Meier mit dem Wort „Leichtigkeit" begleitet. Die Off-Stimme kommentiert: „Wenn Leichtigkeit und voller Genuss sich natürlich vereinen, nennt sich das ‚der Joghurt mit der Buttermilch'".

Ähnlich verfährt auch die Bewerbung des Produkts Kinder Riegel. Ein Schokoladenriegel und Milch treffen bei einem Speed-Dating aufeinander. Es ist Liebe auf den ersten Blick.

---

22 Der Spot ist online einzusehen unter: http://www.youtube.com/watch?v=eZgq2lt-JW8.

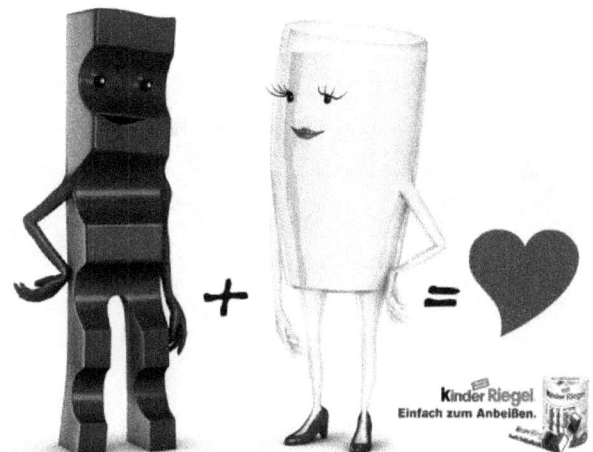

Bild 7:   Fernsehspot für Kinder Riegel: Der Schokoladenriegel und die Milch verlieben sich.[23]

In Bild 8 werden Ausschnitte aus einer Fernsehwerbung der Firma Nestle für das Produkt Nestea, ein Teegetränk mit Zitronengeschmack, gezeigt. Vor einem Schaufenster spielt eine junge Frau ihrem Freund eine Szene vor, in die sie die in dem Schaufenster ausgestellten Schaufensterpuppen integriert. Junge + Mädchen (a) = Baby (b). Der Freund nimmt diese Gleichung nicht an, sondern verschiebt das Gleichheitszeichen nach oben (c). Der Fokus wird auf ein Fenster gerichtet, in dem man ein sich innig küssendes Paar sieht (d); der junge Mann und die junge Frau lachen (e). Das Fazit ist Bild (f): „enjoy the combination" (und symbolisch dargestellt *Tee* und *Zitrone*).

---

23   Der Spot ist online einzusehen unter: http://www.youtube.com/watch?v=Fs2SyuYO0Xs.

Bild 8: Ausschnitte aus einer Fernsehwerbung der Firma Nestle für das Produkt Nestea, ein Teegetränk mit Zitronengeschmack. *Tee* steht in analogischer Beziehung zum Mann, *Zitrone* zur Frau.[24]

Ein mit Emotionalität und Ambiguität aufgeladener Fernsehspot ist der für Freixenet (Bild 9):

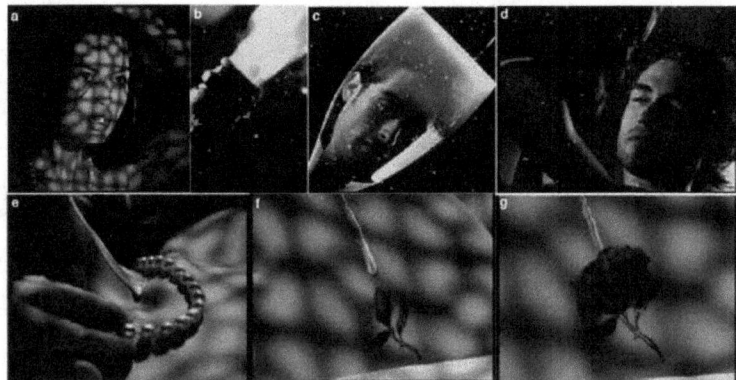

Bild 9: Ausschnitte aus einer Fernsehwerbung für das Produkt Freixenet. Die Gleichsetzungen *Rose ~ Frau* und *Sekt ~ Mann* werden deutlich.[25]

Eine Frau beobachtet (a) wie ein Korken aus einer Sektflasche springt (b). Der Sekt wird dann in ein Glas gegossen, in dem sich das Gesicht eines Mannes spiegelt (c). Dann Szenenwechsel: Der im Glas abgebildete Mann trifft in einer erotischen Umarmung auf die Frau aus der Eingangsszene (d). Von hieraus fokussiert die Kamera dann wieder auf den Sekt, und

---

24 Der Spot ist online einzusehen unter: http://www.youtube.com/watch?v=lSpQrN5C6tQ.
25 Der Spot ist online einzusehen unter: http://www.youtube.com/watch?v=We_eJ984yQE.

zwar in Form eines am Hals der Frau hinunterlaufenden Tropfens. Die Frau begleitet diesen Vorgang durch eine verzückte Bewegung (e). Der Tropfen läuft weiter auf ein auf der Brust der Frau abgebildetes Rosentatoo zu (f). In dem Moment, in dem der Sekttropfen das Tatoo berührt, öffnen sich die Blütenblätter (g). Die Sexualisierung der Sekt-Rose-Verbindung ist evident und wird durch das Alternieren der Abbildungen von Mann und Frau noch verstärkt. Die Bildabfolge dieses Fernsehspots weist eine starke Ähnlichkeit mit Heines Gedicht „Lotosblume" auf (vgl. Tabelle 1). Insbesondere findet das durch den Sekttropfen ausgelöste Aufblühen der Rose seine Entsprechung in dem durch den Mondschein evozierten Sich-öffnen der Lotosblume: „ihm [dem Mond] entschleiert sie freundlich Ihr frommes Blumengesicht."

Ein Schlüsselelement einer ganzen Reihe von Minierzählungen ist die Doppeldeutigkeit. In vielen Fällen wird mit den Pronomina gespielt. Dabei wird unterstellt, dass maskulin und feminin markierte Pronomina immer das Potential haben, auf Menschen zu referenzieren, und zwar selbst dann, wenn der offensichtlich intendierte Referent unbelebt ist.[26] Bild 10 zeigt eine Zeitschriftenwerbung des Diamantenproduzenten De Beers. Der Text beginnt mit zwei möglichen, jeweils als Maskulinum klassifizierten Antezedenten: „Als er mir diesen Ring zum Geburtstag schenkte." Der folgende Satz enthält ein als Maskulinum markiertes Pronomen: „Ich würde ihn ewig lieben." Bei der Auflösung der ambigen Referenz dieses Pronomens wird präferenziell der Mann (Referent des eingangs erwähnten Pronomens er) gewählt.[27] Die nach rechts dislozierte Nominalphrase („den Ring natürlich") entlarvt die vorschnelle Resolution des Pronomens und disambiguiert den Referenten. Erst hierdurch wird die Doppeldeutigkeit kreiert.

---

26 Ein verwandtes Thema, das wir hier aber nicht weiter verfolgen wollen, ist der potentiell personifizierende Effekt der wiederholten pronominalen Referenz.
27 Eine ausführliche Diskussion der verschiedenen Faktoren, die bei der Auflösung des anaphorischen Bezugs im Deutschen beteiligt sind, findet man in Wunsch (2006).

Bild 10: Werbung der Firma De Beers für Diamanten. Das Pronomen kreiert eine Doppeldeutigkeit: *Mann ~ Ring*.[28]

Gelegentlich können solche Minierzählungen sehr ausführlich sein. Der nachfolgende Text in Textbeispiel 3 ist einer ganzseitigen Anzeige für die Uhr Tissot PR 100 in einem Nachrichtenmagazin entnommen. Neben dem Text finden sich in der Anzeige Bilder von Läufern und von der beworbenen Uhr. Die Geschichte beginnt als ganz gewöhnliche Erzählung über einen Laufwettbewerb. Erst in den letzten Zeilen alterniert die Referenz zwischen der Trainerin und der Uhr: „Sie hielt ihm lachend ihre Tissot hin […] hatte er immer gegen ihre Uhr laufen müssen". Da beide Bezugsnomen feminin klassifiziert sind, können potentiell auch beide Antezedenten sein. Die Doppeldeutigkeit kommt dann im letzten Satz des Textes klar zum Ausdruck: „Jetzt gehörte sie ihm."

> Vorne. Er lag als Schlussläufer wirklich vorne. Gierig saugten seine Lungen die Luft ein. Das Feld keuchte hinter ihm, kam näher. Er biss die Zähne zusammen, hielt dagegen – und war als erster im Ziel. Beim Austrudeln schaute er auf die große Anzeigetafel. Weltrekord! Er konnte es noch nicht fassen und schüttelte immer wieder den Kopf. Im nächsten Moment waren seine Teamgefährten bei ihm. Zusammen liefen sie zum Gitterzaun, winkten dem jubelnden Publikum zu. Da stand die Trainerin. Sie hielt ihm lachend ihre Tissot hin. Versprochen ist versprochen. Im Training hatte er immer gegen ihre Uhr laufen müssen. Jetzt gehörte sie ihm.

Textbeispiel 3: Text einer Uhranzeige mit doppeldeutiger pronominaler Referenz im letzten Satz.

---

28 Die Werbung ist online einzusehen unter: http://www.123people.de/s/de+beers.

4.3 Kausalrichtung in der Personifikation

Wir wollen uns nun der vierten Frage zuwenden, nämlich, ob die der Personifizierung unterliegenden Sexus-Konnotationen Ursache oder Folge der Genuszuweisung sind. Beispielsweise könnte man im Zusammenhang mit Bild 6 argumentieren, dass das maskuline Genus von *Joghurt* konzeptuell mit seiner im Vergleich zur feminin klassifizierten *Buttermilch* festen Konsistenz zu tun hätte.[29] Ebenso könnte man bei Bild 9 meinen, dass *alkoholische Getränke* (Sekt) männlich und *Blumen* weiblich wahrgenommen werden. Auch könnte man argumentieren, die Erdbeere (Bild 4) legte weibliche Assoziationen frei, weil es sich bei ihr um eine Frucht handelt; diese Argumentation ließe aber die Tatsache unerklärt, dass der Pfirsich nicht nur maskulines Genus hat, sondern in der Personifikation eine männliche Rolle einnimmt. Schließlich könnte man spekulieren, dass der Ring in Bild 10 eher mit der Vorstellung von Männlichkeit verknüpft wird, weil er die Frau an den Mann bindet; ebenso gut hätte man aber behaupten können, der Ring sei aufgrund seiner Rundung besser mit einer weiblichen Vorstellung zu verknüpfen. Der Versuch, auf diese Weise heraus zu finden, ob solche Assoziationen ein spezifisches Genus für ein spezifisches Nomen begründen können oder ob die Assoziationen post hoc Begründungen für ein historisch zufällig vergebenes Genus zu einem Nomen sind, führt zu einem nicht enden wollenden Rückgriff in die Geschichte. Deshalb wollen wir uns anderen Daten zuwenden, die helfen diese Problematik zu lösen.

Problematisch für die Begriff-als-Ursache-Theorie ist ihre *Monolexikalisierungsannahme*, der zufolge jeder Begriff mit genau einem Lexem ausgedrückt wird. Schon Brown (1958) hat in seinem berühmt gewordenen Aufsatz „How shall a thing be called", der einen neuen Weg in die Kategorationstheorie eröffnet hat, gegen die Annahme einer Eins-zu-Eins-Beziehung zwischen Lexemen und den durch sie bezeichneten Objekten polemisiert. Brown zeigte, wie ein beliebiges Objekt mit Lexemen aus einer Lexemhierarchie benannt werden kann; welches Lexem schließlich gewählt wird, hängt von den Diskursumständen ab. Im Deutschen gibt es eine Vielzahl von Begriffen, die sehr unterschiedlich lexikalisiert werden können, wobei die Lexeme mit verschiedenen Genera einhergehen. Ein eher zufälliger Blick in ein Synonymwörterbuch zeigt beispielsweise die folgenden genusdifferenzierten Paare: *Freude-Frohsinn*, *Arbeitsplatz-Arbeitsstätte* oder das weiter unten diskutierte Paar *Verbindung-Anschluss*.

---

29 Solche Argumentationslinien entbehren nicht einer gewissen Kasuistik. Wenn Joghurt wegen seiner festen Konsistenz ein Maskulinum ist, warum ist dann die noch festere Butter als Femininum klassifiziert?

Führte der Begriff selbst zu einer sexusspezifischen Personifizierung, müssten Begriffe wie diese eine ambige Sexusorientierung aufweisen.

Statt diesem prinzipiellen Einwand weiter nachzugehen, wollen wir uns empirischen Daten zuwenden. Bild 11 enthält Ausschnittbilder eines Fernsehspots der Firma Aral aus den 50er Jahren. Die Produzenten des Spots hätten eine ganze Reihe von Möglichkeiten gehabt, das Benzin mit einer männlichen Assoziation in Szene zu setzen, etwa als Bohrturm, Zapfhahn oder Benzintank (alle maskulin klassifiziert). Gewählt wurde aber *die Zapfsäule*, eine Entscheidung, die offensichtlich von dem Wunsch geleitet worden ist, eine potentielle Partnerin für den Wagen (links) und den Fahrer (rechts) zu haben. Die Entscheidung für Zapfsäule scheint in diesem Fall klar post hoc getroffen worden zu sein.

Bild 11: Ausschnittbilder aus einem TV-Spot von Aral. Die Zapfsäule wurde als weibliche Partnerin des Wagens (links) und des Fahrers (rechts) und daher als Repräsentantin für Benzin gewählt.[30]

Die durch die Wahl von *Zapfsäule* hervorgerufene Sexusassoziation funktioniert nur, weil das Defaultgenus für Autobezeichnungen im Deutschen das Maskulinum ist, also *der Mercedes, Opel, Ford, Polo, Golf* usw. In Köpcke/Zubin (2005) zeigen wir, dass trotz des Oberbegriffs *Auto* spezifische, auf Autos referenzierende Bezeichnungen (Hersteller, Modell, Ausstattung usw.) systematisch und produktiv maskulin klassifiziert werden,[31] also in Übereinstimmung mit dem generischen Begriff *Wagen*. Das Maskulinum wird hier systematisch auch bei exophorischer Referenz gewählt. In einem Wort: Das Maskulinum ist das referentielle Genus für Automobile. Wir sprechen hier von einer pragmatischen Projektion, vgl. Köpcke/Zubin (2005). Im Kontrast hierzu steht das referentielle Genus für Motor-

---

30 Der Spot ist online einzusehen unter: http://www.youtube.com/watch?v=Bj_uatbtVBk.
31 Die in Köpcke/Zubin (2005) beschriebenen Tatsachen sind etwas komplizierter. Zum Beispiel gibt es als scheinbare Ausnahmen feldinterne generische Termini wie *Coupé, Cabriolet, Limousine, Kombi*. Sie verhalten sich aber wie normale Basisbegriffe und werden nicht vom Vererbungsprinzip betroffen.

räder; hier gilt systematisch und produktiv das Femininum, trotz der neutralen Klassifikation von *Motorrad*. Bild 12 zeigt in der oberen Reihe Ausschnittbilder einer Fernsehwerbung für einen Audi: Oben sieht man einen Skirennläufer die steilen Hügel San Franciscos im Schuss abfahren (a-b). Seine Fahrt endet am Pier (c), wo er in ein Auto mutiert (d). Die untere Reihe zeigt eine Motorradwerbung von Honda: eine Frau (e) mutiert allmählich in ein Motorrad (f-h). Danach folgen Aufnahmen, die alternierend die Frau oder einen Mann auf einem fahrenden Motorrad zeigen. Zurück zur Ausgangsfrage: Sind Autos inhärent eher männlich und Motorräder eher weiblich? Man bedenke, dass Autos im Französischen und Italienischen als Feminina klassifiziert werden. Die Darstellung des Autos als Mann und die des Motorrads als Frau ist also offensichtlich post hoc erfolgt.

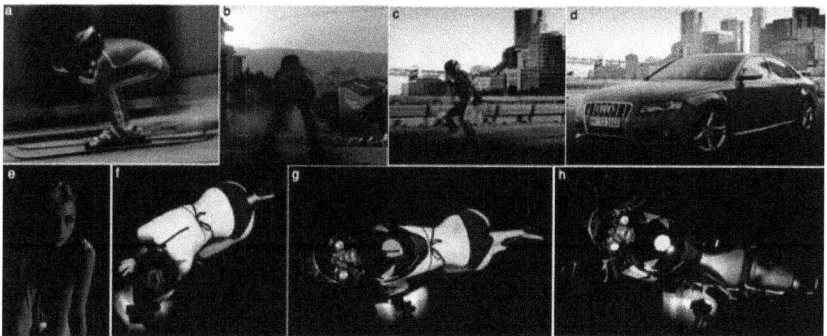

Bild 12: Ausschnittbilder einer Fernsehwerbung für einen Audi (obere Reihe), in der ein Mann in einen Wagen mutiert und für ein Motorrad des Herstellers Honda (untere Reihe), in der eine Frau in ein Motorrad mutiert.[32]

Auch in dem folgenden Beispiel (Bild 13) hatte der Produzent des Werbespots die Wahl zwischen unterschiedlichen lexikalischen Alternativen. Im Zusammenhang mit der Bereitstellung eines Internetzugangs ist es prinzipiell möglich sich zwischen *Anschluss* und *Verbindung*[33] zu entscheiden. Beide Lexeme werden etwa gleich häufig im Internet verwendet. Der Internet-Anbieter Hansenet Telekommunikation verwendet in seinen Werbespots konsequent das Nomen *Verbindung*. Diese Verwendung muss im Zusammenhang mit der von Hansenet geschaffenen Frauengestalt „Alice"

---

32 Die Audi-Werbung ist online einzusehen unter:
http://www.youtube.com/watch?v=UZ0cAQcSHug.
Die Honda-Werbung ist online einzusehen unter:
http://www.gaskrank.tv/tv/motorrad-fun/sowas-geiles-will-ich-auch-fra-14324.htm.
33 Man beachte, dass die maskuline Klassifikation von Anschluss auf eine deverbale Stammableitung und das Femininum von *Verbindung* auf die Wortbildung mit -*ung* zurückgeht. Keine dieser Zuweisungen ist konzeptuell motiviert.

gesehen werden, die in allen Werbespots der Firma auftaucht. Bild 13 zeigt Ausschnittbilder aus einem solchen Fernsehspot. Eine Frau weckt ihren Ehemann mit der Neuigkeit, dass ihr Sohn Damenbesuch habe (a). Die Eltern gehen der Sache nach (b); als sie in das Zimmer des Sohnes schauen, sagt der Vater, „achso, Alice, mit der mach' ich's auch dauernd" (c). Seine Frau ist schockiert, bis er hinzufügt: „surfen, telephonieren". Die Kamera zeigt eine lächelnde Alice und dann die Details des Angebots (d). Für dieses Beispiel gibt es eine plausibel post hoc zu rekonstruierende Begründung: Hansenet wollte, dass eine attraktive junge Frau von den Konsumenten mit seinem Produkt verknüpft wird und wählte deshalb das genuskonsonante Nomen *Verbindung* statt des genusdissonanten Nomens *Anschluss*. Um es noch einmal unmissverständlich zu sagen: Es ist nicht das Konzept des Internet-Zugangs per se, das feminin ist, sondern das spezifische Nomen, das in einem spezifischen Kontext gebraucht wird.

| sie: Wachemal auf! | sie: Dein Sohn hat Damenbesuch! | er: Achso, Alice, mit der mach' ich's auch dauernd | sie: Was?! er: surfen, telephonieren |

Bild 13: Fernsehspot für die Bereitstellung eines Internet-Zugangs („Verbindung") bei gleichzeitiger Verwendung der Frauengestalt „Alice".[34]

Zu den Ausdrücken für den Fernseher gehören die mit bemerkenswerter Häufigkeit kolloquial gebrauchten Ausdrücke *Kiste*, *Röhre* und *Glotze*, aber insbesondere der generisch gebrauchte Basisbegriff *Fernseher* selbst. Markennamen und Modelle werden entsprechend zu dem Basisbegriff maskulin klassifiziert, vgl. Zubin/Köpcke (1986), Köpcke/Zubin (2009). In einem aus einer Serie von Fernsehspots des österreichischen Rundfunkgebührenservices (GIS) ausgewählten Spot (Bild 14a) betritt ein ‚fernsehköpfiger' Mann ein Fitnesscenter, wo er sich einer auf dem Laufband stehenden Frau mit den Worten vorstellt: „Hallo, ich bins, dein Fernseher!" Andererseits gibt es eine ganze Serie von Fernsehspots der Firma Mediamarkt, wo ein altes Röhrengerät „die alte Röhre" genannt wird (14b). Fernseher werden also als Mann oder Frau personifiziert, je nachdem, wie die Referenz auf das Objekt lexikalisiert wird.

---

34 Der Spot ist online einzusehen unter:
http://www.youtube.com/watch?v=ZKX8D8aOreg.

Mythopoeia und Genus 405

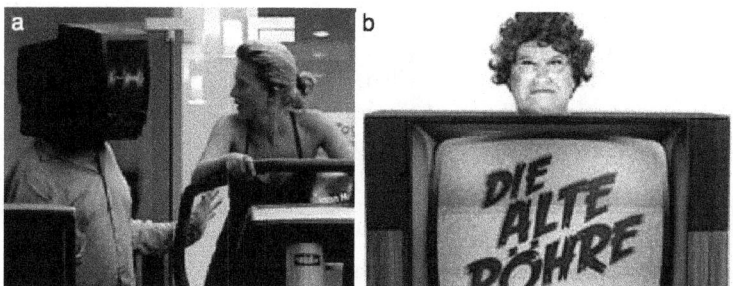

Bild 14: Ausschnittbilder von Werbespots mit der Lexikalisierung *Fernseher* (a) bzw. *Röhre* (b).[35]

5. Fazit

Die gezeigte Evidenz legt nahe, dass Personifizierungen entlang der Genus-Sexus-Korrespondenz sowohl traditionell als auch aktuell in der deutschen Kultur (und wahrscheinlich auch in anderen europäischen Genussprachen) weit verbreitet sind. Die stärkste kognitive Bedeutung haben Personifizierungen dann, wenn der Sexus des Ziels mit dem Genus des referierenden Lexems korrespondiert und/oder mit dem Referenzgenus der Personifikationsquelle identisch ist. Die Daten zeigen aber auch, dass Personifizierungen sich auf spezifische Kontexte und Textsorten beschränken, denen gemeinsam ist, dass durch sie eine *Affektreaktion* erzielt werden soll. Insbesondere handelt es sich um:

a) solche, die mythische Tradition und/oder künstlerische Intentionalität aufweisen
b) solche, die ein Produkt durch humorvolle und/oder angenehme Vergleiche oder sexuelle Anspielungen bewerben wollen: Werbetexte, Bilder und Filme; Buchdeckel und CD-Umschläge; Veranstaltungsplakate
c) solche, die Interaktionen mit Kindern betreffen, also Kinderbücher, Spielzeuge, Filme und TV-Programme
d) solche, die Spielereien mit Alltagsobjekten intendieren: Partykostüme, Kleinode für das Haus, Schmuck.

---

35 Der Werbespot mit der Lexikalisierung ‚Fernseher' ist online einzusehen unter: http://www.youtube.com/watch?v=4sJCVgkWKsl. Der Werbespot mit der Lexikalisierung ‚Röhre' ist online einzusehen unter: http://www.youtube.com/watch?v=PMX066zfgZk.

Nicht betroffen von Personifizierungen ist offensichtlich der ganz alltägliche und gebrauchsbezogene Umgang mit irgendwelchen Alltagsobjekten.

Darüber hinaus ist festzustellen, dass die Genuskonsonanz bei der Personifikation nicht zwingend ist. In Fußnote 15 ist schon auf die deutsche Franziskaner Webseite hingewiesen worden, die hartnäckig bei einer wörtlichen Übersetzung des Sonnengesangs bleibt, also auf „Schwester Mond" und „Bruder Sonne" besteht. Auch wenn diese Ausdrücke ästhetisch vielleicht nicht so gelungen sind wie die genuskonsonanten Übersetzungen, so sind sie doch völlig verständlich und offensichtlich für die Herausgeber der deutschen Franziskaner Webseite akzeptabel.

Eine Zeitschriftreklame, in der das ZDF für sein Erotikprogramm mit einem als weibliche Brust stilisierten Mond wirbt, stellt einen Fall dar, bei dem die konkrete Form über die abstrakte Information des Genus gewinnt: Die runde Form des halbschattierten Mondes stimmt, das Genus aber nicht. Der Online-Kommentar von „SpiesserAlfons" weist auf die Genusdissonanz hin und erwähnt ironisch die Umbenennung des Mondes in feministischen Kreisen in „Frau Luna", vgl. auch Fußnote 10.

Das ZDF schaut in die Mond

Bis gestern dachte man: Der Mond,
der wird von einem Mann bewohnt.
Und darum war der Erdtrabant
ein maskuliner Gegenstand.
Doch wenn man mit dem Zweiten sieht,
entdeckt man neues Mondgebiet:
Die Frauenbrust im Mondenschein –
das kann doch nur Frau Luna sein!
Die Phantasie der Sommernacht?
Beim ZDF wird Sex gemacht!
Und Kolle meint zum Partner Rebbe:
„Ohne Erotik is' doch Ebbe!"

SpiesserAlfons am 12. Jul. 2008
off-the-record.de

Bild 15: Links: ZDF Werbung mit Genusdissonanz zwischen *Mond* und *Brust*. Rechts: Hierzu ein Onlinekommentar.[36]

---

36 Online einzusehen unter: http://off-the-record.de/2008/07/12/spiesser-alfons-diese-anzeige-ist-ein-gedicht/.

Mythopoeia und Genus 407

In anderen Fällen wird ohne Beachtung der Genuskonsonanz personifiziert und die Diskrepanz bleibt völlig unbemerkt. Bild 16 zeigt einen Ausschnitt aus einer deutschen Burger King Reklame. In diesem Bildteil wird ein Zwiebel-Mann von einem Gurken-Polizisten (beide genusdissonant) „streng kontrolliert", während eine Gurken-Polizistin (genuskonsonant) den Koffer untersucht. Besonders die Personifizierung der Gurke als Mann und Frau zeigt die Gleichgültigkeit der Werbeagentur hinsichtlich der Genuskonsonanz. Solche Fälle zeigen, dass die Personifizierung und die Genuskonsonanz bzw. -dissonanz unabhängig voneinander erfolgen können.

Bild 16: Ausschnitt einer Burger King Werbung aus der Serie „VegCity", in der die Personifikation einer Gurke und einer Zwiebel Genusdissonanz aufweisen.[37]

Vor diesem Hintergrund ist anzunehmen, dass die von Boroditsky et al. (2003) nahegelegte unvermeidbare Personifizierung der unbelebten Welt nicht uneingeschränkt zutreffend ist. Zu fragen ist doch, ob der Sprecher des Deutschen jedes Mal, wenn er einen Schlüssel in die Hand nimmt, eine eher maskuline, und sein spanisch sprechendes Pendant eher eine feminine Vorstellung damit verbindet. Oder noch einmal umgekehrt: Verbindet die Sprecherin des Deutschen jedes Mal, wenn sie über eine Brücke

---

37 Diese Werbung ist online einzusehen unter:
http://adsoftheworld.com/media/print/burger_king_veg_city_airport?size=_original.

geht, eine eher feminine Vorstellung damit, während ihre spanisch sprechende Partnerin eine eher maskuline Vorstellung hat? Wäre das der Fall, müssten auch die Schlüsselmacher und die Brückenbauer bei ihrer Arbeit entsprechend beeinflusst werden, mit der Folge, dass in Deutschland produzierte Schlüssel eher maskulin (schwer, dick, stabil) und entsprechende spanische Schlüssel eher feminin (grazil, schlank, leicht) aussehen müssten. Das Umgekehrte würde dann für die deutschen bzw. spanischen Brücken gelten. Um hier zu einer validen Antwort zu kommen, müsste eine belastbare Studie über das affektbezogene Aussehen deutscher und spanischer Schlüssel und Brücken gemacht werden. Ein – zugegeben – eher informelles Durchsuchen deutscher und spanischer Belege mit Google zeigt jedenfalls keine positive Korrelation.[38]

Wir kommen damit zur Beantwortung der vierten oben aufgeworfenen Frage. Die Lexikalisierung alltäglicher Konzepte scheint nach den vorausgegangenen Ausführungen nicht durch eine sexusbasierte Alltagsmythologie ausgelöst zu sein. Tatsächlich ist es ja so, dass für viele Konzepte alternative Lexikalisierungen mit unterschiedlichen Genuszuweisungen vorliegen (z.B. DSL Verbindung ~ Anschluss). Gleichwohl gibt es im Lexikon zumindest einen Bereich, in dem stereotype sexusbasierte Assoziationen im diachronen Wandel einen Einfluss auf lexikalische Präferenzen und insbesondere deren Genuszuweisung ausgeübt haben. In Zubin/Köpcke (1984) zeigen wir, dass quasi in Form einer diachronen „Verschwörung" Bezeichnungen für Gefühle und Persönlichkeitseigenschaften mit introvertierter Affektbedeutung feminin (*Sorge, Anmut*) und solche mit extrovertierter Affektbedeutung maskulin (*Zorn, Missmut*) klassifiziert worden sind. Sexus-Genus-konsonante Lexeme wurden diesem Feld der Affektbegriffe immer wieder hinzugefügt. Umgekehrt gilt auch, dass genusdissonante Lexeme aus dem Feld gedrängt wurden. Und schließlich haben einige Lexeme im Laufe der Zeit ihr Genus verändert, und zwar nahezu immer in Richtung auf eine Sexus-Genus-Konsonanz.

Denkbar ist also, dass sich in Teilen des nominalen Lexikons ein spezifisches Muster herausgebildet hat, das sich durch Sexus-Genus-

---

[38] Trotz allem bleibt unklar, warum Boroditsky et al. (2003) eine positive Korrelation zwischen Genus und beschreibenden Adjektiven finden. Es kann sein, dass das die Dekontextualisierung der experimentellen Aufgabe die Aufmerksamkeit der Teilnehmer besonders auf die Substantive selbst lenkt, sodass es naheliegt, auch das entsprechende Substantiv und das damit verbundene Genus in der Muttersprache, in Betracht zu ziehen. Um diese Möglichkeit zu überprüfen, müsste man evozierte Assoziationen unter zwei verschiedenen Bedingungen testen: ohne Kontext, und in Zusammenhang mit Kontexten wie „den Schlüssel hielt er sanft in der Hand" oder „den Schlüssel schmiss er in die Schublade". Sollte der Kontext statt des Genus des Nomens die Assoziationen steuern, hätte man eine Evidenz dafür, dass genuskonsonante sexualisierte Vorstellungen unter Bedingungen der alltäglichen Kommunikation nicht auftreten.

Konsonanz auszeichnet: Die Genuszuweisung vieler zu einem Feld zählender Nomina stimmt mit dem Konzept, das durch die Lexeme ausgedrückt wird, überein. Das Phänomen der auf Alltagsmythologie basierenden Personifizierung scheint jedoch nur post hoc zu gelten. Lexeme haben aufgrund sehr verschiedener motivierender Prinzipien ein spezifisches Genus, vgl. Köpcke/Zubin (2009); die Wahl des Sexus bei der Personifizierung folgt aber in den meisten Fällen der Vorgabe durch das Genus.

6. Literatur

Adelung, Johann Christoph (1782): Versuch einer Geschichte der Cultur des menschlichen Geschlechts, Leipzig.
Albers-Miller, Nancy D./Gelb, Betsy D. (1996): Business advertising appeals as a mirror of cultural dimensions. A study of eleven countries. In: Journal of Advertising, 25/4, 57–70.
Bär, Jochen A. (2004): Genus und Sexus. Beobachtungen zur sprachlichen Kategorie „Geschlecht". In: Eichhoff-Cyrus, Karin M. (Hrsg.): Adam, Eva und die Sprache. Beiträge zur Geschlechterforschung, Mannheim: Dudenverlag, 148–175.
Bassetti, Benedetta (2007): Bilingualism and thought. Grammatical gender and concepts of objects in Italian-German bilingual children. In: International Journal of Bilingualism, 11/3, 251–273.
Bernhardi, August Ferdinand (1801): Sprachlehre Erster Theil. Reine Sprachlehre, Berlin. Reprograph. (Nachdr. Hildesheim/New York 1973).
Bloomfield, Leonard (1933): Language, New York: Holt.
Braun, Friederike/Gottburgsen, Anja/Sczesny, Sabine/Stahlberg, Dagmar (1998): Können Geophysiker Frauen sein? Generische Personenbezeichnungen im Deutschen. In: Zeitschrift für Germanistische Linguistik, 26, 265–283.
Brown, Roger (1958): How shall a thing be called? In: Psychological Review, 65/1, 14–21.
Brugmann, Karl (1889): Das Nominalgeschlecht in den Indogermanischen Sprachen. In: Internationale Zeitschrift der Allgemeinen Sprachwissenschaft, 4, 100–109.
Brugmann, Karl (1891): Zur Frage der Entstehung des grammatischen Geschlechts. In: Beiträge zur Geschichte der Deutschen Sprache und Literatur, 15, 523–531.
Boroditsky, Lera/Schmidt, Lauren A./Phillips, Webb (2003): Sex, syntax, and semantics. In: Gentner, Dedre/Goldin-Meadow, Susan (Hrsg.): Language in mind: advances in the study of language and thought, Cambridge MA: MIT Press, 61–80.
Fox, Stephen (1997): The Mirror Makers: A History of American Advertising and Its Creators, Chicago: U. Illinois Press.
Grimm, Jacob (1831): Deutsche Grammatik. Dritter Theil. Göttingen. (Zitiert nach: Deutsche Grammatik von Jacob Grimm. Dritter Theil. Neuer vermehrter Abdruck. Ausgabe Gustav Roethe/Edward Schröder, Gütersloh, 1890).
Heine, Heinrich (1827): Buch der Lieder, Hamburg: Hoffmann und Campe.
Herder, Johann Gottfried (1972): Abhandlung über den Ursprung der Sprache, welche den von der Königlichen Academie der Wissenschaften für das Jahr 1770 ge-

setzten Preis erhalten hat. Zitiert nach: Suphan, Bernhard (Hrsg.): Herders sämtliche Werke, Bd. 5, Berlin 1891, 1–147.

Hofstätter, Peter R. (1963): Über sprachliche Bestimmungsleistungen: Das Problem des grammatikalischen Geschlechts von Sonne und Mond. In: Zeitschrift für Experimentelle und Angewandte Psychologie, 10, 91–108.

Holbrook, Morris B. (1987): Mirror, mirror, on the wall, what's unfair in the reflections on advertising? In: The Journal of Marketing, 51/3, 95–103.

Irmen, Lisa/Steiger, Vera (2005): Zur Geschichte des Generischen Maskulinums: Sprachwissenschaftliche, sprachphilosophische und psychologische Aspekte im historischen Diskurs. In: Zeitschrift für Germanistische Linguistik, 33, 212–235.

Jakobson, Roman (1959): On linguistic aspects of translation. In: Reuben A. Brower (Hrsg.): On Translation, Harvard: Harvard University Press, 232–239.

Jakobson, Roman (1985): Selected Writings Contributions to Comparative Mythology Studies in Linguistics and Philology 1972 – 1982. Hrsg. von Stephen Rudy/Linda R. Waugh, Berlin/New York: de Gruyter.

Kalverkämper, Hartwig (1979): Die Frauen und die Sprache. In: Linguistische Berichte, 62, 55–71.

Kilarski, Marcin (2000): Grimm vs. Brugmann on gender: Analogies in ancient, medieval and modern linguistics. In: Kovačič, Irena/Milojević-Sheppard, Milena/Orel-Kos, Silvana/Orešnik, Janez (Hrsg.): Linguistics and language studies: Exploring language from different perspectives. Proceedings of the 32nd Annual Meeting of Societas Linguistica Europaea, Ljubljana, 8-11 July 1999, Ljubljana: Filozofska Fakulteta Univerze v Ljubljani, 87–96.

Kilarski, Marcin (2006): Die Materie gegen den Geist: On 19th century German linguistic epistolography. In: Dziubalska-Kołaczyk, Katarzyna (Hrsg.): IFAtuation: A Life in IFA. A Festschrift for Professor Jacek Fisiak on the occasion of his 70th birthday, Poznań: Wydawnictwo Uniwersytetu im. Adama Mickiewicza, 385–400.

Klein, Josef (2004): Der Mann als Prototyp des Menschen – immer noch? Empirische Studien zum generischen Maskulinum und zur feminin-maskulinen Paarform. In: Eichhoff-Cyrus, Karin (Hrsg.): Adam, Eva und die Sprache. Beiträge zur Geschlechterforschung, Mannheim: Duden-Verlag, 292–307.

Köpcke, Klaus-Michael/Zubin, David A. (2005): Nominalphrasen ohne lexikalischen Kopf. Zur Bedeutung des Genus für die Organisation des mentalen Lexikons am Beispiel der Autobezeichnungen im Deutschen. In: Zeitschrift für Sprachwissenschaft, 24, 93–122.

Köpcke, Klaus-Michael/Zubin, David A. (2009): Genus. In: Hentschel, Elke/Vogel, Petra M. (Hrsg.): Deutsche Morphologie, Berlin: de Gruyter, 132–154.

Maratsos, Michael P. (1979): Learning how and when to use pronouns and determiners. In: Paul Fletcher/Garman, Michael (Hrsg.): Language acquisition, Cambridge: Cambridge University Press, 225–240.

Paul, Hermann (1920/1975): Prinzipien der Sprachgeschichte, Tübingen: Niemeyer (unveränderter Abdruck).

Pusch, Luise F. (1984): Das Deutsche als Männersprache: Aufsätze und Glossen zur feministischen Linguistik, Frankfurt a.M.: Suhrkamp.

Pusch, Luise F. (1990): Alle Menschen werden Schwestern. Feministische Sprachkritik, Frankfurt a.M.: Suhrkamp.

Schweikle, Günther/Schweikle, Irmgard (Hrsg.) (1990): Metzlers Literatur Lexikon. Begriffe und Definitionen, Stuttgart: Metzler.

Segel, Edward/Boroditsky, Lera (2011): Grammar in art. In: Front. Psychology 1: 244. doi: 10.3389/fpsyg.2010.00244.
Trömel-Plötz, Senta (1978): Linguistik und Frauensprache. In: Linguistische Berichte, 57, 49–68.
Whorf, Benjamin Lee (1956): Language, Thought, and Reality. In: Carroll, John Bissell (Hrsg.): Selected Writings of Benjamin Lee Whorf, New York: MIT Press; London: John Wiley.
Wunsch, Holger (2006): Anaphora Resolution – What Helps in German. In: Pre-Proceedings of the International Conference on Linguistic Evidence. Tübingen, Germany, February 2-4, 2006.
Zubin, David/Köpcke, Klaus-Michael (1984): Affect classification in the German gender system. In: Lingua, 63, 41–96.
Zubin, David A./Köpcke, Klaus-Michael (1986): Gender and folk taxonomy: The indexical relation between grammatical and lexical categorization. In: Craig, Collette (Hrsg.): Noun Classification and Categorization, Amsterdam/Philadelphia: Benjamins, 139–180.

Saburo Okamura

Sprachliche Lösungsmöglichkeiten der Genderproblematik im Japanischen und Deutschen

1. Vorbemerkung[1]

Das Bewusstsein der Genderproblematik verdanken wir der amerikanischen feministischen Bewegung der 1970er Jahre. Seit dieser Zeit wird in Deutschland und Japan vor allem über die Personen- und Berufsbezeichnungen diskutiert. Die Lösungsstrategien sind allerdings im Detail verschieden. Das hängt damit zusammen, dass das Deutsche als eines der wichtigen grammatischen Grundprinzipien das Genus hat, während das Japanische das Genus nicht kennt.

Deshalb ist es nicht uninteressant, wenn im Folgenden die Unterschiede in den Lösungsstrategien für die Genderproblematik und auch deren Folgen für den Sprachgebrauch in beiden Sprachen angesehen und miteinander verglichen werden. Allerdings werden wir uns hauptsächlich auf das Japanische konzentrieren, da die Genderproblematik im Deutschen und auch die Vorschläge zu ihrer Lösung bekannt sind.[2] Wir werden also in diesem Beitrag hauptsächlich zu zeigen versuchen, welcher Natur die Genderproblematik im Japanischen ist, welche Lösungsvorschläge es gibt und gab, bzw. welche neuen Probleme diese Lösungsvorschläge mit sich bringen können. Am Ende werden wir die Ergebnisse in den beiden Sprachen kurz vergleichen.

2. Genderproblematik im Deutschen

Das Deutsche ist bekanntlich eine Genussprache mit den drei Genera, Maskulinum, Femininum und Neutrum. Genderprobleme entstehen bei Berufs- und Personenbezeichnungen vor allem dadurch, dass das Maskulinum grammatisch in den meisten Fällen die Grundform ist. Feminina

---

1 Diese Arbeit wurde durch den Waseda University Grant for Special Research Projects (2008A-101) gefördert.
2 Siehe hierzu Guentherodt/Hellinger/Pusch/Trömel-Plötz (1980), Müller/Fuchs (1993) und Pusch (1984); vgl. auch die Zusammenfassungen von Ayaß (2008), Klann-Delius (2005) und Samel (1995).

entstehen in der Regel durch Movierung: *Lehrer* (Grundform) - *Lehrerin* (movierte Form).[3]

Dies hat damit zu tun, dass das Maskulinum (also die Grundform) sowohl als männlich als auch als generisch (das sogenannte ‚generische Maskulinum') verstanden wird bzw. verstanden worden ist, während das Femininum nur als weiblich verstanden werden kann. Das generische Maskulinum stellt für die sprachliche Gleichstellung von Frauen und Männern ein großes Problem dar, weil damit die Frauen nur mitgemeint werden (und nicht die Gewissheit haben können, dass sie tatsächlich gemeint sind), während die Männer durch das Maskulinum immer gemeint sind. Die Kritik an dem Gebrauch des generischen Maskulinums setzt voraus, dass Genus allzu häufig mit Sexus gleichgesetzt wird. Die deutsche feministische Sprachkritik, die die Gleichbehandlung beider Geschlechter auch in der Sprache fordert, betrachtet deshalb das generische Maskulinum als ‚Erzfeind' und versucht, dem Gebrauch entgegen zu wirken (vgl. z.B. Hellinger 2000 und 2004). Eine Möglichkeit, um dieses Ziel zu erreichen, ist die Benutzung echter generischer Wörter wie *Mensch, Person* oder *Mitglied*. Die Zahl dieser Wörter ist im Deutschen jedoch sehr begrenzt.

Die zweite Möglichkeit ist die explizite Erwähnung der Frauen in der Sprache durch Feminina. Verlangt wird hier nicht nur die Sichtbarmachung der Frauen in der Sprache, sondern auch die sogenannte Symmetrie der Geschlechter durch Wortpaar oder Beidnennung: *Bürgerinnen und Bürger* oder *Japanerinnen und Japaner*. Als endgültige Lösung der Genderproblematik wird dies von der Sprachgemeinschaft allerdings nicht durchgängig akzeptiert, z.T. deshalb, weil die Wortpaare durch die obligatorischen Wiederholungen schwerfällig und umständlich erscheinen.

Zur Vermeidung des generischen Maskulinums sind noch andere Vorschläge gemacht worden, von denen drei im Folgenden kurz genannt werden:

1. Einführung des generischen Femininums. Dieser Vorschlag sollte statt des generischen Maskulinums, quasi als sprachliche ‚Wiedergutmachung' das generische Femininum einführen. Da aber die meisten Feminina der Personen- und Berufsbezeichnungen movierte Formen sind und folglich das Merkmal [+weiblich] tragen, sind diese Feminina für eine generische Form eigentlich nicht geeignet. Trotzdem wurde das generische Femininum in den 90ern in einigen Stadtparlamenten in Deutschland und der Schweiz wohl aus politischem Kalkül eingeführt bzw. man versuchte es einzuführen, und es wurde letzten Endes abgelehnt. (Siehe hierzu Okamura 2004)

2. *Der* sogenannte „„verrückte" Puschvorschlag': Pusch forderte hier eine Umordnung der Genusformen in der Weise, dass das *-in* Suffix in/für Movierungen ab-

---

[3] Dies alleine könnte schon als diskriminierend empfunden werden, weil die movierte Form durch das Suffix *-in* markiert ist

geschafft werden sollte. (Pusch 1984: 61ff.) Nach diesem Vorschlag sollte das gegenwärtige Wortpaar (*der Student – die Studentin*) durch die Trias (*das Student – der Student – die Student*) ersetzt werden: *das Student* (generisch), *der Student* (männlich), *die Student* (weiblich).

3. Einführung des großen Binnen-*I*. Das große *I* im Wortinnern (wie in *die StudentInnen*) wurde zuerst in der schweizerischen *Wochenzeitung* (WOZ) öffentlich verwendet und dann auch in Deutschland von sprachbewussten SchreiberInnen übernommen. Das Binnen-*I*, das durchaus eine generische Form markiert, ist mit mehreren Problemen behaftet. Das erste ist die Frage nach der Aussprache: Spricht man mit oder ohne Glottal stop? Ohne Glottal stop wäre die entsprechende Bezeichnung nicht mehr vom generischen Femininum zu unterscheiden. Oder soll z.B. die Bildung *StudentInnen* in der gesprochenen Sprache als Wortpaar aufgelöst werden: *die Studentinnen und die Studenten*? Das zweite Problem ist: Welches Genus hat der Singular: *Der StudentIn, die StudentIn*, oder *das StudentIn*? Hier muss man wohl noch abwarten, wie sich die Sache weiter entwickelt. Das größte Problem in der deutschen Sprache ist und bleibt, dass es nur wenige echte generische Formen gibt.

3. Genderproblematik im Japanischen

Genderprobleme entstehen jedoch nicht nur durch die grammatische Gattung Genus. Dies zeigt der Blick auf die japanische Sprache.

Japanisch ist eine genuslose Sprache. Abgesehen von Bezeichnungen für Familienmitglieder und Verwandte, abgesehen auch von bestimmten Bezeichnungen, die sich von vornherein nur auf Männer oder Frauen beziehen, sind die meisten Personen- und Berufsbezeichnungen geschlechtsneutral. D.h. wenn man von Deutschen sprechen will, sagt man *doitsujin* ドイツ人. Es ist hier völlig egal, ob es sich um Männer oder Frauen aus Deutschland handelt, Hauptsache, die Person(en) (Japanisch kennt auch die grammatische Gattung Numerus nicht), die damit bezeichnet wird oder werden, stammt bzw. stammen aus Deutschland.

Das Beispiel *doitsujin* ist ein Kompositum, das sich aus *doitsu* (=‚deutsch') ドイツ und *jin* 人 zusammensetzt. *Doitsu* ist das Bestimmungswort, *jin* das Grundwort in der Bedeutung ‚Mensch(en)', oder ‚Person(en)'. Um diesem Wort die Geschlechterspezifik [+männlich] oder [+weiblich] zu verleihen, müssen als Grundwörter die Lexeme *dansei* 男性 für [+männlich] oder *josei* 女性 für [+weiblich] hinzutreten.[4] Das so gewonnene Kompositum *doitsujinjosei* ドイツ人女性 bezeichnet die ‚Deutsche' (‚weibliche Deutsche'), *doitsujindansei* ドイツ人男性 meint ‚Deut-

---

[4] *Dansei* 男性 ‚Mann' und *josei* 女性 ‚Frau' sind auch Komposita. *Dan* 男 bedeutet ‚Mann', *jo* 女 ‚Frau'. *sei* 性 bedeutet ‚Geschlecht'.

scher' (od. ‚männliche Deutsche'). Dies wird in Abbildung 1 schematisch dargestellt.⁵

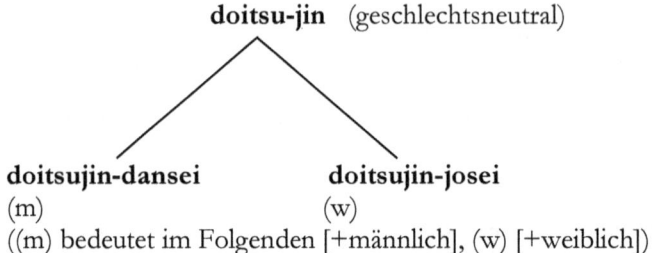

((m) bedeutet im Folgenden [+männlich], (w) [+weiblich])

Abb. 1: ‚German', ‚Germans' im Japanischen

Ein weiteres Beispiel ist die Berufsbezeichnung engl. „singer", die im Japanischen *kashu* 歌手 heißt. *Ka* 歌 bedeutet entweder ‚singen' oder ‚Lied(er)', *shu* 手 bedeutet eigentlich die ‚Hand', zielt hier aber auf eine Person, ‚jemanden, der etwas (beruflich) ausführt'. Auch *kashu* ist geschlechtsneutral. Um die Geschlechterspezifik zu betonen, kann man hier *dansei* für [+männlich], *josei* für [+weiblich] diesmal als Bestimmungswort voranstellen: *danseikashu* 男性歌手 heißt ‚Sänger', *joseikashu* 女性歌手 ‚Sängerin'.

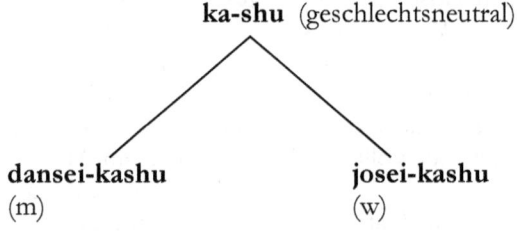

Abb. 2 : ‚singer' im Japanischen

Wie die Beispiele zeigen, dürfte bei den Personen- und Berufsbezeichnungen eine ungerechte Behandlung beider Geschlechter theoretisch nicht entstehen. Die Überprüfung dieser These soll anhand von Beispielen aus dem Archiv der *Asahi Shimbun* (Asahi Zeitung), einem der drei größten quality papers Japans, die eine Auflage von über 8 Millionen hat (laut www.jp.wikipedia.org. Stand: 3.5. 2009), erfolgen. Man kann hierbei an-

---

5   Um Genusprobleme im Deutschen zu vermeiden, wird in Bedeutungsangaben, wenn nötig, Englisch gebraucht. Das Japanische kennt auch die grammatische Kategorie Numerus nicht. Im Folgenden wird bei den Bedeutungsangaben auf die Pluralform – der Lesbarkeit halber – verzichtet.

nehmen, dass der Sprachgebrauch in der *Asahi Shimbun* den standardsprachlichen Gebrauch des Japanischen weitgehend widerspiegelt.[6] *Asahi Shimbun* bietet eine Online-Datenbank, die von 1984 bis heute reicht. Wir benutzen die Daten für den Zeitraum zwischen 1.1.1985 und 31.12.2008, (also für die letzten 24 Jahre) und möchten untersuchen, wie solche Personen- und Berufsbezeichnungen tatsächlich gebraucht werden. Wir richten unser Augenmerk darauf, in welcher Proportion die Geschlechterspezifik kenntlich gemacht wird, und auch darauf, in welchem Verhältnis bei dieser Spezifik *dansei* für [+männlich] und *josei* für [+weiblich] stehen.

Als Bezeichnung für den Volksnamen für die Deutschen kommt *doitsujin* ドイツ人 (,German') im Zeitraum zwischen 1.1.1985 und 31.12.2008 in der Asahi Shimbun in 4,400 Artikeln vor. Geschlechterspezifik wird allerdings nur in wenigen Fällen kenntlich gemacht, d.h. *doitujindansei* ドイツ人男性 (m) liegt nur in 70 Artikeln (1,6 %), *doitujinjosei* ドイツ人女性 (w) immerhin in 114 Artikeln (2,6 %) vor. Diese Proportion ist bei ‚Japanese' (jap. *nihonjin, nipponjin* 日本人) kaum anders: *nihonjin, nipponjin* 日本人 (,Japanese') ist in dem genannten Zeitraum in insgesamt 115,524 Artikeln überliefert, während *nihonjin(nipponjin) dansei* 日本人男性 (m) in 2,024 Artikeln (1,8 %), *nihonjin(nipponjin) josei* 日本人女性 (w) in 2,855 Artikeln (2,5 %) vorkommt.

	doitsujin ‚German'	*doitsujin-dansei* (m)	*doitsujin-josei* (w)
Zahl der Artikel	4,400	70	114
%	100	1,6	2,6
	Nihonjin ‚Japanese'	*nihonjin-dansei* (m)	*nihonjin-josei* (w)
Zahl der Artikel	115,524	2,024	2,844
%	100	1,8	2,5

Tab. 1: Häufigkeit des Vorkommens von *doitsujin* und *nihonjin* zwischen 1985 – 2008

Aus diesen Daten kann man wohl schließen, dass die geschlechtsneutrale Bezeichnung eindeutig die Regel ist, während man die Geschlechterspezifik wirklich nur dann kenntlich macht, wenn man sie (unbedingt) kennt-

---

6 Asahi Shimbun ist nicht nur eine der auflagenstärksten Zeitungen Japans, sondern auch qualitätsmäßig eine der repräsentativsten. So werden jedes Jahr zahlreiche Artikel aus der Asahi Shimbun als Prüfungsaufgaben für Japanischtest beim Eingangsexamen vieler Universitäten herangezogen.

lich machen muss, d.h. wenn man den Geschlechterunterschied explizit thematisiert oder wenn auf konkrete Personen Bezug genommen wird.[7]

Auch bei den Berufsbezeichnungen finden sich ähnliche Ergebnisse: ‚teacher' heißt im Japanischen *kyoin* 教員. *Kyoin* kommt in den 24 Jahren in insgesamt 57,714 Artikeln vor, während *danseikyoin* 男性教員 (‚male teacher') nur in 409 Artikeln (0,7 %) und *joseikyoin* 女性教員 (‚female teacher') in 400 Artikeln (0,7 %) bezeugt ist. *Kyoin* ist somit ein Idealfall, bei dem Geschlechtsneutralität herrscht, *kyoin* ist ein genuin generischer Ausdruck. Und wenn die Geschlechter kenntlich gemacht werden sollen, geschieht dies auch ohne Übergewicht eines Geschlechts, d.h. wenn ein Geschlecht überproportional kenntlich gemacht wird, könnte man eine Unebenheit, ja gar eine Ungleichheit der Behandlung annehmen.

	kyoin (‚teacher')	*dansei-kyuin* (m)	*josei-kyoin* (w)
Zahl der Artikel	57,714	409	400
%	100	0,7	0,7

Tab. 2: Häufigkeit des Vorkommens von *kyoin* zwischen 1985 – 2008

Ein ähnliches Bild bietet auch die offizielle Berufsbezeichnung für ‚doctor' *ishi* 医師, wobei *i* ‚Medizin' bedeutet, und *shi* etwa ‚Meister'. *Ishi* kommt in dem obengenannten Zeitraum (24 Jahre) insgesamt in 108,961 Artikeln vor; die spezifisch männliche Bezeichnung *danseiishi* 男性医師 in nur 873 Artikeln (0,8 %) und die weibliche Bezeichnung *joseiishi* 女性医師 ungefähr gleich in 823 Artikeln (0,8 %). Auch hier erkennt man, dass es dabei nicht auf die Geschlechterspezifik ankommt.

Allerdings sieht es bei der alltäglichen Bezeichnung für ‚doctor' *isha* 医者 etwas anders aus. Wenn man sagen will: „Ich gehe zum Arzt", dann benutzt man dieses *isha* und nicht den offiziellen Ausdruck *ishi. I* heißt ‚Medizin', *sha* meint etwa ‚jemand, der etwas (beruflich) macht'.[8] *Isha* kommt im selben Zeitraum in 16,856 Artikeln vor. Zu *isha*, das geschlechtsneutral ist oder sein soll, gibt es eine weibliche Bezeichnung *jo-i* 女医, wobei *jo* ‚Frau(en)', heißt.[9] *Jo-i* kommt in 970 Artikeln vor. Ein potentiell männliches Pendant, *dan-i* 男医, liegt allerdings nur in einem einzigen Artikel vor, in dem aus einer Zeitschrift aus dem Jahr 1893 zitiert

---

[7] So wird z.B. Margarete Steiff als *doitujinjisei* bezeichnet. *Doisujinjosei Marugarete Shutaihu* (‚die Deutsche Margarete Steiff') (Asahi 17.7.1998). Im Folgenden werden bei Zitaten aus der Asahi-Zeitung der Zeitungsname Asahi und das Erscheinungsdatum angegeben.

[8] Eine Parallele kann man auch im Deutschen finden: der offiziellen Bezeichnung *ishi* würden z.B. *Fernsprecher* oder *Kraftwagen* entsprechen, der alltäglichen Bezeichnung *isha Telefon* oder *Auto*.

[9] Zu den Bedeutungen von *jo* 女 und *dan* 男 siehe Okamura (2004).

wird. Also handelt es sich bei *dan-i* wohl um eine alte Wortform, die nicht mehr gebraucht wird. Eine Bestätigung für diese These findet sich in vier weiteren Artikeln, in denen über Gleichbehandlung der Geschlechter metasprachliche Überlegungen angestellt werden und in denen *dan-i* nur als Beispiel für eine nicht existente Wortform angeführt wird.

	Ishi (‚doctor')	*Dansei-ishi* (m)	*josei-ishi* (w)
Zahl der Artikel	108,961	873	823
	Isha (‚doctor')	*Dan-i* (m) ?	*jo-i* (w)
Zahl der Artikel	16,856	1	970

Tab. 3: Häufigkeit des Vorkommens von ishi und isha zwischen 1985 – 2008

Wie ist dieser Gebrauch von *joi* zu interpretieren? Diese Bezeichnung ist wohl eine Reminiszenz an die Zeit, in der Ärztinnen eine Seltenheit darstellten[10]. *Joi* ist demnach eindeutig markiert, und könnte negativ konnotiert gewesen sein, weil früher die männlichen Ärzte Standard waren. Anhaltspunkte hierfür liefert der Leser(in)brief von einer 86jährigen Ärztin (Asahi 4.9.1994):

> Für mich, die in der Meiji-era [1868-1912: Okamura] geboren wurde, war die Gleichberechtigung der Männer und Frauen nach dem Zweiten Weltkrieg ein sehr freudiges Ereignis, als ob ich über eine Regenbogenbrücke ginge. Was mich vor allem beruhigte, war der Gedanke, dass ich (endlich) nicht als *joi* wie bisher, sondern als *ishi* von der Gesellschaft anerkannt werde. Früher musste ich mir immer wieder anhören: ‚Es ist *joi*' (‚eine Ärztin').

Hier erinnert sich die Ärztin an die Zeit, da Ärztinnen wohl als zweitklassige Ärzte betrachtet wurden. Demnach konnte *joi* eindeutig diskriminierend gewesen sein. *Joi* kommt im Archiv zwar insgesamt nicht so oft vor, wird jedoch sowohl in den 90ern als auch im 21. Jhd. weiterhin verwendet. Auch in der Alltagssprache ist es immer noch oft gebräuchlich. Klingt die negative Konnotation weiter bis heute mit? Wenn man den Artikel „Für Frauen sind die Ärztinnen zuverlässige Partnerinnen" (Asahi 6.12.2001) liest und auch von der Bewegung, nach der Frauen die Gelegenheit haben sollen, von Ärztinnen behandelt zu werden (Asahi 11.3.2003), oder auch davon, dass 1/4 aller, die das ärztliche Staatsexamen bestehen, bereits Frauen sind (Asahi 23.4.1994), und dass 1/3 aller ‚doctors' im 21. Jahrhundert Ärztinnen sein sollen (Asahi 24.10.2001), und dabei immer auf das Wort *joi* stößt, kann man zumindest für die Gegenwart nicht behaupten, dass die Bezeichnung *joi* weiterhin negativ besetzt ist. Ein Beweis da-

---

10 Das Medizinstudium an staatlichen Hochschulen war für Frauen erst nach dem Zweiten Weltkrieg möglich. Bis dahin durften sie nur private medizinische Hochschulen besuchen.

für ist auch die Tatsache, dass die große Organisation der japanischen Ärztinnen immer noch den Namen *nihon-joi-kai* 日本女医会 trägt.[11]

Aber warum wird *joi* weiterhin verwendet, obwohl eine eher korrektere Bezeichnung *joseiishi* existiert? Oder vielmehr, warum soll die Geschlechterspezifik extra thematisiert werden, wenn im Allgemeinen eine geschlechtsneutrale Bezeichnung die Regel ist? Man hat anscheinend manchmal das Bedürfnis, das Geschlecht der behandelnden Ärztin bzw. des behandelnden Arztes sprachlich zu markieren, vor allem dann, wenn man sich konkret auf eine Ärztin oder auf einen Arzt bezieht. Dabei steht im alltäglichen Sprachgebrauch die Trias *joseiishi* bzw. *danseiishi* oder *ishi* nicht zur Verfügung, weil sie eher offizielle Berufsbezeichnungen sind. Für den alltäglichen Sprachgebrauch stehen also nur *isha* (auch *o-isha-san*) und *joi* (auch *joi-san*) zur Verfügung, wobei Ärzte normalerweise mit *isha* (auch *o-isha-san*), Ärztinnen mit *joi* (auch *joi-san*) bezeichnet werden.[12] Man kann dies diskriminierend finden, und geschichtlich war es tatsächlich diskriminierend, wie wir oben in einem Leser(in)brief gesehen haben. Aber heute greift man auf den Ausdruck *joi* wohl deshalb zurück, weil er üblich ist. Und für männliche Ärzte benutzt man weiterhin *isha*, weil ein passender Ausdruck einfach fehlt.

Bei Bezeichnungen für Schauspielerinnen oder Schauspieler gibt es ähnliche Probleme. Ich war der Meinung, dass auch in diesem Fall zum Ausdruck der Geschlechterspezifik als Bestimmungswort sowohl *josei* 女性 (w) und *dansei* 男性 (m) als auch *jo* 女 (w) und *dan* 男 (m) verwendet werden. So z.B. gibt es bei *haiyu* 俳優 („actor') einerseits *josei-haiyu* 女性俳優 („female actor') und *dansei-haiyu* 男性俳優 („male actor'), genauso wie es bei *kashu* („singer') der Fall war, aber andererseits auch das Paar *jo-yu* 女優 („female actor') und *dan-yu* 男優 („male actor') (vgl. Okamura 2005: 154f.).

Nachdem ich das Archiv der Asahi Zeitung untersucht habe, musste ich jedoch feststellen, dass sich meine Vermutung nicht bestätigte. Zu meiner Überraschung wird das Wortpaar *josei-haiyu* 女性俳優 („female actor') und *dansei-haiyu* 男性俳優 („male actor') kaum gebraucht. *Josei-haiyu* kommt in den letzten 24 Jahren sage und schreibe nur in zwei Artikeln vor, *dansei-haiyu* auch nur 32mal, d.h. beide Formen werden praktisch nicht gebraucht. Tatsächlich werden nur *dan-yu* 男優 („male actor') und *jo-*

---

11 Direkt übersetzt würde es „Japanische Ärztinnengesellschaft" (offizielle englische Bezeichnung: „Japan Medical Women's Association") heißen. Allerdings kommt *jo-i* nur im Namen der Gesellschaft vor, sonst wird im Text der Homepage (http://jmwa.or.jp/index) durchgehend nur *josei-ishi*, also eine wohl „korrektere" Form, gebraucht.

12 O in *o-isha-san* ist ein Präfix, das Respekt signalisiert. *San* in *o-isha-san* und *joi-san* ist ein Suffix, das Respekt bzw. Nähe ausdrückt.

yu 女優 (‚female actor') benutzt, wenn man sich auf die Geschlechterspezifik explizit beziehen will (vgl. hierzu Okamura 2004). In Tabelle 4 können wir in der linken Spalte feststellen, dass in den letzten 24 Jahren *haiyu* insgesamt in 27,933 Artikeln vorkommt. Was uns überrascht, ist das Verhältnis der Häufigkeit zwischen *dan-yu* und *jo-yu*. Während *jo-yu* in 20,392 Artikeln vorkommt, kommt *dan-yu* weit abgeschlagen nur in 2,304 Artikeln vor.

Jahr(e)	1985-2008	1988	1998	2008
haiyu	27,933	502	1408	1932
dan-yu (m)	2,304	42	116	124
Jo-yu (w)	20,392	397	1064	1044

Tab. 4: Häufigkeit des Vorkommens von haiyu (generisch), dan-yu (m) und jo-yu (w) zwischen 1985 – 2008

Das Häufigkeitsverhältnis der drei Formen *haiyu* 俳優, *jo-yu* 女優 (w) und *dan-yu* 男優 (m) weicht von den oben genannten Beispielen wie *doitsujin* ドイツ人 (‚German'), *kashu* 歌手(‚singer') oder *kyoin* 教員 (‚teacher') deutlich ab. Die Weiblichkeit markierende Form *jo-yu* kommt in zweierlei Hinsicht überproportional oft vor: Erstens im Verhältnis zu *haiyu*, das eigentlich generisch sein sollte. *Jo-yu* erreicht etwa 73 % der Häufigkeit von *haiyu*. Bei *kyoin* 教員 (‚teacher') und *joseikyoin* 女性教員 (‚female teacher') betrug diese Proportion nur 0,7%. Zweitens: Überproportional oft kommt *jo-yu* im Vergleich zu seinem Pendant, der die Männlichkeit markierenden Form *dan-yu* vor – und zwar fast 8,5 mal häufiger. Und diese Tendenz ändert sich während der ganzen Zeit nicht, wie wir an den Zahlen dreier einzelner Jahre (1988, 1998 und 2008) in Tabelle 4 ersehen können. Wir wollen uns jetzt zwei konkrete Gebrauchsbeispiele ansehen:

1. Eine sehr berühmte Schauspielerin Yoshinaga sagt: „Ich möchte fürs Leben ein *haiyu* sein und bleiben." Kurz darauf folgt ein Kommentar des Reporters: „Klare Blicke, ungekünstelte Gesichtsausdrücke, alle Gesten vermitteln uns das Dasein einer *jo-yu* (‚Schauspielerin'), die Japan repräsentiert." (Asahi 1.1.1995)
2. „Dass *jo-yu* (‚Schauspielerin') Yuko Takeuchi und Kabuki-haiyu (‚Kabuki-Schauspieler') Shido Nakamura geheiratet haben, ist eines der großen Ereignisse in der Unterhaltungsszene." (Asahi 26.6.2005)

Beispiel 1) verrät eine typische Haltung eines Zeitungsredakteurs bzw. einer Zeitungsredakteurin. In dem Artikel nennt sich die Schauspielerin zwar *haiyu* 俳優, aber gleich darauf wird sie als „*joyu* (‚Schauspielerin') 女優, die Japan repräsentiert", eingestuft. Auch an zahlreichen weiteren Beispielen wird klar: Es gibt praktisch keine Trias, *haiyu* (generisch), *jo-yu* (w) und *dan-yu* (m), sondern eher nur ein Wortpaar *haiyu* und *jo-yu*, wobei Schauspielerinnen in der Regel *jo-yu* genannt werden, und männliche

Schauspieler *haiyu*. Allerdings kann *haiyu* auch generisch gebraucht werden, was unter anderem insgesamt 285 Beispiele belegen, die unter der Rubrik *haiyu* (generisch)+ *jo-yu* (w)+ *dan-yu* (m) (d.h. diese drei Wörter kommen gleichzeitig vor) aufgezählt werden. Dort ist die Dreiteilung *haiyu* (generisch), *jo-yu* (w) und *dan-yu* (m) aufrechterhalten. *Haiyu* kann generisch sein, wird aber in sehr vielen Fällen mit *dan-yu* (m) gleichgesetzt, d.h. ausschließlich auf männliche Schauspieler bezogen. Das hindert natürlich nicht daran, männliche Schauspieler auch *dan-yu* zu nennen, allerdings kommt diese Bezeichnung viel seltener vor, und wenn, dann oft als Kollokator von *jo-yu*, also als ein Teil des Paarbegriffes.[13]

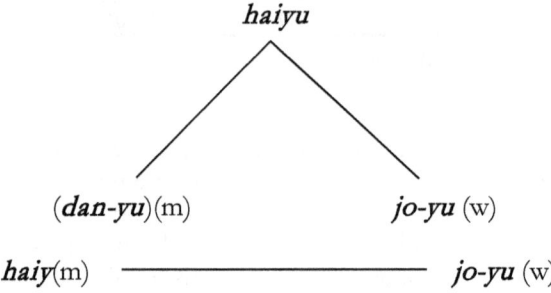

Abb. 3: ‚actor' im Japanischen

Hier kann man sich an die amerikanische Diskussion um *actor* und *actress* erinnert fühlen. Dort hieß es: Während *actor* prestigeträchtig (da unmarkiert) ist, ist dessen feminine und markierte Form *actress* nicht so prestigeträchtig. Deshalb sei diese Unterscheidung diskriminierend (Nakamura 1995: 74f.).[14] Wenn dies zutreffen sollte und wenn *actress* tatsächlich eine negative Konnotation haben sollte, könnte man dies auch auf das japanische Paar *haiyu* und *jo-yu* übertragen? Wir haben leider noch keine überzeugenden Belege, so dass die Frage weder bejaht noch verneint werden könnte. Rein nach meinem Sprachgefühl würde ich jedoch die Frage verneinen. *Jo-yu* 女優 ist für mich eine eher Weiblichkeit und zugleich Schönheit anerkennende Bezeichnung. Man könnte natürlich entgegenhalten, dass *jo-yu* 女優 hier nur auf ihre Weiblichkeit (od. weiblichen Reize) reduziert und insofern unfair und diskriminierend besetzt wird. Aber zu-

---

13 Dass sich *haiyu* wie ein quasi generisches „Maskulinum" verhält, hat wohl damit zu tun, dass in Japan der Schauspielerberuf lange Zeit den Männern vorbehalten war. Kawakami, Sadayakko (1871-1946), die 1899 zum ersten Mal auf die Bühne trat, gilt als die erste japanische Schauspielerin. Im traditionellen und auch sehr beliebten Kabuki-Theater treten noch heute nur Männer auf.

14 Auch Ueno et al. (1996: 52) kritisieren den Gebrauch von *jo-yu* 女優 als diskriminierend, weil *haiyu* 俳優 als quasi generisches Maskulinum gebraucht werde.

mindest würde ich zwischen *haiyu* und *jo-yu* keinen substanziellen, schauspielerischen Qualitäts- und somit Prestigeunterschied erkennen.

4. Japanische Berufsbezeichnungen, die sich nur auf Frauen bezogen/beziehen

Wie wir oben gesehen haben, sind die meisten Personen- und Berufsbezeichnungen im Japanischen geschlechtsneutral. Es gab allerdings in der genuslosen japanischen Sprache einige wenige Berufsbezeichnungen, die sich eindeutig nur auf ein Geschlecht bezogen, und zwar nur auf Frauen. Dies waren *kangohu* 看護婦 (*kango* 看護= ‚pflegen', *hu* 婦= ‚Frau': ‚Krankenschwester'), *josanpu* 助産婦 (*josan* 助産= ‚Geburtshilfe', *pu* 婦= ‚Frau': ‚Hebamme') und *hobo* 保母 (*ho* 保= ‚schützen', *bo* 母= ‚Mutter': ‚Erzieherin'). Alle sind gesetzlich verankerte Berufsbezeichnungen für Berufe, bei denen hauptsächlich bzw. ausschließlich Frauen tätig waren und immer noch tätig sind. Diese Berufsbezeichnungen wurden ausnahmslos im Zuge der Gleichstellung der beiden Geschlechter ab Ende der 90er Jahre in geschlechtsneutrale Bezeichnungen abgeändert. Die Vorgänge der Umbenennung der obengenannten drei Bezeichnungen gilt es hier ein wenig näher zu betrachten, weil die Sachlage je nach Bezeichnung unterschiedlich ist.

Zunächst geht es um *kangohu* 看護婦 (‚Krankenschwester'). Der letzte Bestandteil des Wortes *hu* 婦 ‚Frau' ist eine Männer ausschließende Bezeichnung. Diese Bezeichnung wurde in einem 1948 erlassenen Gesetz verankert, allerdings mit einer Nebenbemerkung, dass für *kangonin* 看護人 (*kango* 看護= ‚pflegen', *nin* 人= ‚Mensch': ‚männliche Krankenpfleger') die gleichen Bestimmungen für Krankenschwestern gelten. D.h. dieser Beruf ist in erster Linie für Frauen bestimmt, auch Männer können jedoch den Beruf ausüben, wenn sie gleiche Voraussetzungen mitbringen. Aber deren Zahl war wohl am Anfang so gering, dass die Bezeichnung *kangohu* überall Gültigkeit hatte. Erst im Jahr 1968 legte ein Gesetz fest, dass die männlichen Krankenpfleger *kangoshi* 看護士 (*kango* 看護= ‚pflegen', *shi* 士= ‚jemand, der über fachliche Kenntnisse oder Fertigkeiten verfügt') heißen sollen. Also hatten wir ab dann offiziell zwei geschlechtsmarkierende Bezeichnungen für einen Beruf. Man sollte anmerken, dass dieses *shi* 士 einerseits in anderen geschlechtsneutralen Berufsbezeichnungen vorkommt, wie in *bengoshi* 弁護士 (‚lawyer'), *shihoshoshi* 司法書士 (‚notary') oder *kenchikushi* 建築士 (‚architect'). Auf der anderen Seite erinnert dieses *shi* 士 an *bushi* 武士 (*bu* 武 ‚Waffen', *shi* 士: ‚Krieger') und *senshi* 戦士 (*sen* 戦 ‚Krieg', *shi* 士: ‚Soldat') und legt eine Assoziation mit dem männlichen Geschlecht nahe. Gerade deshalb ist diese Bezeichnung für die Bezeichnung des Krankenpflegers wohl gewählt worden, so dass *hu*婦 und *shi* 士 hier also eine Opposition bilden.

Im Zuge der Gleichstellung der Frauen und Männer wurde 2002 diese Opposition aufgehoben. Man wählte eine geschlechtsneutrale Einheitsbezeichnung *kangoshi* 看護師, die zwar gleich lautet aber anders geschrieben wird als die Bezeichnung für den Krankenpfleger. Dieses *shi* 師 am Ende des neuen Wortes ist auch in manchen geschlechtsneutralen Berufsbezeichnungen enthalten, vor allem in *ishi* 医師 („doctor'), *yakuzaishi* 薬剤師 („chemist', „druggist'), *kyoshi* 教師 („teacher') auch *biyoshi* 美容師 („hairdresser'). Dieses *shi* 師 hat etwa die Bedeutung: „jemand, der ein Sachgebiet meistert und andere führen kann'. Ich würde als Idealtyp für dieses *shi* an *kyoshi* 教師, also „teacher', denken, und zwar im Sinne von „Meister'.

Bei den Krankenschwestern und Krankenpflegern hat man *kangoshi* 看護師 wohl aus den folgenden zwei Gründen als Einheitsbezeichnung gewählt, erstens weil die andere Bezeichnung *kangoshi* 看護士 schon eindeutig männlich besetzt und für eine Einheitsbezeichnung nicht geeignet ist, und zweitens weil das neue *shi* 師 auch in der Bezeichnung *ishi* 医師 („doctor') zur Anwendung kommt und dadurch suggerieren könnte, dass die beiden Berufe vom sozialen Ansehen her gleichrangig seien.

Seit ihrer Einführung im Jahre 2002 setzte sich die neue Einheitsbezeichnung rasch durch und offiziell hört man nur noch *kangoshi*. Wenn man die Geschlechterspezifik anzeigen will, stellt man entweder *josei* (Frauen-) bzw. *dansei* (Männer-) voran.[15]

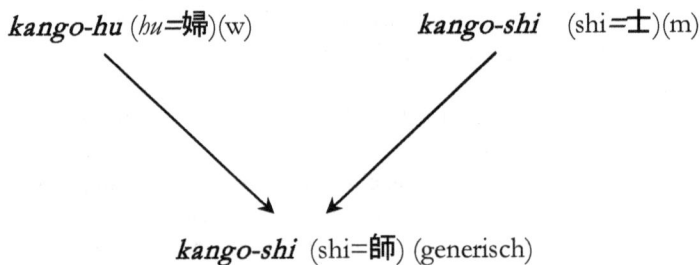

Abb. 4: *kango-shi* (2002)

Auch *josanpu* 助産婦 (*josan* 助産= „Geburtshilfe', *pu* 婦= „Frau', wobei *pu* und *hu*, das bei *kangohu* vorkommt, Allomorphe sind: „Hebamme') ist den Weg der Unkenntlichmachung des Geschlechts gegangen, obwohl dieser Beruf im Gegensatz zu *kangohu* nur den Frauen vorbehalten war und immer noch ist. Allerdings gab es in den 80er und 90er Jahren im Zuge der

---

15 Der Männeranteil an diesem Beruf hat sich von 3,7% (2002) auf 4,7% (2006) erhöht.

Gleichstellung Bestrebungen, diesen Beruf auch für Männer zugänglich zu machen. Die *Japanese Nursing Association*, der Verband der pflegenden Berufe, war dafür, aber der kleinere Verband der Hebammen war dagegen. Es gab mehrere Versuche, den Beruf für Männer zu öffnen und auch die Berufsbezeichnung dementsprechend zu ändern. Aber jedes Mal kam es im Parlament zu keinem Konsens. So wurde im Jahr 2002 bei der Gesetzesnovelle, zur gleichen Zeit, als *kangohu* in *kangoshi* 看護師 abgeändert wurde, nur der Name abgeändert in *josanshi* 助産師. Somit ist womöglich der Weg zur zukünftigen Einführung der *männlichen Hebammen* ein wenig geebnet, die dann im Fall des Falles *dansei-josanshi* 男性助産師 heißen würden. Es ist unklar, ob dieser Hintergedanke bei der Namensänderung maßgeblich war. Jedenfalls hat man damit die Weiblichkeit in der Bezeichnung unkenntlich gemacht und weil die Hebammen jetzt am Ende ihrer Berufbezeichnung ein *shi* 師 haben wie *ishi* („doctor") oder *kangoshi* („Krankenschwester", „Krankenpfleger"), sind sie sozusagen auch in ihrer Bezeichnung auf „Augenhöhe" mit ihnen.

Die Berufsbezeichnung *hobo* 保母 hat auch einen ähnlichen Wandel wie *kangohu, josanpu* durchgemacht. *Hobo* 保母 (*ho*= „schützen", *bo* = „Mutter": „Erzieherin") ist die offizielle Berufsbezeichnung für Erzieherinnen in den Kinderkrippen, wobei *bo* 母 (= „Mutter") Ersatzmutter/Mutterersatz suggeriert. Die Kinderkrippen waren lange Jahre die Domäne der Frauen, aber im Zuge der Gleichstellung wurden auch männliche Erzieher (seit 1977) zugelassen. Männliche Erzieher wurden analog zu *hobo* inoffiziell *hohu* 保父 (*ho* 保 = „schützen", *hu* 父 = „Vater": „Erzieher") genannt, sie hießen jedoch gesetzlich (in der Urkunde) weiterhin *hobo*. Diese Diskrepanz machte den anfangs recht wenigen männlichen Erziehern sehr zu schaffen, so dass sie sich zu einem Verband zusammenschlossen und eine Änderung der offiziellen Berufsbezeichnung mit der Begründung verlangten, sie würden in der Gesellschaft nicht anerkannt, solange sie keine (geschlechtsgerechte) offizielle Bezeichnung hätten. Es wurde daraufhin vorgeschlagen, auch die Bezeichnung *hohu* 保父 gesetzlich anzuerkennen. Aber es überwogen (auf beiden Seiten, also auf Erzieherinnen- und Erzieherseiten gleichermaßen) die Stimmen, die für eine Einheitsbezeichnung plädierten.[16] Seit 1999 gilt die Einheitsbezeichnung *hoikushi* 保育士 (*hoiku*= „schützen und erziehen", *shi* 士 = „jemand, der über fachliche Kenntnisse oder Fertigkeiten verfügt").[17]

Wir haben kurz gesehen, wie Ausnahmefälle bei Berufsbezeichnungen bereinigt bzw. entfernt wurden. Dabei handelte es sich nur um solche Fäl-

---

16 Nach dem Artikel „Danjo tomo hoikusi ni touitsu" (Bei Männern und Frauen auf Hoikushi vereinheitlicht), der am 13.2.1998 in der Asahi Zeitung erschien.
17 2006 beträgt der Männeranteil in diesem Beruf etwa 2,7%.

le, bei denen geschichtlich bedingt das weibliche Geschlecht klar zu erkennen war. Bei allen anderen Fällen ging es um geschlechtsneutrale Berufsbezeichnungen, und diese müssen auch im Zeitalter der Gleichstellung beider Geschlechter nicht geändert werden.

Dennoch ist an dieser Stelle kurz zu überprüfen, wie es um die Geschlechtsneutralität der beiden gleichlautenden Grundwörter (bzw. Suffixe) *shi* 師 und *shi* 士 bestellt ist. Im gegenwärtig größten Japanischen Wörterbuch stehen unter *shi* 師 als seine Bedeutungen, die prinzipiell chronologisch angeordnet sind:

1. jemand, der andere in Wissenschaft oder Kunstfertigkeiten unterrichtet und führt, Lehrer,
2. (buddhistischer Ausdruck) buddhistischer Priester, der seine Schüler führt,
3. Militär, Krieg.

Auch die Bedeutungen von *shi* 師 als Suffix werden angegeben:
1. Fachperson für bestimmte Kunstfertigkeiten,
2. Hinter dem Familiennamen drückt *shi* 師 eine respektierende Haltung18 aus.
(Nihon Kokugo Daijiten 2. Aufl. Bd.6. 2001: 427).

Als Idealtyp für dieses *shi* könnte – wie oben bereits angedeutet - *kyoshi* 教師 betrachtet werden, also ‚teacher', und zwar im Sinne von ‚Meister'. Das andere *shi* 士 bekommt im selben Wörterbuch folgende Beschreibungen:

1. Mann, der Ämter bekleidet und über dem Volk steht,
2. Mann, Männer,
3. ehrbarer Mensch, der über Bildung und Moral verfügt,
4. Krieger, der seinem Herrn dient
(Nihon Kokugo Daijiten 2. Aufl. Bd.6. 2001: 424).

Es ist nicht zu übersehen, dass beide *shi* 師 und *shi* 士, die als Grundwort (bzw. Suffix) in vielen geschlechtsneutralen Berufsbezeichnungen erscheinen, zumindest geschichtlich betrachtet männerlastig sind. Dieses Gefühl wird bestärkt, wenn man noch weitere Schriftzeichenwörterbücher zu Rate zieht und vor allem die Entstehungsgeschichte des Schriftzeichens *shi* 士 studiert. Es gibt zwar keine einheitlichen Meinungen dazu; allerdings scheint die Grundbedeutung ‚aufrecht (senkrecht) stehen' zu sein. In einem weiteren Wörterbuch (Kaizuka et al. 1959: 230) wird erklärt, dieses Schriftzeichen bilde einen Stab ab, der in der Erde senkrecht steht. Nach einem anderen Buch (Shirakawa 2004: 371f.) soll es eine Axt, deren

---

18 So wird z.B. der iranische politische und spirituelle Führer Ajatollah Khomeini mit *homeinishi* übersetzt.

Schneide nach unten auf die Erde gestellt ist, abbilden. In dem Etymological Dictionary of Chinese Characters (Todo 1965: 104ff.) wird erklärt, dies sei eine Hieroglyphe, die auf die Abbildung eines erigierten Penis zurückgeht, die sich also ursprünglich nur auf Männer und männliche Tiere bezog.

Insofern könnte man überspitzt behaupten, dass diese Berufsbezeichnungen, die auf *shi* 師 und *shi* 士 enden, zumindest geschichtlich betrachtet, nicht richtig geschlechtsneutral, sondern von der Bedeutung her eher verkappte Maskulina sind. Die Krankenschwestern, Erzieherinnen und Hebammen haben ihre ursprünglich weibliche Berufsbezeichnung gegen eine scheinbar geschlechtsneutrale, in Wirklichkeit jedoch zumindest männerlastige Bezeichnung ausgetauscht.

Dem kann man natürlich entgegenhalten, dass *shi* 師 und *shi* 士 als Teil anderer geschlechtsneutraler Berufsbezeichnungen lange etabliert sind und diese Bezeichnungen allgemein als solche empfunden werden. Die männerlastigen Konnotationen können dadurch aufgeweicht, und infolgedessen von den meisten gar nicht wahrgenommen werden. Außerdem ist es ohne weiteres möglich, vorne *josei* (w) oder *dansei* (m) hinzufügen, ohne irgendwelche Komplikationen hervorzurufen. Insofern ist die Geschlechtsneutralität gewährleistet. Und man könnte hier von einem semantischen Wandel sprechen.[19]

5. Männer- und Kinderzentriertheit im Japanischen

Wie wir oben gesehen haben, kennt das Japanische kein Genus. Und bei wenigen Berufsbezeichnungen, bei denen ein Geschlecht im Vordergrund stand, versuchte man, das Geschlecht so weit unkenntlich zu machen, dass wir als Berufsbezeichnungen jetzt nur Einheitsbezeichnungen haben, die zumindest oberflächlich geschlechtsneutral sind. Das Geschlecht kann man durch eindeutige Bestimmungs- bzw. Grundwörter oder durch Präfixe bzw. Suffixe kenntlich machen, jedoch nur, wenn es sein muss. Zumindest bei den Berufsbezeichnungen kann eine unterschiedliche Behandlung der Frauen und Männer nicht entstehen. Ist somit die Gleichstellung und Gleichberechtigung beider Geschlechter in der Sprache erreicht? Man muss sagen, wohl noch nicht ganz. Denn an anderen Stellen hapert es mit der Gleichbehandlung der Frauen und Männer in der Sprache. In diesem Zusammenhang soll hier noch auf zwei Tendenzen des Sprachgebrauchs

---

19 Das stimmt wohl. Jedoch für einen älteren Menschen wie mich sind die Konnotationen noch wahrnehmbar.

hingewiesen werden, die mit der Genderproblematik mehr oder minder zu tun haben.

Zunächst soll es um zwei Beispiele gehen, die die immer noch latent vorhandene männerzentrierte Sichtweise erkennen lassen. Die Kinder werden immer noch als *shijo* 子女 bezeichnet. *Shijo* 子女 setzt sich aus *shi* 子 und *jo* 女 zusammen. *Shi* 子 hat in erster Linie die Bedeutung ‚Kind', erst zweitens ‚Sohn', während *jo* 女 in erster Linie ‚Frau' und in zweiter Linie ‚Tochter' bedeutet. Auch die Reihenfolge der Lexeme ist wichtig, zuerst kommt *shi*, dann *jo*. Dies kann man so interpretieren, dass als Kind nur die Buben wichtig sind; die Mädchen werden – wie die Frauen – als weniger bedeutungsvoll und wichtig erachtet. Diese Haltung kommt wahrscheinlich daher, dass früher nur Söhne geerbt und den Familiennamen aufrecht erhalten haben. Dieses *shijo* 子女 ist immer noch in dem Ausdruck *kikoku-shijo* 帰国子女 (‚Rückkehrerkinder' d.h. ‚Schüler und Schülerinnen, die im Ausland die Schulbildung erhalten haben') präsent. Allerdings beginnt man inzwischen *shijo* 子女 durch geschlechtsneutrales *sei* 生 oder *seito* 生徒 (beides ‚schoolchildren') zu ersetzten. Also offiziell heißt es jetzt neutral *kikoku-sei* 帰国生 bzw. *kikoku-seito* 帰国生徒. Aber der Ausdruck *kikoku-shijo* 帰国子女 wird immer noch genauso oft gebraucht. In der Asahi Zeitung kommt 2008 *kikoku-shijo* in 33 Artikeln vor, *kikoku-sei* in 14 Artikeln, und *kikoku-seito* in 12 Artikeln.[20]

Ein sehr männerzentriertes Wort ist die Bezeichnung für ‚Witwe' *mibojin* 未亡人. Die eigentliche Bedeutung von *mibojin* ist ‚noch nicht Gestorbene(r)', denn *jin* 人 am Ende des Wortes bedeutet ‚Mensch', ist also geschlechtsneutral. Aber nur Frauen werden in Wirklichkeit *mibojin* genannt, und es bedeutet dann ‚die noch nicht Gestorbene', bzw. ‚Zurückgebliebene, die eigentlich mit ihrem Mann sterben sollte, hätte sterben sollen'. D.h. die Frau sollte beim Tod ihres Manns ihrem Mann mit ins Grab folgen. Dieses Wort ist eigentlich chinesischen Unsprungs, aber auch in Japan lange im Gebrauch.

Es stellt sich dann die Frage: Wie nennt man den Witwer? Da ist man ziemlich ratlos, weil keine passende, übliche Bezeichnung zur Hand ist. Um den ‚Witwer' zu bezeichnen, müsste man wohl auf *yamome* ausweichen. *Yamome* (*yamo* =‚Mann (Frau) ohne Ehepartner(in)', *me* = ‚Frau') entspricht eigentlich dt. ‚Witwe' und hat keine negative Konnotation. Dazu gibt es ein Pendant *yamoo*, das dt. ‚Witwer' entspricht, wobei *o* am Ende des Wortes ‚Mann' bedeutet. Allerdings wird in der heutigen Sprache *yamoo* kaum gebraucht. *Yamoo* kommt in den letzen 24 Jahren im Archiv in nur 8 Artikeln vor. Dafür kann sich *yamome*, eigentlich ‚Witwe', nun auf das Alleinsein beziehen und wird dann im Sinne von ‚Witwer', und zwar

---

20 Die Waseda Universität, an der ich arbeite, benutzt *kikoku-sei*.

ohne jegliche negative Konnotation, gebraucht. Im selben Zeitraum haben wir für *yamome* in der Bedeutung ‚Witwer' 60 Belege, für *otoko-yamome* (*otoko* = ‚Mann') auch 56 Belege. Und *yamome* im eigentlichen Sinne von ‚Witwe' kommt lediglich in 9 Artikeln vor. Während man den Witwern das neutrale *yamome* bzw. *otoko-yamome* vorbehält, wurden (bzw. werden) die japanischen Witwen fast ausschließlich mit *mibojin* bezeichnet, das eindeutig männerzentrierte Aspekte zeigt.

Allerdings konnte diese Männerzentriertheit natürlich nicht mehr konform gehen mit dem Zeitalter der Gleichstellung und Gleichberechtigung. *Mibojin* wurde noch bis in die 80er Jahre auch in der Asahi Zeitung zwar nicht oft, jedoch konstant gebraucht. Jedes Jahr finden wir etwa 100 Belege, seit 1991 verringerte sich die Häufigkeit auf etwa 20 Belege pro Jahr.[21]

Manche japanischen Ehepaare mit Kindern reden sich und einander mit *mama* bzw. *o-ka-san* (‚Mutter') und *papa* bzw. *o-to-san* (‚Vater') an.[22] Der Ehepartner bzw. die Ehepartnerin wird zumindest im Gebrauch dieser Anreden in erster Linie nicht als Partner(in), sondern als in der Rolle der Mutter bzw. des Vaters der Kinder wieder erkannt. Es kann sogar vorkommen, dass die Großmutter im Beisein von Enkelkindern ihre eigene Tochter mit *mama* anredet. Diese Tendenz der Kinderzentriertheit ist in der japanischen Gesellschaft stark ausgeprägt. Vor allem werden die Frauen in erster Linie in der Rolle der Mutter gesehen. Und das wird von den Frauen oft als selbstverständlich hingenommen.

Als Beispiel dafür könnte man auf das Bestimmungswort *mama-san* in manchen Komposita hinweisen. *Mama-san*[23] kommt nämlich in vielen verschiedenen Komposita vor; im Jahre 2008 ist es in der Asahi Zeitung in insgesamt 502 Artikeln überliefert. Absolut an der Spitze steht das Kompositum *mama-san-bare* (‚Mama-Volley-Ball'), das in 334 Artikeln genannt ist. (Das hat wohl auch damit zu tun, dass die Asahi-Zeitung diese Sportart als Sponsorin fördert.) Mit großem Abstand folgen dann *mama-san-basuke* (‚Mama-Basketball') mit 50 Belegen, *mama-san-korasu* (‚Mama-Chor') in 12 Artikeln.

Wenn wir uns *mama-san-bare* (‚Mama-Volley-Ball') zuwenden, so denkt man, hier sind Teams von lauter Mamas, also Müttern organisiert. Dem ist nicht so, denn jede Frau ist teilnahmeberechtigt, wenn sie – so ist es in der Satzung festgeschrieben – über 25 Jahre alt ist. Das heißt, frau muss nicht verheiratet sein, muss nicht einmal Kinder haben. Trotzdem spielen sie

---

21 Die Asahi Zeitung hat die Richtlinie, nach der *mibojin* nicht benutzt und umschrieben werden soll mit *die Frau des verstorbenen X* (Asahi 10.2.2002).
22 *Mama* und *Papa* sind wohl Lehnwörter aus dem Englischen. Sie sind nach dem Zweiten Weltkrieg verstärkt gebräuchlich geworden. Zu Bedeutungen von *o-* und *-san* siehe Anmerkung 12.
23 Zur Bedeutung von *-san* siehe Anmerkung 12.

alle *mama-san-bare*. Es hat sogar den Anschein, als gefielen sich Frauen, die *mama-san-bare* spielen, in ihrer Rolle als Mutter sehr. Die Namen der Teams sind verräterisch: Neben den vielen Namen der Bildung *Ortsname + kurabu* (= ‚Club') gibt es z.B. *mamasan-zu mami-zu*,[24] auch *Ortsname + Mama*, so *iide-mama, saito-mama, okisui-mama*.[25]

Man kann sich nicht vorstellen, dass da wirklich nur verheiratete Mütter Volleyball spielen. Es spielen sicher auch jüngere Frauen ohne Kinder in der Mann(Frau-)schaft mit, sie werden geradezu gebraucht, um im Wettbewerb erfolgreich zu sein. Anscheinend denkt keiner bzw. keine daran, diesen Namen in Frage zu stellen. Der Name wird als natürlichste Sache der Welt hingenommen. So wird *zenkoku mamasan bareboru taikai* 全国ママさんバレーボール大会, der Japanische Mama-san-bare Wettbewerb, jedes Jahr veranstaltet. Die Veranstalter sind *zenkoku kateihujin bareboru renmei* 全国家庭婦人バレーボール連盟 (‚der Hausfrauen Volleyball Bund')[26], die Asahi Zeitung und der Japanische Volleyball Verband.

Wie wir anfangs gesehen haben, können auch Männer in ihrer Familienrolle, also als Vater, gesehen werden. Aber dies ist nicht so ausgeprägt wie bei den Frauen. 2008 kommt *papa-san* nur in 6 Artikeln vor. Es gibt also eine sehr starke Tendenz, Frauen in ihrer familiären Rolle zu sehen, und dies so zu benennen, obwohl das der gesellschaftlichen Realität nicht unbedingt entsprechen muss.

6. Schluss

Wir hoffen, dass der vorliegende Beitrag zeigen konnte, dass es auch im genuslosen Japanischen durchaus sprachliche Genderprobleme gibt und dass sich diese, wie kaum anders zu erwarten, auf die sprachlichen Gleichbehandlung von Frauen negativ auswirken. Es gibt im Japanischen zwar nur geschlechtsneutrale Berufsbezeichnungen. Diese erweisen sich allerdings zum Teil als ‚männerlastig', wenn man nach den eigentlichen Wortbedeutungen fragt.

Auch werden immer noch solche Wörter gebraucht, die auf entweder männerzentrierte oder kinderzentrierte Sichtweisen zurückzuführen sind. Dort werden die Frauen als zweitrangig eingestuft bzw. hauptsächlich in der Rolle der Mutter gesehen. Diese Zurückstellung der Frauen wird seit

---

24 *-zu* entspricht wohl dem engl. Pluralsuffix *-s*.
25 *Iide-, saito-* und *okisui-* sind Ortsnamen. *Iide-mama* heißt demnach ‚Mama(s) aus Iide' bzw. ‚Mama(s) von Iide'.
26 *Kateihujin* kann mit ‚Hausfrau(en), übersetzt werden. *Katei* heißt ‚Heim', ‚Haushalt', *fujin* ‚Frau'. *Renmei* bedeutet ‚Bund', ‚Verband'.

den 80ern von den Feministinnen thematisiert und bekämpft (vgl. z.B. Ueno et al. 1996). Und das zeigt schon Früchte. Dass es jedoch auch Fälle gibt, in denen diese Zurückstellung von Frauen nicht als solche empfunden und manchmal gar als selbstverständlich hingenommen wird, hoffen wir, gezeigt zu haben. Zusammenfassend kann man wohl sagen: Wenn es im Japanischen Genderprobleme gibt, dann sind sie hauptsächlich auf die resistenten, männer- und kinderzentrierten Sichtweisen zurückzuführen. Hier ist wohl noch Aufklärung nötig. Auf jeden Fall sind die Genderprobleme weniger auf das Sprachsystem an sich zurückzuführen, da das Japanische wegen der Genuslosigkeit keine systemimmanenten Hindernisse vorgibt.

Und wie steht es mit dem Deutschen? Wenn man Genderprobleme in der Sprache lösen will, dann stellt im Deutschen die im Japanischen beobachtbare männerzentrierte Sichtweise kein großes Hindernis mehr dar. Man (und auch frau) will die sprachliche Gleichstellung beider Geschlechter gemeinsam realisieren. Das größte Hindernis stellt jedoch die deutsche Sprache an sich dar, deren grundlegender Bestandteil eben das Genus ist. Und wenn man sich auf den Standpunkt stellt, Genus soll dem Sexus entsprechen, dann hat man abgesehen von wenigen echten generischen Formen nur Maskulina, die sich nur auf Männer beziehen, und nur Feminina, die sich nur auf Frauen beziehen. Da ist wenig Raum für generische Formen, die wirklich geschlechtergerecht und zugleich handlich wären. Deshalb müsste man wohl noch eine Weile damit experimentieren, optimale Formen zu entwickeln. Ich bin gespannt, wie sich die deutsche Sprache in dieser Hinsicht entwickelt.

7. Literatur

Asahi Shimbun „Kikuzo II" Online-Zeitungsarchiv (1985-2009) (Stand: 3.5.2009).
Ayaß, Ruth (2008): Kommunikation und Geschlecht. Eine Einführung, Stuttgart: Kohlhammer.
Braun, Friederike (1996): Das große I und seine Schwestern. Eine kritische Bewertung. In: Der Deutschunterricht, 48/1, 54–62.
Guentherodt, Ingrid/Hellinger, Marlis/Pusch, Luise F./Trömel-Plötz, Senta (1980): Richtlinien zur Vermeidung sexistischen Sprachgebrauchs. In: Linguistische Berichte, 69, 15–21.
Hellinger, Marlis (1990): Kontrastive feministische Linguistik. Mechanismen sprachlicher Diskriminierung im Englischen und Deutschen, Ismaning: Hueber.
Hellinger, Marlis (2000): Feministische Sprachpolitik und politische Korrektheit. Der Diskurs der Verzerrung. In: Eichhoff-Cyrus, Karin/Hoberg, Rudolf (Hrsg.): Die deutsche Sprache zur Jahrtausendwende. Sprachkultur oder Sprachverfall (DUDEN. Thema Deutsch Band 1), Mannheim u.a.: Dudenverlag, 177–191.

Hellinger, Marlis (2004): Empfehlungen für einen geschlechtergerechten Sprachgebrauch im Deutschen. In: Eichhoff-Cyrus, Karin (Hrsg.): Adam, Eva und die Sprache. Beiträge zur Geschlechterforschung (DUDEN. Thema Deutsch Band 5), Mannheim u.a.: Dudenverlag, 275–291.

Kaizuka, Shigeki et al. (1958): Kadokawa Kanwa-chujiten ('Kadokawa Chinesisch-Japanishes Schriftzeichenwörterbuch'), Tokio: Kadokawa Shoten.

Kano, Yoshimitu (1998): Kanji no Naritachi Jiten ('Wörterbuch: Entstehung der chinesischen Schriftzeichen'), Tokio: Tokyodo Shuppan.

Klann-Delius, Gisela (2005): Sprache und Geschlecht. Eine Einführung, Stuttgart: Metzler.

Müller, Sigrid/Fuchs, Claudia (1993): Handbuch zur nichtsexistischen Sprachverwendung in öffentlichen Texten. Im Auftrag des Magistrats der Stadt Frankfurt a.M. – Dezernat Frauen und Gesundheit/Frauenreferat, Frankfurt a.M.: Fischer.

Nakamura, Momoko (1995): Kotoba to Feminizumu ('Die Sprache und der Feminismus'), Tokio: Keiso Shobo.

'Nihon Kokugo Daijiten' ('Das große japanische Wörterbuch') 2. Aufl., Tokio (2000-2002): Shogakukan.

Okamura, Saburo (2004): Wädenswil und Eutin. Wie das generische Femininum kam und ging. In: Waseda Global Forum, 1, 47–59.

Okamura, Saburo (2005): Kann man den japanischen Lernern das Genus verständlich machen? In: van Leewen, Eva C. (Hrsg.): Sprachenlernen als Investition in die Zukunft. Wirkungskreise eines Sprachlernzentrums. Festschrift für Heinrich P. Kelz, Tübingen: Narr, 146–156.

Pusch, Luise F. (1984): Das Deutsche als Männersprache, Frankfurt a.M.: Suhrkamp.

Samel, Ingrid (1995): Einführung in die feministische Sprachwissenschaft, Berlin: Erich Schmidt Verlag.

Shirakawa, Shizuka (2004): Sintei Jitou ('Schriftzeichenwörterbuch – neue Version'), Tokio: Heibonsha.

Todo, Akiyasu (1965): Etymological Dictionary of Chinese Charakters, Tokio: Gakutosha.

Ueno, Chizuko et al. (1996) : Kitto kaerarerru seisabetugo – watashitachino gaidorain ('mit Sicherheit abänderbare sexistische Wörter – unsere Richtlinien'), Tokio: Sanseido.

Transkriptionskonventionen (nach GAT 2)

[ja das] finde ich	die innerhalb der Klammern stehenden
[du ab]	Textstellen überlappen sich; d. h. zwei Gesprächspartner reden gleichzeitig;
=	schneller, unmittelbarer Anschluss neuer Sprecherbeiträge oder Segmente;
(.)	sehr kurze Pause (unter 0.3 Sek.);
(-)	Pause unter 0.5 Sek.;
(0.5)	Pause von einer halben Sekunde;
( )	unverständlicher Text;
(gestern)	unsichere Transkription;
_	direkter, schneller Anschluss zwischen zwei Äußerungen;
,	leicht steigender Ton;
?	steigender Ton;
;	leicht fallender Ton;
.	fallender Ton;
-	schwebender Ton;
und DA sang sie	akzentuierte Silbe;
und !DA!_sang sie	auffällig starker Akzent;
↑<Wort Wort>	hohes Tonhöhenregister;
↓<Wort Wort>	niedriges Tonhöhenregister;
↑↓wo::hr	steigend-fallende Intonationskontur;
a: a::	Silbenlängung;
<<f> und dann>	forte, laut;
<<ff> und dann>	fortissimo, sehr laut;
<<p> und dann>	piano, leise;
<<pp> und dann>	pianissimo, sehr leise;
<<all> und dann>	allegro, schnell;
<<l> und dann>	lento, langsam;
<<ll> und dann>	lentissimo, sehr langsam;
mo((hi))mentan	die Äußerung wird kichernd gesprochen;
hahahaha	Lachen;
hihi	Kichern;
°hh	starkes Einatmen;
hh°	starkes Ausatmen;
((hustet))	Kommentare (nonverbale Handlungen, o. ä.);
<<erstaunt> was?>	interpretierende Kommentare mit Reichweite.

Sachregister

Allegrosprechweise 330
Allianzenbildung 262, 265
Alltag 1, 3, 129, 131-132, 141, 152, 154, 167, 253, 261, 280, 287-316, 349, 359, 361
Androgynisierung 21, 319-357
Angewandte Sprachwissenschaft / Linguistik 87-88, 92, 94, 101, 103, 117-118, 160
Ausweichform 200, 206

Bedeutungsangaben 204-205, 208, 216
Bedeutungswandel 55, 97
Beispiele in Wörterbüchern 216-217
Berufsbezeichnung 11, 21, 201, 206, 214, 371, 373, 413-432
Binnen-I 196
boasten 160-161, 163-165, 168, 170

closet 115-117
coming-out 97, 115-117
common ground 261
community of practice 13, 106, 260, 267

Defaultgenus 402
Dekonstruktion 3, 9, 58, 88, 96, 100, 118, 178, 306
Dekonstruktivismus 96
Deskriptive Linguistik 102
Destruktion 96
différance, différence 96
Diskriminierung 10, 41, 47, 93, 140, 196
Diskriminierungsstrategie 63
Diskurs 7, 15, 23, 55, 59, 69-70, 73, 96, 102, 109, 111, 160, 280, 306
Diskursanalyse 4, 13-15, 18, 53-56, 60, 62-63, 70, 78, 94, 99, 108, 253
  s.a. Kritische Diskursanalyse
Diskurslinguistik 14-15, 18, 53-85, 94, 111
  s.a. Kritische Diskurslinguistik
Diskursstrukturen 96, 100, 113

Dispositiv 56, 62, 64-66, 68-69
  s.a. Genderdispositiv; Geschlechterdispositiv; Sexualitätsdispositiv
dissen 160-161, 163-165, 168-169, 173, 175, 193, 240, 242, 255
doing gender 3-4, 7-9, 13, 15-16, 18, 20, 32, 57, 60, 164, 223-224, 231-232, 237-238, 244-245, 251-257, 260, 280-281, 288, 290, 375
Duden 19
  – Bedeutungswörterbuch 201-202, 213-216
  – Grammatik 213, 218
  – Rechtschreibung 199-200
  – Sprachberatung 195, 200
  – Synonymenwörterbuch 206
  – Universalwörterbuch 205, 216-217
  – Wörterbuch 58, 70-71, 167, 169, 172, 175, 195-212, 213-220, 302
  – und die Frauen 213-217
  s.a. Wörterbuch
Dudenredaktion 19, 195-212, 213-220

Endsilbe 183, 333-334, 341, 353
Ethnomethodologie 3, 94, 101, 224, 252

Familienbiographie 32, 34, 38
Feministische Linguistik 10, 11-12, 15, 99, 195, 214, 360, 376, 431
Feministische Sprachkritik 10-12, 195, 197, 214-215, 217, 359, 381, 414
Forschungsüberblick 1-27
Frame 61
Frauenbilder 130, 173, 310
Fremdbezeichnung 168, 376
Freundschaftskommunikation 251, 265, 279
Führungspositionen 2, 32, 42-45, 73

Gender
  s.a. doing gender; indexing gender; performing gender; undoing gender

gender display 4, 163, 223, 235, 244-245, 302, 310
gender gap 43
gender stereotypes 232, 288
Genderdispositiv 56, 62, 68-69, 78
Genderlekt 104
Genderlinguistik 1-27, 53-85, 326, 381
Genderproblematik
- im Deutschen 413-415
- im Japanischen 415-423
Gendertheorie 2, 6, 12, 18, 20, 55, 56, 57
Gender-Inszenierung 20, 223, 232-234, 237, 243-245
Gender-Mainstreaming 44, 48, 50
Gender-Rolle 163, 239, 242, 253, 280, 296, 429-430
  s.a. Geschlechterrolle / Geschlechtsrolle; Rolle
generisch 2, 302, 402, 404, 409, 414-415, 418, 421-422, 424, 431
  s.a. pseudogenerisch
Generisches Femininum 290, 414-415, 432
Generisches Maskulinum 11-12, 21-22, 80, 82, 197, 199, 205, 218, 359-379, 381, 410, 414, 422
Genus 21, 58-59, 111, 326, 350, 359, 381-411, 413
  s.a. Defaultgenus; grammatisches Genus; Referenzgenus; Motivierung von Genus; Mythopoeia und Genus
- in der Kunst 388, 395-396
- in der Werbung 381-411
- und Sexualisierung von Welt 385, 406
- und Sexus 21, 58, 326, 350, 381, 383, 385, 387, 388-392, 394, 408-409, 414, 431
Genusdissonanz 404, 406-408
Genuskongruenz 385
Genuskonsonanz 384-385, 387-390, 394, 404, 406-408
Genussprache 21, 111, 385, 405, 413
Genustheorie 12, 59, 381

Genuszuweisung 21, 59, 384-385, 387, 401, 408-409
Genus-Sexus-Konsonanz 388-392, 394, 408-409
Genus-Sexus-Korrespondenz 21, 405
  s.a. Personifikation, genusassoziiert; Sprache, genuslos
Geschlecht
  s.a. Geschlechter; Sozialisation
Geschlechtlichkeit 9, 57, 58, 59, 173
Geschlechtsbinarität 54-55, 65, 67-68, 87, 96, 98, 102, 105, 111-112, 175, 310
Geschlechtsidentität 12, 18-20, 31-51, 58, 93, 210, 213, 287-316
geschlechtsspezifische Unterschiede 148
Geschlechter
- in der Interaktion 18-20, 223-249, 251-286, 287-316
- in medialen Zusammenhängen 16-17, 129-157, 159-194, 195-212, 213-220, 296
Geschlechterdispositiv 67
Geschlechtergerechtigkeit 195-212
- im Bildungssystem 31, 312-313
  s.a. Binnen-I; Movierung; Sprachgebrauch; Wörterbuch
Geschlechterkonstruktion / Geschlechtskonstruktion 3, 5, 7-9, 16, 18, 69, 103, 111-112, 159-194
  s.a. Konstruktion von Gender / Geschlecht
Geschlechterkultur 232
Geschlechterrolle / Geschlechtsrolle 5, 16-20, 31-34, 36, 38-39, 47, 59, 68-70, 73-75, 77-78, 98, 105, 110, 112, 129-157, 176, 232-233, 235, 238, 256-257, 287-316, 319, 321, 323, 333
  s.a. Gender-Rolle
Geschlechterstereotypen (-spezifik) 2, 5, 16-18, 103, 111, 113, 136-137, 139, 142, 145, 148-150, 152, 230-232, 288, 293, 296, 305, 310, 313
Gesprächsanalyse 14, 289, 294
- ethnographisch 294-295

Sachregister

Gesprächsforschung 13, 14, 60, 223, 253
Gesprächslinguistik 94
Gewaltinszenierung 170
Grammatik 2, 5, 21, 58, 65, 102, 121, 207, 213, 218, 259, 381-382, 413
Grammatisches Genus 58, 111-112, 321, 372, 375, 382-383, 413, 415-416

Heteronormativität 91, 93-94, 97-98, 101, 105-106, 108, 111, 117, 120-121, 125
s.a. Nicht-Heteronormativität
Heteronormativitätskritische Sprachwissenschaft 19, 87-125
Heterosexualität 16, 54, 87, 91, 93, 95-96, 98, 109-110, 114-116, 267, 280
Hip-Hop-Kultur 159, 161, 173
Historische Sprachwissenschaft / Linguistik 110-111
Hofierungsstrategie 177, 231-234, 236, 243-245
Homosexualität 91, 96, 109-110, 115

Identität 108-110, 259, 290, 293-294, 302, 377
- individuelle 101, 134, 301
- lesbische 88, 93, 97, 104-105, 107, 111, 113-114, 224
- männliche 103, 169
- schwule 88, 93, 97, 100, 105-107, 110-113, 116-117
- sexuelle 89, 94-95, 97, 106, 108, 110, 115
- soziale 290-292
- weibliche 171, 175, 281, 287
s.a. Geschlechtsidentität; Patchwork-Identität
identity-in-interaction 289-290
Indexikalität 257-258
indexing gender 7, 13, 15, 18-20, 231, 251-286
Infantilisierung 21, 141, 319-357
Informalisierung 320, 349-352, 355

Institution 8, 32, 40, 62-63, 70, 72, 97, 256, 295, 308
s.a. Sprache und Institution
Institutionelle Reflexion 4
Institutioneller Rahmen 15, 20, 64, 231-232, 244-245
Inszenierung 15, 19-20, 58, 77, 137, 160, 164, 223, 232-245
- doppelte 131-132
- (non)-verbale 129-157
s.a. Gewaltinszenierung; Reinszenierung
Iterativität 57
Interaktionale Linguistik 13
Interaktionsstrategie 233, 236, 244
Interdisziplinarität 118
Intimisierung 268, 320, 349-352, 355
Irrelevanzsetzung 224, 375

Jugendgefährdende Medien 159, 162
Jugendsprache 113, 162, 166, 169, 175
Jungennamen 320-322, 327, 332, 334, 340, 342, 344, 347, 350-351, 353

Karrierefrau 56, 68-69, 71-78, 311
Karrieremann 56, 68-75,78
Kinderzentriertheit 427, 429-431
Ko-Artikulation 251, 282
Kommunikation 34, 60, 173, 255, 266, 408
- institutionelle 260
- sprachliche 10, 31, 165, 223-224, 254, 259-260
s.a. Freundschaftskommunikation; Liebeskommunikation; Medienkommunikation
Kommunikationsforschung 16-17, 54, 229, 314
Konstruktion 7, 77, 116, 259, 261, 293
- gesellschaftlicher Wirklichkeit 3, 10, 57, 79, 94, 99-100, 224
- von Gender 1, 4-5, 223-249, 256
- von Geschlecht 2, 4-10, 12-13, 16-17, 19-20, 31, 55, 59, 62, 68-69, 89, 102-103, 106, 159-194, 213, 224, 283

s.a. Dekonstruktion; Geschlechterrolle / Geschlechtsrolle; Geschlechtsidentität; Identität; Transsexualität
Konstruktionsfunktion 95
Kontextualisierung 9, 17, 64, 66-67, 70, 74-75, 78-80, 231, 237
Kontextwissen 295
Kontrastive Linguistik 111, 113
Konversationsanalyse 13-15, 99, 223, 283
Korpuslinguistik 80, 109-110, 119
Kritische Diskursanalyse 4, 13-15, 53-54, 63, 82, 94, 99, 108
s.a. Diskursanalyse
Kritische Diskurslinguistik 21-22, 60-61
s.a. Diskurslinguistik
Kultur 8, 21, 60, 87, 91, 98, 115, 237, 257, 260-261, 296, 324, 381, 384, 388-394, 405
s.a. Geschlechter-Kultur; Hip-Hop-Kultur; Sprache und Kultur; Zwei Kulturen

Lesben- und Schwulenbewegung 88, 92-93, 113
Lesben- und Schwulenlinguistik 92, 118
Lesben und Schwulen-Speeddatings 224-225
Liebeskommunikation 134-136, 142, 148, 155
Linguistik 18-19, 53, 93-94, 96, 103, 162, 384
s.a. Angewandte Sprachwissenschaft / Linguistik; Deskriptive Linguistik; Diskurslinguistik; Feministische Linguistik; Genderlinguistik; Gesprächslinguistik; Historische Sprachwissenschaft / Linguistik; Interaktionale Linguistik; Kontrastive Linguistik; Korpuslinguistik; Kritische Diskurslinguistik; Lesben- und Schwulenlinguistik; Queere Linguistik; Soziolinguistik; Sprachwissenschaft

Mädchennamen 323, 328, 330, 334, 342, 345, 351-355
Männerbilder 130, 156
Männerzentriertheit 429
Medien 7-8, 12, 16-17, 19, 66, 74-75, 77, 106, 117, 133, 143-144, 160, 162-163, 226, 388
– und Alltag 287-316
s.a. Jugendgefährdende Medien
Medienforschung 16-17, 54, 288, 297
Medienkommunikation 129-157
Mehrebenenanalyse 63
Movierung 11, 112, 201-202, 324, 346, 369, 414
Motivierung von Genus 409
Mythopoeia 21, 381-382, 384, 386, 388
– und Genus 381-411

Nebentonsilbe 340
Nicht-Heteronormativität 93, 114, 116-117

Objektivation 63, 65-66, 68, 70, 75, 77-78
Öffentlichkeit 19, 26, 56, 60, 81, 84, 98, 135, 175, 349

Patchwork-Identität 292, 310-312
Performanz 64, 103, 160, 175, 242, 255
performing gender 5, 7, 13, 18, 57-59, 164
personale Appellation 376-377
Personenbezeichnung 11, 98, 103, 107, 112, 114, 166, 168, 202, 206, 214, 216, 218, 298, 302, 359-379, 413
Personifikation 384-385, 387-390, 394, 401, 406
– genusassoziiert 388
Personifizierung 21, 381, 394, 399, 402, 405-407, 409
Political Correctness 14, 196, 213-214, 216
Porno-Rap 19, 159-194

Sachregister

Positionierung 138, 161
Poststrukturalismus 27
Prosodie 237, 242
pseudogenerisch 98, 111

Queer Theory 19, 58, 87-88, 90, 93-95, 97, 101, 117-118
Queere Linguistik 19, 87-125

Reduktion 359, 374
Referenzgenus 402, 405
Reinszenierung 130, 137-138
Relevantsetzung 71-72, 163, 227, 251
  s.a. Irrelevanzsetzung
Resignifizierung 97
Re-Zitierung 93, 102
Rolle
  – institutionelle 10, 13, 66
  – schwule 105
  – sexuelle 98, 105, 171, 174
  – soziale 8, 13, 20
  – der Medien 16, 19, 77, 287, 290-291, 297
  – der Werbung 17, 19, 136, 150-151, 384, 388
  – von Sexus 390-391, 394, 401
  s.a. Gender-Rolle / Geschlechterrolle / Geschlechtsrolle
Rollenerwartung 19-20, 62, 68-70, 72, 77, 131, 137, 144, 146, 148, 152-154, 168, 178, 237, 321
romantischer Markt 267-279
Rufnamen 21, 319-357
  s.a. Androgynisierung; Infantilisierung; Informalisierung; Intimisierung; Jungennamen; Mädchennamen; Zweitrufnamen

Schwa-Silbe 341, 351
Schlüsselwörter 109
Schweigen 109, 116, 135, 169, 186, 196
Segregation 43, 46
Selbstbezeichnung 168-169, 175, 360-361, 369-372, 375-377
semiotische Ressourcen 130-131, 141, 150

439

Sexualitätsdispositiv 95
sexuality mainstreaming 94
sexuelle Kategorien 91
Sexus 95, 319, 322, 324-325, 346, 382-383, 392, 394, 401, 405, 409
  s.a. Genus und Sexus
Silbe 330-332, 335, 341, 345-346, 351, 354
  s.a. Endsilbe; Nebentonsilbe; Reduktionssilbe; Schwa-Silbe
Silbengrenze 330, 342, 344
Silbenlänge 347
Silbenzahl 332-333, 345-348, 354- 355
Sonorität 331-332, 334, 337, 339, 342, 344, 351, 353, 355
Sozialisation 5, 18, 26, 31-32, 34-36, 39-42, 44-46, 48-49, 289, 295, 314
Soziolinguistik 13, 104-108, 214, 223, 259-260, 284, 372
Speeddating 223-249
  s.a. Lesben und Schwulen-Speeddatings
Sprache
  – genuslos 21, 413, 415, 423, 427, 430-431
  – und Geschlecht 1, 14, 94, 118, 159
  – und Gewalt 164, 169-170, 172, 174, 178
  – und Institution 14, 256, 260
  – und Kultur 8, 21, 60, 87, 91, 98, 115, 237, 247, 257, 260-261, 324, 381, 384, 388-389, 405
  – und Sexualität 94, 108
Sprachgebrauch 11-12, 14, 18, 20-22, 55, 57, 94, 102-103, 114-115, 117, 172, 300, 349, 359, 361, 366-367, 369-370, 374-375, 377, 413, 417, 420, 427
  – feministischer 200
  – geschlechtergerechter 12, 19, 196, 206, 213, 359, 372, 374, 431-432
  – sexueller 164-165
Sprachkritik 13, 198, 202, 414
  s.a. Feministische Sprachkritik; Kritische Diskurslinguistik

Sprachsystem 11-12, 14, 18, 21, 94, 101-103
- und Sprachgebrauch 319-357, 359-379, 381-411, 413-432
Sprachnorm 14
Sprachpolitik 11-12, 19, 374-375, 431
Sprachsystem 11-12, 14, 18, 21-22, 94, 101-102, 431
Sprachwissenschaft
s.a. Angewandte Sprachwissenschaft / Linguistik; Heteronormativitätskritische Sprachwissenschaft; Historische Sprachwissenschaft / Linguistik; Linguistik
Stigmatisierung 90, 116
Strategie
- sprachliche 17, 66, 77, 196
- der Gleichstellungspolitik 31
- der Passungsprüfung 245
- s.a. Diskriminierungsstrategie; Hofierungsstrategie; Interaktionsstrategie
Subjektivation 63, 65-68, 70, 72, 75, 77-78
Subversion 100, 161

Third-Wave-Feminism 6, 8
Transsexualität 10, 96

undoing gender 7, 13, 15-16, 18, 57, 60, 224, 232, 255-257, 375

Vergegenständlichung 61, 68

Werbeanzeige 394
Werbekörper 153
Werbepaare 130, 136-137, 142, 146, 148, 150-154
Werbespots 129-157, 230, 232, 395-396, 403, 405
Werbung 129-157, 17, 19, 129, 226, 228, 266, 296-297, 384, 388, 394-395, 400, 403, 406-407
Wissen 60-66, 91, 141, 228, 257, 272, 295, 305, 308
- diskursives 60, 62-66
- ethnographisches 294-295, 301-302
- intersubjektiv geteiltes 139
- phonetisches 321
- sozial geteiltes 305
- stereotypisches 141
- versprachlichtes 60
- einer Sprachgemeinschaft 61
- s.a. Dispositiv; Kontextwissen
Wörterbuch 58, 199, 293, 382, 426
s. a. Duden-Bedeutungswörterbuch, Duden-Rechtschreibung; Duden-Synonymenwörterbuch; Duden-Universalwörterbuch; Duden-Wörterbuch

Zeitbudgets in Familien 36-39
Zwei Kulturen 232
Zweigeschlechtlichkeit 18, 36, 58-59, 67-69, 288, 292, 297, 311, 383
Zweitrufnamen 328-329

Die Autorinnen und Autoren

Noah Bubenhofer ist wissenschaftlicher Mitarbeiter am Institut für Deutsche Sprache (IDS) in Mannheim und Mitglied der Forschergruppe semtracks. Nach seinem Studium der Germanistik, Kommunikations- und Medienwissenschaften und Soziologie in Basel promovierte er 2008 mit „Sprachgebrauchsmuster. Korpuslinguistik als Methode der Diskurs- und Kulturanalyse" am Deutschen Seminar der Universität Zürich. Forschungsaufenthalte führten ihn nach Heidelberg, Linköping (Schweden) und Tokyo. Seine Forschungsgebiete sind Korpuslinguistik, Korpuspragmatik, Politolinguistik, Diskurs- und Kulturanalyse und Grammatik an der Schnittstelle zu Semantik und Pragmatik aus korpuslinguistischer Perspektive.

Marie-Louise Bukop ist seit 2011 Referendarin am Studienseminar Verden/Aller. Von 2006 bis 2010 studierte sie an der Westfälischen Wilhelms-Universität in Münster Germanistik und Geschichte. Nach ihrem Ba-Examen folgte der Studienabschluss mit dem Master of Education (Gym/Ges); das Thema ihrer Abschlussarbeit lautet „HipHop-Kultur und Sprache. Die Rap-Texte von Samy Deluxe". Zu ihren Arbeits- und Forschungsinteressen zählt neben der Genderlinguistik vornehmlich das Verhältnis von (Jugend-)Sprache, Medien und Kultur.

Christine Domke ist seit 2005 Wissenschaftliche Mitarbeiterin in der Germanistischen Sprachwissenschaft an der TU Chemnitz. Nach Volontariat und Redakteurstätigkeit im Printmedienbereich Studium der Linguistik, Soziologie und Germanistik an der Universität Bielefeld. 2003 Promotion über „Besprechungen als organisationale Entscheidungskommunikation" (Berlin/de Gruyter 2006). Sie war danach als wissenschaftliche Mitarbeiterin und Lehrbeauftragte an den Universitäten Dortmund und Bremen tätig und hatte eine Gastdozentur an der Universität Maribor/Slowenien. Seit 2007 ist sie im Vorstand des Deutschen Germanistenverbands. Derzeit arbeitet sie an ihrer Habilitation über die öffentliche Textwelt in Bahnhöfen, Innenstädten und Flughäfen. Arbeits- und Forschungsschwerpunkte sind: Kommunikation in Organisationen, Bedeutungs- und Wissenskonstitution im massenmedialen Diskurs, Werbung, Konversationsanalyse, Meso-Kommunikation und ortsgebundene Kommunikationsformen.

Birgit Eickhoff ist Redakteurin in der Dudenredaktion. Ihr Studium der Germanistik, Anglistik und Pädagogik in Trier und Heidelberg schloss sie mit dem Magisterexamen ab. Von 1990 bis 1994 war sie als Wissenschaftliche Mitarbeiterin am Frühneuhochdeutschen Wörterbuch in Heidelberg beschäftigt. Seit 1994 arbeitet sie in der Dudenredaktion, 2011 wechselte sie in das Team „Sprachtechnologische Dienste". In der Dudenredaktion entwickelte sie bald eine interne Zuständigkeit für die Themen Political Correctness und sprachliche Gleichstellung, und sie zeichnet auch verantwortlich für die entsprechenden Artikel im Dudenband „Richtiges und gutes Deutsch". Des Weiteren war sie verantwortliche Projektleiterin für die Neuerarbeitung des Dudenbands „Das Synonymwörterbuch". Im neuen Team „Sprachtechnologische Dienste" liegt ihr Arbeitsschwerpunkt auf dem Thema werkübergreifende Bearbeitung von Wörterbuchsubstanzen.

Elisa Franz ist Doktorandin und wissenschaftliche Hilfskraft am Lehrstuhl von Susanne Günthner. Sie studierte an der Westfälischen Wilhelms-Universität in Münster Germanistik und evangelische Theologie auf Lehramt und erlangte 2009 das 1. Staatsexamen. Parallel dazu belegte sie als Aufbaustudium Sprechwissenschaft und Sprecherziehung am Centrum für Rhetorik, Kommunikation und Theaterpraxis, das sie 2010 als Sprechwissenschaftlerin und Sprecherzieherin DGSS abschloss. Neben Lehrtätigkeiten an der WWU Münster und am Berufskolleg ESPA forscht sie zum Thema „Eine gattungsanalytische Untersuchung kommunikativer Verfahren in institutionell organisierten Erstkontakt-Gesprächen", insbesondere zum Speeddating. Seit 2010 ist sie Promotionsstudentin an der „Graduate School Empirical and Applied Linguistics" der WWU Münster. Ihre Forschungsschwerpunkte sind: Gesprächsanalyse, Angewandte Gesprächsforschung, Analyse kommunikativer Gattungen, Interkulturelle Kommunikation, Institutionelle Kommunikation, Rhetorische Kommunikation und Sprecherziehung

Susanne Günthner ist Professorin für Germanistik (Sprachwissenschaft) an der Westfälischen Wilhelms-Universität in Münster. Nach dem Studium der Germanistik, Anglistik, Romanistik und Soziologie an der Universität Konstanz, dem St. Olaf College/Northfield und der University of California in Berkeley war sie (1983-1988) DAAD-Lektorin in der VR China und in Vietnam. 1993 promovierte sie über „Diskursstrategien in der interkulturellen Kommunikation: Deutsch-Chinesisch". Mit der Arbeit über "Vorwurfsaktivitäten in der Alltagsinteraktion. Grammatische, prosodische, rhetorisch-stilistische und interaktive Verfahren bei der Konstitution kommunikativer Muster und Gattungen" habilitierte sie sich 1998 an der Univ. Konstanz. Sie hatte Gastdozenturen u.a. an den Universitäten UC

Berkeley/USA, Tongji-Universität/VR China, Univ. Vilnius/Litauen, Staatl. Universität Taschkent/Usbekistan, Beijing Foreign Studies University und Xi'an International Studies University/China inne. Ihre Forschungsschwerpunkte sind: Anthropologische Linguistik, Interaktionale Linguistik, Interkulturelle Kommunikation, Grammatik in der Interaktion, Analysen kommunikativer Gattungen und Genderlinguistik.

Dagmar Hüpper ist akademische Mitarbeiterin am Germanistischen Institut der Westfälischen Wilhelms-Universität Münster, Abteilung Sprachwissenschaft. Nach dem Studium der Germanistik, Anglistik und Publizistik in Münster und Bonn erlangte sie 1977 den Grad der Magistra Artium und wurde 1982 an der Universität Münster mit der Arbeit „Schild und Speer. Waffen und ihre Bezeichnungen im frühen Mittelalter" promoviert. Von 1986-1996 war sie wissenschaftliche Mitarbeiterin in den Sonderforschungsbereichen 7 ‚Mittelalterforschung' und 231 ‚Träger, Felder, Formen pragmatischer Schriftlichkeit im Mittelalter' an der WWU Münster. Zu ihren Forschungsschwerpunkten und Arbeitsinteressen gehören: (Rechts-)Sprache des Mittelalters und der Frühen Neuzeit; Text und Bild; Sprach- und Kulturgeschichte (Inschriften), Genderlinguistik, Sprache und Medien, Sprachkritik.

Klaus-Michael Köpcke ist Professor für Deutsche Sprachwissenschaft und Sprachdidaktik an der Westfälischen Wilhelms-Universität in Münster. Nach dem Studium der Germanistik, Linguistik, Geschichtswissenschaft und Erziehungswissenschaft an der Universität Hamburg und der Southern Illinois University at Carbondale, Illinois hat er 1977 das 1. Und 1979 das 2. Staatsexamen für das gymnasiale Lehramt abgelegt. 1981 promovierte er über das Thema „Untersuchungen zum Genussystem der deutschen Gegenwartssprache." Mit einer Arbeit über „Schemata bei der Pluralbildung im Deutschen. Versuch einer kognitiven Morphologie" habilitierte er sich 1991 an der Universität Hannover. Köpcke hatte Gastdozenturen an der Carnegie Mellon University in Pittsburgh, der State University of New York at Buffalo, der Staatlichen Universität Taschkent/ Usbekistan und der Xi'an International Studies University/ China inne. Seine Forschungsschwerpunkte sind: Germanistische Linguistik, insbesondere Morphologie und Syntax; Klassifikations- und Kategorisationsphänomene und Sprachwandel.

Helga Kotthoff ist Professorin in der Germanistischen Linguistik der Albert-Ludwigs-Universität (Freiburg im Breisgau) mit dem Schwerpunkt Deutsch als Fremdsprache. Sie beschäftigt sich hauptsächlich mit Interaktionsanalyse (auch in Erwerbskontexten), Soziolinguistik und der Erforschung interkultureller Kommunikation. Promotion 1988 an der Universität Konstanz mit einer Studie zu deutsch-amerikanischen interkulturellen Konflikten in argumentativen Gesprächen zwischen Studierenden und Lehrenden (Pro und Kontra in der Fremdsprache, Lang). Habilitation 1996 an der Universität Wien (Zur Pragmatik von konversationellem Humor, Niemeyer). Gesprächsanalytische Genderstudien bildeten einen kontinuierlichen Forschungsschwerpunkt. 1988 erschien der Band „Das Gelächter der Geschlechter" (zuerst Fischer, heute UVK), der Studien zu Rollenverhalten der Geschlechter, Humor und Macht vereint; sie koedierte zwei Bände zu Geschlecht und Kommunikation zusammen mit S. Günthner (im Metzler-Verlag „Die Geschlechter im Gespräch" und im Suhrkamp-Verlag „Von fremden Stimmen") und untersuchte genderisierte rituelle Kommunikation in Georgien wie sie z.B. in Lamentationen auf Verstorbene als Teil von Trauerritualen praktiziert werden.

Kathrin Kunkel-Razum ist Mitarbeiterin der Dudenredaktion in Mannheim. Nach dem Studium der Germanistik und Geschichte an der Universität Leipzig promovierte sie dort bei Wolfgang Fleischer über Phraseologismen in Fachtexten. Anschließend arbeitete sie ein Jahr als Assistentin am Lehrstuhl Grammatik/Textlinguistik an der gleichen Universität. 1986 wechselte sie an die Humboldt-Universität Berlin und arbeitete dort als Redakteurin und später stellvertretende Chefredakteurin der „Zeitschrift für Germanistik". Von 1991 bis 1994 unterrichtete sie an der Universidad Complutense de Madrid (Spanien). Nach einer Ausbildung zur PR-Referentin begann sie 1997 ihre Arbeit als Dudenredakteurin. Zu ihren Arbeitsschwerpunkten gehören das Schreiben von Bedeutungswörterbüchern für Muttersprachler und DaF-/DaZ-Lerner(innen), das Projektmanagement für die Duden-Grammatiken und Öffentlichkeitsarbeit für die Dudenredaktion.

Angelika Linke ist Professorin für Deutsche Sprachwissenschaft an der Universität Zürich und permanente Gastprofessorin am Forschungskolleg „Language and Culture in Europe" der Universität Linköping/Schweden. Studium der Germanistik, Geschichte und Skandinavistik in Zürich und Stockholm. Dissertation 1985 zu „Gespräche im Fernsehen. Eine diskursanalytische Untersuchung", Habilitation 1996 zu „Sprachkultur und Bürgertum. Zur Mentalitätsgeschichte des 19. Jahrhunderts". Neben universitären Anstellungen an der Universität Zürich unterrichtete sie von 1980 bis 1994 auch als Gymnasiallehrerin an der Kantonsschule Wetzikon/Schweiz. Gastdozenturen in Graz, Innsbruck und Konstanz; 2004

Gastprofessur an der Washington University in St. Louis, USA; 2009/10 Fellow am Wissenschaftskolleg zu Berlin. Ihre Forschungsschwerpunkte sind: Kulturanalytische Linguistik, Sprachgebrauchsgeschichte der Neuzeit, Sozialsemiotik der Körperkommunikation, Historische Semantik, Analysen kommunikativer Gattungen, Soziolinguistik.

Hildegard Macha ist Professorin für Pädagogik mit Berücksichtigung der Erwachsenenbildung und außerschulischen Jugendbildung an der Universität Augsburg. Studium der Pädagogik, Germanistik und Philosophie, Staatsexamen 1974, Promotion zum Dr. Phil. 1979; Habilitation 1989 in Bonn, wissenschaftliche Assistentin von 1978-1989 in Bonn; seit 1992 ist sie in Augsburg, seit 2008 Direktorin des Gender Zentrums Augsburg. Ihre Schwerpunkte in der Forschung sind: Weiterbildung und Lehrerfortbildung, Gender-Forschung: Gender-Mainstreaming an Hochschulen; Familienforschung.

Heiko Motschenbacher vertritt derzeit eine Professur für Englische Sprachwissenschaft an der Universität Bayreuth und ist Mitherausgeber der wissenschaftlichen Zeitschrift Journal of Language and Sexuality (John Benjamins). Im Jahr 2005 promovierte er im Fach Englische Sprachwissenschaft mit einer Dissertation zum Thema „Women and Men Like Different Things? – Doing Gender als Strategie der Werbesprache" an der Universität Frankfurt am Main. Nach seiner Promotion war er wissenschaftlicher Mitarbeiter in der Abteilung Linguistik des Instituts für England- und Amerikastudien (Universität Frankfurt am Main). Außerdem hat er als Lehrbeauftragter an Universitäten in Darmstadt und Bamberg gearbeitet. In seinem Habilitationsprojekt beschäftigt er sich mit dem Themenkomplex „Language and European Identity Formation". Zu seinen Forschungsschwerpunkten zählen die Themengebiete Sprache und Geschlecht, Sprache und Sexualität, Kritische Angewandte Linguistik, Diskursanalyse, Soziolinguistik, Sprache und europäische Identität, Englisch als Lingua Franca.

Damaris Nübling hat in Freiburg Romanistik und Germanistik studiert und war ab 1988 im SFB "Übergänge und Spannungsfelder zwischen Mündlichkeit und Schriftlichkeit" angestellt; 1991 hat sie über „Klitika im Deutschen" promoviert. Von 1992-2000 war sie zunächst als Wissenschaftliche Assistentin, später als Hochschuldozentin am Institut für Vergleichende Germanische Philologie und Skandinavistik beschäftigt. Währenddessen hatte sie mehrere Lehr- und Studienaufenthalte Aufenthalte in Skandinavien. 1998 habilitierte sie sich mit der diachron-kontrastiven, verbalmorphologisch ausgerichteten Arbeit „Prinzipien der Irregularisierung". Seit 2000 hat sie die Professur für Historische Sprachwissenschaft des Deutschen an der Johannes Gutenberg-Universität Mainz inne. Forschungsschwerpunkte: Sprachwandel und seine Prinzipien, Morphologie, Grammatikalisierung, Onomastik, Dialektologie, kontrastive Linguistik, Genderlinguistik.

Saburo Okamura ist Professor für deutsche Sprache und Kultur an der School of International Liberal Studies der Waseda Universität in Tokyo. Er studierte Germanistik in Kioto (1966-1974), München (1969-71) und in Mannheim (1976-78). Lehrtätigkeit: Goethe-Institut Osaka und Tokyo, Staatliche Universität Chiba, als Japanischlektor an der LMU München (1986-88), seit 1993 an der Waseda Universität. Seine Forschungsschwerpunkte sind: Sprachwandel in modernem Deutsch besonders unter soziolinguistischen Aspekten (z.B. Anredepronomen, Verbzweitstellung im *weil*-Satz, Gebrauch von *Fräulein* in der Zeitungssprache, Genderprobleme in der Sprache).

Juliane Schröter ist wissenschaftliche Assistenz am Deutschen Seminar der Universität Zürich. Sie studierte bildende Kunst und Germanistik in Darmstadt, Kassel und Saint Louis/Missouri. Mit der Arbeit „Offenheit. Die Geschichte eines Kommunikationsideals seit dem 18. Jahrhundert" promovierte sie 2010 in germanistischer Sprachwissenschaft in Zürich. Ihre Forschungsschwerpunkte und -interessen liegen in der neueren Sprachgeschichte, Pragmatik, Textlinguistik und linguistischen Kulturanalyse.

Constanze Spieß ist akademische Mitarbeiterin am Germanistischen Institut der Westfälischen Wilhelmsuniversität Münster, Abteilung Sprachdidaktik. Sie studierte Katholische Theologie und Germanistik in Mainz. 2010 promovierte sie am Fachbereich Sprach-, Literatur- und Medienwissenschaften der Universität Trier mit der Arbeit „Diskurshandlungen. Theorie und Methode linguistischer Diskursanalyse am Beispiel der Bioethikdebatte". Ihre Forschungsschwerpunkte und Arbeitsinteressen sind in den Bereichen Diskurslinguistik, Textlinguistik, Sprache und Kultur, Genderlinguistik, Semantik, Pragmatik, Politolinguistik sowie Spracherwerb und Sprachdidaktik zu verorten.

Janet Spreckels ist seit 2010 Professorin für Sprachwissenschaft und Sprachdidaktik an der Pädagogischen Hochschule Heidelberg. Nach dem Studium der Germanistik, Anglistik und Romanistik an der Ruprecht-Karls-Universität Heidelberg promovierte sie 2005 (ebenfalls an der Universität Heidelberg) über „Identitätskonstitution in einer Mädchengruppe". Von 2004-2006 war sie wissenschaftliche Assistentin an der Westfälischen Wilhelms-Universität in Münster (Lehrstuhl Prof. Dr. Susanne Günthner). Von 2006-2010 arbeitete sie als Juniorprofessorin für Gesprächsanalyse mit Schulbezug an der Pädagogischen Hochschule Freiburg. Ihre Forschungsschwerpunkte sind: Gesprächsforschung, Varietätenlinguistik, Gender- und Identitätsforschung, empirische Unterrichtsforschung mit dem Schwerpunkt Erklären.

David Zubin promovierte 1978 an der Columbia University am von Franz Boaz begründeten Department of Linguistics. Er ist seit 1981 Professor an der State University of New York at Buffalo, USA, wo er auch Gründungsmitglied des „Center for Cognitive Science" und Fellow des „National Center for Geographic Information and Analysis" ist. Gastprofessuren hat er an den Universitäten von Colorado in Boulder und Arizona in Tucson wahrgenommen. Während eines früheren Aufenthalts an der Southern Illinois University lernte er Klaus-Michael Köpcke kennen. Zusammen mit ihm entwickelte er eine Reihe allgemeiner Thesen über die Natur des Genus, denen beide noch heute in der Forschung nachgehen. Die Genusfrage wird als Bestandteil der allgemeinen Forschung über Nominalklassifikation in den Weltsprachen und als Bestandteil der kognitiven Kategorisationstheorie verstanden. Zu seinen weiteren Forschungsgegenständen zählen u.a. der sprachliche Ausdruck der Raumkognition und Theorien zur Diskursperspektive („Deictic Center Theory").

www.ingramcontent.com/pod-product-compliance
Lightning Source LLC
Chambersburg PA
CBHW050847160426
43194CB00011B/2066